U0636203

中国近代人物文集丛书

李秉衡集

（上）

戚其章 辑校

中华书局

图书在版编目(CIP)数据

李秉衡集/戚其章辑校.—北京:中华书局,2013.7
(中国近代人物文集丛书)
ISBN 978-7-101-09240-0

Ⅰ.李… Ⅱ.戚… Ⅲ.李秉衡(1830~1900)-文集
Ⅳ.Z425.2

中国版本图书馆CIP数据核字(2013)第043766号

书　　名　李秉衡集(全三册)
辑 校 者　戚其章
丛 书 名　中国近代人物文集丛书
责任编辑　张玉亮
出版发行　中华书局
　　　　　(北京市丰台区太平桥西里38号　100073)
　　　　　http://www.zhbc.com.cn
　　　　　E-mail:zhbc@zhbc.com.cn
印　　刷　北京瑞古冠中印刷厂
版　　次　2013年7月北京第1版
　　　　　2013年7月北京第1次印刷
规　　格　开本/850×1168毫米　1/32
　　　　　印张39¾　插页7　字数960千字
印　　数　1-1500册
国际书号　ISBN 978-7-101-09240-0
定　　价　120.00元

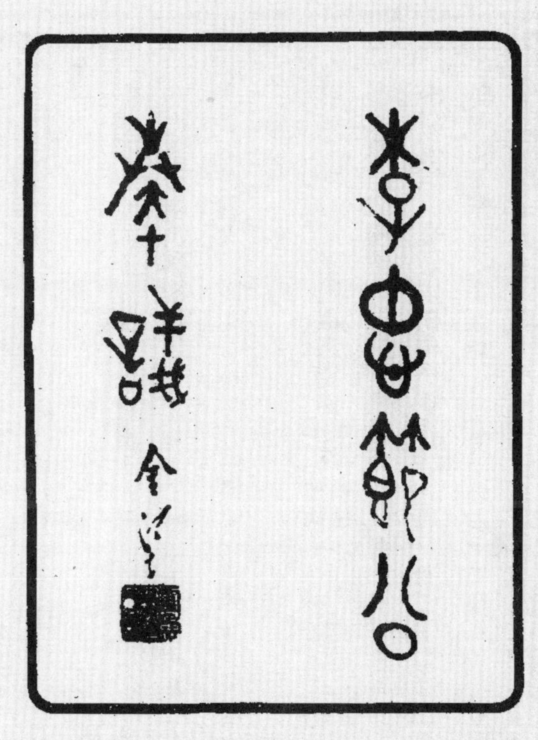

金梁题写的《李忠节公奏议》书名

李忠節公奏議目錄

卷一

《李忠节公奏议》书影

目　录

新版说明

李秉衡(1830—1900)字鉴堂,奉天(今辽宁)庄河人。晚清大臣。他虽不比曾、左、李等身居显位,但却亲历了中法战争、甲午中日战争以及八国联军侵华等三次近代史上最重要的抗敌斗争,并在最后一次战争中殉国。李氏身后留有《李忠节公奏议》十六卷,保留了大量关于上述三次事件的第一手记录,特别是对具体战事、人员任免等有详细记载,对于深入研究这些重要事件具有相当的史料价值。

《李忠节公奏议》是现今唯一一部系统收录李秉衡著述的著作,但其中仍然有许多缺漏。戚其章先生以朱批奏折、军机处原折、录副折以及朝鲜档、《光绪财政通纂》进行校补,并从山东巡抚衙门档、总理衙门档中辑录其失收的公牍、电稿,内容较旧本《奏议》多出三分之一,使这部辑校本成为李秉衡撰述较为完善的本子。辑校本《李秉衡集》由齐鲁书社于 1993 年出版,得到学术界的好评。

时隔二十年,初版早已不易寻得。为便于学术研究,中华书局对该书进行修订,重新出版,列入“中国近代人物文集丛书”。

在编辑加工中,我们发现了初版存在的一些问题,并进行了以下改订:

用字规范问题，除了同义不同形的混用外，主要有简化致误等，如“夥”多义不作“伙”等，对此进行了订正；

覆核《奏议》，改正了形近错字，以及与此相关的一些语句的标点；

本书系整理者重辑，编年排序，但在一些篇章的编排上尚有不足，如全书以时间为序，但同年同月同日发出的电文，却未按照时辰排序，此次修订，根据时间调整了篇目顺序十多处。

本书的前期修订，是在戚其章先生的支持下进行的。但非常不幸的是，2012 年 10 月初，戚先生因病去世。书稿后半部分的修订，也无法再一一就正于先生。尚幸书稿前半部分的修订已得到戚先生的认可，修订幅度与体例已基本确定，后半部分即是在此体例指导下完成的。

修订本较初版有了较为明显的完善，这是戚先生对学术研究的又一贡献。

谨以此书的出版，表达我们对戚其章先生的敬意与纪念。

中华书局编辑部

2013 年 5 月

前　言

在中国近代史上，李秉衡是起过重要作用的历史人物之一。他亲自参与领导了三次抗御外敌入侵的爱国自卫战争，这在封疆大吏中是不多见的。李秉衡也是著名的清官，乡人比之包拯、海瑞。论者谓其精勤似陶侃，倔强似赵鼎，对外抗直如林则徐，持己清廉如汤斌。民间甚或将他的事迹演为弹词以歌咏之，更成为妇孺皆知的传奇人物了。

李秉衡(1830—1900)，字鉴堂，祖籍山东福山。乾隆年间，其曾祖由山东迁奉天，入海城籍。后在岫岩厅南的石嘴子村(今属辽宁庄河县)定居。少年勤学，博览群书，兼习武术。其父李辉德为江苏金山县知县，随任江南。后李秉衡调扬州大营办理营务处，以军功保知县。先署直隶完县，补枣强县知县，升任蔚州知州。1877年，受委办理安州水灾。他办事认真，深入了解灾情，凡事不假手胥吏，户口必亲查，名册必亲填，日历风霜冰雪，每夜回到住所，从膝到脚皆肿。1878 年，直隶大旱，以直隶州署宁津县，下车即停征免徭，劝富绅借资以救灾民。1879 年，调任冀州直隶州知州。1881年，升任永平府知府。历年州县，为官廉正，兴利除弊，赈灾救恤，时称“北直廉吏第一”。

1884 年，朝廷特授李秉衡为山西平阳府知府，旋升广东高廉钦道，皆未到任。又以署两广总督张之洞保举，授浙江按察使，未到任而改调广西。广西巡抚潘鼎新率军出关，奏派李秉衡办理后路转运兼总理前敌营务处，驻龙州。当时，财力匮乏，士兵发不到饷，伤病无人过问，士气低落。李秉衡到任后，节省各种不必要的开支，不分主军客军，粮饷供给不绝，战恤功赏尽力优厚。并创设医局，治疗负伤士兵，经常亲自前去慰问。有求见者，即使是低级军官，也必延见，殷切以杀敌报国相勉。自潘鼎新军谅山败退后，法军进窥广西边境一带。各军皆无斗志，纷纷溃散入关。而李秉衡屹然不动，分饬州县沿途截留溃兵，愿归伍者留之，否则留其军械，资遣回里。并急运军粮，以接济入关诸军。于是，无论桂军、粤军还是湘军、淮军，退者有所归，伤者有所恤，守者有所食，人心始定。经过月余，逃亡者渐集，各稍成军。

1885 年 3 月，廷旨李秉衡暂护广西巡抚。护抚命下，诸军欢跃，士气大振。李秉衡既奉旨督办广西后路军务，又会办广西前敌军务，一面严密布置后路，筹运粮饷军火，以接济前敌，无误要需，一面处理有关地方事宜，和协官民，安定人心。他善于调和各方面的关系，时前广西巡抚潘鼎新率部驻海村，仍请其帮办军务；遇到紧要军情，则必与帮办军务冯子材往复函商，熟筹妥办，决不因身任护抚便自以为是。在他的主持下，前敌诸将公推冯子材为主将。他对诸将常以大义相勉，诸将无不虚心相听，愿共尽力。于是，各军渐相联络，士气大振，龙州一带稳如长城。

李秉衡与冯子材商定，诱敌在关前隘决战，并亲率毅新军十营和镇南军八营驻幕府，以为冯子材萃军后援。3 月 23 日，法军倾巢出动，分三路进攻，企图攻占关前隘。李秉衡与冯子材力守长墙，激励将士，指挥奋击。将士无不以一当百，纵横荡决。李秉衡见敌势不支，与冯子材亲督各军，大开营栅，发起反击。敌兵死尸山积，余皆败溃。各军从后追击，于26日攻占文渊，并到达距谅山仅十五里的界牌。

谅山城坚难攻，而必先攻取，才能成破竹之势。李秉衡与冯子材会商进取之计，确定了"以正兵明攻驱驴，出奇兵暗取谅山"的作战原则。3月28日清晨，李秉衡亲督毅新军、镇南军、广武亲军等营，出中、左二路；冯子材率萃军、勤军等营，出中、右二路。清军遂薄驱驴，攻克其垒。谅山法军震惧，然不料清军星夜飞来，相率惊溃。29日晨，李秉衡和冯子材进入谅山城。谅山大捷后，钦差大臣彭玉麟对李、冯同心抗法极为称赞，奏称："两臣忠直，同得民心，亦同功最盛。"廷旨以李秉衡补授广西布政使，仍护桂抚。1888年春，卸任北归，赋闲达六年之久。

1894年5月，廷旨起用李秉衡，命为安徽巡抚，未到任。8月，中日甲午战争爆发后，朝廷以山东为畿辅屏障，调原任山东巡抚福润到安徽，改命李秉衡为山东巡抚。9月11日，他行抵省城济南，正式视事。30日，即离开省城，到登州、烟台、威海一带视察，历时一月。此后，他便坐镇烟台，居中调度。他了解到防务上的漏洞和薄弱环节，从战略上考虑，向朝廷建议成立大支野战之师，以巩固威海后路防御，但未被采纳。后来。朝廷还一再从山东抽调兵力北上，使威海后路的防务更为空虚。李秉衡屡次呼吁朝廷调派援军，初则不应，终致为时太晚。荣成、威海先后陷敌，北洋舰队随之全军覆没。

1895年4月，《马关条约》签订的消息传来，李秉衡坚决反对屈辱的和约。19日，上《奏力阻和议折》称："倭一得志，诸夷谓吾华土地之可利也，必狺狺然环向而起，肘腋之患有已时哉？且中国之与外夷议和者屡矣，或偿其兵费，或准其通商，固未尝以疆土与人也。今既赔以巨款，又许以割地，瘠中华而奉岛夷，直纳款耳，无所谓和也。”他分析，日本举债兴兵，困穷已甚，劳师袭远，死亡相继，外强而中干，色厉而内荏，而中国先无坚忍敢战之将，望风披靡，故使敌人愈得肆其猖獗。希望朝廷不为虚声所恫喝，不为浮议所煽惑，与敌周旋到底，直至敌人势穷力尽，然后从容议和。

25日，李秉衡再上《奏再沥愚忱力阻和议折》，进一步分析和议之非计及其严重后果：“闻倭自兴兵以来，借国债至一万五千万元，财力困穷，人民愁苦，不过强力偾兴，外实内虚。于此时而自谓战不能胜，偿之以巨款，赂之以土地，割辽河而北洋为所据，割台湾而南洋为所据，复驻兵威海以扼中权之要，是倒持太阿之柄以授人，而使之厚其力以图我，即欲求旦夕之安，不可得矣。方今泰西各国眈眈环向，俄人虎视于西北，英、法狼顾于西南，皆视我与倭之事以为进退。如此次曲徇其欲，数年之内，俄必索我天山南北及吉林、黑龙江两省，英必索我前后藏地，英与俄必争索我乌梁海，法必索我云南、广西边地。祸变之兴，殆不旋踵。历观往代，割地和亲，卑礼厚币，偷安未久，覆亡随之。史册所垂，可为殷鉴！”他认为，战若持久，敌必不支，果真能上下一心，未有战而不胜之理。因此建议：“必待彼势绌求和，然后定约。”尽管他的见解确为远见卓识，然朝廷只图苟安，完全听不进去。

1897年11月，巨野教案发生，德国海军陆战队以操练为名，强行在胶州湾登陆。李秉衡主张采取坚决交涉的态度，与德使理论，而清廷则在德国的威胁下屈服。李秉衡遂奏请因病开缺，卜居河南安阳县。

1899年，清廷再次起用李秉衡，先命赴奉天查办事件，继命巡阅长江水师。1900 年,义和团运动进入高潮。英、法、德、日、俄、美、意、奥八国组成联军,伺机发动侵华战争。6 月 17 日,八国联军攻陷大沽炮台,清廷发布上谕,命各省督抚迅速挑选马步队伍,星夜驰赴京师,听候调用。30 日,李秉衡带卫队两哨由扬州起程北上。抵京后,命为帮办武卫军事务。8 月 6 日,李秉衡只带少数幕僚和两哨卫队出京,赴前敌指挥张春发、陈泽霖、夏辛酉、万本华四军。7 日,战于河西务,清军溃败,李秉衡退至张家湾。11 日,联军来攻,李秉衡身边除少数幕僚和亲兵外,别无一军可供调遣,已不能组织抵抗,便决定实践自己出京前"宁为国而捐躯,勿临死而缩手"的誓言,自杀殉国,享年七十一岁。

李秉衡的一生,可以用两句话来概括:一是忠君爱国,一是勤政恤民。有的传记作者称李秉衡"抑洋务",论者甚或将他归于封建顽固派,这是极为片面的。李秉衡在洋务活动方面确实成绩不够突出。但是,应该看到,他担任广西护抚和山东巡抚仅各有三年,而且都是处于组织抗击外来侵略者和处理战后遗留问题的时刻,不可能像正常情况那样去从事洋务活动。他又是一位非常务实的官员,或考虑到治安问题,或考虑到经济效益问题,所以有时不同意一些洋务项目立即上马,这是无可厚非的。其实,在他领导下的山东机器局,不仅在战争条件下干得很红火,而且在技术上也力求改进,从这部《李秉衡集》中不难找到例证。

对于中国近代史上这位重要的历史人物,历来研究者不多。究其原因,主要是可征引的资料太少。1930 年刊印的《李忠节公奏议》十六卷,是迄今为止唯一的一部收录李秉衡奏章的专集。然此编缺漏甚多,今以宫中朱批奏折、军机处原折、录副奏折、朝鲜档、《光绪财政通纂》中发现者补之。此为本书的上编。另增两编,即中编之公牍和下编之电报。中编主要收录李秉衡致总理衙门的咨文和函件，及少量饬诸将札。下编全部收录李秉衡的电稿，数量较多，其主要来源是《山东巡抚衙门档》，此外，从宫中电报档、总理衙门档、《胶澳租借始末电存》及《张文襄公全集》中也辑出若干件。希望这部《李秉衡集》能给研究者提供一些一般不易找到的新资料。

戚其章

1993 年 5 月于山东社会科学院

上编　奏议

1. 奏陈严防广西土匪折

光绪十年十二月　日(1885年1月　日)

奏遵旨督属认真稽查,以防内患,并将现存水陆防营开列清单,恭折覆奏,仰祈圣鉴事:

窃臣梦元于光绪十年十一月二十日承准兵部火票,递到军机大臣传谕光绪十年十一月初二日奉上谕:广西向多伏莽,本年匪徒莫梦弼滋事,业经派兵剿除,现闻各处土匪尚未净尽,极应随时防范,以遏乱萌。该抚潘鼎新带兵出关,尤应预防内患,著责成张梦元、李秉衡督饬所属,认真稽查,如有积匪纠党情形,立即严拿究办,不得养痈贻患,亦不得妄拿无辜,转致惊扰。尤须慎选牧令,整饬吏治,为正本清源之计。该藩、臬两司身任地方,责无旁贷,务当正己率属,除暴安良,以副委任,并将该省兵勇除调赴军营外,现存若干,何人管带驻防,何所先行,详晰奏闻等因。钦此。时值臣秉衡奉抚臣调赴龙州办理后路事宜,启行出省。臣梦元谨将奉到谕旨恭送,一体钦遵。

臣等伏查粤地方未靖,伏莽素多,值兹关外用兵,攘外必先治内。仰蒙圣明洞烛,训谕周详,俾得恪遵办理,莫名钦感。现在越南有事,太平、镇安两府皆为边要之区。其余各郡邑,或系省城重地,或系烟瘴严疆,或与滇黔边境,犬牙相错,或与湖南广东壤地毗连,兼多地杂,苗瑶土司环列,必须严密防范,以杜匪徒生心。是以历年各府厅州所属皆设有水陆防营,分驻镇摄防营之外,并饬该府县酌募壮勇,随时巡查缉捕,侦有匪徒纠伙潜滋,即由该地方官通禀调拨防营,合力扑除。上年出师越南以来,有将腹地防勇调派出关,察看地方情形,仍不可无勇驻防者,即随时募补填扎,未敢稍涉疏虞。而匪徒莫梦弼犹敢纠党滋事,未必不因关外多故,冀图乘隙骚扰。诚如圣谕尤应豫防内患,臣等现已遵旨通饬各属认真稽查,并行各防营小心防范,如有积匪纠党情事,立即严拿究办,不得养痈贻患,仍不得妄拿惊扰。就目前而论,尚无纠党滋事情形,但广西为昔年洪逆倡乱之地,山深箐密,易藏奸宄,匪徒出没无定,频年节次搜剿,总难悉臻靖谧。更有土棍劣衿,或因争占山场,或因挟嫌构衅,辄纠匪徒扰害,尤出意计之外。臣等惟有凛遵谕旨,随时督饬地方文武防营认真查察拿办,整躬率属讲求吏治,以期戢暴安良,仰副朝廷廑念边陲之至意。

所有各防营驻扎之处及管带衔名勇数,理合开列清单,敬呈御览。谨合词恭折覆奏。伏乞皇太后、皇上圣鉴训示。

再,现因臣秉衡奉调出省,往返函商,是以覆奏稍迟。合并陈明。谨奏。

2. 奏报接护广西抚篆日期折

光绪十一年二月二十八日(1885 年 4 月 13 日)

奏为恭报微臣接护抚篆日期,叩谢天恩,仰祈圣鉴事:

窃臣于本年二月十六日接两广总督臣张之洞电开,总署初九日来电,本日奉上谕:广西巡抚着李秉衡暂行护理等因。钦此。知会钦遵查照到臣。闻命自天,悚惶无地。旋于二十七日准前抚臣潘鼎新委员将广西巡抚关防赍送前来,声明历任移交之王命旗牌仍存省署,敬谨收储。当即恭设香案,望阙叩头谢恩,祗领任事。

伏念臣籍隶奉天,由江苏直隶州县蒙恩简任知府,改发山西。仰邀特达之知,简放广东高廉道、浙江按察使,均未履任。复奉谕旨调补广西按察使,剿办思恩土匪蒇事,蒙恩赏加二品衔。会以关外军务吃紧,抚臣奏派出省筹办大军后路事宜,驻扎龙州。甫经两月,庸愚自省,惧驽效之无能;艰钜交投,戴鸿施之逾格。兹复恭承宠命,权领疆符。固非臣力所克胜,何敢不竭臣心所当尽?唯有将后路布置周密,粮饷军火随时筹运,接济前敌无误要需。而于地方应办事宜,亦当认真经画。遇有紧要军情边务,仍与督臣及广西提臣往复函商熟筹妥办,不敢以暂时摄篆稍涉因循,以冀仰酬高厚生成于万一。

除将接印日期恭疏题报外，所有感激下忱理合恭折具陈，叩谢天恩。伏乞皇太后、皇上圣鉴。谨奏。

光绪十一年六月初四日奉旨：知道了。钦此。

3. 奏各军克复文渊谅山等处分别奖恤各员弁折

光绪十一年三月二十四日(1885年5月8日)

奏为官军在关前隘击退大敌,克复一州一府及谅山省城,连破巢垒,谨将战胜攻取情形详晰陈明,并择其尤为出力及阵亡员弁先行开列清单,吁恳天恩从优奖恤,以昭激劝,恭折仰祈圣鉴事:

窃自本年正月法人退出南关以后,仍踞文渊。该处右通长定府治芁葑,为去牧马、高平要道。节据探报,芁葑已有敌踪。如由水路顺流而下,即可窥伺龙州。前抚臣潘鼎新方驻海村,约会帮办军务、前广西提督冯子材分拨萃字五营扼扎扣波,免为敌据,并嘱臣元春督军出击,即于正月二十八日亲率提督陈嘉、方友升、副将陈桂林所部镇南亲军毅新各营驰赴芁葑。三十日将抵该墟,敌已闻风先遁。教匪犹聚扣波。萃军先于二十七日掩至进击,夺其大象一只。臣与冯子材虑其一战即退,必有狡谋,保无麇聚文渊,别图侵突?因即商同回顾关内,仍前分扎关前隘、幕府塘一带以重根本。冯子材先在关前隘筑长墙,以卫营垒,兼屯高岭,添挖深濠。又以总兵王孝祺勤字八营扎萃军之后。臣在幕府督饬各军高垒深沟,以防内犯。二月初一二日,法骑哨探逼近南关,均为萃军督带游击杨瑞山击退,拾获抛弃衣帽多件缴验。并据南官密报,法由北宁运到麦饼、逼码不计其数。冯子材料其必来图我,不如先发制人。一面分告王孝祺及臣元春戒备策应,挑派精锐于初五晚往袭文渊。四更既入其栅,敌伏不动,而于两旁高岭先筑数营环炮下击,勤军哨长蓝翎守备王金可中炮阵亡,萃、勤两部勇丁死伤尤夥。比及天明收队。初六日复与接仗,相持至暮,互有伤亡。臣由幕府闻报驰援,敌已退走。

次日初七,大股直扑关前。萃军先锋炮垒新筑未成,遽为所夺,凶焰甚张。及臣赶到,督军合力抵御,歼其党众不少,我军损折亦多。维时前福建藩司王德榜统领定边楚军从由隘来助,行距文渊八九里,侦知萃军先锋营失利,即挥队折回,向南关一带抄截。提督张春发翻过山坳,见南关道有法众数千,骡马二三百匹,驮有军火,即时带队冲击,其众接战,遂驱驮运退后,王德榜督饬各营奋勇直前,毙敌无数。而敌攻关前隘诸营愈猛,至夜方休。冯子材戒饬将弁严阵以待,臣亦预调提督蒋宗汉、广武军及方友升亲军各营齐至。初八日清晨,敌分三股来攻,每股二三千众。臣与冯子材力守长墙,派陈嘉、蒋宗汉、方友升、陈桂林、王孝祺各率所部分应左右两路。法人炸炮动以千计,声震山谷,子如雨落。诸军奋呼迎敌,不避凶锋,敌多坚拒。突有悍党拚命抢濠,直欲冲入长墙。臣与冯子材立悬重赏,激励将士指挥奋击。我军勇气百倍,争欲立功。勤军哨长花翎都司刘治鳌、许炳煊忽为枪子穿胸,登时殒命。诸军气愤填胸,无不一以当百,纵横荡决,敌势不支。于是臣与冯子材亲督各军,大开营栅,一拥而出,敌众中枪,纷纷倒地,自相践踏,死尸山积,余皆败溃。我军从后追奔,杨瑞山督带五营适由扣波调回,抄出摩沙,沿途拦截,综计歼毙千余,擒斩数百,夺取枪炮、干粮无算。陈嘉督军左岭,正与炮台踞众力战,王德榜从甫谷横出其后，敌势遂分。陈嘉亟饬各营争抢山顶炮台，蒋宗汉、陈桂林及副将李应章等身先士卒，一鼓而上，夺回先锋炮垒。王孝祺击败右路一股，亦与左路并力夺台。综计阵斩三画及一二画法目首级二十余颗，法教各党三百余颗。各军乘胜追出关外，敌仍退入文渊。时已二更，即行收队。是日，王德榜所部楚军将近南关，遇敌驮运军火骡马。张春发等督队拦击，毙敌甚多，夺获骡马五十余匹。其前队知军火已无接济，移枪回击，楚军张春发督军力拒，提督杨文彪、萧得龙、吴次汉、副将周文斌等并力协助，游击王荣胜、守备欧福升持枪步战，敌尤惮之。各将弁奋不顾身，争先夺回失垒，游击冯兴贤欲夺他营，甫近墙边，被炮击中左膀，负伤退回，其垒遂为镇南营所得。王德榜督军进剿，直至文渊。法人一夕数惊，正可及时进取。初十日午后，冯子材督军出关，四路并进，环攻文渊，击毙红衣裤法目一人，其众夺尸而去，如鸟兽散。立将州治克复。

臣与冯子材会商进取，王德榜别由间道合攻邱骡。十一日黎明，楚军进至板泮，距墟十余里。敌欺其孤军深入，猝由大路悉众来扑。张春发、杨文彪、萧得龙等各率队伍分别迎抄，敌遂大败，夺其营垒二座。我军进逼邱骡，法众凭濠死守。副将石成玉等奋勇先登，枪伤却走，环攻不下，收队回营。十二日清晨，臣等进次巴坪，筑营未定，法先来犯。当经商定，分头迎击。臣督毅新、镇南、广武亲军等营出中、左二路，冯子材督萃军、勤军等营出中、右二路，中路甫及界牌，遇敌接仗，击毙其党甚多。左右两军已抄敌后，其众自相惊乱。王德榜已攻取东边三垒，我军遂薄邱骡。敌营如虎负隅，急切未能遽下。因复熟筹方略，激励戎行，饬令戮力图功，务须灭此朝食。陈嘉、蒋宗汉、方友升、陈桂林及提督和述廷等同率奋勇，大呼猛扑，排墙互进，殊死不退，始将其垒攻克，夺获开花炮八尊，军火无算。各军追至墟街，敌复回拒。游击陈国亮、守备林作亨、蒋得贵、千总吴芳儒均为炮子穿胸阵亡，游击陈显道亦受重伤。先是十一日，冯子材派杨瑞山督率数营绕道渡河，期于十二黄昏齐伏谅山城外。至是，各军既克邱骠，谅山法众震惧，砍断浮桥，我军追至河边，敌皆扑水逃命，淹没不计其数。各将领寻水浅处渡河，三路并集，并力猛攻；杨瑞山伏兵齐起，大呼纵击。遂于十三日辰刻克复谅山省城。其众不虞我军星夜飞来，相率警溃。派队追杀，迭有斩擒，复得开花炮八尊，军火、米粮山积。臣与冯子材、王德榜等陆续入城，一面出示安抚越民，派陈嘉率镇南各营六成行队并挑毅新七营奋勇，会同王德榜楚军四营、道员魏纲鄂军四营，赴谷松一路追剿；冯子材派萃军前后三营，赴屯梅一路追剿。都司冯绍珠、把总梁有才率队于十四日遇敌接仗，由五台而至屯梅，敌皆败溃。屯梅为长庆府治，当夜克复。生擒五画法目一名、教匪一名，其众归并谷松。我军次日又复进攻观音桥，破其巢垒，阵斩五画法目及法兵首级各一十五颗。陈嘉、王德榜及已革提督王洪顺等扫荡而前，亦将威玻、山庄、谷松等处巢垒悉行攻拔，生擒法目二画两名、一画一名、法兵十余名、教匪二十余名，斩级三十余颗，夺获枪炮、米粮不少。乘胜追至坚老、凝风一带，仍回谷松扼要驻扎。据探法众屯聚船头、郎甲两处，意在增党添资，力图报复。前抚臣潘鼎新亦于十五日出驻谅山，正思调度进取，适奉电旨革职，即行回至海村料理交卸。

臣元春钦承恩命，畀以督办重寄，敢不勉竭庸愚。窃念法人自入越南，构兵三载，背盟蔑理，自外生成。虽去秋以来，明张挞伐，从未大受惩创。此次主客各军力却强敌，迅奏肤功，能使已失州府省城相继克复，斩擒数百，歼毙累千，夺获军火、军装、军粮不知凡几。从此边防大局转危为安,洵足以申天讨而快人心,中外臣民同深庆幸。臣元春行间带罪,仰沐矜全,侥幸观成,实赖诸军之力。臣秉衡身居后路,又复渥蒙圣慈暂护抚篆,尤不容一息偷安。惟当黾勉图维,以期共济。然非督臣通筹全局,顾念兼圻,多拨劲军,宽筹饷械,安能奏效若此之速?

臣等连奉二月十三日两次电旨:初七、初八胜仗各员,苏元春、李秉衡查明请奖。将士奋勇可嘉,着苏元春、李秉衡优给奖赏,以示鼓励等因。钦此。仰见圣明策励戎行、微劳必录之至意。查关前隘之捷,各军赏银二万两:楚军赏银一万两,系臣元春及冯子材、王德榜于临阵时许给;克复文渊州赏银一万两,系冯子材许给,均经照数提发。又克复谅山省各军赏银三万两,系督臣原订之数,亦由东省转运局照数解交。另有生俘斩首法目、法兵功赏银两,均经查验明确,分别等差按名发给,综计为数亦不下二万两。臣等随时散给,宣布皇仁,将士感激涕零,莫不欢如挟纩。其余阵亡受伤员弁兵勇恤死养伤各项银两,亦经查照向章一体发给。历次在事尤为出力人员,节经各统领胪列战功,逐案请奖,未及随时核办。自应并案保奏,听候鸿施。惟统领勤字各营、头品顶戴、记名提督、广西右江镇总兵、博奇巴图鲁王孝祺,统领定边楚军各营、赏穿黄马褂、头品顶戴、革职福建布政使、达冲阿巴图鲁王德榜,统领镇南军各营赏穿黄马褂、记名提督、新授贵州安义镇总兵、讷恩登额巴图鲁陈嘉、均系曾任现任总兵藩司大员;又统领广武军各营、赏穿黄马褂,记名提督、达桑阿巴图鲁、世袭云骑尉蒋宗汉,统领亲军各营、赏穿黄马褂、头品顶戴、记名提督、哈丰阿巴图鲁方友升,分统定边楚军、赏穿黄马褂、头品顶戴、记名提督、哲尔精阿巴图鲁、世袭云骑尉张春发,均属职分较崇,如何破格施恩之处,出自圣裁,非臣下所敢擅拟。其余先后复城捣穴、卓著战功文武员弁，核其劳绩，先行拟请。并将节次打仗阵亡员弁一并分别开列清单，恭呈御览。相应吁恳天恩俯准，从优给予奖恤，以励有功而慰忠魂。此外，前敌后路在事出力人员，仍俟臣等逐一查明，再当汇案保奏。伤亡兵勇花名人数，另行咨部办理。所有官军击退大敌克复州府省城连破巢垒详晰情形，并先行开单分请奖恤缘由，理合合词恭折，会同帮办军务前广西提督臣冯子材、两广督臣张之洞，由驿具奏。伏乞皇太后、皇上圣鉴训示。谨奏。

光绪十一年五月十七日留中。

4. 奏停战撤兵并请饬催各省协饷折

光绪十一年三月二十四日(1885 年 5 月 8 日)

奏为遵旨停战依限撤兵会筹办理情形,此后边防倍关紧要,拟请饬催各省协饷以济要需,恭折仰祈圣鉴事:

窃臣等仰荷鸿慈,忝膺重寄,遵于龙州、谅山营次先后受篆接事,业经恭折专差赍进叩谢天恩。臣等自顾庸愚,深惧不能胜任,会值事机得手之际,敢不力图补救,以期早靖边氛。自二月十三日克复谅山省城以后,臣元春与帮办军务前广西提督冯子材、统领勤军广西左江镇总兵王孝祺、统领楚军前福建布政使王德榜等,商派各营分头追击,累战皆捷,连克敌巢敌垒,斩首甚多,夺其辎重。敌犹分踞船头、郎甲,添赀增党,其势复张。所有详细情形,另由臣等会折奏报。臣等正在部勒将士,宽筹饷械,一经就绪,即当大举进攻。嗣于二十五日接两广总督臣张之洞电称,总署二十二日来电,本日奉旨:法人现来请和,于津约外别无要求,业经允其所请。约定越南宣光以东,三月初一日停战,十一日华兵拔队撤回,二十一日齐抵广西边界;宣光以西,三月十一日停战,二十一日华兵拔队撤回,四月二十二日齐抵云南边界。条文未定之前,仍恐彼族要挟背盟,伺隙卒发,不可不严加防范。着传谕沿海各省将军督抚,并云南、广西督抚及各路统兵大臣,督饬防军随时加意探察,严密整备,毋稍疏懈。是为至要等因。钦此。转电到营,当即通饬各军,一体钦遵查照停撤。仍严防范,勿堕狡谋。初三复接督臣来电,续奉三月初一日电旨:停战期前,法如进犯,自应尽力堵剿。停战期后,如彼前来攻扑,该防营侦探确实,即由将领照会法官,告以现已停战,毋再进兵。倘彼置若罔闻,仍来扑犯,即行实力剿办。一面将照会原文即电总署存案,庶不令藉口我先开战,别生枝节等因。钦此。仰见圣谟广运,冀策万全,凡我戎行,同深钦感。复经恭录分别移行钦遵查照去后,臣等一面往复函商,豫筹拔队撤回之法。因将前敌左路谷松、中路观音桥所驻各营先行撤退,概于十一日拔队回扎谅山、邱缧一带;后路各营即于巴坪、文渊、那阳、峒朴等处逐节分屯,统俟二十一日撤进南关,分布关前隘、陇窑隘、幕府塘、凭祥、土州、宁明州等处;右路牧马各营亦令先移鄰岭,继扎归顺镇、安厅各隘,均属广西边界,亦与款约相符。此后边防倍关紧要,所有主客各军,除淮军鼎字五营业经遵旨遣撤,由臣等派员查点确数,按名发给三关月饷以作川资,交前抚臣潘鼎新带同启行另片陈明外,尚有广、桂、楚、鄂等军,综计不下八十营,应如何分别去留,容俟臣等函商督臣,悉心经画,再行奏明办理。

惟念太、镇两府沿边一带,幅员辽阔,路径纷歧,布置防军需营不少,粤西库款支绌,筹关饷无从,关外用兵两年,若非仰赖圣慈饬拨各省关协饷源源解济,安能士马饱腾?现计光绪九年分协饷,四川一省尚欠解银二万九千五百两有奇;十年分协饷,湖北、湖南、四川、江苏、江西五省共欠解银一十九万五千五百两。现已由臣秉衡分别咨催迅筹速解。相应请旨饬下四川、湖北、湖南、江苏、江西各督抚,将未解之项赶紧分批扫数解粤,以济要需。各疆臣体国公忠,顾全大局,自无不及时速解,共恤兵艰。臣等实不胜延望之至!

所有遵旨停战撤兵，先筹大概，及请饬催协饷缘由，理合合词会同帮办军务前广西提督臣冯子材、两广总督臣张之洞，由驿具奏。伏乞皇太后、皇上圣鉴训示。谨奏。

光绪十一年五月十七日奉旨：知道了。四川等省欠解协饷，着户部查明咨催速解。钦此。

5. 奏查明已革藩司败退情形折

光绪十一年三月二十四日(1885年5月8日)

奏为遵旨查明已革藩司败退情形,及东、西两省奏报互异缘由,据实覆陈,恭折仰祈圣鉴事:

窃臣秉衡于本年三月初三日接准兵部火票,递到军机大臣传谕,光绪十一年二月初八日奉上谕:广西关外各军叠次失利,本日已明降谕旨,将潘鼎新、王德榜革职。并派苏元春督办军务,李秉衡护理广西巡抚矣。王德榜自赴广西,寸功未立。上年派署提督,坚不受篆,意存推诿。去冬挫败,未加严谴,尚冀其自知愧励,黾勉图功。乃本年正月南关之役,据潘鼎新电称,冯子材、王德榜二十八营,飞催不至,掣肘万分等语。究竟该两军因何奉调不到,并王德榜挫败退缩情形,着李秉衡确切查明,据实具奏,毋稍徇隐。关外各军后路饷械,仍着该护抚源源接济,勿任缺乏。钦此。复于初四日接准两广督臣密咨,二月十九日总署来电,本日奉旨:彭玉麟等电奏,十三日攻克谅山等语。将士奋勇进剿,甚属可嘉。军事功罪赏罚,必期允当。此次获胜,系何军出力,并连日攻剿情形,着李秉衡据实秉公电奏。前因王德榜前年派署提督,竟不遵旨受篆,丰谷挫败,大损军威,并催援南关不至,是以降旨革职,并寄谕李秉衡查办。该藩司丰谷之败,由于猛进失利,及无后门枪等情,潘鼎新前已奏及。虽非怯退，其为偾事则一。惟潘鼎新奏称，戒令王德榜不可轻进，该司不待期会，遽行进扎；该督则称桂军失期不至。谅山之役，潘鼎新奏称催援罔应；该督则谓征调屡更。彼此互异，着苏元春会同李秉衡将以上各节迅即确查具奏，毋稍徇隐。钦此。等因。臣元春亦接准咨同前由。钦奉之余，仰见圣训周详，同深感悚。

臣秉衡伏思，王德榜去冬失利，在臣未至龙州以前；及其调援南关，在臣已至龙州以后，初既传闻大略，嗣经查确真情，且复采访舆评，与臣元春互有质证：当上年十一月间，王德榜驻营峒板，约桂军规取船头。峒板无险可凭，时虞敌制，故先期移扎丰谷，以待桂军移拔，会合进攻。殊法目侦知，悉众来争新垒，王德榜督军苦战，死伤颇多，因少后门枪，且子药已尽，势难抵御。虽失利由于猛进，犹能退保车里，力遏凶锋。桂军闻警驰援，已经无及。既而法以全力直扑谅山，潘鼎新初饬楚军赴威坡拦头迎击，继令仍回车里抄袭敌后。军情变幻，瞬息不同，虽征调屡更，亦有不得不然之势。其后南关告急，因王德榜远在百余里外，未及立时赴到；冯子材新军初到，粮械不齐，均属情有可原。业经潘鼎新于正月二十七日奏报军情折内陈明。当事机吃紧之时，或不免有措词过激之处，及后通观全局，立论自易持平。诚知早在圣明洞鉴之中，无待臣等之琐渎。

惟查王德榜夙称能军，丰谷之挫，固因力竭，回屯后路；南关之援，亦实赶赴不及。冯子材熟悉边情，素有威望，新军初到，且由东路以至南关，程途复远于王德榜，其不能朝发夕至，更属实在情形。迨至二月中，关前隘、文渊州、谅山省历次大捷，覆城捣穴，冯子材、王德榜尤为卓著战功。臣等先经遵旨据实电奏在案。

所有查明王德榜一军挫败,并非退缩,及所奏彼此互异均属有因缘由,理合恭折由驿具奏。伏乞皇太后、皇上圣鉴训示。

再,后路饷械由臣秉衡钦遵筹办,源源接济。合并陈明。谨奏。

光绪十一年五月十七日奉旨:知道了。钦此。

6. 奏克复谅山冯子材厥功最伟片

光绪十一年三月二十四日(1885 年 5 月 8 日)

再,前广西提督冯子材,上年经两广总督臣张之洞奏派,募统萃字全军出关协剿。嗣复奉旨帮办军务,该提督昔曾三次出关,荡平寇乱,廉勇素著,纪律严明,为广、越军民悦服。比以边事孔急,起病田里,重效驰驱。当谅山既陷,关门迭警,敌焰方张,军心不固,内地岌岌可危,独能愤激誓师,先发制敌。诸将领因而争自图功,戮力战阵。敌亦知其得众,疑有内应,多自搏战。故此番斩馘真法独多。敌遂不支,保关克谅,大振国威,厥功甚伟。该提督年近七旬,战辄草履身先。是盖忠义根于天性,故气能鼓之,不为少衰。而其熟悉边事,群情所向,尤为无两。臣近在龙州,于该提督知之最悉。迭奏谕旨饬查何军出力,何敢壅于上闻?至署广西提臣苏元春之屡著战功,久邀圣明垂察。他如王德榜之截击克捷,陈嘉之勇冠全军,王孝祺、蒋宗汉等之临阵奋勇,已将战事情形会同苏元春合词具奏外,臣秉衡谨再附片陈明。伏乞圣鉴。谨奏。

光绪十一年五月十七日奉旨:知道了。钦此。

7. 奏增募营勇亲兵片

光绪十一年三月二十四日(1885 年 5 月 8 日)

再,前抚臣潘鼎新在海村营次,节据善后总局司道详称:粤西伏莽未净,防范亦严,值边防吃紧之时,恐有乘隙蠢动,尤应加意防缉,请派补用副将刘锡万、补用游击廖守祥各募勇一营,驻扎省垣,以备调遣。又梧州为两粤扼要之区,民情浮动,据该府梁俊请拨防勇一二营,以资镇压。附近无勇可派,商派补用游击刁经裕募勇一营,赴梧驻防。又据左江道呈道称:前敌军情紧急,南宁府为后路转运重地,请派补用游击岑国祥、广东候补知县雷振瀛各募勇一营,协驻郡城,并顾粮运各等情。无不随时批准照办。又查上思州与越南接界,该处向有教堂,尤难保无乘机勾结情事。前抚臣遴派记名提督苏元章募勇二营,前往驻防,以昭慎重。又臣秉衡原奉奏派办理后路事宜,驻扎龙州,粮饷军火咸集于此,大军齐赴前敌,留防只有一营。当经禀商前抚臣派记名总兵王正明募勇一营,弹压地方,稽查游勇,另募亲兵小队三百名,为看守各局、巡防要口之用,各专责成。亦均照准。以上增募营勇亲兵,系于上年十二月、本年正二月陆续成军。前抚臣未及奏明,移交到臣。除将招募成营日期、勇丁名数造册咨报外,理合附片陈明。伏乞圣鉴训示。谨奏。

光绪十一年五月十七日奉旨:该部知道。钦此。

8. 奏遣撤淮军鼎字五营片

光绪十一年三月二十四日(1885 年 5 月 8 日)

再,臣秉衡于二月二十七日准前抚臣潘鼎新咨开,二月二十五日准北洋大臣电开总署二十四日来电,本日奉旨:据李鸿章奏,潘鼎新电报交卸回里,淮军拟给资遣归等语。此军前交苏元春接统,现在实存若干,着苏元春、李秉衡确切查明,妥为遣撤。即责成潘鼎新严加约束,倘沿途滋生事端,惟潘鼎新是问等因。钦此。转电到营。查淮军既奉旨遣撤,长途数千里,亟应筹给川资,以免沿途滋事。淮军前在直东剿匪,事平回皖,均照每月饷数发给三关。广西距皖较远,水路交换,惟饷项艰窘,应请仍发三关,以期敷用等因到臣。

查淮军鼎字五营,随前抚臣驻扎海村,距谅山百数十里,臣元春未及查点。此次回至龙州,由臣秉衡督同营委各员逐一点验,综计各营除愿留拨补他营缺额外,实存勇数二千三百八十三名。内籍隶安徽者一千二百八十三名,连营哨员弁共应发银一万七千三十四两有奇;其余四川、两湖、贵州、两广各省一千零八十名,以道途之远近定川资之多寡,酌拟每名给银四川七两,两湖六两,贵州五两,广东四两,广西三两,连营哨员弁共应拨银五千九百七两有奇。二共计银二万二千九百四十余两。当饬收放局员照数提出,分别备文送交潘鼎新总收。并发交营员分次散给,责成原带将领沿途约束,毋许滋事。徽省各勇先于三月初四日随同潘鼎新起程回籍,各省勇丁亦于初八、九、十等日陆续启行,均尚安静。理合附片陈明。伏乞圣鉴。谨奏。

光绪十一年五月十七日奉旨:户部知道。钦此。

9. 奏遵旨保奖出力人员片

光绪十一年三月二十四日(1885 年 5 月 8 日)

再,臣等正缮折间,准督臣电开总署十三日来电,本日奉旨:广西官军奋勇可嘉,所有出力员兵勇,着苏元春、李秉衡查明保奉,候旨分别奖赏。苏元春、冯子材等督军力剿,战功卓著,一并候旨施恩。昨据苏元春等电奏王德榜获胜情形,着俟奏折到日,再降谕旨等因。钦此。知会钦遵查照。臣元春自知负咎,方切悚惶,及蒙逾格矜全,尚复录其劳勋,天恩高厚,感激涕零。窃念主客各军同心御侮,南关大捷,遂克谅山,非冯子材、王孝祺、王德榜诸臣之力不及此。此次单开在事尤为出力文武,缘在外域迭著战功,并案请奖,与寻常内地剿匪不同。臣等仰体皇仁,不得不稍从优异。兹复钦奉前因,尤见圣泽覃敷,期于普遍之至意。惟有乞恩俯准照奖,于以策励戎行。仍俟臣等逐一查明前敌后路出力员弁兵勇,另行汇案保奏。理合附片陈明。伏乞圣鉴。谨奏。

光绪十一年五月十七日留中。

10. 奏杨牛氏殉节请旌片

光绪十一年三月二十四日(1885年5月8日)

再,据统领广武军提督蒋宗汉转据分省补用知府杨汝翼禀称:该员胞叔原任广东高州镇总兵记名提督二等男杨玉科,有妾牛氏,随嫡在籍。去秋因闻叔病请假入关就医,遣来侍疾。十一月间,由该员送至南宁,知叔病痊,早赴前敌,未及送眷回里。本年正月,忽闻叔在南关打仗阵亡,该员不敢声张,驰往龙州扶柩归葬。二月十三日行至南宁,始向告知凶耗,牛氏抚棺大恸,痛不欲生,三日不进勺水。迨十五晚,设祭哭奠之后,乘间仰药自尽,解救无及,当经殡殓,与叔遗榇一并运回湘省。该氏节烈可矜,禀请核明转禀,由该统领呈请奏乞恩予旌表前来。臣等查杨玉科为国捐躯,业经前抚臣潘鼎新奏请,从优赐恤。其妾杨牛氏远来侍疾,遽失所天,矢志从亡,实属深明大义。可谓忠节萃于一门。合无仰恳天恩,准其旌表。臣等谨附片陈明,伏乞圣鉴训示。谨奏。

光绪十一年五月十七日奉旨:杨牛氏着准其旌表。礼部知道。钦此。

11. 奏现存营勇均照淮军营制给发饷项片

光绪十一年三月二十四日(1885年5月8日)

再,广西营勇饷章,凡招自邻省者每名日支银一钱三分,米八角三勺;就本省招募者,日支银八分,米八角三勺。经前抚臣徐延旭念出关各勇,无论邻省本省,同罹瘴乡,未便轻重悬殊,奏明将边防各营勇募自本地者每名日加银三分在案。嗣前抚臣潘鼎新到粤接办军务,除随带之苏元春、杨玉科、方友升等湘勇各营,及由皖招募之鼎字等营淮勇,均按照淮军营制支食薪粮外,而桂勇各营仍照旧章支发。各军因饷章不一,勇丁战守同此艰辛,往往有所藉口。自谅山挫陷后,经前抚臣潘鼎新与署提臣苏元春等,查明各营勇除溃散伤亡,并严汰疲弱外,核实归并,共计淮、湘、桂军实存四十六营。酌照淮军营制,勇丁每名月支银四两二钱,营哨员弁、什长、亲兵、护勇、火勇、长夫等,以次递为增减。每营勇数均查照淮军营制编补足额。即自本年二月初一日起,无论淮、湘、桂军,照此一律发给,以昭画一而期用命。潘鼎新未及奏明,即值卸事移交到臣。覆查无异。除饬善后局将饷章开列送部,交将遵旨遣撤鼎字淮勇五营另片奏明外,谨附片吁恳天恩,饬部查照。伏乞圣鉴。谨奏。

光绪十一年五月十七日奉旨:该部知道。钦此。

12. 奏关外诸军撤回边界布置边防情形折

光绪十一年四月初八日(1885 年 5 月 21 日)

奏为关外诸军撤回边界,布置边防,谨陈筹办情形,恭折仰祈圣鉴事:

窃臣等前将遵旨停战,依限撤兵,会筹大概情形,于本年三月二十四日由驿驰奏在案。当三月初一日停战以后,分踞船头、郎甲五画法酋备文知会,请照津约分期撤兵,还守边界。臣元春在谅山营次,遴派委员分赴其营,覆文通好。旋据归报,该酋以礼接待,言词尚属恭顺。随饬谷松、威坡、观音桥、屯梅等处原驻各军,从十一日起陆续拔营,连环退扎,即于二十一日齐进南关。臣与冯子材及诸统将公同商酌,并函会臣秉衡从长计议,亦复意见相同。窃思法越构兵已经三载,此次大彰天讨,使其震慑军威,赴津请和。仰邀俞允,诚为柔远恤藩、固圉安民起见。凡有血气,钦感同深。

惟查粤西边界分隶南、太、镇各府,幅员辽阔,几及千里。除镇南、水口、平而三关之外,隘卡分歧,指不胜屈。设防贵扼其要,因派记名提督安义镇总兵陈嘉率新镇南全军扎镇南关,而以记名提督方友升亲军二营继其后,又派记名提督蒋宗汉率广武全军扎关前隘,同扼谅山来路。其抚标中军一营扎罗隘,以杜间道。总兵马盛治率熙字各营扎归顺州之平孟、陇邦各隘,总兵蔡简宸率简字一营扎镇安厅之那坡、百南各隘，分扼牧马、保乐来路。此为主军。冯子材萃字全军初扎平而关一带。兹于四月初一日奉旨，督办钦廉一带防务，自应钦遵办理。所部各营如何调扎，由冯子材妥为布置。其王德榜定边楚军全扎由隘，以扼文渊来路。王孝祺勤军暂扎彬桥，兼顾龙州后路。唐景崧景字十营分扎下冻、土州一带，以通镇边声息，亦便于策应太边。此为客军。无事则训练操防，蓄养精锐。务使兵归实用，饷不虚糜。仍当确探敌情，毋稍疏忽。如其背盟寻衅，别有要求，亦惟秣马厉兵，以期无患。

臣等知识短浅，忝膺重寄，深惧弗胜。惟有会商在事诸臣，和衷共济，随机应变，殚竭血忱，庶几仰副圣明倚畀之至意。除俟续后如何情形随时奏报外，所有撤兵还界、布置边防缘由，理合合词恭折，会同督办钦廉防务前广西提督臣冯子材、两广总督臣张之洞由驿具奏。伏乞皇太后、皇上圣鉴训示。

再，臣元春于三月二十三日进至龙州，与臣秉衡等晤商防务，旋于二十九日回驻凭祥土州，居中调度。合并陈明。谨奏。

光绪十一年五月二十四日奏旨：览奏。布置边防情形，尚为周妥。仍着苏元春等随时会商，妥为办理。钦此。

13. 奏分遣鄂军回鄂就饷片

光绪十一年四月初八日(1885 年 5 月 21 日)

再,鄂军四营于本年正月到防,前抚臣潘鼎新即委湖北补用道魏纲统领,请由鄂省发给十二关足饷,业经附片奏明在案。另饬先行就地添募亲兵小队二百名,由营支发月饷,并令续增四营由楚招募,所需招募经费,亦以咨明湖南巡抚发银六千两,即在应解广西协饷项内动支。嗣因停战撤兵,潘鼎新即饬该道停止增募。臣等会商将其四营调回龙州。该军夙资鄂饷,道远恐难及时解济。据其禀请回鄂就饷,洵属实情,自应准行,以示体恤。已嘱将亲兵小队二百名妥为遣散,其余衡胜一营、安胜二营、定胜一营,仍交魏纲及总兵张寿安、胡定坤分带回鄂,以专责成。除分咨湖广总督、湖南巡抚查照外,理合附片陈明。伏乞圣鉴。谨奏。

光绪十一年五月二十四日奉旨:该部知道。钦此。

14. 奏现在留防各军营数片

光绪十一年四月初八日(1885 年 5 月 21 日)

再,前抚臣潘鼎新更定边军各营饷章,从本年二月初一日起酌照淮军营制一律支发,共计归并四十六营,经臣秉衡于三月二十四日附片陈奏在案。除遵旨遣撤淮军鼎字五营外,续复裁撤钟德祥德字二营,并将抚标中军中、前二营归并一营,右路熙字六营归并五营,毅新、镇南、广武等军归并三十营,汰弱留强,冀归实用。综计先后撤去十营,现在留防兵勇三十六营。理合附片陈明。伏乞圣鉴。谨奏。

光绪十一年五月二十四日奉旨:该部知道。钦此。

15. 奏调度诸军会筹办理情形折

光绪十一年四月初八日(1885 年 5 月 21 日)

奏为钦遵谕旨调度诸军会筹办理情形,恭折仰祈圣鉴事:

窃臣元春于本年三月初四日在越南谅山营次,承准军机大臣字寄,光绪十一年二月初八日奉上谕:广西关外军务屡次失利,潘鼎新调度乖方,本日已降旨将该抚及王德榜均即革职。并令苏元春督办广西军务矣。王德榜所带各营,即令苏元春接统,竭力整顿,妥筹抚驭。王孝祺各营及湖南新拨周家盛暨廖长明所带各营,均归该提督节制调遣。此外潘鼎新所部各军,尚有若干营,均应归并调度。该提督久经战阵,现在膺此重任,务当调和将士,联络军心。边境要隘,应如何分派扼守,必先自立于不败之地,再图进取。广西巡抚已令李秉衡护理,各军后路饷械并谕源源接济。该提督随时互商办理。冯子材一军,前据彭玉麟等电请调回广东,业经谕令与潘鼎新酌办。军情瞬息千变,该军应否调回,着彭玉麟、张之洞悉心筹商,定议具奏。将此由六百里各谕令知之。钦此。遵旨寄信前来。跪读之余,仰圣训之周详,冀戎机之慎重。当即恭录移行,一体钦遵查照。

维时谅山克复已阅两旬,且经奉旨停战撤兵,不能不变通办理。所有湖南新拨之周家盛等营,闻已早入粤境。廖长明等营尚未由湘起程。经臣秉衡函商臣元春,飞书阻其前进。复经两广督臣电奏,奉旨依议。遵即恭录饬知,分别折回中止,以节糜费。淮军鼎字五营,先已奏明遣撤回籍。尚有抚标中军中、前二营、亦系潘鼎新随带在防。经臣秉衡派员点验、汰弱留强,归并一营,冀收实用。亦已交臣元春节制调遣。此外,方友升统带抚标亲军二营,蒋宗汉统带广武军十营,先由潘鼎新拨归调遣,与臣原部毅新、镇南、熙字等军,除遣撤归并外,综计尚不下四十营。其王孝祺勤字八营,与冯子材萃字十八营,均系东军。前者转战经旬,克奏奇捷。此后边防,两粤唇齿相依,应如何布置联络,并顾兼筹,商请督臣随时裁夺。

惟王德榜统带楚军十营,自湘远来,出关最久。当奉命交臣接统其军之日,正所部肤功迭著之时。臣以该藩司夙号知兵,已著成效,未便更张。与臣秉衡往复函商,似应暂缓交替,以系士心。并将奉旨饬查各节,逐一查明,据实奏复。固知圣明洞鉴,自有权衡。惟应静候恩施,以昭激劝。目下边防布置,正在需人,可否将所部十营仍归王德榜统带,以期将士相习,有裨边陲。臣元春近在一方,亦当遇事熟商,不敢稍存歧视。拟俟将来详约既定,无有他虞,再当察看情形,请旨办理。臣等为通筹全局起见,理合词恭折,会同督办钦廉防务前广西提督臣冯子材、两广总督臣张之洞由驿具奏。伏乞皇太后、皇上圣鉴训示。谨奏。

光绪十一年五月二十四日奉旨:览奏已悉。王德榜一军,着仍遵四月二十日谕旨办理。俟事定后,应撤应留,由李秉衡等酌度奏明请旨。钦此。

16. 奏报省河陡涨成灾妥筹抚恤折

光绪十一年五月二十二日(1885年7月4日)

奏为省城河水陡涨,淹没田庐,损伤人口,灾象已成,现饬动款开仓妥筹抚恤,恭折驰陈,仰祈圣鉴事:

窃臣在龙州防所接见因公南来各员,询知四月以后,桂林府属雨水太多,恐致伤稼。正在行查办理间,接据藩司张梦元、盐法道庆爱会禀称:入夏以来,附省地方天雨过多,河流不时泛涨。五月初一日,大雨如注,连宵达旦,山水同时涨发,宣泄不及。初二日自寅至辰,河水陡长二丈有余,势极汹涌。维时城外楼居民人先见青气倏变白气,后变黑气,水即随之而至。闻系上游发蛟,近河民房多被冲倒。对河东州一带尤甚,男妇丁口多有淹毙。省城东西南文昌、行春、伏波等门,被水灌入,城内街市水深二三尺不等,民房及书院、庙宇亦有倒塌。淹毙人口尚未查明实数。据桂林府知府秦焕临、桂县知府全文炳禀报相同。初四日,水渐消退,被水难民一时无从觅食。该司道已饬桂林府督同临桂县,会同绅士查办抚恤。并移参将蔡瑞祥邀集城绅往会东州绅士,分设粥厂六处。又派保甲局员会同城绅在东西南北及文昌武门外,分设粥厂七处,先济难民日食。诸绅笃念桑梓,帮筹赈恤,甚属急公,民情亦尚安静。此次水势泛滥,临桂沿河乡村及上下游地方被淹之处,恐已不少。

已遴委各员分赴上下游灵川、兴安、全州、阳朔、平东各州县，会同地方官查看被水轻重情形，据实飞禀，分别酌办。临桂县属四乡，即饬全文炳确勘办理等情前来。

臣伏查粤西兵燹之余，元气未复，伏莽犹多，此次猝遭水灾，小民荡析离居，深堪悯恻。若不及早广筹赈济，必致流离失所。值此边防未定之时，设有莠民乘机滋事，关系非轻。现在省城内外虽设粥厂，而被灾较广，就食维艰，非宽筹赈抚，断难有济。臣已分别函饬，先由司提用局存梧州归公经费银一二万两，就被灾处所先行散放抚恤。并令开仓放米，分给灾黎。仍当另筹接济。一面遴委诚实可靠之员，分赴被水各州县，会同地方官周历灾区，确切查勘，务将被灾轻重情形，淹死人口若干，迅速据实禀报，以凭核办。倘有隐匿、敷衍情弊，定即从严参办。

臣暂护抚篆，奉职无状，致地方遘此奇灾。实深惶悚。惟有力图补救，以期稍赎愆尤。仍俟查明详细情形。另行奏报外，所有省城被水淹没田庐，损伤人口，灾象已成，现在速即动款开仓妥筹抚恤各缘由，理合会同两广总督臣张之洞，恭折由驿驰陈。伏乞皇太后、皇上圣鉴训示。谨奏。

光绪十一年六月十八日奉旨：另有旨。钦此。

17. 奏续报被水灾区较广宽筹抚恤折

光绪十一年六月初八日(1885 年 7 月 19 日)

奏为续报被水灾区较广,亟应宽筹抚恤,以重民生,谨陈办理情形,恭折仰祈圣鉴事:

窃臣前因省城河水陡涨,淹没田庐,损伤人口,灾象已成,先饬动款开仓,妥筹抚恤,曾将办理缘由于本年五月二十二日由驿驰奏。并附片陈明梧州府城亦复被水,并饬一体抚恤在案。臣于拜折后,连日接据桂林府属之义宁、永福、全州、灵川、阳朔,梧州府属之怀集、藤县,浔州府属之桂平、平南、贵县,泗城府属之凌云等州县先后禀报,各该地方纷纷被水。总在五月上旬,尽因大雨连宵,宣泄不及,或江流盛涨,或山潦横行,人口因有损伤,田庐亦多淹没。实为数十年未有奇灾。小民荡折离居,殊堪悯恻。窃维救灾宜急,救粤西之灾尤急。诚以地方瘠苦,伏莽未清,又际边防未定,若不迅速力筹赈恤,广为抚绥,设有莠民乘机滋事,其患何堪设想?臣与司道函商,原提局存梧州归公经费银一二万两不敷分拨,现虽设法劝捐,仍属缓不济急。因于前抚臣劳崇光昔年倡设同善局内提出当本银一万两,又于提存各闲款尽数搜罗,动用银一二万两。由藩司张梦元暨善后局司道察被灾重轻,酌发款多寡。遴委廉干多员,会同地方州县分投确查,核实散给,务使民沾实惠,不致有失所之虞。此外续有报灾,仍当另筹抚恤。统俟查明灾歉详细情形,应征本年粮赋如何,分别请蠲请缓,再当详晰具奏,吁恳天恩,以冀仰副圣主矜灾恤民之至意。

所有被水灾区较广,续筹动款抚恤缘由,理合会同两广总督臣张之洞,恭折由驿驰陈。伏乞皇太后、皇上圣鉴训示。谨奏。

光绪十一年八月初五日奉旨:览奏已悉。迭经降旨,谕令妥筹抚恤。并钦奉懿旨,发款赈抚,即着李秉衡督饬印委各员认真经理,务使实惠及民,毋任一夫失所。钦此。

18. 奏谢从优议叙折

光绪十一年七月初四日(1885 年 8 月 13 日)

奏为恭谢天恩,仰祈圣鉴事:

窃臣于龙州营次,接准部咨光绪十一年五月十五日内阁奉上谕:苏元春、李秉衡奏,官军迭次克城破垒,请将出力阵亡员弁分别奖恤一折。护理广西巡抚按察使李秉衡,转运后路粮械,俾无缺乏,允宜一体加恩。李秉衡着交部从优议叙。钦奉慈禧端佑康颐昭豫庄诚皇太后懿旨:苏元春所部各军尤为出力,兵勇着共赏给内帑银五千两;冯子材、王孝祺、王德榜所部各军尤为出力,兵勇着共赏给内帑银五千两。由苏元春、李秉衡分别发给,以示鼓励。钦此。其阵亡之总兵孙得胜等,均着照所请,分别从优议恤。余均照所议办理。该部知道。单二件并发等因。钦此。钦遵交出到部咨会前来。当即恭设香案,望阙叩谢天恩。并恭录谕旨咨行署提臣转饬一体照去后。

伏念臣忝居后路,未效前驱,幸将帅之和衷,喜师徒之奏捷。方愧运筹鲜济,乃邀甄叙从优。在圣慈赏不逾时,微劳必录,而臣下力难负重,图称靡由。惟有将边防应办事宜,会同署提臣悉心经画,勉竭涓埃之报,仰酬高厚之施。

所有微臣感激下忱，理合恭折具奏。叩谢天恩。伏乞皇太后、皇上圣鉴。谨奏。

光绪十一年　月　日奉旨:知道了。钦此。

19. 奏边军月饷酌中画一折

光绪十一年七月二十二日(1885年8月31日)

奏为通筹边军饷章,酌中画一,期归节省而经久远,并前已发加饷邀免追缴,据实沥陈,吁恳天恩,俯赐照准,恭折仰祈圣鉴事:

窃臣秉衡于六月二十四日准户部咨,议覆前奏营勇饷章暂行量予加增一片。光绪十一年五月二十三日奉旨:依议。钦此。恭录照转咨臣元春一体钦遵等因。查钞录原奏内称:广西剿办洪逆军需成案,壮勇由本省雇募者,每名日给盐菜银八分,由邻省雇募者名日给银一钱三分,历经查照办理。光绪四年间,剿办李扬才案内,广西本省壮勇口粮仍系照案发给,并未加增。十年正月间,前广西巡抚徐延旭奏,出关本省壮勇每名每日加银三分,当经臣部查与历次销案不符,行令仍遵成案办理在案。今据李秉衡奏称,自本年二月初一日起,无论湘、淮、桂军,均照淮军营制,每名月支银四两二钱等语。查各省营勇饷章,向来多寡不同,历经分别支销,不能一律办理。即云广西出关壮勇所领口粮较少,亦岂能以每月向领二两四钱者,猝改为四两二钱之多?除湘、淮各营勇饷,仍照各省向章办理外,至现在之广西本省壮勇,拟于每月支饷银二两四钱外,酌加银六钱,共月给银三两,以示体恤。即自本年二月初一日为始。一俟撤回关内,仍照旧章支给。请旨饬下,臣等遵照办理等语。在部臣诚为慎重军需，杜涉虚糜起见。惟臣等通筹大局，事有难行，曷敢稍事迁就，不以直陈？查桂军饷制，本视他省为轻，使与他军驻非一地，统非一人，犹可无虑相形。即如往年桂军出关，悉征土匪，用防营支防饷，勉支犹易。其后虽有客军，而饷出邻省，军自为统，亦尚无辞。迨前抚臣潘鼎新随带湘军来粤，续又调募淮勇多营，同一统帅，同一地方，而湘、淮饷厚始相形见绌，不无繁言。前者观音桥、纸作社等战，桂军尚能奋往；其后拒敌谷松、威坡，兼旬苦战，卒以力弱不支，还屯边隘。每谓效命不后于湘、淮，营章独绌于桂饷，因之益多觖望。又值敌势方张，尤虑兵心涣散。潘鼎新目击情形，因商同臣元春，就各军汰弱留强，减营增饷，核实归并，共成四十六营，自本年二月初一日起，均照淮军营制，每名月给四两二钱，期于饷归一律，无所藉口。维时臣秉衡督办后路事宜，奉文照办。潘鼎新旋即卸事，未及奏明，移交到臣。随于三月二十四日附片具陈，奉旨：该部知道。钦此。钦遵传知各营，莫不感颂皇仁，共图奋勉。今部议援章核驳，凡现在关外广西本省之壮勇，只准于例支二两四钱之外，加以六钱，撤回关内仍循旧章。臣等苟可遵照，亦可敢再三陈请？惟当谅山关门失挫，大局岌岌可危，审机度势，若不立予变通，几于不可收拾。乃自加饷以后，桂军皆争先恐后，万众一心，未几即有关前隘大捷。旋经克复文渊、谅山、连下威坡、山庄、谷松等坚垒。一转移间，军事转钝为利，未始非饷归一律之明效。若于加饷既发之后，复勉从部议，势必仍行追缴。纵不以后日号令不足示信为虑，而勇丁日需食用旋得旋罄，无论遣撤亡故早归无著，既现在行间亦无从措手。情实然也。且当大军撤关之日，正战士立功之初。朝廷方录微劳，懿旨特颁内帑，鼓励戎行，有加无已。臣等又何能于甫经加增之饷，详约未定之时，遽行议减？即难议减于前，即难追还于后。此自二月以还，与未奉部咨以前，所发加饷不能不邀免追缴之实在情形也。

边关内外悉属瘴乡，水土恶劣，龙州、凭祥、关前隘分设医局，自本年春起，日施药千余剂，瘴故勇丁且不下二千余众。而边徼荒瘠，多军久驻，物价百昂，钱复奇绌，山蔬每斤至四五十文，银每两仅易钱千二百文内外。银贱食贵，今昔异形。如照日给八分旧例，食用尚不能给，又安能约束训练，选用精强？然当此军用浩繁，饷项支绌，臣等受恩甚重，何敢不力求撙节，以为持久之图？再四筹商，计惟裒多益寡，减湘、淮饷所不得不减，即增桂饷所不能不增。拟请无论湘、淮、桂军，每营正勇五百名，月饬每名一律支三两二钱，较之本省旧章固多八钱，而视桂勇募自邻省旧章，每名已减七钱。若计湘、淮饷数，每名且减一两矣。查现存三十六营内，湘军十营，淮军一营，桂军二十营，桂军募自邻省者五营，照部定旧章分军分饷统计，三十六营每月共需饷七万数千两。如臣等所请，无分本省、客军，均照每名月支三两二钱，连营哨、什长、杂支、夫价各款，每营月需饷两千两零，合三十六营而计，每月共支饷七万二千两内外。核与部章并无悬殊。似此前后增减，胥归一律，既无此绌彼盈之迹，视前饷数亦所减实多。仍与部臣节饷之意隐相符合，画一酌中，殆无逾此。此边军饷制必须因时制宜之实在情形也。

窃维边关防务，非计日所能蒇事，善后实为创始，而沿边袤延千数百里，各军均须紧屯隘口，严加控扼。日处蛮烟瘴雨之间，与前此防军撤回腹地者，迥不相侔。必有以固结其心志，方足收他日缓急之用，为边圉巩固之谋。合无仰吁天恩，俯念广西边军久征关外，克奏奇绩，于前所有已加饷银免其著追，七月以后各军口粮即照三两二钱一律支销，以示体恤而免分歧。其腹地防营，仍照旧章办理,不得援以为例。仍当随时汰弱留强,益期裁省。臣等为恤军节饷核实经久起见,是否有当,仰吁圣明洞察,恩准施行。除将营制饷章另行详细报部外,臣等谨合词恭折,会同两广总督张之洞,由驿具陈。伏乞皇太后、皇上圣鉴训示。谨奏。

光绪十一年九月十五日奉旨:户部议奏。钦此。

20. 奏勘修镇南关城并存抚义民折

光绪十一年七月二十二日(1885 年 8 月 31 日)

奏为勘修镇南关城,驻军合力助工,以期固圉节费,并随时存抚义民,谨陈办理缘由,恭折仰祈圣鉴事:

窃臣等前因关外诸军撤回边界,谨将筹办情形,于本年四月初八日恭折由驿驰奏。五月二十四日递回原折,后开军机大臣奉旨:览奏。布置边防情形,尚为周妥。仍着苏元春等随地会商,妥为办理。钦此。跪读之下,感悚同深。

伏查粤西沿边千数百里,隘卡纷歧,外通越南谅山、高平、太原、宣光等省,实属防不胜防。惟有严锁钥以扼要卫,庶可安常而应变。则修复镇南关城,实为今日先务之急。关去谅山四十里,为出越北圻正路。前经轰毁,一片焦土,中外无阻。臣等详度熟商,工难少缓。由臣元春督饬驻防南关之提督方友升、副将陈桂林先行筹办。臣秉衡驰往会同勘估工程,查看旧基,低下未得形势。关东数十武有土山,关西里许有石壁,皆高耸可俯瞰关外。诸峰实据形胜,就壁凿磴,以便上下。筑大炮台于其岭,土山顶亦筑台对峙,傍关左右各副一小炮台,接两山,就高下,筑东西关城三里许。城身土筑,内外包砌砖石,高近二丈,宽如之。台亦加厚。现在土筑及半,坚固可凭。以视昔之低下,迥不相侔。关门内向有昭德台,亦应修复,以崇体制。惟此项工程浩大,需款甚巨,急切难筹。臣等经画再三,非资勇力难期济事。举凡除道、筑墙、伐木、运石等役,悉以责成各营队合力助工,量予犒赏。但于内地雇觅木、石、泥水各匠数百名,购买砖瓦、灰油等物,核实估计工料银约三万两左右。虽筹款仍属不易,要当勉图办理。其勇丁本隶方友升、陈桂林部下,该二员随时监督,实力讲求。并由臣秉衡派员综理收发,臣元春等仍不时亲往查催。约在冬腊月间,可以据报工竣。

前者越地义民,间有流徙边内。臣秉衡随派留甘候补知府陈嘉绩等分投存抚,酌给钱米,以资养赡。并勘度荒地,愿留者发给籽种、牛具、盖屋之资,令其开垦,沿边安插以系流亡之心。各义民旋闻谅山一带尚能安堵,陆续归去。臣仍饬给路费。此后惟当于内附者无使失所,安土者听其自然,以广皇仁而免事端。

臣等仍严饬各营认真稽查操练,毋稍疏虞,以期固圉绥疆,仰副委任。所有臣等履勘关门,力筹修复,并存抚义民缘由,理合合词恭折,会同两广总督臣张之洞、督办广东钦廉防务前广西提督臣冯子材,由驿驰陈。伏乞皇太后、皇上圣鉴训示。谨奏。

光绪十一年九月十五日奉旨:知道了。即着督饬员弁认真修筑,并将流徙入关越民随时存抚,关成工竣后,即绘图贴说呈览。钦此。

21. 奏知县陈鸣谦起病调营差遣片

光绪十一年七月二十二日(1885 年 8 月 31 日)

再,前任崇善县知县陈鸣谦,于上年六月内,因病禀请开缺,回籍调理。当经前抚臣潘鼎新照例题请开缺,由司委员验明陈鸣谦患病属实,并无捏饰规避,应准回籍调理,病痊尚堪起用。复经题报在案。嗣该员在省就医,尚未回籍,业已调治痊愈。例得由任所督抚验看起病。臣秉衡因布置边防,差委需人。查该员朴诚廉勇,历著循声,堪以调营差遣。据报于本年六月初二日到龙州行营,验看差遣。惟病痊起用人员,例应赴京引见。今该员调营差委,未能即行赴就。拟吁天恩,准以该员到营当差之日,作为起病到省日期。俟差遣事竣,再行送部。除饬将起病、供结照例办理咨部查照外,臣秉衡谨附片陈明。伏乞圣鉴训示。谨奏。

光绪十一年九月十五日奉旨:着照所请。吏部知道。钦此。

22. 奏革道赵沃起解出境并饬催前进片

光绪十一年七月二十二日(1885年8月31日)

再,臣秉衡于本年五月二十九日接奉军机大臣传谕,光绪十一年五月初四日奉上谕:已革道员赵沃,前有旨定为斩监候罪名,解交刑部监禁。业经潘鼎新饬司办理。该革员究于何日起程,现在行抵何处,着李秉衡饬催迅速前进,毋许逗留。一面将起解日期先行奏闻。将此传谕知之。钦此。遵旨传谕前来。臣查该革员赵沃,经前抚臣潘鼎新派员押解到省,由司详委补用同知张鸿芬、补用通判胡昱宣解赴刑部。于本年四月二十四日由省起程,是月二十九日已入湖南永州府境,趱行前进。现在计当行过湖北地方。附恭录谕旨咨会沿途湖北、河南各抚臣饬催迅速前进外,理合附片陈明。伏乞圣鉴。谨奏。

光绪十一年九月十五日奉旨:知道了。钦此。

23. 奏饬署藩臬各缺片

光绪十一年七月二十二日(1885年8月31日)

再,臣秉衡于七月初七日钦奉初六日电旨:张梦元已调补福建布政使,着李秉衡传知,即由广东乘轮迅赴新任,毋庸来京请训。广西布政使着该护抚派员署理。钦此。当即恭录行知张梦元钦遵办理。自应遵旨派员署理藩篆,以便张梦元交卸起程。查盐法道庆爱在粤年久,熟悉谙练,前曾历署两司印务,措置裕如,堪以署理藩司篆务。臬司系臣本缺,前经带印出省,驻扎龙州办理后路事宜。本年举行乙酉科乡试,两司政务较繁,非有在任之员难资统驭,应另遴员接署。惟在省别无实缺司道。左江道彭世昌,系正途出身,甫经调省,委充监试,难以兼顾。查有候补道沈康保,老成稳练,办事细心,堪以署理臬司篆务。庆爱所遗盐法道员缺,查有桂林府知府秦焕,堪以暂行兼护。除分檄饬遵,并将臬司印信派员赍送省城,交沈康保接收外,臣谨会同两广总督臣张之洞,附片具奏。伏乞圣鉴。谨奏。

光绪十一年九月十五日奉旨:吏部知道。钦此。

24. 奏谢简授广西布政使折

光绪十一年七月二十四日(1885 年 9 月 2 日)

奏为恭谢天恩,仰祈圣鉴事:

窃臣于龙州防次,接准部咨光绪十一年六月十一日奉上谕:福建布政使着张梦元调补,广西布政使着李秉衡补授等因。钦此。当即恭设香案,望阙叩头谢恩。伏念臣奉职粤西,筹防后路。初陈臬事,愧驽效之无能;暂护疆符,感鸿施之逾格。兹复仰承简命,擢任藩司。殊恩既畀乎再三,自省弥增其兢惕。查藩司有察吏、理财之责,桂省当防边善后之时,本年五月上旬各属地方被水灾区较广,臣咎难辞。赡军贵裕饷需,率属先严操守。念流民之未辑,赈恤宜周;虑伏莽之犹多,清除不易。如臣梼昧,深惧弗胜。现计抚臣张曜来粤需时,奉旨令臣仍护抚篆。臣俟将来交卸后,另行奏请陛见。冀祗聆乎圣训,俾有遵循;期殚竭夫愚衷,勉图报称。庶几仰答高厚生成于万一。

所有微臣感激惶悚下忱,理合恭折叩谢天恩。伏乞皇太后、皇上圣鉴。谨奏。

25. 奏统军大员陈嘉积伤病故请优恤折

光绪十一年八月初三日(1885年9月11日)

奏为统军大员积伤病发,在营身故。胪陈生平战绩,吁恳天恩,俯准优恤,并请将所遗员缺迅赐简放,恭折仰祈圣鉴事:

窃统领毅新镇南各军贵州安义镇总兵记名遇缺简放提督头品顶戴讷恩登额巴图赏戴花翎赏穿黄马褂云骑尉世职陈嘉,于本年七月初四日在龙州营次,伤发病故。臣元春等亲理其丧,妥为照料后事,另行遴员接统所部各军。所遗安义镇总兵员缺紧要,相应请旨简放,以重职守。

查该故员陈嘉,系广西荔浦县人,起家军旅,忠勇性成。当同治七年,隶臣元春部下,剿办黔苗,委带勇营大小数百战,克府厅州县城以十计,苗寨苗巢以百计,全股殄灭无遗。苗疆肃清,以该员功为最。光绪七年,因臣丁忧,给假治丧,抚臣奏派该员代统。臣军驻防宝庆,时逾四月,深得军心。上年三月随臣来粤,剿土匪莫梦弼于思恩。臣秉衡始与识面。及其出关御敌也,初捷于船头,联捷于陆岸、于纸作社。敌惊奇勇,为之夺气。冬暮,敌大至。该员指挥将士,鏖战数昼夜,力不支,受创昏倒,左右掖之去。既觉,挥刀叱退者,誓不还。卒能激励将士,转败为功。今春二月,遂有关前之捷。既而克文渊、复谅山,悉破威坡、山庄、坚老、谷松诸垒。

臣等奏蒙恩旨褒嘉,特颁珍物,并赏给头品顶戴云骑尉世职。是其功绩卓著,尽在圣明洞鉴之中。

惟该员随臣元春十有七载,竭忱报国,实有同心。今臣奉命督办边防,正资臂助,乃因伤病,卒殒厥身。边事方殷,使人扼腕。盖其老于战阵,久历瘴乡,积病已深,被伤尤重。当谷松初下,病正亟,强之回谅,闻警呼卒,舁以行,仍赴军。三月班师,驻关前隘,病加剧。臣秉衡遣医生往视,属来龙就医不听。臣因勘修南关工程之便,复赴其军敦劝,归后屡函促之始来,来已不可为矣。伤遍体如刻画然,损一目,尝溃脱碎骨碗许,铅子未出者尚十数。每云历战阵出血过半,年未五十,时苦不支。此番受峻补之剂百余,卒无起色,固知其非死于病也。疾革部将来视,犹问营务敌情,及关城工作,无他语。臣元春适因会商防务来龙州,与臣秉衡日一往视,仍喃喃计军事。臣秉衡窃谓多年心目间似此将领,实未数遇。时艰未已,需材孔殷。如陈嘉其人,用之捍边卫内,未尝不有裨益。与臣之洞函牍论及,亦深韪其言。不虞其中道云殂,此臣等所以同声叹息,深为国家惜良将之不易得也。合无仰恳天恩,俯赐破格优恤,并将该故员生平战绩宣付史馆,以彰忠荩而劝勤事,出自高厚矜全。臣等谨合词恭折由驿具陈。伏乞皇太后、皇上圣鉴训示。谨奏。

光绪十一年十月初五日奉旨:另有旨。钦此。

26. 奏提督刘先胥等阵亡请恤片

光绪十一年八月初三日(1885 年 9 月 11 日)

再,臣元春所部各军,及臣秉衡随带员弁,凡有打仗阵亡、积劳瘴故者,均经随时查明,奏请恩施饬部议恤在案。嗣据统领升字各营记名提督方友升、统领勤字各营右江镇总兵王孝祺、原统龙字各营记名提督董履高、分统毅新各营补用副将陈桂林及营务处道员陈嘉绩等先后呈报:头品顶戴记名提督额腾依巴图鲁刘先胥,在镇南关督勇修工,积染炎瘴身故,两广委用记名提督达春巴图鲁王正国,因在营患病,触发旧伤身故。又游击陆凤山、守朱允成、蒋得贵、董正旭、千总董履功、卫千总董正善、外委董履宗、六品军功李本宏,均于上年十二月在谷松、威坡打仗阵亡。拔补把总李祯祥,六品军功钟祥麟,均于本年二月在谷松打仗阵亡。又同知衔山西候补知县杨耀彬、盐提举衔广西试用通判黄芝、拟保县丞分省补用湖南廪生王宗亮、广西前补永宁州吏目吴家璟、广西候补巡检谭景麟、州同衔广西试用典史王湜猷、拟保教谕贵州岁贡生吴宗杰,均系派在前敌,或转运军火,或采办军粮,或侦探军情,无不倍尝艰险,卒以积劳中瘴致病,先后身故。臣等覆查该各故员,或为国损躯,或急公效命,若不乞恩赐恤,何以风示后来?惟有仰恳圣慈,准将提督刘先胥、王正国二员照军营立功后瘴故例,从优议恤;游击陆凤山等十员弁照阵亡例,从优议恤;知县杨耀彬等七员名,并照军营立功后瘴故例,从优议恤,以慰忠魂。凡在戎行,同深观感。

再,龙州旧有昭忠祠,系前提臣冯子材捐资创建,奏明有案。臣等拟将近年用兵关外历次阵亡瘴故各员弁,悉行附记其中,容俟查明列祀,再行造册咨部,合并声明。臣等谨附片陈请,伏乞圣鉴训示,谨奏。

光绪十一年十月初五日奉旨:刘先胥等、杨耀彬等均着照军营立功后瘴故例,从优议恤。陆凤山等均着照阵亡例,从优议恤。余依议。该部知道。钦此。

27. 奏查明已革抚臣被参各款折

光绪十一年九月二十五日(1885年11月1日)

奏为查明已革抚臣被参各款,谨据实覆陈,恭折仰祈圣鉴事:

窃臣于本年五月二十九日在龙州防次,承准军机大臣传谕光绪十一年五月初四日奉上谕:有人奏,已革广西巡抚潘鼎新,营私误国,请旨治罪查抄一折。据称,潘鼎新欺饰偾事,退缩妒嫉,罪不容诛。其散放军饷,干没克扣,种种渔利。且有贩卖烟土,运银还家情事,以致大失人心。查办赵沃受贿十万金,藉藉人口等语。前因潘鼎新调度乖方,业已降旨革职。兹据所奏营私贻误各节,如果属实,厥罪甚重。着李秉衡、张梦元按照所参各情,秉公确切查明,据实具奏,毋得稍涉瞻徇,自干咎戾。原折均着抄给阅看。将此由五百里各传谕知之。钦此。等因。钦奉之下,臣当即恭录行知布政使臣张梦元钦遵一体确查去后。臣一面遴派委员接见属吏,逐一查访,详稽案牍,考证人言。谨为我皇太后、皇上陈之。

如原奏内称,去岁八月十四日,陆岸之役,所攻非贼,无所谓胜。十八日,贼犯船头,苏元春接仗,营官阵亡者三,受伤者五,兵勇死者千计,所杀真洋人四、教匪数百,而苏军精锐殆尽,遂退谷松。二十日,贼犯郎甲,四面合围,亲军数十人翼方友升以出,计方军生还者二百余人,周寿昌援军生还者六十余人,而营官二十余员、兵勇四千余名全行覆没。潘鼎新乃有叠获大胜之奏一节。臣查陆岸船头之战,八月十四日,提督苏元春督饬将士在陆岸对河接仗,斩杀甚多,南岸亦被我军轰毁兵船一艘。十八日,彼船驶至陆岸,水陆扑犯,复经苏元春与总兵陈嘉分兵鏖战,乘胜进击,挫其凶锋,迭次获胜,尚非虚饰。然兵凶战危,将士奋不顾身,实有损折。所称苏军精锐殆尽,则亦传闻之过。郎甲一役,方友升力战受伤。官兵死伤较多,并无全行覆没之事。惟时当炎热,瘴疫交侵,因伤因病后先死者近三千人。曾经奏明有案。

原奏又称,十月二十八九日,我军又败,阵亡官勇甚众,所得贼级则土人贪赏杀其外出侦探者。潘鼎新又有纸作社大捷之奏一节。臣查纸作社之捷,苏元春所部各营,或当晚埋伏,或次晨接应,阵斩兵目三画二画一画四名、兵级十一,教级二,共计十有七颗。解经潘鼎新验明,饬发龙州悬示,商民共见,莫不称快。其为并非土人杀其侦探可知。

原奏又称,十二月二十二日,谷松鏖战,诸军请领逼码不得,败守威坡。二十七日,贼复来犯,正力战间,潘鼎新忽撤龙字等五营回谅山,各军惊恐。二十八日,再战,遂至大溃。潘鼎新闻前军告警,即于二十八夜弃谅山观音岩,逃回南关。本年正月初五日,逃回幕府。初九日,逃至凭祥。晚得贼入南关之信。复宵遁海村,再遁龙州一节。臣查谷松一路,苏军扎当敌冲。十九日,御其大股,苦战三昼夜,军皆力竭退守威坡,并非因请领逼码不得之故。总兵董履高身被枪炮重伤,舁回医治。所部龙字营勇,亦复调扎谅山。苏军续经血战六昼夜,将士伤亡接踵,终以援乏不支。潘鼎新于二十九日回守南关,苏元春仍在关外堵扼。正月初五日,总兵杨玉科亲率所部归至文渊,以守关自任。是晚,潘鼎新遂至幕府。初九夜,复至凭祥。次早,扼扎海村。并无直至龙州之事。

原奏又称,王德榜一军,本欲驻军高平,为谅山犄角。而潘鼎新故令僻处那阳,其地水土恶劣,病殁者半。且进则策应无人,守亦转运莫继,愤恚独出,以致于败。冯子材一军,于十二月到防,二十七日驰至峒朴,距谅山仅六十里。潘鼎新飞员阻止,勒回派站。正月初三日,冯军驰至南关,潘鼎新面晤冯子材,辞色惭怒,有守关何须萃军之语。又勒回派站一节。臣查王德榜楚军当二次出关之初,自请独当高平一路。潘鼎新业经商定,后因敌势偏重东南一面,派扎那阳。王德榜约贵军规取船头,先期移扎丰谷,讵新垒甫定,彼族侦知,并力来争,桂军驰援不及。王德榜督军苦战,子药已尽,势难抵御,退保车里。尚非令处僻地,策应无人,愤恚致败。冯子材正月初三日见潘鼎新,面商战守之策。答称,守关不须萃军,尚有广武等军足恃,仍令速回派站,以顾东路。询据王德榜面述,移查冯子材咨覆,均属相符。

原奏又称,自潘鼎新抵粤,旧时营勇全数裁撤,而欠饷或三四月,或五六月,每营仅予银千两,令其自散,军士大哗。降贼者为之力战,不降者麕聚高平、谅山之间,梗阻运道。潘鼎新乃按月报销,干没钜款。将领薪水初许每月百金,旋改三十金,采办物价先令垫给。继则多方勒捐,悉以入己,文武员弁纷纷求去,幕府一空一节。臣查潘鼎新到龙州之初,旧时营勇并未全数裁撤,要皆汰弱留强,归并足额。曾经奏明遣散二十余营。既非足额,又非原人,势难补算前任欠饷,且亦实在无款可筹。只能分给遣资,每营大小不一,或给二千数百金,或给一千数百金不等。询据苏元春面称,上年六月,潘鼎新商请该提臣将已革道员赵沃原带右路防军十六营,饬派副将马盛治前往遣撤,经赵沃解缴银一万一千五百两,又龙州收放局一次解银四千九百五十一两,二次解银三千六百两。综计二万五十一两。均经散给清讫。复询据补用道赵济川面称,上年六月,奉派遣散固边右、固边中、克字等三营,共发过实银三千三百两,另试用知府魏绶先遣散固边副前、固边副中、捷字等三营,所发银数亦相同。是潘鼎新原奏之言尚非假饰。至关外用兵已久,历年散勇彼募此汰,觅食无方,流荡不归,日聚日多,尚非潘鼎新任内始有之事。将领薪水每月百金并未改少,亦无勒措垫给采办物价之事。若谓员弁求去,幕府一空,由于瘴故者多人,皆视为畏途,不愿久留,并无别故。

原奏又称,本省月饷各省协饷均是库平,布政饷则用省平,继则改用湘平,每百平余四两,每月已克扣六千余两。又龙州银一两易钱一千五百有奇,潘鼎新令厘局解钱每两作钱一千五百余,而发饷则仅予一千三百文,计每饷银一万得利千余金。临战悬赏,战后辄骗。去岁五月,观音桥之战,骗赏银七千余两。统将黄玉贤受逼而死。在南宁时,即买云南烟土十余万运往广东一带贩卖。嗣以运回旧军装为名,运银还家,共已六次,每次三万。沿途派拨扒船护送,人人共知一节。臣查桂军发饷向不扣平,通省皆然。自潘鼎新到营后,因随带湘勇皆扣湘平,遂将关外各营勇饷一律每两扣湘平四分,有款可稽。其提解南宁厘钱到营,系备发杂支各项之用,并非抵发勇饷。统将黄玉贤督战有功,积劳瘴故,业经潘鼎新奏请赐恤。当观音桥获胜之后,黄玉贤禀请发给赏号,潘鼎新批饬不发,事诚有之。不闻有因骗赏银受逼而死之说,至于贩卖烟土运银还家,查烟土至十余万,运银至六次之多,自难掩人耳目。历向南宁行店、沿途扒船逐一查明,佥称并无其事,尚属可信。

原奏又称,查办赵沃一案,受贿十万金,藉藉人口,谅非无因,而暧昧不明难以究结一节。臣查赵沃因北宁失守获咎，奉旨拿问。潘鼎新委员审讯，欲令缴还已领所部各营二月分饷银。赵沃以时逾数月，饷早发清，势难追缴。自问办理不善，辜负天恩。情愿将该革员名下领过薪水、公费银两全行缴出，另行筹款，凑足万金，呈交营务处遣解苏元春行营，藉资遣撤各营之用。嗣因不敷支发，又续措解一千五百两。迨八月中旬，潘鼎新忽饬后路粮台迅速筹款照数发还。并经附片奏明。赵沃既治其罪，即不应再令罚款。虽饷项万分支绌，亦非区区万金所能补助等语，始而赵沃不敢领回，及至冬间奉到批旨，始于十一月内领出。询之苏元春及俸满开缺龙州同知蔡希邠等，所言无异。此固在官在营文武员弁所共见。缴项系属凑助遣资，有赵沃亲供，及营务处申文可据。其非受贿不辩自明。

以上各情，均系就臣见闻所及，据实覆陈。既不敢稍涉瞻徇，自干咎戾，亦不敢率行附会，有负圣明必求核实之心。谨恭折由驿具奏。伏乞皇太后、皇上圣鉴训示。

再，此案奉旨饬派臣与张梦元确查，因该藩司在省供职，未悉其详，密商由臣就近查明，会衔具奏。嗣张梦元调补福建藩司，已于七月二十一日交卸赴任。距粤愈远、访询愈难。接其来禀云，已自行奏明，不及附衔覆奏。是以未及会衔，合并陈明。谨奏。

光绪十一年十一月十八日奉旨：知道了。钦此。

28. 奏查明知府延昌等被参各款折

光绪十一年九月二十五日(1885 年 11 月 1 日)

奏为查明知府等员被参各款,据实分晰覆陈,恭折仰祈圣鉴事:

窃臣于本年七月初十日在龙州防次,承准军机大臣传谕光绪十一年六月初八日奉上谕:有人奏:广西署南宁府知府延昌,贪鄙不职,于积谷、行盐等事自占商股,并欲借收盐规索贿,任用勇目家丁,种种不法,知县张秉铨奉旨勒令回籍。仍敢潜来粤西招摇撞骗,因案索贿,请饬查明,分别革办等语。着李秉衡确切查明,据实参奏。原片着抄给阅看。将此传谕知之。钦此。等因。即恭录谕旨,并抄原片密行两司遴派廉正可靠之员,前往南宁按照所参各款逐一确查,据实禀复。随据署布政使庆爱、署按察使沈康保详委柳州府知府熊寿山,即由任所就近驰赴南宁查覆去后。

臣于九月十五日接熊寿山来禀,据称:张秉铨查已参革,其自称为调任藩司张梦元义子。该府前在省寓,并无所闻。其向陈得贵索贿,招摇撞骗,既经控告有案。犯事系在关外,南宁无从察访。应请照案咨查。

该府专就延昌被参一案,连日访察,自绅民商贩,以及文武寅僚,旁询周咨,互相印证,应照原参各款逐一分晰,据事直陈。

如原参延昌贪鄙不职，积谷防边，给引行盐，绅民招商集股初有端倪，该府始欲不费一钱，自占数股，继欲借收盐规索贿五千，因不满所欲，竟至商局摘取招牌、踏破灯笼一款。查此件延昌奉文行县，饬照部文如何行盐、积谷、通谕团防局绅会议禀覆核办。嗣据前任全州学正周南、候选府经历程湖邀集股分，禀认试办，经县禀府据情转禀，尚未奉批。该绅等即请县发告示，取万丰字号，于上年九月二十日开张。适是月二十九日为前明王文成诞期，城乡士绅毕集，举人莫以莹等遂同各士绅二十余人赴府，以病民等词具禀。延昌传问周南等，责其何以并不候批，遽行开张。限令三日闭歇。至十月初五日，周南等仍未闭歇。复传周南未到。延昌即至该盐行，将万丰招牌摘取，并踏破灯笼。此禁闭盐行之情形也。至于始欲不费一钱，自占数股，继欲借收盐规索贿五千，访询并无其事。

又原参勇目彭姓私收妓规一款，查延昌任内并无彭姓勇目。惟由浔随带至邕之庞启贵，管带府署扒船，稽查河道，曾有私收河下流娼规费之事。

又原参家丁刘姓强取迁龙司巡检潘保治之妻为妾一款，查潘保治为现任南宁府同知潘保泰族弟，当向潘保泰详问。据称，潘保治原取王氏，前在常州原籍，因发逆陷城殉难。及来广西，续娶曹氏，复因生产身故。随纳曹氏使女，从主姓曹氏为妾。生一子二女，现与潘保泰眷属同住省城。另有后买使女，名采香，于潘保治病故后，经曹氏凭媒嫁与延昌家人刘麻为妻。潘保泰与潘保治既系同族兄弟，其言自属可据。刘麻既非强取职官之妻为妾，延昌自无所用其袒芘。

惟勇目私索流娼规费，延昌难辞失察之咎。其禁闭盐行，因未奉批准行，遽先开办，致办阖邑士绅禀探，恐酿事端，限令闭歇不遵，自往摘取招牌，本无不是，惟踏破灯笼一举，未免稍形激切。然究无占股索贿之事，尚属为公起见等情。亲据两司据禀核明转详到营。

臣复密咨左江镇总兵刘光裕，因其在任多年，且与延昌同城，所参各款，自必确有见闻。应并由该镇秉公查覆，期归核实。旋准刘光裕查明，咨称：实因上年九月开设官盐铺后，各乡绅民来城祭祀王文成，听说盐铺开张，佥以为于民不利，一时鼓噪欲去不依，一面公禀道府。延昌恐人众滋事，饬令闭歇不听，亲往摘取招牌。商民悦服。馀与熊寿山先后查覆，大致相符。

臣维南宁绅民招商集股，试办行盐，原属遵奉部行之举。但欲地方有裨，必须众论佥同。当上年禀办之初，臣在臬司任内，风闻该郡土民虑增盐价，有防日食，不欲举行。而二三嗜利垄断之徒，怂恿有司遽行开办。甫及一旬，城乡士绅数十人赴府公禀。若非延昌顾念地方，押令闭歇，几致激成事端。

臣于十二月间道出南宁，采访官吏贤否，众论咸以延昌此举能顺舆情，群相歌颂。如果簠簋不饬，臣亦何敢稍事姑容？即如前署临桂县补用直隶州知州张秉铨，自丁忧后夤缘差遣派赴军营，遇事招摇，人言藉藉。既而回籍服阕起，复重省城，日以营求委署为事。经臣于六月初八日附片具奏，甄别庸劣各员。以该员趋附干求，廉隅罔恤，请即革职。业经奉旨钦遵在案。

原参谓其自称为张梦元义子一节，委员熊寿山禀称，在省并无所闻。臣复密饬司道首府县等一体访察，亦据复称，并未听人传说。

原案又谓陈得贵一案，该员向其索贿万金，许以无事，先收赃银千两,已而陈得贵正法,其子向督抚具呈追索原赃有案一节,臣已咨请两广督臣查覆,一面饬承检查前抚臣任内档案,并无陈得贵家属控追呈词。并准督臣张之洞咨覆,饬查档案,本任及前任均无陈得贵之子赴控呈词。既未控追,其先收赃银千两之说,自属传闻未确。

张秉铨业经革职,既据查无其事,应请免其置议。

前署南宁府知府延昌,早经饬回浔州府知府本任。被参各款亦已确切查明,并无占股索贿,及祖庇家丁情事。惟于查河勇目私收流娼规费,该府失于觉察,究有不合。相应请旨将延昌交部照例议处。

所有查明知府等员被参各款,据实覆陈缘由,理合恭折由驿具奏。伏乞皇太后、皇上圣鉴训示。谨奏。

光绪十一年十一月十八日奉旨:延昌着交部照例议处。钦此。

29. 奏知县陈鸣谦瘴故请恤片

光绪十一年九月二十五日(1885 年 11 月 1 日)

再,前任崇善县知县陈鸣谦,上年因病开缺。臣查该员朴诚廉勇,以即用知县到省,历任永淳县、上思州,补崇善县,实心实政,民有去思。边地需才,知其在省调治已愈,札调来龙。业经附片奏明。正当修筑关城,即委驰赴镇南关办理要工,深资得力。其时瘴疠方盛,关军死亡相继,或劝其宜少自恤,若弗闻者。仍日杂工作于瘴雨溽暑中,不为稍辍,卒以致疾在营瘴故。良吏难得,臣于该员实惋惜之。合无仰恳天恩,饬部将前任崇善县知县照军营瘴故例,从优议恤,以为实力将事者劝,出自逾格鸿慈。臣秉衡谨附片陈明。伏乞圣鉴训示。谨奏。

30. 奏据情密恳敕封越南嗣子折附单

光绪十一年十月初三日(1885 年 11 月 9 日)

奏为准云贵督臣密咨,越南国王嗣子遣使赍函,求代奏请锡封颁发国印,业经缮呈原书,请旨定夺。抄送折稿并递到该国与臣书函,谨将原书照缮呈进,恭折密陈,仰祈圣鉴事:

窃臣于光绪十一年九月十六日在龙州防次,准云贵总督臣岑毓英密咨:本年八月二十八日据统带石头、灞洒各汛防营总兵覃修纲报称:越南遣使礼部尚书充协督军务阮光碧等,行抵滇境新街地方,询据称说奉越南国王嗣子阮福明遣赍书函二封,一投云贵总督,一乞转递广西巡抚,恳予一体据情代奏,吁请锡封等情。并将原书二封呈缴到营。除将原书缮呈御览,请旨定夺,抄送折片各稿密咨查照,并将与臣书函转递前来。

臣查越南国久列藩封,迭遭外侮。议和而后,仍横被驱逐。是既与条约第一款内,所谓驱逐原指越之匪党而言者,显系相背。岂惟失信于我朝,抑亦贻讥于外国。该国王嗣子阮福明播迁广治,何以图存?所叙各情,殊堪矜悯。云贵督臣岑敏英通筹全局,披沥上陈,拟请饬下总理各国事务衙门,与法人理论,如何存越宗社,如何安置越王,务使各得其所,民心悦服,彼此通商方无窒碍等情。诚为切中窍要。臣管蠡之见,亦实相同。伏念圣明自有权衡,无庸再事渎请。

谨将递到该国与臣原函缮单恭呈御览,除咨覆云贵督臣外,所有准咨送到越南国王嗣子书函据情代奏缘由,理合恭折由驿密陈。

伏乞皇太后、皇上圣鉴训示。谨奏。

光绪十一年十二月初一留中。

谨将越南国王阮福时嗣子阮福明赍来原函照缮清单恭呈御鉴:

越南先国王阮福时嗣子阮福明肃禀天朝护理西巡抚部院李大人台前:

窃下国仰蒙天朝封植,预列职方数百年于此矣。福明先父王阮福时,于光绪九年六月十六日以病奄逝。国人推其弟阮福升权摄国事。嗣而阮福升自料衰病,身荷弗堪,是年十一月初一日推让于福明先父王之嫡嗣子福昊,即福明之亲兄也。光绪九年六月　日与十一月　日节经备将原由禀达前广西抚部院大人暨两广督部堂大人,均照祈为代题。九重天远,不知已未得达。嗣至光绪十年六月初十日,福明先兄阮福昊又病没,遗嘱以福明按次当立,以继福明先父王阮福时之嗣。福明业于是月十二日权摄国事,以待命于天朝。

奈接近内地之北圻各省既被法人占据,沿海港口又被他封禁,致水陆俱梗,下情无由上达。且数年以来,法人兵船节于下国滋事。光绪九年七月　日,法全权何罗芒将兵船闯来下国都城之顺安汛口,攻破各屯垒,要迫定约二十七款,以换甲戌年旧约。光绪十年五月上旬,法全权巴德那又将兵船数多闯来顺安汛口,步兵逼到下国都城外,江岸排列炮辆,要迫改定和约十九款,以换光绪九

年七月　日何罗芒所定之约，又迫取原奉锡封国印火化，又迫令尽撤都城外诸屯垒炮辆。寻复派他五圈官管兵数百，逼驻城内右边镇平台处。又迫令撤去原置城面炮辆二百余辆，这炮粗重抬撤不及，他率兵擅将铁钉塞炮信门数十辆。又北圻各省官吏，他自行废置，胁捉民夫多至数万，驱之战地。节承天朝官兵进剿，所到之地，官吏人民或向路，或随抬饷火，或通问消息，为他窥得，便一概罹之于罪。即如兴安省巡抚阮文慎为他射杀，广安省巡抚黄文炜、海阳省巡抚阮文风、海安总督何文关节次被他胁捉，将下火船驶去。社村民亦间多被烧杀甚酷。月前二十一日，他都统又将火船六艘趁入顺安汛口，兵千余登陆，就城隅右角号镇平台处，与他原派兵合驻。似此横迫情形，万难急忍。下国业于月前二十二夜与他相斗。自是夜丑牌至二十三夜辰牌，杀得他兵大半。奈他砟炮甚烈，而下国炮力难敌。福明业率臣僚避往城外之右置各省，据险驻扎，劝励国内臣民，再图后举。

窃念锡封国印，乃福明先祖父受于天朝也。下国都城社稷土地人民，亦皆天朝所锡予也。曩者福明先兄阮福昊在日，国印已不能守。福明又不能保守都城社稷，致为他据占。土地人民亦为他蹂躏。福明上得罪于天朝，次得罪于天祖父，以为天下万国笑骂，耻孰甚焉！福明虽冲龄，而人非木石，岂不知奋，独是下国弱小，而国印既失，福明又未蒙得锡封，名未正则事难成。呼父号天，此情何极？下国幸得近附贵治下，向上等情，贵部院在所稔悉。辄敢披布血诚陈诉，伏望大救灾恤难之仁，不忍弃置，以事代题，俾下国得以复睹天日，永列职方，非惟福明顶戴不忘，而祖父亦衔感无既于地下矣。临楮不胜惴栗翘恳之至！

再，事属关重，本应奉表奏上，第福明未得预列锡封，且国印经为他夺，致缮禀文用手押记。谨委陪臣黄佐炎、阮光碧奉递，极知冒渎，罪所难逃。理合并叙。薰风在候，遥祷荣禧。不一。兹肃禀。

光绪十一年六月初四日阮福明记。

31. 奏请将积劳瘴故道员张桂林等优恤片

光绪十一年十月初三日(1885 年 11 月 9 日)

再,三品衔广西试用道张桂林,上年委办前福建藩司王德榜定边楚军营务,亲临前敌,艰险不辞。今春二月,关外累捷,无不分督各营,摧坚陷阵,克城破垒,卓著战功。经臣会同督办军务提臣苏元春,随折保奖,请以道员遇缺尽先题奏。并请赏加布政使衔,已于五月十五日奏旨照准。钦遵在案。该员感激思奋,停战撤兵之后,仍与王德榜驻防由隘,讲求边守,不懈初心,日奔驰于蛮烟瘴雨之中。于八月初八日在营病故。又楚军委员分省补用知府刘世恩、拟保分省补用县丞湖南廪生周鸿模、萃军差弁尽先拔补把总广西武生董正荣,随营差遣,深为得力,均以劳染瘴,先后在营病故,殊堪悯恻。由王德榜暨督办钦廉防务前广西提督冯子材分报前来。合无仰恳天恩,饬部将布政使衔广西遇缺尽先题奏道张桂林照军营瘴故例,从优议恤;分省补用知府刘世恩、拟保县丞廪生周鸿模、尽先把总武生董正荣均照军营瘴故例,分别议恤。并准其入祀永州、龙州昭忠祠,以慰忠魂而劝勤事。臣谨附片陈明。伏乞圣鉴训示。谨奏。

光绪十一年十二月初二日奉旨:张桂林着照军营瘴故例,从优议恤。刘世恩等均着照军营瘴故例,分别议恤。馀依议。该部知道。钦此。

32. 奏明妥筹赈抚办理情形折

光绪十一年十一月十七日(1885年12月22日)

奏为广西被水成灾地方遵旨妥筹赈抚,谨将办理情形,恭折具陈,仰祈圣鉴事:

窃臣前因本年五月初二日省城河水陡涨,淹没田庐,损伤人口,灾象已成,亟应赈抚。旋又接据桂林、梧州、浔州、泗城等府属州县禀报,各地方被水,总在五月上旬,人口因有损伤,田庐亦被淹没,小民荡析离居,救灾宜急。当将查办缘由,于五月二十三及六月初八等日两次奏报。先后请提省局存储梧州归公经费银一二万两,并于前抚臣劳崇光昔年倡设同善局内提当本银一万两,又于提存各闲款尽数搜罗银一二万两,饬司遴员分赴被水之区,确勘赈恤。均钦奉谕旨:着确切查勘,认真赈抚,毋任一夫失所。钦此。旋准督臣张之洞咨开,准兵部火票递到光绪十一年七月初三日内阁奉上谕:钦奉慈禧端佑康颐昭豫庄诚皇太后懿旨,发给广西银三万两,即由户部拨放,俾资赈抚等因。钦此。张之洞等务当仰体圣慈轸念灾黎有加无已至意,核实散给,毋任稍有弊混等因。钦此。钦遵咨行到粤。当经臣恭录恩旨通告宣示,无不欢呼感激,共戴鸿施。

伏查被水之区,经省局道遴委准补柳州府知府熊寿山、桂林府同知赵庆蕃等分投查勘,并由该管道府督同各该地方牧令会同勘明,各受灾村庄四万余户,大小丁口至二十万以外,按户赈恤,需费甚钜。臣两次请提之银,难敷散放,一面设法筹挪,一面劝谕捐助。而广西素称瘠苦,措集维艰。正深焦虑,仰蒙懿旨,特发帑金。又得督臣张之洞力顾兼圻,统筹并济,先由东省派委多员携带银五万两,分赴广西被灾各属,会同地方官散赈。该委员等办理认真,实能有济。并有上海协赈公所、江、浙、闽、粤好义绅民,筹集银两,延江苏绅士严作霖亲携来粤,酌济贫户。各灾民迭沾惠泽,不致流离。东省委员分赈银数,已由督臣专折具奏。严用霖先行带来银六万两,分历灾区,自行查看情形,酌量分给,仍复续行筹济银两,好义不倦,跋涉远来,尤为难得。应俟办理完毕,再由臣会同督臣奏陈。至西省放赈之款,蒙恩饬发三万两,户部咨由广东拨解,先于西藩库应放各款腾挪垫用,解到归还。又臣请提之项,已将上年提到梧州府应解公费支充思恩剿匪军需外,馀存银一万一千五百六十六两六钱,并提存各闲款银一万二千八百二十三两六钱,同善局当本银一万两。又新授抚臣张曜,奏请提拨梧州府本年应解公费已据解到银一万一千两。此外,官绅商民捐输之资陆续解交到局,计云贵总督臣岑毓英捐银一千两,广东巡抚臣倪文蔚捐银七百两,前贵州巡抚臣林肇元捐银四百两,臣捐银四百两,调任藩司张梦元捐银三百六十两,各道府厅州县捐银三千七百九十九两,省城绅士靳邦庆、曹驯等捐银四百八十六两,各属商民捐银一万二千二百四两四钱。综计已收赈钱九万四千七百三十九两六钱。按查明各地方受灾轻重,分别拨发。桂林府属被灾较广,情形亦重,先后发银三万八千二百六十两;梧州府属次之,浔州、平乐、柳州等府属又次之。审其等差,以定多寡。梧属先后发银二万两,浔属发银一万两，平属发银六千两，柳属发银四千两，均由该管知府督同印委各员、按照田庐丁口核实散放。

广西地瘠民贫，生计多艰。此次水灾为历来所未有，各户田庐淹没，物产荡然，困苦殊甚。其水冲房屋，每间例给修费银八钱，难资修葺。臣与省局司道往返函商，咨询绅耆，酌量加银八钱，以广皇仁而昭矜恤。发过各户银数，无不榜示通衢，使众周知，以杜弊混。除提发外，尚存银一万五千余两。并督臣于原拨五万两之外，续后筹解银一万五千两，以备助修兴安陡河、平乐纤路工赈之用。又抚臣张曜捐项二千两，及摧提梧州府欠解本年公费银两，均备支数不敷，续请补发以工代赈之用。统俟散放事竣，有无盈绌，再当核明办理。窃维此次灾赈，蒙恩发帑，并由督臣拨解，暨外省义捐，以及粤西广劝捐输，力筹提拨，综计为数已二十余万两。灾黎实惠均沾，困苦藉苏。察看民情，甚为安帖。

除已严饬各州县将被灾处本年钱粮分别蠲缓，先行停征，核明造册，另行奏恳恩施外，所有筹办赈抚情形，理合会同两广总督臣张之洞，恭折由驿具奏。伏乞皇太后、皇上圣鉴训示。

再，泗城府属被水地方消退较速，查未成灾。已由臣就近督同地方官捐廉酌加抚恤，民情安静。合并陈明。谨奏。

光绪十二年正月十三日奉旨：览奏均悉。着即督饬印委各员认真散放，务使实惠均沾，毋任稍有弊混，以副轸念灾黎至意。余依议。钦此。

33. 奏请将积劳病故知府龙溥霖优恤片

光绪十一年十一月十七日(1885 年 12 月 22 日)

再,补用道请补泗城府知府龙溥霖,上年调营差遣,出关防剿,染瘴致病,艰险备尝。前抚臣潘鼎新,因徐延旭奉旨拿问解京,惟该员堪以委解,虑其病莫能兴,乃该员毅然请行,不稍延却。嗣缘旧病复发,于十月间行至直隶邯郸县途次身故。据其家丁呈报,业经奏明。并将泗城府遣缺,另行遴员请补在案。臣查龙溥霖,需次数年,历署桂林、平乐等府篆务,实心任事,卓著循声,为通省知府中不可多得之员。乃因边徼从军,染患瘴疠,犹复力疾远行,不辞劳瘁,卒殒厥身。核与近阅邸钞,云南迤南道沈寿榕赴部引见,在四川中途病故,念其前在军营著有劳绩,奏奉恩准从优议恤之例相符。合无仰恳天恩,准将已故知府龙溥霖照军营瘴故例,从优议恤,以劝勤事,出自逾格矜全。臣谨会同两广总督臣张之洞附片陈请,伏乞圣鉴训示。谨奏。

光绪十二年正月十三日奉旨:龙溥霖着照军营瘴故例,从优议恤。该部知道。钦此。

34. 奏筹修陡河石桥平乐沿河纤路以工代赈片

光绪十一年十一月十七日(1885 年 12 月 22 日)

再,桂林府属兴安县海阳山,为湘、漓两江发源之所。其流直下分水潭,势颇湍急。向于分水潭建石堤五十余丈,形如铧嘴,以分水势。北砌石坝,曰大天平,引水出全州,趋湖南,为湘江;南砌石坝,曰小天平,引水入桂林,为漓江。自分水潭南至牯牛陡,达灵川县界,北至兴安县属何家陡,通全州。沿河三十余里,皆于两岸筑长堤。各堤坝悉以巨石深埋河底为根脚,砌石筑土而成,名曰陡河。商船往来,农田灌溉,利赖甚溥。本年五月,蛟水为灾,分水堤及大小天平沿河堤岸冲塌甚多,石脚亦被冲翻。若不乘此冬令水浅,及时修复,不独舟楫难通,殊于农田水利大有关系。又省城东门外对河东州地方花桥一道,文昌门外长桥一道,俱系往来要道,亦以巨石建造。均于五月被水冲塌,损及石脚,亦应亟筹修复。又平乐府一带,沿河纤路被水坍坏,官商转运,牵挽为难。溜急滩高,深虞失事,亦宜筹修,以便行旅。据该府县禀经省局司道委员勘估,共需费银五万两上下,请筹款光修前来。

臣查兴安县陡河堤坝,东洲文昌门各桥,俱属不可缓之要工,必应赶紧修理。当此水灾之后,俾贫民藉资备食,以工代赈,洵为一举两得。督臣张之洞统筹兼顾,深知西省陡河工程、平乐纤路,均关紧要。惟恐款项不敷,以赈余银两协助,又先后另筹解银一万五千两,以冀速成。除饬确估实需工料若干,刻期兴修,先将赈余动用,并催提梧州府本年续解公费,一并收作修费,应用事竣核实具报外,理合附片具陈。伏乞圣鉴训示。谨奏。

光绪十二年正月十三日奉旨:知道了。钦此。

35. 奏勘界大臣邓承修到龙会商界务片

光绪十一年十一月十七日(1885 年 12 月 22 日)

再,臣于本年八月十五日钦奉上谕:越南北圻与两广、云南三省毗连,其间山林川泽华离交错,未易分明。此次既与法国勘定中越边界,中外之限即自此而分。凡我旧疆,固应剖析详明,即约内所云或现在之界稍有改正,亦不得略涉迁就。本日已降旨派周德润前往云南,邓承修前往广西,会同各该督抚办理勘界事宜。即着岑毓英等各委明干之员,带同熟悉舆地之人,周历边境,详加履勘,绘具图说,以备考证。一俟法国勘界大臣到后,即由周德润、邓承修与岑毓英、李秉衡会同勘定。该大臣等务当详细慎审,按照条约持平办理,是为至要等因。钦此。臣查广西边界外通越南宣光、高平、谅山等省,自镇安府属小镇安厅辖境起,至南宁府属上思州辖境止,延袤二千余里,自应先行委员查勘,绘图贴说,以备勘界大臣到日覆勘。当即遴派随营委员甘肃候补班前先补用道陈嘉绩、广西遇缺尽先补用知县吴庆芾、指发广西候补班补用知县严家骥,并由提臣苏元春委派熟悉将弁分投前往,会督该管府协各文武派出地方熟习员绅逐一履勘,绘图贴说,先后呈缴前来。鸿胪寺卿邓承修已于十月二十一日行抵龙州,与臣查看图说,互相考证。应候将来履勘,再行随时具奏。理合会同督臣张之洞附片陈明,伏乞圣鉴。谨奏。

光绪十二年正月十三日奉旨:知道了。钦此。

36. 奏裁减勇营以节饷需折

光绪十一年十二月十九日(1886 年 1 月 23 日)

奏为钦遵懿旨裁减通营以节饷需,恭折覆陈,仰祈圣鉴事:

窃臣于龙州防次承准军机大臣字寄,光绪十一年八月二十二日钦奉慈禧端佑康颐昭豫庄诚皇太后懿旨:前据侍郎薛允升奏请,饬裁减勇营,将中外各旗营加饷训练一折。当经谕令军机大臣会同户部妥议,并令醇亲王一并与议。兹据会议具奏,据称:竭天下十分之物力,八分以养兵勇,断非经久之道。今欲酌加旗营饷需,惟有将各省营勇裁减浮滥,每省每年各裁节银二三十万两,分批解部,以供加饷练兵之用。各省设立善后各局,名目繁多,尤应大加裁并等语。各省募勇向多糜费,上年办理海防,又复纷纷添募。现当军事敉定,本应认真裁减,汰弱存强,果能裁无用营勇为有益要需,实属根本之计。着各道省将军、督抚破除成见,迅将各该省现有勇营切实核减。查照该部所指虚伍空额、老羸幼稚、杂费冗弁及无事长夫各节,逐一确查,认真裁汰。并将存留各营,按日训练,无事常如有事,庶几缓急可恃。其裁勇所节之饷,从光绪十二年起每省每年可得若干,先行奏明。专款存储,分批解部备用。至各省纷纷设立各局,如军需则既有善后总局,又有善后分局,报销、筹防、支应、制办、军械、转运分局;地方事宜则有清查、藩库、营田、招垦、官荒、交代、清源、发审、候审、清讼、课吏、保甲、刊刻、书籍、采访、忠义等局。种种名目,滥支滥应,无非为位置闲员地步。各防营奏调、咨调、候补人员,开支公费诸多冒滥,均堪痛恨,尤应一并大加裁汰。并着于本年十一月内定议,迅速覆奏。当此时事艰难,饷需支绌,裕国必先理财,而耗财莫如冗滥,删一分浮费即可多一分正用。各将军、督抚等务当通盘筹画,扫除积习,总以"核实"二字为主,毋稍观望推延。原折均着抄给阅看。将此由五百里各谕令知之等因。钦此。又光绪十一年九月初九日钦奉慈禧端佑康颐昭豫庄诚皇太后懿旨:前据左宗棠议覆海防善后事宜,请裁额兵,并减沿海水师艇船。给事中秦钟简亦有请裁水师防勇之奏。经醇亲王、军机大臣、总理各国事务王大臣会同李鸿章详筹。奏称:各省额兵存营,多寡不一,应就该情形酌量裁减。上年新募之勇,除滇、粤边防酌留若干营外,余可全行裁撤。旧有务营,可裁十分之一二。沿海旧设水师及红单艇船可裁等语。前有旨令该将军、督抚裁减兵勇,以节饷需,训谕谆谆,至为明切。此次复令王大臣等参酌众议,体察情形,期于必可施行,筹定办法。现在经理海防善后,需款甚钜,筹饷甚难,必须将糜费之款痛加删节。各该将军受国厚恩,务当仰体朝廷宵旰焦劳,绸缪未雨之意,懔遵迭次谕旨,破除成见,切实办理。一面将如何裁减,及每年所节饷银若干,详晰具奏。将此由五百里各谕令知之。钦此。先后遵旨寄信前来。臣跪诵再三,仰慈训之周详,为根本之至计,敢不懔遵办理,以期稍补时艰。

伏查粤西地处极边,素称瘠苦,常年支用已属为艰。自法越构衅,连岁筹防,计调募勇丁至七八十营,拨用饷银至数百万两。款无可筹,动须邻省协济。是力除糜耗,实为要图。臣奉命暂护疆符,接办边事,既将可节之费加意减裁,嗣因停战撤兵,又将关外各营节次裁并，只存三十二营。内地先因边情吃紧增募之营，亦经陆续遣撤。又以边营月饷较重，难乎为继。与提臣苏元春熟商，核减定为每勇月支银三两二钱，以期经久。均已奏明在案。此时勘界事宜犹未办定，关外游勇滋蔓可虞，未便示人以弱。惟当裁营节饷之际，又不得不设法裁并，力求撙节。所有三十二营，拟请于十二年正月起先裁八营，通减长夫、腹地防勇，亦再酌裁二营。一俟勘界既定，边务就绪，仍将边军再裁四营。约计每年共可节饷二三十万两。但广西军饷本绌，全赖邻省协助，久在圣明洞鉴之中。前奉谕旨饬查常年出入款项，臣已分晰开列清单，将入不敷出实情具折陈奏。今拟每年裁节二三十万两，虽本省仍无存储可以解部，而各省应拨粤西协饷即可从此减解，自有余存以备部拨。是裁营节饷虽与他省情形稍殊，而其有裨京饷要需，似无二致。至通省绿营额兵，前于同治年间因饷项无资，迭经裁减及半，迄未募补。各营亦有巡防、缉捕及护解过境饷鞘、人犯之责，其势实难再裁。

其设局一层，广西向无善后分局，及筹防、支应各色，亦无清查、藩库、营田、招垦、官荒、清源、清讼、课吏、刊刻、书籍、采访、忠义等局。前已将办理军需必须设立之善后总局、军火等局及地方事宜应设之交代等局，造具清册，报部查核，分别开支公款，外筹捐办尚无滥支滥应位置闲员情事。各防营所用随营员弁多已裁汰。惟臣及提臣行营各有派办事件，不能不调人员，亦经遵照部章造册送部备查。应俟边事粗定，实留营勇若干，裁定若干，另行续奏。并将挑留各营认真训练，经备缓急，不敢稍涉因循，勉期仰副宵旰忧勤、通筹全局之至意。

所有遵筹裁营节饷情形，谨据实覆陈，恭折由驿具奏。伏乞皇太后、皇上圣鉴训示。谨奏。

光绪十二年二月二十九日奉旨：据奏拟裁各营每年可节省饷银二三十万，尚属切实。即着照所请行。其挑留各营务当认真训练，俾成劲旅。该部知道。钦此。

37. 奏病体增剧恳请开缺折

光绪十二年正月二十八日(1886年3月3日)

奏为微臣病体增剧,重任难胜,吁恳天恩,俯准开缺回籍调理,恭折仰祈圣鉴事:

窃臣素有肝阳上冲之症,每遇焦劳过度,即时触发。自光绪十年冬间,奉命前赴龙州办理后路事宜,时值军书旁午,昕夕不遑,加以水土恶劣异常,遂致时愈时发,犹可勉强支持。上年十一月十八日,会同勘界大臣邓承修进驻南关,商办界务。会议数次,莫展一筹。迭经会同电奏陈明。正当焦灼之深,复感烟瘴之毒,牵引旧疾,时发不止。入春以来,愈形委顿,披阅公牍,即觉头昏气逆,力难支撑。据医者云:肝燥血虚,非得静心调养,难望速痊。伏思臣受恩深重,当此边局未定,何敢自惜其身?惟恐无补时艰,负疚滋甚。现幸邓承修经理界务,诸臻妥协。督臣张之洞兼辖统筹,尽心补救。提臣苏元春督办边防,布置裕如。举凡中外及地方一切要务,断不致稍有贻误。惟有仰恳天恩,准臣开缺,回籍调理。一俟病体渐愈,即当趋觐慈颜,求赏差使,不敢稍耽安逸,自外生成。广西巡抚员缺紧要,请饬令抚臣张曜迅速赴任。至臣本任藩司员缺,并祈简放,以重职守。

所有微臣积受烟瘴,触发旧疾,万难支持,据实陈请开缺调理缘由,理合恭折具奏。伏乞皇太后、皇上圣鉴训示。谨奏。

光绪十二年四月二十六日奉旨:着赏假一个月,毋庸开缺。钦此。

38. 奏遵办裁营节饷抽调绿营训练折

光绪十二年二月初六日(1886 年 3 月 11 日)

奏为迭次钦奉谕旨饬令裁营节饷,先经两次覆陈,尚有未尽事宜,续行详晰具奏,恭折仰祈圣鉴事:

窃臣于龙州防次承准军机大臣字寄,光绪十一年八月二十七日奉上谕:各省勇营糜费甚钜,已钦奉懿旨,令各将军、督抚汰弱留强,核实办理。惟向来撤勇一事流弊滋多,不可不谋之于预。且此次撤勇,固贵节省,饷项移作要需,尤在整饬营规,练成劲旅。各省勇营虚伍已成通病。其始,勇丁遇有事故,从缓募补,将截旷银两中饱,久之竟有初招时已短数成者,统领派员点验,则移东补西,以掩一时耳目,冒饷克扣,百弊丛生。此等情形,朝廷早有所闻,姑不追咎既往。现当归并之始,必应严申禁令,倘仍有虚伍之弊,即以军法从事。并着将如何归并之处,先行切实陈明,不得稍涉含混。勇数既裁,营员自随之而减。如实有久经战阵之员,月给薪粮,作为额外留于该省差委,仍酌予限制。此亦储备将材之一策。全在各统领激发天良,秉公遴选。设又藉此肥己,或安置私人,或浮开公费,一经查出,立予重惩。至遣撤勇丁,如竟任其所之,散而无稽,老弱流离可悯,骄悍生事堪虞,必须先事绸缪,详加规画。其无欠饷可领者,酌予川资,遴派委员分起分路管带回籍。庶于约束之中,寓体恤之意。以上数条,该将军、督抚均当悉心体会,认真经理。此外,如尚有未尽事宜,各抒所见,奏明请旨。并将新招之勇,与旧有之勇,如何裁汰,如何整顿,实存现勇若干,节省饷银若干,明晰声叙。经此次训饬之后,其各痛戒瞻徇,破除积习,务使裁撤之营安静无事,存留之勇训练益精,方为不负委任。至各省绿营宜如何变计操演,或仿直隶练军章程,或照各该省原有抽练章程,一体举办。并着于撤勇时一并妥筹具奏。将此由五百里各谕令知之。钦此。即遵旨寄信前来。臣跪诵之余,仰见皇太后、皇上明见万里,洞烛无遗,务为久远之规,不惮再三之戒。如臣梼昧,莫报涓埃。敢不仰体宵旰之忧勤,以冀勉图补救于万一。

伏查上年奉到七月初五日上谕,筹办边防,如何添设提镇专官,确核兵勇营数,经与两广督臣往复函商,由张之洞主稿会衔具奏。又钦奉九月初九日皇太后懿旨,饬令裁减兵勇以节饷需,亦经臣钦遵切实办理,由驿具奏在案。臣维各省勇营虚伍通病,早在圣明洞鉴之中。仰沐矜全,不咎既往,若再不知感奋,何以昭国纪而副皇仁?当与提臣苏元春严申军律,通行将领,宣布各军,责令激发天良,毋任因循玩法。边防各军,前经奏明先裁八营后,即已汰弱留强,充补足额。其遣撤之勇,业与提臣详加规画,如无欠饷可领者,无不酌予川资,遴派员弁管带回籍。并无老弱流离骄悍生事。至若久经战阵之员,月给薪粮,作为额外留省差委,诚如圣谕亦储备将才之一策。应俟裁定营勇后,与提臣秉公遴选,期收实效。仍酌定名数,随后奏陈,断不敢安置私人,浮开公费,同干咎戾。

又查广西绿营兵丁,前于光绪六年经升任抚臣张树声筹议,参酌直隶练兵章程,就省标抽练二营,提标抽练二营,左、右两江镇标各抽练一营,合三千人,酌加练饷,立营操练。升任抚臣庆裕履任以后,照案办理。嗣因越南防务吃紧,饷需支绌。且查各标抽练之兵,已练数年,枪炮技艺渐能精熟。复经调任抚臣倪文蔚、前任抚臣潘鼎新先后奏明,概行饬归营汛,停支练饷,现在边防营勇需饷甚繁,尚待邻省协济,若复抽练绿营,加饷无从筹措。惟是兵丁非练不精,岂能因噎废食?当查西省绿营兵丁,按月操练,历有定章。平日非不训练,但需定一考察章程,验其勤惰,不任稍涉懈怠,自能日见精熟。今拟抚标及提镇各标营弁兵,每月于常操之外,月底调集合操一次,由抚臣及提镇诸臣亲临校阅。娴习者奖拔之,生疏者责罚之。合操之日,哨官每员给日食银一钱,兵丁每名给日食银五分。此项银两为数无几,即由善后局筹给。臣与提臣现驻边关,未能亲阅,即委得力之员代阅。其外协营弁兵,即责成该营官按期训练,按季遴员前往校阅一次,核其功过,分别劝惩。仍于校阅之日一律发给日食,以昭公溥。如此认真考察,使其奋励儆惕,饷不加而兵自精。倘该管官不知振作,玩忽因循,即当立予严参,以示惩儆。庶几仰副圣主通筹全局、整饬戎行之至意。

所有遵旨饬筹续行具奏缘由,理合会同两广总督臣张之洞、督办边防广西提督臣苏元春,恭折由驿驰陈。伏乞皇太后、皇上圣鉴训示。谨奏。

光绪十二年四月初六日奉旨:览奏已悉。即着将留防各营认真训练,务成劲旅。其绿营兵丁,据称于常操之外,调集合操,亦当切实办理,毋得徒托空言。钦此。

39. 奏章京关朝宗在营瘴故请饬部优恤折

光绪十二年二月初六日(1886 年 3 月 11 日)

奏为遵旨请恤,恭折仰祈圣鉴事:

窃臣等于光绪十一年十二月十一日电奏勘界章京工部郎中关朝宗于初十日在广西镇南关营次,受瘴身故,恳请照例优恤。十三日恭奉电旨:关朝宗瘴故可悯,照请赐恤,俟奏到降旨等因。钦此。仰见圣慈矜垂劳勚,无远弗周。凡在关大小员弁,无不同深感泣。臣等查该章京由庶常改部,在总署行走多年,练习勤慎,此次经臣承修奏带来桂,办事精详,万里间关,不辞劳瘁。南关为著名边瘴,向无村落馆廨,被兵不余片瓦,军士则十生九死。使臣以下,结茅冢墓间,毒湿歊蒸,重以积尸之气,中者辄病,人有戒心。该员素负体强,深夜办公,受病不治,诚如圣谕,实可悯伤。臣等时值交涉殷繁,入春以后俱在病中,暂未具奏。兹谨缕陈,俯恳天恩,将四品衔保举无论题选咨留郎中工部虞衡司员外郎关朝宗,照军营积劳瘴故例,从优赐恤,以励勤劳,实出自逾格鸿慈。伏乞皇太后、皇上圣鉴训示。谨奏。

光绪十二年四月初六日奉旨:关朝宗着照军营瘴故例,从优议恤。该部知道。钦此。

40. 奏贵县土匪廖彩爵聚众抗官饬营搜剿片

光绪十二年二月初六日(1886 年 3 月 11 日)

再,浔州府属素称不靖之区,近年虽渐就安谧,而昔之漏网逸匪尚多未获,诚恐潜匿滋事,迭饬各地方官认真缉拿。兹于光绪十一年十二月初四日据署贵县知县裘彬禀称:查有昔年因争产纠党滋事拒捕逃逸之匪徒廖彩爵,潜回县属中屯村地方伏匿。该县当派壮丁,会同防营哨勇,于十一月二十二日黎明往捕。该匪竟敢率党迎拒,放枪中伤勇目萧亚富等八名,众寡不敌,只得退回。正拟再添勇役前往围捕,探闻该匪拒伤勇丁后,添纠游匪以图负固。中屯村距县城一百四十里,地极险僻,旧有村人防贼所筑围墙炮楼,复经该匪加筑安炮,兵单难期得力。浔郡虽有靖边后军防勇一营,正值冬防紧要之际,已分赴桂平、武宣、平南等县巡缉,未便全行调集,请添派营勇至县,俾速扑除等情,当经臣饬派升用知府陈如金督带靖边前军一营前往拿办。十二月二十二日驰抵该县,而浔州府知府延昌亦酌调该府防营勇丁两哨同日到县,会商办理。

查得该匪村四面道路纷歧,山径崎岖,且附近之六陈、六活等村多非善类,不无通匪之人,必须布置严密。当派管带靖边前军参将龙殿甲,督队取道龙山等处由前路进;管带靖边后军参将王化祥,督队由桐岭后路进。适值连日天雨,未能合围。本年正月初三日稍霁,各军同时出队,进逼匪巢,各以开花炮轰击迎面炮楼,匪亦以炮还击。相持逾时,楼已洞穿。龙殿甲督队直薄围墙。该匪凭墙抵拒。延昌、陈如金悬赏鼓励,期于必克。把总萧宏亮、汪雨露率勇拚死逾墙,中贼伏炮,同时阵亡。并亡勇丁十名,受伤弁勇二十二名。时已黄昏,当即收队。初四日,有匪来犯营垒,经我军击退。陈如金与延昌会商,挑选奋勇,乘夜潜攻。四更时分,直逼贼巢,逾墙而入,一齐施放火具,北风正烈,匪屋皆燃,贼惊慌乱窜,我军大队接应,击以枪炮,伤毙多名。余匪由山后奔逸,黑夜未能穷追。匪巢炮楼、围垣俱已毁平。次早查验匪骸,不能辨认。仍即分投踩缉首要各匪,务获究办。现在地方居民均甚安谧等情。由印委各员禀报前来。

臣查该匪负固抗拒,伤毙弁勇,行同叛逆,中经即时攻克,而匪首未获,余孽未尽。该处与武宣、来宾等县境地相接,山深箐密,易于潜踪。除严饬上紧踩缉搜捕,务将首要各匪悉数歼擒,毋任再有伏匿潜滋,并胁从概免究治,加意安抚外,理合附片陈明。伏乞圣鉴训示。谨奏。

奉旨:知道了。即着严饬各营上紧搜捕,务将首要各匪悉数歼擒,毋任漏网,以靖地方。钦此。

41. 奏筹议广西边隘移添提督镇道并请拨的饷折

光绪十二年二月二十五日(1886年3月30日)

奏为遵旨筹议广西边隘,分营扼扎,请拨的饷,酌移提督驻所,另设柳州总兵,并拟添设边关道员,以资分任镇抚,绘具图说,恭折覆陈,仰祈圣鉴事:

窃臣等于光绪十一年七月二十八、八月初二等日先后承准军机大臣字寄,光绪十一年七月初五日奉上谕:镇南、马白二关,为滇、桂入越边要处所。现当和议甫成,越南游匪为患,关内亦多伏莽,此后分界通商,中外人民往来尤夥,必须大枝重兵添札要隘,以戢奸宄而靖人心。着岑毓英、张之洞、张凯嵩、李秉衡悉心会商,将如何添设提镇专官,确核兵勇营数,或留现在得力胜兵以充新额,汰腹地无用常卒以省空粮,何处总札,何处分防,一切通盘筹画,绘图贴说,缕细覆陈,候旨定夺。其新设各营,尤须选练精实,能战能守,一兵得一兵之用,勿以疲弱应汰之兵滥竽充额,用副朝廷慎固边防、消弭隐患之至意。将此由五百里谕知岑毓英、张之洞、张凯嵩,并传谕李秉衡知之。钦此。仰见圣主巩固边防、精核武备之至意,臣等无任钦服。当即公同详加筹议。

伏查广西南边绵亘二千余里,原设隘所一百零九处,分卡六十六处，与越南之谅山、高平、宣光等省接壤。山箐纷歧，路路可通。而镇南关至龙州一路，较为宽平，故曩为中越使命、商贾往来之通衢，东出太平、南宁，西出归顺、镇安之总汇。且自龙州以东，河滩渐广，舟行下水，直达浔、梧。其视全桂腹地，东省上游，据有建瓴之势，实为两粤利害所关。当此款议既成，外防游匪，内靖伏戎，镇南一关，尤为中外钤辖。圣谕所谓扎要隘，添重兵者，无以易此。惟南关固居极冲，而关之中后、关之左右各路，均须择要设防，而后气力不形单薄，不致有腹背受敌、肘腋乘虚之虑。大要分三路：镇南关口，及关以内之关前隘，再近内之凭祥土州，为中路；自关以东，明江厅辖之山隘，宁明州辖之罗隘，思陵土州辖之爱店隘，上思州辖之百仑隘、剥机隘，为东路；自关以西，龙州厅辖之平而、水口两关，下冻土州辖之布局隘、峺花隘，归顺州辖之频峒隘、陇帮隘，小镇安厅辖之平猛隘、峒隆隘、剥念隘、百怀大隘等处，为西路。以上各隘，皆须屯兵。中路最急，东路隘口较少，西路地段较长。原有防军三十二营，声势仅能联络。现在饷需极绌，须筹经久之计。而越境游勇蔓延，全边未靖，又值勘界未定之时，未便示人以弱，势难多议裁减。兹于本年正月起，认真汰留，裁去八营，并为二十四营。以十二营专防镇南关中路，以四营分防东路，六营分防西路。路宽者筑台安炮，路窄者设卡开濠，甚僻者掘断禁阻。戍所预造地营，营外多栽刺竹。无事则各分守地督饬操练，有事则酌量缓急抽调赴援。俟冬间界务大定，再当裁去四营，中路酌减两营，以节饷需。

以后全桂大势注重边防，必宜有大将亲临，控制调度。拟请广西提督由柳州移驻龙州；原有提标制兵五营，拟拨中军参将一营，随来龙州，以资策遣而符体制。将原属新太协之龙凭营都司，改为龙州城守游击，隶于提督。照例设该游击中军，守备新太协，驻扎太平府，距龙最近。应并将新太协副将率其所辖左营都司、搃纛营都同共两营，改为专属提督，毋庸辖于左江镇。其新太协右营守备一营，应即裁汰。柳州东屏桂省，北控黔、湘、苗疆紧要。拟请添设柳庆镇总兵一员，镇守柳州、庆远、义宁、融怀等处地方，驻扎柳州府。以提标存留左、右两营游击，改为镇标左、右两营。左营即为该镇中军，提标前、后两营。应俟边军规模详定后，即行裁汰。所汰之兵，发给一年饷银、兵米，俾资改业，官弁遇缺另补。并拨柳州城守都司一营。附近之庆远协副将、义宁协副将、融怀营参将率其所属各营，俱统辖于柳庆镇。其沿边常驻二十营，提督为总统，其下酌设分统。现在提臣苏元春系奉旨督办边防之员，熟悉边情，深孚众望，一切自统归调度，以后若提臣不兼督办者，亦宜于防勇内指定十营属于提督本标，以厚兵力。龙州开关通商，重兵所萃，宜有文职大员同任边事，拟请设太平归顺兵备道一员，总辖全边，驻扎龙州厅，以左江道所属太平府全境暨东边南宁府属之上思州，西边镇安府属之小镇安通判，归顺州隶之沿边，统属一道，以期联络一气。上思州即拨归太平府属。小镇安、归顺距太平较远，应升归顺州为直隶州，小镇安改为镇边县，加通判衔，属于归顺州，该道兼辖太平一府、归顺一直隶州所有汉土厅州县土司管理、整饬边防、监督关税以及经理一切中外交涉事宜。设道库大使一员，经管关税琐务。应用翻译、委员，由该道选择调委。惟查左江道驻南宁，辖泗、镇、南、太四府，盐法道驻省，辖桂、平、梧、郁四府州，今左江道既拨出太平一府，而郁林州远在全省东南一隅，距南宁止五百余里，距省将及千里，督察难及，诸多不便。该州属之博白、陆川等处毗连广东高、廉，素为匪徒出没之区。拟拨郁林直隶州改属左江道,以协形势而资治理。

其需饷之数,沿边水土恶劣,瘴疠薰蒸,百物昂贵,与腹地情形迥异,与向年防剿土匪尤相悬殊。若照内地桂勇饷章,万难得力。应照从前奏案正勇月饷三两二钱,以及营哨各费俱照现章,合计边军二十营,加以军火、军装、转运、制造、修台、筑垒、电局、杂支各费,以及遣处游勇,抚恤边氓,所费不赀。而军火尤为巨款,每月至少亦需银六万两。现就本省尽力搜罗,再能此后厘金不致短收,地方安谧,每年可得三十万两,计每月仍短实银三万五千两,无可再少。目前二十四营所需不止此数。非藉外省接济,无从支持。查现准户部咨以后,滇饷除四川原解练饷、抵捐两项,共银二十八万五千两照常拨解外,再由湖南月协银二万两,四川月协银三万两,是滇省一年外协的饷已有八十八万五千两之多。广西所请协饷岁仅四十二万,尚不及云南之半,实系刻苦节省,免致部拨为难。唯有仰恳天恩,饬部指拨近省有着之款,可否仿照从前西征协饷、近日东北边防经费考成,按月源源拨解,以济急需而免迟误。所虑者,新约原有法税较轻之义。关税开收以后,三联票畅行,沿江厘金必然大减,彼时税厘能否相敌,尚不可知。拟请敕部于此项关税留充边饷,除该关费用外,免拨他用。若税多于厘,则请减协饷;税厘并绌,则续请加拨。应俟届时据实奏明,请旨办理。

至通省绿营马步战守兵丁,原额二万二千七百一十五名。同治四年、五年,两次裁减一万零九百八十二名。迨十二年与光绪元年、三年三次,复补新增六百五十二名。较之原额,裁将及半,所存实不为多。兹拟将提标裁汰前、后两营,新太协裁汰右营一营。其内地勇丁迭次裁减,尚有水陆二十余营,散布防遏,常患不敷。近日怀集、贵县、博白等县,迭有聚匪滋扰之事,未敢过涉空虚。现复将腹地防勇腾挪裁撤两营。各营长夫一律裁减,以冀稍资节省。此外,兵勇一时实难再裁。其沿边之新太协、镇安协、上思营都司各营,将来徐加体察,或就龙州现存勇营内改勇补兵,或裁兵留勇,藉此日分防之举,即为将来并省之阶。此外,无论兵勇如有可裁之处,自当行之,以渐力图撙节,以期减一冗食之军,即省一艰难之饷。至改胜军以补新额,诚为经久至计,但绿营规制细密,其间分泛地段、挑拨章程、俸薪等差、推补缺项,一成不易。必须周详贯通,方无窒碍,目前猝难定议。且绿营积习骤难更改,久在圣鉴之中。而兵饷自有通行例章,边关吃紧处所若照绿营办法,则恐难资饱腾。若改称练军,比照直隶练军章程,饷数并不能减,其与勇名异实同,而转成常设之标营永久之经费。窃拟俟两三年后,体察敌军距边远近,各隘缓急,饷源盈歉,内地伏莽能否渐清,边腹通筹,或尚能再加并省。倘作为额兵,规制既难猝定;既定,即不便屡改。似只可就目前事势力量,斟酌维持。如有因事变通,随时议奏,较为活便。据广西藩、臬两司会同善后局司道核议会详前来。臣等迭次往复函电熟商,并将图说邮寄参考,意见相同。

谨遵旨先行缕晰覆陈,并将沿边要隘分布、重兵驻防处所,绘图贴说,恭呈御览。其添设镇道等官、建置经费各事,改拨标兵营汛详细章程暨其余未尽事宜,仍俟陆续陈奏。是否有当,伏候圣明裁夺,饬部议覆施行。

所有筹议广西边防,分布营屯,核计饷需,移驻提督,添设镇道,改拨标兵、酌减勇营各缘由,理合会同督办边防广西提督臣苏元春合词恭折具奏。伏乞皇太后、皇上圣鉴。谨奏。

42. 奏陈指拨广西边饷省分请减免别项解款片

光绪十二年二月二十五日(1886年3月30日)

再,指拨协饷,必宜于休戚相关。道里略近暨力量能及之处,方可有恃。今为广西边防计,广东为督臣兼辖之地,谊同一家;湖南则唇齿相倚,又处上游,两省利害既切,转输较便。近年广东竭力筹济,固不待言;湖南协助最多,次则四川、湖北,又次则江苏省及江海、浙海两关。若于历年协解较多之省、关分别等差,酌量派拨,或有实济。惟各省疆臣及藩运司道,虽皆能公忠协力,而各省均非库款充裕之时,惟有吁恳圣恩,敕下户部,此次于各省指拨广西边饷若干,即将该省原派别项实解之款减拨若干,俾得腾挪兼顾,庶于边防大局藉可支持,不独为桂省一隅计也。至广东现处极窘之际,本省现支拨解要款,均极浩繁。洋债过多,饷源已竭,义则不能不顾,力则万难再筹。然论广西意计所及,则广东协饷较他省为可恃。可否将广东应解固本京饷银十二万两,恳恩免解,俾移此款以济桂饷。盖直隶练军饷项固属绸缪要需,而广西边关设防尤当前敌冲要,在直隶来源较广,当不计此区区。必广东有可罗掘,方可不误协解。否则左支右绌,难为无米之炊,虽将藩司重处严参,亦仍无益。若部臣于固本一款必不允改拨,则此次广西边饷恳恩准免派拨，以免两误，出自逾格鸿慈。谨将各省关情形略陈梗概，以备户部核酌。是否有当，谨合词附片具陈。伏乞圣鉴训示。谨奏。

43. 奏各府防勇亲兵未能撤裁折

光绪十二年三月初七日(1886 年4 月10 日)

奏为遵旨查明粤西各府厅防勇及州县亲兵未能裁撤,据实覆陈,恭折仰祈圣鉴事:

窃臣承准军机大臣字寄,光绪十一年十一月二十八日奉上谕:御史李士琨奏,粤西各府厅设有防剿勇丁,岁糜饷十数万,且素无纪律,所在滋事。又各州县添养亲兵百十名,倚势侵凌,并有逞凶讹索,扰害百姓情事,请饬裁汰等语。各省无益勇丁,现饬次第裁撤,若如所奏各情,更为地方之害,即着李秉衡查明饬裁,以节饷需而靖闾阎。原片着抄给阅看。将此谕令知之。钦此。遵旨传谕前来。

臣查粤西饷项支绌,防营月需饷银多待邻省协济,筹解维艰,时虞匮乏。是以臣上年接护抚篆,布置边防,即与提臣苏元春筹议,将可裁之营,可节之费,迭次裁节。嗣因钦奉谕旨,饬令裁勇节费,复经通盘筹画,又将边关腹地各营公别酌裁,具折复奏。并声明俟勘界事定,再当裁遣边军数营,凡有可裁者,无不量加裁汰,不敢稍存泄视。

至于各府厅防勇、各州县亲兵,则有未能裁撤之势,不敢不实据陈明。查粤西地处蛮荒,各府厅所属箐密山深,伏莽未靖,窃发时虞。兼之各属乡村，民情浮动，游匪最易生心，非有防营弹压于平时，戒备于未事，难免时有意外之虑。近年如郁林州大竹根、思恩县五峒土匪滋扰，得以随时扑灭。比来贵县漏匪廖彩爵，潜伏中屯地方，亦得及时往捕。皆因设有防营，办理迅速。西省腹地，十余年来尚无大股贼匪肆扰，未始非其明效。既设防营，其州县亲兵似觉多此名目。独是防营只能分布要隘通衢，而急切应捕之贼匪，必待调集防勇汛兵，诚恐缓不济急，贻误事机，非有亲兵难期应手。且地方习惯强梁，即勾捕罪人，弹压民教，亦非有亲兵不能镇定。体察情形，各府厅防营、各州县亲兵，因地因时，实属无可再裁。惟有吁恳天恩，俯准照常留用，以资镇慑而图久安。

惟李士琨奏称，防勇素无纪律，所在滋事，亲兵逞凶讹索，扰害百姓，现虽查无实据，不可不严行饬紧。臣已通饬营官、牧令一体遵照，申明纪律，将营勇、亲兵严加约束。如有倚势侵凌扰害情弊，一经查出，立即从严参办，以示惩儆。是否有当，理合恭折覆陈。伏乞皇太后、皇上圣鉴训示。谨奏。

光绪十二年五月初七日奉旨：着照所请。钦此。

44. 奏陈龙州重地筹款建城片

光绪十二年三月初七日(1886年4月10日)

再,龙州在前明时本系土府,自国朝改设流官以后,由通判而同知,隶太平府辖,为镇南关及平而、水口二关孔道。承审上龙、下冻两土属,均与越南接壤,向未建筑城池。上年边事初定,筹备方始,将来定地通商,拟移提督,添设道员,同驻斯州,以资控制。举凡转运、屯储、关税等项,悉萃于斯,无一不关紧要。是龙州实为全边重镇,非建城池无以昭慎重。臣既函商督臣,并与提臣就地查勘,均以为然。惟周围五里,非砌砖石难期坚固。工程浩大,核实估计约需七万金左右。虽筹款万分不易,而关系边防甚重,不得不竭力经营,以期济事。业经遴委廉干大员相度工款,随筹随办,将来核实造册报销。谨先附片陈明。伏乞圣鉴训示。谨奏。

光绪十二年五月初七日奉旨:该部知道。钦此。

45. 奏查明梧关经费病商过甚分别减免经费浮收折

光绪十二年三月二十一日(1886 年 4 月 24 日)

奏为查明广西梧关经费病商过甚,应即免抽,并裁革各项浮收规费,以期恤商保饷,暨严禁书吏,整顿厘务,清理讼狱各节,据实覆陈,仰祈圣鉴事:

窃臣之洞于光绪十年六月承准军机大臣字寄,闰五月初七日奉上谕:有人奏,广西梧州关税加费过多,请饬永远全裁等语。又有人奏,广西积弊太深,极宜剔除一节,所陈梧关弊窦大略相同。均应确查严禁。至所称厘金各卡行酌量裁并,州县案件株连太多,请饬随到随结,不得拖累无辜。藩司衙门吏房为肇庆黄姓盘踞,百弊丛生,应饬查明驱逐各节,该省积习相沿,必应严查禁革。着张之洞、潘鼎新按照所奏各条,确切查明,将一切弊端悉行厘剔,毋得有名无实等因。钦此。当经臣之洞,咨会前广西抚臣潘鼎新据实查明会奏。迭次札饬西布、按二司会查各在案。潘鼎新迄无一字答覆。嗣据西两司覆称。潘鼎新于光绪十年奏明梧关公费解交省局,亦未准抄折咨会。

臣秉衡在臬司任内,以越事紧急,奉旨驻龙办理后路事宜。旋蒙恩命暂护抚篆,又奉光绪十一年六月十八日上谕:张曜奏,广西被水成灾,拟筹赈款一折。据称广西梧州府向有应征税银,军兴以后加征养勇经费，每年约计十六七万。此后勇营裁减，征款未停。现值筹赈艰难，请饬将本年经费全行提充赈务等语。着李秉衡查明先将本年经费提归赈需，嗣后此项经费应酌减若干，其余提归公用之处，并着奏明办理。钦此。经臣秉衡一面先提充赈，一面恭录转行署广西布政使庆爱、署按察使沈康保查办。其梧关一案，经臣等迭次委员密访，西省委知府黄宏藻，东省委直隶州知州陈占鳌、通判徐敦诏、降补知县杨光铨、盐大使周志端、从九品张祖恩，先后分别密查。并会委奏留差遣河南候补道朱寿镛，覆加确查。会同西藩、臬两司核议禀覆去后。

兹据覆称：查原奏内称，梧州府关税，自咸丰七年后加抽经费，为招集乡勇保卫地方起见，凡往来货物于正税银一两外加抽银一两。每年合计约加抽银四五十万两，均收银而不给票，肆意侵渔，无从查考。加费过多，请饬永远全裁一节。查梧关加抽经费，实系咸丰初年艇匪土匪肆扰，前任梧州府知府陈瑞芝募勇剿捕经费无出，集商筹议，按货抽捐以供勇费，有税费相等者，有费多于税者。嗣后贼平勇少，而经费如故，商人屡以为言，乃减去旧数之半。先设分局十二处，陆续裁撤。光绪六年复将木双分局裁去，或由粤东会馆经费局抽收，或由水、旱两关带抽。兹经委员改装易服前往，向来往商民分投密访，或佯作商贾赴关纳税，或潜搭货船观其收费，并传讯该局司总梁宝琛等，暨平码馆商董茂兴、公昌、聚丰信、全昌等，调集水、旱关各帐簿暨书巡等私簿，互相参核，计该府每年所收经费约银十万两有奇，实无三十万至五十万两之多。梧州自兵燹后，正税未能足额，即从经费拨补。又广西巡抚、藩、臬、盐道衙门办公不敷，历年于梧关经费项下拨解公费。此款早年出自税余，后因军兴税绌，改在经费内动支，从前系每年三万两，此外虽有节寿之说,收与不收视乎上司。光绪十年减为二万一千两,裁去节寿,余作该府陆勇两营及护关扒船之饷费。

惟查历年经费之数,官收虽不过十万有奇,而商人所费实不止此。吏胥、巡役、家丁、地棍、船户,浮收包吞,皆所不免。虽无档册可稽,追出书巡分银底帐及船户木商完经费底簿,按月核计全数约略可知,约计每年大率收银十七万两,实为商民巨累。此外尚有因头一款,为原奏所未言及。此款系由书吏算船估税而起,定例榷算米谷豆麦各船之法,以长一丈、广一丈、深五尺为五因,一因五千斤,五五共作二万五千斤。他货二三因至七八因不等,皆有定则。书吏欺愚商贾,如米则谓例应七因,今私让为六因,应纳使费若干。故曰因头。商人恳嘱关吏,不令报足十成,甘于税外私纳规费。名为让减一因,实已暗增一因。先则商人利其隐漏,继则关吏踵事多求。既属病商,亦兼蠹税。计暗加因数每年约银二万两私得,因头每年约银五万两,系书巡、幕丁所得。又有外费一款,系书巡、府差人等所得,每年约银六千余两。又有现费一款,乃上下水零星货物,若缸瓦、桂碎、爆竹、彩钱、笔竹、木梢等灯,皆例不收税之物,系查船丁巡所得,每年约银五千两。又有柴火银一款,乃无税无费之物,每柴一束收钱一文,系充该厂日用,每年约银一万三千两。合而计之,正税尚属有限,而商贾于正税之外,所费至二十余万两。商民怨苦,实不能堪。群蠹纵横,人思染指,积弊之深,至斯而极!查该厂经书七名、算房七名、银房十名即官银匠、巡役四十四名,内正总四名,亦称签子手,亦称尺手书巡,皆五年一换。经书、算房、银房及正总更换时,各纳充费一千两上下不等,此条最为诸弊之根。查梧州一区,既有例设税厂,又有厘金总局,又有经费局,一日之内三次榷征,百金之货完至什一,实为病商苛政。且经费一局,商民费至二十余万,而国家并不能用其分文,尤出情理之外。况征敛愈重,商贾愈困,趋避走漏,包串影射愈多。西省税厘大局将不可问。自应将经费一项即行裁免抽收,以苏疲商而保正饷。并将该府所募勇丁两营全数裁撤,以节糜费。由西省另派防营驻梧巡查弹压。令该府于经收正税自行竭力稽征,不得藉口缺额,别图弥补。从前该厂征解税项,系前后递推牵搭,淡旺不均,或淡月而所解极多,或旺月而所解甚少。应改令按照定额计日摊解,以免藉口赔累。此后该厂征税,俱按定则估算,不准浮加一因。其余吏役私收之因头、外费、现费等项,一律禁除,永免商累。并刊给三联印票,分别存发报查。其厂书、巡役充规概行禁革。惟根蒂不除,弊端决不能断。应将厂书、算房、银房、签子手、尺手等名目年限一概革除。厂中查船、核算、缮写、记簿俱改用司事、签手、尺手,改募巡丁,既无报部额缺充满年限,即可随时召募,随时革换,庶可杜贿充婪索之弊。惟向来各项人等,仰给此厂者不下数百家。此次裁除太钜,若不为酌筹饭银,限一定数,必致另开需索刁难之弊,防不胜防。甚至包串漏越,转亏正款。拟令按正税之数,每两止许收饭银五分分给,司事、巡丁一切人等统在其内,不准多取分毫,亦不准别立名目。

查梧州厘局,向有商捐。三江缉捕排一项及盐包小厘一项,以养护商扒船,每两五分,每年约银一万二千两。现经臣秉衡饬将此项缉捕排委员、勇役、扒船概行裁撤,另派水师扒船巡护缉捕。排盐包捐项概行免交。计以此项抵税厂饭银之数,每年商民尚有可少纳银七千余两。此外,货船一只,有红单银一钱,有挂号钱上水一百文,下水二百文,有收旗钱三十文,皆散役、差艇所得,为数甚微。应准均仍其旧。又查上项所开柴火银一项,销路甚广,取之甚微,积之甚巨。无税无费,尚不至为商民之累。此项银一万三千两,即遵旨提充公用。查西省乡闱经费,例销止一千九百余两,不敷甚钜。向系由各州县派捐银一万四千余两。其余由外筹补。各属瘠苦难支,应即于此项内按年提银七千两,解存司库,备支科场经费,以后各州县应摊闱费,立案永远免派。至旧日院司道公费二万二千两,原系办公之需,臣秉衡及司道等均未提作私用。惟现既停抽经费,不宜累及该府。惟有极力撙节,拟裁减一万六千两,即以柴火银余款六千两分季解交善后局,分充巡抚、藩、臬、监道各衙门办公之需。并将此次裁革减定各项数目,榜示该厂,十里内外并勒碑水陆通衢,人人共见,永远遵行。

计税费均按例定因法征收一项,裁减约二万两;经费一项,官私裁除约十七万两;因头一项,裁除约五万两;外费、现费两项,裁除约共一万二千两;辑捕排捐款、盐包小厘两项,除抵充饭银外,裁减约七千余两。通计此后商贾过梧关者,每年约可省银二十五万余两。若有浮收勒索逾于定章之外者,被人告发,或经查出,严行参办。并严禁梧州府永远不准馈送上司节寿,如有私送私收者,与受均一律参处。

又原奏内称,广西藩司衙门有吏一房,吏二房,向系广东肇庆府人黄姓充当,而作弊惟吏一房尤堪,盘踞日久,视缺分之肥瘠索取规费一节。查广西正佐各缺原有详定轮委酌委章程,前藩司张梦元谨小慎微,在任日,每有缺出,必详核轮委超委各册照章办理。现署藩司庆爱一本定章,间有人地未宜改为酌委者,随时禀由臣秉衡酌定,始行悬牌详委。传到各员而给委札,不经书吏之手,官场并无闲言,似无延搁索规之弊。至补缺本有定例,无论酌补、轮补之缺,均详由臣秉衡悉心核定,分别题奏办理。又官员缴凭,例应于到任后扣明程限,有无逾违,具结列批送司,按季汇缴。其间有声扣殊错,驳查更正,以致稽延,亦事之所有。并无半年后始行缴凭之事。至藩署吏一房书吏,前藩司张梦元于到任时查阅卯册,见系黄姓居多,且多藉隶肇庆者,业已分别更换。吏二房书吏,查无黄姓之人。署藩司庆爱随时访查各书,尚无弊窦。其有承充年满者,概行撤换。一有弊端,立予革究。

又原奏内称,广西厘金各卡,自桂林顺流而下,省垣上下关两卡、阳朔县城一卡、平乐府一卡、昭平县城一卡、梧州府城三卡,自梧州府溯流而上,则至藤县一卡、濛江一卡、平南县之白马塘一卡、大乌墟一卡、桂平县之大湟江墟一卡、浔州府城两卡;又自浔州府分南北河溯流而上,其南河则横州之南乡墟一卡、永淳县城一卡、南宁府城三卡、宣化县之三江口一卡、右江平马墟一卡、百色城一卡,其北河则至武宣县属之浊水河一卡、柳州府城两卡、融县长安墟一卡、古宜墟一卡、庆远府之怀远镇一卡。皆大河船只所常经。其余穷乡僻壤私设之卡,尚难尽悉。各卡有督办,有帮办,有委员、司事,有赤手、巡丁,除耗费侵渔外,报解不过十中一二,朘削商民。应于府城旧设厘卡酌量裁并。其外卡除择紧要者酌留一二处,其余概行删汰一节。查广西地瘠山多,舟楫可通之处乃有商贾聚集。是以开设厘卡皆在滨河口岸,而四境多与云、贵、广东、湖南等省连界,支河歧出,并无扼要总口,堪以归并抽厘,不得不于桂平、梧、浔、南宁、百色、柳州、庆远等府属沿河市镇设立正分各卡,或管抽收,或司查验。设卡之数,虽似较繁,实因杜绝绕漏,并非节节重征,盖西省厘金章程,凡商民囤货发行时抽落地厘金一次,贩运货物由邻省入境者抽入省厘金一次,由本省运赴邻省者抽出境厘金一次。无论落地、入境、出境,均止抽一次。经过各卡,票验放行,概不重抽。办理多年,历久相安。水路设卡之外,陆路只泗城府属汪甸卡一处,稽查滇省绕道入粤之货。其余僻远之区,实无一卡。历来设卡之所,必先详由抚臣批示,大张晓谕,方无抗违,更不能任意私设。至各卡有督办、帮办、委员、司巡等名目,则系量厘务之繁简分别酌派。其应支薪水等费,向有定章,不能任听虚耗。历经查察整顿,将行为卑陋、声名平常之试用县丞蒋锡熊、吴林森、从九品尹鋆一、史葛森、徐溥、试用通判程铣,先后参革。并将开报含混之通判陶用中、加平渔利之司事丁忧湖北巡检孙新原即孙仲裘,参革究办在案。近年厘数每年总在六七十万之间。广西贫瘠省分,货少商稀,抽数尚不为绌,似无侵隐之弊。如果所解不过十之一二,则每年收数当在四五百万,从何有此巨款?所议裁汰厘卡一节,查前次给事中刘曾、戈靖先后奏请查办,均经澈底查核。凡有可裁之卡,已钦遵谕旨节次裁去二十余处,无可再裁。经前抚臣覆奏有案。臣等亦知抽厘为不得已之举,如能随时裁撤,以恤商艰,原属善政。无如边防孔殷,饷需紧迫,广西别无可筹之款,惟有仍请循旧办理,严饬承办卡员倍加谨慎,力杜烦扰。容俟防务渐缓,再行体察情形,酌议裁并。

又原奏内称,州县案件株连太多,候质之人概行监押,书差私行拷扑,停给粥饭,必索诈得遂而后已,炎暑薰蒸,禁卒又不打扫囹圄,以故死于饥饿、拷扑、瘟疫者累累。该管官定有月报,限期各州县,多空文回覆,其实案件仍延搁不办一节。查各州县办理一切案件,先经升任抚臣张树声仿照直隶清讼章程,将积案、监禁、管押、逸犯四种,分别管收。除在四柱按月册报,专派委员将各属月册逐案详核,随时饬催讯结,分别功过。自理词讼,只准一原、被、一证或证至二三人而止,令头门外悬挂粉牌,将在押人名、案由、月日及有无刑具,逐一开载,倘有私押、私刑,准该家属喊禀。并由省随时委员密查,如并未悬牌,及开报不符者,惩处。臣秉衡起家州县,于恤民一端,时兢兢以此为意。前在臬司任内,深恐各州县有名无实,复经通查各属未结各案,应办者依限详办,应释者取保开释。各州县陆续禀报遵行。虽才具长短不一,尚不至延搁不办,其候质之人,分别取保候讯,并非概行羁押。并严饬各州县清查监狱、羁所,勿令禁役勒索凌虐。曾经委员密查,分别惩儆,尚无十分荒谬情弊。署臬司沈康保到任后,仍不时严加查催。惟州县断不能人人勤明,差役更不能忘情讹诈。惟有随时密访,随时重惩,一有被控及查出者,不稍宽贷,或可狱少宽民。此又非章程、文檄所能为功者也。据该司道等先后查明议拟分别禀覆前来。

臣等伏查此次饬查各节,以梧关经费为最要。此事从前曾经言官论及,此次奉发一片一折,皆论此事。其为病商厉民,亦可想见。此次臣之洞委员往查,书巡等许以重贿,加以恐吓,该委员坚拒不听。因遂造言倾陷,希冀撤回。臣等察知狡谋,不为所动。然则积弊之深,彻查之难,更可概见。现经裁撤经费局,革除厂书、签手,裁减公费,禁止节寿,改章立案,勒石永遵,当可于恤商保饷均有裨益。丁忧梧州府知府梁俊,未能禁止书巡多取病商。迭经饬查,复不据实禀明,查禁节费充公,咎无可辞。惟经费一局、历任相沿,弊端积重已久,未便专责一人,致有偏枯。且该府平日居官尚能办事,似可量予从宽。相应请旨将梁俊以同知降补,以示薄惩。其严禁藩署书吏盘踞把持,以及整顿厘务,清理讼狱各节,均系实在情形。

至光绪十年梧州解存公费,臣秉衡与西藩、臬两司、盐道俱系存局充公,并未移作私用。臣秉衡上年先已奏明,提作赈抚水灾之用在案。十一年臣秉衡等公费,亦已遵旨提解。再,此件因臣等六次委员密查,始得查核详实,且须察度情形会商定章,是以覆奏较迟。合并声明。

所有确查严禁厘剔一切弊端各缘由,谨合词恭折据实覆陈。伏乞皇太后、皇上圣鉴。谨奏。

光绪十二年五月十一日奉旨:另有旨。钦此。

46. 奏覆西省团练开矿现在似难举办折

光绪十二年四月初八日(1886年5月11日)

奏为钦奉寄谕饬查团练、开矿两条,体察粤西现在情形,似难举办,据实覆陈,恭折仰乞圣鉴事:

窃臣于正月十三日在镇南关防次,承准军机大臣字寄,光绪十一年十二月十四日奉上谕:翰林院代奏编修锺德祥条陈时务一折。据称,广西与越南接壤,法人逼处北圻,在在均须防范,游勇、匪徒所在多有,深恐内外交讧,办理费手,亟宜举办团练,以资镇压。该省煤、铁等矿甚多,均应采办,以开财源而利器用等语。所陈两条,系为靖内御外、兴利裕饷起见。惟举行团练,事同创始;开办矿务,资本须筹。均应详慎图维,切实规划。着张之洞、李秉衡体察该省情形,悉心妥议具奏。原折着分别抄给阅看。将此由四百里谕知张之洞并传谕李秉衡知之等因。钦此。遵旨寄信前来。跪诵之余,仰见圣明俯采刍言,期裨时务之至意。

臣查广西太、镇两府,边界处处壤接越南,在在均须防范。而内地伏莽未净,宜筹备于无形。诚有如锺德祥原奏所云者。是以边军非留二十余营,不敷分布腹地,亦派有营勇常以巡防。若举办团练,便可裁营而节费;开采煤铁,遂资利用以丰财。值兹时事艰难,军饷支绌,亟应认真筹办,何可视为缓图?当经饬行省局司道迅速体察妥议去后。兹据覆称：迭次公同详察情形，延访绅士相与讲求办法，佥以办团一事，当咸丰初元，洪逆倡乱，土匪蜂起，前抚臣邹鸣鹤曾议定团练章程，饬行办理，在省城设团练总局，举前翰林院修撰龙启瑞、御史朱琦为督办。各州县城乡并皆设立团局，遴派士绅以充团总，挑集丁壮训练发给军械口粮，勉以剿贼立功，从优保奖。人皆勇跃思奋，通省一律办成。其始尚知急公，力图御侮。然亦仅止扼守要隘，自卫乡村，遥应官军，藉壮声势，鲜能远道应调，努力从戎。其后流弊日滋，尾大不掉。咸丰季年，贼氛逼省，勉调团练助守，岁暮思归，竟尔纷然自散。渐至擅作威福，寻仇相攻，州县官事权不属，号令不行，转成地方之害。故同治年间前抚臣张凯嵩奏陈善后时政，有戢强团之条，大费整顿。迨升任抚臣刘长佑再抚西粤，改团练局为保甲局，裁撤团总，饬由牧令改派乡正、甲长，分团编甲而清理之。按户酌出丁壮，归乡正、甲长递相稽查约束，定期讲武，守望相助，只令自卫乡里，免其征调整远出。丁壮有过，报官责惩；乡正、甲长行为不善，由牧令随时查察更换。比年以来，始渐相安。是办团之获益少而流弊多，必万不得已而行之。今欲复办团练，派团总，籍练丁，期于平时有利无弊，临时应调遄征，再三筹议，殊无善策等语。臣查所陈皆系实在情形。细阅锺德祥原折内称，择青年丁壮籍为团勇，平时听其散处，有事合编成营，即寓兵于农之法，原属美善。惟兵农之分久矣，非应募入伍，而欲临时悉听征调，其势已有所难。况兵非练不能用。绿营额兵尚议编为练兵，立营操演；各省所招防勇亦饬勤加训练，方期得力。今以耕作之农民，仅于每月朔望操枪一日，遂谓能临大敌，堪备非常，恐无如此容易。臣愚思维至再，锺德祥办团籍丁，以备出战之议，既有难行，且无实际。惟就近年按户出丁订期讲武之法，责成地方官认真办理,使之自卫身家,稍辅兵力之不逮,似于实事或尚有裨。

至采办煤铁一节。查得产铁之区,皆有商人请设炉座开采,照例按炉纳课造册报部。因出产不旺,铁质亦不甚精良,有获利甚微,旋开旋请封闭者;亦有开采三五年,矿砂已竭,呈请停办,数年后矿苗复见,又请设炉者。是铁矿一项,各属早经开采,勿庸再行招商。惟应认真稽查,毋任私设炉座,朦混漏税。已饬地方官实心经理,以裕税课。其煤炭一项,物产各有所宜,广西地土不甚产煤,鲜有开采之处。上年东商以富川县属有煤可采,赴督臣张之洞、东抚臣倪文蔚衙门呈请试办。由东委员会同地方官勘明开采,苗不甚旺,质亦不精,用于火轮,不甚得力,价值甚低,仅敷工本,致商情不甚踊跃。容察看有无成效,及他处有无可采,分别筹办,期收自然之利,以裕饷而益民。

除拊循岛埠保卫华商一节,应由督臣另行具奏外,所有遵旨查明粤西办团、开矿实在情形,理合会同两广总督臣张之洞恭折由驿具陈。伏乞皇太后、皇上圣鉴训示。谨奏。

光绪十二年六月初六日奉旨:知道了。钦此。

47. 奏报拿获贵县土匪廖彩爵折

光绪十二年四月初八日(1886 年 5 月 11 日)

奏为查拿贵县逸匪首要,均经擒诛,地方安靖,谨陈办理情形,并将阵亡营弁请旨饬部议恤,恭折仰祈圣鉴事:

窃贵县逸匪廖彩爵潜回县属中屯村,纠党拒捕,据该署知县裘彬禀,经臣饬派升用知府陈如金督带营勇前往查拿,该管知府延昌亦调防营到县会商办理,节经攻破巢垒,毙匪多名,而匪首在逃。臣复严饬上紧购捕,务获究惩。于本年二月初六日附片奏明在案。嗣据陈如金、延昌会禀:探得匪众多系胁从,自被官军毁巢以后,追捕甚急,俱已星散。惟匪首廖彩爵带死党十余人,潜匿于武宣县境,即派弁勇,并密札县廓镇巡检陈启埙随带亲兵协同踩捕。而该匪狡诡异常,严洞深藏,不时更易,追寻辄无实在下落。经臣责成印委各员,广购眼线,加悬重赏,期于必获,勿任日久稽诛。陈如金等以乡团熟悉情形,尤谙路径,迭次遴派士绅导引,分投查缉,侦知该匪又回匿贵县边境古占后山。经管带防军参将王化祥、龙殿甲各派哨弁,带勇往捕。有匪数人在山瞭望,遥见勇至,即越岭而逃。哨弁李国周督勇追赶,格杀一名,余均逸去;跟踪踩缉,二月十五日追至六活村,搜擒匪妻寥陆氏,并匪党周老旺。解经陈如金等讯供,究出匪首廖彩爵随带死党七八人伏匿狮子山岩内,当派外委宠启赓、巡检陈启埙酌带亲兵驰往掩捕。十七日清晨，我军将抵岩旁，该匪意敢出而抗拒。兵勇合力环击，登时毙匪二名，生擒周老辉、周老荣、周老组三名。庞启赓放枪，击中廖彩爵左腿，挥众上前，始就擒缚。余匪三人拚死冲锋，夺路狂奔，追拿不及。我军亦被拒杀一名，受伤三名。当将各犯解回研讯，仍饬严拿逃匪，务获究办。

卷查该匪廖彩爵，昔年争占其兄家产，纠党毁屋，枪击兄子廖祖励及雇工潘项升毙命，拒捕逃逸，漏网有年。今复潜回本村，添党负固抗拒。其妻廖陆氏，亦复听从放枪拒捕伤勇。匪伙周老旺等无不抗官助恶，据供各情，历历如绘。由陈如金、延昌禀核办前来。臣查核所禀，均属实在情形。该匪首伙各犯暨犯妇廖陆氏，皆系罪不容诛。即经批饬就地正法。并将廖彩爵枭示，以昭炯戒。一面查拿逸犯，宽免胁从，务使暴戢良安，庶几地方一律靖谧。

此次贵县匪徒纠党图逞，经陈如金等攻破匪巢，擒诛首要，办理尚为迅速。在事人等，不无微劳足录。除地方官有应捕之责，知府陈如金、参将王化祥、龙殿甲非同微员末秩，不敢邀请议叙外，其营哨武弁、团练士绅，可否由臣酌保数人，咨部给奖，以示鼓励，出自天恩。五品蓝翎尽先拔补把总萧宏亮、守备衔尽先拔补千总汪雨露，前于进攻中屯贼巢中炮捐躯，殊堪悯恻，相应请旨饬部照阵亡例议恤。其余伤亡勇丁，仍俟查明造册报部，照例议给恤赏。

所有拿办贵县逸匪业经竣事缘由，理合会同两广总督臣张之洞恭折由驿驰陈。伏乞皇太后、皇上圣鉴训示。谨奏。

光绪十二年六月初六日奉旨：览奏均悉。此次出力各员，着准其酌保数人，咨部给奖。萧宏亮、汪雨露，均着交部照阵亡例议恤。钦此。

48. 奏拿获宣化县漏匪雷麻大就地正法片

光绪十二年四月初八日(1886 年 5 月 11 日)

再,宣化县漏匪雷麻大、闭全彰,前当关外军务吃紧之际,乘机思逞,经左江镇道饬派勇营缉拿未获。臣于上年秋间责成该地方官捕获伙党多名,就地惩办。仍饬严拿首要,务绝根株。曾经附片奏明在案。自去冬以迄今春,节据南宁府知府何昭然、该县知府萧宪章等多方购捕,续获悍目多名。该首匪因捕拿严紧,潜逃远地。三月初间,据线人赴臣营禀报,查得雷麻大潜匿附近边境。臣即饬派亲兵同往捕拿,是月初六日将雷麻大获解到来。派员验讯,确系该犯正身。据供,历年抢劫拒捕,戕害兵差,并纠众结盟拜会,图攻武缘县城情事,历历如绘。该犯罪大恶极,未便久稽显戮,即饬就地正法,传首犯事地方,悬竿示众以昭炯戒。仍饬上紧捕拿闭全彰,务获严办。臣秉衡谨附片陈明,伏乞圣鉴。谨奏。

光绪十二年六月初六日奉旨:知道了。钦此。

49. 奏拿获煽结哥老会匪徒景清寅绑赴军前正法片

光绪十二年四月初八日(1886 年 5 月 11 日)

再,臣接准提臣苏元春咨,访闻南关地方近有匪徒煽结哥老会情事。当经密饬各营严拿,旋据管带毅新前营游击杨昌魁禀:据所部勇丁杨洪春报称,有旧日认识曾在各处当勇之景清寅,邀伊同结哥老会,未经允从,报请拿办。随带哨勇于本年正月初五日将该匪犯景清寅拿获,搜出随带哥老会号片数十张,解送到营。当即委员提讯,供系四川三台县人,曾在贵州等处当勇。因事被革出营,就在各处游荡,流入关外游匪伙党,该匪伙多有曾结哥老会者,伊亦入会,领得号片随带在身,来至边关潜踪窥探,欲诱人入会,伺隙勾结滋事。尚无人信,从后遇旧识之杨洪春,邀同结会未允,即被拿获等情不讳。诘以曾在内地何处结会,坚不供认等因。经臣派员提讯,供亦无异。查该犯以革勇流入游匪,潜来边关窥探,欲煽结哥老会,以图乘隙滋事,实属胆玩,应即严办示儆。当与提臣会商,派员将该犯景清寅绑赴军前正法。仍饬各营员及地方官随时认真查缉,毋任奸匪潜匿,煽结滋生事端。理合附片陈明。伏乞圣鉴。谨奏。

光绪十二年六月初六日奉旨:知道了。钦此。

50. 奏办理资遣招垦折

光绪十二年六月十六日(1886 年 7 月 17 日)

奏为筹办善后,酌定资遣招垦章程,以清边圉而遏乱萌,恭折仰祈圣鉴事:

窃臣于上年四月初一日准督臣电开,总署三月二十五日来电,本日奉旨:越地义民,岑毓英、李秉衡随宜措置,朝廷不为遥制等因。钦此。又于八月初二日承准军机大臣字寄,七月初五日奉上谕:镇南、马白二关,为滇、桂入越边要处所。现当和议甫成,越南游匪为患,着张之洞、李秉衡悉心会商,通盘筹画,详晰覆陈,用副朝廷慎固边防,消弭隐患之至意等因。钦此。经臣钦遵于上年四月初八日、本年二月二十八日先后会同覆奏在案。

伏念圣主廑系边陲,时劳宵旰。臣等责任所在,曷敢不及早图维?查越南游勇之患,已多历年所,迨法并越地,民怀忠愤,爰举义旗,游勇亦纷然往附。实则阳为义民,阴肆劫掠,无所不为,所恃我严边备,彼未途穷,无虞内犯。乃比年越地失耕,粮源日竭,此辈辄数十千百为群,蚁聚于芃葑、牧马、保乐间,不下万有余众,无所得食,饥则变生。若不早为之所,待其既溃而后图之,即不难慑以军威,而扰及边民,惊及内地,可虑滋多。是以微臣夙夜筹思,惟有秉承迭次圣训,随宜措置,通盘筹画。已先会商提臣苏元春,督饬边营严为之备。又复博采众议，酌定资遣招垦章程，选派朴诚员绅，于龙州厅、归顺州等处分别设局，先期出示，于四月初一日开办。除能自存于越者听便外，凡属内地愿归之众，无论籍隶何省，皆派营分起接递，按程逐节宽为给资，不准执持寸铁，有军械则勒缴而酌偿所值，每过境必点验而册报确数。及递出桂境，仍畀以到籍之资。并知照邻省地方官，务使各归乡井。此现办资遣之大概情形也。

其无家可归者，已于沿边预勘未垦荒田百数十处，足敷安插千余户口。皆令委员会同地方官，督率乡保确查，以免侵占纠葛。有来认垦者，由局验明计口授田，给资搭盖茅屋，酌发牛种农具，责令耕作。而于未经收获之先，仍量予盐米，并按编保甲法，取具连坐互结，选任牌长以专其责，俾便稽查。此现办招垦之大概情形也。

统计两月以来。认垦者倘属无几，遣归者已数逾三千。来方未已，随时查察，尚无不受约束滋扰情事。倘经此次招遣后，尚有扰及边境者，立即痛加剿除，使之无所藉口。似此统筹办理，臣亦不敢谓计无遗策，但使越地少一游勇，即边境少一隐忧。惟此项约须三数万金，饷项维艰，敢不深计。然为弭患是急，惟有核实支销，不敢稍存惜费畏难之见。矧前奉谕旨，不为遥制，又何敢不相机遵办，藉以上慰宸衷？

所有资遣招垦游勇缘由，除将筹办章程咨送军机处备查外，理合会同两广总督臣张之洞由驿驰奏。伏乞皇太后、皇上圣鉴训示。谨奏。

光绪十二年八月十四日奉旨：览奏均悉。所筹资遣招垦章程尚属周妥，仍着随时认真经理，绥靖地方。钦此。

51. 奏暂留蒋宗汉缓赴新任折

光绪十二年六月十六日(1886 年 7 月 17 日)

奏为请留实缺总兵在营,暂缓赴任,以重边防,恭折仰祈圣鉴事:

窃头品项戴记名提督云骑尉世职图桑阿巴图鲁蒋宗汉,上年钦奉谕旨,补授贵州安义镇总兵。当经具折叩谢天恩,吁请陛见。兹于本年五月初四日专差赍回原折后开军机大臣奉旨:着毋庸来见。钦此。仰见圣明轸念边防,不令遽离戍守,诚为臣等下怀所愿,钦感莫可名言。

伏查蒋宗汉忠勇性成,战功卓著,连年出关御敌,厥功尤伟。嗣以布置边防,仍统所部广武军各营,分扎镇南关以西平而关一带。现在越境未尽相安,游匪势甚滋蔓,难保不贻边患。正在设法分别资遣、招垦,以免滋生事端,尤赖二三宿将镇压巡防。相应吁垦天恩,俯准将该总兵仍留军营,暂缓赴任,俾收指臂之助。随后察看情形,如边防稍松,再当饬赴本任。

臣等系为慎重边防起见,理合会同两广总督臣张之洞恭折由驿驰陈。伏乞皇太后、皇上圣鉴训示。谨奏。

光绪十二年八月十四日奉旨:着照所请。兵部知道。钦此。

52. 奏储备将材片

光绪十二年六月十六日(1886年7月17日)

再,臣秉衡上年钦奉谕旨:勇数既裁,营员自随之而减。如实有久经战阵之员,月给薪粮,作为额外,留于该省差委。仍酌予限制,此亦储备将材之一策。全在各统领激发天良,秉公遴选,设有藉此肥己,或安置私人,或浮开公费,一经查出,立予重惩等因。钦此。钦遵。本年二月初六日,臣于续奏裁营节饷未尽事宜折内,先行陈明请俟裁定营勇后,与提臣秉公遴选,期收实用,仍酌定名数随后奏陈在案。所有边防营勇陆续裁撤八营。其管带、帮带、将弁中不乏久经战阵之人,由臣元春督饬各该统领认真挑选,查有留黔补用副将阳肇祥、副将衔广西补用游击陈显道、补用游击张朝贵、尽先补用都司文上贵、都司衔尽先守备姜新成、补用守备李全忠、周万全、守备衔拔补千总孔昭昌、六品军功拔补把总黄荣光,打仗勇敢,熟悉边情,迭著奇功,投闲可惜,均堪留营差遣,以备缓急。与臣秉衡酌定薪水,区分多寡,全视其人得力之等差,初不拘官阶之大小。综计每月需费以二百两为限,不敢稍涉虚糜。即从三月初一日起支,以广皇仁而收实用。此后察看情形,设遇边营需人更替,要缺需人署代,仍当量才委任。如另有得力员弁,亦可续予添留,庶几仰副圣主嘉惠戎行、力求核实之至意。理合会同两广总督臣张之洞附片陈明。伏乞圣鉴。谨奏。

光绪十二年八月十四日奉旨:知道了。钦此。

53. 奏假满谢恩折

光绪十二年六月十六日(1886年7月17日)

奏为微臣假期已满，病渐就痊，谨即销假治公，恭折仰乞圣鉴事：

窃臣前在南关感受烟瘴，触发肝晕旧症，深惧贻误要公，于本年正月二十八日沥情奏恳天恩，俯准开缺回籍调理。嗣于四月二十六日差弁赍回原折，钦奉批旨：着赏假一月，毋庸开缺。钦此。跪读之下，感悚莫名。

伏念臣才智短浅，艰钜谬膺，万不敢稍耽安逸。矧荷圣慈宽予假期，更何容不竭力支撑，勉图报称？前于界务粗毕，回驻龙州。适闻边外游勇粮尽将溃，当即设法解散。并商由提臣严兵以备。又因桂林近省一带米价昂贵，雨暘稍愆，恐仓存米谷暨先时采运于湘省者，不敷平粜。复电饬梧州动款赴东赶办洋米。督臣顾念兼圻，并即购米二万石以济。计可次第运到。迭饬分处多设粜局，减价便民。省外四乡及附近州县间有莠民乘机抢劫情事，已严饬地方文武及时捕治解散。五月下旬，连次得雨，人心渐定，但冀农田有秋，庶可无虑。兹届假期已满，值此地方多事，不敢不及时销假，以期仰答鸿施。

所有微臣感激下忱，并销假治公缘由，理合恭折具陈，叩谢天恩。伏乞皇太后、皇上圣鉴训示。谨奏。

光绪十二年八月十四日奉旨：知道了。钦此。

54. 奏报广西赈款数目并请将余款修纤路折附单

光绪十二年九月初三日(1886年9月30日)

奏为上年筹办广西赈务,收支数目暨官商捐赈银数,缮单上陈,并将赈捐余款展修平乐,昭平纤路,以惠商民,奏明立案,仰祈圣鉴事:

窃照上年五月初间,西省霪雨发蛟,湘、淮、黔、柳诸水同时涨溢。桂林、平乐、柳州、浔州、梧州等府,均罹水灾。其时南北交涨,汇于梧江,波及东省,当经护广西抚臣李秉衡发款开仓,分投赈济。梧州属怀集一县,距东尤近,被灾尤急。臣即饬委候补知县向东森,携带米饼,驰往施赈。复经会同护广西抚臣,奏请动支东省应解备荒银一万两,由运库筹垫银二万两,东善后局先行设措银一万两,积捐银一万两,共银五万两,派委广东候补道蒋武琛等六员分为五路,携银前赴西省灾区,会同地方官绅核实赈抚在案。兹据广东布政使高崇基、两广盐运使王毓藻,会同广东善后局司道详称:上年西省赈款,经臣暨广东抚臣倪文蔚倡率各官共捐,集银二万五千三百七十两,由前运司瑞璋、署运司蒋泽春劝谕各盐商,捐集银二万两,又由东赈官捐拨银二千九百六十两零二钱五分,又四川永宁道沈守廉寄来赈捐银一千零二十九两八钱,除归还运库借垫、东善后局暂借两项，共银三万两外，合之备荒一万两，实共筹捐西赈银五万九千七百两零五分，已溢于原奏五万两之数。

查蒋武琛、危德连等，经办梧州府属之苍梧并平乐府属之贺县、富川等州县，原带银一万五千两，共用赈恤银八千五百八十两四钱八分四厘；薛谦经办桂林府属之临桂、灵川、全州、兴安、义宁等州县，原带银一万五千两，续由蒋武琛处改拨银五千两，又委试用通判吕以兴补解并交薛谦银五千七百两，共用赈恤银一万八千五百零二两五钱四分；黄维清经办梧州府属之怀集一县，原带银一万两，计用赈恤银九千五百五十一两八钱五分；黄宝田经办浔州府属之桂平、平南、贵县，并柳州府属之来宾等县，原带银五千两，共用赈恤银二千八百三十三两九钱；蔡道衡经办平乐府属之平乐、昭平，并桂林府属之阳朔、永福等县，原带银五千两，共用赈恤银四千七百九十五两。五路委员船价、川资、杂费共银二千四百六十一两零五分。又另支委员向东森、沪绅严作霖赈济米脚盘费银一百六十九两二钱。统共用银四万六千八百九十四两零二分四厘。下余银一万二千八百零六两零二分六厘，均令解交西善后局存储，以备筹办善后工赈之用。该员等均系亲赴被灾各乡详切体察，会同地方官绅酌分等差，核实散发，并无浮冒。当经分别禀报东、西两省督抚臣在案。仍将收支捐助各数，刊刻征信录传布，以照核实。

又据署广西布政使庆爱、署广西按察使沈康保、广西盐法道周鹤禀称：兴安县属之陡河、平乐至梧州一带沿河纤路为舟楫往来之道，素称艰险，实农田水利，商民生计所关。前经被水冲翻冲塌，亟应乘时兴修，兼资工赈。曾于前折会陈饬令该司道等议章勘修在案。现在陡河堤坝各工，已由李秉衡筹款兴办。其平乐纤路自难再缓。兹委员会同官绅督匠勘估，自昭平下至苍梧，共二十八塘四百余里;自昭平上至平乐,共一十四塘二百余里。地之险阻,以昭平至平乐为最。分别估计,昭平至苍梧约需银一万五千两,昭平至平乐约需银三万五千两。统计约需工价银五万两各等情前来。

臣伏查广西之视广东,地居上游,境接壤错,农瘠商薄,伏莽繁多。西省不安,则东省将承其敝。故上年巨灾骤作,正当东省筹防捍水、饷赈交困之时,仍不能不奖率官商竭力经营。虽属兼筹,实同自救。仰蒙懿旨渥颁赏给赈银三万两。幸护西抚臣李秉衡实能仰承德意,多方悉索,极意抚绥,灾黎赖以安集。东省派往散赈各员,臣详加访察,尚能尽心拯济,躬亲放给,委无草率冒滥之弊。现计东省捐助西赈之款,尚余银一万二千八百零六两零二分六厘。嗣因西省筹办陡河纤路,乃工赈善后之要举。西省无款可筹,又饬东善后局劝谕土丝商人捐助银一万两,又于江苏协赈绅士严作霖等筹济东、西两省工需项下拨银五千两,均解交西省善后局。加以严作霖前捐存西省专备平乐路工银一万两,共计东省、外省捐款存银三万七千八百零六两零二分六厘,以之展修昭平上至平乐一带路工,尚属有盈无绌。已饬西司道等委员兴修,以利商旅而广皇仁。至昭平下至苍梧一带路工,应俟另筹有款,再行陆续兴办。

再,此次筹办西赈,除奏准拨用备荒银一万两外,其余悉由官商凑集捐资,核实散放,并未动支正款。应请免其造册报销。至臣职在兼辖,分应统筹;东省各官,东西同舟,义无膜视,佥称仰体慈惠,聊尽微忱;众盐商等以引地所在,休戚相关,谊等乡邻,情殷恤助,均不敢仰邀奖叙。察其情词,俱出至诚。其四川永宁道沈守廉一员,应如何给奖之处,出自天恩。

所有上年筹办西赈收支数目,暨官商捐赈银数分缮清单,恭呈御览。谨会同护广西抚臣李秉衡合词具陈。再,广东巡抚系臣兼署,毋庸会衔。合并陈明。伏乞皇太后、皇上圣鉴。谨奏。

谨将广东委员经办广西桂林、平乐、梧州、浔州、柳州等府赈务收支余存各数暨另筹路工银数,开列清单,恭呈御览。

计开:

收款

一、奏拨备荒经费银一万两。

一、广东官捐银二万五千三百七十两。

一、两广通纲盐商公捐银二万两。又溢平银三百四十两。

一、东赈款内拨给银二千九百六十两零二钱五分。

一、东赈款内拨给银二千九百六十两零二钱五分。

一、四川永宁道沈守廉捐寄广平银一千两,又溢平银二十九两八钱。

统计西省赈款动拨筹捐,共收银五万九千七百两零五分。

支款

一、广东候补道蒋武琛经赈梧州府属苍梧县东安乡上堡、白钩闸、竹筅闸、中堡、下堡头甲、二甲、三甲、八寨堡头甲、二甲、三甲、牛过水闸、十寨堡、篗竹闸、木下村、浔阳乡大鸡闸、石牛闸,多贤乡五堡、密甬坊、六堡并六保瑶民,吉杨乡头堡、五堡,确查灾区经重,酌分极次贫,共大小男妇一万三千八百一十四名口。计发赈银五千二百三十一两三钱,又赈恤沙压田亩、坍塌瓦草屋舍共银一千二百四十五两九钱三分八厘,又赈恤溺死男妇及鳏寡废疾银一百二十九两,共赈恤银六千六百零六两二钱三分八厘。平乐府属贺县官潭团、芙蓉团、铺门团,确查灾区轻重,分别极次贫,又次贫,共大小男妇一千八百六十七名口。计赈银六百二十三两三钱,又赈恤坍塌瓦草屋舍银一百五十两零四钱,又赈恤溺毙男妇及鳏寡废疾银六十八两,又发官潭、铺门、芙蓉三团绅董采买仓谷银五百两,共赈恤银一千三百四十一两七钱。富川县忠义团、敦厚团、人和团、耀武团被灾尚轻,惟冲坏民田,沙壅甚厚,急切难以修复,分别极次贫又次贫,共大小男妇一千一百二十四名口。计赈银四百零二两六钱五分,又赈恤鳏寡废疾银四两,共赈恤银四百零六两六钱五分。另支灾区治疫药料工价,共银二百二十五两八钱九分六厘。以上蒋武琛一路,计三县,共用过赈恤银八千五百八十两四钱八分四厘。该员领银一万两,除用仍余银一千四百一十九两五钱一分六厘。

一、支广东候补知府薛谦经赈桂林府属临桂县东南乡王家里等九十三村,东北乡滩头等九村,西南附郭睦邻等十二村,西乡渡头墟等十二村,共受灾四千四百八十二户,大小男妇二万二千四百八十九名口,城厢内外一、四、五、六、七各段,东、南、西、北、文昌等门外各街,对河东洲火神庙等十一街,共受灾二千四百三十九户,大小男妇八千六百七十四名口,又溺毙男妇共七十九名口,计发赈恤银一万零九百九十九两二钱。灵川县南里富丘渡等十二村,三都二图至十一图、上下大江田等九十四村,五都一、四两图、大埠头等三村,共受灾三千二百三十三户,大小男妇一万五千七百四十一名口,又淹毙男妇共一百二十一名口,计发赈恤银五千五百四十一两二钱,又补平银二两七钱七分。全州恩、建、宜三乡、屏山渡等八村,以及西延、合浦坪、西关外等处,以建乡四所、金堂两村为重,共受灾一百八十六户,大小男妇一千一百十四名口,充发赈恤银三百五十六两六钱,又补平银一两四钱三分。兴安县大溶江上下茅坪、菜园等三十三村,以千家坪、河口村一带为重,共受灾六百四十二户,大小男妇二千四百八十四名口,又淹毙男妇三十名口,计发赈恤银九百六十一两三钱,又补平银三两一钱四分。义宁县城内及桐山、宅田岭、欧伍家、厄口、黎村、塘头等里六十八村,共受灾五百六十七户、大小男妇一千八百五十七名口,又淹毙男妇一十五名口,计发赈恤银六百三十七两。以上薛谦一路,计五州县,共用过赈恤银一万八千五百零二两五钱四分。该员领银三万五千两,内二万两申公码平三百四十两,除用尚余公码平银六千八百三十七两四钱六分。

一、支广东即用知县黄维清经赈梧州府属怀集县城内、城外、上郭、下郭、河南堡、盘村堡、阶洞堡、黄冈堡、大利堡、石龙堡、杨村堡、谭舍堡、佛灯堡、麦乌堡、欧塘堡、马举堡、连径堡、凤冈堡、罗冈堡、七坑堡、汶塘堡、章朗堡、甘洒堡、郁洞堡、观塘堡、下沙田堡、上秀柏堡、岭楼径堡、梁村堡被灾较重,酌分极次贫,共七千三百七十四户、大小男妇二万八千零九十五名口。以上黄维清一路,计一县,共发赈银九千五百五十一两八钱五分。该员领银一万两,除用尚余银四百四十八两一钱五分。

一、支广东候补同知黄宝田经赈浔州府属桂平县共辖二十一里,内受灾者姜里、赵里、甫里、永和、军陵、吉一、吉二、宣一、宣二、上秀、上都十一里八十一村,近在南、北两河低处,致被水灾,核计极贫五口以上者一千二百六十三户,五口以下者三百三十九户,鳏寡三十六户,倒塌草瓦屋舍一百六十一家,共发赈恤银八百六十两零五钱。平南县共辖二十五里,内南河之零一、零二、零三,北河之川四、厢一等五里,共一百五十一村受灾较重,南河之大乌、蒙化,北河之川三、川一、路三、惠政等六里受灾较轻,核计极贫五口以上者六百八十一户,五口以下者一千三百一十户,倒塌瓦草屋舍八百二十四家,又鳏寡废疾七十一户,共发赈恤银一千二百七十八两五钱。又提发贴修黄甬、小堰、大成三处基围银三十两,共用赈恤银一千三百零八两五钱。贵县受灾不重,惟思龙,郭东一、二,郭南四、七等五里共二十六村,附河田亩间有被淹,人民并无伤损,屋舍亦无倒塌,核计极贫五口以上者四百零九户,四口以下者一百三十户,共发赈恤银二百四十三两五钱。柳州府属来宾县共辖八里,受灾重者南岸以南二、南五为最,北岸以北五为最,其余各里受灾较轻,惟五十五村沙压田亩,未能挑挖,坍塌房屋较多,核计沙压田亩八十九户,坍塌瓦草屋舍七十二家,又鳏寡废疾四户,共发赈恤银四百二十一两四钱。以上黄宝田一路,计四县,共用过赈恤银二千八百三十三两九钱。该员领银五千两,除用尚余银二千一百六十六两一钱。

一、支广东候补同知蔡道衡经赈平乐府属昭平县思茄冲、古袍冲、马江塘、古店塘、凉风塘等处,酌分极次贫,共一百三十七户,计发赈银三百五十二两五钱四分。又路过覆舟陆川县被难士子周镇藩等十七名,并溺毙士子三名,酌发恤银共一百二十四两。共发过赈恤银四百七十六两五钱四分。平乐县堡地村、陈家榨、高兴榨、季鱼塘村、印山背、马家庄、猪肚洲、王家坪、大浪村、大洞村、金沙村、大扒村、桐亮村、夫结村、田甬村、大甬村、巴江村、黄牛村、社平村等处,淹坏田谷酌分极次贫,共一百零四户,计发赈恤银一百九十三两八钱八分。又城内承恩坊、张家湾及西门外一带火灾,被焚屋舍一百零五户,发给抚恤银三百七十一两。共发过赈恤银五百六十四两八钱八分。桂林府属阳朔县镇安团、附郭里、天顺团、鱼塘洲、忠信团、兴平村、吕寨岩、兴平街、大河背、沙湾村、韭菜山、冷水村、马山村、新咸村、金家村、浪名村、羊皮村、恩和团、浪洲村、塘源洞、官岩村等处,淹坏田谷,倒塌房舍,酌分极次贫,共七百五十户，计发赈恤银二千六百五十八两五钱二分。永福县边山里、黄毛村、古圳村、毛洞里、堡里墟、九漕山、大梨漕、渔村、大坪子、苏村、波塘村、喇路村、仁里村、官田村等处，淹坏田谷，坍塌屋舍，酌分极次贫，为一、二、三、四、五等，共四百九十三户，计发赈恤银一千零八十四两。又掩埋等银二两一钱六分。以上蔡道衡路，计四县，共用过赈恤银四千七百八十六两一钱，短平银八两九钱。该员领银五千两，除用仍余银二百零五两。

以上五路通计，其用过赈恤银四万四千二百六十三两七钱七公四厘。又五路委员船价、川资、杂费共银二千四百六十一两零五分。又委员向东森往赈怀集县，赈绅严作霖前赴梧州运挑船夫盘费，共一百六十九两二钱。统计西省赈款，共支银四万六千八百九十四两零二分四厘。除用尚余银一万二千八百零六两零二分六厘，尽数解交西善后局存储。又饬东善后局劝谕土丝商人捐助西省善后工赈银一万两，又于江苏协赈绅士严作霖等筹济东、西两省工需项下拨银五千两，并该绅捐存西省留备修路银一万两，共实存银三万七千八百零六两零二分六厘。均充展修平乐、昭平一带纤路之用。

谨将广东省官商捐助西省赈款衔名数目缮具清单恭呈御览。

计开

两广总督张之洞。广东巡抚倪文蔚。粤海关监督海绪。署广东路提督郑绍忠。升任江西按察使前两广盐运使瑞璋。调署广东督粮道益龄。试用盐运司运同金武祥。试用同知沈宗济。试用同知谢彭发。试用同知际安。广州府通判陈善圻。试用通判松秀。试用通判英钺。奏留广东差委广西试用知州凌兆熊。候补知县王其恒。候补直隶州州判王世芬。署盐运司经历候补盐大使赵尔丰。署广盈库大使候补盐知事贵成。署批验所大使候补盐大使王德昌。电茂场大使张宝臣。前署博茂场大使试用盐知事林庆炳。白场大使宋邦彦。前大洲场大使王含光。招收场大使诸钧。候补盐经历文通。候补盐大使周志端。试用批验所大使王为桢。试用盐知事鹿融理。以上二十八员,共捐银二万五千三百七十两。两广通纲盐商共捐银二万两,又溢平银三百四十两。以上共捐银四万五千七百一十两。又四川永宁道沈守廉捐西赈银一千零二十九两八钱,均全数拨入西赈。又不敷银二千九百六十两零二钱五分,在东省官捐赈款内广东水师提督方耀前、广东布政使沈溶经、记名总兵署广州协副将郑安邦三员捐项下拨补。其衔名已于东省捐款清单开列。

55. 奏西省实无闲款解部折

光绪十二年十月初三日(1886 年 10 月 29 日)

奏为钦遵懿旨筹议覆陈,恭折仰祈圣鉴事:

窃臣承准军机大臣字寄,光绪十二年六月二十二日钦奉慈禧端佑康颐昭豫庄诚皇太后懿旨:前因海防善后用项浩繁,及酌加旗营饷需,必须筹款支给,先后谕令各该省关,将每年出入款目分晰奏报。并将现有勇营切实核减,冗局闲员大加裁汰。每省每年可以节省若干专款,存储解部。节经各直省将军、督抚、监督等陆续奏到,其能节省解部者仅止数省,余则非入不敷出,即出入相抵。在各省,用款繁多,每谓无可裁减。殊不知近来积习相沿,每办一事即创立一局,位置冗员,开支公费,种种滥用,弊窦甚多。虽经屡次严谕,迄未大加裁减。总由各督抚未能严饬藩司实心经理,致以国家有用之正供,作无益之冗费。国用何时可充,饷需何时可足耶? 各该将军、督抚、监督等受国厚恩,务当共矢公忠,破除情面,能省一分浮费,即多一分正用。报有奏明无款可拨各省,着再将各项可省之款,核实删减。无论正款、闲款,不拘数目多寡,每省每年可以节省若干存储解部,即行筹议具奏,不得以入不敷出、无可节省一奏塞责,稍涉推诿。当此时事艰难,饷需支绌,但得每省能节若干,积少成多,不无裨益。谅各该将军、督抚等必能共体时艰,力为筹措也等因。钦此。遵旨寄信前来。臣跪诵之下,仰见圣慈轸念时艰,期节縻费而顾根本。臣受恩深重,具有天良,敢不仰体妥筹,力图报称。

惟各省情形不同,粤西素称瘠苦,饷需奇绌,虽加裁节,仍无存储。上年迭奉懿旨,饬将每年出入款目奏报,核减勇营,节费解部。即经臣先将常年收支各款,入不敷出分晰列单具奏。嗣又将遵拟裁减勇营,每年可节饷银二三十万两,及并未滥设冗局,位置闲员情形,据实陈奏。声明广西军饷全赖邻省协助,今拟每年裁节二三十万两,虽本省仍无存储可以解部,而各省应拨粤西协饷即可从此减解,自有余存,以备部拨。是裁营节饷虽与他省情形稍殊,而其有裨京饷,似无二致等因。光绪十二年二月十九日递回原折后开军机大臣奉旨:据奏,拟裁各营,每年可节省饷银二三十万两,筹办尚属切实。即着照所议行。钦此。钦遵在案。是广西裁节之饷,协拨省分当有余存备拨,西省无可存储解部,已邀宸鉴。兹复钦奉懿旨,着再将可省之款核实删减,无论正款、闲款,每年可以节省若干存储解部,即行筹议等因。复经臣逐加查核,先因饷项常苦不足,缺误时虞。凡有可节之费,臣于奉命暂护疆符之初,即已大加裁节。嗣奉裁营节费解部之懿旨,益更裁节殆尽。现在实无可节之正款。至闲款一层,广西边徼瘠区,鲜有此等款项。前因内部饬查各局支款,悉经列册造报。此外,尚有乡闱经费不敷,出自州县捐解,实觉难支,议于裁存梧州府厂柴火银七千两拨补,以免苦累。已于裁禁梧州浮收规费折内,分晰陈明。此时别无闲款可以节存解部,系属实在情形。圣明烛照万里,微臣不敢稍存隐饰,自干咎戾。理合据实覆陈。伏乞皇太后、皇上圣鉴训示。谨奏。

光绪十二年十一月二十九日奉旨:户部知道。钦此。

56. 奏报梧浔两厂课税节年征收拨支银数折

光绪十二年十月二十九日(1886 年 11 月 24 日)

奏为查明广西梧、浔两厂课税节年征收拨支银数,恭折覆陈,仰祈圣鉴事:

窃光绪十二年七月初二日准户部咨,广西司案呈本部具奏广西省梧、浔两厂征收课税已未报拨银数一折。光绪十二年六月初五日具奏,本日奉旨:依议。钦此。相应抄录原奏,恭录谕旨,飞咨钦遵办理。计抄原奏内开:梧、浔两厂征收课税以十二个月为一次,每次共应征正额盈余等银一十七万八千余两,向系按次造册题销。自同治十一年十月以后,各年经征课税均未造报。姑念前数年间,该省办理边防,于此等积压之案,或不暇及,现在边务已松,应即彻底清厘。查该省梧、浔两厂,自同治十一年十月起,至光绪十二年五月止,连闰计十三次,共应征解正额盈余等银二百三十一万五千七百余两。检核该省报部册籍及奏咨各案,共提拨养廉、军需等款银一百一十三万二千六百余两,计尚有未提拨银一百一十八万三千余两。既未据造入饷册报拨,亦无咨报开销案据。巨款攸关,相应请旨饬查。若已解存司库,即行报部候拨;若系该二厂历任经征之员积未报解,即令照例勒限追缴。将查办情形限三个月先行覆奏。倘逾半年仍不奏报,即将前项未提拨银一百十余万两,信作为已解存司库之款,拨充该省军需的饷,以除积弊而睿饷源等因。咨行到粤,当经臣行司查办去后。

兹据署布政使庆爱详称:遵查广西梧、浔两府均设有税厂,征收货税。梧州府厂每年额征正税银六万八千七百四十二两,零盈余银三万两;浔州府厂每年额征正税银四万九千三百七十九两,零盈余银三万两。自咸丰年间,迭被匪扰,市井萧条,商稀课绌,正税缺额盈余无征。先经前司查明,梧、浔两厂自同治四年起,至十一年止,短征正盈银两,经征各员无力赔缴,援案详请奏咨豁免。奉部议准在案。近年迭饬经征之员,多方招来商贩,设法征收。无如粤西元气未复,民生凋弊,货物滞销,税课总不能畅旺,缺额仍巨。短征正税,勉强责令赔足。而各厂例定盈余,更属丝毫无征。历奉户部指拨梧、浔两厂盈余协济黔省兵饷,曾经查明两厂正税尚形短绌,盈余实无可征详请奏明在案。而内部仍令催征课税拨解。又值黔省练兵需饷孔亟,迭次委员来粤坐催,情形迫切,不得已经前司陆续在于应放各款内设法腾挪,先后筹解过银五万两,已应急需。所挪之项不能无着。梧厂征收固绌,该府究有商捐、缉捕经费,可资办公。短征盈余,勒令赔缴三四成,提还归款。已据历任之员陆续竭力赔缴,其浔厂勒赔正税,已属力不能支,盈余实难再赔,委因地方被扰,商贩不前,致有短绌。并非经征不力,均属无可再追。兹查梧、浔两厂,自同治十一年十月一百五十二次起,连闰扣至光绪十一年五月一百六十四次期满,止共解正额、杂税银一百四十一万一千九百八十三两四钱八分二厘,内除提拨历年文职养廉及军需兵饷筹款共银一百三十九万六千九百九十三两九钱一分六厘一丝七忽二微。尚余杂税银一万四千九百八十九两五钱六分五厘九毫八丝二忽八微,又着赔梧厂短征盈余银一十三万六千七百九十八两一分二厘九丝八忽六微，二共正余税银一十五万一千七百八十七两五钱七分八厘八丝一忽四微。内除提还挪解黔省兵饷银五万两，归还应放各款支用外，尚余银一十万一千七百八十七两五钱七分八厘八丝一忽四微。此项银两，因本省边关各营需饷浩繁，前户部咨，自光绪十年九月起。每月在于厂税项下拨充关外军饷银五千两，以资接济。已陆续尽数提解边防各营，支充军饷。并无存余。理合分晰备造清册，详请核办等情前来。

臣覆加查核，梧、浔两厂正税短绌，盈余无征。迭经前任抚臣奏明有案。司详均属实在情形。所有册造，该两厂自同治十一年十月起，至光绪十一年五月止，征解着赔银数及提拔历年文职养廉、军需兵饷并拨充关外军饷各款银数，检查案据，亦属相符。现在实无解存司库及经征积存未解之款，如有巨款可提，当此边饷奇绌，正可催提接济，何肯任听延欠？委实无可追缴。至历年未经造册题报，诚如户部原奏，因连年边防孔殷，实不暇及。惟不按期专案造报，不足以昭核实。已饬自光绪十二年起，按次造册详请题报，以便由部查核。其从前未报之案，亦陆续补造细册具报，以清积牍。

除将现造清册送部查核外，理合会同两广总督臣张之洞恭折由驿覆奏。伏乞皇太后、皇上圣鉴。钦奏。

光绪十三年正月初二日奉旨:户部议奏。钦此。

57. 奏请蠲缓永安等州县地丁兵米折

光绪十二年十一月初三日(1886年11月28日)

奏为永安等州县民力竭蹶,吁恳天恩,俯准将光绪十二年分应征地丁兵米,分别蠲缓带征,恭折仰乞圣鉴事:

窃广西兵燹迭经,地方凋敝,光绪十一年以前各属应征地丁兵米,迭奉恩旨准予分别蠲缓,皇仁优渥,沦浃同深。所有光绪十二年应完新赋钱粮自应踊跃输将,不容再有延欠。本年开征后,经臣迭饬藩司严饬各厅州县实力催征,务期依限全完,源源报解。讵入秋以来,桂林、平乐、梧州、浔州、南宁、郁林等府州属,雨泽愆期,高田多有被旱,幸续经得雨,不致成灾。而收成歉薄,颇形艰苦,已饬妥筹抚恤。一面劝谕农民,于失收之田赶种杂粮,藉资补救。其应完钱粮兵米,力难照常完纳。自应按被旱轻重分别酌请蠲缓,以苏民困。至未被旱各州县,应即按额输将。无如太平、柳州、思恩、泗城等府,或边境未靖,民间集团捍卫,耕种不无失时,或兵燹之后,元气未复,民力仍行拮据。臣体察情形,光绪十二年钱粮银米实难如额征收。惟有吁恳恩施,仍予分别蠲缓,以副圣朝视民如伤之至意。

伏查被旱州县,平乐府属之永安、贺县,梧州府属之岑溪、怀集,浔州府属之桂平,郁林直隶州,及所属之陆川等七州县,情形较重。应征光绪十二年钱粮银两，应请各蠲免十分之三。其余七分归入本年启征。又被旱情形次重之平乐府属之昭平，梧州府属之腾县，浔州府属之平南，南宁府属之宣化，郁林州属之博白、北流、兴业等七县，应征光绪十二年钱粮银两，应请各蠲免十分之二，其余八分归入本年启征。又被旱情形稍轻之桂林府属之临桂、永福，浔州府属之贵县、武宣，南宁府属之横州、永淳、新宁等七州县，应征光绪十二年钱粮银两，应请以八分归入本年启征。其余二分限三年带征。又被扰元气未复州县太平府属之崇善、左州、养利、永康，思恩府属之迁江，泗城府属之凌云等六州县，情形亦重，应征光绪十二年钱粮银两，应请各蠲免十分之三，其余七分归入本年启征。又桂林府属之灵川、义宁，柳州府属之马平、来宾等四县，应征光绪十二年钱粮银两，应请各以八分归入本年启征，其余二分限三年带征。查临桂、灵川、永福、义宁、贵县、马来、来宾等七县，均有缓征光绪十一年钱粮银两，俟带征光绪十一年钱粮限满后，接续带征。武宣、横州、永淳、新宁四州县，并无缓征，光绪十一年钱粮应自光绪十三年起分限三年带征。又永安、岑溪、怀集、桂平、崇善、凌云、郁林等七州县，应征光绪十二年兵米，应请各蠲免十分之三，其余七分归入本年启征。昭平、平南、宣化三县，应征光绪十二年兵米，应请各蠲免十分之二，其余八分归入本年启征。临桂、灵川、永福、义宁、贵县、武宣、横州、永淳、马平、来宾等十州县，应征光绪十二年兵米，应请各以八分归入本年启征，其余二分分限三年带征。查临桂、灵川、永福、义宁、贵县、马平、来宾等县均有缓征，光绪十一年兵米限满后，接续带征。武宣、横州、永淳三州县，并无缓征，光绪十一年兵米，应自光绪十三年起分限三年带征。以上各州县，光绪十一年粮银米，应归光绪十三年带征者，并请展至光绪十三年启征,递行推缓一年。此内光绪十二年奏销,如有已经征收者,应即入册造报,仍拨归各年带征分数扣算,以清眉目。至蠲缓兵米不敷支放之处,容俟另筹拨补支放。再,光绪十二年奏销,应于光绪十三年六月内造报,现请分别蠲缓,头绪纷繁,并请展限半年核办,以昭详慎。据署藩司庆爱具详前来。谨会同两广总督臣张之洞恭折具陈。伏乞皇太后、皇上圣鉴训示。谨奏。

光绪十三年正月初五日奉旨:另有旨。钦此。

58. 奏严禁州县隐匿命案及索费折

光绪十二年十一月十六日(1886 年 12 月 11 日)

奏为钦遵谕旨严禁州县隐匿命案、书役需索解费,谨将查办情形,据实覆陈,仰祈圣鉴事:

窃臣承准军机大臣传谕光绪十二年五月二十一日奉上谕:有人奏,广西州县隐匿命案,有授意贿和及纵凶不办等项情弊,以致凶犯无所惩儆,请饬查参勒缉等语。人命重案,地方官自应认真审理,岂容延搁不办,任意消弭?着张之洞、李秉衡通饬所属,遇有命案立即缉拿正凶,照例详解办理。并严禁书役,不准需索招解等费。倘有前项情弊,即行严参惩办。另片奏,桂平等县有奸商把持桂皮行市,及诡称包税抑勒价值、串通关书舞弊情事,穷民受累,厘税日减等语。并着张之洞等确查禁革,以除积弊。原折片均着抄给阅看。将此谕知张之洞,并传谕李秉衡知之。钦此。遵旨传谕到臣。当经恭录行知司局饬令分别确查认真办理去后。

嗣据署按察使凌彝铭详称:民事最重,莫如命案,缉凶审解,均有定限,不惟严其讳命处分,即或详报迟延,亦应议处。粤西僻处边徼,民情简朴,讼狱本不甚繁。咸丰年间,寇乱纷起,各州县日事防剿。其时招解案件,奉行展限,无暇讲求刑律。迨地方肃清以后,各属办理招解已复旧章。光绪五年,前抚张树声在任,仿照直隶清讼章程，以积案、监禁、管押、逸犯四种分别管收。除在四柱按月造册详报，专派委员逐案稽核分记功过，凡系命案，必令照章禀详，毋许隐匿。应缉者分别勒缉，应办者依限审办。溯查同治年间，秋审案件每岁或不满十起，近七八年来已增至二三十起。各牧令尚能交相惕励，不敢任意玩延。复经臣饬将命案如何稽查，酌定章程通行遵办。该署司体察情形，悉心酌核，请饬各州县每月将尸亲具报命案若干起，开列案由，逐案注明曾否通详，曾否获犯招解，未获犯者注明曾否照例开参，造册申送备查，以便随时督催办理。因念各牧令或处边远之地，瘠苦之区，遇有招解案件或苦于解费难筹，并拟请嗣后州县招解一案，系藩司详明列作苦缺有案可稽者，准将用过解费若干据实禀报，由司核明道里远近、人数多寡，移知善后局给领归款，俾免赔累而示体恤。至于命案相验，索取供应，本干例禁。欲除其弊，全在各州县洁己爱民，认真约束家丁、书役，不准丝毫扰累。已由司刊发告示，通饬各府厅州派委员分赴所属州县城乡遍贴晓谕，严禁随从需索。并于示内声明，如有索扰情事，准尸亲赴省控告实惩虚坐。该管府厅州耳目切近，务令留心访察，若遇尸亲指控需索，立即提案严究。一面通禀核办，照例查参。

至若散勇游匪逞凶滋事，并非处处皆有，然亦不能保其必无。已饬各属随时戒备，设法捕拿。一经获案讯供，即行通报核其情节，实系罪无可逭，即照土匪章程就地惩办，以昭炯戒。前因关外游众纷纷来归，经臣酌定章程，资遣各回原籍，沿途轮替押护，尚能遵奉约束，行走极为安静，并无滋事扰地方。若如原奏所称，散勇游匪习于凶悍，睚眦细故动辄行凶，一县之中每年竟多至一二十起。当报验时，需索夫马供应，视尸亲邻佑之贫富，肆书差皂隶之苛求，苦累已不堪言，乃未几受意贿和，希图息事。或竟纵凶逃匿，任意延搁，即随案弋获，仅予羁禁，申详招解视为畏途，故粤省入于秋审，实缓人犯，每年新事仅二三十起，计办理不及十分之五等情。该署司再四访查，比来尚无似比情弊。即经严申禁令，力除积习，责成月报，以备查催。各州县果能实力奉行，自不致有隐匿需索；如其不知振作、甚或有授意贿和、纵凶不缉之事，即行照倒揭参，断不稍事姑容，致滋丛脞。详请核明具奏等因前来。

臣查所详，洵属实在情形。臣自前岁到粤以来，深念民间命盗案件皆关紧要，每饬所属认真详办，力戒因循。今秋檄委凌彝铭接署臬司，素知该署司任事实习，时与讲求缉凶捕盗之事。凡遇瘠苦州县于招解、购线等费，许由省局筹给，免其赔累，以示体恤而杜诿延。兹据查明拟办各节，皆属切当。臣已批饬通行遵照。仍随时访查所属，倘有前项情弊，立即严参惩办，以期仰副圣主慎重民命之至意。除桂平等县奸商把持桂皮行市一节，先由司局饬属确查，并经督臣在东查明禁革另行会奏外，所有遵旨严禁州县隐匿命案，查明拟办缘由，理合会同两广总督臣张之洞恭折由驿具奏。伏乞皇太后、皇上圣鉴训示。谨奏。

光绪十三年正月二十一日奉旨：知道了。钦此。

59. 奏查明各省欠解协饷请拨的饷片

光绪十二年十一月十六日(1886年12月11日)

再,臣准兵部咨,所有本部会议两广总督等奏,筹议广西边隘分营扼扎,请拨的饷等因一折。于光绪十二年八月二十六日具奏,奉旨:依议。钦此。相应行文知照。计抄原奏内开:户部查广西协饷,前由部拨定在该省西税厂税各项下每月自筹一万两,广东、湖南、江西于无论何款项下各月筹银一万两,又于该省厘税月解银二万三千九百两,共计每月实有饷银陆万余两。今据称极力节省,每月至少亦需六万两。本省厘金每年可得三十万两,计每月仍短三万五千两,请拨的饷四十二万两,自系就原饷改拨。惟原奏并未将某省如数批解,某省欠解若干,一一声明,碍难办理。应即请旨饬下两广总督、广西巡抚,即行分晰声明,奏咨报部,再为指拨的款,以昭核实而免牵混等因。咨行到营。

臣查广西边饷奇绌,素赖邻省协济。前经户部拨定广东、湖南、江西三省无论何款项下,各月筹银一万两,鲜能如数解到。自因未有的款,筹画艰难,致多延欠。其奉拨本省西税厂税各项下,每月自筹一万两,虽系有款可指,惟查西税一项,系因广东运司短征无着,于同治年间改由广西减厘抵征,以符盐课旧额。每年额征银七万五千五百余两,厘减则饷绌。经前抚臣苏凤文奏明,所征西税除应解盐法道库开支各款外,余银仍悉充军饷。历年皆系随征随解,以济营用。原奏广西厘税月解银二万三千九百两,所征西税即在其中,无可再筹。至厂税一项,梧、浔两厂因商稀课绌,连年征收缺额,纵勒令完足正税,计每年仅共完银一十一万八千余两,拨充通省文职养廉银七万一千余两外,存银三万余两,核与部臣指拨每月自筹一万两,所短亦巨。是以臣前次陈奏,每月仍短实银三万五千两,恳拨近省有着之款,以济急需。及部议奏令将某省如数批解某省欠解若干,分晰声明,奏咨再为指拨的款。当经饬行善后总局司道遵照查复。兹据覆称:前奉户部拨定广东、湖南、江西三省无论何款项下各月筹银一万两,协济广西军饷,均以光绪十年九月为始,计自十年九月起暂截至十二年十月止,共二十六个月,广东解到银一万两,欠解银二十五万两;湖南解到银一十一万两,欠解银一十五万两;江西解到银一万两,又奉部文划拨广西报存海防捐款银三万六千九百六十三两八钱一分归广西收用,由江西于应解广西月饷内照数拨出,就近解交北洋大臣兑收划抵外,尚欠解银二十一万一千三十六两一钱九分。并据所明,现奉两广总督文行、已饬广东藩司迅将本年应解西省协饷银十二万两筹解赴西,毋稍稽延等情前来。与臣接准督臣咨会相同。又臣于十月间接督臣电报,先拨协饷银二万两,即日起解。

合将查明各省欠数缕晰上陈,吁恳天恩俯准,饬部指拨的饷,俾得按月解济,无误要需。出自逾格鸿慈,凡在戎行,同深仰望。谨会同两广总督臣张之洞附片陈请,伏乞圣鉴训示。谨奏。

光绪十三年正月二十一日奉旨:户部议奏。钦此。

60. 奏查明西省矿产无可开采田州改流甚善折

光绪十二年十二月初十日(1887 年 1 月 3 日)

奏为遵旨查明广西各属矿产无可开采,田州改流甚善,无可变通,胪陈实在情形,恭折仰祈圣鉴事:

窃臣于上年十月初一日在龙州营次,承准军机大臣字寄,光绪十一年八月二十九日奉上谕:兵部代递主事谢光绮条陈试办开矿,安抚土司各节。据称,广西贵县天平寨银苗最著,矿徒聚众私挖,易酿事端,尤恐凶徒煽诱贻害,拟为官商合办之法,以缉匪徒而充军饷。如临桂、义宁、平乐各府州县,金、银、铜、铁等矿请一并开采等语。各该外矿苗果旺,自可妥为开采,以资利用。况聚众滋事,尤当设法严禁。着张之洞、李秉衡逐一详查奏明办理。至土田州岑氏前因分党仇杀,土民流离转徙,日不聊生。经刘长佑奏交部议改土归流。今据声称,该州土民土目饮恨含悲等情。其改流未尽事宜,有无办理不善,量为变通。着该督抚体察情形,妥筹具奏。原奏着抄给阅看。将此谕知张之洞,并传谕李秉衡知之等因。钦此。遵旨寄信前来。当经恭录行知善后局司道钦遵,查照饬属逐一详查,据实声覆,会同妥议详办去后。

嗣据署布政使庆爱、署按察使凌彝铭、盐法道周鹤详称:查主事谢光绮条陈事宜,大致谓广西矿地多产五金,尤以贵县平天寨银矿为最。同治年间，派员试办，事乏端倪，遂尔中止。仍为匪徒私挖，恐凶盗萃为捕逃，养贻他患。此外，如临桂捞江、义宁县铜矿，平乐府马江金矿，贺县、富川县煤锡矿，庆远府河池州、思恩县银锡铁朱砂等矿，横州、博白县金银矿，百色厅、奉议州硝磺矿，菁华久蓄，泄露时闻。应请一并分投开采。再，土田州岑氏自改流以来，宗祀竟绝，土民土目饮恨含悲。拟恳奏请饬查改流后未尽各事宜，如何量为变通，或援泗城改流之便，予以承祀之官，总期心安理得等语。

该司道等详查档案，贵县陇头鹿班山场先曾开采银矿，承商纳课，嗣因旷苗不旺，恐工丁滋事，咨部封禁。光绪元年，该处山顶出产银砂，村人入山私采。即所指平天寨地面也。因时有争挖相斗之事，地方官禀经升任巡抚刘长佑派员会查勘明，矿苗已见，因议招商承办，派营弹压。随据绅士刘孟三等呈请，集股试办，倘或窒碍，仍行封禁。于光绪元年十二月附片奏明在案。旋因矿苗告竭，采获之砂，炼银无几，不敷各项薪工。该绅等各议退股，减少工丁，而矿徒易聚难散，几致滋事。经调任巡抚涂宗瀛勒限遣散，复将各口封禁，永不准私挖滋弊。此贵县开采无效饬行封禁之情形也。

及奉饬查节经分行查复。据贵县知县裘彬禀称：此案并奉两广总督札委候补同知蔡道衡来县会查覆勘。如大坪天、小坪天、鹿班、三汊等处均产矿砂，小坪天为昔年巨逆黄三踞巢，今营垒平毁，出砂砻口亦俱填塞。惟三汊尚有新开痕迹。因前年私挖，缉拿查禁加严，现无私挖情事。该印委等传询绅耆，佥称开采无效，已有明征。且该处毗连之来宾、武宣，皆非安靖之区，难免滋事。若议开矿，无论官办、商办，均属利少害多，仍请封禁，以重地方。又据署临桂县知县杨先俊禀称：该县捞江地方，同治三年据民人曾开均具报银矿发露，呈请试办无效，当即封禁。此外查无可采。贺县知县孙宏泽禀称：该县旧有蕉木银厂，硐老山空，久已封闭。同治八年，县属与湖南接界之石板冲产有铅矿，勘系两省瑶疆，未便开挖，已奉封禁，现无矿砂可采。富川县知县丁焘禀称：县属并无铜锡等矿，惟有煤可采。已由广东委员前来勘办，俟有成效，再议抽课。河池州知州陈师舜禀称：州属向有南丹、挂红二厂，出产铜、锡、朱砂，开采商人亏本歇业，早已勘明封闭，无可开采。平乐府具报马江并无金矿，义宁、思恩、横州、博白等州县禀俱未出产金银铜锡矿砂等情。

该司道等以广西地方虽称五金并产，大抵土性瘠薄，藏蓄不厚，一经开采，精华易竭。是以素乏开矿之利，欲如云南矿务堪资国用，实不可得。今贵县平天寨银矿，既据查无矿徒私挖，若议开采，仍属利少害多。应请照常封禁。临桂等州县金银铜锡矿，据报均无可采，无凭开办。各属凡有产铁之处，业经承商纳税。富川产煤，亦由东省委员查办。前奉行知，已于翰林院编修锺德祥陈请采办煤铁案内分晰覆奏。硝磺一项，历年军火所需，派员分投采办。百色厅、奉议州均无出产，有案可稽，应无庸议。

至田州改流，因土知州岑乃青病故无子，岑氏族众分党仇杀，土民流离转徙，日不聊生。经前升任巡抚刘长铭奏请，酌议变置，以资补救。其改流后未尽事宜，经前任巡抚杨重雅及时筹办妥协，随在宣布朝廷德意，俾慰舆情。因土族土目家口较繁，生计多艰，请将该族目田亩编征本色米二百余石，概行宽免，永不征收，以昭矜恤而资奉祀。奏蒙恩准，无不感戴皇仁。其土民改流以来，得免土例杂派，不受追呼，同深鼓舞。至今一律相安，未闻有饮恨含悲之事。其改流未尽事宜，亦无办理不善，应行变通之处。详请查明具奏前来。

臣查矿产五金,原属天地自然之利。当此库款支绌,粤西矿如开采有利,敢不竭力图维,设法兴办。无如地瘠土薄,即偶有矿苗,开采辄竭。今据贵县等处查覆,均系实在情形。且各处伏莽未净,游勇在边,使一开采,势必闻风蚁聚,既难安靖于工作,旋恐矿竭而工停,则数千百之亡命聚不能散,其患更何可言!夫欲兴利先求无害,若利未见而害已形,何容掉以轻心?臣为慎重地方,通筹全局,未敢稍涉迁就。至田州改流,办理甚善,并无应行变通之处。所请应毋庸议。

所有遵旨查明覆奏缘由,理合会同两广总督臣张之洞恭折由驿具陈。伏乞皇太后、皇上圣鉴训示。谨奏。

光绪十三年二月二十日奉旨:知道了。钦此。

61. 奏报办赈收支数目折附单

光绪十二年十二月初十日(1887 年 1 月 3 日)

奏为广西桂、平、梧、浔、柳五府属上年被水成灾,遵旨筹办赈济,谨将收支数目及官绅商民捐赈银数,分缮清单奏明立案,恭折仰祈圣鉴事:

窃照上年五月间桂林、平乐、梧州、浔州、柳州等府属地方,因蛟水为灾,淹没田庐,小民荡析离居,亟应拯济。经臣会同两广督臣具折奏报,先后请提省局存储梧州归公经费、同善局当本并闲款等项银两,行司遴员分赴灾区确勘赈恤。钦奉谕旨确切查赈,并奉懿旨特发帑金赈抚。臣复劝谕绅民捐助,一面设法搜罗,以期有济。督臣张之洞亦派员携银分五路来西散赈。又有上海协赈公所,江、浙、闽、粤好义绅民,公同集资,延江苏绅士严作霖亲带银两,自诣西省各处酌济贫户。计东西两省赈款及外省义捐已在二十万以外,民困藉苏。兹据署广西布政使庆爱会同善后局司道详称:上年灾赈事宜,经该司道会同遴委准补柳州府知府熊寿山,桂林府同知赵庆蕃,补用同知张乐,补用通判万维新、傅培芳,即用知县苏人毂,补用知县霍景熙、伍世泰、吴廷燕、左秉埙、柳錢等,带同佐杂书吏人等,分往查勘,并由该管道府督同各该地方牧令,会同将被灾村庄户口、田庐切实勘明,分别轻重,逐一赈恤办理竣事,陆续具报到局。该司道查上年赈款,钦奉恩旨赏银三万两,经臣饬提拨梧州府解存省局公费银一万一千五百六十六两六钱,各闲款银一万二千八百二十三两六钱,同善局当本银一万两,防火经费项下银一千两。复经催提梧州府需解公费并前抚臣张曜奏提先后解到银一万六千五百两。又云贵总督臣岑毓英捐银一千两,前贵州巡抚臣林肇元捐银四百两,臣与前广西藩司张梦元倡率广西各官捐集银五千七百九十七两一钱,省城绅士捐银四百八十六两,各署商民捐银一万二千六百七十七两五钱,共收银十一万零二千二百五十两零八钱。支发桂林府属临桂等七州县赈恤银二万九千二百七十三两零九分,平乐府属平乐等五县赈恤银五千五百三十七两四钱八分,梧州府属苍梧等三县赈恤银二万二千九百九十四两九钱九分,浔州府属桂平等三县赈恤银一万一千九百二十一两四钱八分,柳州府属马平等七州县赈恤银三千四百五十一两七钱。各该委员及地方官均系亲身确查实发,所有发过银数皆于各处榜示通衢,以昭征信,并无丝毫浮冒。又支制发该五府属极贫灾民棉衣工料银五千二百五十两零二钱一分,委员分赴各州县查办赈务薪资、杂费及解送赈款夫价等银一千七百二十二两三钱五分,统共支用银八万零一百五十一两四钱一分。尚存银二万二千零九十九两三钱九分,拨作前次奏明修理兴安县陡河及省城外桥工之用等情前来。

伏查上年各属散赈,经臣随时查察,印委各员均能亲身会勘,督同各该处公正绅士,妥为赈济。按照所报散放银数,逐加查核,尚属无浮。此次赈款,钦奉懿旨赏给银三万两外,余皆外捐公费及官绅商民集资济用,未动正项银两,请免造册报销。至官绅商民所捐之银,臣与司道守令等员服官西粤,民生休戚相关,理应捐资拯济，不敢仰邀议叙。其绅商人等或以情切乡党，或以经商此地，亦皆恤助情殷，均称不邀奖叙，实属出于至诚。云贵督臣岑毓英捐银一千两，据其子到局面称：接父手谕，广西系桑梓之邦，分当捐助，亦不敢邀请议叙。前贵州抚臣林肇元事同一律，均毋庸议。至臣前次奏称，广东抚臣倪文蔚捐解银七百两，嗣准知会已经东省并入派员来西赈抚项下列收，归于赈余，解作西省修理纤路之用，西省赈款自应不再列收，以免重复。

所有东省解来修路之款业已兴工修理，应俟工竣，与西省放赈余存拨修陡河桥工等费，一并另行具报。理合将赈款收支数目，及官绅商民捐赈银数，分缮清单，恭呈御览。此次上海协赈公所，江、浙、闽、粤绅民，捐集巨款，由绅士严作霖亲带来粤，接济贫民，并助修路之资，实属乐善不倦。相应请旨嘉奖，以示表扬。谨会同两广总督臣张之洞恭折由驿具陈。伏乞皇太后、皇上圣鉴。谨奏。

光绪十三年二月二十日奉旨：该部知道。单二件并发。严作霖运路助赈，乐善不倦，着传旨嘉奖。钦此。

谨将广西办理桂平梧浔柳各府属赈务收支银数开列清单恭呈御览。

计开：

收款

一、钦奉懿旨颁赏银三万两。

一、提梧州府解存省局公费银一万一千五百六十六两六钱。

一、提存省局闲款银一万二千八百二十三两六钱。

一、提前抚臣劳崇光倡办同善局内当本银一万两。

一、提公款防火经费项下银一千两。

一、提梧州府应解公费银一万六千五百两。

一、云贵督臣岑毓英捐银一千两。

一、前贵州抚臣林肇元捐银四百两。

一、广西官捐银五千七百九十七两一钱。

一、广西绅捐银四百八十六两。

一、广西商捐银一万两千六百七十七两五钱。

统计共收银十一万零两千二百五十两零八钱。

支款

一、临桂县东南乡王家里等九十三村,东北乡滩头等九村,西南附郭睦邻等十二村,西乡渡头墟等十二村,城厢内外各段,东西南北等门外各街、对河东州等十一街,共受灾九千三百九十二户,分别极贫次贫,大小男妇,并溺毙丁口、倒塌瓦草屋舍及水冲沙压田亩,共赈恤银一万四千二百八十九两七钱三分。

一、灵川县南里富邱渡等十二村,三都二图至十一图、上下大江田等九十四村,五都一、四图、大埠头等三村,共受灾三千二百三十三户,分别极贫次贫,大小男妇,并溺毙丁口、倒塌瓦草屋舍及水冲沙压田亩,共赈恤银一万零三百七十六两七钱五分。

一、兴安县大溶江、上下茅、坪菜园等三十三村,共受灾六百四十二户,分别极贫次贫,大小男妇,并溺毙丁口、倒塌瓦草屋舍及水冲沙压田亩,共赈恤银一千三百一十一两一钱四分。

一、全州恩、建、宜等乡屏山渡等八村,西延、合浦坪、西关外等处,共受灾一千七百五十七户,分别极贫次贫,大小男妇,并水淹沙压田亩,共赈恤银一千四百八十九两八钱二分。

一、永福县边山里、黄茅、古圳等村、毛洞里、堡里墟、九漕山、大梨漕、渔村、大坪子、苏村、波塘村、喇路村、仁里村、官田村等处,共受灾四百九十三户,分别极贫次贫,大小男妇,并倒塌瓦草屋舍、水淹田亩,共赈恤银四百四十五两一钱。

一、阳朔县附郭里、鱼塘洲、兴平村、吕塞岩、兴平街、大河背、沙湾村、马山村、新岁洲、金家村、浪名村、羊皮村、浪州村等处,共受灾七百五十户,分别极贫次贫,大小男妇,及倒塌屋舍、淹坏田亩,共赈恤银四百八十五两七钱。

一、义宁县城内及洞山、宅田岭、欧五家、厄口、黎村、塘头等处,共受灾五百六十七户,分别极贫次贫,大小男妇,倒塌瓦草屋舍及水冲田亩,共赈恤银八百七十四两八钱五分。

以上桂林府属七州县,共支赈恤银二万九千二百七十三两零九分。

一、平乐县堡地村、陈家榨、高兴榨、季鱼塘、印山背、马家庄、猪肚洲、王家坪、大浪村、金沙村、大扒村、铜亮村、大结村、田冲村、大冲村、巴江村、黄牛村、社平村等处,共受灾一百零四户,分别极贫次贫,大小男妇并倒塌屋舍、压毙丁口及水冲田亩,共赈恤银五百三十两零八钱三分。

一、昭平县思茄冲、古袍甬、马江塘、古店塘、凉风塘等处,共受灾一百叁十七户,分别极贫次贫,大小男妇,并溺毙丁口、倒塌瓦草屋舍及水冲沙压田亩,共赈恤银八百五十四两一钱七分。

一、富川县忠义团、敦厚团、人和团、耀武团等村庄,共受灾二百二十七户,分别极贫次贫,大小男妇,并倒塌瓦草屋舍及水冲沙压田亩,共赈恤银八百九十六两六钱五分。

一、贺县信都乡官潭团、芙蓉团、铺门团等处村墟,共受灾九百零三户,分别极贫次贫,大小男妇,并溺毙丁口、倒塌瓦草屋舍及水淹田亩,共赈恤银二千五百七十七两五钱八分,又发官潭等团绅董买谷银五百两。

一、恭城县西乡老墟村、北乡栗木堡等处，共受灾五十三户，分别极贫次贫，大小男妇，并倒塌屋舍，共赈恤银一百七十八两二钱五分。

以上平乐府属五县，共支赈恤银五千五百三十七两四钱八分。

一、苍梧县东安多贤等乡各堡里村墟，共受灾三千一百二十户，分别极贫次贫，大小男妇，并溺毙丁口、倒塌瓦草屋舍及水冲沙压田亩，共赈恤银六千五百七十八两零九分。

一、怀集县城内、城外、上廓坊、下廓坊、河南、盘村等二十六堡，共受灾七千三百七十四户，分别极贫次贫，大小男妇，并倒塌瓦草屋舍、水冲沙压田亩，共赈恤银一万三千四百二十六两五钱。

一、藤县南北二岸一百五十村，遭水四千三百六十九户，田亩被冲，受灾不重，分别极贫次贫，大小男妇，共赈恤银二千九百九十两零四钱。

以上梧州府属三县，共支赈恤银二万二千九百九十四两九钱九分。

一、桂平县姜里、上都等一十三里村庄，受灾四千五百六十九户，分别极贫次贫，大小男妇，及倒塌瓦草屋舍、水冲田亩，共赈恤银四千九百六十九两七钱六分。

一、平南县南北两河零一、大乌等十一里村庄，被水六千三百四十四户，分别受灾轻重、极贫次贫，大小男妇，并倒塌瓦草屋舍、冲坏田亩，共赈恤银六千五百九十八两一钱八分。

一、贵县思笼郭、东一、二郭、南四、七等五里二十六村，受灾五百三十九户，分别极贫次贫，大小男妇、被淹田亩，共赈恤银三百五十三两五钱五分。

以上浔州府属三县，共支赈恤银一万一千九百二十一两四钱八分。

一、马平县西门外沙街及白沙、龙潭等十九村，受灾三百六十二户，分别极贫次贫，大小男妇，及水冲地亩、崩塌土堤，共赈恤银三百六十四两一钱。

一、柳城县乌鸾洲、江门等十九村，受灾一百二十五户，分别极贫次贫，大小男妇，共赈恤银一百一十八两六钱。

一、融县抚安、浪安、明安、里安、带安、古安、合安、泗安等团村庄，受灾四百七十一户，分别极贫次贫，大小男妇，并倒塌房屋、沙压田亩，共赈恤银九百五十五两四钱。

一、怀远县水和团北路等四十五村，受灾四百九十七户，分别极贫次贫，大小男妇，共赈恤银六百零六两五钱一分。

一、来宾县南北里小那等五十五村，受灾四百四十六户，分别极贫次贫，大小男妇，并倒塌房屋、水冲沙压田亩，共赈恤银八百二十五两八钱。

一、容县桐木、安隆、香臬等三十七村，受灾三百三十九户，分别极贫次贫，大小男妇，共赈恤银二百零六两三钱四分。

一、象州东安里、那沙等十七村，受灾一百九十户，分别极贫次贫，大小男妇，冲坏田亩，共赈恤银三百七十四两八钱二分。

以上柳州府属七州县共支赈恤银三千四百五十一两七钱。

一、制发桂、平、梧、浔、柳五府属极贫灾民棉衣，共工料银五千二百五十两零二钱二分。

一、委知府、同知、通判、知县等员，带同佐杂、书吏分赴各州县查办赈务薪资杂费、解送赈款夫价等银一千七百二十二两三钱五分。

统共支发银八万零一百五十一两四钱一分，余存银二万二千零九十九两三钱九分，拨作修理兴安县陡河又桂林省城桥工等用。理合陈明。

62. 奏查明广西厘税尚无朦弊中饱及裁大湟江厘卡折

光绪十三年正月二十四日(1887年2月16日)

奏为遵旨查明粤西抽收厘税,尚无朦混中饱等弊,并酌裁大湟江卡,恭折覆陈,仰祈圣鉴事:

窃臣于光绪十二年八月十一日承准军机大臣字寄,光绪十二年七月初七日奉上谕:有人奏,浙江省征收厘金积弊甚多,其利半归中饱,亟须整顿等语。抽厘助饷,为朝廷不得已之举,岂容不肖局员罔利营私?此等弊端,总由该管督抚不能破除情面,审择贤员,实力整顿,一听该员等以多报少,朦混侵吞,致厘税日见亏短,殊堪痛恨!一省如此,他省恐亦不免。着各直省督抚懔遵迭次谕旨,力矫积习,认真稽核,如查有委员舞弊情事,即行从严参办,毋稍姑容。将此各谕令知之。钦此。遵旨寄信前来。仰见圣朝有弊必除、力求核实至意。臣跪诵之下,感悚莫名。当即钦遵饬行省局司道,通饬各卡委员一体懔遵在案。

伏查粤西厘务,按货抽收,久经严定章程,比较功过,遇有劣员舞弊,均即随时撤参。臣自钦奉恩命护理巡抚,因腹地未清,边防未撤,饷绌用繁,多藉邻省协助。广西就地自筹,除厘金一项,别无可开之源。是以不时严查督饬司道认真整顿,各卡委员有经理不力者，立即撤参，不稍迁就。查有委办白马厘金补用通判王绍祖，擅添名目，办理乖谬。据厘局司道查明详参，经臣奏请将王绍祖以县丞降补在案。嗣因上年入夏以后，抽收又复减色，随即委员密查。缘各属米价昂贵，民食维艰，货物行销不旺，且历来西省米谷贩运东省有厘可收，十一年夏间桂、平、梧、浔、柳等府属均被水灾，收成歉薄，转资邻省接济，无出境米谷厘银可抽，因而征收转绌，尚无以多报少及朦混中饱等弊。惟从前设卡较密，虽节经前抚臣遵旨裁减，今细加体查，大湟江厘卡设于浔河之中，专收本处出产货厘，兼验往来厘票。上有浔州卡，下有白马卡，皆相距不远，足资抽查，大湟江一卡亦属可裁。据省局司道议复，于上年十二月十五日将大湟江厘卡裁去，俾商船少一查验停滞，以示体恤而广招徕。

除再督同省局司道认真查察整顿，期裕饷源外，谨将查明粤西厘税各卡尚无朦混中饱等弊，及酌裁大湟江一卡缘由，谨会同两广总督臣张之洞恭折覆陈。伏乞皇太后、皇上圣鉴训示。谨奏。

光绪十三年三月二十三日奉朱批：知道了。钦此。

63. 奏惩办害民蠹役葛明片

光绪十三年四月十二日(1887 年 5 月 4 日)

再,奸胥蠹役,为害闾阎,无异盗贼。至其假藉官威,明目张胆,则又过之。粤西旧多伏莽,使民再受害莫诉,恐迫而为匪,其患有不可胜言者。臣连年固以捕治盗贼为急,尤于作恶书差惩处加严。如藩署书吏黎觐光等,均以随时革办,不稍宽贷。兹据署思恩县知县张棠荫禀报:县役葛明积恶淫凶,士民切齿。当批饬解臣行营委审属实,即行就地正法。尚有蠹役欧证一犯,发回该管庆远府研鞫另办。此外,如查有不法书役,仍当严惩,俾知儆惧。臣为安辑地方起见,理合附片陈明。伏乞圣鉴。谨奏。

光绪十三年六月十八日奉朱批:刑部知道。钦此。

64. 奏请止法人入龙通商以杜后患折

光绪十三年闰四月初二日(1887 年 5 月 24 日)

奏为请止法人入龙通商,以杜后患而重边防,据实密陈,恭折仰祈圣鉴事:

窃臣于光绪十二年四月准北洋大臣咨,与法会议滇桂边界通商第一条内载,谅山以北本年择定通商处所。是通商应在何处,必须先事预筹。查谅山以北,系指越北而言,自应在谅山北之驱驴、文渊等处。又钦奉二月初六日电旨:通商在谅山以北,新约业已订明,法国岂通违约妄索,径议入龙通商等因。钦此。尤当钦遵办理。龙州汇越南各水,顺流邕、浔,直达广州。实据两粤上游全边堂奥。非如江海口岸各国通商,群相牵制,莫敢发难。今若通商独一法国,彼既一无顾忌,我尤难备未然。是关内龙州所系至重,必应遵旨据约,力持不移。诚知总理衙门、北洋大臣必能察微防患,仰秉宸谟。虽臣权护疆符,不容不先抒所见。谨于上年九月十二日电请总理衙门代奏。比闻法使欲以东界之白龙尾与商务抵换,意在龙州通商。臣窃谓白龙尾乃钦边一隅,尚赖总署力持;龙州为两粤咽喉,安危所系,讵敢不争?复于本年四月初三日电请总理衙门代奏。旋准督臣电,又与臣会衔电奏,以入龙通商有碍边防,其害甚钜,会商相同,沥情上恳。凡此区区屡渎之忱,悉邀圣明洞察。

现在界务将定,自应续议通商。臣仰体宸衷,通筹全局,深恐彼族妄索,不容不严以限制。窃维越南为我朝藩服近三百年矣。前法族构乱,关、谅之役,仰仗天威,各军血战,连克文渊、驱驴、谅山、长庆等省府州,乃始请和。特荷朝庭宽大,许以藩封全越归其保护。即攻克之谅山等省,彼万国公法所谓,以兵攻取不能让人者,亦俱让而不较。诚欲使深感怀柔,息兵划界,无害民生耳。乃彼族罔知恩德,逞其无厌,径欲违约,通商于内,入我龙州,扼我形要,旁无牵制,得以为所欲为,其心叵测,其害更何可言?今若许之,直不啻纵虎入室,一旦有事,边防落后,从何箝制?每年数十万饷尽属虚糜。此固情理难容,实尤全局得失所系。臣责在守土,若迁就于此日,必贻患于无穷。不惟上无以对君父,下无以对粤民,即臣心亦难以自问。惟有吁恳圣慈,鉴兹愚悃,饬下在事诸臣据约力争,坚持定见,通商必在谅山之北,驱驴、文渊暨我镇南关外等处,严定界限,以杜后患而重边防。臣不胜激切屏营待命之至!

事关边务军防,谨披沥密陈,由驿六百里驰奏。伏乞皇太后、皇上圣鉴训示。谨奏。

光绪十三年五月二十日奉朱批:另有旨。钦此。

65. 奏边军裁撤四营以符原奏折

光绪十三年五月十二日(1887 年 7 月 2 日)

奏为边军现经裁撤四营,以节饷需而符原奏,恭折仰祈圣鉴事:

窃上年二月督臣张之洞会同臣等具奏,遵旨筹议广西边隘,分营扼扎,请拨的饷折内,声明越境游勇蔓延,全边未靖,又值勘界未定,未便示人以弱,势难多议裁减。自是年正月起,认真汰留,裁去八营,并为二十四营。俟冬间界务大定,再当裁去四营,以节饷需等情。嗣准兵部咨行会议具奏。光绪十二年八月十六日奉旨:依议。钦此。钦遵在案。维时越南游勇蚁聚谅山、高平、宣光等省辖境,比经臣秉衡筹款定章,分别办理资遣、招垦,陆续来归者计已有五千数百名之多。其余散处四方,尚复不少。自冬徂春,界务未定,该众出没靡常,辄与法、越官民寻仇争哄。臣元春督饬各军将领,各就防所严为之备,勿任近边,因边防尚未稍松。饷项虽万分支绌,犹未便遽议裁营。

本年四月以后,屡接东兴电报,界事不久可以由内定约。臣等往返函商,宜及此时裁撤四营,用符原奏。查新授广东南韶连镇总兵方友升,前经奏准陛见,自应遵旨入都。贵州安义镇总兵蒋宗汉,奉旨毋庸来见,亦应饬赴本任。该二员原带四营,一并裁撤,另调他营分头填扎平而关及归顺州镇安厅属沿边各要隘。所有该四营薪粮等项,一概截至四月底止,照数发清。各勇丁大都籍隶四川、湖广、云贵等省,出关打仗,久戍边荒,甚为得力,远道遣归,不能不酌给川资,以示体恤而期安靖。因量其路之远近,以定资之多寡,每名自一两二钱起,或一两五六钱,或二两一二钱至二两七八钱为止。综计动支银四千四百六十两有奇,逐名散给,责成各该将弁督饬哨队妥为遣散,均经回籍归农。此时边防仍留二十营,臣整军筹饷,各有专责,惟当合力图维,悉心措置,以期仰副圣主绥靖边疆之至意。

所有裁营节饷缘由,理合会同两广总督臣张之洞由驿具奏。伏乞皇太后、皇上圣鉴训示。谨奏。

光绪十三年七月初八日奉朱批:该部知道。钦此。

66. 奏报起程回省折

光绪十三年六月初四日(1887 年 7 月 24 日)

奏为微臣遵旨回省,恭报起程日期,仰祈圣鉴事:

窃臣自光绪十年出省,冬间驻扎龙州筹办大军后路及边防一切事宜,业经三载。现在界务既竣,边事粗定,省中司道各员均非本任,所有通省要件、边防月饷,须臣回省切实统筹,冀免贻误。因于五月十八日电请总理各国事务衙门代奏,请旨遵行。二十二日接准电开,本日奉旨:李秉衡电奏已悉。着照所请行。钦此。钦遵。

臣维边军迭次裁撤,实存二十营,以为经久之计。沿边辽阔,扼要设防,无可再减。提臣苏元春专任防务,在边有年,威望素孚,足资镇压。龙州为边关后路饷械所萃,正在修建城池。前委臣营营务处尽先补用道蔡希邠司其事,会督印委各员切实讲求,尚未据报工竣。仍留原防两营营勇,巡防弹压,兼管城工。将来开办通商,事更繁重,拟委新任按察使张联桂带印出省前来办理。并委该道蔡希邠就近帮办。查张联桂曾任两粤府道,必合机宜。蔡希邠由俸满龙州同知,久办营务,洊升今职,熟悉边情,责成合力妥筹,可期有济。

臣酌带员弁并卫队亲兵,即于六月初四日自龙州起程,由南宁、梧州等府水道趱行。臣素有肝晕之症，入夏以后感受时疫炎瘴，体益难支。惟以界务未完，未敢遽行陈渎。今既离营回省，沿途医药调理，冀就平复。合并陈明。

所有遵旨回省起程日期，并筹办一切缘由，理合恭折由驿具奏。伏乞皇太后、皇上圣鉴训示。谨奏。

光绪十三年七月二十八日奉朱批：知道了。钦此。

67. 奏遵旨胪举将才折附单

光绪十三年六月初四日(1887 年 7 月 24 日)

奏为遵旨密保武职大员,恭折据实覆陈,仰祈圣鉴事:

窃臣于本年闰四月初六日承准军机大臣字寄,光绪十三年四月初八日奉上谕:各省提镇大员均有专阃之责,必须才略素优,方足以资整顿。迩来军务敉平,尤应安不忘危,物色将才,用备任使。着各直省督抚于军营著绩人员内,无论实缺、候补,各就其人之才具,或长于陆路,或熟于水师,出具切实考语,分别保奏。其曾经引见发往各省差委之提镇各员,本欲令其练习营伍,以备缓急。并着随时留心察看,如其才识出众之员,一并奏保,听候简擢。各该督抚身膺疆寄,以知人为最要,务当确切考察,勿采虚声,勿徇情面,用副朝廷访求人才、整饬武备之至意。将此各谕令知之。钦此。遵旨寄信前来。仰见圣主修武整军,求才若渴,钦服莫名。

伏念臣自简授广西按察使,旋即出省剿办思恩县五峒土匪。事竣,又调赴龙州办理边防后路,于各军将士颇多熟识。嗣奉恩命,暂护巡抚。时军务粗定,尤须留心材武,以备不虞。曾将边功卓著之提督蒋宗汉、方友升、张春发密疏具陈,均先后蒙恩简放总兵实缺。该员等无不感激奋发,思更图效将来。臣连年在边,时与诸将因公见面,必审察其器识,并细核平日战阵之勇怯,军心之向背,水陆攻守何者为其所长,期得实在。即曾经引见发往差委之提镇,到省后亦必委以防营,或烦重要件,以试其才识优劣,随时随事确加讨论。其朴勇著绩戎事可倚者,尚不乏人。谨就所知,长于陆路之提镇、副将,酌保数员。缮列清单,出具切实考语,恭呈御览。

窃维得将才难,得边将才于今日尤难。臣所保数员,虽未敢必全胜统帅之任,要皆一无军营习气,历经恶战,艰险不摇。他日苟有缓急,率一旅偏师,或多营分统,足备国家折冲之选。惟圣明采择焉。所有遵旨密保武职大员缘由,谨据实覆陈。伏乞皇太后、皇上圣鉴训示。谨奏。

光绪十三年七月二十八日奉朱批:知道了。李应章等着交军机处存记。钦此。

谨将遵保武职大员出具切实考语密缮清单恭呈御览。

计开:

总兵衔广东题推缺出尽先补用副将强谦巴图鲁李应章,广西人。现充镇南营分统兼统毅新各营。诚朴廉勇,战必身先,遍体重伤,绝不矜伐。在军多年,散财养士,一无余资,深得兵心。为前安义故镇陈嘉部将第一,才堪统领十营,寄以专阃,必能收效。

记名简放提督奏留广西差遣委用壮勇巴图鲁李极光,湖南人。现统镇南两营。沉毅持重,在边最久,谅山等役以敢战著称。越地游勇素畏其名。平日讲求营务,允胜专阃之选,分统四五营,力可优为。

记名简放总兵改留广西尽先补用副将年长阿巴图鲁杨昌魁,贵州人。现带毅新前营兼毅新全军营务处。椎朴敢距,立功苗疆。于谅山等役一往直前,不知少却,百战无重伤,佥以为奇。堪寄专阃,胜分统之任。

记名总兵题补庆远协副将奇车伯巴图鲁董履高，安徽人。现统广东广胜各营。谋勇能兼，立功多省。在谅山逦南身先陷阵，受伤甚重。为淮军出色之将，能胜专阃，可统多营。

记名简放总兵奏留广西花翎尽先补用副将锐勇巴图鲁黄忠立，广西人。现带熙字两营兼熙字全军营务处。镇静能战，久在边营，多有功绩，尤极讲求营防。有分统之才，胜专阃之任。

发往广西差委总兵马进祥，甘肃人。现带省城防营。结实勇敢，立功关陕，能共士卒勤苦，整顿营规。在腹地防营中尤称得力。若畀以专阃，振作可期。

68. 奏请开缺回籍调理折

光绪十三年七月十三日(1887 年 8 月 31 日)

奏为微臣感受烟瘴暑热,触发旧疾,恳恩开缺回籍调理,恭折沥陈,仰祈圣鉴事:

窃臣素有肝晕旧疾,时一举发,前以臬司办理边军后路,旋蒙恩命护理巡抚。军事稍定,久驻龙州,每值瘴盛,旧疾时发。兼以臣赋性素急,公务偶有束手,往往五夜焦思。上年水旱频仍,糜耗国帑,自维奉职无状,致召灾祲,内疚之私,时萦寤寐。只以界务未定,游勇在边,亟须会筹防御,不得不力疾支持。因之受症愈深。曾于恭报由龙州回省起程日期折内,声明沿途医治,私冀调理就痊,尽心供职。乃途中正值伏热,肝疾时发,到省后转益增剧,披阅公牍,偶一用心,动辄昏晕。据医家云,肝阳不潜,外风乘间而入,以致日患日重,若不亟加静摄,断难除根。惟有吁恳天恩,简放巡抚,开臣藩司本缺,俾得回籍调理。臣年未六十,自揣精力尚强,倘能调治痊愈,再当力图报效,万不敢稍耽安逸,自外生成。

所有微臣旧疾转剧,力难办公,恳请开缺回籍调理缘由,理合恭折沥陈。伏乞皇太后、皇上圣鉴训示。谨奏。

光绪十三年八月二十六日奉朱批:另有旨。钦此。

69. 奏宽免革职处分谢恩折

光绪十三年十月初一日(1887 年 11 月 15 日)

奏为叩谢天恩,仰祈圣鉴事:

窃臣于本年九月二十六日接准吏部咨开,光绪十三年七月二十八日奉旨:现在勘界事竣,所有吏部前议邓承修、李秉衡革职处分,均着加恩宽免。钦此。臣跪诵之下,感激莫名。

伏念臣知识庸愚,由臬司调赴边军督边后路。旋蒙恩命暂护巡抚,洊擢布政司。凡隆施之稠叠,非梦想所敢期。乃以界务办理失宜,致干吏部严议。渥蒙圣慈曲宥,俯加宽免。天恩高厚,未报涓埃。现因臣肝疾未痊,陈请开缺。接阅邸抄,已荷恩俞,抚兹衰病余生,益切犬马依恋。所有微臣感激下忱,理合恭折具奏,叩谢天恩。伏乞皇太后、皇上圣鉴。谨奏。

70. 奏武缘县土匪蓝妙涫滋事剿捕片

光绪十三年十月二十九日(1887 年 12 月 13 日)

再,粤西各土司地方径僻山深,易藏奸宄,经臣迭饬随时防缉。兹据署武缘县知县张棠荫禀称:有昔年漏逸著匪蓝妙涫,潜纠伙党,出没于该县分辖之古零土司境内。张棠荫督饬该土司捕拿未获。侦知该匪以古零土属内村为巢穴,伏处深山之中,有险可据,窜逸亦易。请派营勇围捕等情。并据署思恩府知府张璧封先后禀请前来。

臣深知该署知县张棠荫胆识素优,勇于任事,当经批饬就地调派土兵土勇,并札该管思恩府饬令管带该府防营通判梁学智调集分防勇丁,会同往捕。一面飞檄柳州府防营副将刘锡万,管带所部驰往合围。讵刘锡万之勇未到,该匪已出至孛马、江漂、套林等处滋扰。张棠荫当与梁学智会商,分路进攻。梁学智率所部勇队及古零、白山各土勇为一路;张棠荫带亲兵民壮,并兴隆、古零土勇为一路;派安定土司潘承熙带所部土兵,及古零土勇为一路。九月二十七日,梁学智勇队击贼于套林,毙贼数人,该匪退去。二十八日,梁学智进攻江漂、孛马,皆克之。二十九日黎明,贼匪大队由百陋隘来扑我营,梁学智督队迎击,相持时许,匪众败退入隘。哨弁赵光宇首先直逼隘口,为枪子中伤倒地,勇丁救护,阵亡三名,受伤十余名。梁学智挥军奋击，伤毙该匪多名，乘势拥入，当将贼据隘寨一律攻破。时已昏黑，内村之贼倾巢而至。梁学智悬赏励众，大呼陷阵，匪势不支，纷纷败奔。炮毙匪目一名，阵斩悍贼八名，追杀十余名。夺获大旗、红白令旗多面，鸟枪刀矛多件。我军亦有受伤。乘胜攻入内村贼巢，该匪越岭而遁，擒获匪首之父蓝经猷、母韦氏及幼子一名。梁学智督队扒崖而上，又进十余里，直捣陇凡峒内巢。该匪弃巢狂奔，追斩悍党黄卜金、土匪兰见佑、罗桂生、蓝卜沅、蓝卜添及伙匪多名。张棠荫进攻古劳隘，九月二十八日破其第一栅，毁其围墙。二十九日辰刻，迭破第二栅、第三栅。古零土目石德祖督队锐进，忽遇贼伏，阵亡土兵土勇各一名，受伤十余名。附生覃裕谦督勇继至，横冲贼阵，歼贼六名。贼始退走。十月初一日黎明，往攻各峒，又连破第四栅、第五栅。阵斩匪目蓝桂清、悍匪蓝印凤、冼卜安及伙匪多名。并获旗帜枪矛。土兵土勇亦阵亡三名，受伤八名。潘承熙进攻陇邹，力夺二隘，阵亡土兵一名，受伤土兵土勇十七名。十月初一日，攻夺第三隘，阵斩悍贼蓝卜合、蓝特朋，并匪伙数名。乘胜将陇邹寨攻破，潘承熙即驻守其地。张棠荫进与梁学智会合，驻营蓝韦村前，会筹搜捕安抚，随在各山岩起出该匪收藏火药千余斤、鸟枪数十枝、铅弹铁镖数十桶，拨充军用。又起出该匪积存米谷杂粮甚多，即以分赏土兵土勇，并安抚土民日食。该匪首蓝妙涫带伤逃匿，现在严行缉拿等情。由署思恩府知府张璧封转报前来。当经批饬悬赏购线，严密缉捕，务将该匪蓝妙涫及附从死党悉获究办，以净根株。一面办理安抚，妥筹善后，以期永臻靖谧。

臣查该匪潜聚土属深山，巢穴险固，军火亦多，若不及时扑灭，必致糜饷劳师，大烦兵力。今张棠荫等乘机奋攻，捣破匪巢，尚属办理迅速，著有微劳。可否俟拿获首犯之日，择尤保奖，以示鼓励，出自逾格鸿慈。所有阵亡人等，饬令查明造册请恤。理合会同两广总督臣张之洞附片具奏。伏乞圣鉴训示。谨奏。

71. 奏边营长夫早已通减尚难全裁折

光绪十三年十一月二十七日(1888年1月10日)

奏为边关军营长夫早已通减,尚难全裁,恭折具陈,仰祈圣鉴事:

窃臣接准户部咨本部筹议河工赈需一折,清单一件。于光绪十三年九月二十日具奏,本日奉旨:览奏均悉。裁撤长夫暨盐商捐输、当商汇号交银三条,着照所请行。钦此。相应抄录原奏,及裁撤长夫暨盐商捐输、当商汇号交银三条,恭录谕旨飞咨广西巡抚,并转行广西提督,一体钦遵办理可也等因。咨行到粤。当经臣恭录谕旨转行钦遵在案。

伏查广西并无盐商。其当商汇号交银现经藩司督饬各属地方官办理。一俟收有成数,即分晰列册报部拨用外,至裁撤长夫一条,原咨清单内开长夫,原为征兵而设,现在各省皆系防军,并非出征可比。近年各省长夫饷银开销一百数十万两之多,如将此项裁撤,移作河工之用,亦可成一钜款。公同商酌,拟令凡有防营省分,除河南等省已经裁撤,其余无论沿边沿海各营长夫,自本年十一月初一日起全行裁撤。每月节饷若干,限于年内奏报等因。

臣查广西饷项异常支绌,凡有可省之费,迭经臣通筹裁节,奏明在案。广西腹地防营已久无长夫,边关各营前于光绪十一年十二月内，臣覆奏钦遵懿旨裁勇节饷折内陈明，自十二年正月起通减长夫，现在每营勇丁只留长夫三十八名。虽沿边无战事，与征军不同，惟边外散勇游匪时相勾结，游移无定，尚须相机堵截，随时移营巡防。此数十名夫役，系备随营搬运粮米、军火，以免仓卒贻误，似属必不可少。臣素性拙直，不避嫌怨，但涉浮糜无不裁节。独于此项长夫，审度再三，未敢全裁。诚以边务修关，需项无多，不容不切实上陈。合无仰恳天恩，俯准将前项边营长夫暂行留用，俟将来边境胥靖，可以裁撤，再由新任抚臣随时察看情形奏明办理，出自圣裁。谨会同两广总督臣张之洞、广西提督臣苏元春恭折具奏。伏乞皇太后、皇上圣鉴训示。谨奏。

72. 奏候选教谕吴国彦恃符妄为请斥革片

光绪十三年十一月二十七日(1888 年 1 月 10 日)

再,广西苗瑶杂处,当此伏莽未净,尤应随时加意绥缉,不容奸徒肇衅生端。上年冬间,平乐府属永康州辖境之金秀等瑶,因争山相斗,遂有奸民往助,希图乘机抢掳。即经署永安州知州陈亮采驰诣,弹压禁止,传集各瑶头目劝谕了结,业已相安。而该处瑶山界连梧州府属藤县及浔州府之平南县,道路纷歧,乃复有匪徒纠众潜往,播弄扰害。经臣札饬该州县严拿。随据拿获滋事土匪李鉴等审明惩办。供称:藤县人吴国彦有片子到板瑶,纠人攻打等语。随查得吴国彦系藤县太平墟拔贡,甚不安分,素有凶横绰号。由县拿获,解送署梧州府知府何耀章审讯。据供:绰号系平日恶伊者所加,并无纠人入瑶情事。多方究诘,坚不承认,显系恃符狡展。经该府详由臬司请革究前来。查吴国彦由同治癸酉科拔贡以教谕归部诠选,名列缙绅,不知自爱,竟有绰号。是其平日恃符妄为,已可概见。匪犯供其纠人入瑶攻打,尤应严行审办,未便任听狡展。相应请旨将拔贡候选教谕吴国彦即行斥革,以便严审究办。理合附片具奏。伏乞圣鉴训示。谨奏。

73. 奏请为已故抚臣刘长佑建立专祠折

光绪十三年十二月十五日(1888 年 1 月 27 日)

奏为已故前任抚臣战功卓著,遗爱在民,请建立专祠以顺舆情,恭折吁恳恩施,仰祈圣鉴事:

窃据广西绅士在籍二品顶戴浙江补用道靳邦庆、翰林院编修曹驯、庶吉士周璜、广东试用道王锡诰、三品衔湖南补用知府易凤仪等,以前任广西抚臣升任云贵督臣刘长佑,功德在粤,胪列政绩,呈请奏建专祠等情前来。

臣查该督臣刘长佑,以湖南拔贡生投笔从戎,立功数省,士民讴思不辍,而粤民之爱戴尤深。溯自咸丰九年七月,发匪伪翼王石达开由湖南败窜广西境内,拥众十余万,刘长佑以记名按察使奉命率所部楚勇越境援剿。是时,伪国宗石镇吉先以别股扑围省城,石达开自率大股分踞义宁、永福,为之犄角。城内所恃惟前任布政使蒋益沣所部一军。贼焰既张,人人惴恐。刘长佑率八营驰抵灵川,审机应敌,捣义宁之贼,攻其必救,贼遂不战而退,城围立解。先是咸丰二年,发逆围困省城,刘长佑由籍募勇来援,已解城围一次。至是,实为桂林二次解围粤西。自金田构逆以来,贼匪蜂起。其大股盘踞城池者,柳州则有冯常、陈戊养,浔州则有陈开、黄鼎凤,容县则有范亚晋,贺县则有陈金刚,修仁则有张高友,蔓衍勾结,不可爬(梭)〔梳〕。各属州县城池十陷八九。此外,著名首匪尚以数十计。荆榛遍地,民无一日安枕。加以兵单饷绌,艰苦万状。刘长佑统算兼筹,力持危局。桂林解围之后,遂督所部进规柳郡。是年九月,奉旨补授广西按察使。旋升布政使,仍留营调度诸军。先后克复洛容、柳城等县,并复柳州府城。于是,各处团练皆得随营自效。是时,匪首陈戊养结党屯于柳城县属,修筑土城,势甚猖獗。象州、浔州艇匪数百艘,乘风上窜,与该匪联为一气,悉众围困郡城。刘长佑派各营分路掩击,连破坚巢,并焚贼艘,郡城围解,象州城池亦督团克复。十年四月,在营次拜升授广西巡抚之命,回省接篆。维时石达开大股窜踞庆远府城,四出分扰。遂檄庆远知府荣林,督所属汉土文武团练,分道围击,毙匪数千,进薄城下,克之。石逆遣众往攻思恩、南宁等府及百色厅城,扰及泗城府,皆檄饬地方文武督团击退。既而石逆后旗部众纠合土匪,窜扰罗城、融县及永宁州属三隍等处,派员弁督勇击走之。贼左旗大股随后踵至,复派军驻防义宁、永福各要隘,贼乃分股横窜灵川县属潭下墟,距省城五十里。当率在城官绅严密守御,贼不敢犯。七月二十五日,贼目张志公等数十人皆献伪印诣营乞降,安抚其众,派令随同剿贼。由是左旗、后旗两股皆败窜湖南,而桂林全境肃清。匪首陈金刚久踞贺县,分扰平乐、昭平等县,贼巢林立。蒋益沣统率湘军迭破坚巢,廓清平乐、昭平境地。刘长佑复奏派统领湖南防军驻扎江华之候选道刘岳昭,越境协剿,与蒋益沣分道夹击,收复贺县城。是时,梧州土匪罗华观等踞该府下郢等处,窥伺府城,乃合蒋溢沣移师进击,会合东省水师,剿抚兼施,肃清沿河一带。而柳城县属之悍匪勾结石达开散匪,益以浔江艇匪大小十余股,水陆蔓延。刘长佑分遣诸将以次抚剿,于是柳州全境亦就肃清。既而石达开散股贼目彭大甚等,自怀远翻山阑入湖南绥宁、城步等县，分扰武冈、新宁，楚省移书告急。刘长佑遂于咸丰十年十月亲自督师出省，至龙胜厅规画形势，饬派副将李士恩等率劲旅赴援新宁城，自由龙胜沿边出全州部署完备而回。当是时，石逆散股各起，东奔西窜，我军节节兜剿，贼势穷蹙，降者甚众。惟石逆尚踡伏宾州。派员会商署思恩府徐引调，集勇练分头进攻，将宾城克复。乘胜追剿，石逆身受重创，率其余孽仍窜楚境。从此右江一面乃获粗安。既又饬派湘、楚各军会同东省水师，激励团练，先后克复浔州府及贵县、横州各城，歼除巨逆陈开，招抚逆首郭礌溪等。浔、梧两属渐臻安定。左江匪首吴凌云久踞南宁、土忠州，咸丰十年八月分党袭陷太平府城，继陷养利州城。土属地方盗薮充斥，刘长佑遥授机宜，派左江练勇攻克各土属四百余村，遂将太郡、养利两城收复。其荔浦县属莲塘逆首张高友，窜踞修仁、阳朔两城。遣布政使张凯嵩、候选道易无泰，率副将陈友胜等分兵进击，皆复之。同治元年春间，匪首黄三勾串匪目梁赞等及各处溃匪，众约数万，围犯浔州府城。急派都司蔡其昌率扒船驶赴堵剿。又派署右江道蒋泽春统新募南勇六营继进。元年四月，亲率五营出省，赴浔督师，迭克坚巢，招抚贼目多名，被胁数十村同时就抚。黄逆之势遂孤。时已奉命擢两广总督，仍暂留浔调度。既屡奉廷寄，催赴新任，乃派员总理营务，由浔东下。自去粤后，各匪虽以次荡平，而地方伏莽犹多，或结党攻剽，或寻仇惨杀，悉著名凶悍。同治十年，刘长佑再来抚粤，先后派拨营勇及地方文武兵团以次勘定。又有李青靛以渠魁投诚，保至游击，犹怀二志，设计诱至省垣，讯而诛之。是时，提督冯子材驻师龙州，剿办窜扰越南股匪。函商审机定策，将越匪次第剿灭，留营分驻，以固边圉。其战功卓著，靖寇安民者如此。

至于整饬吏治，激励团防，安戢土司，惩创奸宄，劝课蚕桑，举凡兴利除弊之事，不可殚述。又尝筹款修建桂山书院，举行孝廉月课，改建镇安府考棚，以便士子赴试，大有造于粤西。

伏查军兴以后，凡有战功卓著遗爱在民者，奏请于立功地方建祠，无不仰蒙俞允。今刘长佑先后抚粤多年，靖寇安民，舆情爱戴，经该绅等呈请建祠报享，理合胪奏陈请。合无仰恳天恩，俯准于广西省城建立已故前任广西抚臣升任云贵督臣刘长佑专祠，以顺舆情，出自鸿施。谨会同两广总督臣张之洞恭折具奏。伏乞皇太后、皇上圣鉴训示。谨奏。

74. 奏请为已故总兵陈嘉建立专祠折

光绪十三年十二月十五日(1888 年 1 月 27 日)

奏为统军大员力悍强敌,保障边关,功在地方,殁后舆情爱戴,联名呈请奏建志祠,据情吁恳恩施,恭折仰祈圣鉴事:

窃原任贵州安义镇总兵赏穿黄马褂头品顶戴记名提督云骑尉世职讷恩登额巴图鲁陈嘉,于光绪十一年七月初四日在龙州营次伤发病故,经臣会同两广总督臣张之洞、督办边防广西提督臣苏元春恭折具奏。钦奉上谕:陈嘉督军鏖战,忠勇奋发,屡奏奇功。遍体重伤,而竭诚报国之忱,始终弗替。兹因伤发病故。览奏轸惜殊深,着照提督阵亡例赐恤。生平战绩宣付史馆立传,并加恩予谥,以彰忠荩等因。钦此。旋准部咨,蒙恩予谥“勇烈”,议给骑都尉兼一云骑尉世袭。查取生平事实战功,造送史馆立传。节经钦遵查照转行遵照办理在案。

兹据署太平归顺道蔡希邠详据龙州同知任玉森详据龙州、明江、宁明、崇善、凭祥、下冻、安平、太平等属汉土各厅州县绅耆,在籍兵部学习主事张焯奎,分省补用知县赵荣正、吴懋勋,前庆远府训导黎申产,前上思州学正梁克邦,拔贡生赵毓英、关家准、农喜霖,岁贡生甘泽和、何庆辰、陆宝树、黄焕中等五十余人联名呈称:已故总兵陈嘉,仰沐圣慈恤死褒忠,至优极渥。凡有血气,莫不观感奋兴。惟该绅等生长斯邦，汉土沿边，皆与越南紧接。当光绪十年秋至次年春，法越交兵之际，风声鹤唳，时有戒心，全赖陈嘉，累捷于陆岸等处，裹创力战，奋勇争先，其后他军失利，犹复艰苦不渝，竭数昼夜之力，惟知前进。受伤昏倒，左右掖之去，既觉，复挥刀叱退，誓死直前。卒能转败为胜，而有关前隘之捷。旋克文渊、谅山等省，府边事因而大定。既而回办边防，人皆恃为长城之倚。不料其积劳受瘴，伤发不起。该绅等痛定思痛，幸得安居乐业，而陈嘉飨祀缺然，能无太息。近阅邸钞，云贵总督奏报原住广东高州镇总兵杨玉科在关外力战阵亡，奉旨准于镇南关建立专祠，由地方官春秋致祭。伏念陈嘉殁由劳瘴伤发，均属以死勤事，为国忘身，与杨玉科事同一律。用敢援以上陈，拟请核明转详请奏，准在龙州地方建立专祠，春秋官为致祭，以崇报祀而顺舆情。详请核办前来。

臣维陈嘉生前苦战立功，卒以伤发病故，均在圣明洞鉴之中。今沿边汉土各属绅耆联名援案请建专祠，尚属出于爱戴之公。合无仰恳天恩，俯准将已故记名提督贵州安义镇总兵陈嘉在龙州地方建立专祠，列入祀典，春秋官为致祭，以顺舆情，出自逾格鸿施。臣谨会同两广总督臣张之洞、督办边防广西提督臣苏元春恭折具奏。伏乞皇太后、皇上圣鉴训示。谨奏。

75. 奏请为已故抚臣张凯嵩建立专祠并将事迹宣付史馆折

光绪十三年十二月十八日(1888年1月30日)

奏为据呈前任抚臣功德在粤,民情爱戴,恳恩予建专祠,并将事迹宣付史馆,恭折具陈,仰祈圣鉴事:

窃据广西绅士在籍二品顶戴浙江补用道靳邦庆、翰林院编修曹驯、庶吉士周璜、广东试用道王锡诰、三品衔湖南补用知府易凤仪等呈称:前阅邸抄,光绪十二年十一月初十日奉上谕:云南巡抚张凯嵩由知县洊擢封圻,自简任云南以来,于吏治军饷诸务均能实心筹办,克称厥职。兹闻溘逝,悼惜殊深。张凯嵩着照巡抚例赐恤,任内一切处分悉予开复,应得恤典该衙门察例具奏。钦此。恭诵之下,仰见朝廷笃念荩臣,褒恤有典。而追思该抚臣功德在粤,爱戴难忘。谨将其政绩一一具呈,伏冀奏恳恩施。

该故抚臣张凯嵩,系湖北人。由进士以知县分发广西。道光己巳年来粤,正值地方不靖,郡邑盗贼纵横。该抚臣胆略过人,经济夙裕。历任兴业、马平、怀集、苍梧、临桂等县,首以绥戢为务,屡歼土匪强寇,所莅之地民获安居。其有关教养、保卫之善政,不可胜纪。犹记该抚臣令临桂时,当洪逆猝逼省垣,大军远在永安,根本之地守卫既单,粮米复缺,势甚岌岌,遂便宜行事,调团协助,购米储粮,遍历各城布置防守。援军乃蹑贼踪而至,驱狂寇以保危城,民庆再生,是戴该抚臣之德于无形也。及其擢守庆远,正顽团肆虐于内,强寇迫扰于外,设法整顿而捕治之。交卸郡篆后,犹激励土团,会合湘勇,以定祸乱,庆郡复安。升任抚臣劳崇光举其才堪任重,迭荷恩命,秉臬陈藩,晋膺疆寄。其任臬司也,以近省地面贼踪飘忽宜防未然,省标额兵不敷分布,精选民壮得二千人,令习刀矛枪炮,按三六九日期聚而操演,酌给饭食。暇日仍各谋生计,有事乃登埤助守,节繁费而收实裨,声势既壮,有恃无恐。其任蕃司也,库款空虚,度支竭蹶,筹饷赡军,昕夕不遑。犹念乡试屡停,无以培士气而安民心,特请具奏开科以光文治。又以政教为致治之本,军兴日久,教职半多悬缺,司铎乏人,详请铨选如额。南宁、太平、泗城、镇安、思恩、浔州等府属,皆兵燹凋弊之区,守令以下各员补署赴任,视为畏途。即有贤能之吏,亦苦于办事无资,空拳难奋,乃筹给赴任川资、办公经费,畏难趋避者劾之,勤干尽职者奖之,讲求治理以图补救。当同治初元,贼氛尚炽,群盗如毛,虽经升任抚臣刘长佑剿灭甚众,而逆匪张高友尚盘踞平乐府属莲塘,扰及桂林府境,为省门肘腋之患,太平府属则有逆匪吴凌云据陇罗为巢,浔州府属则有逆匪黄三即黄鼎夙伏于平天寨,南宁府属则有逆匪梁安邦、孙仁广分踞那檀山泽,皆不时出扰,为十余年稽诛之巨寇,势颇鸱张。其余乘间窃发,窜扰城邑村寨者,亦繁有徒。若不剿除,何以言治?维时刘长佑在浔州治军,拜总督两广之命,由浔东下。正当剿捕吃紧,人情不无疑虑。张凯嵩补授广西巡抚,接篆任事,即将逆匪张高友歼除,民心乃定。遂调派各军分道进剿,亲赴南宁督师,又将吴凌云、黄鼎凤、梁安梆、孙仁广一律荡平。此外有贼之区,体察情形,审酌轻重,或责诸守令,或调派官军,实力攻剿，先后将梧州府属苍梧县股匪潘庸，容县股匪范亚音，藤县股匪霍十八，柳州府属马平县股匪梁扶英，来宾县股匪张玉溃、刘亚结，思恩府属宾州股匪宋扶捍，武缘县股匪蒙李旺、韦治鞍，上林县股莫风皮、周安邦，镇安府属归顺州股匪杨三，浔州府属桂平县股匪挑新昌、刘三九，武宣县股匪廖八，百色厅股匪颜孔称，泗城府属凌云县股匪谭三、黄德胜，南宁府属上思州股匪李加燕、郑单眼，太平府属左州股匪卢裕纶，共二十余起，次第歼灭，皆系蚁聚蜂屯久为民害者也。其余零星匪类随在捕除，未可悉数。又因贵州荔波县苗匪时扰粤边，分军越境会剿，痛加征创，于是腹地边疆渐臻靖谧。该抚臣于剿平各巨匪，即手定善后时政八条，曰讲圣谕、察民隐、谋生计、恤死事、兴书院、清荒田、除伏莽、戢强团。通行各守令遵办，责以治效，民困藉苏。今者哲人已逝，遗爱难忘。伏见有功于地方者皆得呈请建祠，以祀该抚臣之功德，昭昭在粤，舆情共戴。理合胪列事实，呈请奏建专祠，并将事迹宣付史馆，俾得报享而彰政绩。不胜翘祷之至等情。

臣伏查前任抚臣张凯嵩，由县令于咸丰同治年间迭蒙恩命洊擢巡抚。其剿办各股贼匪，又奉旨赏加头品顶戴，战功治绩皆有可考。今因舆情爱戴，呈乞恩施。相应据情上请。合无仰恳天恩，准于广西省城建立已故前任广西巡抚云南巡抚臣张凯嵩专祠，并敕将事迹宣付史馆，出自鸿慈。谨会同两广总督臣张之洞恭折具奏。伏乞皇太后、皇上圣鉴训示。谨奏。

76. 奏陈已革千总甘沛棠审明定拟折

光绪十三年十二月十八日(1888 年 1 月 30 日)

奏为在籍千总纠群谋殴,并恃强屡次行凶扰害,审明定拟,恭折具奏,仰祈圣鉴事:

窃臣于光绪十三年四月二十八日片奏:容县在籍花翎守备衔拔补千总甘沛棠,素不安分,因控争田塘,带人寻闹,致伤谢子安身死。解省委审,恃符狡展,请旨即行革职,以便审办。奉到硃批:甘沛棠着即革职,严讯按律究办。钦此。当经转行臬司钦遵办理。兹据提齐应讯人证发桂林府审明纠众谋殴致毙实情,并究出甘沛棠屡次行凶扰害各情。照例议拟解经按察使张联桂覆审详办前来。臣提案覆鞫,缘甘沛棠籍隶容县,咸丰年间粤西盗贼蜂起,甘沛棠投入发匪陈金刚伙党,在县滋事。因被官军进剿穷蹙,甘沛棠归诚,入营投效。同治年间,随同剿贼出力,迭保以千总补用,加守备衔,并换花翎。随即由营销差回籍,并未收标。与已死谢子安邻村居住,素识无嫌。甘沛棠早年置有土名牛车坪禾田五亩,田旁鱼塘一口,批与谢子安耕种、养鱼,议定每年共交租钱二十千文,按年清款,不得拖欠,立有字据。光绪十一年十月内,谢子安陆续交过是年租钱十千文,余欠一半,约俟年底交清。届期甘沛棠屡向催索,谢子安仍系推缓。十二年二月初十日,甘沛棠至谢子安家,令退还田塘，另行招佃。谢子安言语支吾，迁延不退。甘沛棠随以霸业吞租赴县具控。该县票差龙有、姚梅传讯，谢子安因病未能到案。经该差役禀明在案。甘沛棠因谢子安欠租，既不清还田塘，又不速退，心怀气忿，起意寻殴，捉拿送究。向雇工张十四、陈一告知，令即邀人帮助。张十四随邀得潘二、潘十四二人；陈一邀得李五、罗亚有二人。甘沛棠又邀允素识之梁七一人。约定三月十七日黎明时候，在甘沛棠家会齐。至期，梁七携带自己家内防夜竹铳，张十四等各拿木棍，甘沛棠徒手。一共八人走到土名古城地方，陈一心怀畏惧，托故不行。甘沛棠听闻气忿，喝令速走，如敢中途退缩，定不甘休。陈一无奈，仍复同去。走到谢子安门首，甘沛棠与张十四等拥进大门，喊称捉拿谢子安殴打。梁七站在门外，谢子安与其堂弟谢曰安窥见，即由屋内旁门走出逃避。梁七上前追赶，谢曰安先走，谢子安落后，转身低头拾石。梁七点放竹铳，致伤谢子安顶心等处倒地。时有陈成志路过看见，喝阻不及。甘沛棠听闻铳响，与张十四等由屋内赶出，见谢子安已经受伤倒地，俱未动手。甘沛棠复喝令梁七上前，硬将谢子安拖起行走，称要送官，拖了几步，谢子安已经气绝。梁七松手，与甘沛棠等分路走散。

随经该县文星照访闻差拿，该差带同尸子谢元进赴案报验详缉。迭次差拘甘沛棠，匿不到案。尸子谢元进即以前情自赴龙州臣行营呈控。随经行司委员赴县协拿提解。讵甘沛棠带同伊子举人甘恒暄先已潜赴东省。随以谢子安系因差拿拒捕格毙，并非纠殴致死，捏情前赴督臣衙门呈诉。当经臣咨请解回西省，饬发桂林府审办。该前府秦焕督同局员提讯，供词狡展。禀由臬司详经臣奏革，钦奉朱批斥革，严讯究办。

据该府禀司行提人证差役解省质究。兹据容县将见证陈成志及差役龙有、姚梅等解司发府审明纠殴致毙实情,并究出该犯甘沛棠先于光绪九年内,因外姻亲戚梁士伦有自置田亩坐落县属土名涩草塘地方,于咸丰年间卖与杨冠卉管业,凭中立契,田价交清。光绪九年十二月,梁士伦往向杨冠卉议赎此因,杨冠卉不允,即以恃强勒赎赴县呈控。经该县文星照断令杨冠卉管业。甘沛棠因梁士伦系自己亲戚,竟被杨冠卉控告,心怀忿恨,即于九月十四日带同素识之胡俄、袁吉二人,邀同梁士伦,各携镰刀前往涩草塘,割去杨冠卉田禾约有两担。维时禾未成熟,割断即丢弃田内。是年十一月二十七日,甘沛棠与素识之秦庸因事外出,与杨冠卉族人杨八路遇。甘沛棠即向杨八斥骂尔之族人杨冠卉,不应将梁士伦控告。杨八用言分辩,甘沛棠即喝令秦庸将杨八拿住,带回家内用绳捆缚,用拳殴伤杨八左臂膊、脊背两处。杨八再三哀求,始行释放。又广东客民陈浏谢等向在县属开设油店,甘沛棠于光绪十年二月内不记日期向陈浏谢等定买生油十二万斤,不问时价多寡,每百斤仅许价钱八千文。并要四月将油交足,运赴广东发卖。陈浏谢等素知甘沛棠强横,只可答应,不敢计较。甘沛棠后闻陈浏谢等店内缺油,即于三月初五日往向陈浏谢等取油,陈浏谢答以尚未到期,央求宽缓。甘沛棠不依,用言斥骂,将其桌椅打毁。并说如不交油,即纠人将店拆毁。陈浏谢等畏事,情愿出钱认罚。甘沛棠索得钱一百二十千文,方才息事。所得钱文早经花用。杨冠卉、杨八、陈浏谢等均未敢告究。由府禀司行,据容县查覆,均系实有其事。当日因畏甘沛棠凶恶,俱未敢控告。其毁伤杨冠卉田禾,现估计值银九钱二分;吓索陈浏谢等钱文,估值银一百二十两。现杨冠卉、杨八俱已远出贸易,陈浏谢等籍隶广东,恐甘沛棠再向索扰,早已歇业回籍,请免传讯,以省拖累。并称,曾据绅士封抡英等联名赴县具呈，甘沛棠动辄逞凶滋事，贼心未改，受害之家畏其凶焰，多不敢控告。该县采访舆论，众口一词等情。现到案之见证陈成志供亦相符。照例议拟将该犯解司覆审详办。

臣提犯覆鞫，供认前情不讳。诘系一时起意，纠众谋殴，并非约期械斗，亦无另有在场帮殴之人。前控谢子安被差役格毙，实系希图卸罪，并无别故。此外亦无另犯不法别案。矢口不移，似无遁饰。查律载，同谋共殴人致死，原谋杖一百、流三千里；又弃毁人稼穑，计赃准窃盗论；又威力制缚人于私家拷打，杖八十；又恐吓取财，计赃准窃盗论加一等，窃盗赃一两以下杖六十，一百二十两杖一百、流三千里；又凡称加者止杖一百、流三千里。又例载，凶恶棍徒屡次生事行凶，无故扰害良人，发极边足四千里安置各等语。此案已革千总甘沛棠，因谢子安拖欠田塘租钱不清，延不退佃，起意纠众谋殴，致纠往之梁七铳伤谢子安身死。又恃强割毁杨冠卉田禾，凭空将杨八捆殴，并向陈浏谢等吓索得赃。实属屡次生事行凶，无故扰害。查该犯纠众谋殴，致梁七将谢子安伤毙，应按原谋问拟。及弃毁杨冠卉田禾、捆殴杨八，并向陈浏谢等吓索得赃，均罪止杖流。应以屡次生事扰害，从重问拟，甘沛棠合依凶恶棍徒屡次生事行凶无故扰害良人发极边足四千里安置例，拟发极边足四千里安置。事犯在光绪十一年正月初四日钦奉恩旨以前到官，在后毋庸查办，自应发配安置。

惟查甘沛棠自投诚后，洊保武职，其子复登贤书，应如何安分守法，乃仍不知自爱，平日武断乡曲，肆意强横，历犯多案。今复纠殴酿命，藐法已极。若照例径行解配，既恐别有滋事，更难保不潜逃回籍，扰害地方。缘其平日结党横行，无恶不作，身边常有数十人往来相伴，气凌官长，形同匪类。阖县绅民尽皆切齿痛恨，实为土豪地棍之尤。设令逃回,必致寻仇报复,酿成祸患。该县绅士封抡英等联名具呈,指称:甘沛棠恃符作恶,所有受害之家畏其凶焰,不敢控告者不知凡几。总之,甘沛棠以发逆伙党穷蹙来归,尚复匪心未改,怙恶不悛,实非平民犯罪可比,未便稍涉轻纵。据司详声请监禁前来,拟请将该犯甘沛棠留省严行监禁,以消其桀骜之气。俟十余年后,果知悔悟,再行解配安置,如已过十年,遇有恩旨查办减等,仍察看情形分别办理。所毁杨冠卉田禾,估值银九钱二分,及吓索得陈浏谢等钱一百二十千文,均照数着追查,传杨冠卉、陈浏谢等给领。至该犯之子举人甘恒暄,于该犯酿命之日尚在会试未回,并不知情。惟查其平日亦不甚安分。应请饬县随时查察,如有不法情事,立即详请革究,勿稍姑容。差役龙有、姚梅奉票传唤谢子安不到,已禀明该县在案。谢子安被伤身死,讯与该役无涉,应与救阻不及之陈成志均毋庸议。凶犯梁七未获,照例补参。与张十四等一并饬缉获日另结。所有失察竹铳、应议职名,查明补送。谢子安批租田塘由县追给甘沛棠家属管业。所欠租钱身死勿征,尸棺饬属领埋,无干省释。除全案供招咨部外,合将审明议拟缘由,恭折具奏。伏乞皇太后、皇上圣鉴,敕部核复施行。谨奏。

77. 奏请监禁甘沛棠片

光绪十三年十二月十八日(1888 年 1 月 30 日)

再,该犯甘沛棠本系发逆伙党,狼心未改,武断横行,绅民同为切齿。因其常有恶党相随,虑其报复,莫敢控告。臣前在边关,即有所闻。曾饬容县密行查办,该犯凶焰甚张,该县恐激而生变,未敢操之太急。谕令团绅妥为告戒,一面设法办理。讵甘沛棠毫无忌惮,尚敢纠众寻殴,铳伤谢子安身死。其藐官玩法,概可想见。迨该县派差往捕,臬司委员协拿,皆因凶狡异常,竟难就获。前署梧州府知府刘恩浚有甘沛棠势将纠党抗拒之禀,几烦兵力。幸该犯忽而赴东递呈,当经督臣扣留解回西省审办,地方得以无事。该犯到案后,容县绅士封拱麟等百余人纷纷赴臣行营递呈,以其无恶不作,请从严究办,以除乡闾之害。乃经委员迭次严讯,异常狡展。现据供认扰害数事,系因见证陈成志质实,无可推卸。此外坚不供吐,转称阖县绅民有意陷害,忿恨情见乎词。现在罪止拟军,一经发配,逃回寻仇生事,实在意中。更恐狼子野心,其为害不止于报复仇杀已也。但此等人犯就案科断,罪不至死。又虑其脱身贻害,非加以监禁,不足消其桀骜之气而弭地方之祸。此臣正折内未经陈及者。臣为地方起见,合再缕晰上陈,请旨准予监禁,以杜后患。谨附片具奏。伏乞圣鉴训示。谨奏。

78. 奏剿办西隆州苗匪情形片

光绪十三年十二月十八日(1888 年 1 月 30 日)

再,臣前因西隆州属苗匪攻扑猴场墟,残害多命,调派邑防营勇迅赴泗城,责成该管知府郑辅绵亲督往办。嗣据郑辅绵禀称:此次衅因猴场乡团擅采苗人包粟,致昔年漏网苗匪乘机煽诱,纠众滋扰,必须设法擒捕,方易为力。臣亦迭饬以分别良莠妥为安抚惩办,以免固结抗拒。然必兵威足以镇慑,乃可操纵自如。复添调田阳防营前往,并以准补梧州府知府陈善均曾任泗城府熟悉情形,委令驰往会同妥为筹办。经臣于本年六月九月两次附片奏明在案。

兹节据禀报,陈善均于九月十九日驰抵西隆州。查得该州属苗人共有七种,内惟白苗、花苗曾有为匪之人,其余近尚安分。前经郑辅绵派随营试用从九品宋绍昌等,赍示赴安分各寨晓谕良苗,协拿匪犯,已多有来营自投,愿导官军进攻。旋因乡团急于泄忿,探闻扰猴场之匪多潜聚于桃子树、大隆堡、龙沙井等寨,突往攻毁多寨,共毙一百数十人,匪党亦多被歼,首要各匪遂即逃散。陈善均会同郑辅绵筹商,饬令摘顶留营差委之试用知县吴大椿,并派往随营办事之候补知州万方达等,传谕各寨良苗各安生业,协拿匪犯。随据该苗头龙格等带同苗民来营递呈,愿助官军擒捕。维时所调田阳防勇已到,即派队分捕。千总彭渊探得积匪伍杨桥等潜匿肯巴寨,会同把总黄仰等率带勇丁于九月二十四日夜,围拿格毙匪伙数名,当将伍杨桥生擒解营。九月二十六日,吴大椿会营在后冲地方拿获要犯王汪、马二、杨二等三名,格毙著匪杨和及伙匪数名。又据线工缉获匪犯熊四一名。并据乡团获送韦阿溃、韦老五、韦毛价、杨阿富四名。由陈善均、郑辅绵提讯,或系攻扰猴场匪犯,或系昔年漏网积匪,先后录供。禀经臣批饬正法。查前据西隆州绅民指控,各匪内有首要李亚咬、丁三、王石堡、陶保四名未获。迭饬勒限严拿。陈善均、郑辅绵曾悬赏格购缉,并勒各苗头捕送。旋据苗头杨起鹏等密报。首匪李亚咬、丁三同伏隆厚寨,该处山径奇险,党羽尚伙,擒捕不易。筹议伏兵堵截,设法诱致。十月二十六日,据哨弁彭德才等将该匪丁三并其侄子丁么诱获解营。而李亚咬狡悍异常,据寨不出。陈善均等立即带同都司霍应瑞、千总曹绍美等驰往,于二十九日围寨。该匪开炮相拒,我军亦枪炮齐施,奋力攻入,击毙匪党罗米二、罗沙照等多名。该匪之子李大凶悍素著,亦被歼毙。李亚咬捷若猿猱,即由寨后越山逸去。当经生获伙匪杨亚应一名,即将该寨焚毁。复派弁勇遍行穷搜,十一月初二日始将该犯李亚咬擒获。惟王石堡、陶保二名查无踪迹。传到苗头,责令细加查报。随据带同各寨目具结实无藏匿情事。一面仍严密查缉。现在民苗相安,地方清谧。叙录该首匪李亚咬、丁三及丁么、杨亚应等供情具禀前来。当经批饬将李亚咬等就地正法,以昭炯戒。

臣查此次苗匪扑攻猴场,系因乡练擅采包粟起衅,以致匪徒乘机煽惑,攻劫扰害,本非无端滋事,亦无大股贼匪。因事关苗疆,檄行加意妥办。今已先后歼擒伙匪多名,苗寨具已具结地方安靖。只该匪王石堡、陶保未获,应即责成地方官缉拿。所调田防营勇撤回原防。陈善均、高方达、吴大椿均准销差。仍酌留邕防守备韦正光营勇暂驻州境弹压。由该部郑辅绵督同署西隆州知州康达爵随时严缉王石堡、陶保及漏逸余匪，务获究办。一面妥办善后，以期永臻乂安。试用知县吴大椿前因委署西隆州篆，值捕务紧要，到任迟延。经臣奏参摘顶，留于西隆差遣。今搜捕匪犯尚能奋勉出力，仰恳天恩，准予开复顶戴。又试用从九品宋绍昌随营差委，于六七月间派赴苗寨各处招抚查缉，感受暑瘴，于八月二十七日在营次病故。应恳恩施，俯准饬部议恤。在事文武节次获犯，亦著有微劳，可否准择优酌保数员，出自逾格鸿慈。谨会同两广总督臣张之洞附片具奏。伏乞圣鉴训示。谨奏。

79. 奏副将李应章瘴故请恤折

光绪十三年十二月二十四日(1888年2月5日)

奏为分统广西边军副将因染瘴积伤病发,在营身故,胪陈生平战绩,吁恳天恩,俯准优恤,恭折仰祈圣鉴事:

窃分统镇南毅新各营总兵衔赏戴花翎广东尽先补用副将强谦巴图鲁李应章,因瘴病伤发,于本年十二月十九日在营身故。经臣元春妥为照料后事,一面电商臣之洞、秉衡遴员接统所部各营,以重边防。

查该故副将李应章,系广西贵县人。同治年间,投效贵州、云南军营,随剿贵州都匀、云南谡兮、腾越等股匪,大小数十战,先后肃清。迭保守备用,加都司衔,戴蓝翎,凯撤回籍。光绪元年,投入广西边防军营,出关剿捕越匪,克复河阳,扑灭叛将李杨才全股,捣平太原通陇岩,连克贼垒二十余座,擒首逆陆之平。光绪十年,关外之役,李应章管带镇南营,归前贵州安义镇总兵陈嘉统辖,为其部将第一。性成忠勇,战必身先,陈嘉之捷于船头等处,实为选锋。十一年二月,关前之捷,转败为功。旋克复谅山省府多城垒。李应章奋不顾身,所向披靡,重伤遍体。经臣等节次奏报,蒙恩赏戴花翎,以副将留于广东,无论题推缺出尽先补用,加总兵衔,并赏换强谦巴图鲁名号。嗣陈嘉病故,派令分统镇南等营,驻镇南关,当冲要。本年六月,因新太协副将员缺紧要,复委令就近署理,藉资整顿。仍驻镇南关防次。近边游匪率多畏怀,相戒退散,洵为臣元春之臂助。讵积受瘴疠,咯血苦嗽,而历次打仗右腿残伤,右臂损折,下颔为炮子击断,穿透右膊,伤血太多。以当紧要之地,不自言病,而病因增剧,伤亦溃发,遂至不起,殁于营次。

臣等窃维该故副将之血诚廉勇,有功不伐,足步陈嘉。且散财以养战士,自苦无殊贱卒,深得军心。身后一无所有,尤为人所难能。臣秉衡曾密保其堪胜专阃,臣之洞亦知之最真,比以边防粗定,拟调赴广东差委,俾资得力。臣元春、秉衡亦因其为桂边不可多得之将,复商留在西,同冀多为国家储一良材。岂期遽殒伤病,又不禁同惜边防少一贤将。合无仰恳天恩,俯准破格优恤,以昭激劝,出自鸿慈。谨合词恭折具陈。伏乞皇太后、皇上圣鉴训示。谨奏。

80. 奏谢授安徽巡抚折

光绪二十年五月二十二日(1894 年 6 月 25 日)

奏为恭谢天恩,仰祈圣鉴事:

窃臣恭阅邸钞,光绪二十年四月二十一日内阅奉上谕:安徽巡抚着李秉衡补授等因。钦此。当即恭设香案,望阙叩头谢恩。伏念臣以凡庸之质,蒙特达之知,由牧令洊升广西藩司,护理巡抚,因病吁请开缺,频年调理,尚未复元。每念恩知,未能报称。瞻九宸于咫尺,常五夜以彷徨。岂期衰疾之余生,犹荷圣明之垂注,擢从田里,超领封圻,自顾何人,忝膺非分,即糜顶踵,讵答涓埃。感极涕零,匪言可喻。窃维皖省,地居冲要,抚臣任总军民,深虞多病之躯,莫挽积颓之俗。惟既仰蒙驱策,但使勉能支拄,何敢稍耽安逸,自外生成。惟有誓殚血诚,力图整顿,以冀仰答高厚慈施于万一。

所有微臣感激下忱,谨缮折叩谢天恩。伏乞皇上圣鉴。

再,臣现寄寓直隶保定府属之满城县。此折就近借用直隶藩司印信拜发。合并声明。谨奏。

光绪二十年五月　日奉朱批:知道了。钦此。

81. 奏请假一个月片

光绪二十年五月二十二日(1894 年 6 月 25 日)

再,臣现蒙特恩补授安徽巡抚,应即趋叩阙廷,跪聆训诲。缘前在护理广西巡抚任内,历年驻兵镇南关,感受瘴湿,致腿足酸软,不良于行,向有吐血旧疾,触发增剧,不得已疏请开缺,仰荷恩允。从前久官直隶,医药近便,北归后即寄寓满城,医治多方,渐见痊可。前年冬间,复患血疾,今春始愈,而气血因之亏损,足力尚觉不支。合无吁恳天恩赏假一个月,俾得从速调摄,练习筋力。一俟假满,步履稍健,即当遄程赴京,不敢少涉迟延。谨附片陈请。伏乞圣鉴训示。谨奏。

光绪二十年五月　日奉朱批:着赏假一个月。假满后即行来京陛见。钦此。

82. 奏报到任日期折

光绪二十年八月十五日(1894 年 9 月 14 日)

奏为恭报微臣到东接印任事日期,叩谢天恩,仰祈圣鉴事:

窃臣前蒙恩命简放安徽巡抚,入都陛见,旋于光绪二十年七月十六日奉上谕:李秉衡着调补山东巡抚,安徽巡抚着福润调补。钦此。当即趋诣宫门,先后仰蒙召对三次,圣训周详,莫名钦感。陛辞后,束装起程,道出天津,晤北洋大臣大学士直隶总督臣李鸿章,会商海防事宜。旋即趱程赴东,于八月十二日行抵山东省城。十三日,准调任抚臣福润将山东巡抚关防、临清关监督关防、盐政印信各一颗,并王命旗牌、文卷、书籍等件,委员赍送前来。臣当即恭设香案,望关叩头谢恩,祗领任事。

伏念臣衰病余生,渥承宠眷,受恩愈重,报称愈难。查山东地接畿疆,巡抚职司表率,官常宜肃,激浊乃以扬清,民气宜舒,安民必先除暴。他如慎修守以弭河患,筹兵饷以重海防。以及关榷盐漕,事事悉关紧要。材辁任重,惧弗克胜。惟有破除情面,殚竭愚忱,以期仰答高厚鸿慈于万一。

除循例恭疏题报外,所有微臣接印任事日期,并感激下忱,谨缮折叩谢天恩。伏乞皇上圣鉴谨奏。

光绪二十年九月　日奉朱批:知道了。即着将应办一切事宜认真整顿,刻下海口防务及曹州一带盗匪,尤应妥筹办理,毋稍大意。钦此。

83. 奏赴登州府经画海防折

光绪二十年八月十五日(1894 年 9 月 14 日)

奏为拟即赴登州府经画海防,省城地方诸事需人,恭折仰祈圣鉴事:

窃本月十三日接篆视事,业经恭折叩谢天恩。伏查山东为表海封疆,渤海门户,皆在汛地。值此倭氛不靖,自应专心殚力,经画海防,不敢以任属北洋,稍自推逊。拟将省城诸事稍为料理,即循青州、莱州两府径至登州府,部署防务。并巡阅胶澳、烟台各炮台防营。总期一气联络,屹若长城,以固吾圉。惟省门迤西一带将届冬防,缉捕正难稍懈。且武闱场期在迩,诸凡重要,实有难以兼顾之势。藩司汤聘珍在任三年,于地方情形甚为熟习,措置一切亦复裕如,此番前赴海防,省城诸事得该藩司经理兼代办武闱事宜,臣乃可意无分扰。只以该藩司已奉派到京祝嘏,亦当及时启程,未敢擅便。恭读本年正月十五日上谕:外省将军、督抚、都统、提镇、藩臬等官,自必情殷瞻观,吁恳祝釐。第念各省文武大吏职守綦重,若同时并赴,地方营伍事务管理乏人,或有贻误,转非敬事抒忱之意等因。钦此。仰见圣虑周详,俯顺臣工抃庆之忱,仍念外吏职司之重,莫名钦佩。伏念东省现在海防紧要,地方需人,不敢不据实直陈。究应如何办理,以期兼顾之处,出自圣裁。

所有拟即赴海防,省城地方诸事需人缘由,理合恭折具奏。伏乞皇上圣鉴训示。谨奏。

84. 奏请将曹州府知府毓贤暂缓引见折

光绪二十年八月二十七日(1894年9月26日)

奏为山东省西盗匪充斥,请将曹州府知府毓贤暂缓引见,责成专办兖、沂、曹三府盗贼,添勇练团,以清内患而裨防务,恭折仰祈圣鉴事:

窃维现在倭氛不靖,海防是急,然备外患必先清内讧。查山东曹、兖、沂数郡,民氛素强,近年萑苻啸聚,动辄结队成股,劫掠焚杀,俨同巨寇,民不聊生。若不赶紧捕治,深恐贻患燎原,于海疆防务大有关系。臣七月间在都陛见时,曾将所闻东省盗贼情形,及曹州府知府毓贤长于捕务,据实面奏,仰荷圣明鉴察。比臣到东任事后,复又悉心咨访,证诸省城司道及本管兖、沂、曹、济道,先后来禀,咸称现任曹州府知府毓贤疾恶爱民,认真缉捕,盗贼畏之,无如兵力无多,即一府而论,尚不免此拿彼窜。臣与司道等再三熟筹,必须添勇练团,将兖、沂、曹三府盗贼统归该府专办,方能有效。该管道姚协赞来禀,亦以为请。现拟饬令自行添募勇队五百名,即归该府统带,并将附近防营准其调遣。责成既专,该府必能尽力搜捕,以靖地方。一面分饬各属举办团防,村大者三数村为一团,村小者十数村合为一团,妥定章程,实力举行,俾兵民联络为一,务使遗患不留,庶内地可清,而海防亦得一意经营,不至有牵掣之虑。

惟查该府毓贤前经调任抚臣福润奏保，奉旨送部引见，合无仰恳天恩，俯念东省盗风太炽，缉捕需人，准令毓贤暂缓交卸，专办兖、沂、曹三府盗贼，实于捕务防务大有裨益。至东省吏治亟应讲求，如官不久任，局设太多，冗员耗费，河工滥保，种种锢习，积之有渐。惟有督同司道不避嫌怨，次第切实整顿，藉资补救。现将应办事宜赶紧部署，即当驰赴烟台、威海一带海口察巡防务，随时奏陈。

所有拟添勇练团，恳将曹州府知府暂缓送部引见，责成督捕盗贼缘由，理合恭折具奏。伏乞皇上圣鉴训示。谨奏。

光绪二十年九月十五日奉朱批：着照所请。吏部知道。钦此。

85. 奏裁并各局片

光绪二十年八月二十九日(1894 年 9 月 28 日)

再,东省筹办海防,款无所出,惟以裁并局员,节省糜费,为目前第一要义。臣甫经到任,又须出省布置防务,先择局费太繁、委员太冗者,与司道等悉心参酌,分别裁并。除工程局停撤外,如厘金、土药、军械并入善后为一局,赈抚、赈捐并为一局,书局、通志并为一局,均委藩司汤聘珍总办;保甲、机器两局,均委臬司松林总办;南、北两运并为一局,派委运司李希莲总办;洋务、河营及河防局,均委济东泰武临道张上达总办,概无薪水。其会办、提调、收支、文案必不可少者,即于候补道府同通州县中每局遴委数员,分司其事,酌给薪水。余俱裁撤。核计每月经费节省颇钜。此外如有应因应革事宜,容臣查明次第举行。谨先附片陈明。伏乞圣鉴。谨奏。

86. 奏分别筹款免借商本折

光绪二十年九月初一日(1894年9月29日)

奏为遵旨分别筹款,请免利借商本,以济饷需而尊国体,恭折覆陈仰祈圣鉴事:

窃查接管卷内,光绪二十年七月十八日承准军机大臣字寄,七月十四日奉上谕:现在倭氛不靖,沿海筹防,募勇练兵,以筹饷为最要。各该督抚均有理财之责,即着各就地方近日情形,通盘筹画,何费可减,何利可兴,何项可先行提存,何款可暂时挪借,务须分筹的饷,凑支海上用兵之需等因。钦此。遵旨寄信前来。适前抚臣福润调任卸事,未及覆奏,移交到臣。正在筹议间,又于八月十四日兵部递到承准军机大臣字寄,八月初九日奉上谕:现在倭氛不靖,购船募勇,需饷浩繁,息借商款,京城业经创办。即着各直省督抚遍谕官绅商民人等,如有凑集资本,情原借给官用者,准赴藩司、关、道衙门呈明,即照户部办法议定行息,填给印票,其票钤用藩司、关、道印信,填明归还本利限期,准于地丁关税项下照数按期归还。如集款至一万两以上,准将筹集之人先行请奖虚衔、封典,以示鼓励等因。钦此。

伏查倭夷渝盟,扰我藩属,征兵防剿,需款浩繁。凡在臣民,莫不同仇敌忾,力图报称,以抒其忠爱之忱。惟款项固贵宽筹,时势尤宜熟审，总期饷需国体两无窒碍。臣会集司道详加商议，咸谓连年水患工赈频仍，用度日增，征收日减，钱漕则较多蠲缓，盐务则逐渐滞销，银矿、煤窑商本时形亏累，厘金、土药进款亦甚纤微，而京协固本边防各饷，铁路、内务府直隶东明河工，及本省兵饷、勇粮、赈抚、机器各局，黄、运两河工程等项经费，支解纷繁，已形竭蹶。且海防同一戒严，召募勇营，添办军火，在在均关紧要，又须筹备大宗，无非设法腾挪。此则利无可兴，费无可减，通盘筹画，深费踌躇。至若息借商本，藉补饷糈，在部臣百计经营，为此权宜之举，苦心孤诣，薄海同知。臣仰荷殊恩，忝膺疆寄，正值海氛未靖，时事多艰，应如何殚竭愚诚，实力劝办，上纾圣主宵旰之忧。无如东省地瘠民贫，本鲜巨富。溯自黄流穿运以来，南北帆樯久难畅行，因而大贾巨商远莫能致。其在本省贸易者，以盐、当、票号为最大。盐商已令专款报效，当商另奉谕旨派捐，票号一项，又准户部咨行，业经在京出借钜款，若外省再行劝借，商力实有未逮。此外，小本营生十居八九，既非厚赀坐拥，称贷实难，必其乐从，纵劝道多方，终恐小数零星，无裨正用。即如近来账捐，势成弩末，商民穷乏，是其明征。夫假以名器，尚多裹足不前，矧此利借之银出入，俱经官手，怀疑生畏，更不待言。微特无补饷需，更恐有关国体。此利借商本之格碍良多也。顾时虽处于至难，款当先其所急，不得已与司道等再四熟筹，于无可设措之中，为勉力罗掘之计。粮道、关道、运司各库额解之外，均无闲款可提，盐厘两次加损，商力已疲，碍难再令预缴。只可于藩库内逐款搜括，积铢累寸，凑集银十万两，作为的款候拨。复经运司敦劝，盐商激其义愤，佥云：渥沐恩膏，极思图报，情愿摊捐一次银十万两。自光绪二十一年起，分作四年随同引票缴足。在该商急公奉上，虽据声称不敢仰邀议叙，究未便没其微忱。容由臣另行请奖，以示鼓励。第损项年限较远，一时不克缴齐。先由司道各库局如数筹垫，按年拨还。犹恐集款未钜，不足以资接济，复于各库局中，无论是何款项，亦不计能否动用，暂行凑挪银十万两，移缓就急，随时弥补。连前盐捐合银二十万两，作为另款候拨。以上的款、另款，共计银三十万两。臣到任甫及半月，尚未熟悉情形，幸赖藩司汤聘珍、运司李希莲、济东泰武临道张上达，共矢公忠，群策群力，得以筹此钜款，实为臣初念所不及。然已搜罗殆尽，不遗余力矣。抑臣更有请者，此次变通办理，无所谓借，即无所谓还，无所谓本，更无所谓利。东省财力本绌，当智尽能索之余，不得不为此竭泽而渔之举。在各疆臣，目击时艰，当均能勉力筹谋，共图补救。如此，则地丁、关税仍归朝廷正供，不特饷需可济，又可一泯还借之迹，国体亦愈尊矣。

所有遵旨分别筹款，请免利借商本缘由，理合恭折覆陈。是否有当，伏乞皇上圣鉴训示。谨奏。

87. 奏报驰赴登州筹办海防出省日期片

光绪二十年九月初一日(1894年9月29日)

再,臣前于到任后,拟将省城诸事稍为料理,即循青州、莱州两府经至登州部署防务,并巡阅胶澳、烟台、威海各炮台防营,业经恭折奏闻在案。先后接据海防各营来电,连日时见倭船游弋洋面,出没于近威海、烟台之鸡鸣、崆峒、长山诸岛,旋即驶去。其为意图窥伺可知,尤当严加防范。

除已飞饬各营遵照外,臣赶将省城紧要事件部署粗定,即于九月初二日由青、莱驰赴登烟一带,周历履勘地势情形,严饬各营相机慎密布置。臣出省后署中日行事件,循例檄委藩司汤聘珍代拆代行,命盗各案亦委该司代勘,其紧要公事仍包封送臣行次核办,以昭慎重。除俟到到防后一切经画事宜随时奏报外,所有臣出省日期理合附片具奏。伏乞圣鉴训示。谨奏。

88. 奏委员向洋商订购铅丸火药等项片

光绪二十年九月　日(1894年10月　日)

再,据总办机器局务署按察使李希莲、补用道林介景等详称:东省机械局制造铅丸、火药等项,岁拨银一万两采办外洋物料,仅敷常年操防之用。现在海氛不靖,添募勇营,需用军火,倍于曩时,必须先期多备,方足以资接济。先由藩库额拨本年银一万两,续又添拨一万两,仍委江苏候补道潘学祖就近在上海预为购定外洋各种铜、铅、钢、铁、硝磺等物,并强水、漆油一切应用杂料,派员迎解来东,赶紧制造,以备缓急。照章详请奏咨立案。并称,前项物料系在上海向洋商订购,无从咨请出使大臣验收等情。

臣覆查无异。除咨总理各国事务衙门暨户、工二部查照外,理合附片陈明。伏乞圣鉴。谨奏。

光绪二十年九月三十日奉朱批:该衙门知道。钦此。

89. 奏提正款购买外洋枪炮片

光绪二十年九月十二日(1894 年 10 月 10 日)

再,山东捕务、海防,东西交紧,募勇添营,火器最急。旧存军械本属无多,现经各营纷纷请领,几无以应。且尽系旧式洋枪,难以及远。倭人枪炮尤为猛烈,非急购西洋新式快炮快枪无以制敌。此实全军性命所关,即地方安危所系,必须赶紧图维者也。惟司道各库原无多余闲款,近因接奉部议,另筹待拨钜款,业已搜罗一空。而购备枪炮,势又万难稍缓。再四思维,惟有吁恳天恩,准臣先行提动正款银三万两,以便迅即购买外洋快炮及快枪毛瑟等枪,俾可应手,而免贻误。微臣幸甚,大局幸甚!臣俟登、烟等处周历巡阅后,再将各防详细情形专折奏闻。

除咨部查照外,所有请拨库款购买枪炮缘由,谨附片具陈。伏乞圣鉴训示。谨奏。

90. 奏查明御史所奏匪徒一节据实覆陈折

光绪二十年九月二十一日(1894年10月19日)

奏为遵旨据实覆陈,仰祈圣鉴事:

窃臣于九月初二日出省筹办海防,前经奏报在案。初五日,在临淄县途次,承准军机大臣字寄,光绪二十年八月二十七日奉上谕:御史齐兰奏,近闻山东烟台等处匪徒猖獗日甚,系李洪一党等因。钦此。遵即飞饬登莱青道严密确查去后。臣道出青州、莱州、登州各府,复沿途查访,兹于十八日行抵烟台。据登莱青道刘含芳禀称:烟台一带并无匪徒踪迹,地方居民亦不知有李洪名目。查光绪十七年江南拿获会匪,讯供系李洪为首。其时上海《申报》谣传该犯逃赴烟台、天津一带。嗣经南洋大臣刘坤一仍在江南境内拿获正法以后,南北各省未闻有余党滋事之说。证以沿途官民所述,大略相同,委无乘隙滋扰情事。原奏自系传闻之讹。惟烟台五方杂处,稽察颇虑难周,臣已檄饬该道转饬各州县举办团防,无论城市乡镇,编立牌保,互相稽查。并于烟台轮派练军弁勇,认真梭巡,俾奸宄无所托足,仰副圣主绥靖海疆至意。

至东省防务,惟登州无险可扼,较费经营。前抚臣福润已派候补道李正荣管带嵩武四营,又新募福字两营驻扎该处。臣留住两日,粗为布置,始诣烟台。烟台在登州东南一百六十里,陕西汉中镇总兵孙金彪所带嵩武四营驻焉。该处为各国通商口岸,最为紧要。孙金彪谋勇兼优,与登莱青道刘含芳会商布置,极为周妥。臣履勘炮台,均得地势,炮位亦俱齐整。连日与之筹商一切,俟部署就绪,即赴威海等处周历巡视。查威海系北洋驻军之所,孙金彪所带四营亦系归北洋统辖。臣当随时会商北洋大臣大学士直隶总督臣李鸿章,妥筹办理。一俟巡视完竣,再将各防情形详晰奏陈。

所有微臣行抵烟台,谨将遵旨查明据实覆陈缘由,恭折具奏。伏乞皇上圣鉴训示。谨奏。

光绪二十年十月十一日奉朱批:知道了。钦此。

91. 奏藩司无庸赴京祝嘏折

光绪二十年九月二十二日(1894年10月20日)

奏为据情代奏,恭折仰祈圣鉴事:

窃臣具奏拟赴登州经画海防,藩司汤聘珍亦当及时起程赴京祝嘏,省城地方诸事需人请旨办理一折。八月二十四日奉上谕:即着改派松林来京庆祝,汤聘珍着无庸前来。该抚即传知该藩司,将省城一切应办事宜认真经理等因。钦此。钦遵传知去后。兹据布政使汤聘珍详称:藩司于光绪二十年正月奉旨派令赴京祝嘏,正应及时起程,复奉传谕无庸北上。仰九天之景运,升恒遥祝夫璇宫;际万寿之昌期,依恋倍殷于廷阙。惟有钦遵谕旨,将省城一切应办事宜认真经理,不敢稍涉疏懈。时深兢惕,严如殿陛之趋跄;益矢慎勤,冀答圣慈之高厚。

所有钦遵办理缘由,恳请据情代奏前来。理合恭折据情代奏。伏乞皇上圣鉴。谨奏。

光绪二十年十月初八日奉朱批:知道了。钦此。

92. 奏查明道员被参各款据实覆陈折

光绪二十年九月二十三日(1894年10月21日)

奏为遵旨查明道员被参各款，据实覆陈，仰祈圣鉴事：

窃臣于九月十三日在黄县行次，承准军机大臣字寄，光绪二十年九月初六日奉上谕：有人奏，山东登、莱两府米面出口者甚多，经潍县知县查出，扣留白面数万斤，其人逃匿未获。皆由登莱道利其出口税用，故使倭人得资接济。该道刘含芳两目失明，贪懦不堪。甫闻警报，即送眷口至黄县居住，以致沿海居民警扰。海防局总办李正荣昏庸乖谬，与为表里，请饬查办等语。着李秉衡按照所参各节确切查明，据实具奏。将此由四百里谕令知之。钦此。当经密饬潍县，将如何扣留白面情形迅速禀覆。臣道出青、莱各郡，沿途接见官绅，明查暗访。比至登烟，与李正荣、刘含芳先后接晤，谨将所得实在情形，敬为我皇上陈之。

山东登、莱各府产粮素少，向赖奉天等省贩卖接济，米面出口本属无多。近因海疆戒严，禁止米面出口，而该处民情俭啬，因奉省所产杂粮价值较贱，间有将本地米面携往换购，以精易粗，冀觅微利，以故未能禁绝。委员因有出口之禁，往往查出示罚。闻有携白面二十斤出口，罚钱至数千文者。刘含芳查知禁阻，不准任意苛罚，系为体恤民艰。且系乡民零星自运，实无贩卖出口至数万斤之事。接据潍县知县杨耀林禀覆:八月初间,有赴登州驻防之嵩武军,委员在潍县收买白面数万斤,运营备用,并无扣留白面疏脱私贩情事。伏思倭人沿海肆扰,守御之方,首在断其接济。刘含芳身任关道海防,责无可贷。如谓贪出口之税,以资敌粮,非至愚极陋万不出此。原奏自系传闻之讹。原参又谓该道两目失明,贪懦不堪各节。查该道自上年十月到任,于交涉事件,一切措置裕如,地方应办事宜,皆能洁己奉公,力图振作,委无贪懦情事。该道一目失明,历年已久。此次臣住烟台,因筹商防务,一日接见数次,授以公牍当面检阅。有面禀未尽事件,复接该道亲笔信函。其非两目失明,此不待辨而自明者也。又所参甫闻警报,即送眷口至黄县一节。臣在黄县接奉寄谕,即派员密查,县城并无该道眷口寄住。比至烟台,询之官僚,佥谓:初闻警报,居民不免惶惧,该道持以镇静,与镇臣孙金彪会商防务,布置周妥,民情用是贴然。如有送眷口出境之事,岂能掩众人耳目?惟适有东海关司事洪姓家眷前往黄县,外间传说或即因此而讹。此查明登莱道刘含芳并无所参各项劣迹之实在情形也。

至候补道李正荣,由前抚臣福润委令统带嵩武四营驻扎登州。山东海防未另设局,并无总办名目。臣查李正荣人甚安详,办事亦尚稳练。此次驻营登州,登为刘含芳辖境,现值海防时有互商公事。原参所谓昏庸乖谬,与为表里,自由形似言之,而非能指其实有确据也。惟臣到登郡体查,该道虽由军务起家,而统率多营,未能办理裕如。窃维用人须取其所长,去其所短,该道兵事既非所长,拟由臣撤去统领饬令回省供差,以策后效。

臣赋性迂直,不避嫌怨,如属吏中有贪劣不职之员,断不敢瞻徇缄默。而是非所在,众论昭然,亦未容过事苛求,仰副朝廷因才器使至意。

所有查明道员被参各款,据实覆陈缘由,理合恭折具奏。伏乞皇上圣鉴训示。谨奏。

光绪二十年十月十一日奉朱批:知道了。钦此。

93. 奏记名提督夏辛酉接统嵩武等营片

光绪二十年九月二十三日(1894年10月21日)

再,候补道李正荣另有差委,其所统之嵩武四营,应委大员接统,以资控驭。查有头品顶戴记名提督霍伽春巴图鲁夏辛酉,久历戎行,朴诚廉勇,堪以接统。并原驻登州之登荣练军一营,及新募之福字中军两营,悉归统带。仍令驻扎登州,以备战守。除咨部查照外,谨附片具陈。伏乞圣鉴。谨奏。

光绪二十年十月十一日奉朱批:兵部知道。钦此。

94. 奏总兵王连三遵旨北上折

光绪二十年十月初五日(1894 年 11 月 2 日)

奏为总兵王连三遵旨带队北上,酌拨马队粮饷、军火,并委员署理镇协各篆,恭折仰祈圣鉴事:

窃臣于光绪二十年八月二十一日接总理各国事务衙门电传,本日奉旨:前据曹州镇总兵王连三奏请带兵进援朝鲜,当令候旨添调。现在北路军情紧要,着李秉衡即饬王连三统带所部马步练军北上。并由李秉衡抽调路劲旅数营,拨定粮饷,配齐军火,一并交该总兵迅速起程,前赴津、通一带,听候调遣,勿稍延缓。钦此。等因。钦遵。经臣恭录咨会该总兵王连三,迅速料理起程。

惟查东省自嵩武四军新募福字八营,调赴胶澳、烟台、登州,择要扼扎,内地已形空虚。虽陆路尚有数营,或修守黄河堤防,或分巡曹济地面,并关紧要,委难抽调。因于无可分拨之中,札饬济字后营副将陈大胜队勇,与单县营参将岳金堂练军各马队抽拨一百名,并王连三所部营队,即日北上。一面檄行善后局筹出三个月军饷,并秋季底饷、公费津贴,三共银九千二百七十三两八钱三分三厘。酌配军火等项,由藩司委员候补知县张尽性解交该总兵点收应用。

现准该总兵咨报拔队起程,所遣曹州镇总兵员缺,应即委员署理,以重职守。查有记名总兵沂州协副将曹正榜,久历戎行,胆勇素优,曾经前抚臣张曜奏署兖州镇总兵篆务,措置裕如,堪以署理。递遗沂州协副将,查有署濮州营游击臣标左营尽先补用副将何成忠,朴实勇敢,练习营务,堪以接署。其濮州营游击,查有臣标花翎副将衔留东补用参将李荣庆,熟习行伍,勤于操防,堪以署理。

除咨部查照,并分别饬委外,理合恭折具奏。伏乞皇上圣鉴。谨奏。

光绪二十年十月二十一日奉朱批:该部知道。钦此。

95. 奏报黄河普庆安澜折

光绪二十年十月初六日(1894 年 11 月 3 日)

奏为节届霜降,黄河普庆安澜,恭折仰慰圣怀事:

窃查接管卷内,节交白露,通工大致平稳缘由,经前抚臣福润奏报在案。臣抵任后,清厘接收事件,即赴海防,河工未能亲驻。时距霜清尚远,当饬上、下游各总办慎重筹防,毋得稍涉大意。嗣据在工各员弁禀报:各工迎溜顶冲之处,埽坝多有蛰陷,屡见危险。缘秸料入水既久,渐次朽败,秋汛淘底搜根溜力较伏汛更劲,故河水虽见消落,而险工逐处环生。均经各总办督饬工员抢护平稳。近据中、下游总办署盐运使,济东道张上达禀报:九月十九日至二十五日,河水长至六尺余寸,各工复纷纷报险。幸二十六日以后,水势渐见消落,各处均修防稳固。现已节逾霜降,通工普庆安澜,仰赖圣主洪福,河神效灵,微臣实深庆幸。相应请旨颁发大藏香,由臣祗领,虔诣大王庙祀谢,以答神庥。

在工各员弁,两年中胼胝经营,履危蹈险,其勤劳亦未可泯。除将本年抢险员弁衔名咨部立案外,所有各总办、会办道员,似应先行给奖,以昭激劝。合无仰恳天恩,俯准将署盐运使济东泰武临道张上达、兖沂曹济道姚协赞、候补道丁达意、候选道马开玉均交部从优议叙;署济东泰武临道候补道吉灿升交部议叙。其余出力员弁,容由臣分别劳绩优次,并上年咨部各员核实删减汇案奏保,不敢稍涉冒滥。

所有节交霜降,黄河普庆安澜缘由,理合恭折具奏。伏乞皇上圣鉴训示。谨奏。

光绪二十年十月二十日奉朱批:另有旨。钦此。

96. 奏沿河一带请照义赈办法抚恤折

光绪二十年十月初六日(1894 年 11 月 3 日)

奏为东省沿河一带,贫民过多,拟请于例赈外酌拨银两,仿照义赈办法,择尤抚恤,以资补救,恭折仰祈圣鉴事:

窃照东省沿河州县,历年灾祲,民困已深。本年虽幸三汛安澜,而夏秋雨水过多,各处山泉同时汇注低洼处所,积潦难消。或民田被淹,收成无望;或房屋冲塌,修复无资。受患与黄水略同,但灾区不似曩年之广。迭据各该州县禀报被水轻重情形,当经饬司委员会同各地方官确切勘验,清查户口,开折禀办。就其查到各处而论,则以济南府属之齐东,武定府属之青城、蒲台、利津,被水为最重。济南府属之章丘,泰安府属之东平、东阿,武定府属之滨州及临清州等处次之。如再有续报前来,当再随时委勘。

除勘明成灾村庄循例给赈照案报销,毋庸更议外,惟查有沿河一带被水村庄,本年虽属勘不成灾,而居民昏垫余生,毫无生计,习俗又复犷悍,历年春冬之间,本专恃食赈为活。若因本年被水勘不成灾,即拘例章不予赈济,老弱既无以聊生,少壮尤恐迫而为匪。且利津等处半多近海,曾遵奉电旨于利津海口扎营严防。是值此际更应变通抚绥,以免患生意外,有不能不预为筹虑者也。臣与赈抚局司道再四熟商,拟请酌量变通,在于赈抚、赈捐所存项下,并司库临仓耗羡项下，各提拨银二三万两，遴派朴诚道府大员亲履各处，仿照近年义赈办法，不论灾情之轻重，只择户口之赤贫，量为抚恤，以资补救而靖地方。一俟放竣，即将收支细数实用实报，另造一册，随同例赈册籍一并送部存案备查。所提司库临仓耗羡银两，如将来赈捐稍旺，仍令如数归还。臣当督率司道及派出之道府大员，严令放赈，印委各员核实查放，不准假手胥吏地约庄长，并不准丝毫冒滥，务使贫民实惠能沾，以广皇仁而弭隐患。据赈抚局司道具详请奏前来。

所有拟请于例赈外筹拨银两，仿照义赈办法酌量抚恤缘由，是否有当，理合恭折陈明。伏乞皇上圣鉴训示。谨奏。

光绪二十年十月二十日奉朱批：着照所请。户部知道。钦此。

97. 奏调朱采等来东片

光绪二十年十月初六日(1894 年 11 月 3 日)

再,臣维吏事、军事,首重得人。山东吏治惰窳,积习相沿已非一日。近值海防捕务内外交讧,非多得朴勤结实廉正有为之员,不足以资振厉。且倭氛方炽,沿海防营仍嫌单薄。臣拟增练数营劲旅,以备缓急策应。万须谋勇兼优之将领,庶可为微臣臂助,少尽犬马之劳。查有前广东雷琼道朱采,刚正廉明,才兼文武,能胜艰钜之任,现已告病回浙江原籍;又山西候补知府锡良,廉明干练,勇于任事,历任郡守州县卓著循声;又广西候补副将杨昌魁,朴诚廉勇,胆略素优,臣在粤时,谅山之捷,该员每战必先,深得众心,现在龙州边防军营。以上各员,合无仰恳天恩,饬下浙江、山西、广西各巡抚、督办边防广西提督,分饬朱采、锡良、杨昌魁等迅速来东,俾臣得稍展布,遇事克效驰驱,兼令杨昌魁招募黔勇两营管带来东;并请旨饬令广西巡抚拨给军械,筹拨两个月行粮,俟到东后,再由臣筹备饷项,于东省吏治军政大有裨益。臣为时事需才起见,是否有当,谨附片具奏。伏乞圣鉴训示。谨奏。

光绪二十年十月二十日奉朱批:另有旨。钦此。

98. 奏报驰抵烟台一带筹办海防折

光绪二十年十月十二日(1894 年 11 月 9 日)

奏为微臣驰抵烟台一带筹办海防,谨将布置情形,恭折具陈,仰祈圣鉴事:

窃臣于九月初二日出省,驰赴海防,前经奏报在案。臣到任未久,于地方情形尚未深悉,沿途接见属僚,咨访利弊,故行程未能过速。十三日抵登州,十八日至烟台,二十七日赴威海,十月初一日由威海折回烟台。每到一处,审度形势,与各防营将领妥商布置。谨将各处情形,敬为皇上陈之。

查山东海防,以威海、登州为最吃重,烟台次之,胶澳又次之。威海为北洋门户,近十年中经北洋大臣极力经营,已成重镇。直隶道员戴宗骞统带绥巩十三营驻焉。炮台据要害,得形势。对面有刘公岛,距岸八里,为海军存储重地,所筑炮台轰击可以相应。又由臣派副将冯义德统带福字两营驻扎威海后路,大致尚属完固。登州郡城与旅顺对海,其北水城上即蓬莱阁,阁下即大洋,并无炮台巨炮,设守甚难。臣周历审视,城西沿海有天恒山,城东海岸有沙冈十里许,尚可安设炮位。即饬防营沿沙冈赶挖长沟,间段覆以板泥,为列队避炮立足之地。复访询各处,有广炮五六百斤及千斤者,悉以排列冈上。西则天恒山顶赶筑土炮台,围以后墙。又于烟台觅出五六千斤炮位数尊，设法运往天恒山安置。派提督夏辛酉率嵩武各营并登荣练军一营，扼要驻扎，期于毫无把握中力求守御之法。烟台隶福山县，登州在其西北，威海在其东南，为各口岸适中之地。臣即驻该处居中调度，以期兼顾。其地为各国互市之所，驻有北洋所派汉中镇总兵孙金彪统带嵩武四营及登莱道刘含芳练军一营。炮台两座，均得形势，修筑亦甚完固，可资扼守。胶州偏在沿海西南一面，距烟台六百余里，先有登州镇总兵章高元统带广武、嵩武四营驻扎青岛。臣本拟初六日赴该处查看，因迭奉电旨，饬令拨营往援旅顺。体察各处情势，惟胶澳防务稍松，因酌调章高元统带所部四营，并拨原驻登州四营东渡援旅。臣仍暂驻烟台相机督办。此布置威海、登州、烟台三处防务之情形也。

臣查登、莱两郡三面环海、岛屿纷歧，已属防不胜防，而武定府属之利津、沾化、海丰等县，亦处处濒海。前奉电旨，谕令严防利津海口，遵即调拨河防两营前往驻扎；又沾化县属之陈家庙海口，亦可容巨舰，自应一体严防，复挑拨河防一营移扎该处。合观全势，非另有大枝游击之师，不足以资策应。臣再另折奏陈。

所有微臣暂驻烟台筹办海防情形，理合恭折由驿驰奏。伏乞皇上圣鉴训示。谨奏。

光绪二十年十月二十二日奉朱批：知道了。钦此。

99. 奏各省电报及所奉电旨按月汇报片

光绪二十年十月十二日(1894 年 11 月 9 日)

再,各省设立电线,原期往来文报,消息灵通,无误机要。现值海疆有事,军书旁午,自应益加慎密。所有钦奉电旨,及随时电奏,必须有所稽考,方不至别滋弊端。否则,军情吃紧之际,难保无从中增减,及遗漏、捏造等弊。此事关系甚大,拟请旨饬下各省将军督抚统兵大臣,嗣后各处电奏,及所奉电旨,务令将原报按月逐件钞录开单汇报军机处,以凭查核。

又闻近日各口岸有倭酋奸细,扮作商人,以暗号发报,潜通消息,不可不防。可否饬下北洋大臣,通饬各省电报局,除官报外,凡沿海有军务处所暂停商报一月,以昭慎重。俟军务稍定,再行复旧。臣为预防流弊起见,是否有当,谨附片驰陈。伏乞圣鉴训示。谨奏。

光绪二十年十月二十二日留中。

100. 奏保青州副都统讷钦可胜总统之任片

光绪二十年十月十二日(1894 年 11 月 9 日)

再,臣维兵之强弱,视将为转移,而将之勇怯,又视统将之善于董劝。非智深勇沉,威信足以服众者,弗克胜任。臣查青州副都统讷钦,朴勇忠廉,识量闳远,克胜艰钜之任。闻其初到任时,即抽练旗营马步千人,激以忠义,于无事时备有事之用,青州旗民、军吏翕然称之。臣此次出省,值讷钦入都,遇诸旅馆,与之议论时事,忠勇奋发,至诚动人。若使之总统各营,必能训励将领,辑睦军心,无负朝廷委任。臣知之既真,用敢据实上陈,仰备圣明采择。谨附片驰奏,伏乞圣鉴训示。谨奏。

光绪二十年十月二十二日留中。

101. 奏海防重要请添募劲旅折

光绪二十年十月十二日(1894年11月9日)

奏为海防紧要,山东防营太少,拟请增练劲旅,以备缓急,恭折仰祈圣鉴事:

窃查山东省城以东,各郡县大半滨海,原有防营甚少,前奉旨筹办海防,经调任抚臣福润添募福字八营,仍属不敷分布。近复遵奉电旨,抽拨登州、胶澳等处八营往援旅顺,登州尤见空虚。臣已饬提督夏辛酉先募数营,以实登防。惟合计兵力尚单,必须另有一大枝游击之师,以资策应。且时方多事,非预练得力劲旅,无以备缓急微调之用。臣请续行招募,以二十营为率,先赶募十余营,拟五营设一统领,十营设一总统,择朴勤廉勇者任之。所募勇营规制,以习劳戒奢、惩办虚额为先务。其队伍足额,不克扣,严约束者,立奖之;反是者,立予参处。扎营则远城市以免嚣争、傍高山以练腿足。军装以枪械为主,旗帜多则枪械少,且易为敌炮所注,每营不得过三十面。总期纪律严明,操练纯熟,一军可作一军之用,庶有事得所藉手。至增募营饷、购买军械需用款项,拟取给于海防捐输,并饬藩司尽力挪措,非万不得已不敢遽请部帑。

所有微臣拟增练劲旅,并酌办情形,谨缮折由驿驰陈。伏乞皇上圣鉴训示。谨奏。

光绪二十年十月二十二日奉朱批:该部知道。钦此。

102. 奏缓赴胶澳片

光绪二十年十月十二日(1894年11月9日)

再,臣前将烟台等处布置粗定,正缮折奏报,拟拜发后即赴胶澳。适初五日奉电旨,挑拨劲旅入卫。遵即抽拨八营,遴派登州镇臣章高元统带北上。复连日迭奉电旨,以旅顺防务吃紧,饬派夏辛酉带嵩武四营东渡,并入卫之营一并拨旅。臣以登防紧要,请将夏辛酉所部嵩武军拨归章高元,共成八营,统带拨旅。令夏辛酉添募勇营,以填登防。于初九日电请总理衙门代奏。初十日准北洋来电,奉旨允准在案。查旅顺为海军水陆各营屯驻之所,陆路约二十营兵力,似亦不可谓不厚;如再不能守,即添东省八营,臣不敢谓遂有把握。旅顺与登州对岸,旅顺设有疏虞,登州必同时告警。登州无险可扼,防营、炮械不如旅顺之多,设守之难,岌岌可虑。万一有失,西路伏莽必乘机而起,山东全省更难收拾,畿疆亦不免震动,有关大局匪浅。臣惟有缓赴胶澳,就近督同夏辛酉募练防营,慎密固守,勉尽心力,以冀克保无虞。

再,章高元驻扎青岛,臣已飞咨拔队,星夜来登。业接该镇电报启程,即日可到,赶紧东渡。合并陈明。谨附片驰奏。伏乞圣鉴。谨奏。

光绪二十年十月二十二日奉朱批:知道了。钦此。

103. 奏新募各营成军日期折

光绪二十年十月十六日(1894 年 11 月 13 日)

奏为东省新募各营成军日期,并加支饷银催给长夫,酌调随营办事文武员弁,恭折仰祈圣鉴事:

窃前因倭人渝盟开衅,钦奉谕旨,饬令沿海各省整饬戎行。当经调任抚臣福润,以山东威海、烟台、登州、胶澳距朝鲜海程较近,亟宜添营集兵,以资守御。先调内地巡防之嵩武军四营,檄饬候补道李正荣统带,援赴登州府扼扎。一面电咨署登州镇总兵章高元就近招勇二营,并将修筑胶州炮台之广武二营、嵩武二营停止工作,即归章高元调遣。遴委统带精健营胶州协副将冯义德、候补道多培驰赴曹州、济宁等处,各募步勇三营,每营五百人,俟成军后择要分布。由福润将大概情形具奏。奉朱批:该部知道。钦此。旋准统带广武、嵩武军署登州镇总兵章高元咨报,募勇一千人,编为福字中军左、右二营,于七月二十三日成军。据冯义德禀称,募勇一千人,编为福字中军前、后二营。原奏冯义德招勇三营,因一时未易募足,即就其所带精健营改为福字中军中营,以符三营之数,于八月初一日成军。多培招募勇一千五百人,编为福字亲军中、左、右三营,于八月初七日成军。均经先后点验知照。章高元督带原统四营并新募二营驻防胶澳,冯义德三营扼扎威海,多培三营作为登州后路策应之师,现已一律抵防。

臣查东省军需报销案内,步勇每名每月支口粮银三两,每勇三名雇给长夫一名,月支口粮银二两一钱。光绪十年海疆有事,前抚臣陈士杰以出征之勇与巡防内地不同,奏明每月加银六钱,撤防停止。长夫仍循旧章。复添调随营办事文武二十一员,报部准销。嗣于十三年冬阁部臣以各省军务久定,长夫一项行文裁撤各在案。此次海防紧要,饷需支绌。臣现驻烟台,与省城司道往返函商。拟将东省新募福字各营自到防之日起,每勇每月口粮仍加银六钱。一体雇给长夫,俾供营中炊爨担负之役。至各营统领官弁每月津贴公费,暨招募新勇未成军以前小口分并沿途口粮,概照光绪十年旧章支给,以三十日为率。惟海防营务纷繁,现计主客新旧各营已较前次为多,其随营办理文案,采办转运,差遣侦探,在在需员。自应酌调文职一十七员、武职二十员,分任其事,俾专责成。照章支给盐粮公费、役马工食,庶于撙节之中仍寓体恤,以期士饱马腾,踊跃用命。兹据善后局道会详情奏前来。

臣覆核无异。合无仰恳天恩,俯准将东省海防各营勇加支饷银雇给长夫,并添随营办事文武员弁,统俟撤防一律停止,出自逾格鸿慈。除咨部查照,并将起支各饷作为海防军需另案报销外,理合恭折具奏。伏乞皇上圣鉴训示。谨奏。

光绪二十年十一月初四日奉朱批:着照所请。该部知道。钦此。

104. 奏查明被参知县请革职折

光绪二十年十月十八日(1894年11月15日)

奏为查明知县被参各款,请旨革职,永不叙用,以儆官邪,恭折仰祈圣鉴事:

窃臣于十月初一日在烟台行次,承准军机大臣字寄,光绪二十年九月十九日奉上谕:有人奏,山东知县陈洵于本年二月到栖霞署任后,专以科敛为能,设法严逼税契,委任仓书戴奎、林春生等按社科派,每张契纸加银至四钱,复从地价每两索银四分,日事追呼。该县民人赴府控诉,经该府委福山县知县康鸿逵会办,受贿含混,禀覆请旨饬查等语。所奏如果属实,深为地方之害。着李秉衡确切查明,据实覆奏,毋稍徇稳。原片着抄给阅看。将此谕令知之。钦此。当经飞饬登州府知府端谨,将委查原案迅速禀覆。

嗣据禀称:前七月间,据栖霞县禀生王昶等呈控,仓书戴奎、林春生等违例加税,当经札委福山县知县與鸿逵前往会讯。旋据康鸿逵会同该署县陈洵,提讯仓书戴奎等供称:各社置田投税,系照旧章,每价银一两收银三分,外有火耗解费为数无几,系属旧规,契尾亦系循照旧章等语。

康鸿逵以该仓书等如无违例加征,何致各社联名上告,断令嗣后仍照定例投税,如书吏等违例勒索,许民间随时控究,并将戴奎、林春生责革禀报在案。臣复细加查访,该令陈洵官声甚劣。臣此次由威海回烟,复据栖霞县廪生王昶等以前情拦舆具控;又据耆民徐镜等以蠹书串官,藉办团练,发给谕帖,勒派民间出钱等情。闻之不胜骇异。臣前因海疆有事,饬各属举办团防,颁发章程,令民间自为保卫,地方官不得敛费,不啻三令五申。该令竟敢明发谕帖,按户苛派,实属胆大妄为。仓书戴奎等已经康鸿逵责革。乃近日该县绅民复以戴奎违例加税,按亩倍罚等情,先后赴臣行次呈控。是其以蠹书为爪牙,藉端苛敛,罔恤民艰,已可概见。并据该管道府禀揭前来。若不严行惩处,何以儆贪墨而肃官常,除批饬登州府札提该草书戴奎等严讯究办,一面将陈洵撤任,饬接任知县将所控加增税银、苛敛团费各情彻底查明,另禀核办外,相应请旨将署栖霞县知县陈洵即行革职,永不叙用,以为玩视民瘼者戒。福山县知县康鸿逵前奉委会同审讯已将仓书戴奎等责革,尚无受贿含混情事,应请无庸置议。

所有遵旨查明知县被参各款,请予惩处缘由,理合恭折具奏。伏乞皇上圣鉴训示。谨奏。

光绪二十年十一月初十日奉朱批:另有旨。钦此。

105. 奏参副将冯义德折

光绪二十年十一月初二日（1894年11月28日）

奏为特参贪鄙不职之副将，请旨革职查办，以肃戎行，恭折仰祈圣鉴事：

窃维倭夷犯顺，海疆戒严，当库款奇绌之时，朝廷不惜帑金，饬各省招募营勇，原冀练成劲旅，用收同仇敌忾之功。为将领者，宜如何激发天良，与士卒同甘苦，以固军心而伸天讨。兹查有统领福字中、前、后三营之胶州协副将冯义德，自七月间经调任抚臣福润派委招募福字三营，臣抵任后檄令驻扎文登县属之柳沟村，以防威海后路。臣近驻烟台，闻该营有虚短额数、克扣勇粮等情，将该副将撤去统领。其所统福字三营，遴委记名总兵李楹接带。复派员分别访查。兹查该副将于各营军衣、粮米，皆其亲属自行采办，在各勇营粮内任意摊扣，其队伍亦未能精壮足额。现当军情吃紧，各路添募勇营，若复相率效尤，所关实非浅鲜。相应请旨将记名提督胶州协副将冯义德即行革职，仍勒令将应交军装、粮饷等项，由接带李楹逐一核明接收具报。如查有侵蚀虚冒情弊，即当按律惩办，以儆贪黩而肃戎行。谨缮折具陈。伏乞皇上圣鉴训示。谨奏。

光绪二十年十一月二十三日奉朱批：着照所请。该部知道。钦此。

106. 奏甄别不职各员折

光绪二十年十一月初二日(1894年11月28日)

奏为特参庸劣不职各员,请旨分别降革,以肃官常,恭折仰祈圣鉴事:

窃维天下之治乱,视乎百姓之安危;百姓之安危,视乎守令之贤否。监司又守令之所效法,均不容有贪墨便辟者滥厕其间。山东吏治之坏,积习相沿已非一日。为牧令者,知有上司,不知有百姓,但以趋奉迎合为能,而舆情之休戚向背,概置不问。为上司者,亦喜其趋承应奉,而乐为引援。是非不明,则赏罚失当。处积重难返之势,非痛加惩创,将有江河日下,莫可挽回之忧。臣抵任以来,留心访察,其廉正自守者,固不乏人,而昏谬乖方,声名甚劣者,不得不严为澄汰。查有候补道黄玑,揽权纳贿,声名狼藉;候补道叶润含,行为苟且,难胜监司;候补知府严福保,得势妄为,闲检罔顾;前候补直隶州知州范一双,藉势通贿,任意妄行;单县知县署长清县知县松年,捕务废弛,门丁用事;淄川县知县黄华,诬良为盗,险狠居心。若不亟为纠劾,何以辨清浊而正人心?相应请旨将候补道黄玑即行革职;候补道叶润含以同知降补;候补知府严福保、前候补直隶州知州范一双、淄川县知县黄华,均即行革职;单县知县松年,以县丞降补。此外如再有庸劣之员,臣当随时纠参,不敢稍事姑息，期仰副皇上澄叙官方至意。所遗单县、淄川县缺，东省现有应补人员应请扣留外补。合并陈明。

所有甄别庸劣不职各员缘由，谨缮折具奏。伏乞皇上圣鉴训示。谨奏。

光绪二十年十一月二十三日奉朱批：另有旨。钦此。

107. 奏旅顺失守如何惩办将士请训示片

光绪二十年十一月初二日(1894 年 11 月 28 日)

再,臣于十月二十八日钦奉电旨:旅顺既失,恐倭将并力以图威海等因。钦此。遵将派兵驻扎沿海,以防威海后路情形,电请总理衙门代奏在案。

窃查旅顺为北洋海军驻扎重地,经营十余年,糜帑逾千万,军械火药存储极多,水陆各军星罗棋布,使能尽力固守,胜负尚不可知。乃以臣所闻,则海军主将率兵舰望风先逃,以回顾威海为名,去之惟恐不速;陆路仅数营迎战失利,余营统领营官皆未交绥,多即全行退散。主将如此恇怯,无怪各营相率效尤,以致哗溃之卒莫敢谁何,失律之将不闻参劾,损国威而长寇焰,臣实耻之。臣维刑赏者,朝廷所以驭天下之权。玩法者不加惩,则忠勇者无所劝。非立诛一二退缩主将统领,使人知不死于敌,必死于法,不足以慑将弁畏葸之心,作士卒敢死之气。此次旅顺失守,尚未明奉谕旨,应如何惩创之处,皇上自有权衡,非臣下所敢妄拟。惟军务非旦夕所能竟事,臣实见朝廷赏罚为军事利钝所关。谨附片密陈。伏乞圣鉴训示。谨奏。

108. 奏东纲民困商疲恳免二文加价折

光绪二十年十一月初四日（1894 年 11 月 30 日）

奏为东纲民困商疲，恳免二文加价，以示体恤，恭折具陈，仰祈圣鉴事：

窃查接管卷内，前准户部咨议覆翰林院编修张百熙奏请筹饷各条，声明有盐务各省每斤加制钱二文，体察情形报部核办等因。于光绪二十年七月二十六日具奏奉旨：依议。钦此。当经前抚臣福润转行钦遵筹办。

兹据署盐运使张上达详据引票纲商等禀称：课赋为盐商报本之源，盐斤乃日用必需之物。东省于道光年间初因高堰河工，继为银价低贱，两次加价，本为恤商之举，而商反因之受累。且东纲自兵燹后，元气未复，又迭遭水旱偏灾，户鲜盖藏，民多荡析，方抚绥之不暇，奚堪重价食盐？从前两次加增，名虽出自民资，实则暗亏商本。现在海疆多事，需饷孔殷，每斤议加制钱二文之多，小民生计维艰，加价等于加赋。盖赋从地出，无恒产者不与焉；若盐则无人不食，而价即无人不加。势将因于食贵，乐于趋私，必致私贩愈繁，额引愈滞，课本两亏，有防大局。前以庆典，经费业已报效四万金。今因海防筹饷，又勉力摊捐银十万两。商等筋疲力竭，实不堪再贻斯累，恳免加价等情转详前来。

臣维东纲商散引碎，疲累已深，本与两淮、川、广等处盐务商情迥不相侔。若再盐斤加价，势必销数日绌，成本日亏，非特病民病商，兼以病课，卒以饷需无裨。体察该商等所禀情形，尚无虚饰。合无仰恳天恩，俯念东纲民困商疲，准免二文加价，以示体恤之处，出自逾格鸿慈。为此恭折具陈。伏乞皇上圣鉴训示。谨奏。

光绪二十年十一月二十三日奉朱批：着照所请。户部知道。钦此。

109. 奏本年豆收歉薄请改征粟米折

光绪二十年十一月初十日(1894 年 12 月 6 日)

奏为本年豆收歉薄,各属应征漕豆,请援案改征粟米,恭折仰祈圣鉴事:

窃山东省漕粮项下,例有应征黑豆,如遇歉收之年,向准改征粟米。查民间种豆迟于种谷,本年各州县或因被水被沙,或因被虫被旱,收成减色,颗粒细小,不堪兑运。除被灾较重之处另请蠲免缓外,所有应征漕豆之齐河、济阳、禹城、临邑、长清、陵县、德州、德平、平原、泰安、莱芜、肥城、东平、东阿、平阴、惠民、青城、阳信、乐陵、商河、宁阳、汶上、阳谷、菏泽、郓城、单县、观城、朝城、聊城、堂邑、博平、茌平、清平、莘县、冠县、馆陶、高唐、恩县、济宁、金乡、临清、丘县、夏津、武城等四十四州县,先后禀报豆收歉薄,请将应征黑豆,及抵额一五耗豆改征粟米,俾小民易于输将等情。由藩司督粮道会详请奏前来。臣覆查无异。相应仰恳天恩,俯准将齐河等四十四州县应征本年黑豆及抵额一五耗豆改征粟米兑运,出自鸿慈逾格。除咨部查照外,谨恭折具陈。伏乞皇上圣鉴训示。谨奏。

光绪二十年十一月二十九日奉朱批:着照所请。户部知道。钦此。

110. 奏本年麦收歉薄请改征粟米折

光绪二十年十一月初十日(1894年12月6日)

奏为本年麦收歉薄,请将合属应征漕麦改征粟米兑收,恭折仰祈圣鉴事:

窃山东省额征漕粮,例应征麦十分之一,如遇歉收,向准改征粟米。本年各州县春夏之交,雨泽愆期,麦收减色,颗粒未能饱绽,不堪兑运。若令照常输将,必须另买好麦完纳,于民情殊多未便。除被灾较重之处另请蠲缓外,所有应征漕麦之历城、章丘、齐河、济阳、禹城、长清、陵县、德州、平原、泰安、莱芜、肥城、东平、东阿、平阴、惠民、青城、阳信、乐陵、商河、滨州、烟台、滋阳、曲阜、宁阳、邹县、泗水、滕县、峄县、汶上、阳谷、菏泽、曹县、定陶、巨野、郓城、单县、城武、观城、朝城、聊城、堂邑、博平、茌平、清平、莘县、冠县、高唐、济宁、金乡、嘉祥、鱼台、临清、丘县、夏津等五十五州县,先后据报麦收均止五分及五分余不等,核与改征粟米成案相符。由藩司督粮道会详请奏前来。臣覆查无异。相应仰恳天恩,俯准将历城等五十五州县应征本年漕麦收征粟米兑运,俾小民易于输将,出自鸿慈逾格。除咨部查照外,谨恭折具陈。伏乞皇上圣鉴训示。谨奏。

光绪二十年十一月二十九日奉朱批:着照所请。户部知道。钦此。

111. 奏预筹防河经费折

光绪二十年十一月十四日(1894 年 12 月 10 日)

奏为预筹光绪二十一年黄河防汛经费,恳恩俯准照数拨用,以资修防,恭折仰祈圣鉴事:

窃东省黄河两岸工段,绵长千有余里,并无专管厅汛,向系分派员弁雇募勇夫驻防,用人既多,需款因之亦钜。且河身浅窄,水行地上,全恃堤埝收束,埽坝护持,工大费繁,倍形吃重。溯查光绪十五、十六两年,前抚臣张曜用款至八十八万及九十七万两不等。递年节减,至十八年为始,每年额拨经费银六十万两。内司道各库筹拨银五十万两,藩、运两库截留筹备饷需银十万两。嗣因大汛抢厢险工,购办秸料,额定经费不敷,复经前抚臣福润奏明,续拨藩库银五万两。统共拨银六十五万两。固非徒事虚糜,实以工程浩大,势在则然也。

臣莅任之初,正临秋汛、黄流刷底,淘空埽段,多被蛰陷。迨节届霜降,水势仍有长无消,奇险环生。幸得在工各员抢护平稳,所储料物早已告罄无存。来岁春厢事宜,必须提前筹办,采运秸料、砖石,添修埽坝,皆为防汛所必需。乘此冬令,料价稍平,及早分段购备,庶免临时束手。臣昔官直隶,于河务亦曾留心讲求。东省河工更巨,负荷愈重,仰蒙圣恩畀以疆寄,责任宣防,无日不惴惴恐惧。值此海疆多事,库款奇绌异常,自应格外撙节。然经费固当从省,而要工尤宜保全,设有疏虞,则工赈兼施,需费动逾倍蓰,又何敢轻于一试,致妨全局?现在督同河防局司道通盘筹画,来年防汛经费拟请照案筹拨银六十万两,除司道各库拨银五十万两外,仍将藩、运两库应解筹备饷需银十万两存留动支。臣请拨一分正款,期尽一分实心,必当破除情面,督饬在工各员核实支销;如有余剩,留作下年拨用之项,断不敢任其稍有糜费。合无仰恳天恩,俯准照数拨用,以资修防,出自鸿慈。

所有预筹光绪二十一年黄河防汛经费缘由,理合恭折具陈。伏乞皇上圣鉴训示。谨奏。

光绪二十年十一月二十九日奉朱批:着照所请。户部知道。钦此。

112. 奏查明补恤阵亡各员折附单

光绪二十年十一月十四日(1894年12月10日)

奏为查明山东旧案,补行请恤阵亡各员履历,谨缮清单,请旨敕部议覆,恭折仰祈圣鉴事:

窃臣接管卷内,光绪十九年七月初三日准吏部咨:各省请恤之案,未经声叙出身履历各员,自同治十三年以后,光绪十七年以前,作为旧案。行令各督抚查明,予限二年报部,再行分别准其承袭承荫。其有不在此次题准之列,该督抚查明旧案补行申请者,历年已久,案牍繁浩,易滋牵混,应令查核明确,详叙请恤原案办理等因。奏奉谕旨:知道了。钦此。钦遵咨行到东,当经调任抚臣福润行司转饬遵办去后。

兹据布政使汤聘珍转据蓬莱、胶州、莒州等州县详称:前准吏部咨:举人贾公策等在山东各属,或杀贼捐躯,或见危授命,据籍隶山东掌福建道监察御史游百川奏请议恤,于同治十年十一月十六日奉上谕:着该部查明,除业经得有恤典外,余着照例分别旌恤等因。钦此。内有从九品陈攸叙等四十一员,未据分晰何人阵亡,何人殉难,碍难核办。并杨际平亦未声明是否文衔,抑系武职,于何年月日保奏。应令一并查明报部办理。于同治十年十二月二十七日具奏。本日奉旨:依议。钦此。等因。转行各该州县按名差查。

而时值兵燹之后，户籍散失流亡，均未据赴案具报。

兹催据该家属等先后呈明：文生陈维垣，奎文阁典籍徐泽，赍奏厅王贞吉，从九品职衔周廷梅、王炳文、陈盛斯、刁秉礼、高邦庆、雷绪时、周瑞五、彭万奎、殷遇衡、黄光峄、李怀浚、刘殿瑗、王佩文，未入流衔张继鸿，廪生宋相运，增生张申吉，文生周重元、崔清琪、王培源、王俊民、王峰云，军功八品顶戴杨际平，文生陈启哲二十六员，或临阵伤亡，或遇贼殉难。取具履历事实册结，由司核明详请具奏。并声明：从九品萧士干、刘立政二员，前已由部题准议恤；陈维垣原名陈攸叙，系县学文生，拨入府学，改名维垣，并非从九品；黄光峄，本名光峄，并非黄光峰；刘殿瑗，系从九品职衔，并非议叙九品；王佩文，本名佩文，并非王佩玖，系从九品职衔，亦非九品寿民；张继鸿，系未入流衔，并非候选未入流；张申吉，本系张姓，并非王申吉；杨际平，系军功外奖八品顶戴，并非文衔，均应更正。其海阳等州县从九品李不训等十三员，俟该州县等查覆到日，另文详办等情到前任。抚臣福润未及核办调任卸事，移交前来。臣覆核无异。除咨部查照外，谨将阵亡殉难各员履历缮具清单，恭折具奏。伏乞皇上圣鉴，敕部议覆施行。谨奏。

光绪二十年十一月二十九日奉朱批：该部议奏，单并发。钦此。

谨将查明山东省旧案，补行请恤陈亡各员出身履历，缮具清单恭呈御览：

陈维垣　蓬莱县人。道光二十年考取文生，咸丰十一年九月初二日，在籍剿贼力竭阵亡。查陈维垣，原名陈攸叙，系县学文生，拨入府学改名维垣，并非从九品，应行更正。

徐泽　胶州人。咸丰二年，经衍圣公拣补，至圣庙奎文阁典籍王。十一年八月二十七日,在籍骂贼,不屈被戕。

王贞吉　胶州人。咸丰元年,经衍圣公拣补,至圣庙赍奏厅。十一年八月二十六日,在籍剿贼,力竭阵亡。

周廷梅　胶州人。咸丰六年,由东省捐赈案内报捐从九品职衔。十一年八月二十七日,在籍剿贼,力竭阵亡。

王炳文　胶州人。咸丰六年,由东省捐赈案内报捐从九品职衔。十一年八月二十七日,在籍剿贼,力竭阵亡。

陈盛斯　胶州人。咸丰八年,由部报捐从九品职衔。十一年八月初十日,在籍剿贼,力竭阵亡。

刁秉礼　胶州人。咸丰六年,由东省捐赈案内报捐从九品职衔。十一年八月十二日,在籍剿贼,力竭阵亡。

高邦庆　胶州人。道光二十年,由部报捐从九品职衔。咸丰十一年八月初十日,在籍剿贼,力竭阵亡。

雷绪时　胶州人。嘉庆二十二年,由部报捐九品职衔。咸丰十一年八月二十七日,在籍剿贼,力竭阵亡。

周瑞五　胶州人。道光二十一年,由部报捐从九品职衔。咸丰十一年八月十二日,在籍剿贼,力竭阵亡。

彭万奎　胶州人。咸丰六年,由东省捐赈案内报捐从九品职衔。十一年八月初十日,在籍骂贼,不屈被戕。

殷遇衡　胶州人。咸丰六年,由东省捐赈案内报捐从九品职衔。十一年八月初十日,在籍剿贼,力竭阵亡。

黄光峄　胶州人。道光十三年,由部报捐从九品职衔。咸丰十一年八月十一日,在籍剿贼,力竭身亡。查黄光峄,本名光峄,并非黄光峰,应行更正。

李怀浚　胶州人。道光十九年,由部报捐从九品职衔。咸丰十一年八月初十日，在籍剿贼，力竭阵亡。

刘殿瑗　胶州人。道光二十八年，由部报捐从九品职衔。咸丰十一年八月初十日，在籍剿贼，力竭阵亡。查刘殿瑗，系从九品职衔，并非议叙从九品，应行更正。

王佩文　胶州人。咸丰八年，由福建省报捐从九品职衔。十一年八月二十七日，在籍剿贼，力竭阵亡。查王佩文，本名佩文，非王佩玖，系从九品职衔，亦非九品寿民，应行更正。

张继鸿　胶州人。咸丰五年，由部报捐未入流衔。十一年八月十二日，在籍骂贼被害。查张继鸿，系未入流衔，并非候选未入流，应行更正。

宋相运　胶州人。道光二十五年，考取文生。二十六年，补廪。咸丰十一年八月初十日，在籍剿贼，力竭阵亡。

张申吉　胶州人。于嘉庆十九年考取文生补增。咸丰十一年九月二十二日，在籍剿贼阵亡。查张申吉，本系张姓，并非王申吉，应行更正。

周重元　胶州人。嘉庆二十四年，考取文生。咸丰十一年八月十二日，在籍剿贼，力竭阵亡。

崔清琪　胶州人。道光十四年，考取文生。咸丰十一年八月初九日，在籍骂贼，不屈被戕。

王培源　胶州人。咸丰十年，考取文生。十一年八月初十日，在籍剿贼，力竭阵亡。

王俊民　胶州人。道光二十九年，考取文生。咸丰十一年九月十九日，在籍骂贼被戕。

王峰云　胶州人。同治五年，考取文生。于六年六月初六日，在籍剿贼，力竭阵亡。

杨际平　胶州人。道光二十二年，随胶州营效力。咸丰六年，外奖八品顶戴。十一年八月十一日，在籍剿贼，力竭阵亡。查杨际平，系军功八品顶戴，并非文衔，应行更正。

陈启哲　莒州人。咸丰六年，考取文生。十一年二月二十八日，在籍剿贼，力竭阵亡。

以上共计阵亡殉难二十六名。

113. 奏请将贻误军机之将领明正典刑折

光绪二十年十一月十六日(1894年12月12日)

奏为军情紧要,请将临敌逃窜贻误军机之将领,明正典刑,以伸国法而励军心,恭折具陈,仰祈圣鉴事:

窃臣前因旅顺失守,请诛一二退缩将领,以维军政。于十一月初二日附片具陈,自应恭候批旨,何敢再渎?然臣追维旅顺失事之由,实见文武诸臣,如丁汝昌、龚照玙、卫汝成等,皆丧心误国,罪不容诛。谨撮其罪状,再为我皇上陈之。

提督丁汝昌为海军统帅,牙山之败,以致远船冲锋独进,不为救援,督率无方,已难辞咎。朝廷不加谴责,冀其自知愧奋,以赎前愆。乃丁汝昌骄玩性成,不知儆惧,闻皮子窝、大连湾一带为敌锋所指,将兵舰带至威海,以为藏身之固。倭船四处游弋,不闻以一轮相追逐。嗣李鸿章令其仍赴旅顺,始勉强以往。至事急,又复率兵舰逃回威海,仓惶夜遁,致将镇远船触礁沉坏。以经营十余年,糜帑数千万之海军,处旅顺形胜之地,乃竟望风先遁,将台炮、船坞拱手以与敌人,丁汝昌之罪尚可逭乎?

直隶候补道龚照玙为旅顺船坞总办,兼水陆营务处,督带水雷等军,平时克扣军饷,苛算工匠,兵民无不切齿。倭犯大连湾,距旅顺百余里,居民恃有防营,尚安堵如故。龚照玙一闻警信,即携眷乘轮船潜赴烟台。经臣访闻,正往诘问,又复逃至天津。迫于众论,旋折回旅顺。不数日仍自潜逃,以致兵民惊惶,军无斗志。闻龚照玙逃后,其亲兵营勇肆行抢掠,因之工匠、居民迁徙一空。论者谓旅顺之失,以龚照玙为祸首。

提督卫汝成,为卫汝贵之弟,统带五营。李鸿章令其赴援旅顺,沿途纵勇殃民,与贼无异。迨旅顺事紧,徐邦道、姜桂题等军力战失利,卫汝成闻风先逃,不往援应。其失律之罪,与卫汝贵平壤之败等。

方今辽沈戒严,威海、山海关各路亦处处吃紧,利钝之机,转移之用,决自朝廷。若使畏死者得以幸生,人谁肯以血肉之躯,甘冒锋镝,恐相率退避,军事难望转机。现在卫汝贵已逮解刑部治罪,伏乞皇上立赐睿断,降旨将丁汝昌、龚照玙、卫汝成、卫汝贵各照贻误军机律,明正典刑,使人知法令之可畏,自当踊跃奋迅,不敢临阵退缩,以犯王章,战事必较有把握。

臣为挽回大局起见,冒昧渎陈,不胜惶悚待命之至!谨专折具奏。是否有当,伏乞皇上圣鉴训示。谨奏。

114. 奏海防紧要请安设腰拨以资驰递折

光绪二十年十一月二十日(1894 年 12 月 16 日)

奏为海防文报紧要,省东各属拟请酌给马匹,安设要拨,以资驰递,恭折仰祈圣鉴事:

窃臣现驻烟台,距省千有余里,往来军报络绎于途,驿递倍关紧要。东路各属,均非通驿大道,额设马匹无几,实属不敷轮用。据各州县援案请设腰拨,纷纷具禀到臣。伏查光绪十年间,前抚臣陈士杰办理海防,驻扎登州,曾因驿马不敷周转,奏请添设要拨。旋准部臣议覆,令于差务较简各州县夫马内协济等因。嗣值军事平定,议亦遂止。第前次海氛不靖,东省筹防究非吃紧。以今较昔,轻重缓急迥不相同。且差务素简之处,例设马匹本属无多。近来协济南军过境兵差,亦复日不暇给。臣既严饬各州县接递限行,文报不准片刻逾延,而驿马实不敷用,又何能责其不胫而驰?再四图维,委无通融良策。惟有仍援案添设要拨,以期有裨戎机。历城县地当省会,往来文报尤多,拟酌添马十六匹;章丘、长山、益都、昌乐、潍县、昌邑、平度、掖县、黄县、蓬莱、福山等十一州县,每处添马十二匹,均按两马一夫,自十一月初一日为始,一律安设,以资驰递而免贻误。由署臬司李希莲详请奏咨立案前来。

臣覆查无异。合无仰恳天恩,俯赐准予历城等十二州县各添马匹,安设腰拨,应支夫马工料银两作正开销,统归海防军需案内核实造报,出自逾格鸿慈。除咨部查照,并俟防务稍松即将马拨裁撤以节经费外,所有东省海防文报关系紧要,拟请酌给马匹安设腰拨缘由,理合恭折具奏。伏乞皇上圣鉴,敕部立案施行。谨奏。

光绪二十年十二月初九日奉朱批:着照所请。该部知道。钦此。

115. 奏谢恩赏寿字大缎帽纬折

光绪二十年十二月初一日(1894 年 12 月 27 日)

奏为恭谢天恩,仰祈圣鉴事:

窃臣于光绪二十年十一月二十八日在烟台营次,奉到皇太后万寿恩赏大寿字一方、大缎二匹、帽纬一端,谨即恭设香案,望阙叩头祇领。钦惟皇上承欢兰殿,养志璇宫。欣逢寿寓延洪,渥荷慈恩布闿。仰璇晖于翰墨,箕畴锡五福之先;沛湛露于冠裳,华衮拜九天之宠。鸿施逾分,鳌戴难名。臣未与赓飏,忝治军旅。士皆擐胄请缨,必拔其材,志励同袍;挟纩倍生其感,誓清海徼,少答涓埃。戴笔以随,续九译云从之传;垂衣而治,扬四方风动之庥。

所有微臣感激荣幸下忱,理合恭折叩谢皇太后、皇上天恩。伏祈圣鉴。谨奏。

116. 奏机器局购硝筹拨银两片

光绪二十年十二月初三日(1894 年 12 月 29 日)

再,东省机器局制各项军火所需经费银两,向由藩库筹拨,按年造册报销。凡有添购物料,应先照章奏咨立案。兹据总理机器局务司道详称:制造火药以焰硝为大宗,每药百磅即需硝七十五磅。现在筹办海防,添营募勇,需用军火既多且急,因之各厂加增匠役,昼夜不停工作,而费用亦倍曩时。月领经费不敷支发,实无余款购硝。已由藩库筹拨硝价银四千两,派员分投采办毛硝十余万斤,赶紧饬匠制造,以济军火要需,免致缺误。此款归入光绪二十年动用经费案内报销,以清款目等情。请先照章奏咨立案前来。除分咨查照外,谨附片陈明。伏乞圣鉴。谨奏。

光绪二十年十二月十九日奉朱批:该部知道。钦此。

117. 奏筹措奉天俸饷银等款委员管解交纳片

光绪二十年十二月　日(1895年1月　日)

再,据藩司详报:筹措本年奉天俸饷银二万二千两,吉林俸饷银一万七千六百两,黑龙江俸饷银三千两,均委候补县丞李劭忱解赴盛京户部交纳。又据运司详报:筹备的款另款案内,盐商报效饷银原议分年摊捐,缓不济急,已由运库筹垫第一批商捐饷银五万两。饬委候补盐经历张震、候补盐大使郑观仁管解。又筹措本年第四批盐课加价京饷银二万两,加平银三百两,饭食银三百两,饬委候补盐大使吴增祥、李忠管解,均赴户部交纳。核计藩、运两库奉拨本年地丁盐课加价京饷俱已全数划解清楚。又据东海关盐督禀报:在于第一百三十七结洋税六成项下筹还神机营息借洋款,第九年第四期买磅不敷银六千二百二十五两二分四厘六毫,饬委分省补用知县包家吉解赴江海关道衙门交纳。除分咨查照外,谨附片陈明。伏乞圣鉴。谨奏。

光绪二十一年十二月十三日奉朱批:该衙门知道。钦此。

118. 奏恳恩旌表贞女夏陆氏片

光绪二十年十二月十三日(1895 年 1 月 8 日)

再,据正任临朐县署理历城县知县吴观敬、署理范县知县华景熙、署理峄县知县吴金鼐、候补知县吴延祚、试用知县曹倜联名禀称:贞女夏陆氏,现年三十八岁,系原籍江苏江阴县已故监生陆式之女,同邑候选巡检夏诒植之聘妻。光绪八年,夏诒植自直隶玉田县游幕回籍完姻,未及迎娶病故。时女年二十六岁,闻讣泣告其母,矢志过门守贞。其母无奈许之。即归夫家,截发毁妆,抚棺号恸,誓不欲生。其姑夏曹氏晓以大义,始收泪勉襄大事,代夫养母,并臼躬操。嗣夏曹氏病故,持丧克尽其礼,洵属贞孝兼全。该员华景熙等谊切桑梓,见闻真确,不忍听其湮没,造具事实清册,出具印甘各结。并声明:前有湖北江夏县现存贞女刘萧氏守贞未及年例,曾经湖北抚臣谭继洵奉蒙恩准旌表。援案由司详请具奏前来。

臣查礼部奏定章程,贞女请旌,声明不拘年限,援案奏请者,系出自圣裁,非臣下所敢拟议等因。迭经中外臣工奏奉特旨旌表有案。今江阴县贞女夏陆氏,事同一律。合无仰恳天恩,俯准旌表,以维风化,出自鸿慈。

除册结送部外,理合会同山东学政臣华金寿附片具陈。伏乞圣鉴训示。谨奏。

光绪二十年十二月二十八日奉朱批：着照所请。礼部知道。钦此。

119. 奏调山西候补知府锡良来东片

光绪二十年十二月十六日(1895 年 1 月 11 日)

再,山西候补知府锡良,经臣奏调来东,钦奉谕旨允准在案。兹该府锡良由晋来东,已于十一月二十六日行抵烟台营次,经臣檄委总理行营营务处。查该员任事实心,勤廉干济,必能调和将领,辑睦军心,于防务实有裨益。谨附片具陈。伏乞圣鉴。谨奏。

光绪二十一年正月初三日奉朱批:知道了。钦此。

120. 奏派候补道李希杰等督办河工片

光绪二十年十二月十六日(1895 年 1 月 11 日)

再,山东黄河袤延千里,上自河南考城县交界起,至寿张县属十里铺止,为上游;十里铺以下,至利津海口,为下游。嗣因下游地段太长,又分十里铺以下,至章丘县属之传薪庄止,为中游;传薪庄以下,至利津韩家垣海口,为下游。上游以兖沂道姚协赞为总办,候选道马开玉为会办;中下游向归济东道张上达总办,以候补道二员分为中下两游会办。今臣归并局差,派济东道张上达总办河防局务,以候补道李希杰、丁达意为会办。查济东道兼办总局事务殷繁,势难再令长年驻工。臣拟派候补道李希杰督办中游河工,候补道丁达意督办下游河工,均饬令常川驻工,以专责成。除檄饬遵照外,谨附片具陈。伏乞圣鉴。谨奏。

光绪二十一年正月初三日奉朱批:知道了。钦此。

121. 奏谢御赐福字折

光绪二十年十二月十九日(1895 年 1 月 14 日)

奏为恭谢天恩,仰祈圣鉴事:

窃臣于光绪二十年十二月十四日赍折差弁回烟台营次,奉到御赐福字一方。当即恭设香案,望关叩头祗领。钦惟皇上,乾符建极,泰运调元。展丹綍以挥毫,际青阳而赐额。自天申福,恩膏与东海同深;大地皆春,寰宇惟北辰是拱。臣渥叨雨露,时惕冰渊。抚姬公尚父之遗封,勉膺锁钥;溯卫国郧侯之先泽,仰愧箕裘。喜拜龙章,窃恐滥叨夫百禄;情殷鳌戴,恒思进祝以三多。所有微臣感激下忱,理合恭折叩谢天恩。伏乞皇上圣鉴。谨奏。

光绪二十一年正月初六日奉朱批:知道了。钦此。

122. 奏代藩司恭谢恩赏折

光绪二十年十二月二十日(1895 年 1 月 15 日)

奏为代奏恭谢天恩,仰祈圣鉴事:

窃据布政使汤聘珍详称:本年恭逢皇太后万寿庆典,奉到恩赏寿字一方、小卷缎二匹、帽纬一匣。谨即恭设香案,望阙叩头祗领。伏念忝任岱藩,愧无涓报。未获班随鹓鹭璇宫,晋万寿之觞;仰蒙恩逮鲷鳙文绮,拜上方之赐。嵩呼华祝,遥效衢歌;露湛天题,颁来墨宝。彩织则章身有耀,朱缨则贲首增华。凡兹锡羡之光荣,实感圣恩之优渥。惟有益失慎勤,冀答高厚鸿慈于万一等情。恳情代奏前来。理合恭折代奏,叩谢皇太后、皇上天恩,伏乞圣鉴。谨奏。

光绪二十一年正月初六日奉朱批:知道了。钦此。

123. 奏劾知县郭秉均等六员折

光绪二十年十二月二十二日(1895 年 1 月 17 日)

奏为甄别庸劣不职各员,请旨分别降革,以儆官邪,恭折仰祈圣鉴事:

窃维州县,为亲民之官,必守正端,常存爱民之心者,方克胜任。虽当军务倥偬,而吏治之举废,人品之清浊,臣无不随时考察。兹查有候补知县郭秉均,贿通书吏,舞弊营私;候补知县朱镛,嗜利诳人,心术狡诈;候补知县郑桐,性耽游戏,甘为人愚;代理观城县知县即用知县李子春,好事纷更,舆情不洽;又试用巡检柴宗樾,藉差招摇,不知检束;前署新城县典史分缺先补用典史范棣荪,抑勒事主,被人告发。以上各员,均未便稍事姑容。据藩、臬两司详请奏参前来。相应请旨将候补知县郭秉均、朱镛均即行革职;候补知县郑桐以县丞降补;即用知县李子春系进士出身,文理尚优,请改以教职,归部铨选;试用巡检柴宗越、分缺先补用典史范棣荪,均请即行革职,以肃官方。理合恭折具奏。伏乞皇上圣鉴训示。谨奏。

光绪二十一年正月十一日奉朱批:另有旨。钦此。

124. 奏学政年终密考片

光绪二十年十二月二十二日(1895年1月17日)

再,各省学政考试,有无劣迹,每届年终,例由督抚密奏。查山东学政臣华金寿考试各处,关防严密,衡校公平。所历各州县均能约束幕友、家丁,弊绝风清,士林极为翕服。谨附片密奏。伏乞圣鉴。谨奏。

125. 奏查明荣成县失守情形折

光绪二十年十二月二十八日(1895 年 1 月 23 日)

奏为查明荣成县失守情形,恭折具陈,仰祈圣鉴事:

窃臣于二十六日将倭人登岸,占据荣成县大略情形,并自请议处缘由,电请总理衙门代奏。二十八日钦奉电旨:东省兵力较单,致有疏失。李秉衡自请议处,着加恩宽免。丁槐一军,准其留于山东调遣等因。钦此。跪读之下,钦感莫名。臣调度无方,本难辞咎。仰荷天恩高厚,曲予优容,倍增愧悚。

查荣成县距威海百里,岛屿纷歧,可登岸之处太多,处处设防无此兵力。惟倭岛、俚岛、龙须岛三处为最要。臣调赴荣成五营,派副将阎得胜泰靖一营,都司叶云升精健一营往防倭岛;以副将戴守礼一营往防俚岛;派巡检徐抚辰济右一营、参将赵得发河成一营在荣成附近地方驻扎,以备策应。其龙须岛防队,系由威海守将戴宗骞派往。二十五日,闻倭人在龙须岛近岸,即电调开赴倭、俚岛三营折回堵御。一面电饬酒馆驻扎之提督孙万林两营,前往合剿。均未赶到,倭人已由落凤港登岸,猛扑县城。城中本无营驻扎,其原扎附近之徐抚辰、赵得发两营开队向前迎敌,奋力抵御,势不敌,伤亡颇多。阎得胜、叶云升两营先后赶到,未及整队,已被倭炮轰击,抵敌不住,倭遂蜂拥入城。

已飞饬孙万林,会同阎得胜等四营扼要堵截威海南路;其戴守礼一营亦由俚岛拔出,会合一路。并飞调总兵李楹拔上庄所驻三营,前往助剿。惟贼势太众。自威海至烟台一百八十里,皆威海后路。其烟台、宁海、上庄等处,兵力本单,若全调赴威,恐倭人乘隙又从西路登岸,则威、烟并危。臣惟有相机调度,恪遵谕旨,激励将士。能奋勇破敌者,立予重赏,如有恇怯退缩者,即严行参办,以期力支危局。丁槐一军,蒙恩允截留。查现到东境者只有一营,新募之营刻尚未到。需用枪械,已电商北洋大臣臣李鸿章遵旨办理。其荣成县知县杨承泽,办事素称勇往,暨城内文武各官,俟探明下落,再行具奏。

所有查明荣成县失守详细情形,并现筹堵剿缘由,理合恭折由驿驰奏。伏乞皇上圣鉴训示。谨奏。

光绪二十一年正月初九日奉朱批:着查明文武各官下落,再行具奏。钦此。

126. 奏调董福祥军来东片

光绪二十年十二月二十八日(1895 年 1 月 23 日)

再,山东沿威地面,北自武定府属之海丰,南至沂州府属之日照,周匝几二千里,登、莱、青三府直插海中。论海防大势,以登、烟、威海为最要,而莱、潍、黄县一带为登、烟后路,即为省城门户。武定各属紧接津、沽,现在一路所驻各营分布尚单,且多半新募。武定府属仅驻四营,莱、潍、黄县一带虚无一营。近倭寇已踞荣成,则威、烟一带兵力应须加厚,腹地处处空虚,省城门户洞开,毫无屏蔽。东省为南北通衢,海防、陆路与直隶处处毗连,海运不通,运道尤关紧要,设有梗阻,大局何堪设想?臣通盘合计,非添三十营劲旅不可。前奏调广西副将杨昌魁、副将王宝华,又檄调湖南提督李定明各募数营,急切未能赶到。定购外洋枪械,须俟来年二月后方能到齐。再四思维,实属无从措手。昨日已电恳于丁槐一军外,再请调乌鲁木齐提督董福祥一军,尚未奉到谕旨。合无仰恳天恩,府念东省为京畿门户,待援孔亟,敕令董福祥统带所部各营开拔,星夜来东。抑或赏拨他军,俾臣得协力攻剿,庶不至蔓延为患,出自鸿慈。谨附片驰奏。伏乞圣鉴训示。谨奏。

光绪二十一年正月初九日奉朱批:已有旨。钦此。

127. 奏倭船如到烟台应开炮轰击折

光绪二十一年正月初三日(1895 年 1 月 28 日)

奏为奏明请旨事:

窃维倭人渝盟肇衅,犯我海疆,皇上命将出师声罪致讨,敷天率土无不思同仇敌忾,歼厥凶顽。即泰西各国,亦共知衅自倭开,不得不以兵戈从事。臣顷接东海关道刘含芳面禀:据英国领事声称,倭人约至烟台彼此均不开炮,属我军亦不开炮等语。闻之不胜诧异,现在两国构兵,断无不开炮而让其进踞之理。英系和好之国,我军自不相侵犯。惟倭如至烟,必须交锋决战。倭炮如有毁伤彼国人口房屋之事,亦与中国无涉。应请旨饬下总理衙门,迅即照会英使,如倭人船至烟台,臣当督饬将领开炮轰击。倘英国执意拦阻,是令我不战而以要地与人,无此办法,断断不能曲从。

除已于初三日未刻电请总理衙门代奏外,理合缮折由驿五百时里驰奏。因事关重大,并将原电抄呈御览,伏乞皇上圣鉴训示,立赐睿断施行。谨奏。

光绪二十一年正月十三日奉朱批:已有旨。钦此。

128. 奏请将阎得胜等五员革职片

光绪二十一年正月初三日(1895年1月28日)

再,荣成县失守情形,臣于光绪二十年十二月二十八日专折驰奏在案。臣查荣成所驻五营,内阎得胜、叶云升两营派防倭岛,戴守礼一营派防俚岛,仅徐抚辰、赵得发两营扎荣成县城西。二十五日,倭人由落凤港登岸,直扑县城。徐抚辰等两营向东迎战,倭众我寡,势太不敌。迨阎得胜等两营赶到,被倭开炮猛击,倭人遂蜂拥入城。戴守礼一营,随后始由俚岛拔出,均属救援不及。惟城既失陷,该将弁等究属未能得力,未便姑宽。相应请旨将候补副将阎得胜、戴守礼,候补参将赵得发,候补都司叶云升,试用巡检徐抚辰五员,一并暂行革职,均令戴罪图功,以观后效。除荣成县文武官员查确另行具奏外,谨附片驰奏。伏乞圣鉴训示。谨奏。

光绪二十一年正月十三日奉朱批:另有旨。钦此。

129. 奏请饬海军轰击倭船片

光绪二十一年正月初三日(1895年1月28日)

再,臣于光绪二十年十二月二十七日钦奉电旨:闻敌人载兵皆系商船,而以兵船护之。若将定远等船齐出冲击,必可毁其多船等因。又于二十八日钦奉电旨:我军战舰虽少,而铁甲坚利则为彼所无,与其坐守待敌,莫若乘间出击,断贼归路等因。钦此。仰见我皇上圣谟广运,明烛万里,钦服莫名。

伏查倭人既经登岸,其船上必无重兵。我若以兵船奋力攻击,毁其运兵及接济粮械之船,则水路受创,陆路亦易得手。如谓保护铁船,恐其战败毁伤,万一威海有失,则海军根本已拨,铁舰从何处保全?此理甚明而易见。丁汝昌沐朝廷宽大之恩,宜如何奋力赎罪,相应请旨密饬北洋大臣李鸿章懔遵迭次电旨,严饬丁汝昌激励各船员弁奋勇图功,出奇制胜;如再逡巡退缩,即以违误军机论。于保全威海,必有裨益。谨附片驰奏。伏乞圣鉴训示。谨奏。

光绪二十一年正月十三日奉朱批:另有旨。钦此。

130. 奏设车局接递各军折附单

光绪二十一年正月初六日(1895 年 1 月 31 日)

奏为东省设立车局,接递南来各军过境兵差,酌拟章程敬,敬缮清单,恭折仰祈圣鉴事:

窃臣于光绪二十年十月二十二日接总理各国事务衙门电开,本日奉旨:现在军情吃紧,亟需大兵齐集,迅赴戎机。闻南来各军车船均系自办,以致雇觅艰难,行程迟滞。即着直隶、两江、江苏、安徽、山东、河南、湖北各督抚,迅即沿途设局,派员代雇车船,酌量数站一换,勿庸逐站更换,致稽时日。并须宽为给价,准作正开支,以利军行而免扰累。倘沿途地方漫不经心,致滋贻误,定将该管各官查明,按照军律严办不贷。钦此。钦遵。臣驻扎烟台,当经恭录,电行司局转饬遵办。并因东省接递南来兵差,自沂州府属入境,应以兰山、蒙阴、泰安、齐河、德州五州县为一路;济宁州入境,以济宁、东平、茌平、平原四县为一路,统由德州转运出境。责成各牧令设立车局,认真经理,毋庸另派委员,以节糜费。一面檄饬善后局妥拟章程去后。

兹据该局司道等详称:兰山等九州县业已分饬一律设局。惟查东省州县,本无额设车辆,其骡马大车亦素无行栈,向来应付一切差徭,悉由官办。非若直、豫、山、陕等省归于民间经理。是以咸丰、同治年间，各路大兵过境，暨此次湘、淮各军自江、皖而来，皆由沿途州县雇觅庄户车辆挨站更替。今既设局喂养长车，接递兵差，数站一换。以一州一县之地，各军接踵而至，势难遽集多车，非责成邻封州县协济不可。其协济车辆，应由设局州县移会邻封，先期雇佣拨送喂养银两。在途，则归协济之州县支给；到局，则归局中核发。并令随时禀报立案，以备行查，后作正开销。或设局州县力能自办，无待邻封协车，即从其便。倘有藉词诿卸，致误军行，定即遵旨从严参办，以儆玩忽。每局长车均不得过六十辆。该牧令等既可随时添雇，复准邻封协济，不能漫无限制也。其支销脚价银两，东省虽有同治年间军需章程，每车一辆，每百里除例销正价银一两，先期到站一日，回空一日，各给料草银五钱，共正销银二两，加六成帮费银一两二钱，由外摊廉捐补。经前抚臣阎敬铭奏准核销在案。

现在钦奉特旨遵办，所有沿途设局代雇车船，宽为给价，准其作正开支，自应核实报销，不必拘牵旧案。再有摊廉归补名目，免致州县转得支亏正杂，徒以摊廉作捐，终累库款。该司道等公同参酌情形，稍事变通。拟请每车一辆，每行百里给脚价银一两。回家之日亦按百里给喂养银八钱，坐住日给喂养银八钱。系属长车，并无先期到站名目。如此项正价，各营自行开发，即扣除车价银一两；如各营未经发价，即照数支销回空，坐日仍由设局州县照章应付。其邻封协济，每车百里回空坐日亦各给银八钱，一体作正开支。凡在未经设局之先，各州县挨站更换，应付车辆为数已属不少，自当截清界限，各归各办。应以钦奉电旨恭录饬办后，统于十月二十八一律设局之日起，作为新章分别造报。仍饬将每次用过车数取具各营印文收据为凭，随时禀报。倘移查不符，照数删除。

当时未报者概不准销。仍将造报不实之州县,立予参处,以杜浮冒而重库帑。拟议章程四条详请奏咨前来。

臣逐加覆核,或援引旧例,或变通成案,款不虚糜,事归核实,均属有条不紊。除咨部外,理合敬缮清单,恭折具奏。伏乞皇上圣鉴训示。谨奏。

光绪二十一年正月二十日奉朱批:着照所请。该部知道。单并发。钦此。

谨将山东省设立车局接递南来各军过境兵差酌拟章程,敬缮清单,恭呈御览:

一、择地设局也。查东省接递南来各军兵差,前准江苏省咨会:清江浦车辆由陆路径至兰山县交替,则东省应在兰山县设立车局,送至蒙阴县;蒙阴设局,送至泰安县;泰安设局,送至齐河县;齐河设局,送至德州转运出境。其由皖、豫等省北上,及由清江浦乘船而来各军车辆,应在济宁州设局,转送东平州;东平设局,转送茌平县;茌平设局,转送平原县;平原设局,亦送至德州出境。德州应设船局,现在河道冻阻,应俟春融察看情形,再行核议。

一、协济车辆也。查东省州县本无额设车辆,其骡马大车亦素无行栈。现在应付兵差,皆由各牧令设法赴乡雇佣庄户车辆,第恐前军甫行,后军踵至,接送不逮。以一州一县之地,势难遽集多车,则非邻封州县协济不可。其协济之车,应由设局州县移会邻封,先期雇备拨送喂养银两。在途则归协济州县支给,到局即归局中核发。并饬随时禀报立案,以备行查,后作正开销。拟令兰山车局责成郯城县协济,蒙阴车局责成沂水、新泰二县协济,泰安车局责成长清县协济,齐河车局责成禹城县协济,德州车局责成恩县协济,济宁车局责成滋阳、汶上二县协济,东平车局责成东阿县协济,茌平车局责成聊城、博平二县协济，平原车局责成高唐州协济。其余毗连邻近各州县虽非地处冲途，亦当一体协拨。或该局力能自备，无待邻封协车，应听其便。

一、长车定额也。查东省沿途州县应付兵差车辆，历系按站接替。咸丰、同治年间，大兵过往，暨此次湘、淮诸军自江、皖而来，各州县按站递送，亦极妥速。今既设局雇备长车，数站一换，毋庸逐站更替，以期迅赴戎机。事属创始，固不敢稍涉拘泥，亦不可漫无限制。盖局车少雇，或仓猝而有大批之差，咄嗟难集；多雇，或旬日而无一军之至，糜费不赀。拟令每局所养长车，概不得过六十辆。倘遇兵差接踵而来，责成上站随时查探，需车数目飞移下站，赶为预备。一面知会邻封照章协车，以资周转而利军行。

一、脚价核实也。查定例沿途州县应付兵差，雇用车辆，每百里给脚价银一两。咸丰、同治年间，东省军需案内加给六成帮费，每辆每百里银六钱，先期到站二日，回空一日，各给减半料草银五钱，帮价银三钱，每车一辆共支银四两。嗣经部臣驳减，每车每百里给脚价银一两，入正造报；六成帮价银六钱，由外摊廉弥补。所有到站、回空、概行删赔。每车一辆，核准正销银一两，外销摊补银六钱，删赔银二两四钱。其时应付州县业已列入交代，既经删赔，不得不分年追缴，以致纠葛不清。同治五年间，前抚臣阎敬铭奏准，每车一辆给脚价银一两，到站一日，回空一日，各给料草银五钱，共正销银二两。统因六成帮费银一两二钱，由外筹补等因。此东省昔年军需成案情形。现在钦奉特旨遵办，则沿途设局代雇车船为给价，准其作正开支，自应核实报销，不必拘牵旧案。再有摊廉归补名目，俾免州县转得支亏正杂，而以摊廉归入交案作捐，冬累库款。拟请稍事变通，每车一辆，每行百里给脚价银一两，回空之日亦按百里给喂养银八钱,坐住日并给喂养银八钱。系属长车,并无先期到站名目。此项正价。如系各营自行开发,即扣除车价银一两;如未经发价,即照数支销。其坐日、回空,由设局各州县按照新章应付。其邻封协济每车百里,回空、坐日亦各给银八钱,一体作正开支。倘遇兵差不由设局之处,系从旁道而来,近如峄县、滕县、金乡、恩县等处,皆有过境军械等项,其应付车辆及回空、坐日,亦各按章给银。至未经设局之先,各州县挨站更换,应付车辆为数已属不少,自当截清界限各归各办,应以钦奉电旨恭录饬办后,统于十月二十八一律设局之日起,作为新章分别造报。凡雇觅车辆,均系三套骡马大车。若双套轿车,则按骡马摊算支给脚价、喂养,以昭画一。

仍饬令设局各州县,每次用过车数,取具各营印文收执为凭,随时禀报,方准核销。倘移查不符,照数删除。当时未报者,概不准销,以杜浮冒而重库帑。

131. 奏威海失事自请严议折

光绪二十一年正月初九日(1895年2月3日)

奏为报明威海失事情形,请旨将臣及各将领严加议处,恭折驰陈,仰祈圣鉴事:

窃威海地居险要,无论为山东疆土,臣责无可辞,且系海军归宿重地。臣自筹防以来,即派营分驻西路之酒馆、上庄,南路之荣成倭、俚岛等处,以防威海后路。迨荣成失守,复添派孙万林等军,与戴宗骞所部绥军,会合堵剿。嗣查分统副将阎得胜有临敌退缩情事,懔遵谕旨于正月初四日饬孙万林将阎得胜军前正法。一面飞饬各军星夜进剿,于初五日电奏在案。

初五日,倭分道由岭入南帮,巩军不守,南路炮台、长墙俱失。倭既得南帮,大股直趋北台,相持两日,绥、巩各军先后溃散,威海营垒尽为贼踞。戴宗骞仅率两营守北台。孙万林等军初五日进逼阮家口、羊亭一带,扼其外犯北台之冲。初六日,倭猛扑我军,经孙万林等奋力抵御,倭未得逞。初七日,倭以大股在羊亭东与孙万林等接仗,而潜师由南帮内沿海小道趋袭北山嘴炮台。水师船因海口倭船环进,不暇回顾,戴宗骞兵溃力竭,为队下拥上定远船。是日巳刻,北岸全台俱失。闻该军恐以资敌,南帮炮台于初五日自行轰毁,初六日北岸三台又自行轰毁。孙万林等军尚在羊亭东力战,伤亡甚多,至酉刻始退回酒馆。并据戴宗骞差弁吴姓、傅姓面禀前来。

臣筹布无方,愧愤万状。应请旨将臣交部严加议处。此次北台失陷,系由沿海内路袭攻。北台失后,孙万林等尚在北台山外苦战一日,因贼势太众,万不能支,始行退扎,实与临阵退缩者不同。惟救援不能得力,咎有应得,应请旨将提督孙万林、总兵李楹交部严加议处,令其补足伤亡队伍,扼扎宁海州一带,以防西窜。并飞探文登县情形,赶拨营队星夜驰救。至绥、巩各营兵勇,自初五、六等日纷纷溃散,逃至烟台者,已不下千余人。臣斩其造言惑众者二人,其余饬令分别收械资遣。其有情愿归伍者,另编营队。拟俟丁槐军到,拨令统带。除刘公岛如何情形续行查明具奏,及绥、巩军各将领应由北洋大臣李鸿章查奏外,所有威海失守臣及东军各将领请加严议缘由,理合缮折由驿五百里驰奏。伏乞皇上圣鉴训示。谨奏。

光绪二十一年正月二十日奉朱批:已有旨。钦此。

132. 奏请旨拨营片

光绪二十一年正月初九日(1895年2月3日)

再,臣昨将威海失守,恐倭人乘锐西犯,拟扼守莱州一带,并恳饬派大枝劲旅星夜来东声明,一面由驿驰奏等情,电请总理衙门代奏在案。正缮折间,准李鸿章电转奉电旨:李秉衡所请大枝援兵,非目前所能骤集,惟应就现有兵力,及江南已到、未到各军迅速催调,竭力分防。一面饬令汤聘珍赶紧招募等因。钦此。仰见朝廷统筹全局,训示周详,莫名钦感。

伏查山东为京畿门户,南北咽喉,一省关天下全局。环海之地千数百里,自登州而外,如青、莱两郡,口岸纷歧,武定辖境,毗连津、沽,处处胥关紧要。平时遍布营伍,无此饷力,亦无此办法。惟刻下威海已失,倭人于我国地势曲折要害,无不周知。腹地到处空虚,难保不乘锐内犯。蒙皇上饬派丁槐五营,江南马步二十营,又谕饬藩司汤聘珍招募勇队,自应钦遵举办,何敢再事渎求?第所调丁、李各军尚未赶到,招募勇队既非咄嗟可以立办。且勇丁未经训练,驱市人而使之战,无异糜烂其民。方今寇气日炽,非厚集兵力断难挫厥凶锋。合无仰恳天恩,俯念山东关系紧要,于近畿各军中抽拨一二十营,饬令迅速开拔来东。臣当殚竭血忱,与诸军戮力同心,誓歼狂寇,仰释宵旰忧劳至意。俟山东招募有成,如客军应回驻北路,届时请旨遵办。

再,臣电奏以烟台僻处一隅,请移扼莱州,以顾全局。如蒙俞允,应将宁海、文登一带防务布置妥协,再行起程。合并陈明。谨附片驰奏。伏乞圣鉴训示。谨奏。

光绪二十一年正月二十日奉朱批:已有旨。钦此。

133. 奏添拨机器局经费片

光绪二十一年正月十九日(1895 年 2 月 13 日)

再,山东机器局局章月领经费银三千两,遇有不敷,随时奏明添拨。现值海氛不靖,军火万分吃紧。自上年秋间,各厂工匠即加至一倍,工食因而倍之。从前月造枪子五万粒,今则造十万余粒。铅丸、铜帽、白药等项,皆数倍于平日。硝磺、煤炭以及一切杂料,亦加倍于平时。兼之修理各营大宗枪炮,动辄添募数十人,尚不在各厂加工之内。力求撙节,通盘核计,每月实需经费银五千两。除月领银三千两外,自本年正月为始,再由藩库按月添拨银二千两,方足以济要需而宏制造。一俟军务平定,即行裁减。据总理机器局务司道详请奏咨立案前来。除分咨查照外,谨附片陈明。伏乞圣鉴。谨奏。

光绪二十一年二月初三日奉朱批:该部知道。钦此。

134. 奏请将托疾引退之巡检王翰即行革职片

光绪二十一年正月十九日(1895年2月13日)

再,东省筹办海防,威海系属重地,最关紧要。讵有文登县威海司巡检王翰,竟敢托疾引退,挈眷远徙,以致人心警疑,实属意存规避,擅离职守,未便稍事姑容。据藩、臬两司转据该管府县详参前来。相应请旨,将文登县威海司巡检即行革职,以儆效尤。所遗之缺,东省现有应补人员,应请扣留县补。除咨吏部查照开缺外,理合附片具陈。伏乞圣鉴训示。谨奏。

光绪二十一年正月二十八日奉朱批:着照所请。吏部知道。钦此。

135. 奏报起支弁兵饷银日期折

光绪二十一年正月十九日(1895年2月13日)

奏为挑选临清营暨抚济三营步兵,仿照练军章程起支弁兵饷银日期,恭折具奏,仰祈圣鉴事:

窃东省每值冬令,凡山湖两路大道与夫边境要隘,向派勇营扼要分扎巡缉,地方赖以敉安。现在倭氛不靖,勇营多已调赴海防,实属不敷分布。惟临清州为河路通衢,毗连直境,马贼、盐枭素多出设,捕务倍关紧要。臣令饬署临清营副将曹佩兰,在于该营挑选精壮兵丁一百二十名,遴委哨官、哨长各一员管带,发给军械,逐日认真操演,随地巡防。又省城关厢东、西、南三面,同治年间军兴时,缭以石圩,计长十五里有奇,安设七门,筑立炮台十座,向派抚济三营弁兵驻守。嗣后陆续裁撤。经调任抚臣福润饬拨抚标两营、练军步兵一百名,就近兼防。现因曹州镇总步王连三督带练军步兵全队北上,而关厢重地,人烟稠密,围门炮台,尤当加意防护,未便稍涉空虚。臣复饬令抚标中军参将刘云会、右营游击孟琴堂、济南城守营参将万清传,即在该三营内挑选步兵五十名,分认段落,昼则稽查,夜则宿守。仍遴委管带哨官、哨长各一员,以专责成而期周密。以上新挑步兵应支口粮,暨各哨弁薪水,仿照步队练军章程,每兵一名除底饷外月给银二两一钱,什长每名月给银二两七钱,哨官每员月给银十两,哨长每弁月给银六两,俾资津贴。均自二十年十月初一日为始,统在裁兵节饷项下动支,归于步队练军案内造销。一俟防务稍松,即行裁撤。据营务处司道汇案详请奏咨前来。

臣覆核无异。除分咨户、兵二部查照外,理合恭折具陈。伏乞皇上圣鉴训示。谨奏。

光绪二十一年二月初三日奉朱批:该部知道。钦此。

136. 奏文登宁海失守请议处地方官折

光绪二十一年正月二十二日(1895 年 2 月 16 日)

奏为贼势猖獗,文登县、宁海州先后失守,请将地方官参处,并现筹堵御情形,恭折驰陈,仰祈圣鉴事:

窃查登州府属之文登县,与荣成接壤,其西即宁海州,由荣成而西趋海阳,必道出文登,由威海而西趋烟台,必道出宁海,均为贼所必争。自荣成失后,贼锋渐近文登,无重兵可以分驻。迨威海既失,臣于正月十日饬孙万林由酒馆驰赴文登县防守,十二日孙万林营队至距城三十里之固道集,倭人已于是日清晨攻陷文登县城。至宁海州,城临海岸,先派总兵李楹、副将曹正榜两军分驻福山口、孟良口等处。十三日,倭船至烟台迤西之通伸冈、冈崙地方,开炮击毁民房,势甚凶猛。臣虑其由西路登岸,无营堵御,遂调李楹等移扎福山县之西,以防内窜。十五日,倭骑队由酒馆、上庄一带乘虚西犯,遂入宁海州城。倭兵水陆相辅,其兵轮风驰电掣,甚为迅疾。而我之陆军未能倏东倏西,首尾不克相顾,致地方相继失陷。臣调度乖方,愧愤无已,应请旨将臣交部严加议处。至地方州县各官因防营不敷分驻,仅率民团守城,民夫素未经战阵,势万不敌。城陷之后,该牧令等投至臣营,尚非闻警先逃。惟既有守土之责,咎无可辞,应请将署文登县知县本任菏泽县知县倪观澜、宁海州知州陈寿清及文登城汛千总王殿选、宁海营都司李云庆、千总赵安帮，一并即行革职。仍恳天恩，准其留营效力赎罪。

自宁海失后，贼大股驻宁海上庄一带，以骑队分犯距福山三十里之五台山，及距烟台十三里之竹林寺。烟台为必攻之地，臣以饬驻扎福山之李楹、曹正榜各营，与孙金彪一军犄角互援，懔遵谕旨设法扼剿。其海阳一路，饬孙万林扼要驻扎，以图进规文登。臣于十五日过黄县，适贵州古州镇总兵丁槐到黄，已将绥、巩军所勇队二千二百余人交令统带。惟甫经收集，未能进攻。其所部五营，内三营已到诸城，二营甫由济南进发。至李占椿等军，顷接松椿来电，李占椿、万本华两军于十二日进桃源境，张国林一军于二十二日始由清江开行，计到东尚需时日。臣十八日行抵莱州，已分别飞电迎催。俟援军到日，臣当殚竭心力，与诸将和衷商榷，节节进规，以期力挫凶锋，仰副圣主宵旰忧勤至意。至陈凤楼马队五营，臣接奉电旨后，即电饬遵照。兹接陈凤楼电称，已由潍县折回北上。合并陈明。

所有文登、宁海两州县失守，并现筹堵御情形，除电奏外，理合由驿五百里驰奏。伏乞皇上圣鉴训示。谨奏。

光绪二十一年二月初二日奉朱批：另有旨。钦此。

137. 奏杨承泽等实无潜逃情事请革职留营效力片

光绪二十一年正月二十二日(1895 年 2 月 16 日)

再,荣成失守,臣已专折奏陈。钦奉朱批:着查明文武各官下落,再行具奏。钦此。查代理荣成县知县杨承泽,平日办事尚属认真。自旅顺失守,沿海戒严,臣檄饬编查渔户,举办民团,皆能实心经理。十二月二十五日,倭人由落凤港登岸直薄县城,该员及眷属俱在城内,誓以死守。城陷之后,城内居民因该员平日官声尚好,簇拥出城。正月初五日间道来臣营次,实无闻警潜逃情事。惟城已失陷,咎无可辞,应请旨将代理荣成县知县杨承泽及荣城汛千总韩万清一并革职,均令留营效力赎罪。谨附片驰奏,伏乞圣鉴训示。谨奏。

朱批:另有旨。钦此。

138. 奏代总兵章高元谢革职留任处分折

光绪二十一年正月二十六日(1895 年 2 月 20 日)

奏为据情代奏,叩谢天恩,恭折仰祈圣鉴事:

窃臣准统领广武、嵩武各营登州镇总兵章高元咨呈:高元接奉帮办军务四川提督宋庆行知,钦奉上谕:兵部奏,遵旨严议处分一折。此次盖平被陷,山东登州镇总兵章高元接仗未能得力,直隶正定镇总兵徐邦道赴援迟缓,经该部议以革职,均属咎有应得。惟念该总兵等迭次遇贼交战,尚能奋勉,着加恩改为革职留任,仍责令带罪图功,以观后效等因。钦此。跪诵之下,感激涕零。伏念高元从事军旅,亟应扫靖贼氛,上抒宸廑。盖平之役,贼势太猛,将士力战捐躯,虽属众寡不敌,究未能出奇制胜,以挫凶锋,实已罪无可逭。渥蒙朝廷曲予优容,仅加薄遣,铭肌刻骨,惭感交萦。高元惟有整顿激励,宣九重浩荡之恩,作士卒敌忾同仇之气,以期歼除狂寇,仰副高厚鸿慈于万一。所有惭感下忱,呈请代奏前来。理合据情代奏,叩谢皇上天恩。伏乞圣鉴。谨奏。

朱批:知道了。钦此。

139. 奏设马拨以递文报折

光绪二十一年二月初四日(1895 年 2 月 28 日)

奏为东省海防文报经行州县,遵旨酌设马拨,以资驰递,恭折仰祈圣鉴事:

窃臣于光绪二十年十一月二十一日准兵部咨,光绪二十年十一月十一日军机处交出本日军机大臣面奉谕旨:近年各省驿站递送文件,往往迟延,实属废弛。着兵部通行各该督抚等认真整顿,所有人夫、马匹务当一律精壮,遇有一切紧要文报,迅速驰送,不准稍逾时刻。其有军报经行处所,并着酌添马拨,以速邮递。钦此。钦遵行司通饬认真整顿,以肃邮政。并经臣先因省东州县均非通驿大路,海防军报络绎,请于历城、章丘、长山、益都、昌乐、潍县、昌邑、平度、掖县、黄县、蓬莱、福山十二州县酌添马匹,设立腰拨,奏奉朱批:着照所请。该部知道。钦此。恭录转行各在案。

伏查历城等处,自设立马拨,于接收文报,均能依限驰递,并无片刻逾延。即有驿州县,经臣委员逐站查验,人夫、马匹俱系精壮足额,接递军报亦无迟误,尚知振作奋勉。惟登州武定一带,驻扎防营皆在滨海偏隅,往来文报紧要,该州县仅止额设里甲马数匹,实属不敷轮用,自应遵旨择要添设马拨,以期声息灵通,如有警急,俾得及时策应。拟请于登州招远县磁口地方,为掖、黄二县适中之区，添马十二匹；福山县系烟台后路，前已添马十二匹，委实不敷周转，再请添设六匹；其武定府属现在军报究较东路为简，应由该府附郭之惠民，并商河、济阳、滨州、蒲台、博兴、寿光七州县，各添马六匹。仍按两马一夫，自二十一年正月初一日为始，一律安设所有应支夫马、工料银两，作正开销，统归海防军需案内核实造报。一面严饬该州县遇有军报加紧驰递，按月造册详送稽核。倘有迟延，行司分别记过撤参。仍俟防务稍松，立即裁撤，以节糜费。至登、莱所属州县应否续设马拨，容臣随时酌度情形，札饬办理。据臬司松林详请奏咨前来。

除咨部查照外，理合恭折具陈。伏乞皇上圣鉴训示。谨奏。

光绪二十一年二月二十日奉朱批：该部知道。钦此。

140. 奏报收复宁海文登折

光绪二十一年二月初七日(1895年3月3日)

奏为官军收复宁海、文登两城,并探闻近日贼情,恭折驰陈,仰祈圣鉴事:

窃宁海州城于二月初一日收复,经臣于初二日电请总理衙门代奏在案。初三日,钦奉初二日电旨:前闻宁海贼已退去,兹复探有大队将到,贼情叵测,刻下江南各军将次到齐,着李秉衡酌度情形,督饬各营分路进剿,毋任蔓延等因。钦此。查宁海自正月二十八日以后,并无大队续到,城贼忽多忽少,往来不绝。二月初一日,李楹、曹正榜两军,会同孙金彪所派队伍,由五台山开拔前进,于是日午刻收复宁海州城。宁海距文登一百二十里,中间庐山一带尚多踞贼,上庄、酒馆等处仍来去无定。其威海以西至鹿道口、初村一带,贼遍挖地壕。孙万林一军于三十日由海阳进拔,初二日至距文登二十里之夏村地方,城内已无步贼,惟骑队数十人,至晚间遁去。孙万林于初三日巳刻进城。宁海至文登路已可通。

探闻刘公岛及威海城内,尚踞贼数千,鹿道口等处复多掘壕堑,似为固守之谋。夷情叵测,总须设法扼剿。查荣成县贼亦时去时来,惟县城在威海东南,东军力本甚单,若遽深入分攻,又恐不敷防守,且虑后路抄截。现丁槐一军俱抵黄县,臣前已面商添募十余营,本令队到即行进攻。据丁槐函称:各军远来疲敝,应蓄锐养息,新募之营尚需训练,倘仓猝赴敌,难期决胜。自是老成持重之谋。俟该军稍为休息整顿,当饬令协力进攻,以图规复。至李占椿、万本华两军,已于初四、五等日先后行抵莱州,张国林一军已派员沿途迎催。昨据李占椿面称:接督师大臣刘坤一电开:闻倭寇将于二月中旬以大队在大沽迤南登岸,即山东直隶交界之埕子口等处,饬该军整齐部伍,预备驰剿等语。臣已饬李占椿等各军勿再东行,或暂扎莱、潍之间,视贼锋所向,候调驰往;或先行拨赴埕子口,俟与刘坤一电商再行奏闻。

所有官军收复宁海州、文登县城及探闻近日贼势,并南来各军到防情形,理合缮折由驿五百里驰奏。伏乞皇上圣鉴训示。谨奏。

光绪二十一年二月十六日奉朱批:知道了。钦此。

141. 奏太仆寺少卿岑春煊到东日期片

光绪二十一年二月初七日(1895 年 3 月 3 日)

再,臣于正月二十三日钦奉电旨:刘坤一奏,岑春煊起程赴东等语。岑春煊与丁槐均习地营之法,着即会同丁槐办理防剿。如有所见,着电知李秉衡转奏。钦此。遵即恭录移咨岑春煊钦遵去后。兹岑春煊于二月初二日由济南行抵莱州,与臣晤商一切。初五日即驰赴黄县,会同丁槐筹办防剿事宜。所有到东日期咨请转奏前来。谨附片具奏。伏乞圣鉴。谨奏。

光绪二十一年二月十六日奉朱批:知道了。钦此。

142. 奏报收复荣成情形折

光绪二十一年二月十五日(1895 年 3 月 11 日)

奏为恭报官军收复荣成，进逼威海，并沥陈东省防务情形，恭折驰陈，仰祈圣鉴事：

窃臣于二月初十日钦奉电旨：王文韶、李秉衡电奏均悉。荣成、威海之贼均已尽退，势将北犯津沽等因。钦此。遵即转饬李占椿等军，于十三日拨队驰赴埕子口，由臣电请总理衙门代奏在案。查荣成、威海陆路贼已尽退，而成山岛口时有倭船来往。刘公岛仍驻有倭船二十余只，登岸取水哨探。孙万林收复文登后，即令该营驻守，并拔队往收荣成。一面饬营务处候选道马开玉收复威海。孙万林旋派戴守礼等两营，于二月初九日收复荣成县城。即饬该两营在荣成驻扎，马开玉带赵得发等两营进逼威海。初十日巳刻，该道等甫进威海城，而贼船复登岸，趋威海迤西之(杨)〔羊〕亭、姜家集，意图截我后路，马开玉拔队折追，贼复上船驶去。威海密迩岛澳，我无水师，不能飞渡攻贼，而贼船凭踞岛澳台炮，船炮均可轰击我师。威海城虽收复，刻尚未能据守。现惟饬各军于宁海、文登、荣成一带择要分驻，互为声援。此登州东路近日军事之情形也。

由登州而西，至黄县六十里。其龙口一处，极为紧要。又如莱州之太平湾、虎头崖、庙岛,及青州之羊角沟等处,冰泮后处处可以登岸。现均无营分驻。至武定府属埕子口,在大沽迤南,与直隶接壤。前调章高元一军,近已到防。又奉旨饬李占椿等十五营驰往,兵力可期渐厚。由埕子口而南,如秦口、陈家庙、韩家垣等处,亦均可登岸。韩家垣至埕子口二百四十里,仅候补道丁达意七营分驻其间,兵力太薄。该处地势平衍,处处与畿辅毗连。倭人最工于蹈瑕,设一处疏失,即可长驱直入。丁槐一军现驻黄县,连日与钦差大臣刘坤一、帮办北洋大臣王文韶往返电商,拟调丁槐移扎武定一带,相机策应。惟该军现在黄县开挖地营,其由南省调来营官刻尚未到,枪炮亦未配齐,应俟布置稍定,方能拔队。此青、莱、武定各路军事之情形也。

东省沿海地方,北自海丰,南迄日照,周匝一千数百里,口岸林立,防不胜防。如莱州迤南之胶澳一口,为轮船停泊码头,因近日情形该处尚非冲要,未能拨营分驻。前奉谕旨,饬藩司汤聘珍招募三十营。据汤聘珍以旧时部将一时不能招致,未敢轻忽从事。臣以将才难得,各处搜求,先后奏调广西副将杨昌魁、王宝华,又函商湖南已革提督李定明,饬令各招数营,近陆续将入东境。又饬候选道马开玉招募数营,并为丁槐加募数营,共计将及三十营之数。现虽东路防务稍松,而岛澳已为贼踞,登州倍关紧要。且津、沽兵力渐厚,则武定各处空隙可虞。臣惟有殚竭愚忱,俟各营到齐,与诸将领以忠义相劝勉,总期同心戮力,迅扫凶锋,仰副圣主宵旰忧劳至意。

所有官军收复荣成,进逼威海,及通省防务情形,谨缮折由驿驰奏。伏乞皇上圣鉴训示。谨奏。

光绪二十一年二月二十六日奉朱批:知道了。钦此。

143. 奏即赴武定府属严密筹防片

光绪二十一年二月十五日(1895 年 3 月 11 日)

再,臣自上年九月出省,由登州至威海折回烟台,即驻烟台行营。本年正月因贼势蔓延,恐其由他处窜入内地,请移驻莱州,以顾全局。于正月十八日行抵莱州,曾经奏报在案。现在荣、威等处陆路已无贼踪,揆贼势恐注意西北一路,则武定防务必形吃重。臣现将东路防营逐处布置,如此路有警,当即驰赴武定府属督同章高元、丁达意等军严密筹防,以固畿南门户。谨附片驰奏。伏乞圣鉴训示。谨奏。

光绪二十一年二月二十六日奉朱批:知道了。钦此。

144. 奏调总兵张绍模等来东片

光绪二十一年二月十五日(1895 年 3 月 11 日)

再,练兵必先选将,将领得人,则军事自有起色,故储备将才尤为今日急务。臣查有现署云南开化镇总兵记名总兵张绍模、云南元新营参将马柱、广西记名总兵杨华贵,该三员均朴勇善战。滇越之役,该员等皆身先士卒,所向有功。又分发广西总兵借补义宁协副将马进祥,谋勇兼优,克胜将领之任。又直隶北运河同知姚豸,守正行端,勤能卓著。该员籍隶山东巨野县,乡望素孚,若使之练集乡兵,必能以忠义倡率,众情响应。以上各员,臣知之最深。东省军务方殷,需才孔亟。合无仰恳天恩,敕下直隶、云贵各总督、云南、广西各巡抚,分饬张绍模、马柱、杨华贵、马进祥、姚豸等五员,迅即来东,俾臣得收指臂之助,出自鸿慈。谨附片驰奏。伏乞圣鉴训示。谨奏。

光绪二十一年二月二十六日奉朱批:另有旨。钦此。

145. 奏查明昌胶等处团练并无藉端滋扰折

光绪二十一年二月十八日(1895年3月14日)

奏为查明昌邑、胶州等州县团练,并无藉端滋扰情事,遵旨覆陈仰祈圣鉴事:

窃臣于光绪二十年十一月二十日在烟台营次,承准军机大臣字寄,十一月十六日奉上谕:有人奏,山东办理团防州县奉行不善,请饬查办一折。据称,山东昌邑、胶州等州县,因举办团练,所在纷扰,民不聊生。益都、乐安、兰山三县尤甚,抽丁敛饷,按户勒派,签票四出,扑责交加,良懦者惊惶窜避,桀黠者乘机煽惑,势将与官为难等语。练兵所以安民,地方官岂容藉端滋扰,贻害闾阎?着李秉衡确切查明,据实具奏。总期于保卫之中,仍寓抚绥之意,毋任不肖官吏扰累民生。是为至要!原折着抄给阅看。将此谕令知之。钦此。仰见皇上轸念民艰,恫瘝在抱。下怀钦悚,莫可名言。遵即行司及该管道府严密确查。臣复遴委妥员周历各州县乡村,细加访察,互相印证。

查各州县举办团练,惟胶州因城近海口,召募团丁二百人。其余昌邑等七州县,均系城关分设数团,或一户出一丁,或数户共出一丁,每日轮流操演。四乡则或数村共为一团,或一村自为一团,以村庄之大小定团丁之多寡,由团长按户派定。当举办之始,民间即传言有抽丁出兵之谣,以保甲清册即为挨户出丁而设。团长下乡劝办,各怀疑惧。兰山县东南乡至有聚众殴打团长之事。经兰山县知县朱钟琪出示晓谕,亲至乡间传集各村耆民,反复开导,谕以团练系各卫身家,决不征调出境,群疑渐释。其余各州县,亦经地方官出有并不抽丁征调告示,众情已俱帖然。至敛饷勒派一节,查各州县城关团丁工食,及城乡各处刀、矛、火药、灯油等项,或由富绅捐办,或由居民铺户凑集,均系各团长自行劝办,不经官吏之手。间有修筑圩堡之处,各团照地亩出钱,亦系由团长办理。其地方官下乡看操,随时酌赏,及清查户口所需牌册纸张等费,为数无多,悉由地方官捐办,并无扰累勒派情弊。是抽丁、敛饷两条,委系均无其事。既不抽丁,又不敛饷,亦无所用其签票四出,扑责交加。原参各节,自系传闻之讹。据各委员禀复,及藩、臬两司会禀前来。

臣查团练之举,无论城镇、乡村,均系不出本境。民间惮于征调,故有抽丁之谣。经各州县再三劝谕,已渐信从。并非办理不善。至所需经费,由各团绅董量力劝捐,不准官吏经手。臣前已剀切示谕,并檄行各州县一体遵照。上年因署栖霞县知县陈洵有藉端苛敛情事,经臣专折奏参。昌邑、胶州等州县,臣博访周咨,其无扰累勒派等情,尚属可信。臣仍当随时留心访察,不令稍有扰累,贻害闾阎,仰副朝廷惠恤黎元至意。

所有遵旨查明昌邑、胶州等州县团练并无藉端滋扰缘由,理合恭折覆陈。伏乞皇上圣鉴训示。谨奏。

光绪二十一年三月初九日奉朱批:知道了。钦此。

146. 奏报黄河凌汛期内防护情形折

光绪二十一年二月十八日(1895年3月14日)

奏为恭报黄河凌汛期内防护情形,并济阳县高家纸坊漫溢,现在正筹抢堵,恭折仰祈圣鉴事:

窃查黄河伏秋大汛而外,凌汛最关紧要。当冬令严寒,冰块凝结,迨春融冰泮,上下游南北气候不齐,下游海风凛冽,解冻较迟,而上游已涣然先释,断冰杂流,乘寒复结,层累加高,河身窄处最易出险。本年冬春之际,天气过寒,自济阳以下至海口,全行冻合。至节交雨水,上游冻已尽解,凌块满河,啮岸摧堤,奇险迭出。据上游总办兖沂道姚协赞禀报:上游南岸之贾庄、孙楼、靳庄等处,埽坝均有蛰陷,靳庄第四埽全行入水,经防营竭力厢修,幸未疏失。又据下游总办候补道丁达意禀报:下游济阳城南一带,冰凌壅积,刷断凌桩,均经抢护平稳。惟距城四十五里之北岸高家纸纺,北有漫滩一片,堤系坐湾,正月二十三日上游冰块蔽空而下,坐湾处堆积如山,下游尚未解,水行冰上漫滩而过,高出堤顶,顷刻之间,将堤身刷塌三丈有余。该处防营游击朱康仁全队调赴埕子口,仅拨有河成前营帮带都司杨长清率勇夫二哨在工照料,连日设法抢堵。而口门以下结水不下行,又值南风大作,将漫口刷宽八十余丈,水由济阳县北经惠民县流入徒骇河。丁达意因督办海防时驻埕子口营次,闻信驰往查勘。据报,水流尚缓,未夺大溜,现在下游解掣,溜下行,其情形尚不难堵合。该道因海防紧要,不能常川驻工,饬委下游提调候补知府仓尔颖,督饬文武员弁购料兴工,克日堵合。需款不过万余金,即在本省防汛经费内拨用。据河防局总办济东道张上达禀同前由到臣。

查近年河工,因节省经费,霜清以后,即无防汛委员。总办丁达意,经臣于上年十一月委办武定府属防务,正在营次;承防营官游击朱康仁,亦经臣调扎埕子口;济阳工段长七十里,仅都司杨长清两哨兼防,又值城关正在抢险,实属照顾不及。合无仰恳天恩,免其参处。臣以海防吃重,将工员调往,惟期军防得力,以致失事河工,应请旨将臣交部议处。仍飞饬仓尔颖赶紧堵合,俾民间无误春耕。其被淹处所,已饬赈抚局司道委员查勘,量予抚恤。并饬丁达意布置略定,即回营次,以重防务。

所有凌汛期内防护情形,及高家纸坊漫溢,现筹堵合缘由,谨缮折具奏。伏乞皇上圣鉴训示。谨奏。

光绪二十一年三月初九日奉朱批:前据电奏漫口业已堵合,李秉衡自请议处,着加恩宽免。余依议。钦此。

147. 奏为叩谢天恩折

光绪二十一年二月二十一日(1895 年 3 月 17 日)

奏为叩谢天恩,恭折仰祈圣鉴事:

窃臣接准吏部咨粘单内开,吏部等议奏军机处交出光绪二十一年正月初十日军机大臣面奉谕旨:李秉衡电奏威海失守,请将带兵各员严议,并自请严议等语。提督孙万林、总兵李楹救援不力,均着交部严加议处。李秉衡调度失宜,究因兵单所致,着加恩改为交部议处。钦此。交出到部。经吏部议,请将臣照例降二级留任。虽系公罪,惟事关军务,所得处分例不准其抵销。兵部议,请将孙万林等均照例革职等因。于光绪二十一年正月二十日具奏。奉上谕:吏部、兵部会奏遵议处分一折。山东巡抚李秉衡着照部议降二级留任,不准抵销。提督孙万林、总兵李楹,均着照部议即行革职。准其留营效力,以观后效。钦此。等因。钦遵咨照到臣。跪诵之下,感激涕零。

伏念臣受任剿贼,统驭无方,前因文登、荣成相继失守,先后奏请严议,迭蒙圣慈,贷臣处分。臣既不能即时收复县城,慎密防堵,以致威海复被占据。待罪行间,请加严议,渥沐恩旨,曲赐优容,谨予薄谴。臣自顾何人,邀宽宥之典?铭肌刻骨,惭感交萦。现在调拨各军陆续到防,臣惟有激励将领,共济时艰,守前车之戒，策后劲之师，敌忾同仇，扫除狂寇，以期仰副高厚鸿慈于万一。

所有惭感下忱，理合恭折叩谢皇上天恩。伏乞圣鉴。谨奏。

148. 奏历城等县设立车局日期片

光绪二十一年二月二十一日(1895年3月17日)

再,东省山湖两路设立车局,业经臣酌拟章程,奏奉朱批:着照所请。该部知道。单并发。钦此。钦遵转行在案。

现值登州府属军情紧急,奉旨饬拨总兵丁槐、陈凤楼、李占椿二十五营留东进剿,陆续抵防,运送军装车辆络绎于道。自省城以迄烟台,计程一千余里,路途既极绵长,地方亦较偏僻,若责成沿途州县站按备车接替,设有贻误,关系匪浅。臣与司道一再电商,拟于历城、潍县、掖县、黄县各设车局一处,每局照省西章程,各养长车六十辆。省城车局,饬委候补知府吴煜,会同济南府知府鲁琪光、署历城县知县吴观敬妥为经理。潍县车局,饬委即用知县李务滋,会同署潍县知县王天培;掖县车局,饬委莱州府知府彭念辰、莱州府同知苏龙瑞,督同署掖县知县杨德成;黄县车局,饬委候补知州萧腾骧,会同黄县知县萧启祥,分别经理。一面由臣刊发告示,严禁克扣,广为招徕。

惟省东民间蓄车无多,向不出揽买卖,雇觅甚难。南来各军又不知爱惜马力,每装一车率重千数百觔,三套者多难负此重运,鞭挞横加,牲畜动多倒毙。各局累不得已,乃多改用四套、五套之车,以供其用。第牲畜数既加增,草料价复昂贵,若不从优给值,恐启抑勒苛派之渐。臣参酌时宜,稽考成案,拟请雇养大车统以四套为率,每辆每百里给脚价银一两五钱,回空每百里给喂养银八钱,坐住日亦给喂养银八钱;轿车一辆,每百里给脚价银九钱,回空每百里给喂养银五钱,坐住日亦给喂养银五钱。另委妥员逐站督运,携带银两,亲自发给,不假胥役之手。如遇车辆不敷应用,先期由省电知各局,飞饬附近州县添雇协济。其协济车价,照局章核发,守候、回空一体给价,以恤民力。至局中各员薪水及司事、书役工食,仍按官阶及向章分别支给。自二十一年正月初八日起一律设局,所有支发各项银两统归海防军需案内作正开销。据善后局司道详请奏咨前来。

臣覆核无异。除檄饬印委各员遵照办理,并咨部查照外,理合附片陈明。伏乞圣鉴训示。谨奏。

光绪二十一年三月初九日奉朱批:该部知道。钦此。

149. 奏派员采购军粮设局转运扣饷归还片

光绪二十一年二月二十一日(1895年3月17日)

再,臣维欲求强兵,必先足食。山东滨海之地,素鲜盖藏,全赖海艘贩运奉天粮食,源源接济。上年夏秋以来,倭氛不靖,海道阻绝,粮贩不通,沿海登、莱、青、武各府属民食已甚不敷。复因防营云集,粮价日增,现当青黄不接之时,更虞缺乏。且东省营制,月领饷数绌于湘、淮章程,若坐视军士群相食贵,殊非体恤之道。臣与司道再四筹商,业已派员由兖、沂各府,及江苏、河南边境,分投采购,设局转运,以资军食。其粮价,仍由支食各兵勇应领饷内扣收归还。所需运脚、局用等项,随同转运军饷、军装、军火脚价案内,另册造报。庶士马收饱腾之效,而报销亦易于稽核矣。据总理善后局务司道详请具奏立案前来。

除咨部查照外,谨附片陈明。伏乞圣鉴。谨奏。

光绪二十一年三月初九日奉朱批:该部知道。钦此。

150. 奏请援案截留京协各饷折

光绪二十一年二月二十一日(1895 年 3 月 17 日)

奏为山东海防紧要,兵多饷绌,恳请缓案截留京协各饷,以济急需而免贻误,恭折仰祈圣鉴事:

窃自上年倭人败盟,海疆告警,东省沿海千数百里即陆续添营增兵。嗣因荣成、威海等处失陷,寇焰益张,海防益急。统计前后添募各营,及截留各军,几及八十营之多,所需官弁勇夫薪饷,并制造转运军火、器械等项,月需饷银二十余万两。即以十个月计之,亦需银二百余万两。通省正赋除蠲缓民欠外,正耗并计,岁仅入银二百四五十万两。而黄、运河工经费,满、绿各营俸饷,以及京、协各饷,皆取给于此。在中稔之年,出入尚难相抵。若遇灾祲蠲缓,靡不倍形竭蹶。历年清厘交代,严催旧欠,库款仅堪敷衍。乃自办理海防以来,既于各库拨解户部的款、另款,又供亿主、客各军薪饷、器械、马夫沿途车马等费,早已罗掘一空。本年一切例支,尚不知从何措给?山东为南北枢纽,关系全局安危。仰蒙圣主廑念东防,屡拨援军。以如此重地,驻如此重兵,脱或饷匮兵哗,军事何堪设想?

臣与司道再四筹商,非请拨部款,不足济此急需。然饷为军士养命之源,不可一日缺乏。且恐部拨之款,皆由各省提拨,辗转需时,不若援案截留本省应解京、协各饷,较为便捷。因查从前修培大堤需款,部议以工程紧要,指拨各省深恐缓不济急,酌拟截留山东光绪十一年应解京饷银二十六万两,粮道库动拨银四万两。又十一年钦奉懿旨恩赏灾民冬赈银五万两,部议令将是年未解京饷银四万两就近提留,再于未解盐课京饷内划留银一万两。迭奉谕旨:依议。钦遵在案。现在海防用兵吃紧,军饷之需似较工赈为尤要。除上年添拨内务府经费,藩库应解银二万两,运库应解银一万两,系供内廷应用,仍当照常拨解外,所有东省每岁藩库应解京饷银四十万两,边防经费银十二万两,固本兵饷银六万两,直隶东明河工银二万两,北洋铁路经费银三万两,东三省俸饷的解六成实银十三万八千余两,贵州协饷的解三个月实银二万余两,运库应解京饷盐课银十四万两,加价银七万两,临清关应解奉天省俸饷银二万两,吉林省俸饷银一万两,粮道库应解边防经费银五万两,北洋铁路经费银二万两,共应解银一百一十万两有奇。尚有土药、税厘尽征尽解,并无定额。均拟请援案截留停解,暂供半年军饷,免致束手贻误。方东省初办海防时,增营无多,犹能于各库设法拨解的款、另款,以济部用。今则增兵数倍,需饷孔钜,时艰势迫,实属无可如何。不得不亟思变通,以救眉急,事处万分为难,当为部臣、疆臣所共谅。据布政使汤聘珍、盐运使李希莲、督粮道恩焘、济东泰武临道张上达,并善后局司道会详请奏前来。

合无仰恳天恩,俯念东省海防紧要,兵多饷绌,准予援案截留京、协各饷,以济急需,而免贻误,出自逾格鸿慈。除咨部查照外,理合恭折具陈。伏乞皇上圣鉴训示。谨奏。

光绪二十一年三月初九日奉朱批:户部议奏。钦此。

151. 奏议覆漕运铁路折

光绪二十一年三月初一日(1895年3月26日)

奏为遵旨筹议漕运、铁路,恭折覆陈,仰祈圣鉴事:

窃臣于光绪二十年十二月初二日承准军机大臣字寄,十一月二十九日奉上谕:户部议奏御史管廷献奏请规复河运一折。着按照该御史原奏四利十便,及户部所筹各节。悉心会商,妥议具奏等因。钦此。伏查该御史原奏四利十便,部议辩论周详,动中肯綮,早邀圣明洞鉴。遵经分别咨商,转饬筹议去后。

兹据布政使汤聘珍、按察使松林、盐运使李希莲、济东泰武临道张上达会详称:南路运河向归河臣经理,北路运河向由东省承办。自陶城埠以北、临清以南二百余里之枯渠,节节病淤,借黄未可深恃,专引积潦尤无把握。如果改弦更张,飞刍挽粟,诚不敢执拘墟之见,以铁路为必不可行。惟细绎该御史原奏,其所谓利与便,未必尽利尽便。所虑亦间有过虑。即如所称直隶、湖北制造铁轨等语,究竟丈尺若干?能否敷此二百余里之用?其长途转运,度地安置,约须几时?平垫道路,及路脚排桩,俾足载重,又须几时?纵可移缓就急,而为时已迫,恐不及济本年运务。此其便未可深恃者一也。又如所称舟车剥卸需夫,无业游民得资糊口等语。窃恐此二百余里之船,变有业为无业。沿河挑淤、抬浅、剥重诸役,素倚此以食力者,不知凡几,生机顿失,皆将变为游民。此其利未可深恃者一也。又如所称百货税厘岁增巨款,行旅便宜,不涉重洋等语。此二百余里之间,原为北运河地面,即使铁路告成,无虑阻滞,而上游之南运河以至黄河南岸之十里铺,尚须开坝渡黄。此坝启闭有常,每年自四月起,至十一月止,各湖开闸放水。济运余月,皆闭闸蓄水。闭闸之时,百货来源已断;开放之际,粮艘拥塞已多。商情锱铢必较。铁路之便,便止二百里;海舶之便,便辄千万里。恐未必舍彼趋此。此其利未可深恃者又一也。至所称八可虑,大要虑海道之阻耳,粮运之少耳。而未经虑及者犹有说焉。造路全凭铁轨,直隶并未停废,湖北亦须自造,铁轨无从分拨,必得筹款购铁,另行度地造轨。运河两岸,堤埝曲窄不平,碍难迁就,又须购地安设。稽诸成法,其双轨之路,占地宽七丈,连取土共占地二十丈。每一里路,须占地六亩。工料、地价并计,造成铁路一里,约需万金。以北运河二百余里计之,共需银二百余万两。如以十里铺为建路之始,中隔黄河,则必添建铁桥,方能利济,长约五六里,测估工需,又不下数十万两。且黄流中洪湍激,沙少松浮,桥脚难以屹立,即不惜工本,恐非人力所能为。倘竟辍桥工,则天险不能飞越,仍须候泛渡黄,难避风涛之险。总之,工巨费繁,目前艰于集事。值此海防吃紧,库款罗掘一空,竭蹶万分,虑难兼顾等情详请复奏前来。臣博采周咨,核与该司道等所议相符。

除其余应议各节,另由各省督抚臣会商议奏外,所有遵旨筹议漕运、铁路缘由,理合恭折覆陈。伏乞皇上圣鉴。谨奏。

光绪二十一年三月十九日奉朱批:知道了。钦此。

152. 奏推广河运事宜三条片

光绪二十一年三月初一日(1895年3月26日)

再,臣维铁路急切难行,漕运关系非浅,与其纷更而鲜济,莫如筹划以从长。兹于墨守之中,寓以变通之道。谨将推广河运事宜,分条胪列,为我皇上敬陈之:

一、江浙漕粮宜酌量增加也。查每粮船一只,照章附剥船二、划船一,共只应载粮米二百石,实可共载一千石。船户利其能夹带货物,偷漏税厘,船价不必昂而争先受雇。今请多加船价,严定夹带货物之禁。每船责令实装粮米六百石,船力仍宽绰有余。共船九百余只,每年计可运粮六十万石。河道不必改,船数不必增,而运粮可增两倍。且粮船不夹带货物,税厘必益加多。以各路征收之税厘,抵粮船之加价,亦可有赢无绌。

一、河南粮石宜改运本色也。查河南粮艘沿卫河而北,可由道口径至通州,顺水行舟,最易为力。应令每年起运四十万石,或以折色改征,或将折色购运。若该省额征漕粮不敷此数,即以他省折色之银解往道口等处买补。虽豫省粳籼无多,而小米为用亦广。时势若此,即豫省折色已久,亦应变计,共济艰难。一转移间,较江苏河运漕粮,又可岁加两倍矣。

一、山东运河宜加意讲求也。查陶城埠旧拦黄坝,原宽八丈,嗣以大汛制溜,缩成五丈,既而竟塞。此坝于下游相去八九十丈,别筑新坝以避洪流之险。上年又塞新坝,仍复旧坝五丈制,此拦黄坝新旧宽窄之原委也。上年黄汛极小,不敷浮送。东昌府知府洪用舟,既复旧坝以迎黄溜,又多方导引积潦,始克济事。积潦固未可常恃,而黄泛大小亦复岁有不同。拟请先将河身大加挑浚,新旧两坝并行修筑备用。旧坝仍宽八丈,新坝可宽五丈。水大则启新坝,水小则启旧坝,漕船均可畅行无阻。

以上三条,如能行之有效,不必遽兴铁路,而漕运日增,可以济海运之穷。据藩司汤聘珍等议详前来,理合附片具陈。是否有当,伏乞圣鉴训示。谨奏。

光绪二十一年三月十九日奉朱批:户部议奏。钦此。

153. 奏顺天购粮平粜经过东省免征税厘片

光绪二十一年三月初一日(1895年3月26日)

再,前准户部咨御史管廷献以近畿粮价腾涌,兵民艰食,奏奉谕旨,遣员招商购粮,运至天津、山海关一带平粜,豁免税厘,自应钦遵办理。惟查山东常年产粮,不敷内地食用,沿海各属向赖奉天粮食接济。自倭人开衅以来,海艘不通,粮贩不至,各路防营云集,粮价日昂,民食兵糈,在在均虞缺乏。臣已奏明派员由兖、沂各府及江苏、河南边境,分投购粮,设局转运,以资军食。现在增兵之多,需饷之繁,几与奉天情形相埒。若再筹款遣员采买,远道转输,实属力难兼顾。然奉省为根本重地,大局攸关,亦当广为设法,期于商贩流通。上年十二月至本年二月,迭准顺天府府尹臣咨会,招商赴河道口等处采买米、麦、杂粮,发过十四起护照六百一十八张,共计购粮一百二十八万五千石。俱由卫河运至通州,入京办理平粜,法至善、数至巨也。似源源济运,正与该御史所奏办法相同。顾法可因人以立,而人每缘法为奸。盖粮商包揽影射,是其惯技。亦有因粮数过多,本商挟赀不赡,难免将护照出售与人,辗转增费,则粮价仍未必果抑。且经过关卡,有无夹带私货,例应查验。或以石数不符,或以限期未注,又不免因此阻滞,则粮运亦未必果畅。值此河冻正开、青黄不接之际,虽税厘关系饷源,而畿疆需粮孔急,关系尤重,不得不因时变通,招徕广运。拟自本年二月为始,至前五月底止,凡遇粮船经过东省,各关卡查验护照载明石数,不论有无期限,一律加戳,免征厘税放行。并严禁胥设需索留难。仍应核计免征税厘之多寡,归于奏销案内,抵算分数之盈绌,以符定章。如此经权互用,则商贩不招而自至。粮船无阻而畅行,粮聚则价必自平,民食兵食皆有赖矣。

据布政使汤聘珍并善后厘税局司道会详请奏前来。除咨部查照外,理合附片具陈。伏乞圣鉴。谨奏。

光绪二十一年三月十九日奉朱批:户部知道。钦此。

154. 奏粮船护照逾限照常完税片

光绪二十一年三月初一日(1895 年 3 月 26 日)

再,山东税厘,向以粮食为大宗。岁解固本兵饷,专赖各卡厘金。协拨奉天、吉林俸饷,专赖临清关税。一自各路购粮平粜,税厘并免,饷源因而短绌,非稽征之不力也。惟当此兵民艰食,急求平价,不得不酌量变通。自本年二月起,至前五月底止,四个月以内,护照之有无限期,姑置弗论。迨四个月以外,仍须察看情形,计真稽查。其稽查之法,全在护照载有限期,自何日给照,至何日缴销,赴何处采购,归何处平粜,均应于照内注明,以凭验放。如验无限期,及逾限未缴者,照常完纳税厘,庶粮商不致弊混,而饷源可免枯竭矣。

抑臣更有虑者,前奉谕旨饬禁内地米粮,一概不准出洋。仰见圣谟广运,防范綦严,现查卫河一带,粮船纷纷北行,驶过临关直抵天津,四通八达。万一奸商盗运出洋,适足以济寇粮。极应纵严稽察,以塞漏卮。除咨直隶督臣查禁外,谨附处片陈明。伏乞圣鉴。谨奏。

光绪二十一年三月十九日奉朱批:户部知道。钦此。

155. 奏谢天恩折

光绪二十一年三月初二日(1895 年 3 月 27 日)

奏为恭谢天恩,仰祈圣鉴事:

窃臣于光绪二十年十二月二十八日钦奉电旨:李鸿章、李秉衡各电奏,倭兵登岸,荣成失守。览奏殊深愤满。东省兵力转单,致有疏失。李秉衡自请议处,着加恩宽免等因。钦此。又准吏部咨光绪二十一年正月初十日军机大臣面奉谕旨:李秉衡电奏,威海失守,请将带兵各员严议,并自请严议等语。李秉衡调度失宜,究因兵单所致,着加恩改为交部议处等因。钦此。又准吏部咨光绪二十一年正月二十七日军机大臣面奉谕旨:李秉衡奏,文登县、宁海州先后失陷,请将地方文武各官革职留营效力,并自请严议一折。李秉衡着加恩改为交部议处等因。钦此。迭将感悚下忱,于电奏内附陈在案。嗣经吏部按照本例两案各议,以降二级留任,不准抵销。先后奉旨允准。于二月初七、二十八等日准吏部咨行到臣。钦诵之下,惭悚交萦。伏念臣未习韬钤,谬膺军旅,愧无克敌擒渠之略,时切力小任重之虞。乃蒙圣德如天,温纶逮下。不责臣之竭蹶,而有殚竭心力之褒;复鉴臣之迂疏,而有益矢公忠之训。虽失律屡烦睿虑,而加恩迭荷优容。凡兹非分之邀,益切返躬之疚。臣惟有拊循将士,激励戎行,共矢卧薪尝胆之忱,以作敌忾同仇之气。

冀得布昭圣武，绥靖海疆，仰答高厚生成于万一。

所有微臣感激下忱，谨缮折叩谢天恩。伏乞皇上圣鉴。谨奏。

光绪二十一年三月十九日奉朱批：知道了。钦此。

中国近代人物文集丛书

李秉衡集

（中）

戚其章 辑校

中华书局

156. 奏藩司汤聘珍请赴前敌代奏折

光绪二十一年三月初三(1895 年 3 月 28 日)

奏为据情代奏,仰祈圣鉴事:

窃据布政使汤聘珍禀称:本年正月初六日奉电开准总署电,正月初四日奉旨:本日据李秉衡奏称,东省海防陆路非添募三十营不可。现在东省陆防需兵甚急,着照所请,赶紧陆续招募。藩司汤聘珍晓畅营务,法越之役颇著战绩。现在募勇事宜,即令就近经理。俟募有成数,或即饬令汤聘珍统带。及届时如何分防,再由李秉衡奏明办理。钦此。希即钦遵举办。并钦遵统领等因。其时适古州镇丁槐奉旨援东,聘珍旧与同亲矢石,深知其谋勇兼优。乃商请添募数营,并札饬副将陈大胜添募三营,均经随时电禀。并钦遵照料在案。聘珍以一布衣位至藩司,当海疆多事之秋,正提剑酬恩之日。矧此番跪聆电旨,尤令悚惶感泣,不敢一刻自安。特彼时东路正紧,荣、文、宁、威不守,后路空虚,人心惶动,省城根本万分吃重。聘珍深筹积虑,不敢虚拥统领之号,而仍自深居省城,尤不敢搏奋赴前敌之名,而轻离根本重地。是以只能在省钦遵照料。今者,荣、文、宁、威次第收复,东路松,西北紧矣。方东路之紧也,虑寇直趋省城,以梗南北之气,则不敢一日离省城;及西北之紧也,又虑寇由武定北犯,以增畿辅之忧,则不敢一日忘前敌。再四思维,惟有仰恳察核，或将藩司篆务另行委署，俾聘珍得以躬赴前敌，专意兵事，稍图报称，实为此生之幸。倘以后路军饷、军械转运等事，均关重要，必责聘珍综理，不令躬赴前敌，则聘珍亦当祗遵。惟此不敢惮险、不敢惮劳之下忱，应请据情奏明，以纾圣主采及封菲委任之至意等情。禀请代奏前来。

理合据情代奏。应否敕令汤聘珍躬赴前敌，抑或仍留后路综理饷械转运之处，恭候圣裁。谨缮折具奏。伏乞皇上圣鉴训示。谨奏。

光绪二十一年三月二十日奉朱批：另有旨。钦此。

157. 奏遵旨详查丁汝昌等死事情形折

光绪二十一年三月初三日(1895 年 3 月 28 日)

奏为遵旨详查丁汝昌等死事情形,恭折覆陈,仰祈圣鉴事:

窃臣于光绪二十一年二月十五日,在莱州营次承准军机大臣字寄,二月初十日奉上谕:有人奏,闻刘公岛失后,倭人将丁汝昌等五柩,并兵民四千余人,送至烟台。铁甲、鱼雷各舰,均为倭掳。情节支离,未敢深信。请旨饬查等语。丁汝昌等死事情形,李秉衡相距较近,见闻必确,即着详细查明,据实具奏。原片着钞给阅看。将此由四百里谕令知之。钦此。仰见朝廷鉴死事之忱,复寓核实之意,钦服莫名。

查威海失后,镇远等铁甲及鱼雷各艇均为倭掳。正月二十四日,倭遣先经掳去之康济船并一民船运送丁汝昌、戴宗骞、刘步蟾、张文宣、杨用霖等五柩,此外尚有沈寿昌、黄祖莲二柩,至烟台迤东之巍岱山。并先后遣放兵勇四千余人至烟。据东海关道刘含芳及北洋营务处候选道牛昶炳、马复恒禀称:正月初五日,威海南台失后,倭以龙庙嘴之炮击我舰艇,广丙大副守备黄祖莲中炮阵亡。初七日,北岸全台俱失,戴宗骞吞金死。自初八日以后,将我南岸三台之炮修好,复于北三台山顶添设快炮,与口外倭舰水陆夹攻岛、舰,迭被击沉。十六日,总兵刘步蟾将已沉之定远船用鱼雷轰散,于是夜仰药死。十七日，倭雷艇又从两口分进，并南岸台炮三面环攻。丁汝昌欲率各舰冲出，奈口外倭舰、雷艇布满，兼以各舰行钝，无法冲出；而居民及水陆兵勇万人又哀求活命，丁汝昌乃与马格禄面商，告倭水师提督伊东云：本意至船尽人没而后止，因不忍贻害军民万人之性命，属倭军入岛后，中外官兵民人等不得伤害，均应放回乡里等语。派广丙管驾程璧光送往倭提船。璧光开船之时，丁汝昌与张文宣先后仰药，至晚而死等情。

据此，臣查道员戴宗骞素敦气节，当倭势披猖，该员见绥、巩等军将弁人各一心，即虑无以制敌，慨然有以死勤事之志。正月初七日，南台失后，戴宗骞率两营守北台，迨兵溃力竭即以身殉。忠义之忱，皎然共见。业经北洋大臣李鸿章具奏，仰荷天恩赐恤，可慰忠魂。总兵刘步蟾为定远管驾，十二日定远被倭击沉，刘步蟾恐为敌所捞获，十六用水雷将船身轰散，即于是夜仰药死。船亡与亡，志节懔然，无愧舍生取义。总兵张文宣为护军统领，正月初七日臣在烟台接文宣来电，谓刘公岛孤悬海中，文宣誓同队勇先用力，后用命等语。是其致死之心，蓄之有素，卒能舍命不渝，亦属忠烈可嘉。护总兵杨用霖为镇远副管驾，该道等原禀未述其死事时日。闻大东沟之战，镇远管驾林泰曾潜匿不出，杨用霖力任战事，腿足弹伤，犹坚立不退。其见危授命，当亦可信。此外，如济远大副沈寿昌，系在牙山陈亡，已经奏请恩恤。守备黄祖莲，于初五日在岛澳中炮，更为人所共知。惟丁汝昌以旅顺失事，奉旨革职，拿交刑部，其历次罪案已在圣明洞鉴之中。战败死绥，仅足相抵。倘日后有以请恤之说进者，朝廷必力斥其非，无俟臣下鳃鳃过虑。至降倭之说，臣愚以为事即不虚，而敌方构兵，既难责以归还，即无从加之以罪。若果死事属实，只可宽其既往之愆，此外固亦无庸深论，是否有当,伏候圣明采择。

所有遵旨详查丁汝昌等死事缘由,理合恭折具奏。伏乞皇上圣鉴训示。谨奏。

光绪二十一年三月二十日奉朱批:另有旨。钦此。

158. 奏复漕督松椿署漕督邓华熙被参各款折

光绪二十一年三月初三日(1895 年 3 月 28 日)

奏为遵旨确切查明,据实覆陈,仰祈圣鉴事:

窃臣于光绪二十年十二月二十二日在烟台营次,承准军机大臣字寄,十二月十七日奉上谕:有人奏,漕运总督松椿,毫无振作,专好逢迎,甚至公事画行,付之眷属,地方利弊,悉听门丁。署漕督邓华熙,素称巧宦,署任之际,囊橐是营,不能整顿。请饬查办等语。着李秉衡按照所参各节,确要查明,据实具奏,毋稍徇隐。原片着钞给阅看。将此谕令知之。钦此。遵即遴委候补道吉灿升驰往清江,照原参各节逐一确查去后。

兹据该道查明禀复前来。如原奏所称松椿毫无振作、营伍听其缺额各节。查松椿自莅任以来,漕河诸务均系循照旧章办理。并饬令各防营缉捕大匪,酌增考功过、定尝罚章程,未闻有听其缺额情事。惟查有营官欧阳成松,平日颇有声气,先经松椿委令管带淮海水师左、右二营。上年秋间,邓华熙到任,复委添募炮勇一百名,闲散武员半多怨望,遂佥谓该营官移步换形,有以水勇抵充炮勇之谣。但系传言,未为实据。又原奏内称属员专好逢迎一节。上交不谄,本非尽人所能。惟逢迎者何人?所逢迎者何事?原参既未指实,事无左验,不敢臆断。又原奏谓其公事尽行付之妻女一节。底稿自存档案，此事非外间所能知闻。松椿素勤于判牍，所核各稿时有亲笔删改之处，画行之件似不至假手他人。恐系传闻失实。原参又谓其地方利弊悉听门丁一节。访查漕署门丁，有张兰轩、郭来宾二人，司阍有年，地方熟悉，商民时有往来。查该门丁等尚无作弊实迹。惟既为人指摘，其素非谨慎可知。至原奏内称署漕督邓华熙素称巧宦，署任之际囊橐是营，不能整顿一节。查邓华熙在署任三月有余，正值海防吃紧，募兵筹饷，公事烦难之际，为期未久，即交卸回江苏藩司本任，尚未闻有营私废公情事。以上松椿、邓华熙被参各节，或传闻失实，或查无确据，应均请免其置议。惟营官欧阳成松，迭奉营差，未孚众论；门丁张兰轩、郭来宾，久在漕署，致启众疑，均非事出无因。可否敕下漕运总督松椿，欧阳成松撤去管带，不准在漕标当差。并将门丁张兰轩、郭来宾即行驱逐，以重军实而息浮言之处，伏候圣裁。

所有遵旨查明据实复奏缘由，谨缮折具陈。伏乞皇上圣鉴训示。谨奏。

光绪二十一年三月二十日奉朱批：另有旨。钦此。

159. 奏劾漕运总督松椿等片

光绪二十一年三月初三日(1895 年 3 月 28 日)

再,密陈者:漕运总督驻清江浦,该处为运道所经,南北咽喉,最关紧要。近日奉、直各军所购外洋枪械,悉萃于此,商贾辐辏,为东南一大都会,未必不为倭人所垂涎。臣前电奏倭船驶至安东卫,探询海州、青口路程,难保无窥伺清江之意。该处须有大兵驻扎,尤赖有知兵大员,控驭得宜,方为缓急可恃。漕运总督松椿,人尚平正,办事亦颇谨慎,惟以目下清江事势而论,似难必其胜任。大局所系,敬谨直陈。应否酌予更调,以期人地相宜之处,出自圣裁。至江苏布政使邓华熙,云南知府洊升今职,其人素系巧滑一路,臣亦早有所闻。窃以今日之藩司,即异日之督抚。为大吏者,必须廉正忠诚,整躬率属,方足以维持全局。若以巧滑者久居高位,使之平章庶政,进退百僚,恐浮伪日滋,于吏大有关系。臣与邓华熙素未谋面,此次署理漕运总督亦查无实在劣迹,惟原参谓其素称巧宦,不为无因。臣受恩深重,既有所知,不敢缄默不言。谨附片密陈。伏乞圣鉴。谨奏。

光绪二十一年三月二十日留中。

160. 奏挑浚北运河估需经费数目折

光绪二十一年三月十七日(1895 年 4 月 11 日)

奏为遵旨挑浚北运河,以利漕行,估需经费数目,恭折仰祈圣鉴事:

窃照本年办理河运,江北起运漕米一十二万七千八百余石,江苏起运漕米一十万石,业经两江督臣奏奉谕旨,饬将漕船经行河道认真挑浚,务期一律深通,以利漕行等因。钦此。

除南路运河向归河臣经理外,所有陶城埠迤北河道,经臣檄委东昌府知府洪用舟勘估去后,兹据该府禀称:陶城埠运口紧枕黄流,历年借黄济运,河身淤垫日高。自口门以至草桥,为黄水入运河咽喉,积淤尤厚、而口门之外,又淤起沙滩一片。每当乘汛开坝,往往船入未半,水落挂淤,非候盛涨不能继进。若不早为变计,必致贻误堪虞。查勘口门迤东里许,尚有临黄旧口门,废弃多年,现拟一并修复,以备西口停淤,则开东挑西,东口停淤,则开西挑东。口门东西并立,均须建坝厢埽,庶可更番进船,不为淤阻。设遇水大流急,即于两口中酌量启坝,免致掣流为患。惟口门钭接正河之支河一道,久已淤塞,应与口门外之淤滩同时挑浚通畅。并于两岸及东西支河相距处,分筑堤埝,以束水势。埽坝经历三汛,料物朽腐,亦应修整。自陶城埠起,至临清州卫河止,绵长二百余里,地势南高北低，运堤节节残缺，极应分别挑筑，工程实为浩大。但当此筹办海防，库款支绌，不得不力求撙节。统计挑修各工，共需大方工料银四万九千八百一十五两五钱六分二厘，减平在内。造具估册呈请核办前来。

臣查该府所拟办法，并估计经费银数，均尚核实。应照历办成案，饬由藩司筹款给领，责成该府督率印委各员赶紧兴工，认真办理，勒限于漕船未到以前一律完竣，不准草率偷减。仍俟工竣，将用款造册报销。除咨部查照外，所有估挑北运河缘由，理合恭折具奏。伏乞皇上圣鉴。谨奏。

光绪二十一年四月初一日奉朱批：该部知道。钦此。

161. 奏王连三新募各营请拨饷项折

光绪二十一年三月十七日(1895 年 4 月 11 日)

奏为东省饷项支绌,曹州镇总兵王连三新招各营,拟请敕部筹拨饷银,恭折仰祈圣鉴事:

窃臣准钦差大臣刘坤一咨:曹州镇总兵王连三带兵驻扎榆关九门口,兵力单薄,奏命另招三营,并将原带之八百人添招二百名,凑足两营,共合五营。所需薪粮等项,仍归山东支发等因。奉旨允准。钦遵咨会到臣。

伏查该总兵原带练军步队八百人、马队二哨,现又添募勇丁,共成五营,驻扎冲要之地。所需粮饷,东省力苟能筹,自应兼顾,何敢稍分畛域?惟山东海防紧要,滨海口岸周匝千有余里,前以防营不敷分布,奏奉谕旨添招三十营,近已次第成军。新旧合计,将及八十营之多。自本年二月以后,饷银每月约需二十余万两。供亿浩繁,日不暇给,而库款奇绌,几同无米为炊。万不得已,奏请截留京协各饷,以济眉急。王连三新添各营,所需薪粮等项,东省实无款可以再筹。据善后局司道具详请奏前来。合无仰恳天恩,俯念东省竭蹶情形,敕部另行筹拨王连三新添各营之饷,以免贻误军食。出自鸿慈,谨缮折具奏。伏乞皇上圣鉴训示。谨奏。

光绪二十一年四月初一日奉朱批:户部议奏。钦此。

162. 奏请将殉节道员戴宗骞事迹宣付史馆折

光绪二十一年三月十七日(1895 年 4 月 11 日)

奏为殉节道员功迹卓著,吁恳天恩,宣付史馆立传,恭折仰祈圣鉴事:

窃已故统领绥巩军三品衔记名遇缺简放道戴宗骞,于光绪二十一年正月初八日在威海力竭自尽,经大学士北洋大臣李鸿章奏奉恩旨,从优议恤。圣慈高厚,感戴同深。惟念该故道见危授命,志洁行芳,其平生事迹尚有亟待表彰者。谨再为我皇上陈之:

伏查该故道,安徽寿州人。同治初年,值捻匪苗沛霖之乱,全境被陷,该故道由廪生办理团练,屡挫贼锋。六年,诣李鸿章行营,条陈平捻十余策。李鸿章器之,招致戎幕,襄赞军事。捻匪肃清,随赴湖北,转援陕西,调驻直隶,派充盛军总理营务处,兼理屯田赈抚事宜。光绪元年,盛军兴办京东水利,该故道办理新城一带疏河、营田诸务,驰驱河干,履勘水道,酌宣泄之宜,居民藉免昏垫。营田钜细章程,皆其手定。至今稻田弥望,岁收粮数十万石,军民咸食其利。六年,经会办吉林边务今湖南巡抚臣吴大澂调赴吉林,统领绥字马步全军,进驻三姓。吉林马贼肆扰,深为民害。该故道督队入山搜剿积年巨匪,竭数月之力,追逐八百余里,生擒贼目十余名,阵斩百余名,松花江岸肃清。八年,创筑江岸炮台,开通宁古塔山道三百余里。九年，调回天津新城。十年，移防昌乐、抚宁等县洋河、蒲河各海口，督筑长墙炮垒，安设水雷电线，疏浚河道，修治桥梁，内练士卒，外辑商民，劳勩最著，洊保直隶州知州以知府升用。吴大澂称其忠信闳通，体用兼备。李鸿章称其志趣正大，谋虑精详，有古儒将之风。荐剡所陈，皆仰邀圣鉴。十三年，李鸿章檄调所部绥字四营，并饬兼统巩字四营移防威海。数年中，修筑海墙，开通山道，创建南、北各炮台，续建水雷营、火药库，经营缔造倍极勤劬。十九年，李鸿章复以该故道志趣廉正，经济宏通，文武兼资，深堪倚任，保奏引见。奉特旨以道员记名简放。二十年九月，臣至威海，与论守御事宜。以后函电往还，语皆忠义奋发。时奉省军务失利，每闻诸将逃溃，辄击案涕泣，谓其负国厚恩。臣固知其志节皎然，不至丧其所守。十二月，倭寇陷荣成。威海后路沿海数百里，备多力分，战辄失利。该故道屡次来电，誓与所守台共存亡。本年正月初五日，倭悉锐攻威海，由山坡越岭而进，南台失陷。该故道以孤军腹背受敌，犹奋身力战，坚持三日。迨至势穷力竭，卒以身殉。厥后刘公岛之失，刘步蟾、张文宣诸员相继殉节，皆该故道之忠义有以倡之也。自海上用兵以来，迭失名城要隘，文臣之死事者只该故道一人。其生平志行卓荦，政绩昭垂，在人耳目。临难复从容引决，舍命不渝。揆诸古人之取义成仁，殆无愧色。合无仰恳天恩，俯准将该故道戴宗骞事迹宣付史馆立传，以彰忠节。至可否予谥建祠之处，出自逾格恩施，非臣下所敢擅请。谨缮折具奏。伏乞皇上圣鉴训示。谨奏。

163. 奏请将傅凤翔等附祀优恤片

光绪二十一年三月十七日(1895 年 4 月 11 日)

再,据署昌邑县知县汪望庚详称:据沿海侦探委员河南候补知府傅凤飏遣抱呈称,凤飏胞弟、一品荫生四品衔花翎候选直隶州知州傅凤翔,于光绪十七年投效奉天将军裕禄军营,派充营务处,兼办火药局事务。二十年八月,经已故总兵左宝贵调赴前敌,管带马队。八月十三、四等日,随同左宝贵在平壤与倭接仗,手刃数人。迨左宝贵阵亡,傅凤翔抢护遗骸,出平壤西门里许,又遇倭人搏战,以众寡不敌,身受重伤,力竭殒命,尸骸无存。同时阵亡尚有傅凤翔之侄武生傅朋寿、把总用补用外委傅介福二人。恳一并奏请优恤,并附祀前湖北提督傅振邦专祠等情前来。臣查傅凤翔,系原任湖北提督予谥刚勇傅振邦之子,世笃忠贞,捐躯报国,死事极为惨烈。其侄傅朋寿、傅介福同时殒命,亦属义烈可矜。合无仰恳天恩,俯准将四品衔候选直隶州知州傅凤翔,及武生傅朋寿、把总用补外委傅介福,均敕部从优议恤,并附祀傅振邦专祠。出自鸿慈逾格,谨附片具奏。伏乞圣鉴训示。谨奏。

164. 奏报济阳高家纸坊漫口堵筑合拢折

光绪二十一年三月十九日(1895 年 4 月 13 日)

奏为济阳县高家纸坊漫口,堵筑合拢,恭折具陈,仰祈圣鉴事:

窃济阳县高家纸坊凌泛漫溢成口,经臣于二月十八日专折具奏。维时下游总办候补道丁达意,统带防营驻扎武定,由防次回工,督同提调候补知府仓尔颖,先饬弁勇盘筑裹头,一面派员购办料物,并调拨附近河防营分投赶办,连日进占。二月十六至十八日,大雪三昼夜,该员弁等督率勇夫并力工作,于十八日业经堵合。臣在莱州营次,据报二十五日电奏在案。是时天气奇冷,河冰解而复结,又雪深数尺,无处可取干土。该员弁等因急求竣工,于风雪中漏夜抢筑,土料具带冰凌,冀于断流后加筑后创,以资抵御。至二十、二十一两日,南风大作,天气骤暖,门占内冰凌融化,东坝突见蛰陷,勇夫赶紧压土。又值河水陡长二尺许,冰块满河,将东坝撞塌十余丈,水仍由旧门口冲入,西坝亦被淘蛰刷深一丈余及两丈不等。臣接据该总办续报,焦灼万分。即飞饬河防局添拨款项,檄行总办丁达意遴派妥员,加购秸料、桩绳,严督在工员弁克日抢办,限桃汛前堵筑合拢。丁达意办事向能认真,饬令先管西坝之参将杜荣福,兼管东、西两坝,以一事权。其掌坝、监工及买土、运料事宜,分派文武员弁各专责成。布置既定,东、西两坝同时进占。丁达意率同仓尔颖亲驻坝头督工,至三月十一日将金门占追压到底;一面填筑后创,于十二日亥刻闭气。坝外之水,亦即登时断流。共用过现银二万九千余两。据总办丁达意禀请具奏前来。

臣查此次漫口,当二月初间。据丁达意所勘形势,本不甚难。故估款仅及万金,冀可计日蒇事。因二月十六、七等日,风雪严寒,河冰复结,门占有冰凌追压,未能坚实。迨冰块一化,立见塌陷。又遇大风逼溜,掣动坝根,逐致已合复开,久稽时日。丁达意因杜荣福熟悉工程,派令总管两坝,在工文武员弁亦均能齐心努力,艰险不辞,于桃汛将临之日堵筑合拢,堪以上慰宸廑。在事各员弁从事河干,冲风冒雪,亦属著有微劳。臣已批饬暂行存记,拟请俟霜清后汇入防汛抢险案内择尤请奖。其所用款项,系于下游防汛款内动拨。惟额定防汛经费本无余款,今动用至二万九千余两,其善后工程尚不在内。如将来防汛实在不敷,再行奏明办理。并饬丁达意将善后事宜赶为布置,仍令提调仓尔颖督同文武委员妥办。该道即回武定营次,以重防务。

所有济阳高家纸坊漫口,现已堵合稳固缘由,理合恭折具奏。伏乞皇上圣鉴训示。谨奏。

光绪二十一年四月十三日奉朱批:该部知道。钦此。

165. 奏章高元车骡等银请由月饷扣还片

光绪二十一年三月十九日(1895 年 4 月 13 日)

再,刻值军务方殷,购械、练兵需款甚巨,东省旧募及奉旨新招各军,共计将近八十营,月需饷银二十余万,筹措倍极艰难,苟有可以节省之处,自不应稍涉糜费。查东省奏定海防营制,每勇三名用长夫一名,每营共长夫一百六十六名,此外不得再行添设。兹据善后局司道详称:准直隶东征粮台咨,据统领嵩武等营山东登州镇总兵章高元,在前敌营务处领去大车三十辆,价银三千四百两,骡驼银六百两,大车人工喂养银二千四十两,由该台共垫银六千四十两,请即筹还等因。臣查上年十二月二十一日,据正任直隶津海关道盛宣怀详称:章高元请直买骡驼车辆,价银七千七百余两,又每月人工喂养银二千两,请在烟台海防捐款项下拨给。经臣以该总兵所部八营,每营长夫一百六十六名,共有长夫一千三百余名,月需口粮已巨,当筹饷万分艰绌之际,碍难再添钜款,批驳在案。查各营额设长夫,原以备行营搬运子药、锅、帐之用。即从前湘军营制,亦不闻于长夫外,更添车骡名目。该总兵所请添买车骡各项,自难照准。兹既由东征粮台垫银六千四十两,固未便令其悬宕无着,亦不能另行筹款,致涉虚糜,臣已批饬善后局即在章高元八营一哨月饷内分期扣还,以清款目。谨附片具奏。伏乞圣鉴。谨奏。

光绪二十一年四月十三日奉朱批:该部知道。钦此。

166. 奏东省文武各官养廉核扣三成数目折

光绪二十一年三月二十二日(1895年4月16日)

奏为山东省文武各官养廉核扣部提军需三成数目,恭折仰祈圣鉴事:

窃照前准户部咨,于光绪二十年七月十四日条奏筹饷紧要案内声明,请将明年一年外省文武大小官员养廉按实支之数核扣三成银两,归入军需动用,先行报部,届时扣有成数,酌量指拨等因。奉旨允准通行。钦遵在案。

伏查山东通省文武官员养廉,虽存定额,而分扣汇总,头绪纷歧,由司移咨催查,有需时日。当此海疆多事,需饷浩繁,凡属大小臣工同有急公报效之忱,原无区别。惟文职首领佐杂各微员,武职千把外委各末弁,例领公无资,且恐尚须找解,款项零星,无裨军用,拟请概免提扣,以示体恤。其余文武各官,均登除扣款。按实支之数提扣三成,仍扣减平支发。而扣款成数,名目不一。东省养廉定章,有应扣由外弥补军需之款,如一、二品者扣一成,三、四品者扣二成,五品以下至七品之正印官扣三成,皆与部库无涉。又有应扣停给之款,如一、二品者扣三成,三、四品者扣二成,五品以下至七品之正印官扣一成。复有不论品级,统扣核减二成,并六分减平。除知府核减二成,奏准自同治四年免扣;州县核减二成,亦于是年奏准,扣归由外弥补军需外,余俱有关部库之项。加以本年部提军需三成,通盘递扣核算,则各官实支廉银仅有一、二、三成不等。窃思养廉之设,原所以激励廉隅。若减扣过多。未免办公不敷,转启亏挪之渐。臣与司道再四筹商,凡有关部库之停给、核减各成银两,仍应照旧核扣,再扣部提军需三成,递扣减平。其无关部库之由外弥补军需一成、二成,三成银两,均请暂行停扣,以资办公。统计光绪二十一年,核明通省应扣部提军需三成,共银六万三千九百一十四两二钱一分,内文职扣银五万八千八百五十五两六钱八分,武职扣银五千五十八两五钱三分。其中如有署事代理人员,及因事故扣缺者,照章半支半扣、不支不扣,以致扣不足数者,推展年限,扣清为止。容俟按季扣有成数,报部拨用。据藩司汤聘珍造册详请奏咨前来。

除清册咨部查照外,所有文武各官养廉提扣军需三成数目缘由,谨恭折具陈。伏乞皇上圣鉴。谨奏。

光绪二十一年四月十三日奉朱批:户部知道。钦此。

167. 奏寿张等县援案雇勇作正开支口粮片

光绪二十一年三月二十二日(1895 年 4 月 16 日)

再,兖州、曹州两府属,民俗强悍,盗风日炽,地方官勤于缉捕,捐廉雇勇购线,固不乏人。其或因缺分瘠苦,赔垫为难,遂至因循废弛。臣于上年八月间到任后,察看东省吏治,莫急于整顿捕务。欲求补救之方,宜筹体恤之道。值倭氛不靖,臣即出省筹防,并将各营调赴海口。明知腹地空虚,不得不先其所急。现在曹、济一带与江、豫交界等处,不逞之徒结党成群,意在乘虚滋事。臣已饬曹州府知府毓贤带马步各营,督同统带济字等营副将陈大胜等所部弁勇,会同地方文武上紧缉拿首要,务绝根株。并准两江、河南督抚臣咨会,该省亦有土匪勾结逃勇,肆出劫掠,务当毋分畛域,合力捕治,以消隐忧而固民志。惟地面广袤,兵力单薄,如处处添营招勇,不特内外兼筹,无此饷需,亦属无此办法。查咸丰三年间,捻、幅为患,经前抚臣李惠饬令兰山、郯城、费县各募壮勇三百名,奏准作正开销,至今犹收其效。臣因仿照办法,檄饬藩、臬两司酌量各州县情形,妥为筹议。兹据布政使汤聘珍、按察使松林会同商榷,拟于兖、曹两属地称难治、缺分最苦之寿张县、观成县,各雇壮勇五十名;城武县、钜野县、范县各雇壮勇六十名。以上五县,共计雇勇二百八十名,即归各该县自行管带,认真训练,随时巡防。每勇每日按名支给口粮银一钱，作正开销。统俟奏明，钦奉谕旨后，再行饬令各县如数雇勇。起支银两，汇入兰、郯、费三县勇粮报销案内，专案造报。较之添招防营，所省经费实多。即各该县呼应既灵，捕贼亦易得手。倘雇勇之后，境内仍有盗劫重案，以及短额克扣情事，定即从严参办，以儆玩泄等情。详请具奏前来。臣覆查无异。合无仰恳天恩，俯念寿张，观城、城武、钜野、范县捕务要紧，地方瘠苦，准如该司等所议，援案各雇壮勇作正开销，庶于吏治民生大有裨益。一俟盗风稍熄，即行裁撤，以节经费。出自逾格鸿慈，除咨部查照外，理合附片具奏。伏乞圣鉴训示。谨奏。

光绪二十一年四月十三日奉朱批：着照所请。该部知道。钦此。

168. 奏力阻和议折

光绪二十一年三月二十五日(1895 年 4 月 19 日)

奏为与倭人议和,条约尚须斟酌,谨沥愚忱,恭折驰陈,仰祈圣鉴事:

窃自倭夷犯顺以来,我水陆各军节节挫败,以致陪都告警,京师震惊。皇上不忍生灵之涂炭,特命北洋大臣李鸿章往东洋议款,本息兵庇民之心,非得已也。为臣子者,不能杀敌致果,纾庙谟宵旰之忧,苟和议于国体无伤而犹断断置辩,是以朝廷为孤注,徒快其议论之私。臣虽至愚,不敢出此。惟以臣所闻,和议条款有倭所得地方尽归倭有,暨辽河以东及台湾均割归倭,并赔银一百兆两之说。臣以为讹言,不足深信。即令倭以是要挟,皇上决不能允,而既闻此说,不觉忧愤填膺,有不得不披沥上达于君父之前者。敢敬陈之。

倭立国岛上,仅中华一二行省地耳。闻近来洋债日增,困穷已甚,非有长驾远驭之略也。其来中华者,劳师袭远,死亡相继,人数有日减,无日增。观于荣成、威海等处,得而不守。前以精锐萃于牛庄、营口,则海城以东久无动静。二月下旬,往功澎湖。则旅顺一带倭船绝少。其大枝劲旅止有此数,已可概见。特以轮船飘忽海上,往来甚捷,故觉其势尚张。而中国先无坚忍敢战之将,望风披靡，彼愈得肆其猖獗耳。然自去秋至今，所失不过奉天数州县之地。至辽河以东，东三省版舆之大，彼自以力征经营，得不得正未可定。奈何以数省之地，敌所力争而未必能得者，遽拱手以让诸人！有是理乎？

东三省为我朝发祥之地，根本所关，与京师相维系。且陵寝所在，列祖列宗之灵爽实式凭焉，一旦付之犬羊之族，在天之灵必有愀然不安者。我皇上至仁大孝，其肯听此狂悖不经之议，以堕我万年不拔之基也哉？台湾北连吴会，南接粤峤，幅员南北三千里，东西六百里，乃江、浙、闽、粤之要害。野沃土膏，物产蕃庶，为东西一大藩障。自巡抚改驻台湾，经营缔造又越数年。刘永福素骁果善战，敌即往攻，未必能克；倘割以畀之，东南数省无安枕日矣。乃者泰西各国环布中土，皆大于倭数倍，通商者据我要津，传教者愚我黔首，其蓄志均甚深。倭一得志，诸夷谓吾华土地之可利也，必狺狺然环向而起。肘腋之患，有已时哉！且中国之与外夷议和者屡矣，或偿其兵费，或准其通商，固未尝以疆土与人也。今既赔以巨款，又许以割地，瘠中华而奉岛夷，直纳款耳，无所谓和也。中国息借洋款已数千万，此次赔款又须借贷，合之数将万万。若用此巨款以养战士，以二十万人计之，每月只一百余万，岁计亦不过一千数百万。如能战胜，则赔款可以不给，而中国可以自强。孰得孰失，固较然易明也。

或者谓倭兵精炮利，我不能战胜，则土地终不可保。此又不揣其本之论也。中国自发捻平后，久不见兵革，各处营勇皆积疲不振，淮军更将骄卒惰，畏贼如虎，故寇焰愈炽，莫之敢撄。自海上告警以来，召将征兵已遍天下，筹饷购械糜帑数逾千万。近已布置稍定，兵机可期渐利。即谓海军覆没，彼水师不能制。而曩者法越之役，全以陆师，克复关、谅，法夷震慑乞款。是陆师得力，而彼之水师亦不得逞也。关内宿将，自宋庆、依克唐阿、唐仁廉而外，如聂士成、程文炳、董福祥、熊铁生、余虎恩各员，均素称敢战。以刘坤一老成硕望，为之主持而指挥之，战事必大有转机，于此而以和议曲徇其欲，则所用经费尽成虚掷，日后有事再仓猝召募，又蹈此时覆辙。而海内疲敝，势必不支，其祸有不可胜言者矣。同治之初，发、捻蹂躏遍天下，东南数省郡县半陷于贼，赖曾国藩等持以坚忍之力，卒底于平。今所失之地，视彼时只什百之一二耳，但使各将帅有卧薪尝胆之诚，恢复固非难事。安得谓彼所得者，遂尽为其有哉？

臣伏愿皇上乾纲独断，如彼族要挟过甚，则绝其和议，勿为虚声所恫喝，勿为浮议所摇惑。畿辅以东，责成督师大臣，慎简将帅，若者为前敌，若者为接应，其不力者汰黜之，如有不遵以军法从事。各省海疆战事，责成各督抚，有丧师失地者，重治其罪。上奋安民之怒，斯下励敌忾之忱。臣虽老惫，愿提一旅之师，以伸天讨，即捐糜顶踵，亦所不惜。迨彼族势穷力屈，就我羁勒，然后从容议和，则不至损威纳侮，亦可稍戢各国觊觎之心。大局幸甚！

臣迂直之性，罔识避忌，披沥上陈，不胜悚惕待命之至！谨缮折由驿驰奏。伏乞皇上圣鉴训示。谨奏。

169. 奏副将张福兴病故请恤折

光绪二十一年三月二十九日(1895年4月23日)

奏为调办海防副将积劳病故,吁恳天恩,从优赐恤,恭折仰祈圣鉴事:

窃臣于光绪二十年十月檄调总兵用补用副将台庄营参将张福兴,统带济右、河成、河定等营驻扎宁海州属之五台。该营弁勇向习河工,不谙操防。该副将亲督训练,昕夕无闲;又值警报迭至,督饬各营严防险要,夜间亲自巡视,恐有疏虞,往往彻夜不寐。十二月初一日,该副将旧恙已发,犹力疾点名督操。至初二日遽尔身故。据该营营官等禀报前来。臣比饬将身后事宜妥为照料,并将所带各营另行派员接带。臣查张福兴,湖北江夏县人。由武童于咸丰五年投效楚军水师营,克复武昌省城,手刃黄衣贼目,并克复大冶、兴国各城。七年,克复江西湖口县城,攻拔安仁、贵溪等处。九年,调赴皖军,克复凤阳府县城池。同治二年,调赴山东东治营,克复淄川县城,并剿办东昌白连池、沂州等处捻逆。五年十月,围剿肥城黄崖寨,左肩受刃伤,浴血猱升,奋死攻拔。历年大小百余战,身受重伤数十处,所向无前。经钦差大臣袁甲三、升任山东抚臣阎敬铭先后叙功,保至游击,管带振字营。六年五月,败贼于邹平、即墨、平度等处。七年三月,在茌平县之广平集与贼接仗,匹马陷阵，手挟贼目张标而出，贼众愕贻，官军乘胜斩首三百余级。四月，捻酋张总愚大队麇集茌平县西南，张福兴领兵潜袭之，斩馘无算。洊保以副将留东尽先补用，并赏给励勇巴图鲁名号，赏给三代二品封典。光绪元年，办理侯家林大工合龙，经升任山东抚臣丁宝桢奏保，俟补副将后以总兵留东补用，并加总兵衔。历任曹州镇标中营游击、抚标右营游击，台庄营参将，皆能举其职。该副将束发从戎，在军日久，其骁果善战，夙著名称，故臣特调来防，藉资臂助。不料防务未竣，遽一病不起，实堪悯惜。可否仰恳天恩，念该副将张福兴昔年屡著战功，此次复以积劳殁于营次，俯准敕部从优议恤之处，出自逾格鸿施。谨专折具奏。伏乞皇上圣鉴训示。谨奏。

光绪二十一年四月十八日奉朱批：着照所请。该部知道。钦此。

170. 奏缉剿土匪先将现办情形覆陈折

光绪二十一年三月二十九日(1895年4月23日)

奏为遵旨缉剿曹州府属土匪,先将现办情形恭折覆陈,仰祈圣鉴事:

窃臣于三月初八日在莱州营次,承准军机大臣字寄,光绪二十一年三月初四日奉上谕:御史管廷献奏,山东曹属土匪肆扰,恳发兵缉剿一折。据称,曹州杆匪头目有段瞎子等,纠集党类甚多,四出抢劫,地方深受甚害。又有金钟罩一教,一名铁布衫会,徒党日众,如有蠢动,较杆匪尤为可虑。请饬拿办等语。现在倭氛不靖,内地匪徒尤宜加意防范,着李秉衡饬属查明杆匪段瞎子等,按名严拿,务获穷办等因。钦此。又于三月十七日承准军机大臣字寄,三月十三日奉上谕:刘树棠奏,东匪阑入豫境抢掠一折。据称,本年二月间,突有曹州府属匪徒约马步八九百人,阑入豫境,由考城褚麻店一带南窜,又在睢州北境抢掠,仍即窜回东境,赶捕不及。并闻山东另有大股,亦将约期起事等语。曹属匪徒胆敢聚集多人,越境抢掠,若不合力剿办,恐此击彼散,贻害无穷。着李秉衡饬令曹州知府毓贤,督率防军迅将境内匪徒悉数扑灭。如再窜入豫境,即派队跟踪追捕,无分畛域等因。钦此。又于三月二十二准总理各国事务衙门电开,本日奉旨:王文韶电奏已悉。豫东边境,与直隶东明、长垣壤地毗连，即着王文韶饬令李大霆督带所部六营，扼要防堵，毋任贼踪阑入直境。并着刘树棠、李秉衡懔遵前旨，督饬派出员弁，不分畛域，实力剿贼等因。钦此。仰见朝廷禁暴诘奸、绥靖地方至意，钦悚莫名。

查曹属风气强悍，近值海疆多事，奸民乘机窃发，盗贼繁多。臣虽躬驻海防，而该处捕务未敢稍涉疏懈。上年秋间，已奏派曹州府知府毓贤募佐字勇营，办理兖、沂、曹三府缉捕事务。本年春间，闻各处匪徒啸聚，恐毓贤兵力太单，复饬由藩司转饬副将陈大胜添募三营，又派参将岳金堂由莱州带马队一营驰往会剿，统归毓贤调遣，以一事权。于三月初四日电奏在案。迭据毓贤电禀：督带营勇亲历菏泽、曹县、城武、定陶等处，先后搜捕共拿获盗匪三十余名，并未见有大股匪党。嗣先后钦奉谕旨，复飞饬毓贤按照御史管廷献所奏各匪姓名，按名严拿；如窜入直、豫各境，即派兵跟踪追捕，会合邻省防营，并力兜剿，毋得徒顾本境，致令他处蔓延为患。窃维曹属地方广袤，盗贼所在皆有，如徒恃官兵剿捕，兵来则散，兵去复聚。当其散也，地方官幸其无事，苟且偷旦夕之安，而贼未经惩创，根株仍不可拔。臣已檄饬毓贤责成各州县，平时联络乡团，认真缉捕，倘实有大股匪犯，请兵剿办，必该地方官协同捕拿，如兵至贼散，务须密购眼线，追踪踩缉。无论贼窜至何处，必穷究其巢穴，不得谓贼已远飏，遂可谢责。复严明赏罚，如州县中有讳饰因循，及防营缉捕不力者，据实禀请撤参。其州县捕务振作，及营弁之破获巨盗者，随时报明，由臣奏请破格优奖，以示惩劝。并饬访查金钟罩会匪，设法解散，以靖地方。俟毓贤办有端绪，随时奏陈，以纾宸廑。

所有奉旨缉剿土匪，现饬遵办缘由，谨缮折具奏。伏乞皇上圣鉴训示。谨奏。

光绪二十一年四月十八日奉朱批:知道了。仍着饬令毓贤责成各州县,认真缉捕;如有大股匪徒,立即派兵剿办。余依议。钦此。

171. 奏再沥愚忱力阻和议折

光绪二十一年四月初一日(1895 年 4 月 25 日)

奏为和议要挟过甚,万难曲从,再沥愚忱,恭折仰祈圣鉴事:

窃臣前以和议将成,条约尚须斟酌,于三月二十三、二十五等日先后电折奏陈在案。近闻李鸿章已回天津,和款展于四月十四日换约。条款内有割台、澎及奉天辽河以南地,并赔兵费二万万两,南北两京、苏州、杭州、重庆、沙市等处通商,暨倭驻兵威海每年付饷五十万各条。此事尚未明奉谕旨。以臣所闻,亦前后小有歧异。军国大计,朝廷自有权衡,臣何敢哓哓上渎?惟彼族要挟过甚,事事曲从,即无以为国。外间微闻此议,食毛践土之伦,无不切齿愤恨。臣受恩深重,若徒隐忍缄默,实觉辜恩负职,清夜难安。谨干冒斧锧,敬再为我皇上陈之。

辽河以南,自牛庄沿海至盖平、复州、旅顺,转而东至凤凰城、鸭绿江,皆海防形胜之地,为京师左辅。卧榻之侧,岂容他人鼾睡?倭夷贪狠成性,引而纳之,肘腋之地,而欲虎之无噬、蛇之无螫也,得乎?台湾为东南藩蔽,无论要害一失,沿边各省不能安枕;且其地入版图者数百年,物产丰饶,户口蕃息,士农工商各安其所,一旦使之弃祖宗富饶之旧业,责令迁徙,必至流离失所,怨痛繁兴,谁非朝廷之赤子,而忍令罹此荼毒乎?况安土重迁,人之恒情,设有凭恃形势,铤而走险,以与倭相抗者,将遏其义愤,强令臣服于倭乎?抑责其负固不服,而加之罪乎?不然,倭又将与我为难也。

我朝深仁厚泽,无论如何为难,断不加赋。赔款二万万,非借洋债不可。照台湾成案,以八厘取息计之,岁需息银一千六百万两。息无所出,又将借本银以还息银。从前以海关抵偿,故取携甚便;设海关不敷坐扣,则借款未必可得,将取盈于丁赋,举中国有限之脂膏,尽以供其盘剥。即此一端,国势已不可支。况款议若此,则害切剥肤,各处防营仍不能撤兵,饷又从何出?国家岁入有常,安得有无穷之财力,以塞此漏卮哉?

金陵、苏州、杭州、重庆、沙市,向未准各国立通商口岸;京师重地,更非外省可比。若倭人一开此端,则各国条约向有一律照办之语,将接踵而至,利权尽为所揽。况禁近之地,彼族包藏祸心,设有仓猝不备之虞,其患何堪设想?

夫中国之亟亟求和,欲苟图旦夕之安耳。闻倭自兴兵以来,借国债至一万五千万元,财力困穷,人民愁苦,不过强力偾兴,外实内虚。于此时而自谓战不能胜,偿之以巨款,赂之以土地,割辽河而北洋为所据,割台湾而南洋为所据,复驻兵威海以扼中权之要,是倒持太阿之柄以授人,而使之厚其力以图我,即欲求旦夕之安,不可得矣。方今泰西各国眈眈环向,俄人虎视于西北,英、法狼顾于西南,皆视我与倭之事以为进退。如此次曲徇其欲,数年之内,俄必争索我天山南北及吉林、黑龙江两省,英必索我前后藏地,英与俄必索我乌梁海,法必索我云南、广西边地。祸变之兴,殆不旋踵。历观往代,割地和亲,卑礼厚币,偷安未久,覆亡随之。史册所垂,可为殷鉴!

伏望我皇上赫然震怒,立绝和议,布告天下臣民并各和好与国,声其欺侮要挟之罪,为万国所不容,神人所共愤。以偿兵费之款养战士,严敕各将帅督抚效死一战,半年之内,倭必不支;即令战而不胜,亦断不能于从前失地外,再失数千里疆土。况天威震叠,薄海同仇,果能万众一心,未有战而不胜之理。必待彼势绌求和,然后定约,则我国家威棱遐畅,自不敢肆其凭陵矣。

臣尤愤迫切,谨披肝沥胆,昧死渎陈,不胜悚惧屏营之至!谨专折由驿五百里驰奏。伏乞皇上圣鉴训示,立赐睿断施行。谨奏。

172. 奏李经方与倭交好甚密请勿假以事权片

光绪二十一年四月初一日(1895 年 4 月 25 日)

再,臣闻李鸿章在东洋被人枪伤后,奉旨派李经方为全权帮办。查李经方系李鸿章之子,其为人阴鸷险狠,前出使日本与倭交好甚密,其暧昧之事已经言官参劾,臣不敢琐举。惟全权大臣必其人有忠爱之诚,而又能识大体者,方能有济。如李经方之肆无忌惮,若假以事权,窃恐其勾结妄为有不可思议者,必重贻朝廷之忧,所关实非浅鲜。谨附片密陈。伏乞圣鉴。谨奏。

173. 奏报桃汛安澜折

光绪二十一年四月初八日(1895年5月2日)

奏为黄河桃汛期内防护平稳,恭折具陈,仰祈圣鉴事:

窃查济阳高家纸坊漫口合拢,经臣于三月十九日奏报在案。维时已届桃汛,臣驻莱州行营,未能亲赴河工,已分饬上、中、下三游各总办加意严防,并将应用秸料及时购备,免致伏秋大汛,届期临时失措。兹据各总办禀报:三月十四、五等日,河水连涨二尺七寸;十七日,接涨一尺六寸。上游南岸贾庄,因北风大作,逼溜南射,浪淘溜滚,将已厢之合字三十三埽搜蛰入水,馀埽亦多坍塌。靳庄、孙楼合坝段段出险。中游齐河北岸之五里堡、王家窑、历城南岸旱沟等处,埽坝均被搜淘下陷。下游南岸之张王庄、台子李家、蝎子湾等处,于十八日狂风陡作,堤前淤滩全行刷去,埽坝亦间有蛰陷。均经各总办督饬各员弁竭力抢护,俱臻平稳。十九日以后,每日水消数寸及尺余不等。现在节交立夏,桃汛已过,工程一律稳固,堪以仰慰宸廑。

除仍饬总办督率营委各员认真修守,先事预防,以备夏令汛涨外,所有桃泛期内通工防护平稳缘由,理合恭折具奏。伏乞皇上圣鉴。谨奏。

174. 奏招募乡兵请饬部筹饷片

光绪二十一年四月初八日(1895 年 5 月 2 日)

再,翰林院侍读臣王懿荣由京师回东,传奉谕旨:李秉衡兵力单弱,诸军又不得力,王懿荣练齐登州乡兵,交给李秉衡管带,即回京当差等因。钦此。仰荷圣明洞鉴,体恤周详,莫名钦感。

查登州城临大海,为东防最要之地。臣以提督夏辛酉朴勇可恃,令于原有七营外,又添募三营,以两营分驻黄县,兵力并不甚厚,如得王懿荣再练乡兵十营,分布可期周密。惟东省饷项本极支绌,前奏请截留京协各饷,经部议不能全截。就现在有各营筹计,已属万分为难,若再添备十营之饷,更属无从罗掘。前准户部电拨王懿荣十营一月之饷,仍系由山东藩、运两库筹拨。现在乡兵尚未招募,故此款亦未动支。应否敕部另筹的饷,以便王懿荣招募成军之处,出自鸿慈。谨附片具奏。伏乞圣鉴训示。谨奏。

175. 奏山长孙保田请奖片

光绪二十一年四月初八日(1895年5月2日)

再,臣维国家之治乱,系乎人心;而风俗之转移,关乎教化。士大夫不知崇礼义,重廉耻,则习尚波靡,驯至无礼无学,而祸乱以兴。其有本身作则,卓然为方正有道之望者,宜崇奖之,以励薄俗。兹查有三品封职前刑部学习主事安徽宿松县知县孙葆田,山东荣成县进士,由主事改就知县。历任合肥县知县,抑强扶弱,有两汉循吏风规。光绪十五年乞假修墓,开缺回籍。前抚臣张曜延聘主讲尚志书院,已越六年,躬行仁义,不求闻达。其教士以立身为本,不规规词章之末。出其门者,率多尊闻行知有所表见于世,以之振浮式靡,师表人伦,洵无愧色。相应吁恳恩施,以示优异。查有五品衔前直隶枣强县知县方宗诚,经安徽学政臣贵恒保奏,奉旨赏加五品卿衔;又安徽敬敷书院山长庶吉士崔澄,由安徽巡抚臣沈秉成保奏,奉旨尝加五品卿衔在案。今孙葆田已得有三品封职,应如何优加奖叙,以资观感之处,出自逾格鸿慈,非臣下所敢擅请。谨附片具奏。伏乞圣鉴训示。谨奏。

176. 奏东省添募勇营分别起支薪粮津贴折

光绪二十一年四月初十日(1895 年 5 月 4 日)

奏为东省第三次添募抽调,改并勇营,并挑兵巡防成军各日期,分别起支薪粮津帖,恭折仰祈圣鉴事:

窃臣于光绪二十一年正月初四日承准总理各国事务衙门支电,奉旨:本日据李秉衡奏称,东省海防陆路非添三十营不可。现在东省陆防需兵甚急,着照请赶紧陆续招募。藩司汤聘珍晓畅营务,法越之役颇著战绩。现在募勇事宜,即令就近经理,俟募有成数,或即饬令汤聘珍统带;及届时如何分防,再由李秉衡奏明办理。钦此。

伏查东省海防招募各营,截止光绪二十年二月为止,经臣汇案奏闻在案。惟是海防陆路地面绵长,兵力单薄,诚有防不胜防之势。仰蒙圣明洞鉴情形,下怀曷胜钦感。遵即恭录行知藩司汤聘珍,并分行奏调各员招募勇营,以期扼要布置。兹据汤聘珍会同善后局司道,将海防添募抽调,改并各营,并内地陆续招勇挑兵成军汇案详称:候补道丁达意所统河防河成右、内地秦靖右两营,勇额一律募足,步勇每营五百名,改为海防营制,调赴武定府属,于二十一年正月初一日成军;都司喻文禄招募济康后营步勇五百名,于正月二十九日成军;守备史镇廷招募济康前营步勇五百名,于二月初三日成军，喻文禄、史镇廷二营并扎武定一带防守；副将杜荣秀管带内地济字前营，步勇募足五百名，与正任东昌营参将岳金堂管带练军左营马队一营，均已抽调海防，于二月初一日起支薪粮。抚标新募亲军卫队一百名，亦于二月初一日成军。提督夏辛酉添募东字中军中、前、后步勇三营，其中营一营于二月初一日成军，前、后二营于二月十六日成军。莱州府知府彭念宸招募端字左、右步勇二营，于二月二十日成军。该二营现由沂州协副将曹正榜接统，调赴日照县海口防堵。已革提督李定明招募定字中、左、右、前、后步勇五营，其中、左、右三营于二月二十六日成军，后营一营于三月初二日成军；又将内地巡防之精健右营募足五百名，改为定字前营，于二月初一起支海防薪粮。已革提督孙万林所统河成左营、河定右营、泰靖左营、精健前营、襄字前营、福字炮队左、右二营，共计七营，留强汰弱，并为东字正军中、左、右、前、后五营，分守荣成、文登两县要隘之处。广西补用副将王宝华接统副将曹正榜所带东字中、前、后三营，及已革总兵李楹所带福字中军中、前、后三营，共六营，亦并为东字副军中、左、右、前、后五营，扼守宁海州等处。查该营未并以前，原系十三营，均经奏报在案。今汰去三营，并为十营。所有薪粮俱于三月初一日分别住支起支。候选道马开玉招募开字中、左、右、前四营，其左、右二营均于二月二十八日成军；中、前二营暨另招马队一哨步队一哨，均于三月初六日成军。又将前已奏报成军拨归孙万林接统之济字右营一营，改为开字后营，共成五营，并归马开玉统带。又广西补用副将杨昌魁招募新魁中、左、右、前、后、副前、副中步勇七营，业已督队到东，于三月初一日点验成军。已革总兵李楹挑练胶州协步兵三百名，添募壮勇一百名，并将副将杨春发所募驻守青岛炮台业经奏报成军之勇一百名，共五百名，编为东字练军一营，于三月初二日分别练兵防勇，起支粮饷津贴。内地防营副将陈大胜招募济康中营步勇一营，副将官得禄招募济康副中营步勇一营，该二营均于二月十五日成军。德州营参将赵得华，补募精健副右营步勇一营，于二月十八日成军。曹州府知府毓贤招募佐字马队一营，于三月初九日成军。兖州镇总兵田恩来添募济字副中营步勇三百名，连上年所招已报成军之勇二百名，合为一营，于三初十日成军。又沿海之署招远县知县许源清招勇四十名，荣成县知县韩文朗招勇二百名，文登县知县裘祖谔招勇二百名，各于二月初一日起支海防口粮。署宁海州知州陈玉崧亦招勇二百名，于二月十六日起支海防口粮。以上各营兵勇口分新粮，凡系海防营制，即照奏定新章，以成军之日起支。其内地防营，各循东省旧章支给。嗣后如有募补裁并，随时另详办理。合并声明等情。汇案详请奏咨前来。臣覆查无异。

除咨部查照，并呈报督办军务处外，所有东省第三次添募抽调，改并勇营，并挑兵雇勇巡防成军各日期，分别起支薪粮津贴缘由，理合录案恭折具陈。伏乞皇上圣鉴训示。谨奏。

光绪二十一年四月二十六日奉朱批：该部知道。钦此。

177. 奏送卢昌诒引见折

光绪二十一年四月二十日(1895 年 5 月 14 日)

奏为特保赏还原衔之司员才堪任用,恭折仰祈圣鉴事:

窃维图治,以得人为本。人才因磨炼而成。方今时事艰难,需才愈亟。臣受恩深重,日拳拳于以人事君之义,虽一命之吏,迁谪之员,莫不留心访察。其有才品可信者,亟思拔滞振淹,以备国家之用。兹查有前吏部文选司主事卢昌诒,在山东河工数年,臣稔知其才力可用。光绪二十年十月赴京随班祝嘏,奉旨赏还原衔。经臣于十二月二十二日奏请留营差委,奉旨允准。钦遵在案。该员学粹品端,通达治体,留营以来,昕夕筹防,深资臂助。值危险艰难之际,能持以定识定力,洵为缓急可恃之才。臣赋性迂拘,深恶夫见好市恩之习。尝慨流品日杂,几于随地皆材,及历试以事,高明者半涉浮夸,愿朴者率少干济。求如该员之精明沉毅,严操持以贞素志,通今古以济时艰,实属不可多得。臣既真知灼见,未忍听其置散投闲。合无仰恳天恩俯准,由臣咨送部引见。应如何破格录用之处,出自鸿慈。臣为爱惜人才,有裨时务起见,谨专折具奏。伏乞皇上圣鉴训示。谨奏。

光绪二十一年五月十五日奉朱批:卢昌诒着交吏部带领引见。钦此。

178. 奏请免加东军柴草银两片

光绪二十一年四月二十日(1895 年 5 月 14 日)

再,前准钦差大卢刘坤一咨开:现在关内外柴草极贵,查照湖南抚臣吴大澂津贴章程,每营每月另给柴草银二百两,咨行查照等因。自系为体恤兵勇起见。查东省海防各营,上年经臣奏定章程,照从前海防成案,每勇月支口粮银三两六钱。本年二月准刘坤一咨,奏加津贴米价四成,已通饬海防各营遵照。现在司道各库款项奇绌,每月应发军饷,筹措万分为难,若再加柴草银两,饷力实有未逮。据善后局司道会详前来。臣查东省饷项支绌,本系实在情形。前加米价银两,各营将士已莫不感戴皇仁。所有东军柴草银两碍难一律照加,以示撙节。除咨部外,谨附片陈明。伏乞圣鉴。谨奏。

179. 奏查覆武弁李承卿被参各节折

光绪二十一年四月二十日(1895年5月14日)

奏为武弁被参各节查无实据,谨将酌拟惩办情形据实覆陈,恭折仰祈圣鉴事:

窃臣于光绪二十一年二月二十六日在莱州营次,承准军机大臣字寄,二月二十一日奉上谕:有人奏,山东掖县补用都司武生李承卿,勾引匪徒王作仁等数百人,聚集海滨,号以网鱼为业,强夺地亩,淫掠妇女,附近乡庄受其荼毒,请饬究办等语。现值海氛不靖,匪徒乘机滋事,亟应密速捕拿,消患未萌。着李秉衡饬属将李承卿等首从各犯严拿,务获惩办,以靖地方。原片着钞给阅看。将此谕令知之。钦此。遵即檄饬莱州府掖县知县杨德成,并留营差委之前宁海州知州陈寿清,将李承卿等按名查拿到案。一面密查附近乡民有无受其劫害情事。兹据杨德成等禀称:遵照原参将李承卿、王作仁拿获到案,分别审讯。并派人各处访察。查李承卿,掖县西繇疃人,由武生投效甘肃嵩武军,累保花翎都司,加游击衔。王作仁系单山疃人,张贞顺系平里店人,与李承卿素相认识,均无潜结匪徒聚众横行之事。如原奏所称强夺吴姓锅场地段一节。案查光绪十八年二月,县民吴连英以祖业煎盐,锅场被王作仁等开垦耕种,控经西繇场大使龚心泉传讯未结。吴连英复以王作仁勾结势豪李承卿,霸种场地等情控府。经莱州府知府彭念宸批县讯断,前代理掖县知县谢端讯明,王作仁等所种该地亩业已二百余年,有历年完粮串据。并以吴连英既称锅场,必有锅牌,当向追验。吴连英称锅牌已于道光年间被水漂没无存。谢端因其毫无证据,断令王作仁仍照旧耕种;吴连英如能将锅牌查获呈验,仍准控追。取结完案。吴连英复以李承卿架讼控府,该府以案经讯结未究。此强夺锅场之并无实据者也。

原奏又称掳去潘俊十四岁女,及刘克全、刘缝工妻女亦被淫掠一节。案查光绪十一年五月,据县民潘俊呈控,伊欠李承卿六十千,遂赴关东贸易,遗有子母二人,住房四间,李承卿将伊子女逐出,家具房屋全行霸占。经前署县郭道清讯,据李承卿供称:潘俊借伊京钱二百千,以房四间作抵,立有当契。郭道清断令潘俊还钱二百千,赎房完案。十二年,潘俊复以霸房逼命等情京控。经都察院咨交前抚臣张曜,发交臬司批府提案讯明,李承卿并无霸房逼命情事。惟潘俊欠伊京钱二百千未还,李承卿情愿让钱一百四十千。当令李承卿先还房屋,再由潘俊还钱六十千。详销完案。现在潘俊已赴关东。查潘俊原呈,并无掳去幼女字样。其刘克全、刘缝工,均查无其人。亦未闻有刘姓妻女被人淫掠之事。此淫掠妇女之并无证据者也。

其王作仁、张贞顺二名,讯明均无不法事情。任茂盛向系出外贸易,无从查传。至海中捕鱼,向用大网,每网须用百余人,沿海各处皆然。实无别项聚众滋事等情。禀请核办前来。

臣查李承卿向以网鱼为业,既无聚众不法案情,自难目以劫盗。其被控与吴姓架讼,及霸占潘俊房屋两案,迭经府县讯明,亦非地方官不为办理。原奏自系传闻之讹。惟李承卿既身系职官,宜如何安分守法，乃于吴连英与王作仁控争锅场一案，辄敢干预词讼；潘俊外出未归，逼令其子女立时出屋。其平日之武断乡曲，恃符妄为，已可概见。人言藉藉，实非无因，未便因无为匪据，遂予宽纵。应请将花翎游击衔补用都司李承卿即行革职，交地方官严加管束，毋任滋生事端。其王作仁、张贞顺、任茂盛三名，既无劣迹，应请无庸置议。任茂盛早经外出，亦请免追。

所有遵旨查明都司李承卿并无聚众滋事实据，及酌拟惩办缘由，理合恭折具奏。伏乞皇上圣鉴训示。谨奏。

180. 奏因病吁请开缺折

光绪二十一年四月二十二日(1895 年 5 月 16 日)

奏为病躯难膺疆寄,吁恳天恩俯准开缺调理,恭折沥陈,仰祈圣鉴事:

窃臣自光绪十年在护理广西巡抚任内,久驻龙州,积受瘴湿,两腿重坠,兼患咯血之疾。仰荷圣慈,准臣开缺调理。数年以来,多方调治,迄未就痊。上年四月,蒙恩擢授安徽巡抚,深维时事艰难,不敢自安暇逸,力疾入都陛见。七月,复奉命调抚山东。时军务方兴,受事未久,即筹防至海上。举凡选将、练兵、筹饷、购械诸务丛集,臣知虑短浅,竭蹶不遑,因之旧疾增剧,咯血愈多,夜不成寐,精神疲苶,步履维艰,衰病情形为东省官民所共见。只以海氛戒严,皇上宵旰忧劳,未敢上渎宸听。伏念臣以县令起家,蒙皇上特达之知,不次超擢,骤躐监司,久权疆寄。乃以福薄灾生,养病痾伏。朝廷复起之病废,畀以封圻,自顾何人,膺兹宠眷?即捐糜顶踵,未足酬高厚之恩。但精力稍可支持,曷敢遽萌退志?无如痼疾已久,难期速痊。春间肝气上冲,动辄眩逆。巡抚事繁责重,近虽和议已就,而山东为水陆冲要,防务仍不可稍松。兼以黄河汛涨之时,尚须驻工督率。若以病躯恋栈,必致贻误事机。再四思维,惟有吁恳天恩,准臣开缺,迅简贤员接任山东巡抚,俾臣得安心调理。

倘得医治就痊，当再效犬马之劳，图报天恩于万一，断不敢稍耽安逸，自外生成。悃款私忱，敢邀慈鉴！所有微臣因病吁请开缺缘由，谨专折具奏。伏乞皇上圣鉴训示。谨奏。

光绪二十一年五月十五日奉朱批：着赏假一个月，毋庸开缺。钦此。

181. 奏保前台湾布政使于荫霖片

光绪二十一年四月二十二日(1895 年 5 月 16 日)

再,查有前台湾布政使于荫霖,清勤直谅,为守兼优,其任事一本血诚,绝无粉饰瞻徇之习。上年奉旨发交依克唐阿军营差遣,是其才堪任使,已在圣明洞鉴之中。臣与该员谊属葭莩,兼同里闬,深信其德性坚定,刚正不阿,而忠君爱国之忱,未尝以穷达异致。倘荷恩施录用,必能有裨时务,不至碌碌无所短长。臣知之既真,敢援内举不避之义,冒昧上陈,伏乞圣鉴。谨附片具奏。

光绪二十一年五月十二日奉朱批:于荫霖着交吏部带领引见。钦此。

182. 奏登州乡团出力拟请奖恤折

光绪二十一年四月二十七日(1895 年 5 月 21 日)

奏为登州乡团出力,拟请分别奖恤,以资鼓励,仰祈圣鉴事:

窃自去岁倭寇犯顺,海疆戒严,臣秉衡于到任之后,即札饬登、莱各属举办团练。臣懿荣于今年正月奉旨回籍办理登州团练。二月到籍,倭氛未靖,周历十属查勘情形。今先后查得文登一县团长拣选知县于霖逢、廪生林基达,平日倡办团练,最属认真,联络城乡,合为一气。揣知夷情叵测,预为坚壁清野之谋。凡有大兵过境,先时置备粮草,平价公卖,使兵无缺,使民无扰。复于本年正月,于该城失陷之际,冲锋不避,力持危局。团局积存火药,仓猝难以盖藏,乃于各厢中暗置机捻,倭贼果然搬移触发,立时轰毙十余人,因之不敢逗留。林基达素有孝行,兼饶勇略。此次昏夜大雪之中,暗探内外消息,来往奔告营伍,纠合乡众,相机诱剿。单人独骑为贼所遇,死事甚烈。以上二员,为登州十属办团之冠。黄县一县团长前任广东封川县候选知县山民、四品衔候选员外郎丁世常、候选训导王常益、四项统选教职丁庭闻等,于该城危急之时,劝捐银至七万七千余两之多,募备乡勇一营,并招乡兵两营,禀请秉衡派员管带,昼夜堵御,挖造地营,衣不解带,备极辛劳。臣等查勘得实。合无仰恳天恩,俯赐奖恤,俾生者有所振兴,死者不至泯没,庶几众志成城，不畏险难，以深观感，以资鼓励。拟请将拣选知县于霖逢，保归劳绩知县班不论双单月遇缺选用，并赏加同知衔；廪生林基达拟请饬照县丞阵亡例议恤；前任广东封川县候选知县山民，拟请赏加同知衔四品衔候选员外郎；丁世常，拟请赏换道衔；训导王常益、教职丁庭闻二员，拟请赏加光禄寺署正衔。臣等为振作士气，鼓励人材起见，是否有当，谨合词缮折具陈。伏乞皇上圣鉴。

再，此折系臣懿荣主稿，会同臣秉衡办理。合并陈明。谨奏。

光绪二十一年五月十九日奉朱批：该部议奏。钦此。

183. 奏提督夏辛酉登防不可轻离片

光绪二十一年五月十八日(1895年6月10日)

再,查登州地居险要,为海防形势所必争。郡城濒临大海,毫无屏蔽,防守颇属不易。提督夏辛酉,朴诚廉正,谋勇兼优。上年十二月二十三四及本年正月初一等日,倭船迭攻登州,炮弹环施,城内人民庐舍多被伤毁,势已岌岌,不可终日。该提督持以镇静,严督所部各营昼夜守御,危城赖以保全。其治军恩威互用,与士卒同甘苦,而纪律严明,信赏必罚,远近翕然称之。上年十一月,丁承重忧,经臣奏请留营,奉旨允准。钦遵在案。近又请回籍终制,臣复再三挽留。现在虽已停战,而登州防务,揆之局势,实无已时。该提督胆识过人,临变不乱,兵民无不信服,求之诸将中,实属不可多得。登州地方紧要,该提督之去留,于一郡安危大有关系。臣为慎重地方起见,谨附片具陈。伏乞圣鉴。谨奏。

光绪二十一年　月　日奉朱批:夏辛酉着仍留登州办理防务。钦此。

184. 奏明保山西候补知府锡良片

光绪二十一年五月十八日(1895 年 6 月 10 日)

再,地方多事,讲求吏治,固在得贤牧令,尤须得贤道府;道府果贤,则所属州县必皆争自濯磨,即品类不齐亦可因以转移。有关治理,洵非浅鲜。查补用道山西候补知府锡良,廉正朴诚,实事求是,爱民勤政,屡膺荐章。光绪十八九年,山右七厅千余里大灾,该员总理赈务,奔走救死,经营劳瘁,多人所不能堪,因得全活无算,邻省咸争道弗衰。去年冬,经臣奏调来东,委以营务处差使,实心任事,罔恤险危。现在战争虽停,仍应俟大局稍定,再饬令回晋。值此时艰孔亟,各省地方营务察吏惩奸,无一不急待整顿,非习气全无、贤能卓著之道府为之表率,振作难期有济。臣曾与锡良同官晋省,现复倚以军事,知之甚深。当此需才孔亟,应如何恩施存记破格录用之处,出自高厚鸿慈。谨附片具陈。伏乞圣鉴。谨奏。

185. 奏陈曹州府属剿办土匪情形折

光绪二十一年五月十八日(1895 年 6 月 10 日)

奏为续陈曹州府剿办土匪情形,恭折仰祈圣鉴事:

窃臣于光绪二十一年三月二十九日将遵旨缉剿曹州府属土匪情形,专折具奏。并声明俟毓贤办有端绪,随时奏陈。四月十八日奉到朱批:知道了。仍着饬令毓贤责成各州县认真缉捕,如有大股匪徒,立即派兵剿办。余依议。钦此。伏查曹州府属,匪徒肆扰,为害闾阎。臣懔遵迭奉谕旨,严饬曹州府知府毓贤,会督副将陈大胜等各营,合力搜捕,并严明赏罚,谆饬各州县认真缉捕,不准稍事讳饰。迭据毓贤禀报:自二月至四月,先后捕获匪犯一百余名。其聚众抗拒者,当场格毙数十名。御史管廷献所奏杆匪岳二米,业经格毙。其河南睢州王桥地方被劫案内之盗犯谢五瞎子等十名,经毓贤押带至河南旧考城地方,会同睢州知州王枚,将该犯等就地正法。其余分交各地方官研讯明确,分别按例惩办汇案奏报。复由毓贤督同单县参将岳金堂、守备史镇廷,各带营勇,会同河南提督武朝聘、总兵郭广泰、参将李如海,带领豫捷等营,于四月初十日齐至豫东交界地方,会商缉捕,分道巡哨。以后无论豫境、东境,如有贼匪肆劫,均即督派队伍,跟踪追击,越境剿捕,毋得稍存畛域。经此次痛惩之后。各杆匪或改名匿迹,或逃赴外省远避。现在各营勇星罗棋布,地方渐就安谧。惟转瞬高粱芃茂,土人名为青纱幛,匪徒最易藏身,仍当随时设法搜拿,不得以已经捕拿解散,稍事因循,致贻后患。

至铁布衫会匪,据毓贤禀称:本年正月间,有外来匪徒传习练气邪术,自谓刀砍不能伤,名曰铁布衫,又曰同心会。经该府出示严禁,并查拿传教之人。又闻曹、单一带,有金钟罩、大刀会名目,复加悬重赏严密察拿,总期不致另滋事端。

除仍饬毓贤督同各营员州县认真缉捕,如有大股匪徒,立即派勇剿办,毋须稍涉疏懈,并将出力弁勇分别记奖给赏,以资鼓励,仍慎选牧令,教养劝惩,务以培本清源为急外,所有曹州府属续办搜剿土匪缘由,理合恭折具奏。伏乞皇上圣鉴训示。谨奏。

光绪二十一年　月　日奉朱批:另有旨。钦此。

186. 奏请弛禁沿海粮食照常贩运出入片

光绪二十一年五月二十日(1895 年 6 月 12 日)

再,查山东沿海一带,居民度日,大率疏食自甘,食麦之家十不获一。所产麦豆粟米,全行出口,易换粗粮。自上年秋间,海氛不靖,遵旨严禁内地米粮出洋,滨海穷民未能以细易粗,食用因之不给。现在业已停战,二麦将次登场,若非粮贩流通,不足以苏民困。据东海关监督禀请具奏弛禁前来。臣覆查无异。合无仰恳天恩,俯念民艰,将东省沿海麦豆杂粮准其照常贩运出入,以利民生。出自鸿慈,谨附片具陈。伏乞圣鉴训示。谨奏。

光绪二十一年闰五月初九日奉朱批:着照所请。该部知道。钦此。

187. 奏协济直隶赈银五万两片

光绪二十一年闰五月初十日(1895年7月2日)

再,接准署直隶督臣王文韶电称:连年畿辅水灾积困,今春大雪,种耕失时,复经海啸,荡为泽国,百万嗷鸿,呼号望赈,饥民游勇杂处,尤应抚绥。嘱即劝捐接济等因。臣维劝官劝商,徒滋纷扰,且恐旷日持久,难成巨款。东省虽当海防,工赈兼筹,财力匮乏,而现在幸尚粗安,义应恤邻济困。矧以邦畿之重,情形之迫,不得不移缓就急,勉筹协济。当经商同司道,在于局存义赈项下提拨银五万两,委员解赴直隶总督衙门交纳,以济赈需。除咨部查照外,谨附片陈明。伏乞圣鉴。谨奏。

光绪二十一年闰五月二十六日奉朱批:户部知道。钦此。

188. 奏为宁海荣成文登三州县因被倭攻陷请展限交代折

光绪二十一年闰五月初十日(1895 年 7 月 2 日)

奏为宁海、荣成、文登三州县交代,均请展限四个月清厘结报,恭折仰祈圣鉴事:

窃照上年倭人肇衅,扰及海疆,宁海、荣成、文登三州县相继失陷,虽经光后收复,而衙署皆被焚掠,案卷荡然无存,交代款目繁多,无凭稽核,必须分别移查请示钞补卷宗,逐一设法清厘,方有头绪。且城乡残破,满目疮痍,抚绥地方,筹办防务,在在均极紧要,势难兼顾交代依限结报。兹查署宁海州知州除毓嵩,于光绪二十一年二月十三日到任,应接前任刘承宽及陈寿清一案交代;荣成县知县韩文朗,于光绪二十一年二月二十二日到任,应应接前任杨承泽及钱稼良一案交代;文登县知县裘祖谔,于光绪二十一年三月十七日回任,应接前任倪观澜一案交代,俱因初参例限紧迫,由藩司详据该管道府转请奏咨展限前来。臣复查各该州县城池收复后,筹办地方善后一切事宜,不遑专顾交案,自系实情。合无仰恳天恩,均准展限四个月,俾可清厘结报,以免错误而昭慎重,出自鸿慈。

除咨户部查照外,所有宁海、荣成、文登三州县交代展限缘由,谨恭折具陈。伏乞皇上圣鉴训示。谨奏。

朱批:着照所请。户部知道。钦此。

189. 奏陈已革道员李耀南才堪任用折

光绪二十一年闰五月十九日(1895 年 7 月 11 日)

奏为遵旨察看已革道员,才堪任用,恭折覆陈,仰祈圣鉴事:

窃臣于光绪二十一年正月二十六日承准军机大臣字寄,正月二十一日奉上谕:有人奏,已革道员李耀南,前在军营屡著战功,请破格录用等语。李耀南前经左宗棠奏参,革职永不叙用,获咎较重。现因军务需材,屡次有人保奏,着发往李秉衡军营,由该抚认真察看,是否可备差委。如果不堪任用,即着驱逐回籍,毋稍迁就。将此谕令知之。钦此。仰见朝廷爱惜人材,于节取之中复寓慎重之意。钦服莫名。

旋据革员李耀南到臣莱州行营。臣详加察看,该革员议论颇有见地,办事亦甚稳练,洵属有用之材。溯查该革员,自咸丰年间随同故大学士臣曾国藩、左宗棠转战数省,叙功累保二品顶戴浙江补用道。经左宗棠奏调出关,改留陕西统带恪靖辅军,节制各营,迭著劳绩。同治九年,左宗棠以该员不遵调度,任性妄为,奏参革职,永不叙用。嗣经前四川总督臣丁宝桢保奏,未奉俞旨。左宗棠旋亦深惜其才,留哈密听候差委。后左宗棠奉旨入京,经新疆巡抚臣刘锦棠保奏,复经部驳。光绪二十年十月赴京随班祝嘏,奉旨降二等赏给职衔。经人保奏,钦奉谕旨,交臣察看。臣维李耀南自获咎后,二十余年深自敛抑。光绪十三年,诣前抚臣张曜条陈治河情形。上年到京,又条陈剿寇固藩事宜,经都察院具奏,其留心时务,颇有可取。当其壮年气盛,容有不自检束之处,一经挫折,怨艾旋生。今已年逾六十矣,其跅弛之气渐就范围。数月以来,臣听言观行,已悉得其梗概。方今宿将凋零,文臣中知兵之员尤不多觏。该革员于军事颇有阅历,若使之躬列行阵,当能运筹决策,有裨戎机,似未便任其废弃。兹既钦奉谕旨,交臣察看,其才力实堪任用。理合据实上陈。可否恩施录用之处,出自鸿慈。谨缮折具奏。伏乞皇上圣鉴训示。谨奏。

190. 奏恳续假折

光绪二十一年闰五月十九日(1895 年 7 月 11 日)

奏为微臣假期届满,病体未痊,现当事故纷乘,仍应力疾经理,恳恩续假一个月,恭折仰祈圣鉴事:

窃臣前以病躯难膺疆寄,奏请开缺。五月十五日在莱州营次,奉到朱批:着赏假一个月,毋庸开缺。钦此。跪诵之下,感激涕零。伏念臣衰病侵寻,已非朝夕。自去秋履任后,筹办海防,军务倥偬,未能静摄。比荷圣恩,赏假调理,多方医治,仍未见效。深恐久尸高位,贻误疆圻。拟再沥下忱吁恳圣慈,准臣开缺。适闻榆关内外遣撤各营,不日道出东境,曹、济素多匪类,虑或勾结为患。省中司道又多更动,已电请总理衙门代奏,力疾回省经理。正在料理启行,又闻威海暂驻日本军队倭员多所要挟,民心惶惶,惧酿他变,应暂留莱州部署。一俟事有端绪,再行回省。天恩高厚,时局艰难,虽久困膏肓,但使暂可支撑,犹当竭力图报。

所有病体未痊,恳请续假一个月缘由,谨缮折具奏。伏乞皇上圣鉴训示。谨奏。

光绪二十一年　月　日奉朱批:着再赏假一个月。钦此。

191. 奏委署司道各缺折

光绪二十一年六月初二日(1895年7月23日)

奏为司道各缺分别遴员署理,饬赴新任以专责成,恭折仰祈圣鉴事:

窃准吏部咨,迭奉上谕:奉天府府尹着松林补授,山东按察使着松寿补授,陕西督粮道着姚协赞调补,毓贤着补授山东兖沂曹济道各等因。钦此。钦遵知照分行在案。臣查新授按察使松寿到东,尚需时日,自应遴员接署臬篆,以便松林交卸北上。查有候补道沈廷杞,遇事讲求,能任劳怨,堪以署理。新授兖沂曹济道毓贤,应即饬令赴任供职,以便姚协赞交卸,前赴调任。除分檄饬遵,并咨部查照外,谨恭折具奏。伏乞皇上圣鉴。谨奏。

光绪二十一年　月　日奉朱批:吏部知道。钦此。

192. 奏刘含芳禀承李鸿章意旨曲意徇日片

光绪二十一年六月初二日(1895 年 7 月 23 日)

再,谨密陈者:此次和约允令倭兵暂驻威海,原为万不得已之计。内外臣工宜如何筹划,杜其侵越,补救无形。乃登莱青道刘含芳动承李鸿章意旨,于倭员未来之先,电称自海湾起算,至草庙三十五里。第云海湾尚属在约,然海湾至草庙实亦不止三十五里。昨又开折呈称,自杨家滩起算,至草庙只二十一里零。因查刘含芳前电原指起自海湾,即就倭员所绘地图亦系自海湾起算。使倭忽另指一杨家滩起算,犹当以违约折之。乃倭员辰男并其兵队已于闰五月二十三日全回旅顺,惟刘公岛留有百余人耳。言称两月后方来威海,近日并无纠缠情事。刘含芳竟自无端舍海湾,而派人自杨家滩丈量过草庙二十余里尚未停止,势不至文登县城而不已,竟使险要尽失,贻患实深。臣不解其是何居心,必欲以敌所未争先为之计,而余力不遗也。查倭兵驻守威海为期尚远,现值撤营过境河工伏汛,在在均关紧要,臣势不能常久驻莱。遇有交涉事件,必需登莱青道就近力为筹办。刘含芳专意徇倭,实难望其顾持图维。臣既有所见,不敢不据实密陈。谨附片具奏。伏乞圣鉴。谨具。

朱批:另有旨。钦此。

193. 奏锡良暂缓赴沂州府知府任片

光绪二十一年六月初二日(1895 年 7 月 23 日)

再,山西候补知府锡良,蒙恩简放山东沂州府知府,即应饬赴新任。惟该员自奏调来东,即委办臣军营务,多所匡襄。现虽防务稍松,仍未就绪。沿海千数百里,未敢弛备,应暂留该员综理一切,以资熟手。一俟局势粗定,再行饬令赴任。谨附片陈明。伏乞圣鉴训示。谨奏。

光绪二十一年　月　日奉朱批:吏部知道。钦此。

194. 奏顺天运米平粜限满照常纳税片

光绪二十一年六月初四日(1895 年 7 月 25 日)

再,臣维税厘裕饷,平粜济民,二者缓急相权,亦须明定限制。良以商贩借名平粜往往洒卖渔利,卒至鲜裨民食,转匮饷源。是以臣前次奏明,至本年二月起,到前五月底止,四个月限内,税厘免征。核计顺、直招商购粮,过境不下二百余万石,限满之后,本应照常办理。惟又经顺天府府尹臣招商运米平粜,奏准宽免税厘,予限两个月停止。自应钦遵。即以本年五月二十二日奉旨之日起,限连闰扣至六月二十三日。两个月限满,凡有贩运米麦杂粮,无论护照限期远近,经过东省沿海内地关卡,均应照常完纳厘税,以副造报。除咨部查照外,谨附片陈明。伏乞圣鉴。谨奏。

光绪二十一年六月二十日奉朱批:户部知道。钦此。

195. 奏规复河防营旧制折

光绪二十一年六月十五日(1895年8月5日)

奏为规复河防营旧制,分别支饷日期,以清界限,恭折仰祈圣鉴事:

窃查东省原设河防八营,分为河定前、左、右、后四营,河成前、左、右、后四营。光绪十四年,河定后营改为河定中营,与各土夫营分段防汛,均由河防局支饷。嗣因堤长人单,不敷分布,添调精健营、精健前营,济字前营、右营,泰靖中营、右营,协同防守。均由善后局支饷,历经分别造报在案。上年倭氛不靖,海疆戒严,精健等营及河定右营、河成左营、右营先后调赴海防。并另募泰靖一营,裁撤原调河定中营。悉照海防营制,每营募足勇五百名。经臣汇案奏明,各于成军之日起支薪粮。雇用长夫统由善后局支发。至河定、河成等三营河防底饷,已由河防局发至年底止,分别截清造报。现在海防已松,河防吃紧,自河防各营调赴海防后。改为东字正军者二营,裁撤者一营,连现驻韩家垣海口之河成右营,仅剩河防五营。伏汛正临,水势有长无消,亟应规复八营旧制,以资修防。所有裁撤之河定中营,即以调回游击赵得发所带东字正军左营改补,为河定后营,自本年五月十六日到工。又以副将彭全福原带齐河土夫营,改补为河定右营;参将杨振兴原带滨州土夫营,改补为河成左营,俱自本年六月初一日到工。以上改补三营,复还原设河防八营之数。该三营所需月饷,各以到工之日起,均由河防局支发。统照河防营制饷章,以三百人为一营。多余人数暂作土夫,俟霜清后再行裁撤。其调回东字正军后营,本为精健前营所改,与调回济字前营,从前同在河工协防,今仍其旧。自本年五月初一日起,统照内地营制饷章,由善后局支饷,以清界限。据河防局善后局司道会同详请奏咨立案前来。臣覆查无异。除咨部查照外,所有规复河防营旧制,分别支饷日期缘由,理合恭折具陈。伏乞皇上圣鉴。谨奏。

光绪二十一年七月初二日奉朱批:该部知道。钦此。

196. 奏伏汛盛涨通工抢护情形折

光绪二十一年六月二十二日(1895年8月12日)

奏为伏汛期内黄河水势盛涨,谨将通工抢护情形,并利津县尾闾之吕家洼地方漫溢成口,恭折具陈,仰祈圣鉴事:

窃查山东黄河岸窄河淤,每当大汛届临,处处险要。臣因筹办海防,驻莱州营次,迭饬上、中、下三游总办道员转饬营委各员,宽备料物,认真防护。夏至以后,闰五月初八、九等日,黄水渐长。迨节交庚伏,大雨连绵,水势暴涨,通工纷纷报险。据上游总办兖沂道姚协赞禀报:北岸寿张县属之影塘、廖家桥、小刘庄,南岸之贾庄、双合岭、蓝路口等处,埽坝均有冲失;阳谷之刘新石庄,水涨出槽,漫过顺河小埝倒漾,南趋寿张黑虎庙堡,逼近堤根,复将十里堡子埝漫开,入河大堤幸未伤损。其冲失之埽坝,已一律厢修完固。又据中游总办署济东道李希杰禀报:北岸东阿之陶城埠,长清之枯河、黄陡崖、谯庄,齐河之曹家营、南坛、王家窑,历城之史家坞,南岸长清至北店子、杨庄,历城之小鲁庄、霍家溜、旱沟,章丘之胡家岸等处,埽坝均淘刷蛰陷。胡家岸为旧合龙处,形势挺入河心,大溜顶冲兜底翻花,更称奇险。均经督饬营委分报,抢厢抛石捍御,幸保无虞。又据下游总办候补道丁达意禀报:北岸济阳之葛家店、张辛庄,滨州之清河镇、堤上李家、邵家、王平口、打鱼崔家、北镇贾家、赵家寺、阳沟朱家、宋家集，利津之东关宫家、綦家、夹河王庄、盐窝，孟庄南岸之王旺庄、杨家河等处，或埽坝平蛰，或堤身坍塌，均经抢厢平稳。惟南岸蝎子湾地方，因对岸生滩，河流南徙，大溜紧射堤根，闰五月十四、五等日下段各埽被急溜冲卷入水，随厢随走；迤上六十余丈衔接各埽，三四日间冲失殆尽；新做之埽，因溜势汹涌，追压不稳，堤身刷塌二十余丈。丁达意飞调河成前、后、右等营，帮同承防之泰靖中营，漏夜抢厢，并于迤上各工段拨济秸料、桩绳，兼令民夫沿堤伐取柳枝、蒲苇，以济秸料之不足。时值大雨，连宵达旦，无处取土，堤身坍塌，仅存一线。丁达意露立危堤，督同营委各员暨滨州知府张承燮，严饬弁勇民夫抢筑后戗，昼夜不息，虽老堤塌尽，而新创渐次厢宽，可以下桩厢埽。计此一处，用过秸料四百余万斤。自闰五月中旬至六月十二日，竭二十余日夜之力，幸获保全，实为始念所不及料。六月十七日，又据丁达意禀报：利津铁门关迤上之八里庄、吕家洼地方，向本无工，旧有淤滩，为灶商春运之厂。此次盛涨，溜忽北滚，将淤滩淘刷净尽，浸及堤根。因该处向来无工，故未购备秸料。该营委伐柳枝挂护，并商各灶户买土加筑后创。初九、初十等日风雨交加，溜力愈猛，柳则随挂随走，堤则愈塌愈宽。帮堤民夫，因雨大风狂，站立不住。营勇抢获不及，遂于十二日漫溢成口，刷宽五六十丈，深处三丈及一二丈不等。水由正北入海横流倒漾，宽约十余里。幸距海不远，大小村庄只十二处，再下六里即无大堤，七八里以外即系海滩无人烟之处。正东二十里系晒盐滩池，该处向有拦黄大坝。倒漾之水，仅淹小滩池十余座。其余有护池埝者，均未进水。现饬于东、西两坝盘筑裹头，以免续塌。

此次漫口，丁达意因在蝎子湾督率抢险，未暇兼顾。且该处系出海尾闾与弃守之地无异。合无仰恳天恩,免其参处。管带泰靖中营游击朱康仁、承防候补知县乙沛恩、分防候补巡检陈式谷,均因盐寓、王庄两处同时出险,该处系无工地方,以致抢护不及。惟疏忽之咎,究属难辞。应请旨交部议处。臣未能驻工督率,致有疏失,应请一并交部议处。现在甫届立秋,汛涨之日方长,谨当严饬各总办加意防护,力保完善之区,期仰副朝廷慎重河防至意。

所有伏汛盛涨,通工抢护情形,并利津尾闾之吕家洼漫口缘由,理合恭折具奏。伏乞皇上圣鉴训示。谨奏。

光绪二十一年　月　日奉朱批:另有旨。钦此。

197. 奏拣员请补省会道缺折

光绪二十一年六月二十二日(1895 年 8 月 12 日)

奏为拣员请补省会道缺,以裨地方,恭折仰祈圣鉴事:

窃照济东泰武临道张上达,经臣奏准开缺回籍修墓。所遣员缺,系繁难外题要缺,例应拣员请补。该道统辖济南等四府一直隶州,幅员辽阔,政务殷繁,黄河自东阿县以下,多系该道辖境,必须明干有为熟习情形之员,方能胜任。臣督同藩、臬两司详加遴选,非人地不宜,即资格较浅。惟查有二品顶戴署理盐运使司候补道吉灿升,现年五十八岁,系陕西同州府韩城县人。由优廪生考取咸丰辛酉科拔贡,朝考以知县用,签掣山东。同治三年二月到省,因剿贼、防河出力,经前抚臣阎敬铭保奏,五年十月奉上谕:着俟补缺后以知州尽先补用,先换顶戴,并赏戴花翎。钦此。七年,因剿枭、防河出力,保准免补知县,以知州补用。又东省肃清案内奏保补缺后以知府用,先换顶戴。九年,题补平度州知州。十年正月到任。光绪六年,举行大计,保荐卓异。七年,捐助晋赈,奏加三品衔。八年,经前抚臣任道镕以经征钱粮五万两以上,于奏销前九载全完,奏保俟补知府后以道员用。十年六月,丁本生母降服忧,开缺回籍守制。十一年十二月起,复回东以知府候补。因堵筑姚家口坝工合龙出力,奏保俟归道员班离知府任后加二品顶戴。十五年,经前抚臣张曜以堵筑张村、大寨、西纸坊等处漫口合龙出力，奏保免补本班以道员补用。十六年八月，奉旨依议。钦此。九月，委派会办河防事宜，给咨赴部引见。奉旨：着照例用。钦此。十七年九月，以道员到省一年期满，经前抚臣福润甄别，咨部堪以本班补用。十二月，委派总办河防局事宜。二十年八月，委派会办赈抚赈捐总局事宜。九月，委署济东泰武临道篆务。十一月卸事。二十一年五月，委署盐运使司篆务。

该道先后署理道篆、运篆，均能措置裕如。河工亦素称谙练。在东二十余年，深资得力。查该员勤廉慎审，实力实心，以之请补济东泰武临道员缺，实堪胜任，与例亦属相符。合无仰恳天恩，俯准以二品顶戴现署盐运使司候补道吉灿升补授济东泰武临道，期于吏治、河工两有裨益。臣为要缺择人起见，如蒙俞允，该员保归道员后，业经引见，今请补斯缺，毋庸再行送部，亦毋庸声叙参罚。合并陈明。谨会同河东河道总督臣许振祎合词恭折具陈。伏乞皇上圣鉴训示。谨奏。

光绪二十一年　月　日奉朱批：吏部议奏。钦此。

198. 奏查明知县被参各款折

光绪二十一年六月二十二日(1895 年 8 月 12 日)

奏为遵旨查明知县被参各款,据实覆陈,恭折仰祈圣鉴事:

窃臣于五月三十日在莱州营次,承准军机大臣字寄,光绪二十一年五月二十五日奉上谕:有人奏,酷吏殃民,请饬查办一折。据称,山东平原县知县王之干,残酷贪暴。于军情紧急之时,奉饬办团,延不举办。任用劣幕丁书,需索各项陋规。又因案勒赃,匿灾不办,听信恶役诬良为盗,浮收漕米,侵吞入己,以致民怨沸腾等语。着李秉衡按照所参各节,确切查明,据实具奏,毋稍徇隐。原折着钞给阅看。将此谕令知之。钦此。遵即遴委妥员改装易服,至平原县城乡各处严密访查。谨将所得实情,敬为皇上陈之。

如原参奉饬办团匿而不办一节。臣去秋通行各属办团,查王之干奉札后,即传各庄首事议办。今春又请各绅董催办。各庄以筹集团费,聚议未定。该员系署事官,以交卸在即,未能认真严催,以致迄未办成。又原参任用劣幕喻秉彝、门丁孙顺、书吏阎世信、祁省三,上下其手,地亩税契勒至十分税用,上马折价名目各节。查幕友喻秉彝,访无实在劣迹。门丁孙顺,该员在任时即已斥去。书吏阎世信、祁省三,充该县户南房税契,系其专营。该吏承王之干之意,催税稍急则有之,仍系循照旧章,并无勒至十分之说,亦未闻有上马折价名目。又原参审刘西元、耿泮藻、任于翰之案，勒赃千余串及数百串不等各节。查该县张王庄乡民刘西元，因家事涉讼，王之干罚令出京钱一千串，充地方公用。文生任于翰，住县属纸坊庄，因有人在庄赌博诬害被押，丁差等向索京钱六百余串，始准取保释放。任于翰曾赴臬司呈控，由司行府委员会讯完案。是原参勒赃之案，实非无因。至耿泮藻，系该县承发房，因原管里分被占涉讼，王之干断与他人。耿泮藻里分已失，其不至再行用贿，尚属可信。又原参该县去秋被灾甚重，即不办理蠲免，反将上控灾户概加毒刑，听信恶役陈德和下乡放枪轰打良民，以田水清等多户诬良为盗一节。查王之干上年八月下乡勘灾，至饮马店以报灾过重，将该庄首事宋焕、赵西海两人责打。又至小李家寨，因报灾未准，该庄乡民言语顶撞，该员将乡长李在圃等带县责押。乡民赴府控诉，发交该县讯办。后经各庄首事保出，尚无上控灾户概加毒刑之事。其勘准报灾各庄，已详报办理蠲缓在案。快班陈德和，兼充捕头，随用下乡，当庄民聚众环求，该役持枪恐喝，实有其事。田庄民人田水清等被押，因传闻通同夏津盗首王三骗子，后查明并无其事，经首事取保释放。原折所称诬良为盗，殆由于此。又原参加倍浮收漕米，应完一斗者要二斗六升，又外添有斛尖、扬盘名目，浮收者尽侵吞入己一节。查该县征收漕米，与历前任征收数目相等。并非该员加增，亦未另添斛尖、扬盘名目。至原折所称上年被灾村庄，其已完之米虽未起运开兑缓，在今岁应查明被灾村庄该米若干，饬粮道原米运回，令花户具领一节。查该县勘灾系在八月，收漕系十一月。其报灾未准各庄，照旧完漕，已运德州交兑，无可运回，自无从变通办理。以上所查各节，虽不免有传闻失实之处，而该员于民间词讼违例科罚，又信任丁差，以致在外讹诈，毫无顾忌。

民间报灾图捐缓,即所报未能尽实,亦应好言抚慰。乃竟任意责押,致民间啧有烦言。实属玩视民瘼。兹既访查得实,未便姑容,相应请旨将前署平原县知县候补知县王之干即行革职。家丁孙顺已经该员斥逐。书吏阎世信等饬接任知县查明有无劣迹,另行禀明核办。

所有覆查知县被参各款请旨惩处缘由,理合恭折具奏。伏乞皇上圣鉴训示。谨奏。

光绪二十一年　月　日奉朱批:另有旨。钦此。

199. 奏道员李清河委办上游河工片

光绪二十一年六月二十二日(1895 年 8 月 12 日)

再,兖沂曹济道姚协赞调补陕西粮道,曹州府知府毓贤新授兖沂曹济道,分别饬赴新任。业经奏明在案。所有上游河防,向由该道督办。惟道属管辖辽阔,素称盗薮。毓贤缉捕勤能,声威久著,应专责督办三府一州盗贼,以靖地方。若再令综理工防,势必顾此失彼,自应另派接管。兹查候补道李清和,精审干练,任事实心,曾在河工当差多年,情形极为熟悉,堪以督办上游河工。除檄饬遵照并咨部处,理合附片具陈。伏乞圣鉴。谨奏。

光绪二十一年　月　日奉朱批:知道了。钦此。

200. 奏台庄营参将员缺紧要拣员拟补折

光绪二十一年七月初三日(1895 年 8 月 22 日)

奏为陆路参将员缺紧要,拣员拟补,吁恳特旨允准,以裨地方,恭折仰祈圣鉴事:

窃照台庄营参将张福兴因积劳殁于防次,经臣奏请从优议恤。奉旨:着照所请。该部知道。钦此。仍又循例恭疏题报开缺,声明遗缺容臣拣员请补在案。

伏查此缺系陆路题补第三轮,第一缺轮用尽先人员。该参将驻扎峄县台庄,辖境辽阔,水陆交冲,且与江南徐海处处毗连,盗贼盐枭出没靡常。本年春间因海防戒严,该处土匪即思乘隙蠢动,虽经东、豫、江南三省会合搜捕,首恶多已歼除,而伏莽总未尽绝。目前操防巡缉迥异平时,必须精明干练、熟悉情形之员,方足以资控驭。臣于尽先候补参将内逐加遴选,惟查有副将衔尽先补用参将沙明亮现年四十六岁,山东菏泽县人。由世袭云骑尉归标学习期满,因缉捕、防河出力,历保至游击尽先补用。复因堵筑历城县西纸坊河堤合龙出力,经原任抚臣张曜奏保免补游击以参将留于山东尽先补用,并加副将衔。经兵部议准覆奏,于光绪十六年二月二十日奉旨:依议。钦此。该员勤干勇敢,尽力河防、缉捕,迭次派委要差,均能相机应变,措置裕如,而于省南边隘情形尤为熟习,实候补将领中最为出色之员。以之请补斯缺,必能振作有为。虽尽先名次稍后,而名次在前之吕奎、严永兴、曲廷贵、刘魁、尤富麟、李荣庆、李联功、张文彩俱于此缺人地不甚相宜,例得据实声明。惟籍隶本省与例稍有未符,然当此时事多艰,需才孔亟,臣为缺择人起见,未敢拘泥常格,致滋贻误。相应吁恳天恩俯念员缺紧要,准以副将衔尽先参将沙明亮补授台庄营参将,洵于地方营伍有裨,并求特旨俯准。一俟军务大定,内地盗匪敛迹,闾阎敉安,容臣随时奏明,再与邻省拣员对调,以符定制。如蒙俞允,仍先送部引见,恭候钦定。谨会同兖州镇臣田恩来合词恭折具奏。伏乞皇上圣鉴训示。谨奏。

光绪二十一年七月二十日奉朱批:着照所请。兵部知道。钦此。

201. 奏东省新海防捐输银两请暂免提解折

光绪二十一年七月初三日(1895年8月22日)

奏为山东省新海防捐输银两仍请留用暂免提解,以济饷需而维大局,恭折仰祈圣鉴事:

窃查前准户部咨:山东本省新海防捐输自六十一次起,烟台新海防捐输自第四十七次起,所收捐项均应全数改解部库,不准留用等因。分行知照在案。兹据总办新海防捐输局务署布政使李希莲详称:东省新海防捐输银两曾经前抚臣张曜分别奏咨截清卯数,凡光绪十六年十一月初二日以前收款业已扫数解清,其自十六年十一月初二日以后收款尽数留作修建沿海炮台之用,按次造册咨报核准照办。惟因上年倭人败盟,军务吃紧,始将台工停止,即行筹办海防。屡次募勇增营购炮置械,并添大枝劲旅,远调各省客军,自去秋以迄于今,未经请拨部款,并非东省库力尚充,半由捐输有以济之。现在虽已停战而沿海千数百里仍未敢一日弛备。海防各营需饷甚钜,本年京、协各饷仅准截留一半,统筹兼顾,约计不敷尚多,库款搜括无遗,全赖前项捐输稍资挹注,若责令全数改解部库,何异扼其吭而绝其食,必致无米为炊,大局所关非细。矧山东为京畿门户,唇齿之顾不容稍疏。部臣亦知东省为难情形,议准截留京、协各饷案内声明,司库正赋出入相抵,不敷供亿。且附近北洋已有战事,与东南沿海各省仅筹防堵者不同。所有山东本省新海防捐输第六十一次起,烟台新海防捐输第四十七次起,以后所收捐项均请仍准留用,暂免提解,藉供海防军需,他省不得援以为例等情。详请奏咨前来。

合无仰恳天恩,俯念东省库款奇绌,万分为难,准将所收新海防捐输银两,仍旧留用暂免提解,以济饷需而维大局,出自逾格鸿慈。除咨部查照外,理合恭折具陈。伏乞皇上圣鉴训示。谨奏。

光绪二十一年七月二十日奉朱批:户部议奏。钦此。

202. 奏报黄河秋汛情形折

光绪二十一年七月初五日(1895 年 8 月 24 日)

奏为黄河秋汛盛涨险工迭出,上游南岸寿张县属之高家大庙大堤坍塌过水,下游南岸齐东县属之北赵家大堤漫溢成口,谨据实恭折驰陈,仰祈圣鉴事:

窃查利津县吕家洼黄河伏汛漫溢,经臣于六月二十二日奏报在案。入秋以后,水势日见增涨。迭准河臣许振祎来电:万锦滩于六月十八、十九等日长水六尺,二十四日又长水四尺。据上、中、下三游总办禀报:连日伏汛未消,加以霪雨兼旬,黄河挟山河并注之水,奔腾澎湃,怵目刿心,各工段奇险迭生,为近数年所罕见。如上游北岸之万家桥一带水溢出槽,顺临黄堤西趋至马家洼,漫过民埝直冲影塘,其由廖家桥至马刘庄五十余里民埝全行冲塌,水抵堤根深五六尺及丈余不等。南岸黄花寺、张楼、柏庄等处水浸大堤,该处距河身十七八里,堤外附近沮河,因向无险工,历年并未存储料物,该防营斫伐柳枝悬挂厢护,奈堤身两面皆水,均已浸透,于二十二日由高家大庙坍塌数丈,漫水直注□河,复东南至梁山、安山一带,仍入黄河。中游北岸之董家寺、豆腐窝、五里铺、李家岸、北泺口、倪家庄,南岸之韩家道口、杨庄、大寨等处埽坝迭报蛰陷,各营委昼夜抢厢尚未疏失。至下游河身愈窄,兼以海潮顶托,出海尾闾不畅，故险工较上、中两游更多。自济阳灰坝而下，如葛家店、直河、桑家渡、清河镇、大马家、大田家、宋家集、东刘家、北镇、打鱼崔家，均埽走堤塌，岌岌可危。十六日利津南岸南岭迤下民修民守之子埝坍塌过水，刷成口门五十余丈，该处地势较高，尚未夺溜。北岸利津迤下之赵家菜园因南风过大，逼溜北趋，一夜将堤顶塌尽，勇夫极力抢护，而堤身本属沙土，一经抽掣立见蛰陷，新挖之土半多泥浆，旋抢旋塌。现已飞调铁门关海防各营赴工，并力抢筑，能否抢固尚无把握。二十日，齐东县境之北赵家因齐东旧城被水冲塌，溜由齐东南门奔腾直注，又值风雨交加，勇夫抢护不及，致堤身刷塌数十丈，水由青城南趋。其余各处险工尚在极力抢护。据该总办先后禀报前来。

臣查本年水势较之十八年盛涨之时犹高至二尺以外，自闰五月下旬至六月一月内几于无日不雨，平地水深数尺，各工段所有著名旧险不计外，又连出新险数十处。当疾风暴雨之际，仅恃此一线危堤，以捍惊流急湍之水，诚属势处万难。上游总办兖沂道姚协赞已奉旨调补陕西粮道，接办上游河工候补道李清和甫经到工，应请免其参处。下游总办候补道丁达意自去冬筹办海防，勤劳倍至，本年接办河工正值万分棘手，冲风冒雨奔驰于泥淖之中，实属不遗余力。惟既身任总办责无可辞，应请旨交部议处。上游南岸防营候补参将刘福宝，下游南岸防营候补游击李金书，承防之候补知县汤宗干，分防候补典史潘名彦，虽系地广人单，究属疏于防范，应请一并交部议处。臣未能驻工督率，前于吕家洼漫口折内奏请交部议处在案。此次失事仍应请旨，将臣交部议处。

除饬确查高家大庙漫水果否未向南趋，并将北赵家漫口盘筑裹头，免致续塌，一面查明被淹灾民，妥筹赈抚外，所有秋汛险工迭出,上游高家大庙大堤坍塌过水,下游北赵大堤漫溢成口缘由,谨缮折由驿驰奏。伏乞皇上圣鉴训示。

再,臣前奉谕旨回省,于六月二十五日由莱州启程,沿途为雨水所阻,其水深无舟楫之处,文报亦不能通。兹于七月初四日始抵潍县。此折系在潍县拜发。合并陈明,谨奏。

光绪二十一年七月十五日奉朱批:另有旨。钦此。

203. 奏请将买料不实人员革职片

光绪二十一年七月初五日(1895 年 8 月 24 日)

再,河工修防全重秸料,东省旧章以一万斤为一垛,必须购买之员斤重足数,方足以收实用。查山东河工积习率以买料为调剂之差,架井空虚任意短少。甚至有不肖委员于大汛之际,通同防营捏称随买随用,实并未买一束,料价全饱私囊,糜帑误工,殊甚痛恨。臣习闻此弊,严饬各总办于买料委员谆谆告诫,不啻三令五申。乃访闻下游委员候补同知邵守正、中游委员候补巡检崇贵,买料均未能核实。复派员过秤查验,皆不足数。臣维秸料一项,无论堵口、抢险均属要需,若一垛不足一垛之用,必致临时失措,贻误事机。此种恶习实为河工之蠹,若不从严参办,不足以挽颓风。应请将候补同知邵守正、候补巡检崇贵一并革职,以儆效尤。以后如查有营委通同舞弊情事,即请旨严正其罪,以昭炯戒。谨附片驰奏。伏乞圣鉴训示。谨奏。

光绪二十一年七月十五日奉朱批:另有旨。钦此。

204. 奏审明越狱盗犯折

光绪二十一年七月初八日(1895 年 8 月 27 日)

奏为审明越狱盗犯同刑禁人等按律分别定拟,恭折具陈,仰祈圣鉴事:

窃查前据平阴县知县李敬修禀报:斩犯邹立秋越狱脱逃等情,当经前抚臣福润批司将该典史张开先撤任奏参。奉旨:所参疏防监犯越狱之管狱官山东署平阴县典史试用巡检张开先着即革职拿问,交福润提同刑禁人等研讯有无松刑贿纵情弊,按例惩办。有狱官平阴县知县李敬修先期公出,着准其免议,仍勒限缉拿逸犯邹立秋,务获究办。余着照所议办理,该部知道。钦此。福润钦遵行司缉拿,一面饬提刑禁人等至省,发委济南府审办。旋据肥城县知县王联庚,协同平阴县缉役营兵并禁卒人等家属,暨张开先派出家丁将邹立秋拿获讯供,禀经福润批饬提省归案审办。该典史张开先照例免其拿问。兹据济南府知府鲁琪光审明拟议,由司覆审解勘前来。臣因筹办海防出省,饬委署藩司李希莲代审无异。

经臣覆加查核,缘邵立秋即邵晚秋、邵立楹,均籍隶平阴县。邵立楹与邵立秋同姓不宗,俱先未为匪犯案。光绪十八年八月初三日邵立秋、邵立楹与素识在逃之郑衍坪、石三即虞桂清遇道贫难,邵立秋起意行窃,邵立楹与郑衍坪等允从。是夜,同伙四人,邵立秋与郑衍坪等分携洋枪,邵立楹携带白腊杆,偕抵事主王天名家门首,邵立楹在外接赃。邵立秋等越墙进院拨门入室行窃。王天名与母王孙氏惊觉起身喊捕,邵立楹闻喊先逃。邵立秋起意行强,郑衍坪、石三允从。邵立秋开放洋枪轰拒,致伤王天名右脚踝,并将王孙氏推磕致伤额颅,一同劫得衣物开启大门逃走。邻佑王长夏、黄秉公追捕,邵立秋与郑衍坪开放洋枪,连轰伤王长夏脑后右䐃䐢、黄秉公额颅,至何人轰伤何处部位,邵立秋记忆不清。追及邵立楹,告知强劫拒捕情由,将赃分别存留,卖与不识姓名人,得钱分用各散。王天名报经该县李敬修会营勘讯,获犯邵立楹讯详审,拟解经泰安府知府康敉讯。因犯供游移,饬取原拿捕役供词未到,将犯饬发回县研讯。续获邵立秋收入县监。讯供通详:十九年十一月二十八日,李敬修赴省面禀地方事宜公出,十二月初四日傍晚该典史张开先带领刑书孙长源进监收封,验明邵立秋刑具完固,收入南监木笼,交禁卒萧汝西、李茂华看守,并派孙长源与营兵徐荣海在监值宿,县役冯克城、贾凤春,更夫张学汕、任凤安在更道支更巡逻,饬令小心防范,封锁狱门回署。是夜四更时分,风雪交作,张学汕等进屋避雪,孙长源与徐荣海等均因困倦睡熟。讵邵立秋乘间扭断镣铐,揭开笼板,钻出木笼,用破门作梯越出监墙,由城墙缺口爬出城外逃逸。萧汝西等惊觉,报经张开先驰往督拿无获,申经李敬修回署会营勘讯,禀经该营道府转由藩、臬两司,详经福润将该典史张开先撤任,奏参革职拿问。行司将刑禁人等提省,发委济南府知府鲁琪光审办。

邵立秋逃后在不识姓名剃头担上剃去头发逃往各处躲避。二十年二月二十三日,经肥城县知县王联庚访闻邵立秋逃入境内,会督营典兵役驰往查拿。适李敬修与营汛派出兵役暨张开先派出家丁并禁卒家属踵至，即于二十三日协同将邵立秋拿获。禀经福润批司将邵立秋提省归案审办。该典史张开先照例免其拿问，该府鲁琪光因查卷宗不齐，饬县检齐申司发府，鲁琪光审拟解经该司，松林因恐案情未确，驳饬鲁琪光照原拟由司招解委审。供认前情不讳。诘无结捻、结幅、窝伙窃劫别案及另犯为匪不法，并逃后知情容留之人，赃有起获，正盗无疑。刑禁人等委系一时疏忽，亦无松刑贿纵情弊，案无遁饰。

查律载强盗已行而但得财者不分首从皆斩。又例载，知强盗后分所盗之赃数在一百两以下者照共谋为盗；临时畏惧不行，事后分赃，例减一等，杖一百，徒三年。又羁监犯越狱，如狱卒果系依法看守，一时疏忽偶致脱逃，并无贿纵情弊审有确据者，仍给限一百日，限内能自捕，得准其依律免罪。又禁罪应斩决，重犯越狱脱逃，将管狱官革职拿问，四人月限内拿获，即行革职免其拿问各等语。此案邵立秋纠伙执持洋枪行窃，临时强劫事主王在名家得赃，轰拒致伤王天名等平复，囚禁在狱，不思安分守法，辄敢越狱脱逃，殊属不法。查该犯系执持洋枪行窃，临时强劫得赃，按照严定章程，罪应斩枭。惟恭逢光绪二十年八月十六日恩诏事，在二十年正月初一日以前，照章免加枭示，并免其越狱脱逃之罪，自应仍按本律问拟。邵立秋即邵晚秋合依强盗已行而但得财者不分首从皆斩律，拟斩立决，先于左面刺凶盗二字。该犯尚有伙窃王兆明等家牛只马匹各案，罪止军戍满徒，应归此案从重拟结。邵立楹听从械窃，计赃九两零，当邵立秋等行强拒捕时，该犯闻喊先逃，不知强劫拒捕情由，惟事后分赃，亦应按例问拟。邵立楹除械窃为从，轻罪不议外，全依知强盗后而分所盗之赃数在一百两以下者，照共谋为盗，临时畏惧不行，事后分赃例减一等，杖一百徒三年例，拟杖一百徒三年。事犯亦在恩诏以前,系械窃拟徒应准援免,并免刺字;后再有犯加一等治罪。据供:亲老丁单,罪已援免,毋庸查办。留养禁卒萧汝西、李茂华,刑书孙长源,营兵徐荣海,县役冯克城、贾凤春,更夫张学汕、任凤安、于邵立秋越狱脱逃讯系依法看守,并无松刑贿纵情弊。业于百日限内经该家属将该犯邵立秋拿获,应准依律免罪,仍饬县分别革役、革伍。管狱官已革,署平阴县典史张开先于疏脱斩枭监犯,讯非禁卒人等受贿故纵,业于四个月限内经该家丁将犯拿获,业已革职,应毋庸议。有狱官平阴县知县李敬修先期公出,例得免议失察。该犯等为匪之牌甲与不能禁子为匪之犯父邵煐列、犯兄邵立珂事在赦前均免传责。不识姓名剃头担与买赃之不识姓名人应免缉究。王天名等伤均平复,亦毋庸议,获赃给领,未获追赔。逸犯郑衍坪等饬缉获日另结,洋枪随案起获,失察职名并免开送。

再,事主王天名家被劫一案,同伙四人已于三参限内获犯及半,兼获盗首,三参职名应免开送。前参疏防暨二参各职名并应注销,首先拿获邻境斩枭盗犯一名之肥城县知县王联庚、协获之肥城县典史王岷源暨肥城汛千总赵良玉,咨部照例分别议叙。除将全案供招送部外,理合恭折具奏。伏乞皇上圣鉴,敕部议覆施行。谨奏。

光绪二十一年八月初一日奉朱批:刑部速议具奏。钦此。

205. 奏报河工委员积劳病故恳恤折

光绪二十一年七月初八日（1895 年 8 月 27 日）

奏为办理小清河工委员积劳病故，恳恩敕部议恤，恭折仰祈圣鉴事：

窃据督办山东小清河工程前登莱青道调任直隶津海关道盛宣怀禀称：安徽桐城县人直隶候补知县何景贤，历办河工、赈务，素称得力。光绪十五年随同查勘寿光县属之羊角沟，乐安县属之滴漏沟，测量审度于冰天雪地之中，往返奔驰，始得要领，创议先由母猪沟入手，因小清河身淤垫半为庐墓所占，又在旧小清支脉沟之间就其注下另辟一河名曰新清河。该员识力过人，勇于任事，派为全工提调，责成一手办理，经营胼胝，艰苦倍尝，综核收支，丝毫不苟。开通上下游河身四百余里，为十余州县水利民田所关，海口舟楫流通尤为商民所利赖，而其心力交瘁实由于此，历五年如一日。南绅严作霖盛称其廉能，卒以久处河干，外感寒湿，因耗心血，积劳成疾，犹复勉力从公，未及请假就医，甫报工竣即行一病不起。身后萧条，无以为殓，其操守尤足以风世。追念前劳，情殊可悯，实不忍任其湮没等情。恳请奏恤前来。

臣查近年办理河工委员积劳病故者，如候补知府仓尔英、大挑知县熊瑞昌等，均经前抚臣张曜、福润先后奏蒙赐恤在案。兹直隶候补知县何景贤因办理东省小清河工积劳病故，情事相同。合无仰恳天恩，俯准敕部议恤，出自鸿慈。除饬取履历送部查照外，理合恭折具陈。伏乞皇上圣鉴训示。谨奏。

光绪二十一年七月二十六日奉朱批：着照所请。该部知道。钦此。

206. 奏东省捐建故抚专祠落成恳入祀典折

光绪二十一年七月初八日(1895 年 8 月 27 日)

奏为东省捐建故抚臣阎敬铭专祠落成,恳恩敕部列入祀典,恭折仰祈圣鉴事:

窃照原任大学士前山东巡抚臣阎敬铭拯灾戡乱,遗爱在民。前据东省在籍绅士前翰林院修撰曹鸿勋等联名呈由历城县,详经调任抚臣福润于光绪十八年十二月十三日奏请,在于省垣捐建专祠。十二月二十八日奉朱批:着照所请。礼部知道。钦此。钦遵转行在案。旋经东省官绅士庶暨关中会馆,公同捐集经费,在于省城北门内大明湖迤南购置隙地,鸠工庀材,建立该故抚臣专祠一所。计大小房屋七十四间,于十九年七月初一日兴工,至二十年六月十五日落成。委员验收实系工料坚实,规模整齐,由署布政使李希莲详请具奏前来。

臣维故大学士臣阎敬铭于山东巡抚任内,摧捣捻、幅、盐枭各匪,廓清全境,然后抚辑伤痍,整饬吏治,定漕价以苏民困,严交代以杜官亏,积弊一空,百废具举,洵属功德在民,无愧馨香之报。现在省城捐建专祠业经告竣。合无仰恳天恩俯准,敕部列入祀典,由地方官春秋致祭,俾彰荩绩而垂久远。其捐修经费,均由官绅筹捐,并未动用公款,请免造册报销。除咨部查照外,理合恭折具奏。

伏乞皇上圣鉴训示。谨奏。

光绪二十一年七月二十六日奉朱批:着照所请,该部知道。钦此。

207. 奏续拨黄河防汛经费银五万两片

光绪二十一年七月初八日(1895 年 8 月 27 日)

再,山东黄河额拨防汛经费银六十万两,臣督饬总办各道员力求核实,不使稍有虚縻,无如工段太长,两岸二千余里,埽坝林立,厢修防护用料浩繁,险要各处并应加抛碎石,大汛期内人力不足,又须添雇民夫帮同抢险,以致额拨银两每年均不敷用。光绪十五六两年需银至八十八万及九十七万两。近年以来,俱请续拨银五万两,凡可节省之处实已不余遗力。本年伏汛来源过旺,两岸险工迭出,料物人夫因之多费。且今春堵合济阳县高家纸坊漫口,用款银两万九千余两,并未另案请拨,亦于防汛经费内开支动用。虽经逐处撙节,终觉工多款少,左支右绌。现据各总办禀报,经费已将告罄,秋汛为日尚长,不能不作未雨绸缪之计。臣拟请在于藩库照案续拨银五万两,分发上、中、下三游,以济防汛工需。仍当督饬核实,动支不准稍涉縻费。谨附片具陈。伏乞圣鉴训示。谨奏。

光绪二十一年七月二十六日奉朱批:该部知道。钦此。

208. 奏报黄河防汛经费银数折

光绪二十一年七月初八日(1895 年 8 月 27 日)

奏为报销光绪二十年黄河防汛经费银两数目,恭折仰祈圣鉴事:

窃查山东黄河上、中、下三游自曹州府菏泽县起至利津县韩家垣新海口止,袤延千有余里,汛涨抢险极关紧要,所用防汛经费银两,截至光绪十九年止,均经历任抚臣按年具奏请销,准部核复在案。兹据河防局司道详称:二十年防汛经费额拨银六十万两,嗣因两岸工段绵长,埽坝林立,伏、秋大汛期内添夫、添料,并购碎石抢护险工,需费甚钜,额拨经费告罄。复经前抚臣福润奏准,在于藩库续拨银五万两以资接济。该司道等督同承办各员详细勾稽:二十年,上、中、下三游各处抢险厢埽抛护碎石,修盖堡房需用一切工料,并雇用民夫津贴及各防营弁勇口分、总分各局委员盐粮等项,应归户部核销银一十三万四百六十三两七钱一分八厘二毫,工部核销银四十九万三千六百九十六两一钱二厘五毫。二共请销支款银六十二万四千一百五十九两八钱二分七毫。均系实支实用,并无扣存减平。查是年收款运库短欠银二万五千两,实收到司道各库及临清关,共银六十二万五千两。除拨还十九年防汛案内报明筹垫不敷银三万六千七百七十七两七钱九分二厘四毫,下余银两尽数动支,尚不敷银三万五千九百三十七两六钱一分三厘一毫,已另设法筹垫。俟准部覆归于下届防汛案内造报,仍催运库补解分别拨还等情。造具收支总细各册出具印结呈请奏咨前来。

臣维水性无常,经费有限,上年莅任伊始,正值秋汛届期,业饬在工承办各员力戒虚糜,一洗从前积习,故较往年略为节省。覆核册开收支各款,尚无浮冒情弊。除册结分送户、工二部外,所有报销光绪二十年防汛经费银数缘由,谨恭折具陈。伏乞皇上圣鉴。敕部核销施行。谨奏。

光绪二十一年七月二十六日奉朱批:该部议奏。钦此。

209. 奏东海关洋药厘金暂供海防军饷折

光绪二十一年七月十四日(1895 年 9 月 2 日)

奏为东海关洋药厘金按结支剩银两恳请移缓就急,暂供海防军饷,恭折仰祈圣鉴事:

窃查东海关洋药厘金一款,从前专供泰安轮船薪饷,自该船裁撤后,于光绪二十年四月奏明,仍留此款归还泰安轮船挪用洋税欠项,还清前欠留作烟台、胶澳两水雷营暨海口下雷轮船月饷之用。如其不敷,再行设法筹拨。约计每年收数除去缉私公用各费,不过余银二万两左右。计自光绪十九年十一月二十五日第一百三十四结起至二十年十二月初五日第一百三十七结止,共收洋药厘金除支销缉私各项公用,及还清上届垫支泰安轮船欠项外,实应在剩银一万一千六百六十五两二分四厘五毫二丝八忽正。拟添筹经费购器设造烟、胶两防水雷营船。旋值倭人构衅,海上用兵,各工未及举办。前项存剩银两业已按结造报。惟东省自筹办海防以来,节次募勇增营,购炮置械,并添大枝劲旅,远调各省客军,月需饷银二十余万两。自去秋以迄于今,并未请拨部款,司道各库搜括无遗,不得已奏请截留本年京、协各饷,部议仅准一半,尚不足供支三月之用,统筹兼顾,不敷尚钜。现在虽已停战,而沿海千数百里仍未敢一日弛备,饷项来源枯竭,防营未能尽裁,竭蹶支持,大有无米为炊之势。所有第一百三十四结至一百三十七结,及一百三十八结以后,抽收洋药厘金按结支剩银两,应请移缓就急,暂供海防军饷,不无小补。一俟沿海防营裁撤,仍留作烟台、胶州两水雷营及海口下雷轮船用支薪饷之用,以符原案。据东海关监督详请奏明立案前来。

臣惟治兵之道,筹饷为先,且饷为军士养命之源,较水雷营船为尤重。合无仰恳天恩,俯念东省库款奇绌,准将东海关洋药厘金按结支剩银两移缓就急,暂供海防军饷,出自鸿慈逾格。除咨部查照外,理合恭折具陈。伏乞皇上圣鉴训示。谨奏。

光绪二十一年八月初三日奉朱批:户部议奏。钦此。

210. 奏报销假折

光绪二十一年七月十四日(1895 年 9 月 2 日)

奏为微臣假期届满，力疾销假，恭折仰祈圣鉴事：

窃臣前因病陈请续假，六月初七日在莱州营次奉到朱批：着再赏假一个月。钦此。伏念臣蒲柳之姿，本不克膺艰钜。上年秋筹防海上，即系扶疾而行。比以军务倥偬，未遑静摄，夏闲因病久未愈，吁请开缺，仰荷天恩，先后赏假调理，鸿施稠叠，感激莫名。遵即赶紧医调，近来咯血之证已渐见轻减，惟两腿重坠，艰于步履，兼以脾虚肝燥，宵无善寐，遇事健忘，此由气血渐衰，非旦夕所能奏效。方今时事值艰难之会，强邻压境，戒备既不可稍疏。加之河决成灾，嗷鸿徧野，北路遣撤营勇半归曹、济，又恐麇聚为患。举凡筹办工赈，抚辑流亡，慎固封圻，搜除伏莽，在在均形棘手。臣渥承恩遇，若复怀退避之意，不独无以对朝廷，亦觉负惭衾影。兹已假期届满，谨即力疾销假，督同司道各员逐一认真经理，但能上裨国计，下益民生，不惜身为怨府，以期仰答高厚生成于万一。

所有微臣力疾销假缘由，谨缮折具奏。伏乞皇上圣鉴训示。

再，臣于六月二十五日由莱州起程回省，因沿途阻水，至七月十二日始抵省署。合并陈明。谨奏。

光绪二十一年八月初三日奉朱批：知道了。钦此。

211. 奏调江苏候补道李光久片

光绪二十一年七月十四日(1895 年 9 月 2 日)

再,练兵之道首在择将,将得其人,则化弱为强,军事乃大有可恃。山东为南北要冲,刻下威海驻有倭兵,东路防营断不能撤,西路则曹、济各属向称盗薮,兼以关内、外所撤营勇半多曹、济无赖之徒,难保不麇集为患。必须重兵镇摄,以遏乱萌。尤赖有廉正大员统领诸军,方足以资控驭。查有江苏候补道李光久,为前湘军统领,追赠总督赐谥忠武李续宾之子,廉明刚勇,绰有古名将风。此次奉调出关,每战必身先士卒,虽当挫衄之际,犹能严整队伍,民间秋毫无犯。臣籍隶关东,乡人之自关外来者亲睹其战事,无不津津道之。现在关外各军先后遣撤,合无仰恳天恩,俯念山东防务紧要,将江苏候补道李光久发来山东,俾臣得资臂助,于军事必有裨益。谨附片具奏。伏乞圣鉴训示。谨奏。

光绪二十一年八月初三日奉朱批:李光久现在带兵,着毋庸发往。钦此。

212. 奏黄河水势渐落筹款堵筑上下游漫口情形折

光绪二十一年七月二十七日(1895 年 9 月 15 日)

奏为节逾白露，黄河水势渐落，谨将筹款堵筑上、下游漫口情形，恭折具陈，仰祈圣鉴事：

窃臣前因伏、秋汛水盛涨，险工迭出，下游利津尾闾北岸之吕家洼，齐东南岸之北赵家，上游寿张南岸之高家大庙等处，堤埝先后漫溢，请将在工员弁并臣一并交部议处。于六月二十二、七月初五等日专折奏报。七月初九日承准军机大臣字寄，光绪二十一年七月初四日奉上谕：该抚务当督饬员弁赶筑裹头，以免续塌。现在秋汛已届，为日方长，着通饬在工各员加意防护等因。钦此。又恭阅邸抄，七月十一日奉上谕：该抚务当督饬在工各员加意防护，仍确查高家大庙漫水是否未向南趋，并将北赵家漫口盘筑裹头，免致续塌等因。钦此。仰见圣主慎重要工之至意，跪聆之下感悚莫名。

查黄河水势，自七月初以后雨止天晴，始行停涨，二十日节交白露，逐渐消落。上、下游完善各段险工均经抢护平稳，各处漫口亦经上游总办道员李清和、下游总办道员丁达意等各将裹头盘筑结实。连日督同勘估筹办，冀漫口早堵一日，民生即早安一日。该员等深知工关紧要，力图补救。原报利津北岸迤下之赵家菜园奇险异常，旋抢旋塌，水已漫过堤顶，卒能厚集勇夫竭力抢堵完固。南岸南岭迤下民修民守之子埝被水冲塌成口，该处地势较高，水势亦缓，仍令照旧堵修，量予津贴以恤民力。其高家大庙大堤口门刷宽八十余丈，水深七八尺及丈余不等。漫水由柏庄黑虎庙直趋沮河，复绕东南至梁山、安山一带仍入黄河，不至再向南趋。工段坐落上游，应归李清和堵办，又北赵家大堤口门刷宽八十余丈，水深丈余及二丈不等，口门以外两旁俱已挂淤，正流径趋东南直灌小清河入海。工段坐落下游应归丁达意堵办，至吕家洼地势最低，逼近海滨，口门刷宽一百余丈，水深一二丈及三丈不等，倒漾之水波及盐滩，续淹八十余副，大溜由正北入海，宽约十余里，已成海口形势。应否堵合抑或留为入海尾闾，容俟确切覆勘察看情形，另行奏明办理。

现将应堵高家大庙及北赵家两口需用桩绳、秸料等物分饬购备兴工所需经费。当此库款支绌，海防未撤，何敢遽请部帑，上烦宸廑，惟有移缓就急，变通工作。兹拟在于藩库各款项下筹拨银十万两，粮道库漕仓项下筹拨银三万两，临清关税项下筹拨银二万两，藉资应用。工次需用人夫即招集灾民以工代赈，并另筹款妥为赈抚，俾免流离失所。苟可力求节省，不敢稍涉虚糜，万一稍有不敷，再当据实奏请续拨。现在白露已过，河水渐消，不至再行出险。且臣甫经回省，应办一切事宜尚须与司道筹商清厘，一时未克赴工。仍俟堵口兴办，应否亲往督率，届时当再奏闻。

所有节逾白露水势渐落，筹款堵筑漫口缘由，谨恭折具陈。伏乞皇上圣鉴训示。谨奏。

光绪二十一年八月十二日奉朱批：知道了。钦此。

213. 奏请奖恤剿匪出力员弁折

光绪二十一年八月十四日(1895 年 10 月 2 日)

奏为曹、济等属连年剿捕要匪出力文武员弁,可否吁恳天恩,俯准择优酌奖,以示鼓励,并捕盗伤亡弁勇请旨敕部议恤,恭折具陈,仰祈圣鉴事:

窃维山东曹、济各属,界连直、豫、江南,匪徒素多出没,焚劫抢掠,瞀不畏死。诚如圣谕,若不及早扑灭,恐致酿成巨患。升任曹州府知府毓贤胆识兼优,勇于任事,上年经臣奏办兖、沂、曹三府缉捕事宜。本年三月复奏准曹、济各属防营统归调遣。并责成各州县联络乡团,认真缉捕,用能同心协力,将要匪次第铲除。该员近蒙恩简放兖沂曹济道,当能愈加奋勉,绥靖地方,无负圣明委任。副将陈大胜,管带济后及靖字等营驻曹最久,获匪亦最多,缉捕素称得力。春间又饬守备史镇廷等添募勇营,隶该副将部下。并调参将岳金堂马队一营协同防剿。时值海防紧要,南来军火沿途俱须防护,又奏派兖州镇总兵田恩来添募勇营保护运道,兼办缉捕事宜。据毓贤禀报:在菏泽等县获匪三十余名,又续获一百余名,当场格毙数十名。经臣先后奏报在案。又查据陈大胜等禀报:综计自上年六月至今,该副将所部各营及省西各州县并田恩来勇营所获匪犯共计五百余名,其杀人放火凶暴最著之犯俱录供。禀经臣批饬照章就地正法。按季汇报其情轻及胁从各犯，仍饬照例审办。此曹、济各属迭获匪犯之实在情形也。

惟该匪等骑马持械，聚众横行，扰拒官兵，俨同对敌。故虽迭被擒获，而弁勇亦多伤亡。如上年六月匪首王石朋焚劫钜野县龙堌集一案，军功张振标等五名，勇目尹福琳等十三名，均被洋枪轰毙。又都司翟运修巡缉遇匪轰伤身死，并轰毙丁壮王兴一名。又佐字营哨弁郝锐，带领勇目郝庆海等于上年十二月在菏泽县境督团击匪，郝庆海被匪枪伤身死，并轰毙团丁李扬名一名。又本年四月靖字营军功葛守平在菏泽捕贼亦被枪伤身死，其被伤平复者尚数十名。而各员弁等仍能躬督勇役奋往图功，卒将著名首要各匪暨河南睢州王桥案内之谢五瞎子等，并御史管廷献陈奏钦奉谕旨缉拿之匪犯岳二米、段二瞎子等先后就擒，洵属不遗余力。臣维曹、济等处风俗本极犷悍，当军务吃紧之际，奸人乘机蠢动，愈肆鸱张，动言某日劫庄，某日攻县，民情惶惑，各有戒心。各文武员弁齐心协力，歼除巨憝，解散胁从，闾阎渐得安堵，不无微劳足录。臣春间迭奉寄谕，以曹属土匪肆扰，敕令实力剿办，即陈明如有捕务振作破获巨盗者，由臣奏请破格优奖，仰蒙圣鉴在案。合无吁恳天恩，俯念曹、济各属剿捕要匪与寻常获匪难易迥殊，为时又最久，获犯又最多，准将出力文、武员弁，由臣择优请奖，以示鼓励。其捕匪伤亡之抚标候补都司翟运修，六品军功张振标、陈金海、赵长胜、鲍福魁、葛守平五名，勇目尹福林、鲍贵生、鲍克明、田树本、冯金湖、陈金容、杜金忠、张瑞本、张义合、刘长发、楚柱、王三、田质彬、郝庆海十四名，团丁李扬名、王兴二名，均以死勤事，情殊可悯。并请敕部从优议恤，出自逾格鸿慈。谨专折具奏。伏乞皇上圣鉴训示遵行。谨奏。

光绪二十一年八月二十九日奉朱批:着准其酌保数员,毋许冒滥。翟运修等均着交部从优议恤。钦此。

214. 奏总兵夏辛酉缓赴新任仍留登防片

光绪二十一年八月十四日(1895 年 10 月 2 日)

再,夏辛酉蒙恩简放右江镇总兵,仰见皇上爱惜将才,知人善任,钦感莫名。查该总兵自上年十月经臣奏委统领登州防营,深资得力,嗣因丁承重忧,呈请回籍,复经附片陈请留营。奉旨允准钦遵在案。刻下虽无战事,而登郡地居险要,惩前毖后,防务仍未可稍疏。夏辛酉胆识兼优,治军严整,登州士庶皆倚若长城,实难遽行更易。合无仰恳天恩俯念登州防务紧要,准令夏辛酉缓赴新任,仍留登防以资镇摄,出自鸿慈。再,该总兵上年丁承重忧其未届服阕以前,右江镇总兵应否改为署任,恭候圣裁。谨附片具奏。伏乞圣鉴训示。谨奏。

光绪二十一年八月二十九日奉朱批:夏辛酉着改为署任,准其仍留山东,以资得力。兵部知道。钦此。

215. 奏剿抚回匪全在得人密陈管见折

光绪二十一年八月十四日(1895 年 10 月 2 日)

奏为甘肃回氛所关甚重,剿抚全赖得人,谨就管见所及,恭折密陈,仰祈圣鉴事:

窃臣恭阅邸钞,光绪二十一年七月十六日内阁奉上谕:甘肃逆回滋事,日益蔓延,自海城收复,循化解围后,河狄、西宁又复聚众猖獗。总兵汤彦和奉调赴援,迁延日久。迨行抵河州,又不侦探虚实,冒昧进攻,以致全军溃退,贻误戎机。汤彦和着革职留营带罪图功,以观后效。杨昌浚在甘有年,于回众情形岂未深悉?乃忽剿忽抚,迄无定见,以致湟中河狄遍地皆贼,实属措置乖方。雷正绾受回愚弄发给枪械,转借寇兵,亦属庸愦不职。杨昌浚、雷正绾均着交部议处。以后务当振刷精神,破除壅蔽。董福祥等军到后合力同心,将回氛迅速扫荡,庶可稍赎前愆。凛之!钦此。仰见皇上轸念西陲,天威震叠,钦服莫名。

窃维军旅之事,杀敌擒渠必资将略,而发纵指示尤在疆臣。甘肃自同治初年回匪肇乱,前大学士臣左宗棠督师关陇,所部皆一时名将,七年之久始克荡平。盖逆回狡悍性成,知畏威而不知怀德,非得统兵大员深明韬略,擒纵得宜,鲜能安其反侧也。固原提督臣雷正绾受回愚弄,转借寇兵。甘州提督臣李培荣前在关内统兵,未能得力，始奉旨饬回本任。臣闻雷正绾久膺专阃，近来暮气太甚；李培荣习染更重，士卒离心，缓急均未可恃。陕甘总督臣杨昌浚宣力边疆历有年所，乃此次忽剿忽抚，以致寇焰愈炽，洵如圣谕措置未免乖方。古人有言：琴瑟不调，则改弦而更张之。臣窃见闽浙总督臣边宝泉志虑忠纯，尽瘁为国，曾任陕西巡抚，西路情形本所素悉，而自视坎然，遇事能广益集思，以折衷于至当。又新授云南巡抚臣魏光焘久任新疆，为前抚臣刘锦棠所倚重。春间统兵关外，其治军严整，威信素孚，为湘军之冠。臣与魏光焘向未谋面，而闻其识略，文臣中知兵之员殆无以过之。又乌鲁木齐提督臣董福祥，忠诚廉正，胆识俱优；广东高州镇总兵余虎恩，治军廉明，朴勇善战。董福祥近已奉旨率师西进，是该提督之勇敢可恃，久在圣明洞鉴之中。西陲既有兵事如数臣者，似均可为股肱干城之寄，应否酌予更调，以资得力而奠危疆之处，出自圣裁。明知军旅大政朝廷自有权衡，非疏逖外臣所当妄议，而微臣受恩深重，管窥所及，不敢不直陈于君父之前。是否有当，谨恭折密奏。伏乞皇上圣鉴训示。谨奏。

216. 奏沂州协副将员缺请以陈大胜补授折

光绪二十一年八月二十二日(1895 年 10 月 10 日)

奏为拣员请补副将员缺以重地方,恭折具奏,仰祈圣鉴事:

窃沂州协副将曹正榜前因遇事因循,不知振作,营务亦多未妥,经臣奏请开缺留省察看,并声明遗缺东省现有应补人员容另行遴员请补。于光绪二十一年七月初四日奉朱批:着照所请。兵部知道。钦此。钦遵恭录转行。并已接准部咨在案。

臣查沂州营副将虽系部推之缺,惟沂属民俗强悍,界连淮徐,素为盗匪出没之区,巡缉操防倍关紧要。当此整顿营伍之际,尤非勤奋素著、熟习地方情形之员,不足以资控驭。臣于尽先副将内逐加遴选。查有花翎尽先副将陈大胜,年五十二岁,系湖北汉阳府沔阳州人。于同治二年投效霆军,迭在江西、广东、直隶、山东、陕西等省剿匪出力,历保以守备尽先补用并戴花翎。同治九年因剿平西捻出力,经前湖广总督臣李鸿章汇案奏保。奉上谕:着以都司尽先补用。钦此。同治十一年夺取新路坡要隘,并踏平祁家集逆巢案内出力,经宁夏将军臣穆图善奏保。奉上谕:着免补都司以游击尽先补用,并赏加参将衔。钦此。光绪四年新疆南北两路肃清案内出力,经钦差大臣督办新疆军务陕甘督臣左宗棠奏保。奉上谕:着以参将尽先补用。并赏给二品封典。钦此。嗣因边防出力,经钦差大臣督办新疆军务臣刘锦棠奏保。奉上谕:着免补参将,以副将尽先补用。钦此。十二年随前抚臣张曜来东。旋因委带济字后营马队,连年在曹、济各属擒获著名盗匪出力。十九年二月,经前抚臣福润奏请留东补用。是年二月二十九日奉朱批:着照所请。兵部知道。钦此。该员缉盗练兵奋勇著绩,现在管带济后及靖字等营,驻扎曹属,迭获著名巨匪,缉捕最为得力,以之请补斯缺,实堪胜任。虽有名次在前之陈光禄、宋国元、何成忠、朱廷芳、王来魁、刘耀远,均于此缺不甚和宜,未便迁就请补,例得据实声明。合无吁恳天恩,俯念员缺紧要,准以尽先副将陈大胜请补沂州营副将,洵于地方营伍有裨。如蒙俞允,俟接准部覆再行给咨送部引见,以符定制。理合会同兖州镇总兵臣田恩来合词恭折具奏。伏乞皇上圣鉴,敕部议覆施行。谨奏。

光绪二十一年九月十二日奉朱批:兵部议奏。钦此。

217. 奏查海丰县贼匪拿办情形折

光绪二十一年八月二十二日(1895年10月10日)

奏为遵查海丰县贼匪现饬拿办情形,恭折覆陈,仰祈圣鉴事:

窃臣于六月十四日在莱州营次,承准军机大臣字寄,光绪二十一年六月初八日奉上谕:有人奏,山东贼匪扰及直境,请饬会剿一折。据称:山东海丰五营小山地方向为盗薮,匪徒五六十人,各有快马洋枪,白昼驰骋,毫无顾忌。捕役刘绍庭即系巨窝,知县廉存从而庇护该匪,扰及直隶之盐山,枪伤事主身死。该县调营往捕,竟敢聚众抗拒,仅获三犯,馀皆逃逸等语。着王文韶、李秉衡遴派干员驰赴该处,严密防查。如果有前项情事,即行调集营勇迅速兜拿,毋任漏网。并着李秉衡查明庇匪之知县从严参办等因。钦此。当经臣檄委候补知县陆安清前往密查。

据禀称:海丰县与直隶庆云、盐山、沧州接壤,海丰所属之五营小山地方回民杂处,素为盗匪出没之区。刘绍庭充当海丰县捕役,是否巨窝查无实据。并据海丰县知县廉存禀称:本年五月初八日县民李步云被贼犯冯十常窃去骡马,廉存饬令刘绍庭跟踪掩捕,冯十常开枪拒捕,刘绍庭放枪抵格,当将冯十常轰伤身死。并拿获伙犯高三一名,尚无窝匪不法情事。臣以捕役通贼是其惯技,非将刘绍庭提省严讯,不能得实。复据直隶总督咨称:盐山县崔福廷家被劫一案,拿获匪犯刘三秃子、刘青、刘根三名,馀皆逃逸。与原奏大略相同。续经盐山县会营拿获刘珩、刘四、边三、陈立八四犯提讯,刘根、陈立八供认:听从在逃之首犯从大庆等同伙八人行窃崔福廷家牛只,从大庆用洋枪拒杀事主不讳。并称该犯等多系海丰县捕头刘绍庭散役,又供出逸犯从大庆等二十三名,开单请饬拿办。奏奉谕旨咨行到臣。旋据廉存将捕役刘绍庭收押。臣委员前往将该役押解到省,发交济南府审办。一面将海丰县知县廉存撤任,饬司遴委候补知县李子方前往接署。并饬派管带骧武左营马队游击陈得胜督队驻扎五营附近一带,协同该署县及直隶乐字营并盐山、庆云等县,按照单开逸犯,不分畛域,合力兜拿。役刘绍庭已饬济南府讯取确供,照例惩办。知县廉存先以刘绍庭尚能缉贼,未见其窝匪实据,嗣经委员查办,廉存恐刘绍庭远飏,将其收禁,旋经提解到省,尚无包庇贼匪情事。惟人地究有未宜,相应请旨将海丰县知县廉存开缺,宜有相当缺出另行补用。

除咨明直隶督臣转饬盐山、庆云两县会同海丰县一体饬拿外,所有遵旨查办缘由,理合恭折具奏。伏乞皇上圣鉴训示。

再,海丰县员缺,东省现有应补人员,应请扣留外补,合并陈明。谨奏。

光绪二十一年九月十二日奉朱批:着照所请。该部知道。钦此。

218. 奏保举人才折

光绪二十一年八月二十五日(1895年10月13日)

奏为遵旨保举人才,仅就所知文武各员恭折胪陈,仰祈圣鉴事:

窃臣前在莱州营次,钦奉光绪二十一年闰五月十三日上谕:为政之要,首在得人。前谕中外臣工保荐人才,业经次第擢用。当兹时事多艰,尤应遴拔真才,藉资干济。着各部院堂官及各直隶省将军、督抚,于平日真知灼见、器识闳通、才猷卓越、究心时务、体用兼备者,胪列事实,专折保奏。其有奇才异能,精于天文、地舆、算法、格致、制造诸学,必试有明效,不涉空谈,各举专长,俾资节取。该大臣等当念以人事君之义,一秉大公,详加考核,倘或苟且塞责,谬采虚声,甚至援引私人,瞻徇情面,滥保之咎,例有专条,定惟原保之人是问。钦此。仰见皇上延揽英才,求贤若渴,而复端其始进,深恐以伪乱真,伏读再三,莫名钦服。

窃维人臣所以见用,不外德与才两端,而用于德者未必有济变之方;优于才者或不免逾闲之弊。盖明体尤期达用,而实政必本实心也。其有德备才全,器识闳远,克胜遗大投艰之任,实裕济时宰物之能,此固圣主明目达聪所求,而虑其弗得者,自当亟与明扬,用备栋梁之选。惟国家设官分职,立贤无方,人各怀靖献之忱,使之皆尽所长,而政无不理。如六计以廉为本,洁清者见举,则墨吏望而解绶矣;万事以诚为基,悃愊者登庸,则巧宦闻而敛迹矣。柔脆不足以任重,则贞固干事者有必庸;迂拘不足以图功,则识略过人者所必录。又况强邻逼处,外侮迭乘,戎政待修,则将才宜备,明耻乃可教战,阘茸者应与芟除,有勇尤贵知方,忠奋者自宜简拔,盖非有伟武经文之略,难与奠安内攘外之基。我皇上宵旰忧勤,励精图治,举用耆旧,废黜佥壬,中外臣工莫不争自琢磨,思各效驰驱之力。臣受恩深重,自愧毫无报称,惟兢兢于以人事君之义,夙夜不敢忘,虽识本愚蒙,不克言灼见真知之雅,而心无瞻顾,尚冀收拔十得五之功。谨就平日所知者,得文员十三人、武员四人,并前所保四人胪列衔名,出具切实考语,另缮清单具陈,伏候圣明采择。

所有遵旨保荐人才缘由,理合恭折具奏。伏乞皇上圣鉴。谨奏。

谨将保荐文武各员衔名胪列清单恭呈御览。

计开文员:

前通政使黄体芳,学优行卓,刚正不阿,忠爱之诚老而弥笃,为物望所归,应恳恩擢用。河南布政使额勒精额,志虑清纯,德性坚定,公忠体国,伟抱匡时。署安徽布政使于荫霖,忠清亮直,操履谨业,廉而不苛,惠而能断。以上二员堪胜封疆之任。江苏督粮道陆元鼎,廉明公正,为守兼优,该员以州县起家,所至有专声,才能肩钜。山东兖沂曹济道毓贤,清勤明果,有守有为,正己率属,吏畏民怀,才堪大用。新授甘肃巩秦阶道李光久,闳通沉毅,文武兼资,胆识过人,才堪任重。五品卿衔前安徽宿松县知县孙葆田,品端学粹,守洁才长,志节皎然,不畏强御,堪备风纪之选。发往山东差遣委用吏部主事卢昌诒,有学有识,廉谨不阿,军事吏治无不潜心讲求,必期实济,现值地方多事,使任以道府必有实效。二品顶戴尽先选用道马开玉,治河统军不避艰险,廉勇胆识久为群推,洵为有用之才。三品衔在任候补道沂州府知府锡良,廉明诚笃,勤政爱民,地方军务均有实济,尤能留意人才,堪胜监司。记名简放知府署奉天辽阳州凤凰直隶厅同知徐庆璋,历任均有政声,军兴练团,力保辽阳,迹其胆勇血诚,实非寻常可及,应恳恩超擢。安徽督粮通判张廷搴,血性不欺,操守可信,勇于任事,胆识兼优,堪胜郡守。奉天壬午科举人刘春烺,精天文舆地之学,博览群书,留心经济,才堪录用。

计开武员:

已革提督依博德恩巴图鲁李定明,久经战阵,胸有韬略,笃实精明,现在山东统领海防各营,治军严整有法,应恳恩录用。记名提督统领两江长胜等五营、奇朗阿巴图鲁万本华,朴诚廉勇,久历行阵,勤训练,得军心,统带多营,每所到处秋毫无犯,可称统将之良。记名堪胜提镇奏调两江前先补用副将统领两江仁义忠信智五营张国林,勇敢有谋,战功卓著,将士畏服,纪律严明,诚不易得之统将。统领新魁各营遇缺升用总兵广西候补副将年长阿巴图鲁杨昌魁,朴讷勇敢,立功苗疆,广西镇南关之役战功尤著,今春调令募带黔勇六营来东防剿,允称战将之选。至乌鲁木齐提督董福祥、广东陆路提督张春发、广东高州镇总兵余虎恩、广西右江镇总兵夏辛酉,均勇略冠群,在将领中不可多得。臣历次折内先后奏明在案。查该员等均系专阃大员,历荷圣恩超擢任用。方今时事多艰,将才尤亟,如董福祥等实堪为朝廷干城之寄。合并声明。

219. 奏沂州营副将员缺紧要恳仍以陈大胜请补折

光绪二十一年八月二十六日(1895 年 10 月 14 日)

奏为沂州营副将员缺紧要,恳恩仍以副将陈大胜请补,恭折仰祈圣鉴事:

窃沂州协副将员缺,经臣以尽先副将陈大胜请补,于八月二十二日具奏在案。二十四日准兵部咨开,满洲蒙古汉军头等侍卫冠军使每年用副将一缺今出,有山东沂州营副将一缺系部推之缺,应归拣补月缺轮用銮仪卫冠军使人员照例扣归拣补等因。奏奉谕旨:依议。钦此。咨行到臣。窃维量能授职,朝廷所以劝有功,为地择人,疆臣所以资治理。沂州界接淮徐,素多盗贼出没,副将一缺非廉勇干练之员不克胜任。尽先副将陈大胜缉捕勤能,在曹属带勇有年,迭获著名巨匪,劳绩卓著,前经臣以该员请补胶州营副将。旋准兵部咨,经部题以尽先副将詹占元拟补,奉旨允准。钦遵在案。今以之请补沂州营副将,实属人地相宜,若照部推再令向隅,似不足以昭劝勉。合无仰恳天恩,俯念沂州捕务紧要,仍准以尽先副将陈大胜请补沂州营副将,出自愈格鸿慈。

除咨部查照外,谨专折具奏。伏乞皇上圣鉴训示。谨奏。

光绪二十一年九月十二日奉朱批:兵部议奏。钦此。

220. 奏灾区需赈孔股请留本年新漕以资散放折

光绪二十一年八月二十六日(1895年10月14日)

奏为灾区需赈孔股,援案恳请截留本年新漕以资散放,恭折仰祈圣鉴事:

窃照本年伏、秋大汛,黄流盛涨异常,加以阴雨连绵,坡水山泉同时汇注,河身不能容纳,以致利津、齐东、寿张等县堤埝先后漫决,沿河向无民埝处所,与夫运、卫两河,亦以洪流涨溢,村庄多有淹浸。共计被水成灾州县二十余处,情形轻重不等。且系积年灾浸之区,民困未苏,今复猝罹昏垫,荡析离居,深堪悯恻。业经臣饬局筹款,委员分投查放急赈,并将各处漫口设法堵筑,招集附近灾黎以工代赈,民情尚属安谧。

惟灾区较广,待哺嗷嗷,转瞬隆冬,饥寒交迫,必须预筹接济。来春青黄不接,为日甚长,亦应再加抚恤。约计冬赈、春赈两项非有钜款断难措手。现在筹堵各口尚虑集款维艰,东省虽展办三成赈捐,派委员绅在于各省劝办,但连年筹赈收数寥寥,已成弩末,又当顺直开办赈捐之初,恐盈于彼者,必绌于此。以后捐项能否踊跃,殊无把握。臣与司道等悉心筹商,自上年办理海防以来,库款罗掘一空,刻下各营未能尽裁,需饷繁钜,而又增此意外赈需,更属无从设措。再四思维,惟有援照光绪十五、十八等截漕成案。仰恳天恩,俯念灾区需赈孔殷,准将东省本年新漕除扣豳缓及拨兑例不缺额之东陵、西陵等处驻防兵米外,下余运通米石悉数截留备赈,随漕轻赍等项,并请按数扣支,则亿兆灾黎得免流离失所,皆出自皇仁再造矣。是否有当,谨恭折具陈。伏乞皇上圣鉴训示。谨奏。

光绪二十一年九月十二日奉朱批:另有旨。钦此。

221. 奏报黄河各工防护稳固折

光绪二十一年九月十三日(1895 年 10 月 30 日)

奏为节逾霜清,黄河上、中、下三游完善各工防护稳固,恭折仰祈圣鉴事:

窃照东省黄河袤延千有余里,工程倍于豫省,而河身浅窄,堤埝卑薄,防护亦较豫省为难。是以伏、秋汛涨,每有漫溢。本年雨水过多,伏汛来源较旺,处处拍岸盈槽,险工林立。迨交秋汛,水势又迭次增涨,两岸奇险环生,刷底淘空,埽坝蛰陷,一时抢护不及,以致利津、齐东、寿张等县堤埝先后漫决。维时上、中、下三游工段亦均岌岌可危。经臣严饬在工文武员弁,分投加意修防,如上游之孙楼、靳庄、陈集、岳庄、张楼、朱庄、双合岭、黄花寺、红庙、石庙,中游之胡家岸、孙庄、于家窝、陶家嘴、杨家庙、湖溪渡、朱家圈、夏家沟、河套圈,下游之桑家渡、潘三庄、清河镇、王家集、大马家、宋家集、王平口、蝎子湾、盐窝、堤上李家、葛家店、打鱼崔家、高家纸坊、宫家、铁匠庄、邵家、小高家、阎家、归仁镇等处,均极危险异常,节经各总办督率员弁勇夫人等,昼夜抢厢,竭数十日之力,始克转危为安。现在节逾霜清,工程稳固,堪以仰慰宸廑。其抢护险要各工出力员弁,应暂行存记,归入下届核实汇奖。除俟堵口工竣另行奏报外,所有黄河上、中、下三游完善各工防护稳固缘由,理合恭折具陈。伏乞皇上圣鉴。谨奏。

光绪二十一年九月二十九日奉朱批:知道了。钦此。

222. 奏东省新海防捐输银两请暂缓解部折

光绪二十一年九月十三日(1895 年 10 月 30 日)

奏为东省海防未能遽撤,仍请将新海防捐输银两暂缓解部,恭折具陈,仰祈圣鉴事:

窃臣准户部咨开户部具奏:各省新海防捐输均系解交部库,以充京饷。该省事同一律,未便办理两歧。所请仍准留用之处,碍难照准等因。奏奉谕旨:依议。钦此。咨行到臣。当即钦遵转行知照。

伏念自海疆多事以来,征兵购械耗费已数千万金,部臣职总度支,自应统筹全局,臣曷敢专顾一省,至令部臣为难。惟山东地处海滨,当防务正紧之时,月饷近二十万,京协各饷准截留一半,止敷三月之需。近虽战事已停,而强邻压境,仍须思患预防。臣以筹饷维艰,拟将防营次第归并,而地方吃紧之处仍未能轻率议裁。兼以嵩武军饷向取之豫省,今年亦系由东省垫解。加之内地防营总计每月仍需饷十五六万,明知库款支绌,故自军兴以来,未尝请拨部帑,而悉索敝赋,实已搜括无遗。

查东省所收新海防捐自第十二次起至六十次止,共收银九万四千余两。上年十月遵筹海防军饷的款已解部八万九千余两,只存四千余两。烟台新海防捐第一次起至第四十六次止,共收银二百九十六万余两,除前拨河工经费五十六万两,此次办理海防提用银六十万两外,其烟胶炮台等项用款,应由北洋大臣报销,现在东省并无存款。至筹饷新捐,仅奖虚衔封典,与山东赈捐略同,收数断难踊跃。若再将海防捐提解归部,实难为无米之炊。查户部原奏谓:东省海防需款堪钜,自是实在情形,如有紧要用款,令臣奏明由部指拨。是部臣于东省拮据情状,思虑不可谓不至,体谅不可谓不周。而现在饷源已竭,与其由部指拨,辗转需时,何如就近留支,挹注较便。臣与藩司张国正及善后局司道再三筹酌,非万不得已断不敢冒昧渎陈,惟有吁恳天恩,俯念山东需饷孔殷,敕部仍照臣前次所请,将省城新海防捐第六十一次起,烟台新海防捐第四十七次起,均暂免提解。俟沿海防营尽撤,再行解部,出自逾格鸿慈。

除咨部查照外,理合恭折具奏。伏乞皇上圣鉴训示。谨奏。

光绪二十一年九月二十九日奉朱批:户部议奏。钦此。

223. 奏陈管见折

光绪二十一年九月十六日(1895年11月2日)

奏为自强全在得人,法制未可轻变,谨就管见所及,恭折覆陈,仰祈圣鉴事:

窃臣在六月初三日在莱州营次,承准军机大臣字寄,光绪二十一年闰五月二十七日奉上谕:自来求治之道,必当因时制宜,况当国事艰难,尤应上下一心,图自强而弭隐患。朕宵旰忧勤,惩前毖后,惟以蠲除痼习,力行实政为先。迭据中外臣工条陈时务,详加披览,采择施行。如修铁路,铸钞币,造机器,开矿产,折南漕,减额兵,创邮政,练陆军,整海军,立学堂,大抵以筹饷练兵为急务,以恤商惠工为本原,皆应及时举办。至整顿厘金、严核关税、稽察荒田、汰除冗员各节,但能破除情面实力讲求,必于国计民生两有裨益。着各直省将军、督抚将以上诸条各就本省情形与藩、臬两司暨各地方官悉心筹画,酌度办法,限文到一月内分晰覆奏等因。钦此。仰见我皇上博采群言,集思广益,伏读再四,钦服莫名。

臣查诸臣原奏,不外筹饷、练兵两端,而以敦劝工商为筹饷练兵之本。如开铁路、铸钞币、开矿产、折南漕、减额兵、创邮政,皆筹饷之事也;造机器、练陆军、整海军,皆练兵之事也。立学堂则所谓练兵筹饷之本原也。夫当创钜痛深之际,如谓富强为不足言,此迂阔之谈,固无当于事理。然必事事取则西人,而尽变数百年之成法,臣窃以为过矣。铁路之利诸臣类能言之,但以修路之费计之,前两广督臣张之洞议:自湖北汉口至卢沟桥计程三千里,需银三千余万,再多开支路,即多需数倍,合之数逾万万。今天下民力竭矣,即网罗海内富室,亦未易积此巨赀。以云取之公帑,现在二万万输倭已属借用洋债,若再借修路之款,无力遽偿,势必以铁路为质,则全局在其掌握,一旦有调兵转饷之事,能必其一无梗阻乎?且战事有胜负,设为敌所乘,彼可长驱,我难措手,是未见其利,先受其害也。

以银为币由来已久,钞虚而银实,天下利之所在,虽严刑峻法不足以绳之,而欲民间以现有之银易一纸之钞,其谁信之?矿产开采已十余省,办理几三十年,除云南本有铜矿外,亦仅开平一煤矿耳。其余招商试办者率皆股本耗折,迄无成功。夫岂器具之不精,心力之不专哉?国家设立塘汛驿站,行之已久,上下相安,若改照西法处处设立邮政局,所费当亦不赀。且势必官文商信比而同之,公私混淆,易滋流弊。语云:利不百,不变法。事关旧制,无取纷更。以上各条皆臣之愚所意有未安,不能深信以为利者,固不敢空言以附和也。

至南漕为天庾正供,而官弁兵丁有费,河运海运有费,帑项之耗衬为钜款。查湖广江西漕米久经折色,若推而行之,江浙概行改折解部。如虑京仓空虚,再在津兑买南米入仓,则漕督以下员弁标兵可以裁汰,漕河运船丁夫可以罢免,计每岁节省不下数百万金,事在可行。拟请敕部核议定章,分别举办。

绿营疲玩废弛,积习已深,议以裁撤诚不为过。然国家法制所在,自提镇以至千把外委各有实缺人员,一经裁撤,均归无着。从前军兴之日，各省战功出力之员类由行伍洊保提镇，朝廷藉以资鼓励。若概行删汰，此后何以劝有功？拟请酌裁五成，裁兵而不裁官，先汰老弱，仍分五年递减。如蒙俞允，请自光绪二十二年为始，详议章程奏明办理。此六者皆就诸臣疏中筹饷之事言之也。

至练兵以简器为亟，各省久设机器局，而有事之日枪炮仍须购诸外国，万难应急。应令各省局扩充制造，实力讲求，协办大学士臣徐桐请饬各省制造局，取快利合用枪炮之式，一律仿造，毋许歧异，最为切要之论。现在东省仿造后膛毛瑟枪与洋制无殊，更造后膛抬炮较能及远。查诸臣疏中有听民开厂之请，果使争相制作，精益求精，不须仰给外洋，是诚军事之要务也。

绿营既议减裁，则勇营自当精练，而勇营积习相沿，弊端百出，尤甚绿营。其不肖者一得统领，则每月饷项几欲据为己有，于是以数十金给营官，而饷数、勇数不令过问，谓之包饷。其勇数或减至五六成，或竟不及五成，而此五成勇饷犹措不全发，有一年发八个月、十个月者，名曰八关、十关，谓之压饷。又复巧立名色，浮开冒领，盈千累万全饱私囊。如皮衣、棉衣等项散之勇队，仍按数折饷。朝廷多一分恩典，兵勇转多一分克扣。故久充统领，无不坐拥厚赀至十数万或数十万、百万者。其所用营官、哨弁或位置亲友，或瞻徇请托，率皆贪懦无能，上行下效，勇丁月饷三、四、五两本属不丰，再重重剥削，一勇月不过得制钱一二千文，安望其用命效死耶？故十营无五营之勇，五营不能得一勇之心。若不重整规条，严定赏罚，有营如无营，何以言兵，更何以言强？

臣愚以为练兵必先选将，须操守廉洁，而又能谋勇兼优，方可充统领之任，分统营官均须慎择，而欲惩其贪必先养其廉。拟请将营制略为变易，一营裁勇百名，即以此百名之饷分拨统领，分统营官酌予增益，所有包饷、压饷之弊，概行禁绝。一切营、哨官弁薪水公费，勇丁、长夫口粮按月由营务处榜示各营，倘匿不张贴，惟营务统领是问。如再有勇数缺额及侵蚀克扣者，一经发觉，定以军法从事。并责成各省督抚稽查，如知而不举别经举发，即治该督抚以徇庇之罪。务期法在必行，若再视为具文，则军事无可整饬。其操练之法，各营刊发简明条规，勤加训教，严明纪律而复结以恩信。平时有相维相系之心，临事自可得亲上死长之用，转弱为强，要在行法，要在得人耳。

东省威海既驻倭兵，戒备不可或懈。臣当饬各营加意整顿，以备不虞。海军经营二十年矣，旅顺、威海继陷，全师覆没，议者犹归于铁甲太少，援军莫继。今欲重振海军，即修复从前旧规，已非数千万不可；再议加增，数且倍蓰，国家帑力有限，钜款何处可筹？且刻下海军将领亦鲜有胜任之人，此事似宜缓办。

至建立学堂一节，查广西臬司胡燏棻原奏：请将各省会及各府县大小书院一律裁改归并，创立各项学堂，将各种西学书分印颁发，延西人教习，并谓即孔孟复生舍富强无立国之道，舍仿行西法更无富强之术等语。此离经畔道之谈，人心风俗所关，不可不辨。夫中国之所以维持于不敝者，以有圣人之教耳。自尧、舜、汤、文以至孔、孟，所以范围天地，曲成万物，正人心而厚风俗，非此莫由。中国圣经贤传，大而纲常伦纪之重，小而名物象数之微，无不备具，推而百家九流之书，凡天文、地舆、算学以至树艺、畜牧，各有专家。今人所诧泰西之法为神奇者，多衍中国之书之绪余以成为绝诣，特中国不以此专长耳。近来朝廷设立同文馆矣，设立武备学堂矣，谓行军制器参用西法未为不可，若如胡燏棻之言，势将驱天下之才力聪明，并心一志以专攻泰西之书，而加诸圣经贤传之上，即令富强埒于泰西，而人心之陷溺已不可救。臣恐天下之患不在夷狄，而在奸民，不在贫弱，而在乱臣贼子，其祸有不可胜言者矣！近年诸臣中熟悉洋务者莫如大学士臣李鸿章。李鸿章之崇效西法亦专且久矣，所谓富强者安在哉！夫富强之术自不外于筹饷以练兵，而饷别无可筹也，亦曰节糜费而已矣，杜中饱而已矣，而欲节糜费而杜中饱，亦曰绝瞻徇而已矣。

国家岁入七千余万，生之不可谓不众，而度之奇绌，实由用之未舒。臣愚以为欲求节用，当自朝廷始。伏愿皇上下明诏，禁侈糜，崇俭约，罢土木之工，省传办之费，躬行节俭以为天下先。敕下户部详查正项经费之外，历年添出各款何者可减，何者可裁，并严饬各省督抚臣悉心运筹，省去不急之费，裁并局务即以汰除冗员，但于国体无伤，不得避苛刻之名，任其虚耗天下无名之费，分之虽为数无多，合之则为费甚钜。综京外计之，岁省当无虑数百万，果能中外一心，力求撙节，不必言兴利之策，而度支当可渐裕矣。山东自黄河入境，投效者趋之若骛，岁糜薪水钜万。臣严加裁汰，非从前实有劳绩可办要工者不准投效。至各局之可并者已节次奏裁，仍当随时留心稽核裁减，以重帑项。我朝赋入有经，即关税厘金，亦莫不取民有制，乃以有定之财上不在国，下不在民，而利归中饱，此最不平之事也。闻朝廷有大工作，自承修大臣而下，以至监督、丁书各有规费，名曰节省银两，非大臣甚廉正者率未能免。到工者不过三四成，内务府承办供奉，及举行诸典礼，其侵蚀干没更复不少。外省如丁漕、杂赋，或捏完作欠，或挪新掩旧。至厘金关税征多报少，更为丛弊之尤。田亩以熟报荒，亦属中饱之一。为大吏者或乐其进奉，与为弥缝，贪不知惩，则廉无所劝。应请敕下中外大臣力抉其窦，概与扫除而廓清之，化私为公，使涓滴悉归正用。

烟台之东海关,臣前请改用候补人员,并照协办大学士臣徐桐条陈,委员密查,其有隐匿情弊,当令和盘托出,从前不实不尽之处,官非一任,应请宽其既往。临清关收数亦未能核实,臣近已派员密查酌办。但能有益国家,不恤身为怨府。盖积习相沿,已有积重难返之势。非为大臣者破除情面,力绝瞻徇,则中饱不得而祛,糜费亦无自而节也。而其要必归本于求人才。

伏读闰五月二十三日上谕:为政之要,首在得人。圣谟洋洋,实括千古治平之道。夫枢臣者,进退天下之人才者也;督抚者,进退一省之人才者也。天下未有己不廉而能绳人之贪者,未有己不正则能帅人以正者。枢臣、督抚得其人,各尽以人事君之义,则众正盈廷而治效可睹矣。臣尤伏愿我皇上任贤勿贰,去邪勿疑,睿鉴所临,逾格而为之进退,务使举一人而天下知劝,错一人而天下知惩。大吏得其人,则俊乂同升,不患吏治之不举;将帅得其人,则干城可寄,不患军政之不修。大法小廉,内外交儆。凡筹饷、练兵诸大政、蠲除痼习以实心实力行之,不必侈言变法,而自强之基不外是矣。不然,有治法无治人,虽尽得泰西之法而效之,亦徒便其罔利营私之计耳!试观近数十年凡专办交涉之事、侈言洋务之利者,无不家赀千百万,昭昭在人耳目,究之其利在公乎?在私乎?亦可立烛其奸矣。

臣赋性迂拙,洋务非所素习,而默察治乱之机,总之正人心、培国脉为本。补偏救弊可也,因噎废食不可也;由末及本可也,尊夷非圣不可也。连日与司道反覆参稽,意见相合,敢布其管窥之见,冒昧上陈,恭备圣明采择。

再,臣七月由莱州回省,因事关重大,与司道展转筹商,有稽时日,是以覆奏稍迟。合并陈明。

所有遵旨覆陈缘由，理合恭折具奏。伏乞皇上圣鉴训示。谨奏。

光绪二十一年九月二十九日留中。

224. 奏齐东县城迁徙驿站改道协拨夫发工料核入奏销造报折

光绪二十一年九月二十二日(1895 年 11 月 8 日)

奏为齐东县城迁徙,驿站改道,协拨夫马工料核入奏销造报,恭折仰祈圣鉴事:

窃查前准兵部咨覆:齐东县城因何迁于九扈镇,是否奏明有案?驿站改道,协拨夫马有关定额,未便据咨办理,仍应奏明核办等因。当径转行遵照去后。兹据藩、臬两司详称:济南府所属之齐东县城滨临黄河,时虞冲决。因查县境九扈镇地处高原,未经黄水,是以迁徙,改建土城。并将同府所属之齐河县丞移驻齐东县旧城分防,以资弹压。光绪二十年正月,前抚臣福润奏奉朱批:交部议奏。旋经工部主稿会同吏部、户部、礼部、兵部议准覆奏。是年五月二十四日奉旨:依议。钦此。钦遵由兵、工二部抄录原奏咨行在案。惟县城既已迁徙,驿站必须改道。缘齐东、青城、蒲台、利津等县一切公文、饷鞘、人犯、差使向由济阳县往来递送,济阳距齐东旧城七十里,今距九扈镇新城一百二十里,且中隔大、小清河两道,若仍由济阳转递,道路绵长,贻误堪虞。不若改由章丘县递送较为便捷。查齐东县新城上距章丘县七十里,下距青城县四十五里,路途平坦,并无阻隔,上下站皆可朝发夕至。凡有齐、青、蒲、利等县往来公文、饷鞘、人犯、差使，均于光绪十九年十二月底一律改由章丘县接递。历城县亦改递章丘，较之原送济阳，程站仅添二十里，夫马尚敷应用，无庸另议协拨。但章丘地当东省孔道，原设夫马无多，加以改道之繁，更属不敷轮转，拟请在于济阳县额设里甲夫马项下，拨给章丘县马二匹、驴一头、马夫一名、半白夫四名，以资协济。其济阳县额编工料银两即以光绪二十年正月初一日为章丘县起支日期，核入该年驿站奏销造报，并于各该县赋役全书内分别收除，如此转移挹注仍与定额相符等情。会详请奏立案前来。

臣覆核无异，除咨部查照外，理合恭折具陈。伏乞皇上圣鉴，敕部立案施行。谨奏。

光绪二十一年九月十一日奉朱批：该部知道。钦此。

225. 奏东省赈务依照义赈章程变通办理折

光绪二十一年九月二十二日(1895年11月8日)

奏为东省赈务拟依照义赈章程变通办理,恭折具陈,仰祈圣鉴事:

窃自黄河入东以来,频年汛滥,几于无岁不灾,无岁不赈。我皇上恫瘝在抱,凡请蠲、请赈,无不立沛恩施。本年复经臣奏准截留新漕,湛恩汪濊,有加无已。臣奉职无状,以致灾歉频仍,仰体圣主覆帱之仁,敢不竭力尽心,俾灾黎得沾实惠。查放赈以察核户口为第一要义,被灾村庄有束手待毙者,有稍可自存者,孰应多给,孰应减给,孰可不给,必须逐户挨查,方能核实。东省办赈日久,乃奉行不善,流弊兹生。查赈委员不下乡挨查,人数开自庄长,造册委之书吏,而户口之大小多寡与极贫、次贫之差等,得以任意赢缩,重领冒领,习为固然。真正饥民反不得食,即同一得之,亦仍是均摊匀散,而沟中之瘠已非一滴所能苏。每年公文下行,赈册上报,曰赈过若干人,其实灾民之生与死未尝过问,浮滥之与遗漏其罪等耳。伏思赈济一事,本朝廷格外之仁,所以救死也,非以博施也,所以周急也,非以继富也。国家经费有险,汤年一溉,众所共争。夺饥者之食,以实不饥者之腹,在不饥者无所加,而饥者死矣。节不饥者数家之食,以赡饥者一家,在不饥者无所损,而饥者一家可以不死矣。今之议赈者动曰宁滥无遗，臣愚以为滥则反致有遗，欲无遗必不可滥。

近年南绅严作霖等在各省散放义赈，皆亲历穷檐察其贫苦等次，分别放给，最为法良意美。东省今岁黄水漫决，上游东平一州全境罹灾，寿张、东阿、却城、阳谷等县亦被淹甚广；下游则青城、齐东最重，高苑、博兴、乐安、利津等县皆黄水所经，小民荡析离居，情殊可悯。此外运、卫两河漫溢及沿河黄水波及者，尚有十数州县之多。赈款除奉旨截漕外，津海关道先后筹垫赈捐银十万两，交南绅严作霖携带来东，俟续行劝捐归还。严作霖复电求各处协济，臣已商令先赴青城等县查放。现在赈捐已成弩末，臣复分函求助直、豫、江苏各省，山东京官国子监祭酒臣王懿荣、少詹事臣张英麟亦分投电函告贷。各疆臣均体念时艰，不分畛域，直隶督臣王文韶协赈银八万两，四川督臣鹿传霖协赈银一万两，两广督臣谭钟麟、广东抚臣马丕瑶协赈银二万两，江苏抚臣赵舒翘协赈银二万两，河南抚臣刘树棠协赈银一万两，上海义赈局南绅施则敬亦协义赈银二万两，常镇通海道吕海寰捐银一千两，先后汇解来东。

查严作霖历办各省义赈，均能实惠及民，义声动遐迩，所有下游各州县即由严作霖会同各地方官办理，以期核实。其上游东平、寿张等州县，臣当饬赈抚局司道遴委操守可信、勤朴耐劳之员前往，会同各地方官仿照义赈办法，沿庄周历，户必亲填，人必面验，票必亲给，于极贫、次贫中择其尤苦者，加给钱文，以资拯救。其尚能自存及游惰不务正业者，即与剔除。施放棉衣亦如之。倘印委各员仍奉行故事，听凭书差、庄长捏开冒领，一经查出，立即严行参处。其有不避劳怨，实能多救民命者，酌予奖励。去一浮滥，即苏一枯瘠，于灾黎必有裨益。惟东省连年灾赈，民间待食于官，已视为成例。一经认真厘剔，滥领者不遂所欲，势不免报号喧嚷，啧有烦言，甚至詈辱官长，纠约上控，以为要挟之计。似此刁风，断不可长。当饬严行惩办，以儆效尤。盖救荒本仁政，非辅之以义，则仁术有时而穷。惩其争而法随之，亦猛以济宽之道也。总期帑不虚糜，惠皆下逮，仰副圣主子惠元元至意。

所有东省赈务下游拟交南绅，上游委员均照义赈章程办理缘由，谨缮折具奏。伏乞皇上圣鉴训示。谨奏。

光绪二十一年十月十一日奉朱批：知道了。钦此。

226. 奏寿张等县雇勇起支口粮片

光绪二十一年九月二十二日(1895 年 11 月 8 日)

再,前据藩、臬两司以曹州、兖州两府所属,地多伏莽,缉捕紧要,拟请将缺分最苦兖州府属之寿张县,曹州府属之观城县,各雇壮勇五十名,又曹属之武城、范县、钜野三县各雇壮勇六十名,以资巡缉。即归各该县自行管带,每勇每名按日支给口粮银一钱,援案作正开销。统俟奏明钦奉谕旨后,再行饬令照章起支银两。详经臣于光绪二十一年三月二十二日附片具奏。四月十三日奉朱批:着照所请。该部知道。钦此。钦遵行司分饬遵办去后。旋据各该县遵照奏定章程先后禀报:城武县雇勇六十名,钜野县雇勇六十名,均于四月十三日成军。寿张县雇勇五十名,于五月初十日,范县雇勇六十名,于五月十五日,观城县雇勇五十名,于五月二十日,一律成军。均经臣随时委员前往点验,各勇皆精壮足额。当饬各该县勤加训练,实力巡防,自雇勇以来,屡有报获盗匪,地方较为安谧,捕务不无起色。兹据布政使张国正汇报:该五县壮勇共计二百八十名,一律募齐各于成军之日起支口粮、并声明该勇粮银照章并入兰、郯、费三县勇粮奏销案内,另文造报等情详请奏咨前来。

臣复核无异,除将勇丁花名清册分咨户、兵二部查照外,所有寿张等五县雇勇成军日期并起支口粮缘由,理合附片陈明。伏乞圣鉴。谨奏。

光绪二十一年十月十一日奉朱批:该部知道。钦此。

227. 奏查复徐州镇总兵陈凤楼被参各款折

光绪二十一年九月二十二日(1895 年 11 月 8 日)

奏为遵旨覆陈,仰祈圣鉴事:

窃臣于光绪二十一年八月二十九日承准军机大臣字寄,八月二十五日奉上谕:有人奏,徐州镇总兵陈凤楼钻营狡黠,所部各营多不足额,每借巡哨为名冶游无忌,苛派勇丁,摊分供给。上年带队北上,克扣兵饷,以致军心不服,在山东境内哗溃闹饷,延烧火药车,伤毙多命等语。着张之洞、李秉衡按照所参各节,确切查明,据实具奏,毋稍徇隐。原片均着抄给阅看。将此各谕令知之。钦此。遵查原奏哗溃闹饷,延烧火药车,系山东境内之事。当经转行确查去后。

兹据兖州府知府王蕊修转据署宁阳县知县李汝封禀称:本年正月徐州镇总兵陈凤楼派委参将程曾准管带铭字后营马队前赴威海,初四日行至宁阳县北关,该前署县曹和浚代雇大车十五辆装运火药军械,初五日行至离城三十里之冈屯村街内,因骡头惊跑车轮碰石,迸出火星,致轰燃火药车三辆、军械车一辆,并轰毙差弁李春发等。又延烧民房四十余户,烧毙大小男妇八名口。委系猝遭火灾,防护不及,并无哗溃闹饷情事等语。核与正月间臣到莱州据赈抚局司道及前署宁阳县知县曹和浚所禀无殊。其非因哗溃闹饷尚属可信。至原奏所称:钻营狡黠,各营多不足额,在镇借巡哨为名冶游无忌,仍苛派勇丁供给,北上时克扣兵饷,干没皮衣价银各节,应由署两江督臣张之洞查覆。臣查陈凤楼于春间调援威海,行至潍县,复奉调赴津。臣在莱州未与晤面,惟闻其人颇有贪名,习气甚重,人言啧啧,恐非无因。臣既奉旨确查,不敢稍涉徇隐,应俟张之洞覆奏,恭候圣裁。

所有遵旨查覆缘由,理合恭折具奏。伏乞皇上圣鉴训示。谨奏。

光绪二十一年十月十一日留中。

228. 奏道员积劳病故请恤片

光绪二十一年九月二十二日(1895 年 11 月 8 日)

再,山东历年委办工赈积劳病故人员,均经前抚臣先后奏蒙恩准赐恤在案。兹查二品顶戴遇缺题奏道李清和,经臣于闰五月檄委督办上游河工。时值伏汛届临,该道星驰赴工,两岸三百余里,周历查看,到工不旬日,即值高家大庙大堤漫口,该道由贾庄折回口门,沿途积受暑湿,已病不能支。复以工程紧要,焦心劳虑,寝食俱废。嗣因病乞假,臣以该道任事诚笃可信,批牍慰留。该道亦以口门未堵,焦急万分,力疾经营,不遑将息,于光绪二十一年八月十七日殁于工次。据河防局司道详请奏恤前来。

臣查该道自奉委到工,于修守事宜,殚精毕虑,劳瘁不辞,乃以冒暑遄征,积劳病故,实属以死勤事。核与历办请恤成案相符。该道前因高家大庙漫口,部议降二级调用,奉旨准其抵销。该道有无纪级可抵,应候吏部查议。惟既因公积劳病故,合无仰恳天恩,俯准将二品顶戴遇缺题奏道李清和敕部从优议恤,并查销降级议抵之案,出自鸿慈。除饬取履历咨部外,谨附片具奏,伏乞圣鉴训示。谨奏。

光绪二十一年十月十一日奉朱批:李清和着准其开复处分,并交部从优议恤。钦此。

229. 奏东纲疲累已深商民交困恳免加价折

光绪二十一年九月二十五日(1895年11月11日)

奏为东纲疲累已深,商民交困,仍恳恩准宽免加价,并免另行筹款,以示体恤,恭折仰祈圣鉴事:

窃臣于光绪二十一年六月初十日承准军机大臣字寄,六月初六日奉上谕:户部奏,需饷孔殷,谨陈办理情形一折,另单所陈盐斤加价,妥速筹办等因。钦此。咨行到臣。查户部条陈单开沿海防军未能裁撤,仍拟通行各省每盐一斤一律加制钱二文,倘盐商藉口滞销,不肯普行加价,必须照应加之数另行筹出等因。当经分饬转行钦遵筹办。

伏念盐斤加价充饷,出于万不得已。部臣职总度支,筹饷是其专责,而东省民困商疲,久邀圣明洞鉴。上年编修张百熙奏部议通行每斤加价二文以佐军需,经臣体察东纲商情与两淮、川、广等省迥不相侔,专折奏恳恩免。钦奉朱批:着照所请。户部知道。钦此。钦遵行知在案。值此时事多艰,库帑奇绌,凡在内外臣工苟有饷源可开,敢不尽心竭力,以期稍补涓埃。惟东纲自兵燹以后,元气至今未复,加以黄流东趋,滨河州县几致无岁不灾,民多荡析,户鲜盖藏。今夏河决为患,下游吕家洼漫溢成口,冲毁盐滩九十余副,一时规复不易,其未被水冲者亦多为雨水所伤,产盐短绌异常。

现虽设法借运,能否源源接济,尚无把握。而航海采购转运为难,穰价腾昂,脚价加重,较之往年所费不啻倍蓰。商人顾念成本,计较锱铢,扣称短斤,小民已隐受其害。设再增此二文加价,灾歉余生何以堪此?倘因加价累民,而令各商照应加之数每年另行筹出,亦复窒碍难行。盖缘成本过钜,无岸不亏,无商不累,竭蹶难支,尤非上年可比。上年报效饷需银十万两,原分四年摊扣,现已一年扣还无几,疲累之深于此可见。今黄流肆虐,滩盐歉收,再欲强其所难,各商计无所出,必仍取赢于盐斤之中,短斤与加价相同,不取于民,从何挹注?且恐官引愈滞,私贩愈繁,课本两亏,有碍大局。是饷源愈开而愈塞,无补军需;引票日积而日悬,转妨正课。委系实在情形,并非藉口滞销。据盐运司详据引票官商禀请一并奏免前来。合无仰恳天恩,俯念东纲疲累已深,商民交困,仍准宽免加价,并免另行筹款,以示体恤,出自逾格鸿慈。除咨部查照外,理合恭折具陈。伏乞皇上圣鉴训示。谨奏。

光绪二十一年十月十一日奉朱批:户部议奏。钦此。

230. 奏赴上下游查看漫口工程片

光绪二十一年九月二十五日(1895 年 11 月 11 日)

再,黄河伏、秋大汛,历任抚臣均驻工督率,臣前办海防久驻莱州,未能赴工。现在虽届霜清,惟漫口尚未堵合,亟应亲历履勘。臣定于九月二十七日出省,由陆路先赴上游,查看高家大庙漫口,再乘舟顺流而下,沿河查看工程,并利津吕家洼海口,再登岸由陆路回省。所有署中日行公事循例委藩司张国正代拆代行,遇有紧要事件仍包封送臣行次核办。理合附片陈明。伏乞圣鉴。谨奏。

光绪二十一年十月十一日奉朱批:知道了。钦此。

231. 奏查明宁海等县被扰恳蠲缓粮赋折

光绪二十一年十月二十一日(1895年12月7日)

奏为查明宁海、文登、荣成三州县被扰情形,恳恩蠲缓粮赋,以苏民困,恭折仰祈圣鉴事:

窃自上年倭人肇衅,扰及海疆,宁海、文登、荣成三州县相继失陷,官廨民舍焚掠一空,僻壤穷乡蹂躏几遍。即未被扰害之处亦多闻警逃避,资粮抛弃,耕作失时,小民颠沛流离,较水、旱灾伤为尤甚。迨本年二月初间,城池先后收复。维时城乡残破,满目疮痍,倭人意图要结民心,到处放赈,殊为隐患。经臣分饬各地方官先行出示停征合境钱粮,并饬局筹款购麦易钱,委员分投散放,兼放仓谷办理平粜,招集流亡,优加抚恤,使其各安生业。惟是兵燹之后,元气过伤,自应各就地方情形分别轻重量予调剂,以苏民困。饬据登州府知府端谨督同各该州县查勘明确,禀由藩司张国正汇核详请具奏前来。合无仰恳天恩,俯准将被扰成灾最重之宁海州城内社城里,并双林等社、酒馆村等共三十九村庄,文登县城内四隅,同辛汪等都、长峰村等,暨并卫屯之半壁山,共二百十五村庄,荣成县山后、温泉等,都河、西庄等三百十五村庄,并城内四隅,应征本年上下忙钱粮德麦仓项,并卫钱粮、灶课、盐课等项,一律全行蠲免。各该州县本年钱粮均未开征,并无灾前溢完蠲额银两,毋庸查办流抵。又勘不成灾被扰较重之宁海州莒岛等社、杜家疃等一千七十二村庄,同并卫千金屯等十五屯,官庄灶等十六灶,文登县云光等都望海、倪家村等,及坊厢并卫共一千二百二十八村庄,荣成县山前、朝阳等都前仁子夼等四百三十九村庄,应征本年上下忙钱粮德麦仓项,并卫钱粮民佃、灶课、盐课、票价等项,均请缓至光绪二十二年秋后启征。以上三州县被扰成灾最重,并勘不成灾较重合境村庄,统计应蠲免正银九千六十四两六钱九分,应缓征正银四万六千五百四十两六钱九分六厘,坐落各该州县民佃灶地以及盐课票价等项钱粮,随同民田一律办理应蠲、应缓银数,不在前项总数之内。其光绪二十年暨十九年以前历年钱粮均系年清年款,并无未完民欠,亦无因灾原缓递缓钱粮,毋庸议请展缓。如此分别调剂民力,藉可展舒,感颂皇仁实无既极。除饬造蠲缓册结,另行送部外,所有查明宁海、文登、荣成三州县被扰情形,议请蠲缓粮赋缘由,理合恭折具陈。伏乞皇上圣鉴训示。谨奏。

光绪二十一年十一月初七日奉批:着照所请。该部知道。钦此。

232. 奏齐东县北赵家漫口堵筑合龙折

光绪二十一年十月二十一日(1895 年 12 月 7 日)

奏为齐东北赵家漫口堵筑合龙,恭折具陈,仰祈圣鉴事:

窃查上游高家大庙,下游北赵家两处大堤,前因伏、秋大汛宣泄不及,以致漫溢成口。经臣于七月初五日在潍县途次,恭折驰奏,并将在工各员参处在案。维时水势汛滥,迤下之南岭等处,民埝亦同时漫溢,篑土难求。臣飞饬下游总办候补道丁达意盘筑裹头,一面购备秸料,迅筹堵合。接据丁达意禀称:该处口门本系顺堤支河,掣动正河之溜刷宽至一百三十余丈,夺大溜十分之四,口门与正河相去里许,已成入袖之势,甚为棘手。若就前面正河取直堵合,而水宽三百余丈,须填支河三道,需款更钜。当兹库款支绌,不得不力求节省。经该道于七月下旬督饬营委各员于东岸两水分流处做迎水坝一道,又于西岸上流连做挑水坝五道,将入口之水挑出大半,西坝口门涸出七十余丈,随即加筑成堤。尚余水工六十余丈,两坝分路进占。又值八月二十日至九月初十日河水接续增涨,支流刷深,大流愈见侧注。丁达意督率文武奋力抢办,九月二十七日将东西金门占做齐,二十八日抢进关门大占,业已追压到底,而水势湍急,西坝陡出埽眼,兼之河底全系浮沙,搜根淘刷,将西坝金门占蛰动,复牵连新进三占全行蛰落。经在工员弁赶用蒲包盛土,并软草茸蕻等物并力堵塞,已将金门占抢固。而西坝堤占接缝之处又溃裂,刷成水沟一道,宽近六丈,深二丈有奇。丁达意复饬于西面临河厢做磨盘埽二段,以防回溜,东面于蛰动两占后,厢宽二丈余,再另做金门占,留宽成门上口五丈,下口四丈。至十月初六日将金门占盘筑坚实,初七日寅刻下占合龙,酉刻追压到底。惟入袖之水猝无去路,回环鼓汤复出罅漏两处。不得已于前面添做门帘埽,后面添做靠枕埽。适臣巡阅河工,率同中游总办署济东道李希杰、候补道潘延祖于初八日到工。该道等会同筹商,于后面修筑边坝实以胶土,竭四昼夜之力,始于初十日亥刻闭气断流。用款仅六万二三千两。据丁达意禀报前来。

臣查夏间漫口以北,赵家工程为最钜,口门距正河一里有余,大流旁趋,堵合本属不易。丁达意因双坝多费料物,只用单占,本属蹈险。幸仰邀圣主福庇,得竟成功。堤外之水逐渐涸出,民间尚可无误春耕,甚以仰慰宸廑。在事文武员弁奔走河干至七十日之久,风餐露宿,艰苦备尝,复能力戒虚糜,事归核实,不无微劳足录。合无仰恳天恩,俯准将下游总办候补道丁达意查销降级议抵处分;试用府经理何国禔、补用县丞曾硕儒均请免补本班,以知县补用;试用从九吴震泽请免补本班,以县丞补用;总兵衔副将用补用参将杜荣福、副将衔补用参将徐天庆均请免补参将,以副将尽先补用;尽先把总郭成、杨连立均请免升千总,以守备尽先补用。其因漫口革职之候补知县汤宗干、典史潘名彦、革职留任之补用游击李金书,暨吕家洼先事革职戴罪修筑之候补知县乙沛恩、试用巡检陈式谷、革职留任之补用游击朱康仁,经丁达意禀调来工,均能奋勉图功,不避艰险。应恳恩一并开复处分。汤宗干、乙沛恩二员,并请免其送部引见,以昭激劝。至上游高家大庙漫口,经臣亲历复勘,口门已渐挂淤,俟刘新石庄民埝筑完后堵合尚易为力,估计需款不过六七千金。南岭一带民埝本系民修民守,惟灾黎昏垫之余异常困苦,拟仍饬下游总办拨款堵筑,以纾民力。其吕家洼口门前经奏明留为出海之路。惟现在水落归槽,已不似从前之通畅,尚应添筑大堤,挑挖河身。俟丁达意勘估禀办,再行具奏。

所有齐东北赵家漫口堵合缘由,理合恭折具陈。伏乞皇上圣鉴训示。谨奏。

光绪二十一年十一月初七日奉朱批:另有旨。钦此。

233. 奏新造抬枪解呈督办军务处验放片

光绪二十一年十月二十一日(1895 年 12 月 7 日)

再,查火器以坚利及远为要,坚则耐用,无虑临时损坏,利则灵捷,敌枪一施我可再注。且两军相对,旌旗未辨,炮火先到,非致远不易为功。近来各省均购外国洋枪以为非中国所能制造,不知中国既有各种枪式,其机关可拆而视,即可范而模。且各国枪式不同,求其兼有坚利远之长者亦不多见。臣屡饬机器局专心制造,总期求其在我。总办机器局候补道潘延祖,于各国枪式素能潜心考究,师其所长弃其所短。近造一种洋式抬枪,其大端因乎毛瑟,兼有比利时之浑坚、哈乞克斯之利捷,试放可及四里之远,驾毛瑟而上之,似为制敌利器。即名之曰坚利远后膛抬枪。兹饬局将造成者委员解送二十杆,后膛炮子四千颗,又仿照洋式自造毛瑟枪二杆,毛瑟枪子二百颗,一并解呈督办军务处验收。如试放合用,似可通饬各省机器局一律仿造,俾逐渐扩充备用,无须仰给外洋,于军事不无裨益。除咨呈督办军务处外,谨附片具陈。伏乞圣鉴。谨奏。

光绪二十一年十一月初七日奉朱批:知道了。钦此。

234. 奏查看黄运两河大概情形回省日期折

光绪二十一年十月二十一日(1895年12月7日)

再,臣查阅河工,于九月二十七日出省,曾经奏报在案。三十日行抵东阿陶城堡察看北运河口门,十月初一日乘船西上,至高家大庙复勘漫口工程,复折回由东平州十里堡至戴庙、安山一带察看南运河情形。查北运河水无来源,全赖借黄济运,当伏汛盛涨之际,深虑掣动大溜。本年六月漕船前帮已过,后帮未来,而水势增长不已,危险万分。南运河自十里堡至戴庙近已淤垫,不通舟楫。由戴庙至安山仅可通一叶小舟,而盛涨之际汶水汛滥,堤身半多冲缺,均应大加修治。查南运河工程向由东河督臣督饬运河道办理,惟运河自峄县入境皆山东地方漕运所经,亦民生利害所关。臣忝任封圻,遇有疏虞,不得不引为己咎也。

初五日,顺流东下查看各段著名险工。其沿河埽坝,经大汛之后不免蛰陷,已由各总办分饬补厢。初八日,抵北赵家复至南岭、吕家洼等处。查韩家垣海口已经淤塞,只有就吕家洼另筹疏泄之法。惟两岸堤身卑薄,下游更甚。臣此次水陆周历,凡遇险要之处皆步行察看,现虽水势消落,而盛涨时之淤痕犹在,堤岸卑处仅如田陇,间有水与堤平,于堤顶抢加一线子埝者。若不急加修培,一遇水大年分,处处可从堤顶漫过,势将束手无策。溯查自光绪十二年以后，除岁额经费外，所请修培之款共计六七百万金，果能涓滴到工，何至卑薄若斯之甚？现在约略估计，上下游两岸加高培厚，需款七八十万金。东省库空如洗，既无可筹，部库亦支绌异常，不敢贸然请款。而目睹形势危险，若徒勉强补苴，冀邀天幸，设一旦洪流横决，四溢为灾，上无以对朝廷，下无以对百姓。此臣所日夜焦思，不得不直陈于君父之前者也。

臣于十四日在利津县盐窝登岸，由陆路晋省，十九日回署。

所有臣查看黄、运两河大概情形，及回省日期，理合附片具奏。伏乞圣鉴训示。谨奏。

光绪二十一年十一月初七日奉朱批：知道了。钦此。

235. 奏裁撤烟台练军片

光绪二十一年十一月初九日(1895 年 12 月 24 日)

再,东海关常税,每岁额解银五万七千两。烟台练军一营即岁需四万余两,除底饷五千余两,由藩库支领外,余俱由常税项下支销。又从前泰安轮船岁需银三万余两,系从洋药厘金项下开支,若亦取之关税,即尽数开销尚不敷用。夫国家设立国税,原为筹饷计耳。乃以关税一年收数,不敷一营、一船之用,损下而不能益上,徒为关员冒销侵蚀之资,又焉用此关为?现在泰安轮船已归招商局,而练军照旧开支。查烟台现驻有陕西汉中镇总兵孙金彪所带嵩武四营,足资镇摄,应请将练军一营即饬裁撤,以节糜费。至东海关常税收数,经臣委员密查,实有隐匿中饱情弊。惟官非一任,应请宽其既往。臣已饬新任东海关道李兴锐实力整顿,将从前收多报少之弊,力与湔除,滥支滥应之款,概行裁革。俟核定每岁可提出若干,再行奏明拨归公用。谨附片陈明。伏乞圣鉴训示。谨奏。

光绪二十一年十一月二十四日奉朱批:知道了。钦此。

236. 奏山东历办矿务并无成效现拟封禁以靖地方折

光绪二十一年十一月十一日(1895 年 12 月 26 日)

奏为山东历办矿务并无成效,现拟封禁以靖地方,恭折具陈,仰祈圣鉴事:

窃臣准北洋大臣直隶总督臣王文韶咨称:据前山东济东道李宗岱、登莱青道刘含芳会禀:遵查前充招远矿局总办李赞芬办事乖谬,经金山华商林道琚等禀请撤退李赞芬,由该华商等集股再行派人接办等语。林道琚等为原议开办之人,应仍准集股购器前来接办。咨请查照饬遵等因。臣维近日言利源者,皆以开矿产为首务。果其地不爱宝,可以利国利民,臣亦何不乐为兴办?然历考山东举办矿务,则有但见其弊未见其利者。请为皇上陈之。

查山东矿务自光绪九年前济东道李宗岱禀请开办,栖霞等县金矿因民情不顺,由登州府等禀请停办。经前抚臣陈士杰咨准北洋大臣从缓计议。嗣经该道屡次禀请,于光绪二十一年开办平度州金矿,先后息借汇丰银行银十八万。后忽称出金不旺停挖,赴京日久搁置不理。查其亏欠除汇丰银行外,尚欠淮军银钱所六万两,各商股本银二十一万两。光绪十七年八月,经北洋大臣李鸿章札委前登莱青道盛宣怀将该矿查封备抵。迨派员往查,仅存硫磺铁千余吨,不过值银五千两。一切房屋器具未能悬估,而该矿附近之处复欠有京钱近十万串。债主则自绅富以至隶役,钱数则自盈万以至数串,一闻查封之信,皆环向其家属索欠,兼积欠矿局丁役匠勇工食,均向催讨,男女喧呶,内外鼎沸,衣物典质一空,债欠仍不能清偿。此李宗岱历办矿务无益有害之情形也。

李宗岱先于光绪十五年以宁海州矿线甚旺,请将平度矿务归并宁海,一律官督商办。会同候选道马建忠、陈世昌,同知徐麟光及金山华商林道琚派出之中书衔李赞芬即李赞熏招股并办,以图开拓。嗣以股本未齐,又经停歇。迨十七年李宗岱平度局偾事之后,李赞芬复约同陈世昌、徐麟光将李宗岱租买招远县之玲珑山红石崖金矿会同合办。而李赞芬又复办理乖谬,擅取他人器具,诓骗他人股本,消耗六万余金。本年十月经李宗岱、刘含芳禀经北洋大臣王文韶移咨山东,转饬福山县将李赞芬解赴粤东交原籍新宁县收管,待金山华商向其清结。此李宗岱偾事后,李赞芬接办招远矿局又复偾事之情形也。

兹准北洋大臣咨称:李宗岱又以金山华商林道琚等再行集股前来接办,该商未到以前,由李宗岱暂用土法碾石淘金,所出之金易银,除每月局用三千五百两外,尚余银二千两解至淮军银钱所代收等因。自系为弥补公款、洋债起见。惟就北洋来咨内叙:李宗岱原禀:若出金稍劣之日解款不免减色,是每月二千金并不可恃。且以后尚须购器、建厂、修路、造桥、置买车骡一切用物,原禀谓三十万金,尚恐不足。是前后成本共计八十余万两矣。从前李宗岱之四十五万,李赞芬之六万余,均已销归乌有。现存机器、房屋所值几何,而谓后来之林道琚先认赔亏空五十余万,复能多获利益,其可信乎?李宗岱为广东巨富,自总办矿务以来,家赀荡尽,亏负累累,犹复不知悔悟,希图集股接办,必致旧债未已新债又增。此以后开办未有把握之情形也。

伏思山东矿务屡办屡停,非止一次,此后成本愈重,获利愈难,不免复蹈覆辙。查开矿所用率多犷悍无赖之人。方其开也,藏亡纳叛,奸宄日滋;及其停也,大憝巨凶,无业无家,尤虑铤而走险。方今威海所驻倭兵已七八千人,深恐此等不逞之徒,散无可归,因而起衅为患,不堪设想。臣熟权利害。与其贻悔于后,曷若审慎于先？拟请将东省登莱府矿务暂行一体封禁,俟海疆绥靖之日再行察看情形,斟酌办理。臣为弭患未形起见,是否有当,谨缕晰恭折具陈。伏乞皇上圣鉴训示。谨奏。

光绪二十一年十一月二十四日奉朱批:着照所请。户部知道。钦此。

237. 奏覆遵旨筹办折

光绪二十一年十一月十八日(1896年1月2日)

奏为遵旨筹办,恭折覆陈,仰祈圣鉴事:

窃臣于本年六月初十日在莱州营次,承准军机大臣字寄,光绪二十一年六月初六日奉上谕:户部奏,需饷孔殷,谨陈办理情形一折。所拟考核钱粮、整顿厘金各节,皆属切实可行。着各直省将军、督抚查照该部所拟认真妥办。又裁减制兵一条,拟令各省挑留精壮三成,其余老弱一概裁撤。着该督抚各就地方情形悉心妥筹,核实裁汰。另单所陈盐斤加价,裁减局员薪费,重抽烟酒税厘各条,并着一体实力举行等因。钦此。遵即饬行司局分别妥筹议办去后。兹据该司道等核议详覆前来。除盐斤加价一条,已于九月二十五日覆奏外,谨将遵议筹办情形,敬为我皇上陈之。

查钱粮为国家经费大宗,州县催科以勤隋分殿最,司道府州亦均有督催之责。东省向来考核之法,令经征州县自每年二月开征起,即将某日征银若干,逐一开列,按月结总造具解支完欠清折,申送上司查考。如查有征存银两,多则立予委提,少则随时札催,不准欠存属库,致滋亏挪之弊。凡未完在一分以上者,悉照部章于每年未办奏销以前,将经征职名先行揭参。但各州县地方情形不一,依限全完者固多,而凋敝之区,零星小户,亦不无未完民欠。合计通省州、县、卫、所起运地丁正耗等项，共岁征银三百九万余两。内除被潮碱废，沿河坍塌，堤占沙压豁除，以及因灾蠲缓，未完民欠外，每年约计完至九分以上，尚无官吏侵欺情弊。臣仍当督饬藩司认真催查，严申诰诫，如查有以熟报荒，捏完作欠，及交代不清，挪移掩饰情弊，定即从严参办，以惩贪墨，而重正供。此考核钱粮之情形也。

厘金为军饷要需，惟收数向无定额，征多报少，弊最难防。东省地处偏隅，非江、浙、两湖、闽、广等省水陆交通，商贾辐辏者可比，收数岁仅六万余金，其稽征章程亦不如南数省之密。臣详加参考，饬令各局卡每月月报，将前三年逐月收数开折呈送。比较收数之盈绌，以察其征解之虚实。考核已臻严密。近复饬厘税总局详议章程，严防弊窦。至各局委员，其阘茸巧滑之人，经臣先后参撤，现委各员尚知奉公守法，不至任意欺渔。其司事、巡丁概不准上司荐托。严以驭吏，宽以恤商，总期去一分漏卮，即多一分正课。此整顿厘金之情形也。

各省局、所繁多，支销甚钜，东省局面较小，部臣所指各局，名色多为山东所无，局员薪费亦与南数省之报销浩繁者有异。上年臣履任后奏明将各局所归并，由现任司道总理局务，停支薪水，其委员薪水较优者酌予核减，并不准两差兼支。本年又裁撤保甲局会办道员，专归臬司总办。其厘金分卡之可归州县兼管者，亦经分别裁改，计一岁之中裁减局员及汰除投效人员，节省薪费已钜。惟东省向无外销间款。从前开支冗滥，无非挪东补西，几于捉襟肘见。即如南运一局，因开销过钜，致无运本舂盐。臣已于另折陈明。此次海防事起，除截留一半京饷，及海防捐输外，其余皆就本省司道各库挹彼注兹，搜索殆尽。故薪费虽经裁减，实无专存报部候拨之款。此裁减局员薪费之情形也。

烟酒耗费民财而有害于禾稼,重征诚不为过。惟部议所指兰花、皮丝等烟,皆不产于东省。由杂货等铺带售,并无大庄屯积转运。即兖、沂等属间种烟草仅供本地吸食,亦无臣商收贩远处。若就零星小户稽征税厘,事涉琐碎,恐滋烦扰,于饷项仍属无益。至酒税每烧锅一座,纳税银五两。曾于光绪十三年九月奏准饬行。十五年因粮价昂贵,饬禁烧锅,遂将酒税停免。今拟重征酒税,固有旧案可循,惟各州县中烧锅多寡,资本厚薄不同,其偏僻乡镇小民随在熬酿,以备升斗零沽,资本甚微,销售甚少,似难一概重征。俟户部通行章程再行酌办。此烟酒税厘未能统收之情形也。

至裁减制兵一条,臣前以实缺人员似难概行裁汰,拟请酌裁五成,裁兵而不裁官,仍分五年递减,于复奏广西臬司胡燏棻等条奏案内陈明在案。查山东额设马步战守兵一万七千一百四十八名,历年开除裁汰共三千四百六十九名,现存马步战守兵一万三千六百七十九名。臣前请裁减五成,如蒙俞允,请自光绪二十二年为始,陆续裁汰,将每年节存饷项银数开单,分别奏咨办理。

以上各条,由司道会议详覆,臣悉心核酌。凡可以变通尽利之处,皆已次第奉行。惟有督饬司道各员力戒瞻徇,认真厘剔,入款则严防侵蚀,出款则禁绝虚糜,体部臣维持补救之心,以上慰宵旰忧劳至意。

所有遵筹办理情形,谨据实恭折覆奏。伏乞皇上圣鉴训示。谨奏。

光绪二十一年十二月初五日奉朱批:另有旨。钦此。

238. 奏预筹来年黄河防汛经费折

光绪二十一年十一月十八日(1896年1月2日)

奏为预筹光绪二十二年黄河防汛经费,恳恩俯准照数拨用,以资修防,恭折仰祈圣鉴事:

窃查东省黄河袤延千有余里,三汛盛涨,奇险环生,既无专管,厅汛只有分派员弁,雇募勇夫,节节驻守,用人稍多,需款因之亦钜。加以河身浅窄,水行地上,全恃堤埝埽坝以为之防。埽段愈密,则工料愈繁。臣自上年莅任以来,督率各总办道员力戒虚糜,讲求办法,裁减人数,节省薪工。惟于正杂料物当用之需,断不能省,复于险要各处添购砖石,抛护堤根,以免屡厢屡蛰。本年三汛期内,上下游险工林立,随时修防抢护,所请原续拨银六十五万两,勉强敷用。即今春堵合高家纸坊漫口经费亦在其内,并未另案请拨。臣于工员开报各款,逐一稽核,不准丝毫浮冒。各该员尚能仰体时艰,实事求是。

兹查上、中、下三游两岸埽坝迭经大汛淘刷,半多蛰陷,所储料物早已告罄无存。来岁春厢事宜,必须提前筹办。采运砖石、秸料,皆为防汛所必需。乘此冬令价值稍平,及早分段购备,庶免临时束手。现在督同河防局司道通盘筹画,光绪二十二年所需防汛经费,拟请照案拨银六十万两,内由司道各库拨银五十万两,并将藩、运两库应解筹备饷需银各五万两存留备用。臣请拨一分正款，期尽一分实心，仍当严饬在工各员破除情面，核实动支，不敢任其稍涉糜费。合无仰恳天恩，俯准照数拨用，以资修防，出自鸿慈。

所有预筹来年黄河防汛经费缘由，理合恭折具陈。伏乞皇上圣鉴训示。谨奏。

光绪二十一年十二月初五日奉朱批：着照所请。该部知道。钦此。

239. 奏山东整顿南运局筹出款项扩充机器情形折

光绪二十一年十一月十八日(1896年1月2日)

奏为恭陈山东整顿南运局,筹出款项扩充机器情形,恭折仰祈圣鉴事:

窃维用财之道,首戒虚糜。当物力凋敝之余,尤宜遇事撙节,惜浮费以供正用。盖用之于公,虽钜万不当吝惜;用之于私,虽丝粟亦属滥支。臣查山东南运,自同治六年前升任抚臣丁宝桢因商办引悬课绌,奏请改归官办,设立南运总局,借藩、运两库银五万两,领引春盐运至河南商邱、鹿邑等州县,派员经理,每年除完缴正杂课款及扣还成本支销局用外,如有赢余即尽数充饷,于规复额课之外,复出其余以济军需之穷。法至善也,乃其后奉行不善,积久弊生。南运一局几视为抚署之外府,除每年提充抚署公费银一万余两外,凡冗员之薪水、京朝官之情托、往来游宦之抽丰,悉于是乎取给,而外闲分局委员亦率多瞻徇荐托,渔利分肥,支销日繁,成本日绌。近年不独毫无余剩,尚须多方借贷,始能春运。盖非人之不多,实由用之无节也。

臣稔知其弊,于去秋抵任后,以立法必自近始,首将臣署每年公费银一万二千两,尽行裁革,凡局中挂名薪水一概删除,各分局择其最优之处酌提余利解省，严饬南运总局详细钩稽，务使涓滴归公，不留丝毫弊混。计一岁之中逐项撙节，可赢余四万余金；如能久而行之，积渐可成钜款矣。山东库藏虚竭，海防、河务罗掘一空，而时事艰难，练兵、制械尤为当前急务。机器局所制洋式后膛抬枪，尚能坚利及远，可称利器。惟旧有机器规模太小，每月不能多造。查外洋制造后膛枪机器多则数十万两，至少亦需十五六万两。刻值部库支绌，兵饷尚难筹拨，何敢再请购器之款，上烦宸廑？臣拟将南运局赢余之项自本年为始，尽数陆续提作购置机器之用。机器购就，即可扩充制造，将来购买钢、铅、煤、铁及添募工匠、设炉、建厂等项，须岁增数万金。藩库例拨银两不敷甚钜，拟俟机器购成后，常年提南运局余利四万两，作为添造枪械之需。总办南运局候补道康奉蔼任事实心，厘剔弊端，不避嫌怨；总办机器局候补道潘延祖沉思独往，明敏过人，均能精核节省，相与有成。臣即责成该二员筹款，则源源接济，制械则精益求精，不必动用正款，而革无名之冗费，充有用之要需，于时务不无裨益。

所有东省整顿南运以后裁禁滥用，即以此款扩充机器缘由，谨缮折具奏。伏乞皇上圣鉴训示。谨奏。

光绪二十一年十二月初五日奉朱批：着照所请。户部知道。钦此。

240. 奏恩荫外用恭谢天恩折

光绪二十一年十一月　日(1896年1月　日)

奏为恭谢天恩,仰祈圣鉴事:

窃臣子政均由光绪二十年恩诏二品荫生,本年入都考试。臣恭阅邸钞,九月二十六日吏部带领引见奉旨:李政均着外用。钦此。闻命之下,感激莫名。当即供设香案,望阙叩头谢恩讫。伏念臣淄青报政,绩愧鹰扬;儒素承家,举惭鲤对。值圣孝尊亲之典,膺朝章任子之荣。臣子政均式谷未能析薪勉荷,遽拜六龙之诏,俾襄五马之班,曲被恩施,渥叨世禄。臣惟有寓书训诫,励志忠诚。材虽等于菲葑,心总倾乎葵藿。兢兢业业,常懔冰渊怵惕之怀;子子孙孙,无忘高厚生成之德。

所有微臣感激下忱,谨缮折叩谢天恩。伏乞皇上圣鉴。谨奏。

241. 奏东纲疲累课悬恳恩豁除厘头减引折

光绪二十一年十一月二十一日(1896年1月5日)

奏为东纲疲累课悬，恳恩豁除厘头减引，以苏商困，恭折仰祈圣鉴事：

窃据盐运使丰伸泰详据引纲商李东兴等联名禀称：商捐进关厘头每引捐银二钱，道光二十九年清查案内议，以一钱贴补帑利，一钱弥补积欠。又东纲额引五十万五百道，自道光二十三年为始减领引十万道。历年以来灾歉频仍，商岸滞消，节经奏奉恩旨准予分别递缓、递减在案。查厘头自光绪十九年递缓起，至二十一年止，减引自二十年递减起，至二十二年止，各届限满均应循旧办理。惟厘头减引两项，自清查以后屡请展缓，在推展之初原期商力稍纾，即可规复旧制。讵咸丰五年铜瓦厢决口，黄流改道北趋，始犹畅流入海，继则淤垫日高，沿河数十州县及永阜一场频遭泛滥之灾，民多流亡，滩半冲毁。本年水灾尤甚，产盐少而销路微，疲累情形日甚一日。兼之输厘助赈，捐饷筹工，商人靡役不从，无非聚资于盐，较诸厘头奚啻倍蓰。且此为弥补商亏帑利积欠而设，现在商力自顾不暇，倘再责令代为弥补，窃恐旧欠未完，新亏又积，陈陈相因，伊于胡底？至减引之案迄阅五十余载，减剩之引尚有四十万五百道，虽至畅年分领引亦不过三十余万道。其余各年仅领引二十余万道,并有不及二十万道之年。推原其故,皆由兵燹之后,迭逢水患,户口凋零,居民荡析,销盐不旺,领引随之,是以屡请推展限期,总未复还原额。以上二者,如在岁丰物阜之时,商人具有天良,原不敢率请宽免。今商困至此,引积又至此,若不全恳豁除,必致累不可支,则东纲全局将颓,关系非浅等情。详请奏豁前来。

臣复核所陈各节,均系实在情形。溯查二钱厘头原案,系远年累商亏欠,因商参课悬,议为弥补帑利积欠之用。夫以参商之积亏,责成现商弥补,衡情酌理本欠持平。即减剩之引四十万五百道,历经惩劝兼施,无如商困岸荒从未全领,其减剩者尚多壅滞,则已减者更难规复,实与进关厘头同为各商无穷之累。伏念我朝政崇宽大,凡从前官亏民欠,情有可原之款,一经臣工吁请,无不立沛恩施。今前项厘头减引情事相同,且自清查奏减之后阅五十年,完领既属无期,徒以递推递展之章,屡渎圣听,于课帑终无裨益。合无仰恳天恩,俯念东纲疲累课悬,准将二钱厘头及减引十万道,悉予豁除,以苏商困,俾减剩引课得以设法整顿。将来商力充裕,再行复还原额,出自逾格鸿慈。除咨部查照外,谨恭折具陈。伏乞皇上圣鉴训示。谨奏。

光绪二十一年十二月初五日奉朱批:户部议奏。钦此。

242. 奏遵旨查明知县被参各款折

光绪二十一年十二月初四日(1896 年 1 月 18 日)

奏为遵旨查明知县被参各款,恭折覆陈,仰祈圣鉴事:

窃臣于十月初七日在济阳县工次,承准军机大臣字寄,光绪二十一年十月初二日奉上谕:有人奏,知县纵盗殃民,请饬查办一折。据称山东掖县知县杨得成劣迹多端,前经李秉衡委查都司李承卿参案,朦混禀覆。李承卿实系已革武生李承庆冒充,掖县所属村庄劫案多处,杨得成概置不理。该县典史亦有劣迹,时向杨得成关说,暗通贿赂,请饬查办等语。着李秉衡按照所参各节确切查明,据实具奏。另片奏,山东临邑县、掖县征收钱漕改折银钱,浮收甚多,暨掖县苛派差徭各节。着李秉衡一并查奏。原折片着抄给阅看。将此谕令知之。钦此。钦遵寄字到臣。查前署掖县知县杨得成实名杨德成,已于七月卸事,旋报丁忧,遵即遴委妥员会同新任知县逯蓉调齐案卷,逐一确查。臣复博采舆论,证以平日声名,谨将所得实情敬为我皇上陈之。

如原奏已革武生李承卿督率贼党三百余人肆行抢掠,当上年倭警戒严,致有抢劫太平湾兴盛栈烧毙铺伙一名,路宿村枪毙乡约刘占和之子甘生一名,前莱州府王鸿烈之女刘王氏、西繇疃盛林福均被刀毙,并烧其房屋各案。沿海居民畏惧逃匿,民间赴县呈诉者一百余家，置之不理一节。查李承卿家素业渔，置有大网三架，每架约用百人，然皆附近村民，临打网时受顾而来，于起网后随即散去，并非常川聚有三百余人。村民各有室家，纵或良莠不齐，实无为匪不法放火抢掠之事。调查县卷太平湾兴盛栈被劫，烧毙铺伙一名，系光绪十一年十二月前县郭道清任内之事，早经详报参结。乡约刘占和之子刘元清因协差拿赋，被李季幅枪伤，越日身死，系光绪十九年二月前县魏起鹏任内之事。经魏起鹏派差协同黄县缉役于二十年七月将李季幅拿获讯供，禀经臣批饬莱州府审明正法在案。又莱州府王鸿烈之孙女刘王氏被人砍伤越日身死事，在光绪十八年三月，亦系前县魏起鹏任内，业经验讯详报。至盛林福被烧，访明系因点洋油灯失火，延烧房屋受伤身死。当时地邻人等因系自行失火，并未报验。以上各案均非出于杨德成任内，亦非出于倭警之时。所谓李承卿率贼抢掠民间，呈诉者一百余家，置之不理。核与所举各案年月先后不符。当海疆戒严，民间迁避实不乏人，究无关李承卿之事。

原奏又称，杨德成受李承卿贿赂，私留在县署花厅优礼相待，将民人控词隐匿不报，且求莱州府知府彭念宸为李承卿乞恩，李承卿入学之名为李承庆，并未投效军营，假冒花翎游击衔都司李承卿之名一节。查李承卿被人奏参，经臣饬令严押查办。嗣闻杨德成将李承卿押在花厅左边厢房属实，是否收受贿赂，查无实据。前彭念宸面禀，亦称李承卿捕鱼为业，所雇打网之人虽多，必不敢为匪行劫，民间控案仍请饬讯究办，并非为李承卿乞恩。至李承卿系同治四年考取武生入学，现今学册红案犹载李承卿之名，并非李承庆冒充。惟询其何时投效军营，得保花翎游击衔都司，语涉含混，难保无夤缘朦保情弊。

原奏又称，当奏报后，民人宋学才以李承卿将其妻淫掠嫁卖，吴连英、吴德域、吴仁山皆以霸占锅场地段等词控，经巡抚批饬严押讯办，巡抚于六月二十五日起程后，该县不独讼案不理，次日竟将李承卿释放一节。查本年三月据掖县民人宋学才以王鸿钧等于二十年腊月将伊妻吴氏抢去，逼令伊兄宋学文主婚，卖与汪占凤为妻等情控。经臣批饬，杨德成会同前宁海州知州陈寿清审讯。旋据监生盛若鎏等以宋学文因其弟宋学才赴关东贸易，久无音信，其妻吴氏不守妇道，将其改嫁汪占凤为妻。嗣经汪占凤将吴氏送还宋学才完聚，宋学才情愿息讼，呈经杨德成会同陈寿清提讯无异，详请销案。查宋学才原控虽有李承卿之名，而首要被告为王鸿钧，提讯嫁卖吴氏出自其兄，与王鸿均尚属无涉，似更不与李承卿相干。其吴连英、吴德域、吴仁山各以霸占锅场呈控，经臣批饬审办。杨德成旋即交卸，将李承卿移交代理县王秉壼。王秉壼将李承卿改押班房，旋又移交新任知县逯蓉管押。是李承卿始终在押，并无释放之事。吴连英等控案，已经逯蓉会同陈寿清分别查传讯断完案。

原奏又称，李承卿释放，随有抢劫朱小村彭文明家、吴家庄吴克有家、郭西疃赵进德家、桂村季德爵家，并拒伤事主，闻李承卿之父李常福，其叔李吉福，均与王作美同谋，李吉福经黄县拿获治罪，杨德成反以李承卿等为良民一节。查吴可有、彭文明、赵进德家于本年闰五月二十五、六月初一、二十五等日，被贼窃去衣物，并未拒捕伤人。季德爵家系七月初七夜间被窃，因失物甚微，并未报案。李承卿有父李常福。并无胞叔。其黄县拿获另案正法之李季福，系招远县人，与李承卿并非同家。其谓李承卿之父及王作美与李吉福同谋，核与李季福犯案正法年月迥异。且李承卿被押在县，其不能出外滋事，自属可信。

原奏又称，张贞顺伙同孙克贤威逼本村人徐学孔、王者英银两一节。查张贞顺向开钱铺，曾经徐学孔息借京钱一百吊，还过京钱八十四吊。嗣张贞顺钱铺闭歇，闻徐学孔与王者英在京贸易获利，遂偕孙克贤前往索讨旧欠，徐学孔复还银二十四两。其有无威逼情节，事在京都，无从查访。

原奏又称，义堂村讼师文生孙锡峰、黑羊山土棍李乔南等，窝赋销赃一节。查文生孙锡峰上年曾充团长，李乔南在家教读，经逯蓉亲赴其乡查访，向来均无不法之事。谓为讼师、土棍，实无确据。

又另片奏称，掖县地丁粮银每两折收京钱五千六百文一节。查该县征收钱粮每两连火耗解费折收京钱五千六百文，系同治八年银价昂贵时所定，至今已二十余年，不自杨德成始。惟收数究涉浮多，已饬司酌议核减章程，转饬遵办。

又另片内称，自去秋至今，无日不令丁役下乡苛派，差徭有车辆骡马者，名曰军需；差无骡马有牛驴者，名曰解送火药箱；差无车辆骡马牛驴而有地者，名曰帮差，皆折价充其私囊一节。查去秋办理军需，掖县向无车行，杨得成派差役下乡雇觅车辆，虽无折价自充私囊实据，而所派丁役不当，要不免巧立名目，骚扰民间。

此遵查杨德成被参各款，逐条详加考核之实在情形也。

原参谓其纵盗殃民，细查各案或年月各异，或情节不符，未免传闻失实。惟其听任丁役藉差骚扰，已属罔恤民艰。臣复考其官声，明查暗访，该令平日性情好弄，任意嬉游，专以声色玩好为乐，于民间词讼及一切应办公事，率多压搁不理，以致案件丛积，诸务废弛，实属有负职守。相应请旨将前署掖县现经丁忧开缺平原县知县杨德成即行革职，以儆官邪。已革都司李承卿虽无庇匪害民情事，惟闻其强霸官荒，招人耕种，因此获利，平日结交官长，武断乡曲，欺压疃民，以致人人切齿，实与棍徒无异。已饬该府县严行审讯，照例惩办，毋许宽纵。至掖县典史陈庆嵩人尚谨饬，原奏所称门丁勾通棍徒及典史，霸占道姑、关通贿赂等情，系福山县之事。已另派委员赴福山查提讯究，容再另折覆陈。

所有遵查知县被参各款请旨惩处缘由，理合恭折具奏。伏乞皇上圣鉴训示。谨奏。

光绪二十一年十二月十九日奉朱批:另有旨。钦此。

243. 奏寿张县高家大庙漫口堵筑完竣折

光绪二十一年十二月初四日(1896 年 1 月 18 日)

奏为寿张县高家大庙漫口堵筑完竣,恭折具陈,仰祈圣鉴事:

窃查上游高家大庙大堤,前因伏秋盛涨漫溢成口,经臣于七月初五日恭折驰奏在案。该处大堤距河身本属甚远,因刘新石庄以下民埝冲塌,水逼堤根,堤外又附近沮河两面浸透,以致塌陷成口,维时水势泛滥,一片汪洋。经臣批饬盘筑裹头,俟水势稍落再行动工,以免虚糜帑项。上游总办道员李清和旋即病故,臣檄委统领开字全军候选道马开玉暂行总办,督同提调分省补用知府李佑妥筹办理。十月初一日臣查阅河工至该处察看,口门已渐挂淤,饬马开玉调所部开字后营会同河防营赶紧兴办。惟沿河民埝尚未堵合,积潦纵横,颇难施力。经李祐督率营委土料兼施,至十月刘新石庄民埝堵合,临黄串沟一律闭塞,水已渐次断流,而黄水甫消,淤泥深至数尺,人夫不能立足,幸天气晴暖,营委昼夜催趱,勇夫踊跃用命,并收买民人牌土并力经营,于十一月二十五日堵筑完竣。计筑成圈堤牵长二百二十七丈五尺,夯硪俱极坚实。堤外之地早经涸出,不致有误春耕。所用款项不及五千金。据马开玉禀请具奏前来。

臣查该处漫口当失事之始,深虑窜连南趋,为患滋大,幸仰叨圣主洪福,黄水为汶水所敌,由沮河循安山一带仍归正河。迨臣履勘时,口门虽渐挂淤,水势仍滔滔不绝。赖马开玉等布置得法,先饬将民埝堵筑完固,俾口门涸出,不致糜费料物,遂得一律成功,甚以仰慰宸廑。此次工程虽与进占合龙有间,而在事文武员弁奔走河干,历时数月,手胼足胝,昕夕不遑,复能力戎虚糜,用款省之又省,不无微劳足录。可否仰恳天恩,准由臣择其尤为出力者文武各数员,归入北赵家合龙大案汇请奖叙之处,出自鸿慈逾格。除饬将出力员弁开送补行咨部外,所有上游高家大庙漫口堵筑完竣缘由,谨缮折具奏。伏乞皇上圣鉴训示。谨奏。

光绪二十一年十二月十九日奉朱批:另有旨。钦此。

244. 奏山东境内南运河工程请归东省试办折

光绪二十一年十二月十六日(1896 年 1 月 30 日)

奏为山东境内南运河修浚工程请暂归东省试办,以利漕运而卫民生,恭折具陈,仰祈圣鉴事:

窃查南运河自峄县入山东境,经历十余州县至临清州入卫河,绵长七百余里。自黄水穿运以来,黄河以北由东阿至临清二百余里,归山东抚臣派员经里,黄河以南由东平州十里堡口门至峰县出境五百余里,归东河督臣督饬运河道办理。咸丰年间,发、捻内讧,运道梗阻,海运兴而河运几废,后虽逐渐兴复,而厅汛州县办公率皆草率敷衍。光绪十六年河臣许振祎深悉其弊,改章由委员经理,原冀湔除积弊,以期日起有功。惟运河远在东境,河臣以黄河关系重大,既不能忽近而图远,而所委员弁于培堤挑浅各工仍未能核实举办。当夏令汶水涨发,河身不能容纳,以致汛滥横决,沿河民田庐舍悉在巨浸之中。办工委员无地方之责,但将漕船勉强浮送以后,虽有决口不复过问。迨次年重运将临,始将上年缺口粘补,并不加高培厚,其挑浚工程亦只择要分挖,未能一律深挑,而堤之卑薄,河之淤垫,仍复如故。本年因高家大庙大堤决口,黄水汛溢以致淤垫愈高。臣前查勘河工,由十里堡运口踏勘至安山一带,河身则淤同平陆,堤身则低若田塍,其清黄各水汛滥之处,如东平、寿张等州县几于全境罹灾，目击变坏情形，欲求变通之法，因函商河臣许振祎请奏明改归东省办理，河臣亦深咎委员办理未能核实，拟亲驻济宁，另调得力员弁认真举办。正在筹商间，许振祎钦承简命调抚广东。河东河道总督奉旨以河南抚臣刘树棠兼署。伏思豫抚远驻汴省，任重事繁，兼以黄河应办事宜尚须经画，运河相去六七百里，既虑有鞭长莫及之虞，而刻下运工废弛已深，非赶紧督饬修浚，一交夏令势必处处泛溢，沿河百万生灵同罹昏垫。且河身高仰，漕艘恐亦难畅行。

臣职任抚绥，既不忍坐视百姓之沉灾不思补救，且漕船上关天庾，亦不敢谓非臣责任，稍分畛域，遂存诿卸之心。溯查光绪十七年准河臣来咨，以南北运河同属行漕之要道，亦同属东省之封圻，请将南岸运河仿照北岸由东省办理，未及举行。今为患日深，不得不亟思变计。再四思维，惟有将黄河以南东境运河工程，仿照北岸运工，暂归东省办理。臣当遴委妥员赶紧查勘，趁春融时认真举办，事权一则呼应较灵，耳目近则欺蒙易察。如有草率偷减情弊，即由臣严参惩办，总以工归核实，款不虚糜，期于运道、民生两有裨益。其应用工需，即照往年例津二价及另案专案款项，饬藩司径发兴办，毋庸转由运河道支发，以昭简捷。惟今年黄水淤垫更深，如例款不敷，再由臣设法拨补。

除檄委候选道马开玉、分省补用知府李佑先将十里堡至靳口一带详细勘估，妥速兴工，并咨明调任河臣许振祎、兼署河臣刘树棠暨咨部查照外，所有山东境内南运河工程请暂归山东试办缘由，理合恭折具奏。伏乞皇上圣鉴训示。谨奏。

光绪二十一年十二月二十九日奉朱批：该部议奏。钦此。

245. 奏东省旧有各营自二十年七月为始作正开报片

光绪二十一年十二月十八日(1896 年 2 月 1 日)

再,臣于上年八月十三日到任,正值海防紧要,当将应办事宜择要布置,并将东省旧有各防营派员逐起点验,核与调任抚臣福润移交之册相符。即于九月初二日出省驻扎东郡,筹办防务。所有新募挑练各军业经先后奏报在案。臣于本年秋间回省,旋赴上、下游河工,至十月间回署,现已陆续酌裁营勇,清厘各案报销,以便造办。惟查有驻扎曹属之抚标亲军马队九十六员名,步队七十九员名,又兖沂道马步弁勇八十二员名、曹州府靖字副营一哨、濮州营威胜勇四十一员名、台庄营练兵一百三员名,共计马、步弁勇、练兵四百一员名一哨。营哨俱确,即兵勇、马匹亦皆足额,缉捕素称得力。而考核领过银粮则十年以来向归外销,并无报部之案,亦不知成军起于何年。臣即分檄各该营令其录报成军原案,一面调查档册,始得其详。缘光绪九年间法越开衅,前抚臣陈士杰添募十余营筹备战守,至次年军事既定,奏报裁撤。因该抚臣以撤遣之勇内有技艺娴熟散之可惜,挑留一百七十五名编为抚标亲军马队、步队,又拨归兖沂道马步八十名,曹州府步勇一哨,后编为靖字副营,濮州营四十名编为威胜营,并饬台庄营仍留练兵一百名,均经派员管带分防巡缉。其时案已奏明,未能报销口粮,札饬司道议详由外筹款拨发。此历任相沿之实在情形也。

臣查前项马步勇兵均系有着之营,则月支口分津贴并非无名之费,由外筹拨虽系以公济公,而事未奏明,转失实事求是之道。且东省沿海各军一时未能尽撤,内地工、赈并举,司道各库罗掘一空,迥非往时可比。臣素性迂拘,固不敢以事历多年稍涉迁就,亦不敢因款系外办以有为无,当饬善后局司道据实详报。兹据该司道详请具奏前来。合无仰恳天恩,俯准将东省旧有各营未经报销之抚标亲军马步队一百七十五员名,兖沂道马步队八十二员名,靖字副营一哨,威胜营四十一员名,台庄营练兵一百三员名,请自光绪二十年七月为始,分别营勇练兵统归内地各营报销,案内一律作正造报,以昭核实,出自鸿施。

除咨部查照,暨由臣统筹东省现有之营,酌留裁撤另案汇报外,理合附片具奏。伏乞圣鉴训示。谨奏。

光绪二十二年正月初五日奉朱批:该部知道。钦此。

246. 奏办理平粜折耗本银数目片

光绪二十一年十二月十八日(1896年2月1日)

再,东省为滨海之地,积歉之区,素鲜盖藏,全赖海艘贩运奉粮接济。乃自上年海疆不靖,粮贩不通,沿海各属民食已甚缺乏。复值大军云集,兵食浩繁,维时风鹤频惊,价益翔贵,人心怕惑,殊切隐忧。臣维足食急于足兵,攘外必先安内,当与司道再三熟商,非筹款设局办理平粜不足以抑市价而安闾阎。随派候补知府孙承鉴总司其事,并委员赴江、淮、豫、皖边境分投采购米麦杂粮,辘轳转运。虽贵籴贱粜不无耗费,而民食、兵食得以不致匮缺,粮价亦遂平减,地方卒赖以安,诚于大局有裨。自光绪二十年十二月设局起至二十一年三月撤局止,共籴市斗大米小麦杂粮九千八百七十一石四斗一合四勺零星,平粜接济贫民,统计折耗本银一万四百七十两四钱八分八厘,在于截留新海防捐输项下如数支销。款与军需稍殊,实则相因而起。据藩司张国正会同善后局司道详请具奏前来。除咨部查照外,谨附片陈明。伏乞圣鉴。谨奏。

光绪二十二年正月初五日奉朱批:户部知道。钦此。

247. 奏谢赏福字折

光绪二十一年十二月二十一日(1896 年 2 月 4 日)

奏为恭谢天恩,仰祈圣鉴事:

窃臣于光绪二十一年十二月十九日奉到御赐福字一方,当即恭设香案,望阙叩头祇领。钦惟皇上道符乾健,治洽离明。鸿文括四库,丹黄安居福地;骏惠周万方,苍赤广种福田。兹当岁改龙躔,猥荷恩颁鳌禁。日星并耀,一人裕敷锡之原;云汉为章,百尔协来同之庆。臣自惭驽蹇,渥荷鸿慈,惟有益励丹忱,无违素志。窃幸桑榆非晚,勉筹绥靖之方;愿同草木知春,共享升平之福。

所有微臣感幸下忱,谨恭折叩谢天恩。伏乞皇上圣鉴。谨奏。

光绪二十二年正月初五日奉朱批:知道了。钦此。

248. 奏东省海防并内地勇营练军分别裁撤调回归伍折

光绪二十一年十二月二十四日(1896 年 2 月 7 日)

奏为东省海防并内地勇营练军分别裁撤，调回归伍日期，汇案恭折奏报，仰祈圣鉴事：

窃照东省添募挑练各营，业经臣将成军日期迭次奏报在案。伏查省东滨临海澨，为北洋咽喉，形势最关紧要。现虽军事底定，而威海旅团一日不撤，则离务一日难松。且登莱所属驻扎各营处处与威海可通，未便概议裁撤。惟饷需奇绌，自应酌量缓急分别汰留。当将续经挑募调回及酌撤各营檄行司局查明详办去后。

兹据善后局司道汇案详称：莱州府知府彭念宸管带端字左右步勇两营，嗣经改委前沂州营副将曹正榜接带，于二十一年四月底裁撤。提督唐有贵管带济康左营步勇一营，于五月初十日裁撤。广西补用副将杨昌魁统带新魁副前营步勇一营于六月底裁撤。又新魁右营步勇一营于十一月初一日起饬委云南副将马柱统带，改为济字右营，并提督乔凤友管带济康右营步勇一营，亦于十一月初一日派委马柱统带，改为济字左营。武定营游击张振乾管带镇武前营步勇一营，内有练兵一百五十名，均于八月十五日分别裁撤。归伍都司喻文禄管带济康后营步勇一营，亦于八月十五日裁撤。

副将刘耀远管带精健步勇一哨，系二十一年三月初五日成军，于九月十五日裁撤。都司都振邦管带抚标亲兵五十一员名，于九月底裁撤。广西右江镇总兵夏辛酉所统骧武东字、福字、登荣练军等十营，并马、勇、炮、车于十月十五日起每营裁勇一百名，共裁减一千名。已革总兵署理胶州营副将李楹管带东字练军一营，内练兵三百名、壮勇二百名，于十一月初三初五等日分别裁撤归伍。总兵江保泰管带利捷水师炮船，原设管带、员弁、水手等二百二十八员名，于十二月起酌留炮艇二只，并哨兵、水手、炮手、舵工人等二十六员名，改归兖州镇统带，下余概行裁撤。又署沂州营副将何成忠挑练兵丁一百一员名，系二十一年二月初五日成军，于三月底裁撤。署曹州镇总兵曹福胜练兵二百二员名，系二月初八日挑练一百一员名，又是月十二日挑练一百一员名，均于六月底裁撤。临清营练兵一百二十二员名，于七月底裁撤。登州府知府端谨雇勇四十名于五月初五日裁撤。招远县巡勇四十名亦于五月底裁撤。黄县军装分局巡勇二十名于六月底裁撤十六名，尚留四名。宁海、文登、荣成三州县各雇巡勇二百名，均于七月底裁撤一百名，每处尚留一百名。又守备史镇廷管带济康前营于四月初一日由海防调回内地，副将杜荣秀管带济字前营于五月初一日由海防调回内地，游击朱康仁管带泰靖中营步勇一营于八月十五日由海防调回，裁勇一百名仍符内地营制，于九月二十一日起改归河防。又候补道丁达意所统河成右营、泰靖右营，原驻海防，其河成右营系参将徐天庆管带，于九月二十一日调归河防，暨都司张凤仪管带泰靖右营亦于九月二十一日调赴河防。署单县营参将岳金堂管带练军马队左营于四月初一日由海防调回内地。正任曹州镇总兵王连三统带练军步队中左二营兼带练军马队左营并济字后营马队各一哨，于二十年九月奉调北上。本年关外撤防,该总兵王连三请假回籍,将该二营二哨派委副将周保林代统,于八月回东;是月初一日起仍照旧章支领饷银津贴。以上除长夫外共裁撤营勇四千八百九十九员名,练兵八百七十五员名,均于裁遣归伍之日截止饷银。所有各营原领军装、器械等项均经该营官逐一造册解缴善后局、军械所点验收讫。至回籍各勇,亦俱分别道路远近酌给川资,妥为遣归,沿途均极安静,并无一个滋事。其调回内地及改归河防各营月饷仍照东省归章办理。一面将已撤之营发过饷银数目另文造册报销等情。详请具奏前来。

臣覆查无异。除咨部查照,并将海防内地各营续有裁减再行酌量奏闻外,所有已经裁遣归伍各日期,理合恭折具奏。伏乞皇上圣鉴训示。

再,前调青州驻防马步三营并登州镇总兵章高元所统福字二营一哨,业经先后饬回裁遣奏报在案。合并陈明。谨奏。

光绪二十二年正月十三日奉朱批:该部知道。钦此。

249. 奏河臣到任需时来年应用物料预为储备折

光绪二十一年十二月二十四日(1896年2月7日)

奏为新任河臣到任尚需时日,所有黄河来岁应用料物预为储备,堤埝紧急工程择要修培,恭折具陈,仰祈圣鉴事:

窃臣准工部咨称,工部覆奏御史胡景桂奏山东河工宜责成河道总督经理一折。议将山东境内所有黄河从濮州菏泽起以达利津入海之路,统归东河总督一手经理,以专事权等因。奏奉谕旨:依议。钦此。钦遵咨行到臣。溯查黄河改由东省入海已四十年,河身逐岁加淤,渐至不能容纳,诚如部臣所议,一遇盛涨虽竭力堵筑,往往漫溢为灾,历任抚臣勉事筹防,迄无经久之策。臣去秋履任即值海防事起,驻登莱者将近一年,举凡练兵、筹饷、察吏、安民以及盐务、漕运诸大端罔敢偏废,兼以黄河险工日出,自维力小任重,深惧陨越贻羞。部臣体察两省情形折衷定议,仰荷圣慈俯允,俾臣仔肩稍卸,得以专意吏治军防,谨当勉竭愚忱,以报高厚。

伏查河工修防以秸料为主,当秋冬之际新料登场价值尚平,正宜预为采购以备三汛之用。若至伏秋大汛临时购买,恐委员营哨各官未能核实,藉口于随买随用,随厢随蛰,在岸者不及验收,入水者更无从究诘,金钱钜万尽付洪流,最为河工之蠹。臣九月赴工即饬各总办道员派委向无习气人员，分投采办，堆积河干。再遴员逐垛验收斤重，务须足数。计上、中、下三游年底明正可购秸料五千余万斤，通计一年之用已可得半。惟两岸堤身卑薄，一遇大汛，处处有漫溢之虞。臣赴工时约略估计，通工加高培厚，需款七八十万金。曾于恭报回省折内陈明在案。刻值部库支绌，东省更一空如洗，钜款难以猝筹，又不敢坐视其阽危不思补救，因饬将下游最卑最险之处择要勘估，计工需六万余金。现在河臣尚未简放有人，而工程紧要，臣何敢存五日京兆之见，稍自诿卸？已饬司照估款筹拨，饬下游总办择委操守可信之员，将所估修培工程春初即赶紧兴办，即于桃汛以前蒇事，俾新任河臣有所藉手，期仰副圣主慎重河防至意。

除俟新任河臣到东，再将一切工程并所购正杂料物移交核办外，所有河工来岁应用秸料预为储备，应修堤埝择要修培各缘由，谨缮折具奏。伏乞皇上圣鉴训示。谨奏。

光绪二十二年正月十三日奉朱批：另有旨。钦此。

250. 奏沥陈矿务利害情形折

光绪二十二年正月二十四日(1896 年 3 月 7 日)

奏为山东矿务钦奉谕旨饬办,谨沥陈利害情形,恭折仰祈圣鉴事:

窃臣于上年十二月二十八日承准军机大臣字寄,光绪二十一年十二月二十四日奉上谕:御史陈其璋奏,山东开矿不宜停止,请饬派贤员实力开办一折。现在帑项支绌,筹款维艰,前经通谕各直省疆吏体察本省情形,将矿务实力开办,原期收地利以裨国用。览该抚前奏,不过以办理不得其人暂请封禁。今该御史谓不宜停止,颇属有见,自未便因噎废食。即着李秉衡督饬李兴锐详细查勘,择要开办。该抚毋得因已允封禁之请,稍执成见。原折着抄给阅看等因。钦此。仰见皇上因时制宜,开利源以裕度支之至意。

方今帑藏空虚,财用匮乏,苟可以收地利而裨国用,臣敢不恪遵谕旨,勉力筹办,以裕不匮之源?惟臣详察往事,审度利害,实见山东矿务仍有宜于缓办者。敬为我皇上陈之。

查该御史论开矿之法曰:选矿师也,购机器也,度地势也,禁私人也。意谓有此数端则开采总可大获利益。然臣尝历考其本末矣。山东矿务,自光绪七年候选中书马建常禀请试办。九年以前,济东道李宗岱总理其事,殚精毕虑者十有余年,先后所聘西洋矿师,曰壁赤,曰阿鲁士威,曰瓦尊,皆所称矿学之最精者也。购器则开山、戽水及化金等项机器，皆自美国之金山购来，所称用之必大有成效者也。度地则自莒州、平度、宁海、招远以及福山、栖霞、莱阳、掖县、潍县、沂水、日照、蒙阴、临朐、安邱，凡登、莱、青、沂四府所属之地相度几徧。其平度之三座山、酒店、双山等处则壁赤所指为金穴，阿鲁士威所指为比之美国亦算超等之矿者，而卒以出金不旺弃之。是矿师非未选，机器非未购，地势非未度也。所谓获利益者安在哉？至于禁用私人，自系当然。惟矿产本无把握，则又不在私人之尽去与否为得失也。该御史又谓宁海矿产饶富，为德商所垂涎。臣以为不必虑也。中国九州土腴财赋之区所在多有，彼族即怀贪谋，而中朝之疆土权自皇上主之，不难据理以相折也。夫朝廷所以允开矿之请者，原欲以济国用；诸臣之屡请开矿者，也无不以利国动朝廷。然近十余年来，各省之议开矿者屡矣。如直隶顺德之铜矿，江南徐州之铁矿，湖北鹤峰、长乐之铜、铅矿，奉天金州之骆马山煤铁矿，皆旋开旋停。不独于国计丝毫无益，并其自集资本亦归耗散，往事历历可征已。即李宗岱先后集股并息借款项共四十余万金，固早已付之东流矣。其矿丁自停办后多已四散，余因找算工价未去者人数无多，若再开办非另行招集不可。现在倭兵屯驻威海，臣前奏请封禁，正虑其招集多人聚处滋事，而该御史反谓封禁恐致贻患，则非臣愚所敢知也。

臣仰荷天恩高厚，凡于国家有益之事，即廷旨所未及，犹当尽心力而为之。若复稍执成见，不独无以对朝廷，抑亦负惭夙夜，臣虽至愚，万万不敢出此。实见夫有害无利，权衡已熟，不得不披沥上陈，伏乞圣明俯纳臣言，仍如前旨暂允封禁。俟迟数年后倭兵尽退，再饬李兴锐详细查勘应如何筹议可以有利无弊之处，当奏明请旨遵行。臣不胜悚惧屏营之至！谨缮折具奏。伏乞皇上圣鉴训示。谨奏。

光绪二十二年二月初九日留中。

251. 奏拨款修培堤埝片

光绪二十二年正月二十四日(1895年3月7日)

再,臣承准军机大臣字寄,光绪二十二年正月初七日奉上谕:李秉衡奏河臣到任需时,所有黄河来岁应用料物预为储备,堤埝紧急工程择要修培一折。东省河工极关紧要,仍着责成该抚将应行修培之处赶紧兴修,务臻稳固等因。钦此。仰见圣主慎重河防至意。

臣于上年赴工,即饬将最卑、最薄之处择要勘估计工需六万余金。已饬司照估筹拨,惟司库本不充裕,各防军需饷尚钜,竭蹶异常。查上年估堵北赵家、高家大庙两处漫口,共请拨银十五万两。嗣经臣督饬各总办加意撙节,兼以高家大庙形势稍变,两处共用银不过七万两,尚余存八万两,即将此款提拨六万两为培堤之用。谨当恪遵谕旨,督饬工员赶紧兴修,务于桃汛以前蒇事。又,北运河自陶成堡以北水无来源,每年借黄济运,当盛涨之际,一经开坝势若建瓴。深惧大流全趋运河,为患甚大。且黄水所至之处,河复淤垫,至回空时不敷浮送,仍须设法引水,诸多窒碍。现拟于陶成堡运口内修建水柜,引濮州、范县一带坡水由张秋挂剑台导入水柜,以资储蓄。至重运渡黄之时,如水势尚旺则清可敌黄,当不致仍前淤垫。查中游总办道员李希杰办理中游河工,任事实心,不遗余力,复能节省经费,为数甚钜。臣已饬前往试办,该道员亦以自任甚勇,应用款项先尽堵口项下培堤余剩之二万两动用,如有不敷再另行设法筹拨。合并声明。谨附片具奏。伏乞圣鉴训示。谨奏。

光绪二十二年二月初九日奉朱批:该部知道。钦此。

252. 奏山东南运额引未能全销折

光绪二十二年正月二十七日(1896 年 3 月 10 日)

奏为山东南运额引实系未能全销,并无捏完作欠情事,恭折沥陈,仰祈圣鉴事:

窃臣于光绪二十一年十一月具奏,裁革南运滥支款项,提出扩充制造机器一折,钦奉朱批:着照所请。户部知道。钦此。钦遵在案。兹准户部咨开:山东盐务南运先后奏归官运额引十万二千二百余道,应征课银二万五千零四十余两,该省历年造报销引征课均不过得半之数。今该抚但节浮费即有盈余四万余两,而每年所报征收课银乃有过一万两上下,明系捏完作欠,殊属不成事体。应令严饬各该委员嗣后务须按年销完额引十万二千二百余道,征足课银二万五千零四十余两,不准再有短少。至此次提归机器局银四万余两,归于该省机器局何年报销,案内造报应令查明声覆,以凭考核等因。自系为慎重课款起见。

惟查南运引岸河南商邱等九州县,每年额引七万八百一十道,自道光二十九年至同治五年官商并运,共计未领引七十九万五千六百九十三道。同治六年前抚臣丁宝桢奏请改归官办,以余利提充军饷,每年领引亦不过二万四千余道,多者二万六千道。至同治十年安徽宿州改归官办,增额引一万三千七百三十五道。光绪元年涡阳县收归官办，增额引二千三百道。光绪十八年江苏铜山县改归官办，又增额引一万五千三百五十六道。通计每年额引十万二千二百一道。考其销数则同治十年以后每年销引三万一千及三万二千余道不等。光绪元年以后惟十三年销引五万道，其余年分则自三万二千道至四万三千余道不等；光绪十八年额引增至前数，而所销亦只四万七千三百道；十九年销引五万道；二十年销引六万余道；二十一年销引五万二千余道。而历年完缴课银，已领未销之引现尚积存数万余道。实由河南各州县南北通衢，淮私、芦私分道浸灌，安徽宿、涡及江苏铜山淮私浸灌，引岸疲敝已极，虽迭经设法整理，难期成效。此历来额引未能全销之实在情形也。

臣前奏谓盈余之款每岁可得四万金，即指近年所销五万余引之余利，除完纳正杂课款外，约可盈余此数。查此项余利当十八年以前销引较少，获利虽不尽有四万之多，要皆滥支滥应上下朋分，无铢两充公家之用者。到课之多寡本视销引之衰旺为增减，初不得因有余利，遂谓能多销引数也。溯查南运引积课悬，由来已久，以前者无论已，即道光二十九年以后，五十年来销引从未过半，部臣不责以未能也。自丁宝桢以后，历年余利尽饱私囊，部臣亦无从而知之也。今臣举向时上下私攫之款絜而归之公家，而部臣转责以全销额引，是举数十年所不能办者督过于一时，臣即有桑孔之术亦无所施其力。总之，未完之课实有未领之引，臣迭饬局员认真整顿，总办道员康奉蔼洁己奉公，深知自爱，用能合力，一一归公。惟历年所销实止此数，而遽蒙以捏完作欠之咎，亦非臣心所要。且以向归私饱之四万余两，尚奏请归公，而以应缴额课之一万余两，反捏完作欠，虽在贪饕亦愚不至此。

至此次扩充机器局需款十数万两，所提银两臣前奏已声明，须积至数年始敷购机器之用。俟集有成数,自当列入机器局收项照例报销,不得以已经奏明之款复任弊混也。在部臣总司出纳自有考核之权,而微臣体念时艰,凡所以除浮滥而裨正用者,已无不竭忱尽智,期于涓滴归公。如东海关、临清关等处,臣迭饬严加厘剔,皆有提出充公之款。俟章程详定,均当举以上闻。若臣革除一弊,而部臣于除弊之外复刻以相绳,臣实无从措手。迂直之性,不得不据实上陈。

所有东省南运额引实系未能全销,并无捏完作欠缘由,谨专折具奏。伏乞皇上圣鉴训示。谨奏。

光绪二十二年二月初九日奉朱批:户部知道。钦此。

253. 奏凌汛期内黄河两岸防护平稳折

光绪二十二年正月二十七日(1896年3月10日)

奏为凌汛期内黄河两岸防护平稳,恭折仰祈圣鉴事:

窃维黄河岁分四汛,固以桃、伏、秋三汛为重,而凌汛易于出险,亦关紧要。当冬令严寒冰块凝结,迨春融冰泮,上下游寒暖不齐,不能同时全释,断冰杂流每于河湾壅积,堤埝坝埝当之无不被冲,故凌汛期内失事者往往有之。臣先期严饬在工员弁,于河身浅窄弯曲处所密排椿木,并多备敲凌器具,遇有险工随时相机抢护。幸本年气候较暖,东风解冻河流顺轨,两岸工程现均一律防护平稳,洵堪仰慰宸廑。转瞬桃汛经临,凡有上、中、下三游卑薄堤埝业已分派勤干各员认真增培,应需各项料物亦已委员采购,按段堆存备用。新任河臣未到东以前,臣仍当督饬加意修守,务臻稳固以重河防,不敢稍涉疏懈。

所有凌汛期内黄河两岸防护平稳缘由,谨恭折具陈。伏乞皇上圣鉴。谨奏。

光绪二十二年二月初九日奉朱批:知道了。钦此。

254. 奏请免扣宁海等十二州县军需三成折

光绪二十二年二月十五日(1896年3月28日)

奏为宁海等十二州县缺分最苦,请免接扣本年军需三成养廉,以示体恤,恭折仰祈圣鉴事:

窃东省文武各官养廉上年核扣部提军需三成充饷,当因新旧并扣,不敷办公,请将无关部库之由外弥补军需一成、二成、三成银两暂行停扣,并将额廉无几之文职首领、佐杂、武职千把、外委各员弁,免其提扣三成,经臣奏明通饬遵照在案。兹准部咨,户部具奏:仍照前案核扣成数再行接扣一年等因。奉旨:依议。钦此。咨行到臣。自应钦遵办理。

伏查养廉军需三成本年既照前案接扣一年,则由外弥补军需一、二、三成廉银,以及首领、佐杂、千把、外委各员弁养廉,亦应再行分别停扣、免扣、以资办公。其有关部库之停给核减各成并六分减平,仍旧照案核扣。惟通省一百七州县内,有下下苦缺三十二处,办公本形竭蹶。加以上年扣解部提军需三成,为数较钜,更虑入不敷出。因思养廉之设,原所以激励廉隅,若扣成过多,未免因公赔累,转启亏挪之渐。臣与司道再四筹商,择其下下苦缺中之最苦者宁海、文登、荣成、栖霞、招远、高苑、博兴、新城、齐东、青城、利津、沾化等十二州县,或经兵燹,或邻防所,或遭水患,其瘠苦情形均较他处为尤甚,如再接扣本年军需三成,实属力有未逮。据藩司张国正详请具奏前来。合无仰恳天恩,俯念宁海等十二州县缺分最苦,准免接扣本年军需三成养廉,以示体恤,出自逾格鸿慈。除咨部查照外,谨恭折具陈。伏乞皇上圣鉴训示。谨奏。

光绪二十二年二月三十日奉朱批:着照所请。户部知道。钦此。

255. 奏南运河工程暂归东省试办片

光绪二十二年二月十五日(1896年3月28日)

再,南运河工废弛已深,非力除积习,大加修浚,漕艘不能畅行,民生不能补救,拟请暂归东省试办,并委候选道马开玉、分省补用知府李佑详细勘估兴工。经臣奏奉朱批:该部议奏。钦此。自应钦遵静候部议。

惟查南运河自江苏黄林庄入山东峄县境起,至东平州十里堡口门止,绵长五百四十余里,年久失修,加以上年高家大庙黄决漫灌,十里堡至靳口一带,节节淤饱,无异平陆。即靳口以南至黄林庄出境,河道废弛已久,一线单堤亦复只若田塍,残缺如锯,实于运道民生关系匪浅,及今不治,害地已时。但修浚工程必先煞坝蓄水,堵口断流,方能次弟举行。本年江苏江北漕粮仍行河运,节气较早,煞坝已迟月余,迭准两江督臣江苏抚臣暨漕臣先后咨催,即使并日赶办,犹恐缓不济急。倘再迁延观望,必致贻误事机。此中缓急轻重在部臣当必深筹熟计,若议归东省暂办,臣固冀免迟误之咎,即议归河臣办理,亦未敢遽存诿卸之心。盖以河臣莅任伊始,统筹全局无不首重治黄,而运工为日迫促,漕艘转瞬经临,恐一时不及兼顾。只有由臣暂行分任仔肩,苟能于事有济,断不敢避嫌畏难,稍分畛域。业已饬司发款分投挑筑兼施,以速补迟。估计工需,往年例津二价及另案岁修等项,共银七万余两。此次大加修治,堤则加培高厚,河则挑挖深通,共估工需银十万余两。所费不过多三万金上下,而工归实际,项不虚糜,以视从前几同虚掷者较有区别,洵于漕运、民生有裨。俟重运漕船过竣,如仍归河臣接办,即当一一交代。除咨部查照外,理合附片具陈。伏祈圣鉴训示。谨奏。

光绪二十二年二月三十日奉朱批:着照所请。该部知道。钦此。

256. 奏查明署任知县被参各款折

光绪二十二年二月十八日(1896年3月31日)

奏为遵旨查明署任知县被参各款,恭折覆陈,仰祈圣鉴事:

窃臣于光绪二十一年十二月初十日承准军机大臣字寄,十二月初七日奉上谕:有人奏,酷吏怙恶不悛,据款纠参一折。据称前署山东黄县知县徐赓陛署任年余,迭次因案索贿,所得赃银不下五万金,劣迹昭著,请严参究办等语。着李秉衡按照原奏所指各节,确切查明,据实具奏,毋稍徇隐。原折着抄给阅看。将此谕令知之。钦此。钦遵寄字到臣。遵即委员前赴黄县会同现任知县萧启祥提集案卷,逐款确查详覆。

如原奏平度难民流徙黄县,将十三岁幼女卖与王姓炮烙致死,该员得贿诣验,指为蒸变,逼勒具结,尸母冤忿成疯,该员将其驱逐出境一节。查平度州民妇陈于氏于光绪十八年随夫携一子、一女逃荒来至黄县,经平度州人在黄县开设饭店之陈相说合,将伊女配给杨曹氏之孙杨寿仔为婚,过门童养,议定财礼京钱十六千,付过八千,下欠八千。杨曹氏本系招远县人,随夫杨景云早年流寓黄县林家庄,始自卖娼,继又以卖女、卖媳为名,令女、媳卖娼。十九年二月杨曹氏令童孙媳杨陈氏搬取煮熟汤面,杨陈氏将面盆扳倒,致被烫伤。杨曹氏用油敷治未愈,因火毒流注,于左手背突生一疔,以致走黄身死。时陈于氏之夫已故，陈于氏喊禀到县。徐赓陛亲诣勘验，系因烫伤后火毒流注，并非炮烙致死，饬自棺殓。并以杨曹氏于童孙媳烫伤后不即告知伊母，致启讼端，且闻其平日役使女孩多所磨折，当堂薄责限一个月内驱逐出境，其所欠陈于氏财礼八千，当堂追给免案。查杨曹氏既系流娼，非能行贿之人，且断结后将其驱逐出境，尚无不合。陈于氏于结案后自行出境乞食，并非该员驱逐。原参谓系卖与王姓及得贿勒逐，自系传闻之论。

原奏又谓智家村赵王氏墓被盗开棺，扭去首饰，挣落尸头，该员因无贿托，不肯往验一节。查智家村已故王赵氏并非赵王氏，系王程庠之孙媳，茔被盗挖，王程庠赴县呈报。徐赓陛即亲往勘验，验得茔土刨开，棺盖前头砸开一孔。据王程庠用胳膊探入棺内摸试尸身如旧，手镯无失，随将勘验情形，并未显露尸身，亦无失物形迹详报在案。其非无贿不肯往验，尚属可信。

原奏又称县绅田笃恭因家产涉讼，断与四千金勒令充公一半，并将田笃恭臀责严押一节。查田笃恭系六品军功，与田播祖、田洪昌、田笃生、田笃庆、田洪仁等系从堂叔侄，先于咸丰十一年伙开恒益盛钱铺，至光绪七年歇业，帐目纠葛不清，遂致互控争讼。光绪十九年二月，徐赓陛提讯查核恒益盛远年帐项，并各房长支短欠各款，断令田笃恭缴京钱八千余串，田笃恭延抗不缴。该员将田笃恭功牌追缴，笞责严押。又追缴田播祖京钱二千二百余串，田洪昌京钱一千七百余串，又追缴恒益盛铺伙李相林京钱一千六百余串，又追缴允兴号店东王禧田旧欠恒益盛京钱五千串，均拟按恒益盛股分大小分派给领。据田播祖、田洪昌、田洪仁等供称，王禧田之款系远年滥帐，情愿捐作书院宾兴之费。合计所缴存库钱项共京钱一万零七百余串，内断给田洪仁应领京钱四千一百余串，下剩京钱六千六百余串，徐赓陛因公挪用京钱六千四百余串，卸事后未及移交后任，旋往江南。经现任知县萧启祥函催，于二十一年十月将前款如数汇还，由萧启祥禀明存库。俟全案讯结事，分别充公给领。查王禧田所缴京钱五千串，系据田播祖等情愿捐作宾兴，并非该员勒令充公。原参殆即因此。

原奏又谓商民因钱财争讼无不勒罚存库房约两万缗，署任年余所得赃银不下五万金，拨兑公源钱铺，其帐目以景、星、庆、云四字为号，烟台谦益丰亦有拨兑一节。查该县库帐，徐赓陛在任年余，出入约计一万余串，随出随入，未便指为勒罚之款。复查城内公源钱铺有庆字堂帐，据又查公义胜钱铺有景、星、云等字帐，据其星、庆、云三字堂号共存过京钱一万零二百三十余千，于十九年十二月由县库房如数取去，其中有无因讼勒罚之钱，查无实据。景字堂存京钱三百五十七串零，至今未取。讯据铺伙供称，系徐赓陛家丁刘僖经手，临行时言系该员亲眷之钱。查该县库房及两钱铺通年出入均不过京钱一万余串。至谦益丰远在烟台，距黄县一百八十里，即间有来往，未能指为赃款。所谓赃私不下五万金似属传言之过。

原奏又称查拿田房税契，遍张告示赏格，招人互讦，其罚款尽饱私囊，遂致四乡骚动，在押者常七八十人，而劫盗重案十无一二各节。检查徐赓陛任内旧卷，因田房漏税间有罚款，修理庙宇为数无多，尚存有开支帐簿。至张贴告示赏格，招人告讦，遍查均无实据。复查十九年十一、二两月押犯实多至七十五名，内有窃盗各案人犯三十三名，其余系词讼及滋事之犯。此历查徐赓陛在黄县任内被参各款之实在情形也。

臣覆查徐赓陛由广东候补通判因案革职，经前抚臣张曜恭援恩诏奏请送部引见,奉旨开复原官,发往山东补用。因救护触礁船只,保升直隶州知州。十八年委署黄县知县,年满回省。嗣经署两江督臣张之洞奏调,于二十年十月前往江南。并非该员自行投效。此次被参贪劣各款,亦均查无实据。惟于田笃恭等讼案断缴存库,应分别充公给领之款,辄自因公挪用究属不合。应请旨将候补直隶州知州、前署黄县知县徐赓陛交部议处。

所有遵查知县被参各款据实覆陈缘由,理合恭折具奏。伏乞皇上圣鉴训示。谨奏。

光绪二十二年二月三十日奉朱批:徐赓陛着交吏部议处。钦此。

257. 奏查勘吕家洼决口情形折

光绪二十二年二月二十五日(1896 年 4 月 7 日)

奏为钦奉谕旨通筹全局,谨将上年吕家洼决口实系未能堵合,暨现再委员前往查勘情形,恭折覆陈仰祈圣鉴事:

窃臣于二月十六日承准军机大臣字寄,光绪二十二年二月十三日奉上谕:前据李秉衡奏,山东利津县吕家洼黄河决口势难堵合,旋据奏称韩家垣海口已经淤塞,只有就吕家洼另筹疏泄之法。兹据给事中王会英奏称:吕家洼决口宽仅里余,与其挑挖百余里不可知之河,何如堵筑里余之决口,且韩家垣入海流非不畅,未坏盐滩尚可修复。李秉衡刚愎自用,惟信道员李希杰、丁达意之言,置民生疾苦于不顾等语。修筑黄河固宜顺水之性,民生错垫岂可坐视不拯?吕家洼决口究竟能否堵合,李秉衡务当通筹全局,平心酌度,不可自信太深,回护前说。尤不可因人言指摘,悻悻负气。有则改之,无则加勉,亦未始非该抚针砭之一助。原折着抄给阅看。将此谕令知之。钦此。仰见我皇上慎重修防,勤恤民隐。犹复鉴臣之愚,察臣之戆,不加谴责,训诲周详。自顾何人,仰沐高厚,跪诵之下,感激涕零。敢不恪遵有则改之、无则加勉之圣训。惟上年吕家洼决口未能堵合情形,实因为大局所关,有不敢草率从事者。请再为我皇上敬陈之。

窃维治水之法不一，端要以顺其性为主，就下者水之性也。黄河数千里来源奔腾以达于海，入海之路不畅，则拂其就下之性，必至旁溢溃决而不可遏，其势然也。自咸丰五年铜瓦厢决口水入东境，由铁门关入海者三十余年。光绪十五年河水漫溢，由韩家垣冲出河身，前抚臣张曜奏请筑堤束水，改道由此入海，因其势也。数年以来韩家垣逐渐湮淤，河身高仰，入海尾闾不畅，以致上年六月下游吕家洼、北赵家及南岸民修民守之南岭子、十六户等处先后决口。臣委员查看，韩家垣正河淤塞分水仅十分之二，绕过趋韩家垣南支河由杨家河入海。臣于是有不堵吕家洼之议，亦因其势也。然臣犹未敢遽以定局也，臣十月查河至南岭子，见该处溜势颇大。查光绪十二年南岭子决口，即有人建由此入海之议。臣尚拟于北岸建筑挑水坝，逼溜南趋，当该处入海势顺，则吕家洼仍可堵合。故吕家洼筑堤疏河详议，历久未敢具奏。臣未尝不迟回慎重于其间也。冬令海滨冰冻无可施工，迨入春后察看，南岭子溜势渐微，入海不畅，十六户更见淤塞，居民已自行堵合。臣以南岭子既不能入海，即应早为堵合以免分行力弱。当饬酌发银两拨给秸料津贴民间，督令赶紧办理。今十六户已堵合完竣，南岭子工程已得其半，计日可以蒇事。而韩家垣之河身淤垫如故，若复将吕家洼堵合，水将安归乎？

夫利害切于身者，其立词不嫌于过激。给事中王会英籍隶利津，灶户非其姻亲，即其族党，当黄水漫决之际，坏庐舍，荡田园，切近之灵创深痛钜。其归罪于臣也，固无足怪。臣上年九月具奏吕家洼碍难堵合折内声明，灶户失业者多不免啧有烦言，或至上渎圣听。即逆计王会英之必有此奏，彼时未便显言也。王会英谓韩家垣流非不畅，以为吕家洼可堵。夫韩家垣入海果畅，臣亦何恶于吕家洼之民，而必以之为壑乎？吕家洼地势本低，口门迤下村庄仅十余处，再下为盐滩，其地斥卤不生五谷，迤上则人烟稠密，武定、济南所属各县处处与直隶毗连。吕家洼一堵，以数千里奔流赴壑之水责之于高仰不能宣泄之韩家垣，势不至于迤上州县横决溃溢不止，决口愈上则受害愈宽且钜，势将祸及畿辅。王会英但顾其乡里一隅耳，他处利害之重轻未遑恤也。夫臣亦非敢谓吕家洼不堵遂无水患也，但不堵虽难保无意外之虞，而一堵则害必立见，川壅则决，理固然也。臣仰蒙皇上天恩，畀以封圻重任。黄河自菏泽入境以至利津海口，尺地一民皆当为皇上护惜，无论何处一有溃决，即上无以对朝廷，下无以对百姓，臣之罪本难逭。惟海口淤垫已非一朝一夕之故，欲为水筹去路，必有所舍，乃克有所全。与其专顾一隅而祸不旋踵，曷若综度全局以图宣泄之宜？臣前奏谓两害相形则取其轻，使王会英处臣之地，亦当合全境筹之，不至如斯之口不择言矣。

道员丁达意系下游总办，道员李希杰乃中游总办，臣委令会同丁达意查看海口及各处情形，该员等但以韩家垣淤垫及吕家洼漫水情形禀复，不堵之议臣自主之，非该员等倡其说也。乙沛恩为防汛委员，决口后经臣奏参交部议处。彼方急求堵合以图开复。唐宝珍为永阜场大使，亦欲堵合以卫盐滩，其敢为不堵之说乎？惟唐宝珍于所收盐厘有无侵蚀入己情事，应即委员彻查以昭核实。至永阜场滩池一百六十余副，决口后冲坏九十余副，又续淹三十余副，其余复渐次波及，仅存七副可照旧晒盐。臣以国课攸关，饬运司设法借运，并于他处另开新滩。据运司丰伸泰详报，除借运各场外，如官台、永利、西繇、王家冈等场共开新滩四百余副，其工本皆灶户自备，暨由商人借给，并未动用公款。惟富国场新开四十副在运库借给工本银四千两,议定由盐价内扣还。并据各场禀报,产盐之数足可无误额课。王会英谓引额不可复收,及开滩不成,虚縻帑项,无亦未之详察乎?总之,水必有所归乃不致汎滥为患,使韩家垣不淤,吕家洼自无不堵之理。韩家垣既淤,则水无入海之路,堵一吕家洼,而他处之受害其宽广有倍于吕家洼者,亦势将指摘及于臣身。臣职任抚绥,固不恤为民受过,而于全河大局有碍,臣心何以自安?此臣所熟思审处而嫌怨有不敢避者也。

兹复仰承圣训以能否堵合下询,命臣通筹全局,平心酌度。臣曷敢坚执己见,辜负天恩?谨当遴委明习河务之员,再赴吕家洼、韩家垣两处周历查勘,详审地势高下,俟河臣到东与之悉心商酌,倘近日情形稍有变更,可循韩家垣旧路,臣当会同河臣将吕家洼迅筹堵合,以毕臣未竟之功。如势不可行,臣亦不因怵于人言,顾一隅而害全局。惟当摒除意气,审酌事理之宜,仰副朝廷轸念河防,勤求民瘼之至意。

除俟河臣到东会议详覆外,所有上年吕家洼决口未能堵合情形,近复委员详细查勘缘由,谨先行恭折覆奏。伏乞皇上圣鉴训示。谨奏。

光绪二十二年三月初十日奉朱批:知道了。即着派员详细察看,俟任道镕抵东后会商具奏。钦此。

258. 奏查明福山县被参丁书通贿舞弊各情折

光绪二十二年三月十四日(1896 年 4 月 26 日)

奏为遵查福山县被参丁书通贿舞弊各情,谨将查明议拟缘由,恭折覆陈,仰祈圣鉴事:

窃臣于上年十二月初四日具奏遵查平原县知县杨德成被参各款一折。声明原参门丁勾通棍徒、典史霸占民女各案系福山县之事,已另派委员赴福山县查提讯究在案。查原奏内称:福山县盗贼于福臣抢劫邻封栖霞县,有案移文调讯,经差役拿获。该县受贿故纵,文覆以贸易出外,任贼远飏。其门丁王晶山勾通棍徒萧铭恒霸占民人刘三登已许字之女为妾,萧铭恒倚为护符,捏造伪字诈陷良懦。该县典史则硬霸幼道姑为妾,上房村牟姓家被抢案内,竟有该典史亲族人置之不究。有于鸿泰、杨子良被控案关逆伦罪名,以开设游艺堂乐铺,解姓道人与刑书傅泉霖与典史关说,暗通知县,皆以贿免等因。前经委员密查,复以家丁、书吏通贿舞弊,非指名提讯不能得实。随饬将王晶山、傅泉霖、萧铭恒提省发委济府审讯。兹据济南府知府刘景宸讯明议拟前来。

查王晶山即王静山,系历城县人。向充福山县稿案门丁。光绪十九年不记月日与住城充役之刘三登出嫁女赵刘氏通奸,嗣向其夫讲允卖休,给钱一百千,遂买作妾。并非萧铭恒说合,亦无捏造伪字情事。傅泉霖系福山县刑书，光绪二十一年县民杨子良因所畜牲口践食其无服族叔杨汝能地内禾苗，彼此口角争殴，遂致兴讼。知县康鸿逵正在考试，委典史姚鹤龄代讯。杨子良托傅泉霖向典史行贿，傅泉霖并未应允，亦无解姓道人关说贿赂暗通知县之事，案内亦无于鸿泰之名。惟傅泉霖因杨汝能素不安分，曾向典史面禀属实。萧铭恒系福山县人，向在城内开设盔帽铺，与县民栾象琦素识。光绪十九年九月，栾象琦因其兄殴妻毙命在押，来城料理讼事，住萧铭恒铺内。萧铭恒曾为其打点差役开销饭食钱文，并借给栾象琦银两。后因向索未还。又栾象琦涉讼经该县传讯未结。此提讯王静山即王晶山等各供之情形也。

于福臣系福山县人，畜有骡夫，栾象琦在县城时其侄女与栖霞县人亲眷李姓有私，谋与偕逃，携带银两，雇于福臣骡桥载往栖霞。栾象琦闻知，在栖霞县控告移文传讯。于福臣时已他出，并非抢劫，该县实无受贿故纵情事。至典史姚鹤龄买道姑二人实有其事。惟年均幼小，姚鹤龄买为婢女，并非作妾。上房村人牟起禄杂货铺被劫，经该县拿获首伙盗犯谢成林等四名，分别定拟。尚有伙盗王庆太、王少玉、晋书林等三名在逃未获。并非该典史亲族。此委查知县、典史及丁书等被参各款之情形也。

臣查王静山即王晶山，充当门丁，辄敢与在县充役之刘三登出嫁女赵刘氏通奸买休，殊属玩法，应酌量由奸罪杖枷上加等拟徒。事犯在恭逢光绪二十年正月初一日恩诏以前，应准援免。惟门丁犯法未便宽纵，拟发县监禁数年，再准保释。刑书傅泉霖因县民杨子良与其无服族叔杨汝能争讼，虽未为杨子良通贿，辄以杨汝能素不安分向典史面禀。萧铭恒因栾象琦住伊铺内，辄代其打点差役开销饭钱。均属不合。傅泉霖、萧铭恒均应照不应重律杖八十。

傅泉霖折责革役，惟久充刑书，有无另犯不法情事，应仍交该县管押查明，如无别情再行释放。萧铭恒事犯亦在恩诏以前，所得杖罪应准援免，递籍交保管束。典史姚鹤龄查无向知县关说贿赂情事，惟身系职官，辄买幼道姑为婢，殊属不合。业经臣于计典案内劾参，应无庸议。福山县知县康鸿逵查无纵贼受贿各情，惟该县地近烟台，华洋杂处，该员于此缺殊不相宜，应请开缺留省另补。

所有遵查福山县被参丁书通贿舞弊查明议拟缘由，谨缮折具陈。是否有当，伏乞皇上圣鉴训示。所遗福山县员缺东省现有应补人员，应请扣留外补合并陈明。谨奏。

光绪二十二年三月二十七日奉朱批：着照所请。该部知道。钦此。

259. 奏预购秸料以防伏汛片

光绪二十二年三月十四日(1896 年 4 月 26 日)

再,臣于上年十二月具奏,黄河应用料物预为储备,堤埝紧急工程择要修培一折。本年正月初十日钦奉寄谕:东省河工极关紧要,仍着该抚将应行修培之处赶紧兴修,务臻稳固等因。钦此。当即钦遵转行各总办一体遵照。

兹查前次所购秸料已验收完竣,修培工程先后据报竣工已有十分之七。本拟俟河臣到东一并移交核办。惟本年节气较早,现在桃汛将过,转瞬节交夏令,即届长水之期。前购秸料计一年之用仅得其半,若不宽为筹备,一届伏汛,临时仓猝购觅,恐不免糜帑误工。查河臣至今尚无来东之信,而修防工程日紧一日。臣何敢稍存观望,致滋贻误?谨当檄饬各总办将伏汛应用秸料赶紧购买,仍委员逐垛验收以昭核实。臣一日仔肩未卸,即当勉尽心力,未雨绸缪,期仰副朝廷廑念要工至意。谨附片具奏。伏乞圣鉴训示。谨奏。

光绪二十二年三月二十七日奉朱批:知道了。钦此。

260. 奏挑浚北运河估需经费数目折

光绪二十二年三月十四日(1896 年 4 月 26 日)

奏为遵旨挑浚北运河以利漕行,估需经费数目恭折仰祈圣鉴事:

窃照江北江苏本届漕粮仍办河运,业经两江督臣奏奉谕旨:饬将漕船经行河道认真挑浚,务期一律疏通,以利漕行等因。钦此。伏查东境南北运河通计共长七百余里。南路工程先经臣奏明本年改归东省派委候选道马开玉督办,共估经费十万余两,已饬司发款兴工。并将堵合汶坝、湖口坝日期会同署河臣任道镕附片奏报。其北路运河向归东省办理,亦已檄委候补道李希杰勘估在案。

兹据该道禀称:北运河自陶城埠进口起至临清卫河止,计长二百余里。地势南高北低,历年借黄济运,水过沙停,河身节节淤饱,自口门以至草桥为黄水入运咽喉,积淤较厚,而口门之外又淤起沙滩一片,出入梗阻尤甚,迤东里许之临黄旧口门,与斜接正河之支河一道更形淤塞,非大加挑浚深通,不能畅行无阻。至各口门两边裹头埽段,及拦黄大坝左右鱼鳞埽、两岸护沿埽,经历三汛,埽坝塌陷,物料朽腐,必须逐一修复,方足以资捍卫。漕船经行东阿、阳谷、聊城、堂邑、博平、清平、临清等七州县,河道绵长,挑淤培堤工段所在皆是,经费限于定额,实属不敷分布。当此时事多艰,库款支绌,又不得不力求撙节。统计挑修各工共估需土方工料银四万九千五百四十四两九钱三分一厘,减平在内,造具估册呈请核办前来。

臣覆查该道估计工段经费银数尚为核实,应照历办成案,饬由藩司筹款发领,责成该道督率印委各员赶紧兴工,认真办理南北运河,勒限于漕船未到以前一律蒇事,以利漕行。仍俟工竣饬将用款分案造册报销。除咨部查照外,所有挑浚北运河估费经费数目缘由,理合恭折具奏。伏乞皇上圣鉴。谨奏。

光绪二十二年三月二十七日奉朱批:该部知道。钦此。

261. 奏严核关税提款充公折

光绪二十二年三月二十五日(1896 年 5 月 7 日)

奏为遵旨严核关税,谨将山东东海、临清两关提款充公情形,恭折具陈,仰祈圣鉴事:

窃臣于上年九月覆奏,闰五月二十七日钦奉谕旨一折。业将东海、临清两关委员密查有无隐匿中饱情弊,于折内陈明在案。查东海关常税正额五万两,额内盈余一万二千两,额外盈余八千两,历年收数除正额五万两外每年盈余不过六七千两,下短之数照例免六赔四,实则报部共只六万余两。而此六万余两中,练军经费一项即支销三万余两,再除去各局卡经费七千余两,解部之数不过二万余两。上年协办大学士臣徐桐条奏,谓关道岁入私囊在十万内外,其数虽未必符合,其弊实所难免也。惟积习相沿已非一日,臣上年十一月奏裁练军片内声明,官非一任,应请宽其既往。已荷圣慈洞鉴。臣先派委员严密查访,复饬升任东海关道李兴锐核实钩稽,力祛从前征多报少之弊,其在外支销款内,有臣署公费银四千两先已裁革,合计可提出归公之款约在三万两内外。拟请自上年十月初三日李兴锐到任之日为始,每年正额五万两,额内外盈余二万两,并正额盈余随征耗银七千两,一并照实数报部,不准再有短收赔缴名目。此外,长余之银第每年约尚有二万两,尽数提出,报候部拨其销款之练军一营经臣奏明裁撤后,只续留一哨,计可节省二万余两。合之报部之数,共岁增银五万余两。此东海关提款充公之情形也。

临清户工两关正税盈余共额定六万二千余两,向系尽征尽解。惟正税之外取于商者名目繁多,有名为监督办公,而实归书吏坐扣之一分石耗一款,有归济东道办公之三分一款,有归临清州办公之三分一款,又倾费一款收数多寡不等,皆随正税征收。如正税畅旺,每年外收之款约在二万两上下。此项本可裁禁,惟相延已久,商民习为固然。当兹饷项支绌之时,不如化私为公,提充正用。拟请自上年六月初三日户关届满之日为始,每年于正额盈余尽征尽解之外,将各项名目内提出银一万两作为常年报部之款,听候部拨,下余一万两上下提解司库留充本省紧要公用。查历届临清工关收数未能足额,均以户关长收之数抵补。据报本年户关截至三月十三日止已溢收银一万余两,至六月一年期满,除抵补工关外其长收之数约可一万数千两,即此亦可见征收实报之效。此临清关提款充公并正数溢收之情形也。

臣维关税之设无异正供,所以裕国家之度支,非以盈官吏之溪壑,自奉行者视为利薮,百弊丛生,损下而不能益上,殊失设关之意。臣习知其弊,饬将各关出入数目彻底清查。升任东海关道李兴锐、现署临清州知州许桂芬亦皆洁己奉公,锐意整顿,用能力祛积弊,稍助饷源。以后关税衰旺容有不齐,而大致当不甚相远,但得经征者洁清自矢,所定之数约可取盈,是在办理之得人耳。

抑臣更有请者,东海关设在烟台,较之津海、江海及闽、粤等海关,其繁盛远有不逮。临清关更僻在一隅。经此次厘定,东海关归公之款计增五万余两,临清关提款并溢收之款亦不下三万两。以此类推，其各省关之局面较大、收数较多者，若能实力稽查，其可提出归公之数合之当成巨款。可否敕下各督抚、监督于所在关税，严饬认真整顿，以裕饷需之处，伏候圣裁。

所有东海、临清两关严覆关税提款充公缘由，理合恭折具奏。伏乞皇上圣鉴训示。谨奏。

光绪二十二年四月十一日奉朱批：另有旨。钦此。

262. 奏敬摅管见折

光绪二十二年四月初一日(1896 年 5 月 13 日)

奏为敬摅管见,恭折沥陈,仰祈圣鉴事:

窃臣准户部咨开准圆明园咨行,光绪二十二年二月二十六日钦奉谕旨:圆明园大宫门并看视解马之含辉楼,以及园内各等处首领太监值房,并外国王大臣坐落处所现已倾圮,均应一律黏补整齐,所需钱粮着户部于各省每年应解土药税厘内除拨解颐和园银十五万两,奉宸苑银十五万两外,其余银两尽数拨给圆明园,以备陆续兴工应用,统俟年终由该园汇总报销。钦此。相应飞咨钦遵等因。咨行到臣。事关兴办要工,臣曷敢有异议?惟以臣之愚,观时事之艰,虞念度支之匮乏,窃以此项工程尚有宜于缓办者。

伏查圆明园为列圣临御之所,自咸丰十年英夷肇衅,文宗显皇帝巡幸木兰,园内悉被焚毁后,虽抚局渐定,而先朝堂构尽付劫灰。在昔日为创深痛钜之时,在今日即为触目惊心之地。况今强敌凭陵,外患迭起,上年倭韩之役要索我土地,搜括我赀财。以视咸丰十年之变又加甚矣。我皇上惩前毖后,思有以雪国耻而振天威。深宫之乾惕,当有非浅见所能窥测者。其忍侈游观之乐,耽土木之娱?此念时势之艰所宜缓办者一也。

夫国家之财用,皆百姓之脂膏。取之甚难,耗之甚易。《大学》

言:用之者舒则财恒足。《易》曰:不节若则嗟若。自古圣王未有不以躬行节俭、裁省土木为美德者。汉文帝惜百金之费不作露台,唐太宗将修洛阳宫鉴于隋而遂止。史册所载,皆传为盛事。今天下财力竭矣,借款至二三万万之多,摊还至数十年之后。此即刻意撙节,如沃焦釜、捧漏卮,犹惧不及,安所得艰难之帑项作不急之工程?譬犹久病之人元气虚弱,培养之不暇,其可纵嗜欲以耗之也哉!此念财用之绌所宜缓办者又其一也。

钦惟我皇太后圣德渊深,黜华崇朴,同治十二年停修圆明园仅量修三海工程。复敕撙节勘估,圣慈俭德,薄海同钦。我皇上孝隆养志,特修颐和园为圣慈燕憩之所,迄今规模具备,较三海稍增闳廓矣。皇太后岁时临幸,优游泮奂,已足娱悦慈颜。当物力凋敝之时,皇太后恭俭为怀,必不欲重劳民力。臣伏愿我皇上追维往事,廑念时艰,崇俭约以裕饷源,信赏罚以励将士,常存震动恪恭之意,毋作丰亨逸豫之图。急其所当急,缓其所可缓。驯至外患不作,四海永清,措天下于磐石之安,以仰答皇太后数十年忧勤之意。则慈怀之怡豫,当远胜于台榭之游观。实率土臣民之幸!

再,臣恭绎谕旨,此次应修工程系指圆明园大宫门,并含晖楼及园内外王大臣坐落处所、首领太监值房,并非普律兴修,圣心已有权宜,无俟臣鳃鳃过虑。惟工程既举,必有不识大体者,意存沾润,或以为观瞻之未肃,或以为轮奂之宜崇,势将踵事增华,上荧圣听。惟仰恳特降明谕,一律停修,以杜觊觎之渐。臣分居疏逖,何敢妄测高深?惟仰荷天高地厚之恩,迫而为爱君忧国之悃,极知僭逾,不敢避罪,伏冀圣明采纳。臣不胜悚惧屏营之至!谨缮折具奏。伏乞皇上圣鉴。谨奏。

263. 奏东省饷需万绌请将土药税厘银两暂行截留折

光绪二十二年四月初一日（1896 年 5 月 13 日）

奏为东省饷需万绌，请将土药税厘银两暂行截留，以资挹注，恭折仰祈圣鉴事：

窃准户部咨开：准圆明园咨行，钦奉谕旨：着户部于各省每年应解土药税厘内除拨解颐和园十五万两，奉宸苑十五万两外，其余银两尽数拨归圆明园等因。钦此。相应飞咨钦遵。均照实征之数按年迅速报解，以济要工等因。咨行到东，自应钦遵办理。

惟查东省入款，以地丁为大宗。每年除应解部拨京协各饷，及本省旗、绿各营兵饷，内地防营勇饷，大小文武各官俸薪养廉，暨河工经费外，本不能有所赢余。自光绪二十年海防事起，募勇购械之费一年至一百数十万两。蒙恩准截留京饷一半兼以海防捐输各款凑集，始克勉强支持。嗣因款议已定，各省先后撤防，东省则登、莱、武定各府环海为疆，威海既驻倭兵，胶澳时来俄舰，惩前毖后，时复有积薪厝火之虞，不得不酌留勇营以备缓急。除先后裁撤归并已及部议三成外，计所留海防勇队尚有四十余营，岁需饷银尚须一百万两内外，为常年所未有之出款。现当部库空虚，既未敢奏请指拨，上烦宸廑。海防捐款已提解部库，京协各饷亦俱关紧要，未便专顾一省,再请截留。臣与司道各员通盘核计,凡可以节縻费而归正用者固已锱铢必计,搜索无遗。再四思维,惟此项土药税厘向系解归海军衙门之款。兹海军衙门既经裁撤,合无仰恳天恩,俯念东省饷项支绌,准将所收土药税厘银两暂行全数截留以充军饷,出自鸿慈。俟海疆静谧防营尽撤,当再遵照解部听候提拨。

除咨部查照外,所有东省饷需万绌,请截留土药税厘缘由,谨缮折具奏。伏乞皇上圣鉴训示。谨奏。

光绪二十二年四月十六日奉朱批:户部议奏。钦此。

264. 奏山东河工处分请敕部仍照旧例核议折

光绪二十二年四月二十三日(1896 年 6 月 4 日)

奏为山东河工处分旧例已严,拟请敕部嗣后仍照旧例核议,恭折具陈,仰祈圣鉴事:

窃臣前准部咨议覆,御史胡景桂条陈折内,吏部以历届成案,河工失事革职及降调无级可抵,即行开缺人员,合龙后向即保奏开复。现拟于合龙后保奏到部时,将原议革职者改为革职留任四年,无过方准开复。原议降级调用者,改为降级留任三年,无过方准开复等因。兵部以议覆御史张仲炘折内声明,嗣后山东修筑河堤系半年以内冲决者,拟将游击、参将处分,于原例降四级调用上加等,议以降五级调用;如过半年仍在限内冲决者,拟将修防守备等官加等,降四级调用,游击、参将加等降三级调用。嗣后即按前奏加等定章,分别议处等因。自系为工员知所儆畏,即当加意防范起见。

惟查河工定例从前系为东河、南河旧有厅汛之地而设,旧黄河河面本极宽广,堤身亦复高厚,厅汛各官常年驻守,责有专归,处分自不容宽假。自铜瓦厢决口改道,山东以宽不盈里之大清河受数千里黄河之水,其始河底尚深犹能容纳,以后频年淤垫,愈积愈高,几至水行地上。每当伏、秋汛涨,往往高出堤顶,以致补苴无计,漫溢频闻。溯自光绪八、九年以来,其未经漫决者不过二三年耳。其各处防汛委员因节省经费，每年至夏令河水涨发始行派委，一有漫决参罚随之，即照旧例核议已与设有厅汛者无所区别。若再于合龙后不准开复，改为降革留用，扣限四年、三年，则黄河既难操三、四年不决之权，委员即无三、四年无过之望，是一参之后开复无期，其罚未免过重。

查吏部原奏内称，光绪十五年奏定东省河工比照黄河堤岸冲决例议处，本属从严办理，处分实无可再加等语，是东省比例之严，部臣已自深悉。乃于无可再加之处仍复议加，以致防汛一差，人皆视为畏途，臣何以收得人之效？至武职各员虽系常年驻守，而当黄流潰溢之际，亦属力无可施。伏思处分条例，私罪不可不严，而公罪不妨稍宽。私罪严则人莫敢意存诿卸，公罪宽则人皆自奋于功名。拟请嗣后东省河工除公员防守疏懈，承办不实，以致失事，臣当从严参办，不稍姑息外，其有事出仓猝，人力难施，以至措手不及者，其罪虽无可宽，其情实有可恕。合无吁恳天恩，饬下吏、兵二部，于参奏到日，仍查照从前旧例分别核议，将此次议覆御史胡景桂折内所拟加等处分章程即行查销，俾在工各员咸知感奋，庶人皆乐为尽力，臣亦得收群策群力之用，出自鸿慈逾格。

臣为河工用人须留余地起见，谨专折具奏。是否有当，伏乞皇上圣鉴训示。谨奏。

光绪二十二年五月初七日奉朱批：着照所请。该部知道。钦此。

265. 奏报筹办河工并出省查勘海口日期折

光绪二十二年四月二十三日(1896年6月4日)

奏为遵旨照旧筹办山东河工,并报明出省查勘海口日期,恭折具陈,仰祈圣鉴事:

窃臣恭阅邸抄,光绪二十二年三月二十五日奉上谕:前据工部议覆御史胡景桂奏,请将山东、河南河工变通办理。熙麟奏,河督应辖全河,请饬另议。先后谕令任道镕妥筹具奏。兹据奏称,河督移扎济宁窒碍难行,山东河工应仍归巡抚兼管等语。自系实在情形。河南、山东两省河工应仍照历年办法,着河道总督、山东巡抚各专责成,认真经理,以一事权,而免贻误。至疏浚海口一节,着李秉衡酌度情形奏明办理。该部知道。钦此。仰见朝廷慎重河防,于诸臣所议执两用中,权衡至当,钦服莫名。

伏查黄河自河南有工之处下至山东海口,绵亘一千二百余里,山东所辖即有九百余里,其利害之切与防守之难有不得不陈于圣主之前者。山东黄河北岸自濮州入境,南岸自菏泽入境,其居泰山之麓不致汛滥者只南岸肥城、长清百数十里间耳,其余地皆平衍,上游北岸设有疏失,则水由东昌、临清夺漳、卫以入海,而河间、天津等郡受其害;南岸菏泽之贾庄、寿张之孙楼皆称奇险,设有疏失,则水由曹、单、济宁夺汶、泗诸水以趋旧黄河,而淮、徐等郡罹其灾。

其为北病畿辅,南病江南财赋之区,已与河南无异。下游北溃则入徒骇河,南决则入小清河,北两河之中如武定所属十州县,及济南府属之历城、章丘、邹平、齐河、济阳、齐东,青州府属之高苑、博兴、乐安等县,迭遭昏垫,频年议蠲、议赈,耗国家之帑项,仍无补百姓之阽危,为患几无止境。此其害之较然众著者也。而其防守之难则有更甚于河南者。河南河面宽至十余里,水得遂其游衍之性,则其势稍纾,山东宽不过里许,狭处仅只半里,加以节节坐湾,年年淤淀,河身高仰,既若水不能容,海口阻滞,又患水不能泄。而堤岸之低卑处又几若田陇,稍遇汛涨即便出槽,以致漫决频闻,补救无术。河臣任道镕举东河之病,曰淤,曰曲,曰窄,固已悉其要领也。至疏浚海口,本为治河之善策。惟水中挑挖,人力既无可施工,其疏浚器具前人制作不同,亦无经久不敝之法。光绪十一二年间,前抚臣陈士杰、张曜先后造浚河船,均因不适于用,旋即废去。张曜复购德国挖泥机器船二只,迨分别试验,吸水而不能吸泥,后经前抚臣福润退还。盖黄流入海挟泥带沙,海中潮汐顶托,以致泥沙停蓄,愈积愈多,渐至坚不可破。此即添筹经费不敢谓办理遂有把握也。

臣不谙河务,于古人修防之法素未讲求。本拟俟河臣来东商办一切。兹既钦奉谕旨,仍照历年办法,各专责成。臣曷敢不勉力图维,上纾宵旰忧勤之至意。现查南岭子及十六户两处民埝均已堵合。吕家洼口门臣前委员复往查勘,据称口门溜势甚大,而迤下分为三股,水流散漫入海,仍复不畅。臣已饬在吕家洼口门迤上于对岸挑挖引河一道,冀掣溜势。俟引河开后,如大溜能趋向正河,吕家洼溜力渐微,再行斟酌办理。臣定于四月二十五日出省,亲赴吕家洼及韩家垣海口周历察看,测量地势高下,何处入海较顺,并如何设法疏浚,俟勘毕当据实奏陈。臣赴工之日,署中所有日行事件,循例委藩司代拆代行,紧要公事仍包封送臣行次核办。

所有遵旨照旧办理河工并出省查看海口缘由,谨恭折具奏。伏乞皇上圣鉴训示。河臣任道镕因钦奉谕旨办理河南河工,不克来东会商,是以未经会衔。合并陈明。谨奏。

光绪二十二年五月初七日奉朱批:知道了。钦此。

266. 奏查看黄河形势请仍由铁门关旧河入海折

光绪二十二年五月十七日（1896年6月27日）

奏为查看黄河海口形势，拟请仍由铁门关迤下旧河入海，谨绘图贴说，并将筹办情形恭折具陈，仰祈圣鉴事：

窃臣前奉谕旨：疏浚海口一节，着李秉衡酌度情形奏明办理等因。钦此。业将出省查看海口日期恭折奏报在案。拜折后，于四月二十五日率同下游下段总办候补道丁达意，并暂委下游上段总办之候补道潘延祖，复延请精于测量之尚志堂山长在籍翰林院庶吉士宋书升，由泺口乘舟下驶，二十九日抵吕家洼。查看该处口门东西相距三百余丈，已夺正溜十分之八，东坝淤有沙滩，水深三、四尺不等，西坝水宽溜大，中洪深二丈有奇，口门以内一片汪洋。臣复易小舟，督同各员逐处查勘，测量水势高下，其正溜由口门北趋，水深四、五、六尺不等，经八里庄迤北折而东行，过丰国镇丁河圈至陈家屋子复折而东北，由盐滩之纳潮沟入海。自陈家屋子以上溜势颇大，以下则汛滥各滩池入潮道沟水势仍属散漫，其旁溜自口门西北一带平漫数十里，由西北之西林河及正北之小议河等处入海，虽一望弥漫无际，并未冲出河身，不能作出海之路。复折回，由正河至韩家垣以下逐段查看，河身处处淤淀，其浅处几可褰裳而涉，入海之处复不深通，疏浚亦无良法。若挽由此处入海，恐下流壅遏，上流必致横决，其害不可胜言。此吕家洼决口及韩家垣正河入海均不通畅之情形也。

伏查铁门关以下黄河本为大清河入海旧路，自咸丰五年黄河改道东省，由此处入海者三十余年，光绪十五年韩家垣漫口，因之为入海之路，于陈家庄筑拦黄大坝，而旧河遂废。臣因两处入海均属不畅，不能不为水寻去路。因舍舟而陆，由拦黄坝循旧河而下，经榆树圪垱铁门关、牡蛎嘴、萧神庙、洼拉二沟子、三沟子、红头窝等处，直抵海口、逐段测量，愈下则河身愈低，牡蛎嘴以下海潮所能到之处计深四、五、六尺不等，再下则深至八、九尺，河身较韩家垣新河复低数尺。其相传口门外之铁板沙，询之土人，据言当黄水由此入海时，海潮顶托停沙多至凝结，今则海水涤荡已无复存。是此处固天然入海之路，未可舍而他求也。

臣先于吕家洼南岸挑探引河，原欲掣口门之溜使归正河，再将陈家庄拦黄坝刨毁，导水仍入旧河。惟陈家庄上至吕家洼决口之处尚隔八九里，河身仅存一线，吕家洼已将夺全河之溜，若必挽归正河，再导水自拦黄坝而入，地高费繁，仍不敢谓办理遽有把握。查吕家洼口门至陈家屋子十余里，溜势甚顺。陈家屋子之面南有灶坝一道，过灶坝里许，即系旧黄河。拟俟汛涨时将灶坝决开，使水入旧黄河故道。则吕家洼迤下盐滩尽可修复，而水有所归，即西北一带平漫之水亦可渐涸。再俟秋后水落归槽，从吕家洼西坝起筑长堤一道，下抵陈家屋子灶坝，作为北岸大堤，其韩家垣新河溜势本微，亦易筹堵塞，免致两行力弱。臣近饬于陈家屋子灶坝以南，赶挑引河一道斜接旧河河身，再于河身淤淀之处自陈家屋子起至牡蛎嘴止，一律挑挖深通，引河之上建筑横堤，免将来水至倒漾。

其旧河身自韩家垣改道后，由他处徙来之民现已多成聚落，应另择高阜之区将陈家屋子以下居民先令迁徙。已饬丁达意遴委妥员分投赶办。此臣拟将吕家洼之水引归旧黄河，并筹办一切之情形也。

臣维水势就下其性则然，韩家垣海口高仰，既若无法疏浚，其河身亦不若牡蛎嘴以下河身之低，而就吕家洼口门迤下十余里为黄水经行之路，至陈家屋子仍引归旧河，其势甚顺，将来长堤筑后吕家洼西北各庄仍可各复旧业。臣此次于各处往返数过，再四详求，目前疏浚海口之计似无逾于此者。惟黄河溜势靡定，瞬息变迁，现在节过夏至，倘伏秋大汛另有变更，当随时相度情形另行奏明办理。臣查勘海口后，溯流而上察看，沿河埽坝均属齐整，各段补修堤工亦尚坚实。兹已于五月十一日回省。合并陈明。

所有查看黄河海口拟请仍由铁门关迤下旧河入海并筹办一切缘由，谨专折具奏，并绘图贴说恭呈御览。是否有当，伏乞皇上圣鉴训示。谨奏。

光绪二十二年六月初五日奉朱批：另有旨。钦此。

267. 奏筹拨挖河筑堤经费请截留京饷片

光绪二十三年五月十七日(1896 年 6 月 27 日)

再,臣此次查看海口,请将吕家洼漫水挽入旧黄河,举凡开挖引河挑浚河身,建筑横堤,均应于大汛前赶办。臣已饬一面勘估,一面由司挪款兴工,以期迅速蒇事,俾得导水入河,免致日久泛滥。其河身旧有居民及吕家洼黄水经行之处庄民,均应择地迁徙,亦须酌给迁费,以资安辑。秋间水落后,建筑吕家洼北岸长堤,及堵塞韩家垣新河,需款亦钜,合计各项工程节省估算,约需银十万两上下。东省本无闲款,司道各库均入不敷出,无可挹注。臣与各司道再四筹商,惟有吁恳天恩,俯念黄河工程紧要,准于应解京饷内截留银十万两,俾得次第举办,出自鸿慈。臣当督饬工员核实动支,不准稍涉浮冒。俟各项工程完竣,分款造册报销,以重帑项。谨附片具奏。伏乞圣鉴训示。谨奏。

光绪二十二年六月初五日奉朱批:户部议奏。钦此。

268. 奏留臬司暂缓交卸片

光绪二十二年五月十七日(1896 年 6 月 27 日)

再,臣准吏部咨,光绪二十二年四月十二日奉上谕:江西按察使着松寿调补,毓贤着补授山东按察使。钦此。当经钦遵转行。由调任江西按察使松寿具折叩谢天恩,吁请陛见。奉旨:着毋庸来见。钦此。自应饬令交卸山东臬篆,前赴江西调任。惟山东讼狱繁多,松寿自到东以来,以振扬风纪为己任,举凡诘奸禁暴,察吏安民,办理悉臻妥协,深资臂助。新授臬司毓贤交卸兖沂曹济道篆,尚须吁请陛见,到任需时。合无仰恳天恩,俯准松寿暂缓交卸,俟毓贤陛见回东后再行饬赴调任,出自鸿慈。谨附片具奏。伏乞圣鉴训示。谨奏。

光绪二十二年六月初五日奉朱批:着照所请。钦此。

269. 奏下游利津北岸赵家菜园漫溢请将在工各员分别参处折

光绪二十二年五月二十四日(1896年7月4日)

奏为黄河伏汛盛涨,下游利津县属北岸之赵家菜园漫溢成口,所有在工各员分别参处,恭折具陈,仰祈圣鉴事:

窃臣前次出省履勘海口,并顺道查看河工,回省业经奏报在案。五月十一日节交夏至,伏汛届临,河水陆续增涨,各工纷纷报险。上游南岸寿张县属之靳庄头坝埽段蛰陷,大溜刷底淘搜,势甚危险,抢修数昼夜始渐平稳。下游北岸济阳县属之桑家渡、百义阁形势坐湾,大溜紧逼埽前,蛰陷甚重。惠民县属之唐家庄、董家庄、小高家、王枣家等处皆属顶冲,埽坝多平蛰入水。幸营委各员奋力抢护,均保无虞。滨州北岸之打鱼崔家十三段磨盘埽蛰陷入水,十四段鱼鳞埽亦相继冲去。经各营委竭力抢办添做鱼鳞埽,两段幸臻稳固。惟利津县属北岸之赵家菜园该处河身南高北低,大溜侧注埽根,水深二丈四五尺,埽坝多有蛰陷,该营委等随蛰随厢,自三十八段至五十段均已抢厢出水四五尺。而该处土性松浮,迭出漏洞,赶用棉衣、麦堵堵塞。至十八日戌刻,西南风大作,惊涛骇浪,力莫能施,竟于该处五十一段大埽迤下堤根漫溢出槽,冲刷约宽五六丈,大溜灌入圈堤,立时涨满,浪涌风急,又复漫溢成口,刷宽至七八十丈,深八九尺,计分溜十分之三,溜分两股曲折由东北土塘顺流而下约七八里,即与吕家洼倒漾之水相接等情。由下游总办道员丁达意禀报前来。

臣维河至东省既窄且淤,而尾闾复不宣畅,夏至后旬日之间,上游长水四尺七寸,下游即长至八尺有奇。堤埝之卑薄复如田陇,臣去秋拟加高培厚,约略估计需银七八十万两,无从筹此钜款,后只就下游残缺之处择要黏补,未能普律加修。伏汛水势暴涨,以致出槽漫溢,实属人力难施。惟防汛文武员弁责有专归,仍应照例参处。应请将承防之管带河成中营副将徐天庆即行革职;防汛委员候补知县张学易、分防委员候补巡检方栋林,均请革职留工;下游提调候补知府仓尔颖,应请摘去顶戴;下游总办候补道丁达意,应请旨交部议处。臣督率无方,请一并敕部议处。现饬将口门盘筑裹头,免致续塌,其被淹村庄已饬赈抚局委员查勘分别抚恤。刻下甫届伏汛,为日方长,谨当分饬各总办加意防护,力保完善之区。臣前请将吕家洼大溜引归旧河正在兴办,现闻比股漫水与吕家洼之水合而北注,形势又有变迁,须俟伏、秋汛过方能定局。臣仍当亲诣察看,随时奏明办理。

所有伏汛盛涨,下游赵家菜园漫溢,请将在工文武各员参处缘由,理合恭折具奏。伏乞皇上圣鉴训示。谨奏。

光绪二十二年六月十一日奉朱批:另有旨。钦此。

270. 奏请将误工之已革副将徐天庆等从严参办片

光绪二十二年六月十三日(1896 年 7 月 23 日)

再,河工修防最关紧要,一旦决口,坏庐墓,荡田禾,甚则淹死人命,伤惨之状真有目不忍睹、耳不忍闻者。而堵合之费,赈抚之资,耗朝廷款项多则数十万,少亦数万,糜帑残民,莫此为甚。全赖在工文武各员认真修守,以期弭患未形。果其人事已尽,猝遇异涨,力无可施,自可宽其公过。若平时漫不经心,临事又防守疏懈,以致失事,非从严参办不足以儆贪庸。臣于四月二十三日奏请将河工处分仍照旧例核议,折内即已声明在案。此次赵家菜园漫口,经臣奏参,钦奉谕旨:副将徐天庆即行革职,知县张学易革职留工。应即钦遵办理。惟近查该处决口,实因人力未尽,文武各员有不得辞其咎者。该处险工自四月二十五日即已抢办,经总办丁达意饬令张学易收买现钱土,以期应手。臣五月初六日自吕家洼回,至该处登岸逐细履勘,见基厢埽厚积秸料,中未用土填实,即将徐天庆严行申饬,谕令加土匀填。并饬张学易赶紧买土,俾得迅速加筑。近查该处漫决之时,民埝圈堤共有漏洞四五处,其所办工程始终未能坚实可知。复查张学易现钱买土亦有不实不尽之处。是该二员办事虚伪,贻误要工,均未便稍予宽纵。相应请旨将已革副将徐天庆永不叙用,并不准投效军营。知县张学易请即行革职,不准留工。庶在工各员知所儆惧,不敢仍前玩泄。谨附片具奏。伏乞圣鉴训示。谨奏。

光绪二十二年六月二十七日奉朱批:另有旨。钦此。

271. 奏办理曹单等处会匪情形折

光绪二十二年六月二十四日(1896 年 8 月 3 日)

奏为山东曹、单等处会匪与江南砀山会匪勾结滋事,已拿获首要各犯惩办,民情安谧,谨将办理情形恭折具陈,仰祈圣鉴事:

窃臣于五月十四、五等日迭准总理衙门电开:砀山旗丁庞三焚烧刘堤头教堂,又勾串山东刀会,扰及萧、丰等处,希与江、皖筹商会剿等因。又准两江督臣刘坤一电同前由。二十三日又钦奉电旨:山东曹、单一带本系盗贼之薮。此次刀匪藉毁教之名出没于江南、山东两省之间。着刘坤一、李秉衡各派队伍速往镇压,如敢抗拒即就地剿除等因。钦此。当将派员驰往查办,并调营分驻弹压情形,先后电覆。并电请总理衙门代奏在案。

查此案臣先准各处来电,并据曹州府及曹、单等县先后具禀,以砀山县匪徒庞三即庞三杰,又名庞盛选,因教民刘荩臣抢割伊地内麦禾起衅,勾结东省大刀会扰及单县东南乡,拆毁教民房屋等情。时新授臬司毓贤交卸兖沂道篆尚未来省。臣即委派该臬司会同兖沂道锡良驰往查办。一面飞调候选道马开玉所统之开字三营分往曹县、单县、鱼台等处,会同原有防营单县参将岳金堂、守备史镇廷相机防御,统归毓贤调遣。并委候补知府杨传书、兖州府通判陈光绶、候补知县屠乃勋分往各处,随同弹压开导。兖州镇总兵田恩来亦带济字中营出驻鱼台县，与毓贤等会商策应。此各路布置之情形也。

臣查大刀会即金钟罩邪教，由来已久，虽经地方官示禁，根株总未能绝。上年海疆不靖，民间以此教可避枪炮，传习愈多，几于无处不有。其愚者以为可保卫身家，其黠者遂藉以逞其凶暴，兼以外来游匪从而煽惑，渐至聚众滋事。若不先行解散，一概剿捕，恐激则生变，转至结成死党，为患滋大。先由臣出示晓谕解散胁从，并饬毓贤等周历劝导，以安人心，必其大股抗拒者，饬即严行剿办。

续据毓贤等禀称：查砀匪庞三杰因挟教民刘荩臣抢麦之嫌，勾邀东南两省刀会于五月初五、十一等日先后至单县各教民家，砸毁器具并焚烧薛孔楼洋学，复枪毙未入洋教之民人龚克亮、王学亮二名。十五日，至丰县戴套楼焚毁教堂。十八日，庞三杰纠邀牛金声即尤金声、彭桂林、韩炳义、陈玉得、刘仲文等会目，领党四五百人，在江南、山东交界之马良集盘踞。其匪首刘士瑞、曹得礼二名虽未出境会合，而刘士瑞倡习邪教，徒众繁多，曹得礼亦系会中主谋之人，其串通勾结，与庞三杰等均属同恶相济。十九日，庞三杰等在马良集抢劫盐店、京货、杂货等铺，及江南裁缺外委衙门。二十日，至单县东南乡抢劫粮食马匹，匪目彭桂林等未至单县，被江南徐州府防营及民团擒获。该匪庞三杰等闻信折回救应，单县知府李铨会同参将岳金堂督带勇队驰往剿捕，单县团长张安玉、郝绍棠等协力堵御，在马良集迤北迎头截击，当场轰毙匪众二名，生擒匪众杨成玉等八名。二十一日，岳金堂带队又擒获匪众孙景伦等十一名，又乡团捆送二名，解回单县。经锡良督同印委严讯，除内有胁从三名讯明开释外，其余据供分隶曹县、单县、砀山、丰县、亳州、虞城等州县，均系投入刀会，焚烧抢掠，抗拒官兵不讳。电禀由臣批饬就地正法。余匪四散逃逸。其刘士端一犯,经曹县知县曾启埙于二十七日会营拿获,由毓贤讯明正法。曹得礼一犯,亦经单县知县李铨拿获,由锡良讯明正法。其愚民之误入刀会者,见首恶伏诛,皆悔过自新,闾阎一律安堵。此毓贤等办理此案之情形也。

臣查此次会匪由于民教相仇,其始非欲为乱,后因党羽渐多,并有各处游勇闻风麇至,遂至肆行焚掠,其势渐张,缓之则恐贻滋蔓之虞,急之又恐激困兽之斗。恭绎谕旨,命臣等派队镇压,如敢抗拒即就地剿除,是圣主如天之仁,原不欲概行诛殛。该司道等率同委员亲历各县,晓谕化导,但能悔罪出会,准其自新,在会者闻朝廷法外之恩,多能洗心革面,其顽梗抗拒者,又即迅速捕获悉与歼除。曹、单两知县于著名匪首均能不动声色擒获正法,不令远飏为患,尚属宽猛合宜,办理颇为妥协。现在渠魁授首,民心乂安,堪以仰慰宸廑。

除饬该府、县严禁刀会,如有余孽滋事即行查拿,一面通饬缉拿匪首庞三杰、牛金声等,务获究报,并咨两江督臣外,所有东、南两省会匪勾结滋事已拿获首要各犯惩办,地方渐就安谧缘由,理合恭折具奏。伏乞皇上圣鉴训示。谨奏。

光绪二十二年七月初十日奉朱批:知道了。钦此。

272. 奏请敕催曹州镇总兵万本华迅速来东片

光绪二十二年六月二十四日(1896 年 8 月 3 日)

再,臣准兵部咨开,光绪二十二年五月十九日奉上谕:山东曹州镇总兵着万本华补授。钦此。查曹属界连直、豫,盗贼繁多,近年经臣奏派升任兖沂曹济道毓贤督办缉捕事宜,盗贼稍知敛迹。今毓贤升授按察使新任,兖沂曹济道锡良到任未久,正赖有实任武职大员坐镇其间,得以会商办理。万本华朴勤廉勇,臣所素知,仰荷天恩简授来东,俾臣得收指臂之助。钦感莫名。查该员前经湖广督臣张之洞奏调鄂省差委,今曹属地方紧要,恳敕下湖广督臣催令该员迅速来东,以重职守,出自鸿慈。谨附片具奏。伏乞圣鉴训示。谨奏。

光绪二十二年七月初十日奉朱批:另有旨。钦此。

273. 奏民教相仇情形请旨饬议预弭后患片

光绪二十二年六月二十四日(1896 年 8 月 3 日)

再,臣查此次会匪滋事,固由庞三杰因教民刘荩臣抢麦起衅,而民教之所以积不相能者,则以平日教民欺压平民,教士袒护教民,积怨太深,遂致一发而不可制,其酿乱之由,有不可不亟图挽救者。自西教传入中国,习其教者率皆无业莠民,借洋教为护符,包揽词讼,凌轹乡里,又或犯案惧罪,藉为逋逃之薮。而教士则倚为心腹,恃作爪牙。凡遇民教控案到官,教士必为之关说,甚至多方恫喝。地方官恐以开衅取戾,每多迁就了结,曲直未能胥得其平。平民饮恨吞声,教民愈志得意满。久之,民气遏抑太甚,积不能忍,以为官府不足恃,惟私斗尚可泄其忿,于是有聚众寻衅,焚拆教堂之事,虽致身罹法纲,罪应骈诛,而不暇恤。是愚民敢于为乱,不啻教民有以驱之也。

至民教滋事之案,又辄以毁坏什物、焚拆教堂索赔偿之费。不知各国传教虽多,要惟通都大邑建有教堂,其各州县偏僻村镇皆由各国教士就教民之稍能识字者使为教师,即因其所住房屋为教学之所,名为教堂实则破屋数间,室如悬磬。一旦有事,则教士以毁坏什物,焚拆教堂,张大其词以告主教,主教复张大其词以告各国公使,而公使遂以之诘责总署,百端要挟,异议横生。其实并无洋人房屋、器具，议给赔费徒以长奸猾教民讹诈之风耳。前准总署来电，以德使函称据济宁教士电开，单县等处拆毁教堂共二十余处。臣饬毓贤等周历各县并委员详查。多系教民破烂房屋，并无洋楼。此案既经拿获首要各犯正法，应即了结，自可无庸置议。

惟民教相仇，终恐日久生事。拟请旨饬下总理衙门与各国公使酌议，嗣后遇有民教案件，由地方官秉公讯断，教士毋许干预。如或斗殴滋事，查非焚毁洋房，但照应得罪名科断，不得再议赔偿。总期彼此无所偏袒，久之猜嫌渐释，民教或可相安。臣为预弭后患起见，谨附片具奏。是否有当，伏乞圣鉴训示。谨奏。

光绪二十二年七月初十日奉朱批：该衙门知道。钦此。

274. 奏查覆永阜场大使唐宝珍并无侵蚀盐厘情事片

光绪二十二年六月二十四日(1896 年 8 月 3 日)

再,臣前奏遵旨通筹黄河全局,将上年吕家洼决口未能堵合情形,恭折覆陈。案内声明,永阜场大使唐宝珍于所收盐厘有无侵蚀入己情事,应即委查。当经饬据盐运使丰伸泰委员确查传讯详覆。如给事中王会英原奏内称,旧有由盐务抽厘税银万余金存永阜场署,原为修筑河堤之费,众人请拨筑堤护滩。唐宝珍不惟不允,并将万余金尽入私囊,据为己有等语。查该场十余年来,或因修筑灶坝,或因修复滩池,屡有请借库帑抽厘缴还之款。截至光绪二十年,唐宝珍未经回任以前,河西灶户业将借款陆续清还,河东灶户尚有蒂欠至今未清。唐宝珍自二十年四月回任以后,既未接收前任移交,亦无续行征起银两。惟该场有应还新借运库灶坝经费银四千两,系二十年前运司李希莲任内借发,饬令无论官商每盐一包捐银二分,按月报解归款。唐宝珍遵照收捐,均由绳席铺经手抽收,扣至二十一年底止共收河平银七千二百四十三两六钱八分,除解还运库银四千两,下存银三千二百四十三两六钱八分,内唐宝珍经手,支销火耗、解费、补平、补色及交付灶坝局抢险等费,共银八百九十一两六钱四分。灶绅王元英、尚宜经手支销修工各款,共银一千八百八十六两九钱三分,余银四百六十五两一钱一分。唐宝珍因另案撤省交卸,后截清收数由原经手之德裕祥绳席铺拨交灶绅收存。集讯王元英、尚宜等认明,支销属实,取有亲供附卷,即所拨四百余两亦系随后抽厘支剩之项,并非当时存在场署,委无不允请款,侵蚀入己情事。复委候补道丁达意切实访查,禀覆相符。臣维盐厘之有无侵蚀,应以盐厘之有无存银为断。永阜场署既无存银,则唐宝珍之并无侵蚀入己,尚属可信。原奏似系传闻之讹,应毋庸议。谨附片覆陈。伏乞圣鉴。谨奏。

光绪二十二年七月初十日奉朱批:知道了。钦此。

275. 奏东省认还洋债并无专款可拨折

光绪二十二年七月初十日(1896 年 8 月 18 日)

奏为东省认还洋债,并无专款可拨,谨将移缓就急竭力凑解情形,恭折具陈,仰祈圣鉴事:

窃准部咨,光绪二十二年五月初八日户部具奏,每年应还俄、法、英、德两款本息数钜期促,拟由部库及各省关分别认还各折片。奉旨:依议。钦此。开单咨行到臣。当经分饬钦遵筹办。伏查单开俄、法一款,山东指拨盐斤加价银一万两,地丁、盐课、盐厘、货厘、杂税等款银十二万两,东海关洋税、洋药税厘银三万两。英、德一款,山东指拨盐斤加价银一万两,地丁、盐课、盐厘、货厘、杂税等款银十七万两,东海关洋税、洋药税厘银五万两。岁共拨银三十九万两。内除盐斤半文加价银二万两款尚有着,其余指拨各项,均系应解应用之款,如地丁、杂税、关税等项,应拨解京协各饷,及动支俸饷工需,盐课亦系支解京饷,盐厘则拨作黄河防汛经费,货厘则专供固本兵饷,东海关洋药厘金经臣奏准留供海防军饷,此外别无余款可拨。诚以东省岁赋所入止有此数,无事之时出入仅足相抵。自光绪二十年海防事起,募勇购械之费,一年至一百数十万两,库款搜括无遗,不得已奏请截留京协各饷,并留用海防捐输,始克勉强支持。是东省竭蹶情形,早荷圣明洞鉴。

嗣因款议已定，各省先后撤防，而山东环海为疆，倭兵尚驻威海，偿款一日不清，防营一日难撤，虽迭经裁减归并，现在尚留海防勇队三十余营，岁需饷银七八十万两，为常年所未有之出款。加以河患未除，工赈兼筹，需款亦钜，已属筹措为难。今再岁增洋债三十余万之多，无米之炊诚如部臣所虑。至原奏谓力除中饱，严汰冗费，当不至十分为难，自是节以制度之意。臣上年九月遵旨覆陈时务折内，即以节糜费杜中饱上言，两年中如归并局务，裁汰冗员，比较厘金，清查关税，凡可以袪积弊而归正用者，固已较及锱铢。然只能化私而为公，不能强无而为有。臣与各司道再三筹画，殊属挹注无方。惟此项洋债振古未闻，在朝廷本为万不得已之度支，在部臣亦属无可如何之区画。为疆臣者受恩深重，目睹时艰已亟，敢不通力合作，上纾宵旰之忧劳。遵即督饬各司道查照部议，无论何款先行划提凑解。兹据藩司张国正详报，先提接扣军需三成养廉、新旧裁兵节饷、土药税厘等款，并将铁路经费贵州协饷暂行停解，共筹银七万五千两。运司丰伸泰详报，先提拨剩盐斤半文加价，并将内务府、工部帑利、天津道剥船经费、漕督运河道河工经费等款，暂行停解，共筹银一万五千两。并委正任黄县知县萧启祥管解。又据东海关监督锡桐详报，先提洋税、洋药税尽数凑拨，共筹银二万五千两。饬委直隶候补知县江开泰管解，均于六月内解赴江海关道衙门交纳，统共银十一万五千两，作为认还本年第一期英、德借款本息之项。其英、德第二、第三两期，暨俄、法九月应还四成借款本息，现仍督饬司道赶紧设法筹拨，依限续解，但能有可通挪，断不敢稍遗余力。第就山东以论山东，所虑为数太钜，为期太远，年复一年，终恐难乎为继，是又夙夜旁皇，所不能已者也。

所有东省认还洋债竭力凑解情形,除咨部查照外,理合恭折具陈。伏乞皇上圣鉴。谨奏。

光绪二十二年七月二十五日奉朱批:户部知道。钦此。

276. 奏报出省赴下游河工日期片

光绪二十二年七月二十八日(1896 年 9 月 5 日)

再,河工遇有紧要事务,应由臣亲履查勘,前经奏明在案。查黄河屡决,总由入海尾闾不畅。臣前拟从吕家洼口门顺流而下至陈家屋子,仍引归铁门关迤下旧河入海。嗣因赵家菜园决口,形势变迁,于五月二十四日奏报折内声明,俟伏、秋汛过再察看情形办理。现在节届白露,水势已定,其何处入海较顺,应即亲往查看,以便设法疏导。臣拟于八月初六日出省,赴赵家菜园漫口及溜行入海尾闾详悉查勘,应如何办理之处俟勘毕再行奏报。所有臣署日行事件循例委藩司代拆、代行,紧要事宜仍包封送臣行次核办。谨附片具陈。伏乞圣鉴。谨奏。

光绪二十二年八月十一日奉朱批:知道了。钦此。

277. 奏黄河上中下三游分饬道员管理片

光绪二十二年七月二十八日(1896 年 9 月 5 日)

再,山东黄河袤延千有余里,向分上、中、下三游,各派道员管理。查北岸自濮州入东境起,至寿张县张秋镇止,南岸自菏泽县入东境起至寿张县十里堡止,为上游,向归兖沂道管理。本年兖沂道毓贤升任按察使,新授兖沂道锡良五月到任,即驰赴曹、单等处查办会匪,不暇兼顾,当经檄委候选道马开玉为上游总办。自东阿而下,北岸至历城、济阳交界止,南岸至章丘、齐东交界止,为中游,系归候补道李希杰管理。李希杰已蒙简放安徽凤颍道,经臣奏明,俟中游遴委有人,再行饬赴新任。兹查有候补道蒋兆奎堪以接委中游总办,并兼办北运河工程。惟刻值漕船入运,正当吃紧,仍饬李希杰暂行会同办理。其北岸自济阳县属起,南岸自齐东县属起,下均至利津县海口,为下游,系候补道丁达意管理。前因下游工段较长,分下游上段,委总办机器局候补道潘延祖暂行兼办。现拨北岸济阳县属六十余里划规中游,并交蒋兆奎管理,自惠民以下及南岸下游全境,仍归丁达意总办。潘延祖即无庸兼办,仍专办机器局,各专责成。除分檄饬遵,并责令常川驻工督率文武员弁认真防守外,谨附片陈明。伏乞圣鉴。谨奏。

光绪二十二年八月十一日奉朱批:该部知道。钦此。

278. 奏核减山东通省钱粮折收钱数折

光绪二十二年七月二十八日(1896年9月5日)

奏为遵旨核减山东通省粮银折收钱数,恭折覆陈,仰祈圣鉴事:

窃臣于光绪二十二年五月初八日在下游工次,承准军机大臣字寄,五月初二日奉上谕:有人奏,山东掖县等州县粮银折收过多,请饬迅行核减一折。据称,莱州各属掖县、平度每银一两折收京制钱五千六百文,胶州、高密、即墨每银一两折收京制钱五千八九百文。均系同治年间所加,其时银价每两钱三千八九百文。现时库平足色银每两只京制钱二千六百余文,各属浮收多至一倍有余,请饬核减等语。着李秉衡确查各州县征收数目,如有浮收情弊,一律从实核减,以恤民生等因。钦此。仰见皇上子惠黎元,体恤周至,跪诵之下,钦感莫名。

伏查山东各州、县钱粮有照银数征收,有照钱数折收,其照钱数折收者,当同治八、九年间银价昂贵,每两连火耗加平解费折收京制钱五千六百文至五千八九百文不等。现在银价日低,以各处市价牵算,每两易钱不过二千七八百文。而收数仍相沿未改,实属浮多。臣上年核奏掖县知县杨德成被参各款案内,已饬司酌议核减章程,转饬遵办。兹复钦奉谕旨,自应核实删减,以利民生。臣复查各州县钱粮收数向不画一，其折收至五千以外者，尚不止莱州一属为然。今既另议核删，自应普律均沾，使无畸重畸轻之弊。臣复督同藩司悉心核议，除照银数征收者各仍其旧外，凡折收钱数之各州、县、卫、所、盐场，无论绅户、民户，统自光绪二十二年下忙开征为始，每粮银一两折收京制钱四千八百文，一切火耗加平解费等项均在其内，此外不准另加分文。其向来不及四千八百文者，仍应照旧完纳，不准藉口加增。倘将来银价昂贵，州县实不敷办公之用，当再察酌情形奏明办理。

除由臣刊刻告示，饬发各属张贴晓谕，如州县中有阳奉阴违，于定章之外设法巧取分文者，即当严行撤参外，所有山东阖省钱粮折收钱数一律核减缘由，理合恭折覆奏。伏乞皇上圣鉴训示。谨奏。

光绪二十二年八月十一日奉朱批：户部知道。钦此。

279. 奏请将副将周保林等降革片

光绪二十二年七月二十八日(1896 年 9 月 5 日)

再,查候补副将周保林,前随曹州镇总兵王连三带队北上,上年王连三请假回籍,该副将代统练军回东,将所带火药沿途私自存放。据齐河县知县王敬勋禀称,周保林于上年八月道经齐河将火药五箱、铅丸十箱、铜帽五十匣,寄存城外客店,并未知会该县。本年四月复派弁将前项军火运去等语。当经臣札饬该副将将此项军火存放何处,据实禀复。旋据禀称,前项军火用船运至濮州,遭风覆没等情。其为隐匿捏饰,显而易见。查该副将于军火要件并不随带回营,沿途私自存寄,已属意存渔利。迨臣查出饬询,复任意诪张为幻,实属居心狡诈,不堪造就。又候补游击房景山,于前署兖中营游击任内,因娶亲强派各汛贺礼,后其父病故,又令各汛摊派奠仪,更属罔利营私,不知自爱。相应请旨将候补副将周保林以守备降补,候补游击房景山即行革职,以示惩儆。谨附片具奏。伏乞圣鉴训示。谨奏。

光绪二十二年八月十一日奉朱批:另有旨。钦此。

280. 奏节逾白露黄河险工抢护平稳折

光绪二十二年八月初五日(1896年9月11日)

奏为节逾白露,黄河险工抢护平稳,恭折仰祈圣鉴事:

窃照山东黄河本年伏汛盛涨,下游利津县属之赵家菜园漫溢成口,当即盘筑裹头,并两岸险工迭出,抢厢稳固情形,均经奏报在案。入秋以来,汛水迭次涨发,较伏汛搜淘尤甚,各处奇险环生,如上游之贾庄、红庙、靳庄、孙楼、国庄、双合岭、蓝路口、马刘庄、徐家沙窝,中游之桑家渡、史家坞、王家窑、于家窝、杨家庙、夏家沟、陶家嘴,下游之董家庄、小高家、榆林庄、沙岭、王枣家、蝎子湾、王家,或坐湾顶冲大溜滚刷,或对岸生滩全溜测注,以致新旧挑水坝及鱼鳞磨磐各埽蛰陷频仍,其余灰石各工亦多剥落。迭经分饬上、中、下三游总办督率文武员弁会同各地方官,激励勇夫,联络庄民,分投昼夜抢护,并添修埽坝,加筑后戗,幸均转危为安。现在节逾白露,水势已定,察看通工情形,一律平稳,堪以仰慰宸廑。惟时距霜降尚远,不敢稍涉疏懈。臣现赴下游查勘海口河工,仍当督饬各总办加意认真修守,期保无虞,以仰副圣主慎重河防之至意。

所有节逾白露,黄河险工抢护平稳缘由,理合恭折具奏。伏乞皇上圣鉴。谨奏。

光绪二十二年八月二十一日奉朱批:知道了。钦此。

281. 奏遵旨相度地势拨款建造火药库折

光绪二十二年八月初八日(1896年9月14日)

奏为遵旨相度地势,拨款建造火药库,以昭慎重,恭折仰祈圣鉴事:

窃查东省前准部咨,光绪十九年十一月二十四日奉上谕:薛福成奏,各省建筑火药库,宜在空旷寥廓之区,以昭慎重等语。火药为操防要需,储藏宜格外慎密。着各该督抚酌核情形,相度地势,择空廓僻静之处,妥为存储等因。钦此。当经前抚臣福润转饬钦遵勘办。嗣因海防事起,需用火药浩繁,未及择地存储。现在军务已平,经臣饬催相度地基勘估建库去后。

兹据总理机器局务按察使松寿、候补道潘延祖等会禀称:勘得距局西南六里许有无影山,高而不峻,顶平土燥,东西约宽六十丈,南北约宽四十丈,以之建筑火药库,四面村庄皆远,相去省城八里,取药存药均尚便捷。惟山顶已高,再加库房未免显露,拟就平顶砂松之处挖下六尺,周围砌石为墙,出地后接砌悬砖发旋为顶,上加三合土筑实,不用木料瓦片,每座相离尺许,内宽八尺,深一丈五尺,中间留路出入,两旁及后面俱铺地板,安置药厢。共建二十座,藏药四十万磅。以局造火药计之,足敷存储。环筑土圩二百丈,高八尺,顶宽三尺,底宽一丈五尺,圩门一座,外盖看守员弁住房三间,勇丁住房四间,圩外淘井一口,统计砖、灰、石、瓦、木料、匠工、地价、土方等项,共实估工需银六千五百余两。禀请奏咨拨款兴工前来。

臣维火药为操防要需,其制愈精,其性愈烈,储藏不密,辄酿巨患。咸丰九年山东火药局失慎,曾罹此厄。前车可鉴,未便戒备稍疏,亟应择地建库,妥为存储。今无影山地僻空廓,办法悉合机宜,所估工需银两减无可减。拟请在于藩库如数拨发兴工,将来建造完竣核实验收,归入机器局光绪二十二年报销案内,一并造报,以清界限。

除分咨户、兵、工三部查照外,所有相度地势拨款建造火药库,以昭慎重缘由,理合恭折具陈。伏乞皇上圣鉴训示。谨奏。

光绪二十二年八月二十一日奉朱批:该部知道。钦此。

282. 奏山东现办河工革除积弊情形折

光绪二十二年八月二十八日(1896 年 10 月 4 日)

奏为钦奉谕旨,谨将山东现办河工革除积弊情形,恭折具陈,仰祈圣鉴事:

窃准吏部咨开内阁钞出,光绪二十二年七月十一日奉上谕:御史宋伯鲁奏,山东黄河积弊已深,敬陈管见一折。所称冒领朦销宜严定处分,收发各料宜设法稽查,申明赔修旧例,武弁认真巡察各条,着山东巡抚严饬在工各员革除积弊,认真办理等因。钦此。仰见朝廷慎重河防,实事求是,莫名钦悚。

伏查黄河夺济迄今四十余年。同治年间,一决于侯家林,再决于贾庄。其时上游壅阏,而大清河尚属深通,故下游未罹其害。迨其后河身淤淀,日积日高,渐至水不能容,横溢溃决。自光绪八年桃园决口以来,或一岁一决,或一岁数决。以关、陇、晋、豫、直、东数省之巨浸责之于宽不盈里之大清河,譬犹尊罍之水注之杯勺,其不能翕受,早在圣明洞鉴之中。若专论河工剔弊之方,则臣近年办理情形有该御史所未及周知者。请为我皇上敬陈之。

从前河工有事,每岁额款而外或请至数十万,或百余万。大吏之耳目稍有未周,则嗜利者遂趋为腥膻之薮。原奏所称冒领朦销之弊,诚不敢谓其必无。自臣履任以来,凡出入款项无不亲自钩稽,每年防汛经费、河防营勇饷若干,正料需款若干,杂料需款若干,各局月报旬报,臣皆逐条考核。上年岁修之款,中游节省至五万余两。堵合高家大庙、北赵家两处漫口,原请款十五万两,嗣复饬撙节动用,只销银七万余两。所余之款移作下游修培之用,不复另行请款。似侵冒之弊臣已搜剔无遗。至买料不实之员,上年已将邵守正、崇贵参革;办工买土不实之员,本年又将徐天庆、张学易加等严参。均先后钦奉谕旨,人所共见。是处分之条臣固不稍宽假矣。

原奏又谓,河工以收支料场为最优,买秸桩蔴土次之,皆重贿营谋,巧取豪夺等语。查三游各设收支局,凡购买正、杂各料,委员向局领银,所购各项价值由委员自行通报,管收支者只司出纳大数,并不经手采办。臣复饬各总办留心稽查,当不能有所弊混。至买秸料之弊,不外架井中空,从前不肖委员与营员通同作弊,在所不免。臣痛惩此弊,饬局详定章程,凡购办秸料必择操守可信之员,购齐后由臣及各总办派员验收。臣赴工之时再随处抽查斤重,如不足数,分别参惩。现在买料一差,人多视为危途。若谓重贿营谋巧取豪夺,揆诸近日情事迥不相侔。臣查河工以秸料为大宗,而石料、桩、蔴所需亦钜。现由臣遴派廉正素著之员分办石料、桩、蔴三项,务期涓滴归公,一洗从前痼习,仍当随时稽察以绝弊源。

原奏又谓申明赔修旧例,自是责成保固之意。查赔修之例,本系为南河旧有厅汛之地而设。然使堵口工员有草率偷减情弊,致甲年堵合者,乙年又复开口,自当查照旧例核办,毋许将地名任意更换,以杜规避取巧之私。至武员专事逢迎,最为河工陋习。臣到东后即通饬严禁,凡臣衙门委派营官及臣查工到境,无许书吏、差弁需索分文,并不准供应迎送,自总办以下现均一律遵行,风气已为一变。臣于河工非所素习,然两年以来博考舆论,勤加访察,凡河工旧日积弊已无不次第湔除,与为更始。兹复钦奉谕旨,自当慎益加慎,严饬在工各员洁清自矢,无许日久弊生,仰副圣主廑念河防至意。

惟是除弊之法臣力所能尽者,劳怨在所不辞。而以东省河工之难,历任抚臣百计图维,迄无善策。即此次该御史所奏,山东地势迫狭,则让地与水之议既不能行,土性松缓,则以堤束水之方亦不足恃。若谓实力奉公即可为一劳永逸之计,微论臣之才力有所不逮,即起古之善治水者为之,恐亦难言遽有把握。臣惟有勉竭心力,求尾闾稍畅之处无拂其就下之性,以求澹此沈灾而已。

所有山东河工革除积弊暨办理为难情形,谨恭折覆陈。伏乞皇上圣鉴。

再,臣前奏明八月初六日出省,因腿疾触发赶紧医治数日,嗣于十二日力疾赴工。合并陈明。谨奏。

光绪二十二年九月十四日奉朱批:知道了。钦此。

283. 奏东省兵饷支绌请敕部拨留京饷片

光绪二十二年八月二十八日(1896 年 10 月 4 日)

再,山东海防各营节经先后裁并,照现在营数除嵩武一军赖豫省力顾大局筹济全饷外,仍岁需饷银五十余万,内地防营尚不在此数。查上年防务吃紧之际,主、客各军费饷几二百万,赖海防捐收数尚旺,又截留京饷一半,再就本省挪东补西,始克勉强支应。本年海防捐已归部库京饷,未敢截留。又奉部拨摊还洋债三十九万,入款减而出款顿增。使无河工、运工岁须七十余万钜款,司道各库犹可随时罗掘,现虽经臣严切钩稽,力汰冗滥,而综计出入款目不敷尚钜。故论兵力则非议增不可,论饷力则即不增兵已难为继。臣与各司道日夕筹维,均属彷徨无策。伏念自海疆事起,国帑已耗费不赀,部臣筹饷之艰亦与外省无异。惟东省值强邻压境,势处万难,兵力、饷力均有未逮,拮据之况不得不直陈于圣主之前。在部臣体国公忠,当能力维全局,如允照臣议增兵数指拨的饷,臣当慎选将领即为添募,以立自强之基。倘拨款不能如数,臣即不敢轻言增募,只合就现有各营加意训练。惟此五十余万之饷,亦属无着。应请敕下部臣,自光绪二十三年为始,无论如何为难,务于例解京饷内拨留银二三十万,以供军食不敷之款,再由臣设法腾挪,此实于无可节省之中勉求节省之计。伏冀圣慈饬部照覆施行。谨附片具奏。伏乞圣鉴训示。谨奏。

光绪二十二年九月十四日奉朱批:览。钦此。

284. 奏请奖励陈寿清杜荣秀片

光绪二十二年八月二十八日(1896年10月4日)

再,山东盗风以兖、沂、曹、济等属为最著,而毗连之东昌、临清各属及濒海之海丰、沾化等县,亦皆盗贼繁多,深为地方之害。臣上年自海防回省,因各处禀报抢劫之案层见迭出,遴委留营差遣之已革宁海州知州陈寿清,会同候补副将杜荣秀督带防营,周历各属,随处雕捕,以辅地方官耳目之所不及,免致蔓延为患。该革员等每到一处,广觅眼线,设法兜捕,计先后擒获著名首要各犯数十名,均会同地方官讯明惩办,闾阎赖以安堵。现仍加意督捕,不少松懈。臣查陈寿清勤干有为,勇于任事,历任东平、汶上等州县,均能勤政爱民,循声卓著。光绪十七年题补宁海州知州,二十年十二月到任。甫及月余,即值倭人肇衅,时防营不敷分布,该州并无勇队驻扎,居民亦逃徙一空,无与为守,遂致失陷。臣奏参后,因该革员才力实堪任用,奏请留营。该革员亦以身负重咎,深知愧奋,遇事黾勉,不遗余力,洵属有用之才。可否吁恳天恩,俯允将已革宁海州知州陈寿清赏还原衔之处,出自鸿慈逾格。副将杜荣秀久著战功,勇于治盗而不扰民,在武员中尤为难得。可否恩施存记以备录用,而示鼓励,恭候圣裁。谨附片具奏。伏乞圣鉴训示。谨奏。

光绪二十二年九月十四日奉朱批:着照所请。该部知道。钦此。

285. 奏请敕部拨饷添练勇营折

光绪二十二年八月二十八日(1896年10月4日)

奏为夷情叵测,山东首当其冲,拟请添练勇营以固封守而卫京畿,恭折沥陈,仰祈圣鉴事:

窃自倭人构衅,攘我藩封,据我城邑,我皇上覆帱之仁,以息事安人为急,不惜尽餍其欲,而豺狼卒无餍心也。臣愚以为和未可恃也。恃在我之能战,能战而后可以不战,恃和则必不能久和。倭以三岛立国,非有泰西各国之兵力也,只以密迩中华,见我武备废弛,渐生觊觎。同治末年窥我台湾,其势尚未强盛,而我允给兵费,未加惩创。后遂破灭琉球,夷为属县,骎骎狡焉思逞矣。上年朝鲜之役,我始以将骄卒惰,失律丧师,皇上赫然震怒,召将征兵,兵力亦谓厚矣。和款一定,天下痛心,既割全省之版图,复给不赀之赔费,通商各省又尽擅天下利权。在倭人,始念聊举以尝试,而恫喝者无不如其意以去。譬犹以肉饲虎,肉尽终必噬人。况又为之傅之翼而助其焰,犹望其俯首帖耳,长就我之范围,岂可得哉?

中国东南七省,皆与倭一水可通,然闽、粤、江、浙均各国互市之区,互相牵制,倭不敢多府众怨。高丽既为倭属,与东三省毗连,而俄势方强,早不便其所为,倭亦不敢骤树大敌。然则倭之所欲先发难者,非山东而何?山东登、莱、青三府横插海中,威海水陆相依,为其要害。倭既驻兵威海,进可以得尺得寸,而退亦不失巢穴。此其可虑者一也。登州北对旅顺,东对高丽,向犹恃为藩服,今则高丽之地皆倭所屯储,高丽之人皆倭所指嗾,一旦有事,可迫为前驱。此其可虑者二也。登、威而外,如莱州、武定所属各处,皆有海口,北窥武定各口可拊我天津之背,南窥胶澳可断我江南之援,又由沂州之日照海面,下窥清口可以梗我运道,阻我南北水陆之气。此其可虑者三也。即倭人深匿其迹,犹不能不预为之防,况彼族近多改装易服,深入内地,测量绘图,其蚕食之心已大彰明较著哉。夫养虎而罔知贻患,其始计已疏,亡羊而犹惮补牢,则后祸曷已!

方今海军已覆,全恃陆军加意简练,以为御敌之谋。乃以饷项艰难,防营迭次裁汰,东省除河南协饷之嵩武一军外,现只留定字三营、东字正副各三营、登防五营、新魁四营,暨臣亲军一营,通计不足万人。筹饷之艰,已属力尽筋疲,朝不谋夕。然尫羸之病不治益深,设彼再一旦背盟,深虑无以制敌。皇上圣谟广运,当已烛照无遗。伏乞圣慈俯念山东为滨海要区,敌所必争之地,准由臣合现有营队添足二万人,并恳敕部筹拨的饷,源源接济,俾臣尽心筹画,选朴诚之将,朝夕训练,期成劲旅,使在我无可乘之隙,彼自不生易视之心。山东幸甚,大局幸甚!

臣为慎固封守,屏蔽京畿起见,是否有当,谨恭折具奏。伏乞皇上圣鉴训示。谨奏。

光绪二十二年九月十四日奉朱批:该部妥议具奏。片并发。钦此。

286. 奏请议恤已故知县刘监片

光绪二十二年八月二十八日(1896 年 10 月 4 日)

再,查已故署汶上县知县刘监,自去秋抵任以来,于地方应办事宜无不悉心经理。而缉捕一事,尤为认真。汶上与曹属毗连,盗贼向多出没,该故员巡行村镇各处踩缉,每月衙斋居不数日。本年夏间因下乡巡缉,感受风寒。旋探明巨盗温二等踪迹,复于六月间力疾亲带勇役,会同防营候补副将杜荣秀等格毙温二等三名,并擒获盗首王黑等,讯明正法。卒以积劳过甚,加受暑湿,于是月十五日病故。据藩、臬两司详请奏恤前来。臣稔知该故员办事实心,不辞劳瘁,委因捕盗致疾,积劳身故。合无仰恳天恩俯准敕部议恤,以为缉捕勤能者劝,出自鸿慈。除将该故员履历咨送吏部外,谨附片具奏。伏乞圣鉴训示。谨奏。

光绪二十二年九月十四日奉朱批:着照所请。该部知道。钦此。

287. 奏请奖励缉捕勤能各州县片

光绪二十二年八月二十八日(1896 年 10 月 4 日)

再,为政首在养民,而安良必先除暴。山东盗风之炽异乎他省,其被盗之惨酷,焚杀掳掠几如破卵覆巢,不独财产一空,抑且性命莫保,闾阎被祸之烈,莫此为甚。故牧令之循良不止缉捕一端,而论东省近日情事,必以缉捕为最要。其有能认真捕务,擒获巨盗,以锄凶暴而安良善,亟应予以奖叙,以励其余。兹查有调补菏泽县利津县知县朱庆元、调补曹县知县曾启埙、调署清平县招远县知县朱钟琪、金乡县知县张鸿钧、署钜野县题补陵县知县许廷瑞、前署曹县现署茌平县候补知州王钟俊、署莒州候补知县董燕署、沾化县候补知县汪丽金、署成武县候补知县杨义坤,均能整顿捕务,破获巨案,无论本境、邻境盗贼皆多方擒捕,有犯必惩,洵属留意地方,著有实效。据按察使松寿会同布政使张国正详请奏奖前来。合无仰恳天恩,俯准将朱庆元等九员传旨嘉奖,俾为牧令者知缉捕之勤惰,关民生之休戚,人皆知所观感,则捕务必日有起色,而善良可以安枕矣。

臣为绥靖地方起见,是否有当,伏乞圣鉴训示。谨奏。

光绪二十二年九月十四日奉朱批:另有旨。钦此。

288. 奏请敕照会倭使定期撤军片

光绪二十二年八月二十八日(1896 年 10 月 4 日)

再,马关之约第一、第二两次赔款交清,通商约章互换,倭即撤回军队。查赔款一次若干,臣不知其详,前准户部奏派各省摊还英、法、俄、德借款,自系借以偿倭。现闻一、二次赔款已交,商约已定,而倭兵尚不闻议退,深恐日久另生枝节,许之则难措手,不许则启衅端。应请敕下总理衙门照会倭国公使,定期撤回军队,以符条约而免后患。谨附片具奏。伏乞圣鉴训示。谨奏。

光绪二十二年九月十四日奉朱批:该衙门知道。钦此。

289. 奏查看黄河尾闾形势拟由萧神庙入海并将赵家菜园吕家洼漫口堵合折

光绪二十二年九月十一日(1896 年 10 月 17 日)

奏为查看黄河尾闾形势,拟由旧黄河东岸挑挖新河,仍导入萧神庙旧河入海,并将赵家菜园、吕家洼漫口次第堵合,谨绘图贴说恭折具陈,仰祈圣鉴事:

窃臣前因察看海口,于五月舟赴下游。维时吕家洼口门至陈家屋子溜势甚旺,拟从陈家屋子掘开西灶坝,导入铁门关迤下旧河入海。嗣因赵家菜园决口,水由东北土塘顺流而下,与吕家洼漫水合而北注,形势已有变迁。拟俟伏秋汛过,再察看情形办理。业经先后奏明在案。此次舟至赵家菜园,易坐小舟,从口门溜势经行之处顺流而下,至沾化县属之洚河,复又由洚河沿庆定沟溯流而上,至吕家洼口门,往复周巡,详加察看。赵家菜园之水由左家庄经邢家南洼、后洼等庄,直趋利国镇,刷开王家小河,流入洚河;又东行一股至季家屋子与吕家洼之水会合,由庆定沟汇入洚河。查洚河即从骇河下游,自黄水入洚之处至海口四十余里。由此入海本极通畅,惟上游商河、惠民、滨州等州县之水皆以洚河为尾闾。再增黄水由此入海,势不能容,必至漫溢为患。此赵家菜园亟宜堵合之情形也。

吕家洼之水，其正溜先由八里庄迤北折而东行，过丰国镇至陈家屋子复折而东北，由盐滩之纳潮沟入海。自陈家屋子以下，溜势渐微。故臣前请掘开灶坝归入旧河。迨赵家菜园决口，水至季家屋子合而为一，掣动大溜，挟以并趋，至庆定沟流入涤河。现在水向西行，其口门东坝至陈家屋子均已淤成平陆。若仍照前议，须由口门至陈家屋子平地挑挖，工钜费繁。且口门迤东新淤之处均系嫩滩，将来筑堤亦难坚实。臣于五月十七日折内以黄河溜势靡定，不可以人力争，即此可见。惟涤河既实不能容，则此处西行之水亦应堵塞，而韩家垣河流复不能畅，又无宣泄之方。此吕家洼不可不堵而又不能遽堵之情形也。

臣查旧黄河自萧神庙以下，地势愈低，入海之路本无逾于此者。惟陈家屋子以上，淤地即难挑挖，若将正河拦黄坝掘断，水循旧河而下，则历年迁居河身民户鳞次栉比，又无地可以安插。臣从旧河两岸逐处相度。查东岸灶坝以外，地皆平衍，并无居民。如水由此处经行，其势甚顺。现拟于旧拦黄坝迤东韩家垣之上，开挖新河一道，计十七里有奇；至李家灶将灶坝掘开，又三里有奇；至平字滩接入旧黄河，再将旧河身高仰之处，约近二十里，择要加挑，至牡蛎觜以下深处为止。于李家灶之下，从东灶坝起，斜筑格堤一道，计长七里有奇，接至西灶坝止，以防黄水入河，倒灌为患。其河身内所居民户无多，另行择地迁徙。复察吕家洼口门对岸，臣六月内所挑引河，势尚通顺。拟再从引河上添挖引河一道，须较前挑引河更加宽深，复从吕家洼口门上岸建筑拦黄大坝，将大溜逼入引河，则吕家洼西口亦可挂淤。再将口门堵合，使正溜全归新河，由萧神庙迤下入海。其韩家垣旧河拟留作减水支河，盛涨之时亦可为分泄之路。综计赵家菜园堵口，吕家洼以下挖河筑堤，及堵塞吕家洼漫口,工程浩大,需费甚巨。臣督饬核实勘估,力从减省处计算,拟请拨银二十万两。即饬定期开工,次第兴办。如将来款项实在不敷,再行奏请添拨。臣当慎选廉干素著向无习气之员,认真举办。总期工归实用,款不虚糜,仰副圣主慎重河防,实事求是之至意。

所有察看黄河尾闾,拟将旧河东岸挑挖新河仍导入萧神庙旧河入海,并将赵家菜园、吕家洼漫口次第堵合缘由,谨专折具陈,并绘图贴说,恭呈御览。伏乞皇上圣鉴训示。臣查勘事竣,于八月二十九日由利津折回,九月初五日抵省。合并陈明。谨奏。

光绪二十二年十月初二日奉朱批:另有旨。图留览。钦此。

290. 奏分省补用知县程云翰请留东差遣片

光绪二十二年九月十一日(1896 年 10 月 17 日)

再,据登莱青道东海关监督锡桐禀称:同知衔分省补用知县程云翰熟悉洋务情形,前在朝鲜供差期满汇保今职。上年因日兵借驻威海,民情惶惑,派委该员会同地方官绅商办划界驻兵事宜,均能不激不随,悉臻妥协,兵民相安,深资得力。禀请奏留差遣委用前来。臣查该员熟谙洋务,事理通达。合无仰恳天恩,俯准将分省补用知县程云翰留东差遣委用,仍办威海洋务,期于地方有裨,出自鸿慈。除咨总理各国事务衙门外,谨附片具陈。伏乞圣鉴训示。谨奏。

光绪二十二年十月初二日奉朱批:该部知道。钦此。

291. 奏节届霜降黄河一律安澜折

光绪二十二年九月二十三日(1896年10月29日)

奏为节届霜降,秋汛期内黄河一律安澜,恭折具陈,仰祈圣鉴事:

窃查节交白露,上、中、下三游河防抢护平稳情形,经臣于八月初五日奏报在案。往年白露以后,黄河即渐消落。今岁秋汛之大有逾伏汛,至九月节交寒露,河水犹增涨不已,以致险工迭出,岌岌可危。如上游之靳庄、孙楼、红庙等处埽坝蛰陷,高家大庙合龙处之护沿埽亦被漂没;中游之黄陡崖、枯河、程官庄等处鱼鳞埽皆平蛰入水,胡家岸淤滩残埝冲刷殆尽,水啮堤根;下游自归仁镇至清河镇,新旧埽坝一百九十余段,入水者已十分之八。均扎柳挡溜,用杂草填铺。后塘、潘三庄、王枣家、邵家等处尤为极险,邵家堤身刷去三十余丈,堤后渐至裂缝。其他险要各工,不可枚举。经三游各总办督率营委各员奋力抢厢,随时设法补救。兹幸节交霜降,各工俱庆安澜,堪以仰慰宸廑。

伏查山东河工,河窄堤卑,时时有盈满之患,下游因尾闾不畅,水势更见抬高。本年五月伏汛初临,赵家菜园即至漫决。迨秋汛期内,黄水暴涨,其水与堤平之处,于堤顶上抢修子埝。而惊涛骇浪或溅过堤顶,或刷塌堤身,其危险情形几至无可措手。仰赖圣主洪福，河神默佑，得以化险为夷。微臣实深寅畏，相应恳恩颁发大藏香，由臣祗领恭旨大王庙祀谢，以答神庥。刻下节过霜清，水势渐定，仍未大见消落。臣当督饬各总办随机修守，妥慎经营，以仰副朝廷慎重河防至意。

所有节届霜降，黄河一律安澜缘由，理合恭折具奏。伏乞皇上圣鉴训示。谨奏。

光绪二十二年十月十一日奉朱批：另有旨。钦此。

292. 奏山东境内南运河工程请仍归河督经理折

光绪二十二年九月二十六日(1896年11月1日)

奏为山东境内南运河工程请仍归河臣经理,恭折具陈,仰祈圣鉴事:

窃查东境南运河工程,前以岁久失修,处处堙圮。臣上年巡阅黄河,顺道履勘,目睹敝坏情形,亟思设法整顿。因念河臣远驻豫省,工员无地方之责,于民生利害漠不关心,拟将修浚工程由山东省暂行试办。于上年十二月奏奉谕旨交部议奏。本年二月复因署河臣任道镕尚未到任,为期已促,恐致后时,复奏申前请。奉旨俞允。旋准工部议覆暂归东省委员经理,俟河督到任后,统筹全局,何者宜归河督,何者宜归东抚,令与河臣会商办理等因。奏奉谕旨:依议。钦此。钦遵咨行到臣。

伏查南运河工程,向由河臣督饬运河道厅既沿河各州县分任办理。光绪十七年改为委员承办。而所用工需,如冬挑、例津二价,及岁修另案各款,共银九万余两,俱由东省司库拨解。逐年因司库款项不充,岁拨银七万余两,使能工归实用。经费本自裕如,乃公员积习相沿,类多草率敷衍,河身从未深挑,堤埝任其残缺,每至重运届临,始间段黏补,而河淤太甚,水不能容,漕船随过随决,重运仅能无误，而民生之昏垫已不堪言。

臣奏明后饬委候选道马开玉、分省补用知府李祐，自十里堡黄河入运起，至峄县黄林庄出东境止，五百余里中应修应挑工段，逐一勘估兴工，始以工钜费繁，恐例款尚不敷用，曾于两次折内陈明，拟另行设法拨补。嗣经马开玉等核实举办，任劳任怨，丝毫不使虚糜，工竣核算，只用银六万五千九百余两。比照往年例销银款，尚节省几及三万两之多。而河道一律深通，加以上年高家大庙决口灌入，安山至十里堡四十里间多半淤成平陆，亦均挑浚通畅，较往年工程又多至数倍。经此次大修之后，来年但择要加修，即可事半功倍，款项亦大可节省。惟此项工程本向归河臣办理，署河臣任道镕亦深鉴从前积弊，前准函称欲蠲除痼疾，规复旧制，拟霜清后即赴济宁筹办。自应将一切修浚事宜统归办理。由河臣核实工料，力加整顿。但工程尽在东境，漕运所关，亦民生休戚所系。臣仍当不分畛域，随时筹商，仰副朝廷慎重要工至意。

所有东境南运河工程仍归河臣办理缘由，谨会同河东河道总督，臣任道镕恭折具奏。伏乞皇上圣鉴训示。谨奏。

光绪二十二年十月十二日奉朱批:该部知道。钦此。

293. 奏请将督办南运河工之候选道马开玉等奖叙片

光绪二十二年九月二十六日(1896年11月1日)

再,运河经由东境七百余里,自黄水穿运以来,北岸由东阿陶成堡至临清入卫,计二百余里为北运河;南岸自东平十里堡至峄县黄林庄出境,计五百余里为南运河。北运河至今年因伏汛过小,颇形阻滞,而南运河五百余里中节节淤浅,亦称难治。兼以上年高家大庙决口,自安山以北至十里堡一带淤成平陆,堤身更残缺不堪。臣于上年十二月奏请归东省试办,至本年二月始奉部覆,饬委候选道马开玉、分省补用知府李祐迅速估办。方虑工程繁巨,恐致后时,赖马开玉等核实经营,严督在工文武各员并力兴修,用款省而程功速。迨重运经临,畅行无阻。据江安粮道马恩培呈报:运堤卑薄者既筑修高厚,河身淤浅者亦疏睿深通,办理甚为得法。此前数年未有之事等语。实属著有微劳。合无仰恳天恩,将二品顶戴候选道马开玉,三品衔道员分省补用知府李祐俯准交部从优议叙,以昭激劝,出自鸿慈。谨附片具奏。伏乞圣鉴训示。谨奏。

光绪二十二年十月十二日奉朱批:着照所请。该部知道。钦此。

294. 奏陈山东河工未能确有把握情形折

光绪二十二年十月十五日(1896年11月19日)

奏为钦奉谕旨谨将办理山东河工未能确有把握情形，恭折沥陈仰祈圣鉴事：

窃臣于九月二十四日承准军机大臣字寄，光绪二十二年九月二十一日奉上谕：李秉衡奏查看黄河尾闾形势，拟由旧黄河东岸挑挖新河仍导入萧神庙旧河入海，并将赵家菜园、吕家洼口次第堵合，绘图呈览一折。览奏均悉。即着照所拟办理。惟所开新河大溜引入之后能否通畅？从前冲壤盐滩能否一律涸出？萧神庙一带产盐处所是否不致另有窒碍？该抚统辖东省全河，责无旁贷。经此次改归旧河入海，大举兴办之后，务使一劳永逸，方为不负委任。如仍未能妥洽，惟该抚是问等因。钦此。仰见圣虑周详，实事求是，跪诵之下，悚惕莫名。臣仰荷天恩，畀以重任，苟有一得之愚，敢不竭力图维，求经久不敝之法？惟治河古无善策，而治山东今日之河则尤无善策，如谓一经举办，即可一劳永逸，臣实不敢轻言自任于君父之前，致蹈欺饰之咎。

伏查治河之法，见之载籍者甚详。即光绪九年、十年之间，山东河决数十处，中外臣工条陈河务者先后十余人。撮其大要，约有四端，曰展宽河身也，疏睿河淤也，开通支河以减水也，筑堤束水以攻沙也。此四者皆治河之要领。而山东则有难于施行，及行之而未能见效者。请为我皇上敬陈之。

豫省河堤两岸相去远或三四十里，近或一二十里，水得逐其荡漾之性，故为患较少。东省自黄河夺济，愈下愈狭，民间筑埝自卫，宽者一二里，隘者不及一里，一遇汛涨，漫决频仍，言者遂多主筑遥堤不守民埝之议。然济、武两郡地狭民稠，沿河村镇庐墓不可数计，兼以齐河、济阳、齐东、蒲台、利津等县城皆近临河干，一闻民埝不守，人心惶惧，震骇非常，当时部臣亦以数十万生灵恐归沦没，未敢议准。后虽兴筑大堤，仍将齐河以下民埝改为官守。此展河身之难也。

疏睿之法代有制作，迄无推行尽善之方。光绪十年前仓场侍郎臣游百川、前抚臣陈士杰仿河臣靳辅遗法，奏明用船双拖带铁篦子、混江龙等具，上下疏刷，卒以笨重难行，未能见效。十三年，前抚臣张曜复定购法国挖泥机器船，嗣在利津太平湾及天津蛮子营试验，仅能吸水，不能挖泥，遂复退还。良由黄水浑浊，挟泥带沙，机器既能旋转；且濬河器具，轻则入水不深，未能得力，重则陷入泥底，行驶维艰，均之难收实效。海口则潮汐往来之处，率皆软泥，不能立足，人力亦无所施。此疏濬河之难也。

凡物合则见多，分则见少。以济河一渎受黄河之水势不能容，于是侍郎游百川有建筑滚水坝分减黄河之奏，拟一从历城之杜家沟引入徒骇，一从长清之五龙潭引入马颊。嗣经前直隶总督臣李鸿章以直境地势低下，恐开引之后横浸骤决，贻害京畿，马颊之议遂寝。徒骇河则以黄水频年漫溢，上游惠民，滨州等处河身日渐淤平，一经分泄必至漫水平铺，横溢为害，事亦中止。前抚臣张曜复有酌减三分入南河之请，格于部议不行。光绪十六年复于齐河遆上之赵庄建分水闸，卒以徒骇河节节堙淤，未能开放。此开河减水之难也。

以上三端既不可行,则惟有筑堤束水,藉以攻沙之一法。查大清河自东阿鱼山而下,至利津海口,原宽不及一里,深至四五丈,束水可谓繁矣。自咸丰五年铜瓦镶东决以来,二十年中上游侯家林、贾庄一再决口,而大清河以下尚无大害。然河底逐年淤淀,日积日高。迨光绪八年桃园决口以后,遂无岁不决,无岁不数决,虽加修两岸堤埝,仍难抵御。今距桃园决口又十五年矣。昔之水行地中者,今已水行地上。是束水攻沙之说亦属未可深恃。现在河底高于平地,俯视堤外则形如釜底,一有漫决,则势若建瓴。海口复愈见高仰,尾闾不能宣泄,河患日深,民生日蹙。此亦智勇俱困之秋矣。臣于河工非所素悉,然博稽掌故,参考舆论,欲求补偏救弊之方。上年吕家洼决口,臣于九月亲往察看,见口门溜势甚大,韩家垣正河已见淤塞,欲以吕家洼为出海之路。至今年五月复往审视,西北一带渐见淤浅,惟口门至陈家屋子溜势尚顺。复察看旧河自萧神庙以下至红头坞海口,地势愈下愈低,极为通顺,臣是以有由吕家洼至陈家屋子掘开灶坝导入旧河之请。迨伏汛初临,赵家菜园决口,水入沾化县属之洚河,洚河即徒骇河下游,臣复拟改道由此入海,则利津以下从此可免沉溺。至八月复乘舟相视,则徒骇河水已盈堤拍岸,势不能容。且由赵家菜园至入徒骇之处不过十余里,略有溜沟,以下则一片弥漫,既无河身又无堤岸,若欲开河筑堤,劳费甚巨,势不能行。而吕家洼至陈家屋子复渐淤干。臣是以有堵合两处口门,从老河东岸开挖新河以达萧神庙旧河之请。

盖以黄河变迁无定,非可以人力强争,更不容以私意穿凿,惟因势利导,觉目前补救之计,舍此别无良图。非敢谓所拟各端遂臻安妥洽也。复查韩家垣河身,用小舟顺流,逐节测至海口,有深五六尺者,有仅深二三尺者,盐船至此非用小船剥运不能上驶。臣此次所挑新河，拟定面宽十六丈，底宽四丈，深一丈，较之现在韩家垣河身深至数尺。将来大溜引入，虽不敢谓必能通畅，而地道变盈而流谦，揆之水性就下之理，或不至遽形阻滞。至吕家洼口门以下，盐滩共有一百六十余副，上年又冲坏一百二十余副。今既拟将吕家洼堵合，则此处冲坏盐滩尽可涸复。萧神庙系旧河身，本非产盐处所，自不致另有窒碍。此则可以上纾宸廑者也。

伏思河工一项，向为国家漏卮。从前东南两河每兴办大工一次，费帑多则一千数百万，少亦数百万。即就山东言之，除每年额拨防汛经费不计外，其另案之款光绪十二年请至二百二十余万，十六年请至二百八十余万，其余则数十万不等，计十年之间已不下八百万，而河工之败坏仍复日甚一日。今臣所办工程拟堵合赵家菜园、吕家洼两处口门，复开挖新河二十余里，兼以修堤、建坝、挑办引河及津贴西韩家民埝各项，共只请银二十万两。即使不敷，随时续请，计已不过数万两。实以款项艰难，于无可节省之中力求节省。且以黄河水性变幻莫测，有人之智虑所不能及者。故臣此次所办只图复旧，非能另兴巨工，一一更新也。惟就目前言补苴之方，仍只有以堤范水一法。而河日淤垫，堤日卑庳，今年西韩家民埝即系从埝顶漫过，其他水与堤平之处，皆抢加一线子埝，藉救危急。及今不治，恐明年大汛一到，处处有漫溢之虞。而约计两岸长堤一律加高培厚，需款总在数十万金。明知款不易筹，而目睹危险情形，实有岌岌不可终日之势，容臣饬三游各总办核实勘估，再行另折奏陈。

所有山东河工办理难有把握情形。谨沥情恭折具奏。伏乞皇上圣鉴训示。谨奏。

光绪二十二年十月二十八日奉朱批：另有旨。钦此。

295. 奏报出省查勘河工日期片

光绪二十二年十月十五日(1896 年 11 月 19 日)

再,臣接据下游总办候补道丁达意禀称:西韩家民埝漫溢之处愈塌愈宽,近已走溜至五分有奇,利津以下正河渐见淤垫,形势较初漫时大有变迁等语。臣查西韩家漫口,臣于八月间往勘,见口门虽宽而溜势尚不甚紧,本拟俟他处竣工再发给津贴,令营委协同民间堵合,以纾民力。乃时甫月余,情形大变,至夺溜五分有余,恐水已别寻出海之路。惟口门以下是否通畅,应否仍照原议堵合,非臣亲历查看,不敢冒昧定局。兹定于十月十五日出省,仍舟赴下游,详细履勘应如何办理之处,俟勘毕再行陈奏。臣出省后,臣署日行事件,仍委藩司代拆代行,紧要公事送臣行次核办。谨附片具奏。伏乞圣鉴。谨奏。

光绪二十二年十月二十八日奉朱批:另有旨。钦此。

296. 奏报赵家菜园漫口堵筑合龙折

光绪二十二年十月二十四日(1896年11月28日)

奏为利津县赵家菜园漫口堵筑合龙,恭折驰陈,仰祈圣鉴事:

窃查赵家菜园堤埝,前因伏汛盛涨,漫溢成口,经臣将在工文武各员先后奏参在案。该处河身坐湾,东坝头正当顶冲,口门内回溜淘刷,褒头屡筑屡塌。臣于八月间亲诣察看,其大溜东北两股会合吕家洼之水同入徒骇河,西北流势较浅,亦一望弥漫无际。查该处河向外越形如弓背,堤身又纯系浮沙,以致频年溃决,非退后取直,即勉强堵合,为患终无已时。臣复周历审视,由东坝头迤北五里许董王庄之南,可作堵口;东坝基由西坝头迤北一里许王家庄之东,有旧日残堤可作堵口,西坝基从此建坝合龙。虽工程较巨,而河身取直,堵合后防守较有把握。惟董王庄以南有前左、后左两庄居民七百余户,非择地迁徙,无以奠厥攸居。臣复饬利津县劝谕居民为之择地安插,复允优给津贴,限于明年桃汛以前一律迁竣。并许于合龙后暂筑护庄小埝,俾得陆续迁徙。民间知退后堵合系为避危就安起见,亦均乐从。

臣九月回省后,将赵家菜园应堵情形于察看海口折内奏陈,即饬下游总办候补道丁达意筹备正杂料物,估计水旱工程,委员分投办理。迨霜清后水势渐落,西坝土工计长八百五十余丈,中有溜沟七十余丈。先饬营委各员次第堵塞,测量口门尚宽四十二丈,水深一丈,及八九尺不等。丁达意与提调候补知府仓尔颖分驻东西两坝,复调中游河防营直隶紫荆关副将沙明亮、下游河防营提督彭秋扬,及在工文武各员,并力经营两坝,同时进占。自十月初九至十七日,竭九昼夜之力,两坝各进四占,并将吃紧处做成鱼鳞埽十五段,复于董王庄迤南兜溜之处,开挖引河,为水预筹去路。迨金门收窄,口门之水登时抬高数尺,汹勇异常。适臣于十七日到工,督同丁达意激励在工各员奋力工作,于十八日寅刻挂缆合龙。一面将引河启放以分溜势,复加钱买土填筑后戗,并将蒲包于土上下抛堵,至是日亥刻闭气断流。坝外之水亦即逐渐涸出,灾民可补种春麦,堪以仰慰宸廑。据丁达意禀请具奏前来。

臣查此处工程,水势已成入袖,土性又复沙松,办理初颇棘手。幸赖各员弁齐心努力,劳瘁不辞,得以克日蒇事。复能破除积习,力戒虚糜,寸土尺料均归实用,不无微劳足录。所有前因漫口获咎之总办候补道丁达意,仰恳天恩,饬部查销降调处分,给还加级;提调候补知府仓尔颖,请开复降调处分,免其送部引见;分防之候补从九方栋林,请开复原官。其余出力文武各员,容俟吕家洼、西韩家两处合龙后,由臣择尤汇案酌保,以示鼓励,出自鸿慈。除饬将西坝堤工及善后事宜妥速办理,并将在工出力文武员弁衔名咨部外,所有赵家菜园漫口堵筑合龙缘由,理合恭折由驿驰奏。伏乞皇上圣鉴训示。谨奏。

光绪二十二年十一月初一日奉朱批:另有旨。钦此。

297. 奏筹办西韩家堵口情形片

光绪二十二年十月二十四日(1896 年 11 月 28 日)

再,利津西韩家民埝前因漫口,愈塌愈宽,臣恐形势变迁,须亲履察看。前经奏明在案。臣先派员乘小舟至口门上下测量,臣出省后于十七日舟至该处察看,口门宽至三百四十余丈,大溜距东坝头二十丈以外,水深至一丈五六尺,其西坝头二百余丈,水深六七尺及四五尺不等,由小宁海至檀家沟一带分散入海。自口门迤下十余里,溜势即散漫倒漾,波及博兴、乐安等县,平浅不成河槽,亦应亟筹堵合。仍照臣原奏由萧神庙旧河入海。

查该处堤埝,向系民修民守,而频年灾歉,民间无力培补,以致堤身处处残缺。此次堵口大工,断非昏垫遗黎力所能办。臣拟调拨河防营,一律由官堵合,来年即改为官修官守。惟南北两坝一线单堤,非大加修筑不能建立坝基。臣已遴派妥员将两坝堤埝先行加高培厚,一面于西岸淤出滩嘴,取直挑挖引河一道,于淤滩上游建立挑水坝以托溜势,俟吕家洼合龙后,以全力萃于此处进占合龙。查此处夺溜五分有奇,较赵家菜园、吕家洼两处尤为工艰费巨,幸赵工已完,吕工现已进占。臣严饬事事核实,丝毫不任虚糜,即以两处节省之款筹办西韩家堵口工程,如将来实在不敷,再行奏请添拨。谨先将拟办情形附片由驿驰陈,伏乞圣鉴训示。谨奏。

光绪二十二年十一月初一日奉朱批:知道了。钦此。

298. 奏参规避取巧及人地不宜之州县请分别惩处折

光绪二十二年十一月十四日(1896 年 12 月 18 日)

奏为特参规避取巧及人地不宜之州、县,请旨分别惩处,恭折仰祈圣鉴事:

窃维朝廷设官分职,所以求治理,非以肥身家也。牧令身膺民社,闾阎之休戚系焉,宜为缺择人,不宜为人择缺。其有缺分素瘠,而地称难治,不得不择人而任,以重地方。果其人能坚苦耐劳,勤求治理,即再量予调剂,亦可以鼓励群僚。此中操纵之权,自上司主之,非属员所可意为趋避也。

兹查有峄县知县姚廷范,前因观城县有聚众闹漕之案,经臣行司将该县知县祥成撤任,以姚廷范稍有才能,檄饬前往代理。该员奉委后,辄以先人坟墓被水冲刷为词,禀请开缺回籍。查该员在任已阅数年,果有坟墓待修,何不陈情于峄县本任之时?一至奏委调任,即行禀请,明系因观城缺分较瘠,又值闹漕案尚未结,不愿前往,其为有意规避,显而易见。又濮州知州恩奎上年调署平原县,本年春间饬回本任。该员藉口交代未能清解,延不赴任。查平原县缺较濮州为优,交代本不难清结,该员以濮州缺分较瘠,故意宕延。迨臣行司将濮州另行委署,始禀报交代清楚,亦属有意取巧,均未便稍事姑容。相应请旨将峄县姚廷范交部议处,濮州知州恩奎勒令休致,以为规避取巧者戒。至观城县知县祥成才欠开展,与此缺不甚相宜,应请开缺留省察看。该县聚众闹漕之案,已饬曹州府督同接任知县查拿讯办,以儆刁顽。所遗观城县缺系选缺,东省现有应补人员,应请扣留外补。合并声明。谨恭折具奏。伏乞皇上圣鉴训示。谨奏。

光绪二十二年十二月初一日奉朱批:着照所请。该部知道。钦此。

299. 奏报吕家洼合龙日期折

光绪二十二年十一月二十八日(1897年1月1日)

奏为吕家洼漫口堵筑合龙,恭折驰陈,仰慰圣怀事:

窃查吕家洼自上年六月漫口,臣于去秋往勘,以韩家垣正河淤淀日高,该处地势较低,拟留为入海之路,迨本年五月、八月复两次周历各海口,详加察看,定拟由萧神庙以下旧河入海,将吕家洼及赵家茶园、西韩家口门次第堵合。均经臣先后奏明在案。

查吕家洼地形偏北,上年漫口已成入袖之势,若就原处筹办,不特堵合不易,且河势坐湾,来年大汛届临,终虞后患。臣再三相度,先于南岸之西滩挑挖引河一道,引溜南趋。拟从原口门西坝迤上三里许之台子庄,添筑新堤一段,计长四百一十丈有奇,作为西坝基;从陈庄迤西之崔家庄,接筑新堤一段计长四百丈,至新挑引河头迤东,作为东坝基。两面进占,将正河截断,以引河作为正河,复从引河上二里许,添挖新引河,以备合龙时分掣溜势。

因利津三处漫口同时举办,下游总办道员丁达意势难兼顾,添派候选道马开玉督办吕家洼堵合工程。臣于十月十八日赵工合龙后即赴该处驻工督率,先饬筹备料物,派委河定左营直隶紫荆关参将沙明亮、精健前营已革都司叶云升分掌东西两坝。臣督同在工文武各员于十月十九日开工,东坝全进水占,西坝挑开淤泥,填实坝基,先进旱占,继进水占,计水旱各占共长一百一十余丈。至十一月十二日两坝金门占已成,留龙门五丈有奇,水深两丈余尺,于十四日辰刻开放引河,未刻挂缆合龙。当金门收窄之际,溜势抬高,上口较下口高五六尺。在工各员并奋力加厢,土料并进,至亥刻已追压到底。因该处本正河河身,底系淤沙,至夜半忽将东坝金门占塌陷入水,复加压土料数坯,随厢随蛰。又值凌水陡涨六尺余寸,新做埽占杂有冰冻,以致漏洞叠出,几致不可收拾。臣饬于龙门占上口,加厢鱼鳞埽东西四十余丈。复饬道员丁达意由西韩家调拨营勇三百名来工帮同厢护,加压大土,始将翻花溜渐次压平,而埽眼处处过水,未能闭气。丁达意复与马开玉会商于下口添做埽坝圈成土匮,周围数十丈,用蒲包盛土抛填三万余个。穷十余昼夜之力,始于二十七日辰刻闭气断流,水循新旧引河顺流东下,民田可渐次涸复,不至再误春耕,据马玉田等禀请具奏前来。

臣查此处工程初动工时尚称顺手,讵料合龙后河底淘深,将高出水面两丈余之金门占陷入水底。即老于河工者无不骇异。兼以自十四日起北风雨雪,天忽严寒,凌水暴涨,冰块蔽河而下,排空撞击,致埽占各处透水,河底渐深不可测,翻花大溜层出不穷。在工各员无不怵心刿目,相顾失色。臣亦虑设有疏失,势将糜帑误工,莫名焦灼。幸仰赖圣主洪福,河神效灵,得以转危为安,非臣始念所及。所有办工文武员弁在工四十日之久,露宿风餐,手皲足瘃,卒能昼夜不懈,克竟全功,洵属勤劳倍著,合无仰恳天恩,俟西韩家合龙后,由臣汇案酌保,示以鼓励。

除饬将善后事宜妥慎办理,并将出力文武员弁衔名咨部外,所有吕家洼漫口堵筑合龙缘由,谨专折由驿驰奏。伏乞皇上圣鉴训示。谨奏。

光绪二十二年十二月初六日奉朱批:览奏已悉。所有出力员弁,准其俟西韩家合龙后汇案酌保,毋许冒滥。钦此。

300. 奏中俄新约受制太甚请敕改议折

光绪二十二年十二月初二日(1897 年 1 月 4 日)

奏为中俄新约中国受制太甚,无以自立,谨沥陈中外大势,恳敕下王大臣熟权力害,酌中改议,以维大局而固邦基,恭折具陈,仰祈圣鉴事:

窃维辽东之役,俄人以其有德于我索报甚奢,朝廷息事安人,政崇宽大,自当酌予利益,以联邦交。然臣近阅九月所定新约十二条,皆要挟过甚,许之则无以立国。谨综举全势为我皇上披沥陈之。

俄人蚕食回部,拓土开疆环中国万余里,经营水陆两军凡数十年,其囊括席卷之谋,蓄志已久。以英、法、奥、意诸国助土耳其遏之于黑海,而不能逞志于西也。于是欲改辙而东,又以东方无不冻之海口,未能逞其志也。于是改辙而修西比利亚之铁路。西比利亚偏俄之东境,西起乌拉岭,东距大洋海,北距北冰洋,南抵外兴安岭,与黑龙江、索伦、喀尔喀、乌梁海、诸蒙古、哈隆克回部均相毗连,其归有铁路西自圣般得罗堡俄京起,东至珲春海口止,而西比利亚铁路实亘其中,纵横一万五千余里,其支路复由阿摩斯直达哈密,约计六七千里,闻均限五年告成。夫俄土广而民贫,度支之绌,视我为甚,而不惜集款至一二万万之巨,修路至一二万里之长,环我东西两部而笼罩之,其蓄制我之谋可知。我制而倭且随之,初未尝谋制倭也。辽东一役,倭虏崛然而起,竟敢与我树敌。俄遂缓制我之术,以先制倭,然阳为制倭,而阴实制我。观今日所订新约,挟辽事居间之惠,迫之以势,其制我之谋已著矣。

新约第一条允彼之铁路与中国边界接连,自珲春筑至吉林之恒春,向西北通吉林省城;另一枝由西比利亚筑至黑龙江之艾珲,由艾珲向西南筑至齐齐哈尔,又由齐齐哈尔至伯都讷,再向东南绕至吉林省城。其第三条中国拟由山海关接至奉天省,由奉天省接至吉林省,准俄国预备银两代中国由吉林筑起。果尔,则奉天、吉林、黑龙江三省皆为彼所有矣。虽第二条吉林、黑龙江铁路允三十年后由中国备价赎回,奉天铁路允十年后由中国备价赎回,然此两年中所借俄、法、英、德之款已摊还至三十余年之后,其能否偿清,尚不敢必,更从何处筹此巨款为买回数千里铁路之资?且买回章程届时再行商订,彼必故昂其值以难我,藉遂其久假不归之私。是俄人以之欺我,我即以之自欺。窃恐赎路之议未成,而制我之害已先见矣。又如第四条中国自山海关至奉天牛庄、开平、金州、旅顺、大连湾等处铁路均须照俄国章程办理,夫所谓照俄国章程者,照其车轮之广狭耳。车轮之狭既从彼制,则彼由俄京调兵征饷,电掣风驰,不过七八日可抵山海关,且可由山海关经达津沽,以抵芦沟桥,彼之来诚便宜矣。其如我不能往何!而彼犹虑我之或能往也,于第五条又申之以准俄人派马、步兵队自行保护之约。查万国公法未有假道筑路之事,更未有准邻国派兵保护之事。如其有之,必是彼之属国,否则归其保护不能自主之国耳。以堂堂中华大国,而彼以此危我,以此辱我,我讵不能据公法以争之。况彼族立约辗转翻译,文义淆杂,偶一不慎,辄受其欺。如此条许以派兵保护,势必节节分布，回环数千里，分似无多，合则盈千累万。铁路神速，咄嗟可集，设彼一旦与我为难，其能阻之御之乎？此害之彰明较著，不待智者而知也。又如第九条，将山东胶州湾赁与俄国建筑营库船坞；第十条辽东湾、旅顺口、大连湾等处，如俄国别有兵事，准其将海陆各军屯驻。果尔，则中国方自顾不暇，更何能为他人担当战事，以树众矢之的？因胶州为东海咽喉，辽东湾、旅顺口、大连湾为北门锁钥，彼踞而不退，南北洋即梗塞不通。纵彼第为蛮触之争，我能无虞虢之惧乎？其他如第七条，准俄人在黑龙江、吉林、长白山等处开矿，在此十二条中一若尚非要害，然长白山为我朝发祥之地，磅礴郁积以奠我亿万年丕基，乃裂山穿石，陵阜变迁，焚凿所加，山灵能无震动？我皇上宅中图大，丰镐旧治，当必有深加护惜之思，亦不能任他人纵其寻斧也。

臣当举十二条新约反复观之，无非彼享其利，我罹其害。假我吉林、黑龙江之道接铁路以运陆兵，而东三省非我有也。假我胶州、旅顺、大连湾之地修船澳以泊水师，而黄海以北辽海以西非我有也。我有地而彼据之，我有矿而彼开之。因我之财，凭我之险，束缚我权力，煽惑我人民，还而蹙我土疆以制我之命，是不但胁我谋我，心直从而藐我玩我矣！且俄之所谓厚施于我者，不过反我辽南数州县之地耳，而我亦当以三千万赎之于倭矣。今复以修铁路允俄铁路附于地，有土地而有铁路，今我之土地而俄修之，是俄之有矣。夫失之于倭者不过奉天数州县耳，乃德俄之居间排解，不独酬以奉天全省，更并吉林、黑龙江两省之地而附益之，恐未有如此失计之甚者也。且念之谋危我大局者，又不止一俄也，即以保辽之役言之，俄之外有法、有德。酬德者不过扩充天津、汉口租界；酬法者不过于潞河，湄江两国轮船彼此通行，皆不及酬俄远甚。乃一德、法援俄为口实，以肆其无厌之求，其徇之乎？否乎？至不与保辽之役而与俄为敌者，则又有英。夫英固阳昵我，阴袒倭，而实则嫉俄者也。中、俄之合，英且以嫉俄者嫉我矣。万一英以俄为争霸，而逞其捷足之谋，其徇之乎？否乎？不徇其请，则立开兵衅；徇其请，又无以立国。如之何其可也？

且夫英、俄、法、德互谋兼并，皆非有爱于我，而不为我害也。特彼此牵制顾忌，欲观衅而动耳，越南入于法，法之铁路遂由西贡以达东京，今则已抵镇南关；缅甸入于英，英之铁路遂由印度以达新街，势将直抵白马关矣。再过数年两关之外胥有英、法铁路，骎骎乎环中国之藩篱，无一非外夷之轨辙。如以俄约为先路之导，法必请由镇南关接路至两粤，以通南洋；英必请由白马关接路至滇、蜀，以通西藏。当是时也，其结英、法以拒俄乎，抑结俄以拒英、法乎？外国与中国交涉，往往先之以恫喝；恫喝不已，继之以讧阻；讧阻不已，继之以要挟；要挟不已，继之以保护；保护不已，继之以攘夺。至攘夺而亦受之，则兼并之志成，而中国无以自立矣。

伏惟我皇上圣度如天，驭远以信，俄既助我于危急之日，我自当厚其酬报之情。方今军事虽平，敌氛犹恶，既不能别开边衅，又何肯轻绝外授？朝廷万不得已之苦衷，应为天下臣民所共谅。然必我自可以立国，而后可厚结于人。不审慎于先几，必贻悔于后日，查西洋各国遣派使臣相与议定条约，均应由各国核准实行，是准驳之权，仍制自皇上。此次所定新约，系九月定议，距六个月画押互换之期尚远。仰恳敕下总理军务处，暨总理衙门王大臣会同俄国议约之员另行妥议。于假道修路、借地屯兵各条拒而不许，或以各国牵制为解，或以公法扞格为难。彼如不就范围，再别予以通商优例，如酌订税则、扩充市埠之类，但择其害之较轻者予之。并恳圣谟独断，明降谕旨，将此各条为公法所无，万难应允之故，反覆晓谕，推至诚以宣示杜非分之干求。彼如震慑皇威，庶可挽回大局。

说者谓俄人阴鸷非常，彼其蓄志已深，不予恐开边衅。臣愚以为予之则腹心之疾将永不可除，而边衅之患亦并不能缓。欲求纾患之方，宜务自强之计。东三省为根本之地，物产丰饶，风气刚劲，自古兵马所萃，为控制天下之资。应请敕下东三省将军、大臣，于练兵事宜加意讲求，认真整顿。将材必须慎选，黜贪诈而拔廉诚；士卒宜予拊循，禁克扣而惩虚额。兼之集流亡以实边圉，广屯垦以助军糈，务使田有余粮，士怀斗志。此备边之切务，即御侮之要图。臣尤伏愿我皇上圣敬日跻，神谟广运，法祖宗之成宪，严察辩言乱政之非，定中外之大防，勿任用夷变夏之术。黜幽陟明，以驭群吏；信赏必罚，以励戎行。节无益之费，以裕饷源；求敢死之将，以任边事。君臣交儆，上下一心，常矢卧薪尝胆之忱，力求亡羊补牢之计。外洋之人各有耳目，果使生其敬畏，自不敢肆其陵，正不必断断于铁路、矿产而后为自强之计也。我能自强，即失俄之援，俄亦无如我何；我不能自强，俄即援我，我其如英、法、德何？且俄不我援，反而谋我，我又其如俄何？

纵观古今得失之林，横览中外成败之迹，未闻有恃人为援而可以自强者也。请以中国前事证之。韩、魏附于秦，假秦以攻齐、楚、燕、赵之道，齐、楚、燕、赵未下，而韩、魏先亡于秦。南宋合金以抗辽，继又合元以破金，辽、金破而南宋之社亦随之而墟。乞援以攻人者，其害固如是也。再请以外夷近事证之。土、俄交讧，英人纠德、法、奥、意诸国合力助土以拒俄。俄虽请和，而诸国于土之险塞名城以保护为名，豆剖瓜分，十去三四。近年英更以兵力箝制之，论者谓不至如印度之尽为所并不止。乞援以自固者,其害又如是也。古今一貉,中外同揆。图兼并人国者始以利饵,继以威胁,终必制其死命而无能救药。是皆往事之可为殷鉴者矣。查此约近尚秘密,外臣不应与闻。然已刊之申报,传播遐迩,阅者咸疾蹙额,诧为异闻。臣待罪疆圻,胶州是臣守土,况东三省为我朝龙兴旧地,拱卫神京,根本既危,枝柯安附?剥床有象,切近之灾。臣籍隶奉天,先人邱陇之乡,蝼蚁私衷亦黯结不能自已。每一念及,辄中夜以兴,绕室彷徨,罔知所措。用敢披肝沥胆冒死上陈,不胜悚惧屏营之至。谨恭折具奏,伏乞皇上圣鉴训示。谨奏。

光绪二十二年十二月十六日留中。

301. 奏东省黄河堤埝卑薄择要修培请截留京饷折

光绪二十二年十二月十八日(1897年1月20日)

奏为东省黄河堤埝卑薄太甚,亟应择要修培,谨酌估经费银两,恳敕部照数截留来岁京饷以资工用,恭折具陈,仰祈圣鉴事:

窃臣于十月十五日覆陈办理河工情形折内声明,两岸长堤应请加高培厚,俟核实勘估,再行另折奏陈在案。查山东临河堤埝北岸,自濮州白罔堤起至利津近海止,长八百七十余里;南岸自菏泽县贾庄起至利津近海止,除东阿柏木山一带系泰山之麓未有堤防外,余长七百余里。两岸共计一千五百八十里,均系光绪年间因大清河逐渐淤高不能容纳,始先后兴修。具规横本属卑隘,不若豫省老堤之屹然可恃。加以雨淋风蚀,溜刷浪淘,积久愈见残缺。虽经前抚臣选请巨款加培而略事补苴,半皆有名无实。当伏秋大汛,有出水仅剩一尺及数寸者,有水与堤平者,不得已于堤顶抢修一线子埝,藉资拦护。臣前奏谓堤埝卑如田陇,实因年中上下往来,其危险情形皆所目睹。若不赶紧修治,将坐视其漫溢,而不能救民生,昏垫将无已时。

惟两岸道里绵长,若普律加高培厚,需款七八十万两,费从何出?惟有择其最要工段酌量加修。臣十月具奏后,即饬上、中、下游各总办于所管地亲历履勘,其旧堤尚可抵御者概从缓办,其出水太卑万不可缓者,视盛涨时水痕加至出水三尺为率,其余残缺者应即培补,单薄者略加帮贴。综计三游共需经费银十五万二千余两。据各总办及河防局司道详情具奏前来。

臣覆加查核,均系必不可缓之工,所需经费亦系力从节省处核实勘估,无可再减,应请如所拟办理。惟山东司道各库本入不敷出,加以筹发勇饷,摊还洋债,拮据万分,实难再行筹凑。臣与各司道再四酌商,惟有吁恳天恩,敕部将光绪二十三年指拨东省应解京饷准臣截留十五万两,俾春融冰泮即行兴工,不敷之数再由臣设法凑拨。臣当督饬各总办及承修委员认真经理,务使涓滴归工,不许稍涉糜费,俟工竣后分晰造册,报部核销。

所有择要修培堤埝请拨经费缘由,谨恭折具奏。伏乞皇上圣鉴训示。谨奏。

光绪二十三年正月初四日奉朱批:着照所请。该部知道。钦此。

302. 奏预筹光绪二十三年黄河防汛经费恳准照数拨用折

光绪二十二年十二月十八日(1897 年 1 月 20 日)

奏为预筹光绪二十三年黄河防汛经费,恳恩俯准照数拨用,以资修防,恭折仰祈圣鉴事:

窃东省自黄流夺济,河身愈下愈窄,河底愈淤愈高,两岸工段绵长千有余里,向无专管。厅汛只有分派员弁雇募勇夫节节驻守,用人既多,需款因之亦巨。加以尾闾不畅,水行地上,全恃堤埝收束,埽坝护恃,工大费繁,倍形吃重。臣督率修防,严饬各总办道员力戒虚糜,讲求办法,裁减人数。节省薪工,惟于正杂料物当用者断不能省。复于险要各处添购碎石抛护堤根,以免屡厢屡蛰。本年大汛期内奇险环生,上、中、下三游埽坝迭被淘刷蛰陷。迨节届霜清,水势仍有长无消,幸得在工各员随时抢护平稳。所储料物早已告罄无存,来岁春厢事宜亟应提前筹办,采运秸、石、桩、蔴各料,皆为修防要需,而抢险厢埽尤以秸料为大宗,无如沿河地方连年积歉,出产不丰,必须远道购求。料价日贵,银价日贱,暗中折耗尤多。乘此冬令用料较少,采办稍易,及早分段购备,庶免临时束手。现在督同河防局司道通盘筹画,光绪二十三年所需防汛经费拟请照案拨银六十万两。内由司道各库拨银五十万两,并将藩、运两库应解筹备饷需银各五万两存留备用。臣请拨一分正款,期尽一分实心,仍当严饬在工各员破除情面,核实动支,不敢任其稍涉糜费。合无仰恳天恩,俯准照数拨用,以资修防,出自鸿慈。

所有豫筹来年黄河防汛经费缘由,理合恭折具陈。伏乞皇上圣鉴训示。谨奏。

光绪二十三年正月初四日奉朱批:着照所请。该部知道。钦此。

303. 奏报由下游河工回省日期片

光绪二十二年十二月十八日(1897 年 1 月 20 日)

再,臣于十月十五日出省赴下游河工,前经奏报在案。到工后,赵家菜园及吕家洼口门先后堵筑合龙。赵家菜园系退后取直以避顶冲,吕家洼系向前取直以防入袖,均填筑新堤八百余丈。陈庄迤下新河地段太长,未及竣工。因韩家垣淤仰不畅,以致两次被凌水漫入,幸平字滩以下势极通畅。迭饬抽沟放水,将未完工段赶紧补挖。臣因工程繁巨,往来督率,于十二月初四日始折回西韩家。查该处堵口工程已经过半,俟新河补挖完竣,去路水可通畅。再行定期合龙。已饬总办道员丁达意妥慎办理。臣以封印期迩,臣署紧要公事尚待清厘,于初七日由西韩家起程,十一日回省。理合附片陈明。伏乞圣鉴。谨奏。

光绪二十三年正月初四日奉朱批:知道了。钦此。

304. 奏谢赏福字折

光绪二十二年十二月十八日(1897 年 1 月 20 日)

奏为恭谢天恩,仰祈圣鉴事:

窃臣于光绪二十二年十二月十五日奉到御赐福字一方,当即恭设香案,望阙叩头祗领。钦惟皇上,乾符御宇,泰运调元。建中昭帱载之仁,万灵效顺;锡羡笃臣民之庆,六合同春。兹当凤律初更,仰沐鸿施下逮。羲画与九霄映彩,丹翰鸾回;箕畴以一字增荣,青齐欢忭。臣忝膺疆寄,酌水励清,甫历河干,履冰滋惧。荷龙光之贲宠,益鳌戴以难名。惟求海岱乂安,永集升平之瑞;更祝寰区康乐,同游熙昊之天。

所有微臣感幸下忱,谨恭折叩谢天恩。伏乞皇上圣鉴。谨奏。

光绪二十三年正月初四日奉朱批:知道了。钦此。

305. 奏保征收厘金出力之知县恳恩给奖折

光绪二十二年十二月十九日(1897 年 1 月 21 日)

奏为特保征收厘金出力之知县,恳恩分别给奖,以昭激劝,恭折仰祈圣鉴事:

窃查厘金之衰旺,视地方之繁僻,尤视征收委员之贤否。东省地处偏隅,非若江浙等省之繁盛,厘金收数每年不过数万金。为大吏者往往不甚措意,从前征收委员亦遂任意中饱赢缩,听其开报,漫无稽查。臣愚以为收数无论多寡,而取之于商,输之于国,丝粟皆关饷源,岂容稍有弊混?上年自海防回省,即饬善后厘税局司道严定比较章程,谆饬各委员实力稽征,蠲除痼习,其不能得力者即行撤换。

本年各处委员皆能力求整顿,征收大有起色。东省河路厘金,只泺口、姜家沟、馆陶、石村、安山、岔河六处。兹查馆陶厘卡,本年收货厘京钱十三万六千五百余千,系知县刘聚奎征收,比较上三年多收钱六万一千八百余千及七万九千余千、六万八千一百余千不等。石村厘卡,本年收钱三万四千七百余千,系知县奎光、郑炽昌先后征收,奎光自二月至四月,比较上三年多收一万零四百余千及五千九百余千、九千一百余千不等,郑炽昌自五月至十一月,比较上三年多收八千零九十余千及六千零七十余千、六千三百八十余千不等。泺口厘卡，本年收钱二万二千四百余千，系知州张思澄、知县杨名鉴先后征收，张思澄自正月至七月，比较上三年有盈无绌，杨名鉴自八月至十一月，比较上三年多收六千九百余千及三千余千、三千九百余千不等。岔河厘卡，本年收钱九千六百余千，亦系知县奎光收，比较上两年多收七千千及七千八百余千不等。综计各员收数多者加至一倍，其次亦加至三分、五分以上。他如姜家沟、安山两处，亦比较均有盈余。虽由本年货船较旺，而各委员之涓滴归公，湔除积弊，洵属不遗余力，应请择尤予以奖励，以劝将来。合无仰恳天恩，俯准将同知衔候补知县刘聚奎赏加四品顶戴，试用知县奎光赏加同知衔题补临朐县知县，郑炽昌同直隶州用候补知县杨名鉴均赏加三级，以示鼓励，出自鸿慈逾格。查刘聚奎请加四品顶戴与例稍有未符。惟该员收数京钱十三万余千之多，较往年加至一倍有余，似宜破格奖励，以为洁己奉公者劝。

除俟以钱易银将收支总数另案报销，并饬取各该员履历咨部外，臣为整顿厘金，策励僚属起见，是否有当，谨专折具奏。伏乞皇上圣鉴训示。谨奏。

光绪二十三年正月初四日奉朱批：着照所请。该部知道。钦此。

306. 奏请将不能约束勇丁之游击马振武等分别惩处片

光绪二十二年十二月十九日(1897 年 1 月 21 日)

再,臣于六月间据鱼台县知县张则程禀称,驻扎该县之开字前营勇丁有滋事伤人、哄闹县署情事。当经檄饬该营官帮带将肇衅勇丁查拿解省,饬发济南府审办。旋据该府提讯勇丁李自樾、张锡魁、张得龙、吕德胜及革弁韩毓桐等。据供,当时赴县署滋闹,实系勇丁海忠生、马连瑞、张书生、海大汉仔等数人。禀经臣复饬该营查拿海忠生等到案。迄今日久,未据报获。查该营管带游击马振武、帮带都司马玉明平时既不能严加约束,迨勇丁滋事又不上紧拿获,任其脱逃,实属咎有应得。马振武兼统中营,虽勇丁滋事之时该员已赴曹县青崮集,而防范不严,亦难辞责。相应请旨将前管带开字前营补用游击马振武摘去顶戴,帮带补用都司马玉明暂行革职,仍勒限两个月严缉逸犯海忠生等,务获解究,倘逾限不获,再行严参。除咨兵部查照外,谨附片具奏。伏乞圣鉴训示。谨奏。

光绪二十三年正月初四日奉朱批:着照所请,兵部知道。钦此。

307. 奏参不职之牧令教职折

光绪二十二年十二月十九日(1897年1月21日)

奏为牧令教职各员查有未能称职与不堪造就者,亟应请旨分别撤参,恭折仰祈圣鉴事:

窃维州县不勤民尽职,则地方无由治;官吏若鲜耻妄为,则仕风随以颓。值此时艰,使不就时严行甄别,更何以资补救?兹查有德州知州王佑修,办事平稳,未能振奋有为,于多讼多盗之区,治理殊形竭蹶。选补宁海州知州署招远知县玉兴,人甚老实,惟家丁、书役用事,本缺难期胜任。诸城县知县王会俊,遇事未能悉遵绳墨,家属亦欠约束,尚有应行查讯案件。候补知州秦业进,颇有小才,惟行事、鞫狱声名俱劣,昭昭在人耳目。候补知县萧炳荣,邪僻取巧,且有与娼优为姻亲情事,实属有玷官箴。候补知县徐立言,久充海关委员,把持渔利,因而致富营商,声名甚劣。候补知县王鸿勋素不安分,与其尊属成讼,忘本伤化。滋阳县训导王衍恒,利心太重,士林不服。观城县教谕赵金镕,居心阴险,遇事架唆,此番观城闹漕,该教谕亦纵恿其间,尚须查办。丘县训导苗琦,迂事图诈,行同市侩。以上各员未便稍事姑容。相应请旨将德州知州王佑修、宁海州知州玉兴均开缺另补,诸城县知县王会俊开缺察看,候补知州秦业进以县丞降补,候补知县萧炳荣、候补知县徐立言、候补知县王鸿勋、滋阳县训导王衍恒、观城县教谕赵金镕、丘县训导苗琦，均请即行革职，以肃官常。所遗德州、宁海、诸城三缺，东省现有应补人员，均请扣留外补。合并声明。

所有牧令教职应请分别参革、开缺缘由，理合恭折具陈。伏乞皇上圣鉴训示。谨奏。

308. 奏明山东减收钱粮折数及厘定收漕章程通饬立碑折

光绪二十三年正月初十日(1897 年 2 月 11 日)

奏为山东减收钱粮折数及厘定收漕章程,请通饬勒碑立案,以垂久远,恭折仰祈圣鉴事:

窃查山东各州县征收钱粮,从前因银价昂贵,每两折收京钱五千六百至五千八九百文不等。经臣酌核删减,除照银数征收者尚无出入,无庸议改外,凡折收钱数之各州、县、卫、所、盐场,统自光绪二十二年下忙开征为始,每正银一两连火耗加平解费,只准折收京钱四千八百文;其向来不及四千八百者,仍照旧完纳,不准藉口加增,于上年七月二十八日专折奏明。并出示晓谕在案。因思钱粮既经核减,其漕米之向有浮收者亦应一律剔除,以恤民隐。

查东省漕米亦有收本色、折色之不同。其收折色者,于咸丰十一年经前抚臣谭廷襄奏定章程,每正米一石折收京钱十二千文,耗米一斗五升折收京钱一千八百文,二共收京钱十三千八百文。其收本色者,以米合钱,亦不得有逾此数。近闻有漕地方于正、耗米之外,复有卷尾、斛尖、样盘等项名色,殊属额外浮收,均应一律裁禁。臣复通饬有漕各属,自上年开征新漕为始,只准卷勺成合,不准再卷合成升,其斛尖、样盘各名目,概行禁革,亦经出示晓谕在案。臣查上年钱、漕两项经臣酌定新章，严饬各属张贴告示，俾得家喻户晓。下忙钱粮及开征漕米均系照新章征收，民力既可留其有余，州县等亦不至遂形不足。既经明定章程，应即永远遵守。第恐各州县贤愚不一，或致积久弊生，且愚民得寸思尺，或妄生希冀，不免藉端把持，亦属有碍赋课。相应奏明立案，一面由臣督同藩司通饬各州县，将臣两次告示勒石立碑，以垂久远。则官吏不能上下其手，而取民有制，民自乐于输将，于国赋亦不无裨益。除抄录示稿咨呈军机处外，谨恭折具奏。伏乞皇上圣鉴。谨奏。

光绪二十三年正月二十六日奉朱批：户部议奏。钦此。

309. 奏陈海防紧要密保水师提督彭楚汉折

光绪二十三年正月初十日(1897年2月11日)

奏为海防紧要,海军统将不堪再误,谨密保堪胜水师提督之大员,恳恩擢用,以固海疆,恭折仰祈圣鉴事:

窃臣承准总理各国事务衙门电开,现订英、德各船计日到华,请派登莱道会同北洋委员前往胶州办理船澳等因。仰见朝廷慎重海防,意在简练水师,以为自强之计,莫名钦服。窃维御侮之方,以练兵为急。练兵,尤以能得兵心之统将为最急。近来各营统将习气太深,视克扣虚额为固然,以粉饰弥缝为长技,攘利则勇,御敌则怯,不慎加选择,虽购船制械,适以启外人轻视之心,关系实非浅鲜。

臣伏查前福建水师提督彭楚汉,秉性忠贞,操守廉洁,为前陕甘督臣杨岳斌旧部,于水师操练之法既素切讲求,更深得兵民之心。后升任总兵,洊擢水师提督,历经前大学士臣曾国藩、前兵部尚书臣彭玉麟先后保奏。彭玉麟谓其胆识兼优,勇于任事,自愧弗如。是该提臣之才堪大任,久在圣明洞鉴之中。方今宿将凋零,水师将才尤为难得。如彭楚汉之忠清亮直,而又胸有韬略,熟悉江海情形,洵属一时无两。朝廷重整水师于胶州,创建船澳,订购兵船,自须慎简统军将领。若畀彭楚汉以水师提督之任,必能搜简军实,整顿操防,于海疆大有裨益。溯从前创立海军耗帑金数千万,徒以统将贪庸,一蹶不振,船炮尽以资敌。前车可鉴,一误岂堪再误!明知专阃重寄,用舍之柄朝廷自有权衡,非外臣所敢妄拟。且臣与彭楚汉亦素未识面,惟数十年留心咨访,实见该提臣立心行事名实相符,实为当今水路将才之冠。伏乞宸衷独断,畀以事权。该提臣忠勇性成,当能振兴戎务,远播皇威,副朝廷腹心干城之寄。臣为海防任重,将才难得起见,谨恭折密陈。是否有当,伏乞皇上圣鉴。谨奏。

310. 奏请免扣宁海等十二州县及首领佐杂部提军需三成折

光绪二十三年正月十二日(1897年2月13日)

奏为宁海等十二州县缺分最苦,首领佐杂额廉无几,请免接扣光绪二十三年部提军需三成,并免各年推展补扣,以示体恤,恭折仰祈圣鉴事:

窃照光绪二十一二两年东省文武各官养廉接扣部提军需三成充饷,当因新旧并扣,不敷办公,请将无关部库之由外弥补军需一成、二成、三成银两全行停扣,并将额廉无几之文职首领佐杂、武职千把、外委各员弁,以及下下苦缺之宁海、文登、荣成、栖霞、招远、高苑、博兴、新城、齐东、青城、利津、沾化等十二州县,免其提扣三成。均经臣奏,奉朱批:着照所请。户部知道。钦此。钦遵转行在案。兹准部咨户部具奏,光绪二十三年外官养廉,文职自府经、县丞以下,武职自都司、守备以下,仍照全数开支;其文职州县以上,武职参将、游击以上,再行接扣一年等因。奉旨:依议,钦此。咨行到臣。自应钦遵办理。

惟查布经、按经、盐经、州同、州判,虽同是首领、佐杂,额廉无几,而官阶品级皆在府经、县丞以上。至宁海、文登、荣成、栖霞、招远、高苑、博兴、新城、齐东、青城、利津、沾化等十二州县为下下苦缺中之最苦者,养廉不敷办公。光绪二十一、二两年,分别奏准免扣。二十三年事同一律,亦应援案请免。其余文武各官,原奏声明,全廉全扣,半廉半扣,不支不扣,一年限满扣不足数,推展年限,总以扣清为止。当时以为廉扣三成,事仅一载,是以如此办理。今既逐年递扣,无异岁以为常。若再以各年半扣、不扣之廉银,递年推展日期,势必互相套搭,年复一年,愈推愈远,纠葛不清。且武职都守已在免扣之列,倘仍责令将二十一、二两年推展未经扣清之廉银一律补扣,则必有或扣或不扣,又恐办法两歧,转至无所适从。拟请概免推展补扣,庶款目少一纠缠,即交代少一纠葛。所有光绪二十三年部提军需三成,统按在任实支养廉之数接扣,各清各年,免其推展年限,以归简便。其无关部库之由外弥补军需之一、二、三成银两,亦照前案停扣。有关部库之停给核减各成,暨六分减平仍旧照案核扣,用示区别。据藩司张国正详请具奏前来。合无仰恳天恩,俯念宁海等十二州县缺分最苦,首领、佐杂额廉无几,准免接扣光绪二十三年部提军需三成,并免各年推展补扣,以示体恤,出自逾格鸿慈。除咨部查照外,谨恭折具陈。伏祈皇上圣鉴训示。谨奏。

光绪二十三年正月二十六日奉朱批:户部议奏。钦此。

311. 奏凌汛漫口限期筹堵折

光绪二十三年二月初二日(1897 年 3 月 4 日)

奏为凌汛异涨,历城、章丘交界民埝被水凌冲塌成口,现拟赶筹堵合,恭折仰祈圣鉴事:

窃查黄河自南而北,上下游气候不齐,下游海风凛冽,解冻较迟,而上游坚冰先开,蔽河而下,每于坐湾狭曲之处层累堆积,壅水不得下流,最易出险。上年冬令天气严寒,为近数年所未有。臣即虑春融冰泮凌汛难于抵御,迭饬三游总办转饬各防营加意防护。迨正月节交雨水,天气渐暖,上游冰解,凌块满河,所至啮岸摧堤,奇险叠出。经各防营昼夜抢护,俱臻平稳。自济阳以下,至利津海口,冻尚未解,冰凌阻塞。距济阳八里之北河套十里堡,水漫堤顶者数处,幸次日水即消落,堤身尚未冲塌。惟历城、章丘交界之小沙滩、胡家岸等处,因冰凌将河面壅塞,水不能行,防营勇夫拼命敲击,而凌块坚厚,人力难施。自二十二日酉刻至亥刻三时之间,陡涨一丈有余,致将小沙滩及胡家岸埝身冲刷成口。中游总办候补道蒋光奎先于十七日赴东阿陶成堡办理运工事宜。臣接据中游提调候补知府吴煜及候补都司刘振兴禀报,即于二十六日亲往查勘。小沙滩口门宽二十余丈,胡家岸口门宽四十余丈,深均二丈上下。水由郭宗寨大堤残缺之处经齐东、高苑、博兴、乐安等县入海,所有被淹灾民，先派员散放馍饼。并饬赈抚局遴委妥员携带银钱分投前往各县，查放其水到之处有无淹毙人口，即饬查明宽为抚恤。一面购备料物，迅筹堵合应需经费，饬即核实勘估约不过二万金。即在本年防汛经费内挪用，不再另行请拨。此臣亲往查看之情形也。

伏查黄河险工，以桃、伏、秋三汛为最著，然三汛之期，水有去路，无所阻滞，即遇盛夏异涨，而其水以渐而至，但使料物齐备，尚有能以人力挽救之时，可以见功者即无可诿过。若凌汛，则自河南至山东海口，此千有余里间，气候有寒暖之殊，解冻有迟早之别，下游坚冰未解，上游凌块已层递而来，其冰顷刻可以山立，其水即顷刻可以寻丈。即万众环睹，亦苦于无法可施，实非疏于防护之咎。山东因节省经费，霜清以后，桃汛以前，均无防汛委员。此次凌泛漫口，总办道员蒋兆奎先期前赴运工提调，知府吴煜、营官都司刘振兴均在工竭力抢护，实因冰厚水猛，迤下犹复冻结，冰水壅积一无去路，以致无从措手，与三泛期内防护不力者有间。可否暂缓参处，限一月内堵合完竣，再请恩施宽免之处，出自鸿慈。至臣督率无方，仍应请旨将臣先行交部议处。臣俟该总办勘估动工，仍即亲往驻工督率。所有款项当饬力求撙节，无任丝毫虚糜。总期趁桃汛以前赶紧堵合，以期上慰宸廑。臣此次往勘后于二十八日回省。合并陈明。

所有凌汛漫口现筹堵办情形，理合恭折具奏。伏乞皇上圣鉴训示。谨奏。

光绪二十三年二月十八日奉朱批：另有旨。钦此。

312. 奏德州等四州县雇募壮勇请援例作正开销片

光绪二十三年二月十二日(1897 年 3 月 14 日)

再,济南府属之德州、禹城、平原并东昌府所属之茌平县地当冲衢,为东南各省晋京大路,饷鞘行旅络绎于途,且时有转运北洋军火,护送巡防,倍关紧要,向来责成勇营分段扼扎,常川护送。近年系饬精健副右营马步勇丁分防巡护。嗣因该营勇不能得力,经臣于光绪二十二年十月三十日檄行裁撤,汇入续汰海防内地各军案内奏报在案。惟该州县等辖境辽阔,向为枭匪、马贼出没之区,防营既撤,地面空虚,额设捕役又不敷分布,而内地勇营裁存无几,承防曹、济各属,势难抽拨填扎,自应另筹善策,期免贻误。臣与司道妥为商酌,拟以德州、茌平县各雇壮勇五十名,禹城、平原二县各雇壮勇四十名,援照二十一年寿张等县雇募壮勇奏准成案,仍令该四州县自行管带,认真训练,随时迎护过境要差,以昭慎重。每勇每日支给口粮银一钱作正开销,较之长年驻扎勇营所省经费实多。当经分饬雇募去后。旋据德州、禹城、平原、茌平四州县先后禀报,均于二十二年十一月初一日如数募齐,派员前往点验,皆系精壮足额,酌给军装器械以资应用。臣复谆饬该州县倘雇勇之后,于护送饷鞘、军火等差稍有疏虞,以及短勇克饷情弊,定即从严参办。兹据善后局司道具详并声明,该勇丁一百八十名各以成军之日起,支给口粮,汇入寿张等县勇粮案内造报等情。转请奏咨前来。臣覆核无异,理合附片具陈。伏乞圣鉴训示。谨奏。

光绪二十三年二月二十九日奉朱批:该部知道。钦此。

313. 奏东纲盐斤拟请分别加耗加课折

光绪二十三年二月十二日(1897 年 3 月 14 日)

奏为东纲盐斤拟请分别加耗加课,以济饷需,恭折仰祈圣鉴事:

窃查运库岁拨京协各饷银二十余万两,征收盐课等项往往不及此数,加以海防、河工、洋债三者兼筹,时虞入不敷出,若不设法接济,终恐难乎为继。经臣迭饬运司有无开源节流可以挹注之款,谕纲集商筹议。兹据运司丰伸泰详据引票纲商福安长等禀称:东纲疲累日深,商民交困,上年加价半文,虽已奏明照准,而察看地方凋敝情形,未敢加之于民,仍由各商认摊,已属竭蹶万分,若再添筹拨款,实属力有未逮。商等殚竭愚忱,屡次集议,惟有加耗加课一法,尚可略资挹注。查北运盐包例重三百二十斤,南运盐包例重三百二十五斤。光绪十八年办过成案,每引票加课银一钱,加耗盐六十斤。今请援案办理。至引地北运之曹、单,南运之丰、沛、萧、砀,票地之昌、潍、蓝、郯、莒、日等十二州县,上年并未加价,既请一律加添耗盐,应每引票随加课银二钱,以免偏重等情。该司查加耗一举,前经奏停,原恐占碍销数,然目前筹饷之策,舍此别无良图。第每包加耗六十斤未免过多,该司悉心核议变通酌减,请自光绪二十三年起,将北运各州县曾经加价之引票,每张加抽课银一钱,其并未加价之曹、单、昌、潍、蓝、郯、莒、日及南运商办之丰、沛、萧、砀等十二州县，每引票一张加抽课银二钱，以上各处每盐一包于例重之外统加耗盐三十斤。又已领未春二十二年之引票均已交纳半文加价，应遵新案一律加耗加课，俾免参差。引课于进关时加兑票课，于出库时全完，约计可增课银三万余两，存候专拨海防、河工、洋债三款。一俟库款充裕，支拨稍轻，即行详请停止。如此分别办理，可期销数无碍，似于筹饷之中兼寓恤商之意。至南运局办河南九州县加价，系实加于民，宿、涡、铜山三处并未加价。此次均援上届成案，毋庸加耗加课，以示区别等情。详请奏咨前来。臣查该司所请既于饷需有裨，亦于商民无损，自应准其照办。除咨部查照外，理合恭折具陈。伏乞皇上圣鉴训示。谨奏。

光绪二十三年二月二十九日奉朱批：户部议奏。钦此。

314. 奏参买料不实之知县请交部议处片

光绪二十三年二月十二日(1897 年 3 月 14 日)

再,河工需用以秸料为大宗,而河工积弊亦以买秸料为最重。山东秸料向章以一万斤为一垛,各总办验收率以料垛高宽丈尺为准。不肖委员克扣价值,料贩亦遂恣意分肥,料垛中架井凌空,弊端百出,名为万斤一垛,其实不过五六千斤,甚至不足五千斤,致两垛仅敷一垛之用。糜帑误工,莫此为甚!臣稔知其弊,于光绪二十一年将买料不实之员择尤奏参在案。上年冬饬委购买本年防汛秸料,限正月内一律购齐上垛。由臣派员抽查斤重,每接见买料委员,谕以斤重必须核实,如有短少即行参处。谆谆告诫,不啻三令五申。

兹有买料委员候补知县赵翰先经中游总办委购防汛秸料二百万斤,嗣因小沙滩凌汛漫口,迭催该员先拨一百万斤于正月底运至工次。正月限满,复展限二月初十以前运齐上垛,听候验收备用。臣于初九日到工,该员所购之料仅堆就七垛。臣亲过秤抽验,斤重多不足数,下短之料未到者延不运送,已到者堆积河干。经臣到工之三日迭次严催,又仅成四垛,其余仍不赶紧上垛交验。明系因堵口用料孔亟,希图工员急切取用,以掩其斤重短少之弊。实属取巧误公,未便宽容。应请旨将候补知县赵翰先行交部议处,勒限十日如数交齐,其短少斤重俟臣将各处料垛通行抽查,如数目多有悬殊,再行一并参办,以破积习而除积弊。谨附片具奏。伏乞圣鉴训示。谨奏。

光绪二十三年二月二十九日奉朱批:赵翰着先行交部议处。余依议。钦此。

315. 奏副将在营积劳病故请优恤片

光绪二十三年三月十五日(1897 年 4 月 16 日)

再,查尽先补用副将陈大胜,系湖北沔阳州人。同治二年投效霆军。转战江西、广东、直隶、山东、陕西等省,并在新疆诸路历次剿匪出力,洊保今职。光绪十二年随前抚臣张曜来东,委带济字后营马队,先扎金乡县,移驻曹属钜野县一带。该副将以该处界连直隶,伏莽夙多,亲督所部,周历巡缉,虽祁寒严暑未尝一日耽逸,宵小因而敛迹,商旅赖以敉安。嗣经调任抚臣福润奏准留东差遣,复委带亲军马队并靖字、济康等营步队,踩缉梭巡无间风雨,著名巨匪悉就擒获。计自到防迄今十年以来,先后拿获盗犯不下三百余名,均随时禀明,解归各地方官分别惩办,遂致积劳成疾,触发军营旧伤,于光绪二十二年六月初八日在防次病故。该县阖邑绅民咸为痛悼,爱戴难忘,呈由该县府详经营务处司道转请奏恤前来。

臣查该故副将陈大胜营规整饬,纪律严明,转战各省,夙著功绩,在东十年管带马步勇营,能与士卒同甘苦,驻曹最久,获盗又最多。前值海防戒严,曹属匪徒因内地各营移调省东,乘机蠢动,斯时若非该副将与前曹州府升任臬司毓贤合力搜捕,迭歼渠魁,几至不堪收拾,卒使内匪无匿迹之区,外匪绝勾结之患,实属勤劳卓著。臣于二十一年间因胶州营副将出缺,奏请以该副将序补,俾资得力。旋经兵部议驳。讵意积劳病故。将领难得,臣甚惜之。合无仰恳天恩,准将已故尽先补用副将陈大胜照军营立功后积劳病故之例,敕部从优议恤,以慰忠魂,出自鸿施。理合附片具陈。伏乞圣鉴训示。谨奏。

光绪二十三年三月二十九日奉朱批:着照所请。兵部知道。钦此。

316. 奏西韩工堵口现办情形并请添拨银两折

光绪二十三年三月十五日(1897 年 4 月 16 日)

奏为恭陈西韩家堵口现办情形,并经费不敷,拟请添拨银两以济工需,恭折仰祈圣鉴事:

窃臣上年因堵筑赵家菜园、吕家洼漫口,并开挖陈庄新河修筑格堤,奏明请款二十万两。复因西韩家民埝口门改归官堵,饬将吕家洼等工,力从节省,即匀拨此款移办西韩家堵口工程,如实在不敷再行奏请添拨,于上年十月奏明在案。嗣吕家洼合龙后,合计赵工、吕工、开河筑堤各项共只用款十四万两,下余六万两即作西韩工经费。该处口门三百余丈,款项本属不敷,犹冀工程顺手,所短或不致过钜。查该处自上年十月兴工,东坝进至十八占,西坝进至三十占,时届隆冬冰凌冻结,不能前进,遂于腊月二十三日停工。至本年正月底冰凌渐开,复于二月初三日接续进占。东坝又进七占,西坝又进九占,口门收窄溜势愈紧。今岁桃汛较早,自二月二十四日以后水涨四五尺,口门淘深至三丈有奇,东坝第二十四、五两占相继蛰陷,其余各占亦岌岌可危。

臣接据总办道员丁达意禀报,即饬开放引河,而溜势已全注口门,仍尚未能得办。臣于小沙滩合龙后初七日到工察看情形,恐进占难免走失,反致虚糜帑项,饬令将前进之占设法保护。一面审度形势，于对岸淤滩前开引河迤上迎溜之处加挑引河一道，克期赶紧开挖，俟挑成再接办合龙，以昭稳慎。所用款项计自兴工至今已用银十一万余两，以后工程愈难，非再加六七万金不能济事。前用之款除吕、赵各工节省项下六万两外，其余系在司道各库搜括，实已罗掘无遗。惟有仍申前请，吁恳天恩，饬部将本年拨解京饷由臣再截留六万两以济工用。臣当督率工员，事事核实，不准丝毫虚糜，以重帑项。

所有西韩家堵口现办情形，及请拨经费缘由，理合恭折具奏。伏乞皇上圣鉴训示。谨奏。

光绪二十三年三月二十九日奉朱批：户部议奏。钦此。

317. 奏参前济东泰武临道张上达片

光绪二十三年三月十五日(1897 年 4 月 16 日)

再,回籍修墓之前济东泰武临道张上达,臣于光绪二十年八月履任,接见未久即赴海防。该道于二十一年五月开缺回籍。臣自是年七月回省,两年中周历河干,访求利弊,佥谓山东河工风气之坏,自张上达始。该道小有才能,历任抚臣皆委办河务,旋充中、下两游总办,凭权藉势,贿赂公行,属员求得差委,率以重赀拜认师生,得差后凡购买桩料等项亦遂任意克扣,上下朋分,臣两年来严切整顿,而积习已深,未难尽挽,是风气之坏实以该道为罪魁。现既开缺回籍,本可宽其既往。惟该道颇负治河之名,臣一旦离东,该道必旋即到省。倘当事者再误采虚声,委以重任,必致复蹈故辙,引用私人。于河工大有关系。相应请旨将开缺前济东泰武临道张上达严行惩处,俾办工者知所儆畏,积弊或可渐除。臣为山东河工重要,严杜用人再误起见,是否有当,谨附片具奏。伏乞圣鉴训示。谨奏。

光绪二十三年三月二十九日奉朱批:另有旨。钦此。

318. 奏调劳乃宽来东差委片

光绪二十三年三月十五日(1897 年 4 月 16 日)

再,山东河工紧要,办理全赖得人,不独修守工程、防河利病必须深明方略,始能措置得宜。而钱粮为百姓脂膏,尤须事事稽察,破除情面,不容浮昌虚糜,方为核实。臣此次上下河干乘便抽查秸料,其架空短少之弊不一而足,容当另折奏参。窃念河工痼习渐积已深,亟欲求廉正不苟之员来东相助,臣藉得次第整顿。查有直隶候补道现任大名府同知劳乃宽久任河工,讲求有素,且办事认真,不避劳怨,向为臣所深知。合无仰恳天恩,俯念山东河工紧要,敕下直隶督臣将候补道现任大名府同知劳乃宽开缺,饬令迅即来东,俾臣得收指臂之助,出自鸿慈。谨附片具奏。伏乞圣鉴训示。谨奏。

光绪二十三年三月二十九日奉朱批:着照所请。吏部知道。钦此。

319. 奏请将积劳病故之巡检优恤片

光绪二十三年四月初八日(1897 年 5 月 9 日)

再,候补巡检吴润理,系直隶清苑县人。于光绪二十二年四月到省,本年历城小沙滩办理堵口工程。臣以该员年力正强,饬委西坝收买土料。该员办事认真,不辞劳瘁,当工程紧急之际露立坝头十日夜,眠食俱废,遽以积劳致疾,陡患呕血之症。迨工竣后,饬令回省医治,不过十日已病不可支,于三月十四日身故,实属以死勤事。查河工效力人员积劳病故,历经奏恤奉旨允准在案。该员因公病殁,查与请恤成案相符。合无仰恳天恩,将山东候补巡检吴润理敕部从优议恤,出自鸿慈。谨附片具奏。伏乞圣鉴训示。谨奏。

光绪二十三年四月二十一日奉朱批:着照所请。该部知道。钦此。

320. 奏陈东省酌减钱漕办理情形折

光绪二十三年四月初八日(1897年5月9日)

奏为东省酌减钱漕告示,先已通饬立碑,民皆称便,并将漕粮卷尾及耗米随正征收情形,恭折覆陈,仰祈圣鉴事:

窃臣准户部咨开议覆,臣拟折收钱漕两项数目可否作为定章,应俟举行一二年毫无窒碍,再行勒石立碑。所称耗米一斗五升折收京钱一千八百文,检查前案并无此项耗米名目,自应归并正米计算,不得再收耗米之价。所称只准卷勺成合,不准卷合成升,并无似此成案。应令自行酌核,严定章程,务使官吏不能藉端中饱,以肃漕政而恤民艰等因。奏奉谕旨:依议。钦此。钦遵咨行到臣。自应遵照办理。

伏念钱漕为百姓脂膏,不容稍有朘削。臣所以严定章程,力杜中饱者,与部臣之意正相吻合。上年遵旨饬查将阖省钱粮一律裁减。复访闻漕米亦有浮收流弊,并将斛尖、样盘各名目,概行禁革,无非为体恤民艰起见。惟尾数赋额攸关,势难删去。光绪十三年正月前抚臣张曜覆奏平原县杨德成被参各款,案内声明粮米按合收纳,不准再卷成升,通饬各州县一体遵照在案。盖取民之数简则易明,升合以上人皆知之,勺抄以下则愚民有不尽知者矣。而书吏之浮收即于民所不尽知者巧为算取。夫积合之数至十而成升,值制钱五六十文,折合之数为十而成勺,则所值尚不及一文。不明定限制,则畸零之数不独一合可以升计,即一勺一抄亦可以升计,而民之苦累愈甚。定以按合收纳,则其数尽人皆知,而吏胥不能巧取,此循案办理之尚无流弊者也。

至耗米一项,向章额征正米一石,随征耗米一斗五升。内系坐支车脚米五升,津贴旗丁米三升五合,并食米二升,共支米一斗五合。下余米四升五合,照例每升八厘变价交帮,加增席片银三分,运随养廉银六厘尽数支销,而委员盘费及漕船守冻尚不在内。是随征一五耗米实涓滴皆有开销。惟从前征收折色,州县任意浮收,随时加增。武定一带至有每石折京钱二十余千,折银至七八两者。迨咸丰十一年,前抚臣谭廷襄奏明每米一石定为收制钱六千文,并未分晰正耗。维时州县浮收虽稍减于前,亦未遵照定章。同治四年前抚臣阎敬铭因州县犹有浮收,更多耗外加耗,复于穷乡僻壤遍为出示晓谕:凡有米、麦、豆一升折收制钱六十文,并批饬各州县照章随正征收一五耗米,于由单串票分别注明正米若干,耗米若干,其孤贫兵米向不征耗者概行剔除,不容稍有牵混。自是以后,凡向征折色各州县,正米耗米均照制钱六千分别折算,乡民知有应征正米即有随正之耗米,并有应纳之钱文,上下相安,均无异言。同治六年正月,前抚臣丁宝桢覆奏济阳县陈来忠并未浮收钱漕案内,亦已切实陈明。此随征一五耗米委非归并正米计算之实在情形也。

上年臣饬定核减章程,民皆称便。下忙钱漕俱能踊跃输将,纷纷呈请勒石立碑以垂久远。臣恐乡民藉端敛费,徒滋纷扰,不准民间私自立碑。是以督同藩司通饬各属,由官立碑大堂。一面奏明立案。现在各处镌立已将次报齐,并无异辞。此勒石立碑毫无窒碍之实在情形也。

臣仰荷天恩，俾膺疆寄。凡有利于民之事，无不竭力奉行。此次核减钱漕正所以纾民力，惟漕粮折价正耗分计，自同治年间以来相沿已久，官民视为固然，较从前之任意浮收已有限制。前抚臣阎敬铭、丁宝桢均实心为民，凡病民之政无不极力革除。而漕粮折收任其正耗分计，自系体察情形实见，有不能尽革之处。既已相沿至今，似可仍循其旧，无庸另行改议。臣当随时查察，如有官吏藉端浮收中饱，即行从严参办，决不姑宽，以仰副朝廷勤恤民隐之意。

除将立碑告示抄录咨部查照外，理合恭折覆奏。伏乞皇上圣鉴。谨奏。

光绪二十三年四月二十一日奉朱批：户部知道。钦此。

321. 奏参买料斤重短少各委员请惩处折

光绪二十三年四月初八日(1897 年 5 月 9 日)

奏为特参河工买料短少斤重之委员,请旨分别惩处,恭折仰祈圣鉴事:

窃查河工修防首重秸料,凡险工最钜之处需料亦更多。必须斤重足数,一垛方得一垛之用。东省买料章程向以一万斤为一垛,从前验收只以堆垛高宽丈尺为准,委员与料贩通同作弊,率多架井排空,斤重任意短少,每至临时缺乏,贻误要工,关系实非浅鲜。臣于上年冬间通饬上、中、下三游预购今年防汛秸料,凡接见买料委员无不告诫谆谆,谕以斤重必须核实。臣自二月到工,上下往来数次,自历城以下至利津南北两岸,堆存秸料皆臣亲督过称抽查。历城以上,即委中游总办候补道林介景抽查,通计斤重购足一万者竟无一人。其短少尚不甚远者,由臣分别记过停委,以示薄惩。

惟查有候补知县杨先甲、王惟贤、庆瑞、刘家善、松秀、车映斗等六员所购之料,斤重短少太钜,皆在七千斤以下,甚至有不足六千斤者。似此痼习已深,牢不可破,若不严行惩处,则积弊终不可除,河工将无从着手。查杨先甲等料垛短少斤重不一,臣即以所短之多寡定惩处之轻重。相应请旨将买料斤重太少之候补知县庆瑞、刘家善、松秀、车映斗四员即行革职,候补知县杨先甲、王惟贤均以府经历县丞降补,以示惩儆。其林介景所查各处,如再有短少情弊,臣当续行奏参。臣为整顿河工挽回风气起见,谨专折具奏。伏乞皇上圣鉴训示。谨奏。

光绪二十三年四月二十三日奉朱批:知道了。着督饬在工员弁赶紧合龙,毋稍迟误。钦此。

322. 奏报桃汛防护平稳暨西韩工现办情形折

光绪二十三年四月初九日(1897年5月10日)

奏为恭报桃汛防护平稳,暨西韩工现办情形,恭折仰祈圣鉴事:

窃查山东黄河既淤且窄,不独伏、秋大汛处处堪虞,即凌汛、桃汛亦均有盈满之惧。前因凌汛漫口,先后堵合,经臣奏报在案。本年桃汛较早,自二月二十四日以后,河水渐次增涨,至三月初三日节届清明,接续涨至四尺有奇,上游南岸阳谷县属之红庙坝,寿张县之靳庄头、二两坝,国庄小坝,孙楼新坝,均有蛰陷。北岸临黄堤濮州之寥家桥大溜撞击坝根,已见塌陷,均经各营委分投抢护幸保无虞。下游蒲台、利津堤埝尤为卑薄,南岸曹家店、李家庄、老官赵家、打鱼张家等处,出水均仅数寸,风浪溅过堤顶。张蒋家圈埝,白家庄堤身,均因水逼堤根,突出漏洞。宋家庄、王家院庄埽坝冲刷,亦皆岌岌可危。经营委各员分别抢筑子埝,堵塞漏洞,添厢鱼鳞护沿,各埽始渐平稳。现在桃汛已过,上、中、下三游一律保固。惟利津西韩家堵口工程自二月开冻后,接续举办东西两坝,分投进占,由三百丈以至数十丈,溜势愈逼愈紧,淘深至五丈有奇,每进一占用料几及二百垛。所需秸料、桩绳及现钱土料一切工费较从前勘估多至数倍。刻计口门只剩二十余丈,而工程之艰巨实为历届堵口所未有。臣自小沙滩合龙后，驻工一月有余，目击艰险情形，莫名焦灼。惟有激励在工员弁，殚竭心力昼夜经营，总期趁四月内赶办合龙，俾得上纾宸廑。

所有桃汛防护平稳，及西韩工赶办堵口缘由，理合恭折具奏。伏乞皇上圣鉴训示。谨奏。

光绪二十三年四月二十三日奉朱批：知道了。仍着督饬在工员弁赶紧合龙，毋稍迟误。钦此。

323. 奏参荒谬不职之守备请革职折

光绪二十三年五月初二日(1897 年 6 月 1 日)

奏为特参荒谬不职之守备,请旨革职,以肃官箴,恭折仰祈圣鉴事:

窃臣接准兖州镇臣田恩来咨称,本年四月初九日兖中营守备王金诏、兖右营守备杨晋阶,因廪生颜振翰开设之福源茶叶铺收买土硝八斤,派兵前往查拿。经街邻向该守备等求情,罚令颜振翰修理该营马神庙戏楼,限端阳节前兴工取具,颜振翰甘结呈镇。该镇查兖州府城内遍地产硝,各铺户零星价买应用在所不免。颜振翰如果窝囤兴贩,该守备等既经拿获,自应移会有司讯办,何得勒罚巨款,致累商民?且更难保非藉端讹索,当向王金诏等申饬。讵王金诏负气不服,即赴中军游击余西庚署中将钤记呈缴。而杨晋阶听信王金诏之言,亦将钤记具禀缴镇,与王金诏一同晋省。咨请核办前来。

臣查该守备王金诏、杨晋阶既查获颜振翰茶叶铺收买土硝,并不照例移县讯办,辄勒罚修理马神庙戏楼。迨经该镇申饬,复敢负气不服,呈缴钤记,擅离职守,实属荒谬糊涂,未便稍事姑容。除委员前往接署,并澈查颜振翰是否囤贩硝斤另行核办外,相应请旨将兖中营守备王金诏、兖右营守备杨晋阶即行革职,以肃官箴。

再,所遗兖中营、兖右营守备员缺,东省现有应补人员,应请扣留外补。合并陈明。理合恭折具奏。伏乞皇上圣鉴训示,勅部查照施行。谨奏。

光绪二十三年五月二十日奉朱批:着照所请。兵部知道。钦此。

324. 奏陈韩工筹办情形折

光绪二十三年五月初二日(1897 年 6 月 1 日)

奏为西韩家工程太钜,堵合未能迅速,谨将先后筹办情形,恭折沥陈,仰祈圣鉴事:

窃臣于四月初九日奏报桃汛平稳,并陈西韩工堵口情形一折。钦奉朱批:知道了。仍着督饬在工员弁赶紧合龙,毋稍迟误。钦此。仰见皇上轸念河防,勤求民瘼。跪聆之下,钦悚莫名。

窃维西韩家口门原宽至三百余丈,自上年十月兴工已做成二百余丈。本年二月开冻后,接续进占,至四月初旬只剩二十余丈。其时水已深逾五丈,进占倍极艰难,犹冀竭力经营,赶于四月内合龙,藉可上纾宸廑。乃自节逾立夏,黄水增涨,该处地势坐湾,本属兜留,以数千里来源之水汇于口门,又挟长水之势奔腾澎湃,数日之间淘深至七丈有奇,致将东西两坝已做成之工各冲失一占,其余各占亦相继蛰陷。工员拚命抢厢,将蛰陷者盘压完固,而前两占已经走失,口门复宽至三十余丈,惊涛怒湍,竟至无从措手。臣目睹形势危险,焦灼万分。查此处工程向系民修民守,自此次漫口后,臣因民力不逮即改归官堵。值此工艰费钜,议者或谓一隅之地不必以全力争,然使从此停工,经伏、秋大汛冲刷,则前此已成之工悉归乌有,必致夺全河之溜,萧神庙以下尾闾虽畅,势已隔绝不通,而口门内五里以外即无河槽,水行于平地之上,汛滥横溢又不能作出海之路,无论尺地一民皆当为朝廷护惜,而以全河之水无处归壑,势必于上游各处溃决,关系大局匪浅。

臣筹思无计,寝馈难安,再四图维,惟有在西坝边上添筑大顺水坝一道,托往大溜渐次顺归中洪,一面于原筑东西两坝距口门各在十丈以后接出坝基,另行进占,候圈过口门六七丈深水之外,再图堵合。如顺水坝挑溜得力,口门可渐次落淤,即从原处筹堵亦易集事。臣督率在工文武各员,昼夜赶办,无许片刻延误。倘仗圣主洪福,事机顺手,趁大汛前得以合龙,斯为厚幸。如或汛水暴涨,不能成功,犹冀藉顺水坝以拓溜势,俾正河得免淤塞,原筑之坝不再走失,将来秋汛过后再行接办,亦得有所藉手。然非盛涨,实在力无可施。臣亦决不畏难自阻,容俟夏至前后审度情势,再当据实奏陈。

至所需经费,上年用堵口项下节省银六万两,司库筹垫银五万两,本年三月请截留京饷六万两。彼时水深只三丈余尺,宽亦不过三十丈。今水深至七丈,添建各坝所需桩料、麻绳又须增购,款项不敷甚钜。伏查山东堵口工程,以光绪元年菏泽县贾庄为最钜。十年、十一年旱沟、十四户两处亦称要工,所用工需或一百余万,或数十万,然未有宽至三百丈,又深至六七丈,如西韩工之艰钜者。臣以帑项艰难,力求撙节,又以河工积习,率多浮冒开销,故臣勘估工款力从减省处核算。上年堵合赵家菜园、吕家洼两处,及开挑陈庄新河,共只用银十四万两。前后各工臣皆亲驻工次,逐款稽核,即一束之料,一篑之土,无不亲为查考,不令稍有虚浮。无如此处工程太钜,深水处每进一占,需料至一百数十万斤,需蔴至七八万斤,再加舂土及培筑后戗,计一占之费已属不赀,约计此工蒇事总需银二十余万。臣虽不敢遽请续拨,而万分为难情节,不得不先陈于圣主之前。现饬河防局、司道暂行筹垫,俟功成之日统计实用若干,但可设法腾挪,亦即不敢上烦宸廑。

所有西韩工先后筹办缘由,理合恭折具奏。伏乞皇上圣鉴训示。谨奏。

光绪二十三年五月二十日奉朱批:知道了。着添筑大坝,以期挑溜得力,仍着督率赶办合龙,毋稍松劲。钦此。

325. 奏参买料不实各委员请惩处片

光绪二十三年五月初二日(1897 年 6 月 1 日)

再,臣前奏参买料斤重短少之委员,业经奉旨钦遵在案。臣以河工积弊太深,非雷厉风行不足以挽回痼习。原冀一经惩创,委员知所儆畏,不致相率效尤。兹查有即用知县程芹香、开缺另补知县刘登云承办防汛秸料,臣迭加告诫,谕以前次短少斤重之员业经参处,不可蹈其覆辙。该员等始虽漫应,迨臣亲往抽查,其重仍不足七千斤,殊属不知自爱,未便姑宽。相应请旨将另补知县刘登云以府经历县丞降补,程芹香系进士出身,文理尚优,请改以教职选用。谨附片具奏。伏乞圣鉴训示。谨奏。

光绪二十三年五月二十日奉朱批:着照所请。该部知道。钦此。

326. 奏江浙两省海运漕船初次收口放洋日期船数片

光绪二十三年五月初二日(1897 年 6 月 1 日)

再,本年江、浙两省起运光绪二十二年分漕粮,仍分装招商局轮船,并沙、卫各船,由海运津,前准该省抚臣咨会,当经臣檄饬登荣练军照章雇用民船,配驾兵丁出洋迎护,一面咨行登州镇总兵,及该管道府转饬沿海各州县营汛,在于紧要口岸巡查弹压在案。兹准登州镇臣章高元咨,并据管带登荣练军候补游击王步清及该管道府等禀报:本年二月三十日起至三月十六日止,江苏镇洋县漕船金宝顺,阳湖县漕船金恒发、忆发顺,元和、奉贤两县漕船金万年,吴江县漕船沈恒发,无锡县漕船玉发顺,奉贤县漕船钰发顺,浙江嘉兴县漕船新乾泰,秀水县漕船周同春,计九只先后驶入东境收口,旋即陆续出口放洋,由练军护送北上等情。除仍饬查探续到船只,随时迎护催趱外,所有江、浙两省海运漕船初次在东收口放洋日期、船数,理合附片具陈。伏乞圣鉴。谨奏。

光绪二十三年五月二十日奉朱批:知道了。钦此。

327. 奏韩工暂请停办折

光绪二十三年五月十七日(1897 年 6 月 16 日)

奏为节近夏至,大汛已临,西韩家堵口工程实属力无可施,应请暂饬停工,俟秋后再行接办,恭折具陈,仰祈圣鉴事:

窃臣前因西韩家口门太深,未能速堵,业将添建顺水坝,就东西坝边后另接坝基情形,并声明职顺水坝挑溜得力,即仍从原口门筹堵,于五月初二日奏报在案。查该处自上年六月漫口以后,续塌宽三百余丈,正河日见停淤。臣深虚堵合不能成功,至伏、秋大汛水势直趋口门,必至夺全河之溜,故亟亟于添建顺水坝以图补救。自建坝之后,大溜渐归中洪,口门微见落淤,臣方幸机有所乘,饬舍去新接坝基,仍就原口门进占。在工文武各员皆以工钜期迫,无不奋迅将事,虽晦冥风雨未敢片刻少休。惟口门新落之淤本未坚实,一经土料追压,入水仍深至六七丈。迨东西坝各进两占,口门愈逼愈紧,兼以时至夏至,汛水暴涨,惊涛骇浪排山倒海而来,如雷霆砰訇声震数里,致将已作未成之金门占又复冲塌。臣筹思无计,焦灼莫名。若复勉强前进,势仍盘压不实,徒糜料物。再四思维,惟有暂饬停工,先将已成之三百丈竭力保护,俟秋汛过后溜力渐微,再行接办,似可事半功倍。所赖顺水坝尚属得力,正河北岸滩嘴已刷去一百余丈,河身日见淘深,如溜势不再变迁,当不致遽行淤塞。

此西韩工程不能不暂从缓办之实在情形也。

伏思此处工程本系民修民守,臣以该处水皆平漫,并无出海之路,恐民力不能堵合,将致贻害大局,故不恤身任其事,改归官堵。自上年十月兴工至本年五月,在工文武各员冲寒冒暑,艰苦备尝,乃因口门过宽,溜势过大,以至汛水猝至,计无可施,实非办工不力。惟臣职总全河,责无旁贷。此工办理已逾八月,费帑二十余万,卒未能早为堵合,上慰圣怀,实深愧愤。应请旨将臣交部严加议处。下游督办河工候补道丁达意督办无方,亦难辞咎,应请摘去顶戴。营官候补副将骆金玉、候补都司王恒德承办要工,虽因工程过难,究属未能迅速,应请一并摘去顶戴。俟秋后接办,如再不能得力,即行严参。

所有接近夏至,西韩工暂请停办缘由,理合恭折具奏。伏乞皇上圣鉴训示。谨奏。

光绪二十三年六月初二日奉朱批:另有旨。钦此。

328. 奏利津县北岭子西滩两处民埝漫溢片

光绪二十三年五月十七日(1897年6月16日)

再,利津南岸民埝上自蒲利交界之三里庄起,下至韩家垣止,计六十余里,向系民修民守。上年西韩家决口。臣以民情困苦,奏明官为堵合以后,即归官守。该处频年漫溢,村民皆于堤上穴居,几无跬步之隙。且上下六十里并未修有埽坝,无可抵御。臣饬俟西韩工堵合后堤上居民迁徙,即将残缺卑薄之处官为修培,并添修埽坝以资防守。因刻尚堵口未完,未及赶办。兹据利津县禀报,北岭子迤上里许,及迤下之西滩地方,因连日风大水猛,均被水漫过埝顶,民夫抢护不及,致将两处埝身刷塌,北岭子冲开五六丈,西滩已刷宽二十余丈,淹死人口三名。两处之水汇由迤南旧岔河入海。臣已饬下游督办道员丁达意即日前往察看情形,酌量刻下能否堵合,统由官为筹办,以纾民力。该处地近海滨,村落无多,并饬利津县查明,由臣拨款派员酌予赈抚,俾免流离失所。谨附片具陈。伏乞圣鉴。谨奏。

光绪二十三年六月初二日奉朱批:知道了。钦此。

329. 奏陈河工情形并报回省日期片

光绪二十三年五月十七日(1897 年 6 月 16 日)

再,山东黄河河身淤淀,堤埝卑薄,一切为难情形,经臣迭次陈奏在案。臣近驻西韩工次,连日河水暴涨,附近下游两岸纷纷报险。臣亲往查看,如北岸之大马家、大田家、张家滩、豆腐巷、梁庄、安庄、利津城关,南岸之曹家店、卞庄、梅庄,下至南北岭、西滩、辛庄等处,堤埝出水高者不逾一尺,低者或仅数寸,或已与堤平。南岸之埝系民修民守,残缺尤甚,或于堤上累土为子埝,藉顾目前,而各处缺漏迭出,应接不暇,少加风浪即可平漫而过。臣前因经费难筹,虽奏请择要加倍,仅以出水三尺为度,然堤加三尺,而河身之淤亦随之,则加如未加矣。即各处储备料物以为抢险计,然上下数百里间处处可以漫溢,一遇汛涨,卑者不能骤使之高,是无处非险,并无处可抢矣。

伏思豫省黄河宽至数十里及十余里,其堤身之高厚屹若长城,河臣专心致志以全力副之,故能得发无事。东省堤埝之卑薄则有如田陇,河面之狭隘则仅胜沟渠。近年因尾闾不畅,节节淤饱,河底高于平地,全恃一缕危堤将洪流束范,满则必溢,处处皆岌岌可危。将欲大为修培,则数百万帑金既无从筹画,欲展宽河身,则数十万居民又无地安插,种种难办情形较豫省不啻倍蓰。而以抚臣兼司河务，事繁责重，又不能如河臣之一意经营。此即智虑过人，犹惧不逮，况以臣之愚拙，更觉竭蹶万分。现在伏汛将临，在在险要。臣忝膺重寄，曷敢不勉荷仔肩？即各处工员，经臣训饬再三，亦无不勤奋趋工，力求稳慎。惟以万里黄河归宿之处，而河身不能翕受，即竭力补救，而防其冲决，安能禁其盈满？一届大汛，其横溢四处势所必至。自愧宣防无术，莫澹沈菑，实觉上负圣明，下惭黎庶，扪心午夜寝馈难安。此微臣歉悚下忱所不得不直陈于圣主之前者也。

臣自二月初九日出省，历时已逾三月，署中一切事件及待清厘，本年届乡试之期，所有应行预备事宜须与司道商办。臣拜折后，即于五月十八日由利津陆路回省。所有沥陈山东河工情形，及恭报回省缘由，谨附片具奏。伏乞圣鉴训示。谨奏。

光绪二十三年六月初二日奉朱批：知道了。钦此。

330. 奏报夏辛酉服满片

光绪二十三年五月十七日(1897 年 6 月 16 日)

再,统领山东登州防营记名提督广西右江镇总兵夏辛酉前因海防紧要,经臣奏请缓赴新任,并声明该总兵已丁承重忧,应否改为署任。于光绪二十一年八月二十九日奉朱批:夏辛酉着改为署任,准其仍留山东,以资得力。兵部知道。钦此。钦遵转行知照在案。兹据夏辛酉禀称,自光绪二十年十一月十八日闻讣丁继祖母承重忧之日起,扣至二十三年二月十八日不计闰二十七个月服满,恳为奏明起复等情。臣查该总兵廉勇朴讷,图效血诚,驻扎登州将近三年,严明纪律,整顿操防,恩信足以相孚,军民无不翕服,洵海防最为得力之员。今该员已届服阕,相应吁恳天恩,准其仍留登防,以资镇摄。其广西右江镇总兵原缺可否仍准实授之处,理合声明请旨恭候钦定。除咨部查照外,谨附片具奏。伏乞圣鉴训示。谨奏。

光绪二十三年六月初二日奉朱批:另有旨。钦此。

331. 奏挑浚北运河估需经费数目折

光绪二十三年五月二十六日(1897 年 6 月 25 日)

奏为遵旨挑浚北运河以利漕行,估需经费数目,恭折仰祈圣鉴事:

窃照本年江北起运漕米一十三万五千余石,仍办河运。业经两江督臣奏奉谕旨:饬将漕船经行河道认真挑浚,务期一律深通,以利漕行等因。钦此。除本年南路运河奏明仍归河臣经理外,所有陶城阜边北河道,经臣檄委东昌府知府洪用舟勘估去后。兹据该府禀称:北运河绵长二百余里,南高北下,河身淤垫,年甚一年。上年重运经临,黄汛短弱,开坝三次,黄流挟沙而行,积淤甚厚。陶城阜口门一带已有平陆。边东之支河并木涵洞亦均淤平。拦黄坝两面坝头朽蛰殆尽,皆须拆修换料。至左右临黄鱼鳞埽两岸护沿埽多有坍塌,坝头迤北两岸本系纯沙,见水即塌。现拟一律厢埽,其口门以下,东阿之新闸,阳谷之七级,聊城之周家店、李海务等处,地据上游,滩背甚多,堤埝尤多卑薄,堂博之梭堤、梁家浅、土桥,清平之魏家湾等处,虽受淤稍轻,挑工稍省,而临清之雷神庙至箝口坝一段,积淤较深,歇马亭坝及转筒两座亦有损坏,急应逐段分别挑筑,疏浚深通,以利漕行。惟库款支绌异常,不得不力求撙节。统计挑修各工共需土方工料银四万九千四百一十六两二钱二分三厘,减平在内。造具估册,呈请核办前来。

臣查该府所拟办法,并估计经费银数,均尚核实。应照历办成案。饬由藩司筹款给领,责成该府督率印委各员赶紧兴工,认真办理,勒限于漕船未到以前一律完竣,不准草率偷减。仍俟工竣将用款造册报销,除咨部查照外,所有估挑北运河工缘由,理合恭折具陈。伏乞皇上圣鉴。谨奏。

光绪二十三年六月十一日奉朱批:该部知道。钦此。

332. 奏参试用从九请革职片

光绪二十三年五月二十六日(1897年6月25日)

再,河工修培堤埝,取土有远近之不同。臣迭饬营委各员,凡民间庐舍、填墓、畦园不准妄行损坏。兹查有试用从九沈祖授委派利津宫家监修堤工,竟将民间两处果园泥土任意挑挖,以致树木枯萎。臣查工目睹,并察看附近尚有沿河淤滩,并非无土可取。该处果园民所资以为生计,乃竟敢如此妄为,难保无诈索不遂情事,未便姑宽。应请将试用从九沈祖授即行革职,以示惩儆。谨附片具奏。伏乞圣鉴。谨奏。

光绪二十三年六月十一日奉朱批:着照所请。该部知道。钦此。

333. 奏设河安中营片

光绪二十三年五月二十六日(1897 年 6 月 25 日)

再,东省黄河下游地段本身,险工亦多,本年又将利津县境南岸民埝自三里庄至韩家垣六十余里改归官修官守,原设河防各营实属不敷分布,必须添设一营以资修防。当经饬据原带成字土夫营守备郭成按照河定、河成等营勇六、夫四章程,于本年正月二十一日募齐六成弁勇三百七员名。禀报点验一律精壮足额,名曰河安中营。口粮等项即于是日起支。其四成土夫应俟察看情形,随时添募,所遗成字营土夫,即派游击李开元接管,各专责成。据河防局司道详请奏咨立案前来。除咨部查照外,谨附片具陈。伏乞圣鉴。谨奏。

光绪二十三年六月十一日奉朱批:该部知道。钦此。

334. 奏宽免严议谢恩折

光绪二十三年五月二十九日(1897 年 6 月 28 日)

奏为恭谢天恩,仰祈圣鉴事:

窃臣前因大汛届临,请暂停西韩家堵口工程,并恳将臣交部严加议处,于五月十七日由工次专折具奏在案。拜折后,于五月十八日由陆路起程,二十一日到省。兹阅电抄,五月二十六日钦奉上谕,李秉衡自请严议之处,着加恩改为交部议处等因。钦此。闻命之余,莫名感悚。伏念臣治黄无术,保赤徒殷,莫澹沉灾,深愧民居之未奠。即膺严谴,亦为臣罪所当然。乃蒙大造之生成,仅予照常之处分,天恩愈厚,臣志滋惭。闻咨儆于九重,思弥洚洞;考宣防之三策,倍懔冰渊。臣惟有勉竭衰庸,恪遵圣训。狂澜力挽,敢惮胼手胝足之劳;顺轨心仪,愿赓平地成天之颂。

所有微臣感激下忱,谨恭折叩谢天恩。伏乞皇上圣鉴。谨奏。

光绪二十三年六月十六日奉朱批:知道了。钦此。

335. 奏驳总税务司重议土药税厘折

光绪二十三年五月　日(1897年6月　日)

奏为部议总税务司所筹征收土药税厘办法,窒碍多端,流弊甚大,吁恳天恩,饬部照旧稽征,无庸改议,以存政体而恤商民,恭折沥陈仰祈圣鉴事:

窃臣准户部咨称:据总税务司赫德开呈手折,按近年土药出产,各省总计三十三万四千担。若厘税并征,每担六十两,岁可得银二千万两。通行各直省试办,妥定详细章程专案奏报等因。奉谕旨:依议。钦此。钦遵咨行到臣。在部臣以筹款维艰,无可设法,欲借此以扩利源,自是救时之意。然臣就赫德所定之数,反复参稽,实见有窒碍难行,及行之而其利未收其害先见者,敢为我皇上敬陈之。

莺粟一物,非肥沃地亩不能繁茂。愚民贪图重利,将宜谷膏腴之土栽种莺粟,驯至粮价日昂,浸为民患。故从前久悬为历禁。嗣因利之所在,种植日多,光绪十六年总理各国事务衙门会同户部奏请加征税厘,钦奉上谕:果能设法稽征,认真办理,既可裨益饷需,并可以征为禁,隐寓崇本抑末之意等因。钦此。圣谟洋洋,洵正俗防民之要道也。今若明定数目,某省担以万计,某省担以千计,将使九州之上腴尽弃嘉禾而植恶卉,必致亩无栖粮,家无储粟,乐岁既少盖藏，凶年更坐以待毙。往者秦晋大祲，饿殍载道，其祸实中于此。以害稼贼民之事，为损下益上之谋，我国家爱育黎元，重农贵粟，不宜有此政体也。

且夫谋国计者，计事理之是非，尤当权利害之轻重。果其此令一下，而二千万之款即能岁输于司农，则谓见其利而遗其害，犹可言也。然今天下民力竭矣。即朝廷维正之供，综计地丁、漕项、杂赋等款，额征银三千六百万两有奇。近年各省实征不过七成，约短征银一千一百万两有奇。乃土药之税，与列壤成赋之正供相提而并论。此必不可得之数也。

臣请以山东言之：山东土药所产，多在省城西南兖、沂、曹、济各属。光绪十六年前，抚臣张曜遵奉谕旨，筹办土药税厘，在省城专设总局；于产土地方派定经纪，开设行栈，俾便稽查。复派印委各员，会同管理。查东省土药每担值银二百余两，每价银一百两征落地税银八两，厘金银八两。如由各海关出口，则加收关税银八两。计每担共收银四十八两。自十七年奏办以来，多者不过七万余两，少则四、五、六万余两不等。今赫德所议山东土药一万担，以每担六十两计之，应征银六十万两，较从前数目十倍。是即于向所不产之处，教之树艺，多方搜括，犹未必能盈其数。揆之事理，既有所不可，微臣愚拙之性，亦实力有所不能。

复查赫德所开，自山东而外，如山、陕、直、豫、江、皖、闽、浙等省，姑不具论。他如四川十二万担，应征七百二十万两；云南八万担，应征四百八十万两；贵州四万担，应征二百四十万两；吉林六千担，应征三十六万两；甘肃一万担，应征六十万两。此五省中以四川为最富庶，而额征地丁、杂税不过六七十万两，今所议土药税多至十余倍，恐竭全省之财力亦有未逮。至云南、贵州、吉林、甘肃四省，皆所入不敷所出，全赖部拨，邻省为之协济。上年户部摊还俄、法、英、德借款，此四省中除云南蒙自关外，其余皆未指拨。以该四省本系缺额之区，无可筹措也。今如赫德所议，以边陲瘠薄之地，而责以数百万、数十万之税，恐虽以刘晏之才，商鞅之法，亦不能强无而为有矣。

当兹库藏奇绌，债负累累，部臣持筹之苦衷，疆臣亦当共喻，使能岁获钜款，如原奏所称不加税而税裕，固所乐闻。然此栽种土药之地亩，固即国家已有正供之地亩也。我朝列圣相承，深仁厚泽，蠲租减赋，史不绝书。二百五十余年，官吏恪守定章，罔敢苛敛。土药虽获利稍厚，征税以示裁抑，其亦可矣。乃于地亩正赋之外，复浮计其出产加征，至或相倍蓰，或相什百之多，即令如数取盈，已非圣朝宽大之政。况财者，国之脉，民之命。竭地利之所出，不能厌其诛求，必至商贾裹足，怨讟繁兴。现在蜀、滇、黔、粤正强敌环伺，使民不堪命，势必包藏祸心，迭起事变，患且不可胜言，利于何有？是二千万之数断不可得，何必虚悬诰令为此得不偿失之谋哉！

钦惟我皇上圣德如天，爱民如子，吁恳收回成命，敕下户部暨总理各国事务衙门，仍照现办土药厘税章程，通饬各省实力稽征，毋任隐匿中饱，以期上可裕国，下不病民。至摊还洋债，上年经户部分别派定，凡常年应解之款，无论如何为难，臣当督同司道各员设法腾挪，如期清解。各直省疆臣均受恩深重，当能各清各款，上纾宵旰之忧。正不必另议新章，洋款已不至无着。

臣尤伏愿皇上圣敬日跻，恭俭为德，念损上方能益下，竭泽必至无鱼，常存撙节爱养之心，力屏土木游观之乐。其在《易》曰：节以制度，不伤财，不害民。《大学》有言：用之者舒，财则恒足。果能取之有制，用之有经，则小民蒙浩荡之恩，圣祚有无疆之庆矣。

臣仰沐恩慈独厚,未能少报涓埃,管窥之愚,不忍缄默。伏冀圣明采纳,臣不胜悚惧屏营之至!谨恭折具奏。伏乞皇上圣鉴训示。谨奏。

光绪二十三年六月初十日奉朱批:该衙门议奏。钦此。

336. 奏陈西滩北岭漫口情形折

光绪二十三年六月初九日(1897 年 7 月 8 日)

奏为续陈利津县西滩、北岭两处漫口情形,恭折仰祈圣鉴事:

窃臣于五月十七日奏停西韩家堵口工程,并将西滩、北岭民埝漫口及河工为难情形,分别附片陈明。均奉谕旨钦遵在案。

该两处漫口之后,因风大水猛,各刷宽七八十丈。臣比饬督办道员丁达意,赶饬营委各员分投盘做裹头,以免续塌。兹据丁达意禀报:西滩、北岭两处裹头,均经盘压稳固。西滩口门业已挂淤,水势缓弱,似可逐渐淤塞。惟北岭口门大溜侧注,西坝水深一丈有余,出口后分为三股:一由南岭庄后,绕至双河东南,入小宁海;一沿北岭护庄埝外,经西滩漫口至辛庄会合中一股大溜;其中一股由东而北,经永阜庄、南禹庄、辛庄再折而南,由杨家河逦迤至小宁海,会西韩漫口之水,散漫入海。口门夺溜已至七八分,而出口三里以外,仅深二、三、四、五尺不等,皆平漫未成河槽,入海不能通畅。正河对岸淤出滩嘴,伸过东坝头二十余丈,致河身日见淤塞。东坝裹头以下,正河深仅一、二尺,再下至孟庄一带,则二、三、四尺不等。陈庄新河头亦深仅一、二尺。所有重运船只,节节浅阻。臣闻报之下,莫名焦灼。

伏查黄河以入海为归宿,必尾闾通畅,方无横决之虞。臣前因韩家垣海口高仰,不能宣畅,於上年奏开陈庄新河,仍由萧神庙旧路入海。现在新河自平字滩以下,一律深通,而新河头至陈庄以上,正河节节淤饱,以致水行地上,遇满则溢。今北岭漫口,几至夺全河之溜。虽该处近海,村庄无多,不过一隅之地,而水势旁泄,则正河受病愈深。刻当大汛届临,一片汪洋,无处取土堵口,既不能施工挑淤,亦无可驻足。臣筹思无计,寝馈难安。所幸西韩家自添建顺水坝之后,北岸淤滩日渐淘刷,自西韩至北岭迤上五十余里正河,较从前已见深通。惟黄河流势变迁,朝夕靡定。臣现派员於口门内外随时察看,审度形势,妥筹办法。一俟秋汛过后,当再奏明办理。

所有西滩、北岭漫口后现在情形,谨恭折具陈。伏乞皇上圣鉴训示。谨奏。

光绪二十三年六月二十三日奉朱批:知道了。着俟霜清后查勘河势,分别办理。钦此。

337. 奏东纲商捐军饷银两仍请按照海防例给奖折

光绪二十三年六月十一日（1897 年 7 月 10 日）

奏为东纲商捐军饷银两，请援案照海防事例给奖，以归划一而昭公允，恭折仰祈圣鉴事：

窃准部咨，户部议覆臣奏东纲商捐军饷银两请援案给予奖叙一折。当时并未声明，照海防事例给奖，不得援引两淮盐捐为比，只准照筹饷新捐章程，给予虚衔、封典、翎枝、贡监等项，咨部请奖等因。奏奉谕旨：依议。钦此。钦遵咨行到臣，自应遵照办理。

伏查东纲商捐解部银十万两，时当海防吃紧之际，需饷孔殷，该商等志切同仇，捐助巨款接济。经臣于光绪二十年九月间随案奏明，另行请奖在案。其时筹饷新捐，尚无开办明文。商捐前项银两既系解部，拨充海防军饷，循名责实，自应照海防事例请奖。且与两淮成案事同一律。所以初未声明者，良由于此。查两淮与山东虽助饷有多寡之别，商力有厚薄之殊，然其急公报效之忱，初无二致。今两淮已准照海防事例奖给实官，而东纲仅奖虚衔等项，虚实相较，未免向隅。即以山东而论，光绪十七年户部筹饷案内，东纲曾捐银十万两，亦系准照海防事例给奖。此次捐数情事均与上届相同。若竟奖叙两歧，似无以劝将来而示大信。据盐运使丰伸泰详据引票纲商联名禀请改奖,具奏前来。合无仰恳天恩,俯准将东纲商捐军饷银十万两,援照两淮及山东上届助饷成案,仍按现行海防事例给奖,以归划一而昭公允。出自逾格鸿慈。除咨部查照外,谨恭折具陈。伏乞皇上圣鉴训示。谨奏。

光绪二十三年六月二十三日奉朱批:户部议奏。钦此。

338. 奏明豫省请裁驻东嵩武三营折

光绪二十三年六月十六日(1897 年 7 月 15 日)

奏为豫省请裁驻东嵩武三营,谨遵部议专案奏明,恭折仰祈圣鉴事:

窃准部咨,户部议覆河南巡抚刘树堂奏裁汰防营并请照裁出省防军一折。内称:嵩武军十营月饷,向由豫省供应。该抚拟令裁汰三营,除河南索回二营自行裁汰外,山东再裁一营,归并作为裁汰三营之数。惟该军驻扎山东胶防,办理船澳,关系紧要,能否再裁一营,未能遥度。请旨饬臣体察情形。专折奏明办理等因。奏奉谕旨:依议。钦此。钦遵咨行到臣。

伏查嵩武军驻扎东省已二十年。光绪十八年,前河南抚臣裕宽请拨两营回豫。经前抚臣福润以东省正筑炮台,需勇工作,请俟台垒工竣再调回豫。奏旨允准,钦遵在案。迨光绪二年倭韩事起,复将该军分布海防。是豫省虽有调回两营之名,而东省实全收十营之用。该军所驻之处,除骧武左营马队分驻曹州府属专办缉捕外,其分布海防者,胶澳四营,烟台四营,登州一营。各该处地属岩疆,兵力本不为厚。不独胶澳办理船澳,诚如部臣所议关系紧要,未能裁营,即烟台、登州,亦实有不能再减之势。惟该军饷银,向由豫省筹解。当兹库藏支绌,各省皆同,豫抚臣请裁三营,期在节饷以偿洋款。臣既不能自备三营之饷，何敢令豫省独为其难？不得已将胶澳、烟台、登州三处各裁去嵩武一营，照豫抚臣原奏共裁三营。一面将宁海州、上庄等处所驻东字副军三营，分调胶澳、烟台、登州三处，填补嵩武三营之缺，以重防务。以后豫省只筹解七营之饷，其所裁三营腾出之饷，即由豫省提出凑还洋款。此三营饷银，裁至五月底为止。仍照案以豫省所解六月之饷，作为遣饷，俾各勇得资生计，以广皇仁。除咨户部、兵部暨河南抚臣查照外，所有照裁驻东嵩武三营缘由，谨专折具奏。伏乞皇上圣鉴训示。谨奏。

光绪二十三年七月初一日奉朱批：该部知道。钦此。

339. 奏陈裁汰勇营情形折

光绪二十三年六月十六日(1897 年 7 月 15 日)

奏为钦奉谕旨裁汰勇营,谨将东省遵办情形,恭折覆陈,仰祈圣鉴事:

窃臣于五月初二日在利津西韩工次,承准军机大臣字寄,光绪二十三年四月二十五日奉上谕:督办军务王大臣等会奏,议覆御史李擢英奏请酌裁长江水师暨各省勇营一折。前据户部奏请,业经谕令合直省督抚认真裁汰。并着通力合筹,赶紧办理,仍将所裁兵勇数目、日期,分晰具奏,毋稍延缓等因。钦此。钦遵寄字到臣。当即转行遵照去后。

伏查山东自光绪二十年海防事起,陆续召募,计新旧各军共三万余人。事定后,节次裁汰,计遣撤防勇一万六千余人、练军一千九百余人。伏读光绪二十三年三月初四日寄谕:裁兵减勇一事,据户部奏称,自行知各省以来,惟山东一省奏明,将制兵分限五年裁减五成,并将防营、练勇分别裁减等因。钦此。是微臣力求节饷之心,为部臣所深知,变为圣明所洞鉴。惟东省濒临大海,接壤江淮,居南北之要冲,为畿疆之屏蔽。刻虽海疆粗定,而威海尚有倭人占踞,既有实逼处此之虞,胶澳为各国所觊觎,更有狡焉思逞之惧。积薪厝火,隐患方殷,非多练精兵无以为御侮之计。臣是以于上年八月有增兵万人之请。复念部库支绌的饷难筹,臣是以又有不敢轻言增募,只就现有各营加意训练之请。盖帑力有限,应增者不能遽增,而事变堪虞,欲减者亦未敢遽减也。今河南又裁去驻东嵩武三营。东军愈形单弱,揆时度势,实属无可再裁。惟既钦奉谕旨,令各省合力通筹。仰维宵旰忧劳。臣曷敢不勉为筹划?查奏调来东之广西补用总兵杨昌魁所统新魁五营,上年六月已将后营裁撤;前营一营,又于中、左、右三营中汰弱留强,共裁去勇丁五百名,合前营共裁遣一千员名。饷银均于五月底截止。其遣散各勇,籍隶滇、黔、湘、鄂等省,各按道路远近,加给川资,作为恩饷,俾不至逗留生事。所留三营,营哨官弁各仍其旧,以便有事时勇额易于募补。此系于无可裁减之中,为力求节省之法。据善后局司道具详请奏前来。除咨部查照外,所有遵旨裁撤勇营据实覆陈缘由,理合恭折具奏。伏乞皇上圣鉴训示。谨奏。

光绪二十三年七月初一日奉朱批:该部知道。钦此。

340. 奏拿获用药迷拐幼孩匪徒审明惩办片

光绪二十三年七月初三日(1897 年 7 月 31 日)

再,据金乡县知县张鸿钧禀称:光绪二十三年三月初九日,该县访闻有城内幼孩被匪用药迷拐情事。当即饬差查拿去后。旋据县民张奉臣呈报:本月初九日早,伊年甫四岁幼子张金香在门前玩耍,被匪拐去。经伊查找,追至西门里,将伊子由拐匪手内夺回等情。并据派出差役将该犯倪学蒽拿获,搜出随身揣带药匣、药瓶,送案查验。张金香尚复昏迷不省人事,遂即设法将其救醒。因年幼不能取供,提讯倪学蒽。据供:系郓城县人,先曾习医营生,并未为匪犯。案光绪二十三年三月初间,因生意淡薄,贫苦难度,独自起意迷拐幼孩,希图采割配药,给人治病渔利,即配就迷人药丸,携带身旁,赴各处假充卖药。屡遇幼孩,终不得便下手。三月初九日早,行至县城内东小街。适张奉臣幼子张金香在门口闲玩,伊四顾无人,将药丸用红糖粘裹,填入张金香口内。张金香吃食,立时昏迷。伊乘间抱取逃走,即被访闻拿获,诘无传授药方,并知情同伙之人等情。

臣查定例,用药及一切邪术迷拐幼小子女,人药并获,将起意为首之犯,照强盗律拟斩立决。此案该犯倪学蒽辄因贫起意,用药迷拐四龄幼孩,希图采割配药。若非该县即时拿获,则张金香几至惨遭采割。且曹、济等属人心浮动,上年大刀会邪教甫经从严惩办,复有此等匪徒,以罔利之心济其残忍之性,必至无所不为,实属罪浮于法。臣已批饬该县于覆讯后,将该犯倪学蒽即行就地正法,俾昭炯戒。除饬录叙供招由州司详咨外,谨附片具陈。伏乞圣鉴训示。谨奏。

光绪二十三年七月十六日奉朱批:刑部知道。钦此。

341. 奏审明疏防越狱之禁卒人等按例定拟折

光绪二十三年七月初三日(1897 年 7 月 31 日)

奏为审明疏防监禁斩枭盗犯越狱脱逃,限满无获之禁卒人等按例定拟,恭折仰祈圣鉴事:

窃照曹县斩枭盗犯陈泳椿,前因越狱脱逃,经臣将管狱、有狱各官奏参。于光绪二十二年七月十七日奉旨:所参疏防斩犯越狱之管狱官、山东代理曹县典史刘廷桂,着即革职拿问,交李秉衡提同刑禁人等严讯,有无松弄贿纵情弊,按例惩办;有狱官代理曹县知县曾启埙,虽据报先期公出,究属疏于防范,着交部照例议处。仍勒限将逸犯陈泳椿严缉,务获究办。馀着照所议办理。该部知道。钦此。经臣钦遵转饬缉拿,陈泳椿未据报获。先经批司饬提刑禁人等,并刘廷桂同卷宗至省,发委济南府研讯。

兹据该府刘景宸审明,拟议由臬司毓贤解勘。经臣亲提研鞫。缘陈泳椿、谢俭,分隶定陶、曹县等县。陈泳椿一向在外游荡,先未为匪犯案;谢俭充当曹县禁卒。光绪二十一年十一月二十七日,陈泳椿与素识已获同姓不宗之陈空会即陈恐会又名陈四、朱白笙即朱二、王钰鸡即王四、杨云惧即杨四、白茂州、王西现即王卯又名王西言、曹獗即曹獗先、在逃之王三规、曹意遇道贫难。陈泳椿起意行窃,陈空会等允从。是夜同伙十人,陈泳椿与朱白笙、王钰鸡各携洋枪,陈空会等分携刀棍,皆抵曹县事主张景唐家门外,一齐爬墙进院,开启大门,拨屋门入室行窃。张景唐之佃户王三惊起喊捕,陈泳椿纠允陈空会等行强。陈泳椿开放洋枪轰拒,致伤王三胸膛倒地;一同劫得衣物,并将张景堂幼子张留先捉去勒赎。讵王三移时因伤殒命。陈泳椿待因闻拿紧急,旋将张留先放回,将赃俵分各散。事主报经该县曾启埙会营勘验详批饬缉,勒差先后获犯讯明录供。禀经臣批司檄委候补直隶州知州秦浩然前往,会同曾启埙将该犯陈泳椿审依窃盗临时行强,但有一人执持洋枪在场者,不讼曾否伤人,不分首从,均拟斩立决枭示章程,拟斩立决枭示。照章禀办。二十二年四月初十日,曾启埙会同防营赴交界之直隶东明、河南考城一带巡缉公出。十一日傍晚,该代理典史刘廷桂,带领刑书吴万益进监收封,验明各犯刑具完固。将陈泳椿收入西监房南里间木笼内,饬令禁卒谢俭小心看守。复派营兵田景云在监值宿,巡逻更夫刘万成在内封支更。封锁狱门回署。吴万益向不在监值宿,亦即回科房办公。是夜四更时分,风雨交作,刘万成进屋避雨,与禁卒人等均各困倦睡熟。讵陈泳椿乘间扭断镣铐,揭起笼底木板,攀折笼木,钻出笼外,由墙根挖孔越狱脱逃。谢俭惊觉,喊同田景云追捕。一面报经该典史会营驰往勘验,督率兵役人等查拿无获。适曾启埙公回,途次接据该典史申报,随即驰回亲诣覆勘讯供禀报。

经臣奏参,将该代理典史刘廷桂撤任行司,同刑禁人等一并委提至省,发委济南府审办。该府刘景宸因查卷宗未齐,饬县捡齐,申司发府刘景宸审拟。由司解勘提讯,供认前情不讳。诘系依法看守,一时疏忽,无松刑贿纵情弊。应即拟结。查例载:监犯越狱,如狱卒果系依法看守,一时疏忽,偶致脱逃,并无贿纵情弊,审有确据者,一律减囚罪二等治罪。又律载:不应为而为事理重者,杖八十各等语。此案禁卒谢俭,于监禁斩枭盗犯陈泳椿,并不小心防范,致被越狱脱逃。虽讯系依法看守,并无贿纵情弊。究属疏忽。百日限满,犯无弋获,自应按例问拟谢俭合依监犯越狱,狱卒果系依法看守,一时疏忽偶致脱逃,并无贿纵情弊,审有确据者,依律减囚罪二等治罪例,应于陈泳椿斩罪上减二等,拟杖一百、徒三年,到配折责充徒,限满报明,递籍安插。营兵田景云、更夫刘万成,疏忽监犯陈泳椿越狱,虽讯非贿纵,亦属不合,自应酌量问拟。田景云、刘万成,均应酌照不应为而为事理重者,杖八十律,各拟杖八十折责发落。分别革伍革役。刑书吴万益,讯止随同收封,向不在监值宿。其于斩犯陈泳椿越狱脱逃,无从防范,应免置议。管狱官已革前代理曹县典史刘廷桂,于疏脱斩枭重犯讯非禁役贿纵,应照例留于地方协缉,俟五年限满有无获犯,再行照例办理。有狱官曹县知县曾启埙,现已丁忧开缺,应听由部议结。逸犯陈泳椿,饬缉务获究报。

除将供册咨部外,所有疏防越狱斩枭盗犯无获,将禁卒人等审明定拟缘由,理合恭折具陈。伏乞皇上圣鉴,敕部核复施行。谨奏。

光绪二十三年七月十六日奉朱批:刑部议奏。钦此。

342. 奏捐建已故将军善庆专祠并恳列入祀典折

光绪二十三年七月初三日(1897年7月31日)

奏为已故将军立功东省,遵旨捐建专祠,恳恩列入祀典,以顺舆情,恭折仰祈圣鉴事:

窃据布政使张国正、按察使毓贤、盐运使丰伸泰、候补道郭监襄、积庆、沈廷杞、崔钟善、志永、候补知府李馨恭、曾郭骧、候补同知朱钟洛等联名禀称:原任福州将军善庆,于咸丰、同治年间带兵剿贼,转战各省,多立奇功。旋随僧忠亲王至东,摧宋憬诗于东昌,歼刘得培于淄川,擒白连池教匪于邹峄,大小百余战,所向无不披靡。复与刘铭传等军防守运河,进扼胶莱,在日照、诸城、高密、乐安、潍县、寿光等处剪除匪党,不可胜数。逆首任柱、赖汶洸卒就摧灭,厥功尤伟。积年巨憝,次第削平。用兵纪律严明,秋毫无犯,闾阎赖以安堵。嗣在福州将军任内因病出缺,东省士民闻风哀悼。迄今追念前勋,谓非千秋血食不足以伸比户心香。恭读光绪十四年四月二十八日上谕:福州将军善庆,老成干练,忠勇性成。咸丰、同治年间,带兵剿贼,专战直隶、河南、安徽、江南、湖北、山东等省,所向克捷,卓著勋劳。歼毙逆首任柱等,厥功尤伟。历任杭州副都统、杭州、宁夏、江宁将军。旋补授正红旗汉军都统,并令管理神机营,帮办海军事务。均能实心任事,克称厥职。上年简授福州将军。到任以来,整顿操防,不辞劳瘁。方冀可享遐龄,长资倚任。急闻溘逝,轸惜殊深。善庆着照将军在军营病故例,赐恤加恩予谥,任内一切处分悉予开复。应得恤典,该衙门察例具奏。其生平战功事迹着宣付国史馆立传。并于立功省分建立专祠等因。钦此。凡在臣民,同深钦感。而省城绅耆人等咸殷然以遵旨建祠为请。因一时择地积资,未易兴举,众情每觉阙如。兹复呈经该司等查得省城僧忠亲王专祠,原系旗籍及奉天、直隶同乡服官在东者捐资购地,遵旨建立。今故将军善庆籍隶京旗,事同一律。查僧忠亲王祠之左尚有余地,拟即在该处拓基建祠。所需经费,仍由八旗奉、直同乡各官集资兴办,毋庸另行筹款,亦不必集资士民,以示体恤。禀恳奏请列入祀典,由地方官春秋致祭,以隆报享等情前来。

臣维该故将军善庆,前在东省剿贼,迭歼巨憝,功绩彪炳。业经奉旨准在山东立功地方建立专祠。今该司等因绅民遗爱难忘,讴思勿替,援案请由八旗奉、直同乡官集资,在省城臣署东北僧忠亲王祠侧建立该将军专祠,免筹库帑,不藉民捐,洵属崇德报功之意。除饬批照办外,相应吁恳天恩俯准列入祀典,由地方官春秋致祭,以顺舆情。至建祠经费,悉系捐集而成,应免造册报销。

所有捐建已故将军立功省分专祠,并恳列入祀典缘由,谨恭折具陈。伏乞皇上圣鉴训示。谨奏。

光绪二十三年七月十六日奉朱批:着照所请。该部知道。钦此。

343. 奏伏汛期内黄河抢护平稳折

光绪二十三年七月十六日(1897 年 8 月 13 日)

奏为伏汛期内黄河险工抢护平稳,恭折仰祈圣鉴事:

窃照山东黄河河身狭隘,本患水不能容,近年因尾闾不畅,节节淤饱,河底高于平地,全恃一缕危堤束范洪流。每遇汛水涨发,动辄漫溢出槽,实有防不胜防之势。前因节近夏至,大汛猝临,来源汹涌,以致利津县属之西滩、北岭两处民埝漫决,业经臣分饬盘筑裹头。并将河工为难情形,先后奏明俟伏秋汛过,查勘河势,分别办理。均奉谕旨钦遵在案。

迨入伏以来,阴雨连绵,水势有长无落。淮河臣咨会上游万锦滩黄河迭次报长,东省地处下游,河身浅窄难容,处处拍岸盈堤,险工林立。如上游之双合岭、贾庄、红庙、靳庄、孙楼、廖桥,中游之王家梨行、桑家渡、杨史道口、小沙滩、胡家岸、徐家坊、豆腐窝、五里堡、郭家纸坊、河套圈,下游之北赵家、蝎子湾、胥家码头、彭家庙、小崔家、三合庄、曹家店、打鱼崔家、王平口、宋家集、彩家庄、冯家庄等处,非坐湾顶冲,即埽坝垫陷,甚至缕堤刷透,均属危险异常。各总办往来督率抢护,运料运石分投加厢,几至应接不暇。所幸在工员弁勇夫人等,均能不避艰危,踊跃用命,沿河居民,亦能帮同防守,昼夜抢办,得以转危为安。伏汛期内各工一律平稳,堪以仰慰宸廑。惟秋汛甫届,为日方长。臣仍当分饬各总办,加意修防,不准稍涉疏懈,以仰副圣主慎重河防之至意。

所有伏汛期内抢护险工平稳缘由,理合恭折具奏。伏乞皇上圣鉴。谨奏。

光绪二十三年七月二十九日奉朱批:知道了。钦此。

344. 奏西韩家堵口现筹接办折

光绪二十三年八月初二日(1897 年 8 月 29 日)

奏为利津县西韩家堵口工程现拟霜清前接办,恭折具陈,仰祈圣鉴事:

窃查西韩家堵筑漫口,前因大汛届临,经臣于五月内奏请停工。钦奉上谕;此时伏汛已至,人力难施,自应暂准停工,俟秋后再行接办。惟已成之坝座三百丈,必须竭力保护,勿稍疏虞。一俟秋汛溜势渐微,即着并力施工,以重河防等因。钦此。仰承训诲周详,莫名钦悚。遵即遴派妥员分驻东、西两坝,饬令会同防营随时相机抢护,毋稍疏懈。臣回省后,迭据两坝委员禀报节交庚伏,汛涨日增,致将前建口门迤上之顺水坝冲去二段,大溜直注口门,汹涌撞击东、西两坝,迭见蛰塌。赖料物应手,随塌随加。计自六月以来,两坝加镶各十余次。前停工时出水二丈余尺之坝头,均已追压入水,仍镶出新坝头二丈有余。幸入秋以后,汛水时涨时落,顺水坝虽走失两段,所存之十余丈仍甚得力。大溜拓归中洪,口门溜渐平缓。所有已成之坝座三百余丈,一律保护稳固。现在节逾秋分,汛水可期渐落。应即续筹兴工,以期早日堵合。臣已饬将应用料物赶紧添购,并饬下游下段督办直隶候补知府劳乃宽,迅即赴工,妥为筹办。候补道丁达意,前因督催不力,由臣奏参摘顶。嗣经撤去督办,改为随工差遣。臣又饬令先期前往经理,始终其事。臣俟乡试揭晓后,即赴工布置一切。总期趁立冬节前赶紧合龙,仰副朝廷慎重河防之至意。

再,东盐窝地势坐湾,工极险要,近因秋汛搜淘,致将大磨盘埽,走失两段,刻正并力抢护。合并附陈。

所有西韩家堵口现筹接办缘由,理合恭折具陈。伏乞皇上圣鉴训示。谨奏。

光绪二十三年九月十八日奉朱批:知道了。钦此。

345. 奏节逾白露黄河险工抢护平稳折

光绪二十三年八月二十一日(1897 年 9 月 17 日)

奏为节逾白露,黄河险工抢护平稳,恭折仰祈圣鉴事:

窃照山东黄河本年伏汛盛涨,两岸险工林立,抢厢稳固情形,业经奏报在案。入秋以来,汛水迭次涨发,淘底搜根,较伏汛溜势尤劲,险工逐处环生。如上游之贾庄、红庙、廖桥、孙楼、高家大庙、徐家码头、田楼、靳庄,中游之刘家庙、霍家溜、胡家岸、玉符河、葛家沟、铁匠店、郭家纸坊、鄢家渡、桑家渡、葛家店、北店子、杨庄、老徐庄、小鲁庄,下游之董家集、曹家店、郑家纸坊、宫家埽、宋家滩、小董家圈、孙家圈、林家、打鱼张家、王家码头、赵家坝、李家口、宋家集、小孙庄、辛庄、韩家垣等处,或坐湾顶冲,大溜滚刷,或对岸生滩,全溜侧注,以致新旧挑水坝及鱼鳞磨盘,各埽垫陷频仍。其余灰石各工,亦多剥落。迭经分饬上、中、下三游总办,督率文武员弁,会同各地方官激励勇夫,联络庄民分投,昼夜抢护。并添修埽坝,加筑后戗,幸均转危为安。现在节逾白露,水势已定,察看通工情形,一律平稳,堪以仰慰宸廑。惟时距霜降尚远,不敢稍涉疏解。臣仍当督饬各总办加意认真修守,期保无虞,以仰副圣主慎重河防之至意。

所有节逾白露,黄河险工抢护平稳缘由,理合恭折具奏。伏乞皇上圣鉴。谨奏。

光绪二十三年九月初四日奉朱批:知道了。钦此。

346. 奏谢补授四川总督折

光绪二十三年九月初九日(1897 年 10 月 4 日)

奏为恭谢天恩,仰祈圣鉴事:

窃臣于光绪二十三年九月初二日承准总理衙门电开:奉旨,本日降旨:李秉衡授四川总督,张汝梅授山东巡抚。李秉衡俟新任到后,即着迅速来京陛见。钦此。当将钦感下忱电请总理衙门代奏在案。初八日复准吏部咨同前由,又恭阅电钞光绪二十三年九月初二日内阁奉上谕:四川总督着李秉衡补授,未到任以前,着恭寿兼署。钦此。跪聆之下,感悚交萦。伏念臣起家牧令,洊陟监司。绾疆符于陈臬之时,擢皖抚于引疴之际。迭荷殊恩之异数,皆非寤想所敢期。嗣蒙简调来东,正值海疆多事。戎公未敏,难追失律之愆;河患方殷,莫奏宣房之绩。凡地方未理之事,皆微臣负疚之端。届述职于三年,益怀惭于五内。兹复钦承简命,作督四川。自顾何人,渥膺宠遇,受恩愈重,图报愈难。查四川幅员辽阔,政务殷繁,凡察吏安民、筹边、裕饷,在在均关紧要。臣力小任重,惧弗克胜。谨当遵旨,俟新任抚臣张汝梅到东,即行入都陛见。聆圣谟之指示,励臣志之靖共,期仰答高厚鸿慈于万一。

所有微臣感激下忱,谨恭折叩谢天恩。伏乞皇上圣鉴。谨奏。

光绪二十三年九月二十三日奉朱批:知道了。钦此。

347. 奏报利津县西韩家漫口堵筑合龙日期折

光绪二十三年九月十六日(1897 年 10 月 11 日)

奏为利津县西韩家漫口,现已堵筑合龙,恭折由驿驰陈,仰祈圣鉴事:

窃查西韩家堵口工程,前因大汛届临,经臣于五月奏停。至八月汛水渐消,即饬接续兴办,于九月初二日奏明在案。该处口门,夏间值伏汛暴涨,将金门占冲失,水深六丈有余。本属无从措手,蒙皇上天恩准暂停工。遵饬留工各员弁将已成之坝座三百余丈竭力保护。幸前建顺水大坝极为得力。入秋后汛水渐落,溜向北移,冲开夏间新挑引河,将正河刷深,口门遂见落淤。惟黄河之水,挟泥沙而行,水缓力弱则见淤,水急力猛则见刷。若从正口门遽进新占,则新淤尚未坚实,恐口门收窄后愈刷愈深,又致不可收拾。随工道员丁达意,因夏间功败垂成,力求稳慎。会同新派下游督办道员用直隶候补知府开缺同知劳乃宽周历审度,查得口门迤下二十余丈两旁已见露淤,土性尚坚,中间虽已成河槽,而深不盈丈,视口门之深至六丈者,较易为力。拟在该处就两头露出淤土,加筑新堤,另作边坝,中间二十余丈接进水占。一面拨运料物,调集下游河防各营,东西坝同时并举。迨口门收窄,中间淘深至二丈有奇,复从边坝迤上,正坝迤下,用长桩双排由东而西,添做滚水柳坝一道,以托溜势,占前之水逐渐平缓。丁达意见机有可乘,即就近添调下游防汛委员,分投两坝。跑买现钱土料,昼夜抢堵。九月初三日,将东西金门占盘压稳固;于初四日辰时,挂缆合龙,层土层料追压到底,并用蒲包淤泥上下抛掷,复买车土浇筑后戗。忽两面金门占后接缝之处各出漏眼,势如泉涌,旋出翻花大溜,几致偾事。各员弁督饬勇夫拚命抢堵,并令营勇中善泅者凫入水底,寻出漏洞,用蒲包填塞,加抛高出水面,实以淤泥。至初八日,始得断流。惟正坝水势太深,此次改从退后堵筑,添做边坝,系因避深就浅,冀得节省料物。而水势已成入袖,非将正坝堵合,终难闭气。丁达意等复督卒在工文武各员,从正坝东、西两面同时进占,幸桩料应手,弁勇踊跃用命,附近民夫见大功可成,亦皆畚挶齐集,荷锸成云,于初九日将金门占做成。初十日赶做关门大占,至亥时追压到底,一面填筑后戗。至十二日戌时,正边两坝一律闭气。后面之水渐次涸复,民间可以及时播种,堪以仰慰宸廑。

伏念此工自上年十月兴堵以来,工长三百余丈,时历八月之久,至五月间已用款二十余万。复以事机不顺,奏奉谕旨停工,秋后再行接办。臣以口门太深,未易集事,故前奏接办折内宽以时日,限立冬前堵筑合龙。赖丁达意勇于任事,于大汛时督率工员,将坝座三百余丈随蛰随加,抢护稳固,秋后复等退后抢堵之法,会同劳乃宽并力程功,费省而工速。在工文武员弁皆齐心努力,危险不辞。未届霜清,大工已克蒇事,实属异常出力。惟有仰恳天恩,从优给奖,以示鼓励。查上年十月堵合赵家菜园漫口,十二月堵合吕家洼漫口,奏报折内俱声明俟西韩工合龙后汇案请奖。先后奉旨允准。钦遵在案。今西韩工已蒇事,自应一并择尤随摺请奖。所有前参摘顶之二品顶戴存记道丁达意,拟请赏还顶戴,仍交部从优议叙；副将骆金玉、都司王恒德，请一并赏还顶戴。其尤为出力之下游下段督办道员用直隶候补知府开缺大名府同知劳乃宽，请免其再补同知，以知府仍归原省尽先即补。四品衔补用直隶州知州卢昌诒，请免补本班，以知府补用，并加三品衔分省试用。同知查尔崇，请免补本班，以知府仍分省补用。同知衔直隶州用分省补用知县王崇闾，请免补本班，以直隶州知州仍分省补用，并加四品衔。同知衔直隶州用候补知县杜秉寅，请俟归直隶州知州后，加四品衔，并赏加随带三级蓝翎。同知衔分缺间用知县朱猛、指分东河候补知县邓际昌，均请俟补缺后，以直隶州知州补用，并赏加随带三级。拣选知县吴璋、举人郑道沂，均请以知县不论双单月遇缺选用，并加五品衔。同知衔候补知县房学礼、五品衔江苏候补知县祝嗣隆，均请俟补缺后以直隶州知州补用。候补县丞吴震泽，请免补本班，以知县补用，并加同知衔。试用府经历李文中，请免补本班，以知县补用分省试用。县丞郭恩敷，请免补本班，以知县仍分省补用。总兵衔尽先副将直隶紫荆关参将沙明亮，请以总兵在任候升。开复游击衔东尽先都司叶云升、游击衔补用都司李玉田、补用都司郭成均，请免补都司，以游击补用。其余出力员弁，容再分别劳绩优次，汇核请奖。

所有应办善后工程，已饬工员妥慎办理。除将用过工需银两另饬核实造报，并将请奖员弁履历汇齐咨部外，所有堵筑西韩家漫口合龙日期，理合恭折由驿驰奏。伏乞皇上圣鉴训示。谨奏。

光绪二十三年九月二十三日奉朱批：另有旨。钦此。

348. 奏报销光绪二十二年黄河防汛经费折

光绪二十三年九月十七日(1897 年 10 月 12 日)

奏为报销光绪二十二年黄河防汛经费银两数目,恭折仰祈圣鉴事:

窃查山东黄河上、中、下三游,自曹州府菏泽县入境起,至利津县海口止,袤延千有余里,汛涨抢险,极关紧要。所用防汛经费银两,截止光绪二十一年止,业已按年造册奏销准部核覆在案。兹据河防局司道详称:二十二年防汛经费额拨司道各库临关银六十万两,续拨藩库银五万两,均经奏准如数拨解,到局转发支用。由该司道等督同承办工员,详细勾稽。是年上、中、下三游各处,抢险厢埽、抛护碎石、修盖营房需用一切工料,并雇用民夫津贴,及防营弁勇口分,总分各局委员盐粮等项,应归户部核销银十三万九千四十六两八钱六分三毫,工部核银五十万一千九百八十四两六钱三分八厘一毫,二共请销支款银六十四万一千三十一两四钱九分八厘四毫。俱系实用实销,并无扣存成平银两。查收款项下,共收到原续拨前项经费银六十五万两,连上届防汛案内报明余存银二千一十七两二钱八分八厘六毫,二十一年报销案内删除菏泽土夫营一半公费银二百四十五两八钱三分三厘三毫,统共收银六十五万二千二百六十三两一钱二分一厘九毫。除支尚存银一万一千二百三十一两六钱二分三厘五毫,归于下届防汛案内造报等情。缮具收支总细各册,出具印结,呈请奏咨前来。臣覆核册开收支各款,数均相符,并无浮冒情弊。

除将册结分咨户、工二部查照外,所有报销光绪二十二年防汛经费银数缘由,谨恭折具陈。伏乞皇上圣鉴,敕部核销施行。谨奏。

光绪二十三年九月三十日奉朱批:该部知道。钦此。

349. 奏山东文闱价买民田添建号舍折

光绪二十三年九月二十九日(1897年10月24日)

奏为山东文闱坐号不敷,现拟展拓基址,谨将购买民地筹款兴办情形,恭折具陈,仰祈圣鉴事:

窃东省乡试贡院,原有及续增号舍共计一万二千四百间,除去号军栖止及溷厕之号,计可容士子一万一千四五百人。从前历届乡试,应试者不满万人,尚属宽裕。近数科人数日增,号舍仅足敷用。本年丁酉科乡试,闱前投卷者多至一万三千余名。臣以号舍不敷,饬令添盖棚号,计可容八百余人。而风雨火烛在在堪虞,此第一时权宜,本非经久之策。山东为圣贤桑梓之邦,士多向学。学臣岁科两试,第届取进不下二千人。应试者有增无减,多士涵濡圣泽,有志观光,未便阻其上进之路。棚号既非久计,且贡院地基狭隘,即增盖棚号,亦无隙基。非另拓基址,添建号舍不可。

臣于入闱以前,即与各司道悉心商酌,筹议展拓之法。查贡院坐落布政司街东西围墙以外,西接藩司衙属,东邻大街,均属无地可展。惟北围墙外,有地十余亩,东一段为湖田,西一段为民间庐舍。饬据署历城县知县汪望庚,并添派委员绅士周履丈量,自西至东横宽五十五丈,自南至北纵长十二丈,可添建号舍二千一百九十间。所占之地,计民房一百五十间,旱地二亩五分,水田十亩零一分。小民安土重迁,必须厚给价值,方免播迁失所。估计房屋地亩各价,共合京钱二万九千四百余千;新盖号舍二千一百九十间,并另建围墙,填垫湖田,银砌砖石,共估计京钱八万六千零四十余千。二共合京钱十一万五千四百八十余千,约需银四万五千余两。当兹帑项支绌,不敢请拨正款。东省司道各库,比年军需洋款,悉皆取给,实已搜索无遗。而贡院为抡才之地,事关大典,又未敢因陋就简,致令士子向隅。现饬于司道各库及善后局积年节省外销之款,极力挪凑,尚勉强可以敷用。已饬于九月十七日动土开工,由济东道吉灿升督饬印委各员,暨本省公正绅士,认真经理。总期工坚料实,毋许稍涉浮冒。所用款项,出自外销节省,并未动用正款,请免造册报销。据藩司张国正等具详请奏前来。除咨部查照外,所有山东文闱价买民地添建号舍缘由,理合恭折具奏。伏乞皇上圣鉴训示。谨奏。

光绪二十三年十月十二日奉朱批:该部知道。钦此。

350. 奏请以北岭口门及陈庄新河为入海之路折

光绪二十三年九月二十九日(1897年10月24日)

奏为韩家垣旧河现已淤塞,拟以北岭口门及陈庄新河两处为入海之路,谨绘图贴说,恭折具陈,仰祈圣鉴事:

窃查利津南岸北岭、西滩两处民修民守之埝,于五月漫口。经臣于五月十七日附片奏明。并饬道员丁达意将该处入海情形应否堵合详细查勘禀复。嗣据禀称:西滩口门已经渐次淤塞,惟北岭之水夺溜,至七八分出口向东,由水阜庄趋南禹庄、辛庄,经杨家河折向南行,顺二道岭由丝网口入海。现已刷成河槽,势极通畅等情。臣此次赴工,于察看西韩家堵口工程后,即至北岭口门,乘坐小舟至二道岭、丝网口等处详细查看。由北岭至丝网口约六十余里,溜势甚顺。丝网口以下十五里,即系海面,再十五里为太平洋大洋,诚为天然去路。

伏查黄河以入海为归宿。比年因韩家垣尾闾不畅,以致漫决频仍。臣上年奏开陈庄新河,由萧神庙入海,本冀韩家垣尚可分泄,留作支河。今韩家垣已不能通船,北岭至丝网口既属深通,自应留为入海之路。惟北岭口门已将夺溜,迤下正河日见淤浅,仍应闲段挑挖,使分正流入新河。盖论目前之形势,则北岭分溜较多;

而度将来之情形,则萧神庙以下河身较丝网口更为低下,不可不留此正道为久远之计也。现已饬下游下段总办直隶候补知府劳乃宽,分饬委员将正河淤浅之处设法疏导。并拟于北岭口门南北岸添筑遥堤,使水由两处分泄入海。以免壅阏为患。惟水性就下,将来有无变迁,亦惟随时因势利导而已。

所有现拟北岭口门及陈庄新河两处分流入海缘由,理合恭折具奏。并绘具图说,恭呈御览。伏祈皇上圣鉴训示。谨奏。

光绪二十三年十月十二日奉朱批:着照议妥办。该部知道。图留览。钦此。

351. 奏保治行卓著之郡守牧令折

光绪二十三年九月二十九日(1897 年 10 月 24 日)

奏为特保治行卓著之郡守牧令,请旨分别奖励,以昭激劝,恭折具陈,仰祈圣鉴事:

窃维牧令为亲民之官,郡守有率属之责。牧令贤,则百里受其福;郡守贤,则阖属蒙其庥。盖民生之休戚所关,即地方之治乱所由系也。臣数年来,留心考察守令中循分供职者,固不乏人,其有志洁才长,实能以民事为己事者,自当亟为甄叙,以示优异。查有武定府知府尚其亨,志趣超卓,明练有为,在任三年,于地方水利堤防锐意讲求,士民翕服。沂州府知府丁立钧,宅心正大,莅事严明,督率各州县惩贪去蠹,吏畏民怀。前署青州府候补知府杨传书,操履笃实,廉谨不阿,历委要差,均能实力实心,不避劳怨。请补济宁直隶州知州凌芬,谙练勤明,才堪治剧,济宁政繁俗敝,颇不易治,该员刚柔互剂,措理裕如。阳谷县知县胡建枢,廉明慈惠,所至有声。调署清平县单县知县李铨,勤政爱民,力祛积弊。博平县知县李惟诚,政平讼理,恺悌宜民。调署曹县堂邑县知县金林,缉捕勤能,舆情悦服。招远县调补峄县调署单县知县朱钟琪,除暴安良,有胆有识。以上九员,均堪备循良之选。查杨传书系候补人员,可否仰恳天恩,交军机处存记录用之处,出自圣裁。其尚其亨等八员,恳恩传旨嘉奖,以示优异。此外,尚有才堪任用者,容再续陈。其不堪造就者,亦即随时甄劾,仰副圣主澄叙官方至意。谨恭折具奏。伏乞皇上圣鉴训示。谨奏。

光绪二十三年十月十二日奉朱批:另有旨。钦此。

352. 奏节交霜降黄河一律安澜折

光绪二十三年九月二十九日(1897 年 10 月 24 日)

奏为节交霜降,黄河一律安澜,恭折具陈,仰祈圣鉴事:

窃查节交白露,三游险工防护平稳情形,臣于八月二十一日奏报在案。本年秋汛较小,黄水时涨时落。惟秋汛淘底搜根,溜性较伏汛尤劲,以致险工迭出。如上游南岸之贾庄、蓝路口,中游北岸之枯河、黄陡崖,下游之王平口等处,皆因大溜侧注,势极险要,均经抢护平稳。惟利津北岸之东盐窝,河势曲屈,该处正当坐湾,危险尤甚。其迎溜顶冲之处,埽段共五十座,经秋汛淘刷,自十四座以下全行垫塌,致将堤身冲刷过半,岌岌可危。督办道员马开玉、知府劳乃宽先后驻工分投,购拨料物,督饬防汛营委各员尽夜抢厢先后五十余日,始渐平稳。臣此次赴工亲诣查看,复饬劳乃宽添建顺水坝三座,以拓溜势。以后汛水渐落,当可无虞。

伏查今年黄汛为时较早,当五月未交夏至之前,北岭前归民修民守之埝,即被漫决。其两岸官守堤埝,出水高不盈尺,迨伏汛一届,水与堤平,各处抢加子埝,而风溅浪激,时时有漫溢之虞。臣五月奏报折内谓防其冲决,不能禁其盈满,实自愧宣防无术,恐难免疏失之虞也。幸仰赖圣主洪福,河神效灵,俾通工一律安澜。臣庆幸之余,倍深悚惧。相应请旨颁发大藏香,由臣祇领虔诣大王庙祀谢,以答神庥。在工文武员弁,自春徂秋,胼胝经营,不辞劳瘁,应请暂行存记,照章归入下届汇保。其总办道员,拟请先行奖叙,以昭激劝。除下游上段督办道员马开玉,臣已另片奏保,下段督办知府劳乃宽已于西韩工案内列保,不敢再请奖叙外,合无仰恳天恩,俯准将上游督办兖沂曹济道锡良、中游督办候补道林介景,均交部从优议叙。刻下节届霜清,水势渐定,尚未大见消落。仍当督饬各总办随时相机修守,不敢稍涉松懈,仰副朝廷慎重河防至意。

所有节交霜降,黄河一律安澜缘由,理合恭折具奏。伏乞皇上圣鉴训示。谨奏。

光绪二十三年十月十二日奉朱批:另有旨。钦此。

353. 奏请嘉奖在籍翰林宋书升片

光绪二十三年十月初六日(1897 年 10 月 31 日)

再,在籍翰林院庶吉士宋书升。系山东潍县人,品端学邃,于书无所不窥。经臣延聘主讲尚志书院,敦崇正学,诱掖后进,士林翕然。宗之其学,以圣经为鹄,旁及天文、地舆、测绘、算法,亦皆循流溯源,各探其奥。臣以治河之法,必资测算,频年查勘河道,皆邀与偕。该庶吉士以桑梓利害所关,跋涉河干,往来测量,冲寒冒暑,口不言劳。臣查该庶吉士澹泊明志,不希宠荣,而学有本原,通知时事,无愧明体达明之选。臣不敢壅于上闻,可否仰邀特旨嘉奖,以资观感之处,出自天恩。谨附片具奏。伏乞圣鉴训示。谨奏。

光绪二十三年十月二十三日奉朱批:宋书升着李秉衡传旨嘉奖。钦此。

354. 奏密保道员蒋兆奎知府卢昌诒折

光绪二十三年十月十五日(1897年11月9日)

奏为特保才堪任用之道府,恭折密陈、仰祈圣鉴事:

窃维治理之隆替,以得人为先;人臣之报称,尤以荐才为亟。道府有率属之责,非志洁行端不足以资表率。臣抚东三年,于僚属贤否,无不因事随时尽心考察,期备朝廷器使之用。查有二品顶戴候补道蒋兆奎,臣前护广西抚篆时该员署理桂林府,果于任事,胆识俱优,后补授柳州府知府,廉惠有声。上年以道员改发来东,经臣委办中游河工,及筹济漕运事宜,皆能擘画精详,不避嫌怨。臣查该员有守有为,才堪干济,虽到东甫及一载,而委任各事无不奋迅图功,措施悉当。又三品衔补用知府卢昌诒,臣自光绪二十年到东,稔知该员植品甚端,凡海防河工地方重要事件,委令襄理,皆能实心实力,终始不渝。经臣迭次保荐,蒙恩洊升今职。臣查该员经济博通,遇事勤勤恳恳,不避险阻,学识操持,均为公论所推重,不以久而或异。臣赋性迂拘,于用人一途尤为矜慎,不敢谬举以贻误,亦不敢滥举以市恩。窃见该二员才具优长,操守亦卓然可信,洵为道府良选;若畀以实任,必能正己率属,于吏治民生均有裨益。臣交卸在即,敬念古人以人事君之义,谨密举上陈,用备圣明采择。应如何恩施录用之处,出自逾格鸿慈,非微臣所敢擅请。谨专折密奏。伏乞皇上圣鉴训示。谨奏。

355. 奏密参登州镇总兵章高元折

光绪二十三年十月十五日(1897 年 11 月 9 日)

奏为海疆要地,总兵不得其人,恐滋贻误,谨据实密陈,恭折仰祈圣鉴事:

窃查东省胶澳地方,管南北洋之枢,最称险要。近奉旨中国自建船澳,而夷船之进澳游弋者,犹络绎不绝,无非以地居形势,各怀窥伺之心。全赖镇守斯地者,修明武备,辑睦军心,俾外人有不敢轻量之意。猛虎在山,则藜藿不采。其所关为至钜也。兹查统带胶州海防营登州镇总兵章高元,习气太深,利心太重,在任年久,骄恣日形。臣稔知其痼习难除,缓急断不可恃,上年年终密考单内曾以据实上陈。近闻其所统各营,每营月扣津贴银一百两。又索取空额二十余名,统领责之营官,营官复取之弁勇,层层剥削,必至士卒解体。且复性耽曲蘖,日在醉乡。更纵容其子,招权纳贿,营务大不可问。经海疆重要之地,似此贪劣将领久厕其间,隳军实而启戎心,关系大局匪浅。或者谓,该总兵久驻胶防,情形熟悉。不知统将所重,必能树威信,辑兵民,方足以绥近怀远。章高元在防愈久,积弊愈深,其贪戾恣睢,久为众所共悉。惟该总兵平日喜结纳,延声誉,故不知者或犹有恕辞。臣三年中详细访查。实见其贪黩性成,不堪任用。今臣去东有日,若犹缄默不举,深恐有负圣恩。

惟系专阃大员，应如何惩处，伏求宸断施行，非臣下所敢擅拟。臣为海疆重要，恐滋贻误起见，谨专折密奏。伏乞皇上圣鉴训示。谨奏。

356. 奏为将钜野等教案疏防各员摘顶勒纠折

光绪二十三年十月二十一日(1897 年 11 月 15 日)

奏为查参疏防教堂被劫各员,遵旨摘顶勒缉,恭折仰祈圣鉴事:

窃臣于十月十二日,据署钜野县知县许延瑞禀报:光绪二十三年十月初八日,据地保姚雪章禀,据教士薛田资投称,德国教士能方济,自汶上至曹县传教,在伊教堂与韩理一处住宿,于初七日夜三更时分,被贼抗门进院行窃,经教士韩理等惊觉喊捕,贼即临时行强,砸毁窗户,入室用标枪扎伤韩理、能方济倒地,劫得钱票、衣物逃逸。韩理、能方济均各移时因伤身死。并据兖沂道锡良禀同前由。又据寿张县知县庄洪烈禀报:十月初五日,据地保冯玉章禀,十月初三日夜二更时分,郑家垓教堂被贼进院入室,临时强劫银钱、衣服各等情,当经行司饬属截拿,并勒限半个月,严饬各该县缉拿凶盗,务获究办在案。

钦奉十六、十八两日电旨,遵即遴委臬司毓贤、兖沂道锡良,会同驰往钜野县,严究有无起衅别情,并督拿凶盗,毋许延宕。查现署钜野县知县许廷瑞,未能防范保护,咎无可辞,已遵旨将该署县摘去顶戴。如勒限届满无获,再行严参。寿张县教堂被劫,尚无伤毙人口情事,惟匪既无获,亦应遵旨将该县知县庄洪烈一并摘去顶戴，俟勒限届满，分别办理。

所有查参疏防教堂被劫各员摘顶勒缉缘由，理合恭折具奏。伏乞皇上圣鉴训示。再，前奉电旨，阳谷县应改作寿张县。已承准总理各国事务衙门来电更正。合并陈明。谨奏。

光绪二十三年十月二十一日奉朱批：知道了。缉捕乃地方官要事，该县疏防盗案，杀毙洋人，以致酿成巨衅，实属可恶，亦不仅以摘顶塞责也。钦此。

357. 奏保直隶补用知府劳乃宽片

光绪二十三年十一月初三日(1897 年 11 月 26 日)

再,二品衔道员用直隶尽先补用知府劳乃宽,经臣奏调办理山东河工。该员于八月到工,派委下游下段总办,勤求修守,措理裕如。嗣经直隶督臣王文韶以该员操履清廉,志趣远大,奏请送部引见。钦奉谕旨允准,咨行到臣。现饬将经手事件赶紧清厘,俟办理完竣,由新任抚臣给咨送部。臣查直隶为该员服官省分,遇事实心实力,著绩河防,讲求吏治,器识操存,倚任足据,洵为道府中不可多得之才。应如何加恩之处,出自鸿慈。谨附片具奏。伏乞圣鉴。谨奏。

358. 奏东省机器局添建枪厂购买机器筹拨各款银两折

光绪二十三年十一月初四日(1897 年 11 月 27 日)

奏为东省机器局扩充制造,谨将添建枪厂、购买机器、筹拨各款银两情形,恭折具陈,仰祈圣鉴事:

窃查东省机器局,由前升任抚臣丁宝桢于光绪元年创立。原议次第推广,自造洋枪。嗣因筹款维艰,仅造火药、枪子。经臣于二十一年整顿南运。筹出款项,扩充机器,奏明常年提南运局余利银四万两作为添造枪械之需。奉旨允准,钦遵在案。兹据总办机器局务按察使毓贤、候补道潘延祖会详称:添造枪械,必先采办洋料,增建厂房,购买机器,方足以资制造。前与局员再三详度,在于机器厂后建立洋式大枪厂一所。造枪需钢铁零件最多,熟铁厂必须扩充,当于旧铁厂之后另建洋式熟铁大厂一所。造枪则用子倍多,故于枪子厂之东另建洋式枪子大厂一所。枪子需铜最夥,故另建轧铜大厂一所。外洋视锅炉之大小以定烟筒之高下,兹造成九十五尺高烟筒一座、七十五尺烟筒一座、五十五尺烟筒一座、铁烟筒一座。厂基挖深五尺,烟筒基挖深八尺。均密钉排桩,上筑三和土,盖以大石板,再砌条石以为墙脚;上则扁砖实砌,纯灌灰浆,梁栋皆外洋方木,柱则生铁铸成,以期巩固,方胜机器震撼,不致有鼓裂之虞。此外,军械日富,当预谋存储之方;工匠日多,当代筹栖息之所。是以建造军火库二十间、工匠房四十间。又如水龙房以备不虞,泥工厂以资修葺,皆系必不可缓之工。共计添厂四座,群屋八十余间,较原厂扩充三分之二。均经修造完竣,委员验收,结报在案。至制造抬枪机器,外洋本无抬枪名目,故无此专门机器,并可兼造毛瑟洋枪,计共六十余种;铁炉、地轴、皮带、锤、钳、轴、枕、螺丝,各种轮模、刀、钻,共一百七十余件,俱已运解到局。一俟机器装齐,工匠募到,造枪铜铁钢料购运来东,即可开车铸造。统计购买机器、建造厂屋一切工料价值,运脚均在其内,约共用银十二万两。内由南运局先后筹拨银七万两,并在藩库借拨银三万两,河防局借拨银二万两,仍由南运局分年筹还等情。详请奏咨立案前来。

臣维枪械为行军之要需,制造实当时之急务。东省建立枪厂,几费经营,规模现已大备。惟期推行尽利,精益求精,所造之枪足与外洋火器相敌,庶临时不必购自远方,可以有备无患。除饬将机器价值、运脚汇入建厂工料项下造册报销,并分咨总理各国事务衙门暨户、兵、工三部查照外,所有东省筹款添造枪厂,购买机械缘由,理合恭折具陈。伏乞皇上圣鉴,敕部立案施行。谨奏。

359. 奏交卸抚篆并因病请假折

光绪二十三年十一月初六日(1897年11月29日)

奏为恭报微臣交卸抚篆日期,并因病恳恩赏假调理,恭折仰祈圣鉴事:

窃臣蒙恩简授四川总督,前奉电旨俟新任到后,即着迅速来京陛见等因。钦此。兹新任抚臣张汝梅于十一月初五日行抵山东省城,臣于初六日饬委济南府知府刘景宸,臣标中军参将刘云,会将山东巡抚关防一颗、盐政印信一颗、临清关监督关防一颗,暨王命旗牌、文卷等件,一并赍送新任抚臣张汝梅接收。臣即于是日交卸,本应迅速入都陛见,仰禀圣谟指示,并抒瞻恋之忱。惟臣本年自二月出驻河工,至五月底回省,舟中积受暑湿,触发咯血旧疾,数月未逾。秋间文闱监临毕后,又复驰赴河工。回省接办武闱乡试,衰茶之体,实觉竭蹶万分。近日病愈增剧,状类怔忡,兼患泄利之症。据医者云,肝气上冲,心脾交损,非静心调理,难期速痊。惟有吁恳天恩,赏假两个月。臣拟赴直隶就医,赶紧调理。一俟假期届满,即当星驰入都,趋赴阙廷,跪聆圣训。不胜悚惧屏营之至!

所有微臣交卸抚篆日期,并因病请假缘由,谨恭折具奏。伏乞皇上圣鉴训示。再,此折仍用山东巡抚关防拜发。合并陈明。谨奏。

360. 奏因病请开川督缺片

光绪二十三年十一月初六日(1897 年 11 月 29 日)

再,四川一省,地大物博,政务殷繁,关系极重。臣前奉督川之命,自忖才识迂疏,而犬马之力尚可自效。亟欲勉策驽钝,上酬高厚之恩。乃近来旧疾日增,未能迅速就道,总督事繁责重,岂容久旷职守,五中焦急,寤寐难安。惟有吁恳天恩,开去臣四川总督之缺,另行简员补授,俾臣得安心调理。一俟假满病痊,再当泥首宫门,另效驱策,决不敢稍存安逸,自外生成。

所有微臣因病恳请开缺缘由,谨附片具奏。伏乞圣鉴训示。谨奏。

361. 奏赴奉查办事件途次拿获匪首折

光绪二十五年八月十八日(1899 年 9 月 22 日)

奏为途次访查绑票匪首,现经拿获,并请及时捕剿,恭折仰祈圣鉴事:

窃臣膺命前往奉天查办事件,当经跪请圣训,仰蒙面谕肫挚,于关外绑票贼匪肆扰,尤切廑怀,曷胜钦佩。随即束装,带同随员编修王廷相,于本月十二日起程,先后由大路并铁轨驰行。十六日,抵关外中后所地方。访闻匪势渐远,地面稍安。代统武卫左军总兵马玉昆,已将匪首田先牲等拿获。田先牲者,在匪首中尤为著名。其初本未为匪,缘被匪周洛疙疸掳缚数次,家业荡尽,亦招聚众匪,捆人勒赎,并有掳掠妇女重情。各匪见其骤得重利,无人敢问,因而纷纷四起。平时各领各股,如闻有官军消息,则由近而远,调匪抗拒。为数既众,又有快马快枪,是以肆行无忌。其各股匪首,曰张砖头、刘红兰、王坤、施锡龄、谷得磁等。本年七月间,马玉昆所部武卫左军,在红螺山之北地名八百陇与之接仗,打伤颇多。刘、谷各匪,遂与田匪合成一伙。该军追剿,先后将王坤打死,施锡龄就擒正法,余匪多窜出边外逃匿。八月初十后,刘红兰、张砖头被获。田先牲力蹙,西窜至山海关西三四十里,亦被该军擒获。此武卫左军跟踪追剿于朝阳奉锦办贼之情形也。

查匪首虽多就获,余匪四逃,难免潜伏复发。应请谕令马玉昆督饬所部,始终其事,庶有成效。仍责成盛京将军,将督捕事宜分别奖劝严惩,认真整顿,必期剿捕净尽,地方久安。

再,臣闻奉锦所属贼匪之炽,全由已革统领恩兴酿成。该统领所带各营,专司捕盗,实则纵贼,以至日甚一日。自将军增祺到任,将该统领参办,奉军捕务始有转机。此番绑票股众之起,周洛疙疸实为最早最为著名之渠首。自在朝阳就抚效用后,虽闻其小有捕获,皆系平日深仇,而于著名同党仍多纵放。周洛疙疸以积恶巨匪,不立置重典,反假以权,使其藉公获贼。既不足明示惩创,更恐相效踵起,为患滋深。是朝阳奉锦绑票之多,实以周洛疙疸为祸始。惟有请旨密饬直隶总督、热河都统查明该抚匪所在,立即正法,以快人心而戢贼焰。

除仍前往查办外,所有途次访查情形,深知上系圣廑,谨就愚见拟请办理缘由,理合先行具折由驿驰陈。伏乞皇太后、皇上圣鉴。

再,臣经过地方,关内稍形缺雨,关外收成中稔,民情尚安。此折系借宁远州印信,即由州城拜发。合并陈明。谨奏。

362. 奏报到沈日期折

光绪二十五年八月二十九日(1899 年 10 月 3 日)

奏为陈报到沈日期,恭折仰祈圣鉴事:

窃臣膺命奉天查办事件,曾于宁远州途次,将访闻绑票匪首就获,并请及时剿捕缘由,具折驰陈。拜发后,仍即前进,每日车行六七十里,得以详细询访。兹于八月二十七日行抵沈阳。敬谨展谒福陵、昭陵讫。已与将军增祺晤面,知防营总统荣和、寿长业经奏奉电旨先行撤换。以臣访闻该营大略情形,增祺此奏甚得关要,与臣意见相同。此时仁军已经交替,育军亦以速行交替为宜,尤以择地赶扎营垒为要。至臣沿途所见,自经东役,民气未苏。增祺到任以来,加意整顿,无如积弊已深。臣于所闻知,当向备告,俾筹厘革补救之法。至若关系大局尤重者,但使管蠡有见,可以裨补一二,并当自行具陈,期仰副眷念根本之至意。除将查办事件逐一求详再行据实覆奏外,所有到沈日期合行具折由驿驰陈。伏乞皇太后、皇上圣鉴。

再,臣经过锦州迤东地方,秋成一律中稔,民情亦安。此折系借用奉天总督印信。合并陈明。谨奏。

363. 奏密筹奉省防军统制办法片

光绪二十五年八月二十九日(1899 年 10 月 3 日)

再,正折缮就方封发间,由将军增祺知会,本日荣和一军业经德克登额接收,日内当可交割清楚。查该两军之设,原以备大敌,必须廉勇夙著,纪律严明,深得兵心之员,方可胜任。现在将军增祺奏遵电旨,准派晋昌、德克登额暂统仁、育二军,立意原以去两总统为急。当此强邻逼处,万不可不慎选将领,为维持根本重计。惟军制事权总须归一,将来似宜一军统十营。其另一军亦统十营,并总统两军,则总统有控制之权,事机方合。臣每念时艰,常以留心将才为务。况奉省防军尤为吃重,必须统将得人,方足以资捍卫。容俟将查办事件覆奏后,再就夙知深信之员另折奏闻,以备采择。谨再附片密陈。伏乞圣鉴。谨奏。

364. 奏查明仁育两军总统被参各款折

光绪二十五年九月初七日(1899 年 10 月 11 日)

奏为查明仁、育两军总统被参各款,据实覆陈,请将荣和、寿长分别惩处,恭折仰祈圣鉴事:

窃臣膺命奉天查办事件,于八月二十九日将到沈阳日期具折驰陈。是日,由驿递回宁远州拜发一折。奉朱批:另有旨。钦此。臣于沿途并到沈阳后,率同随员编修王廷相留心确访,并将仁、育两军初设营制、开支饷期,与前将军依克唐阿等报效八万银款一案,咨由将军增祺查明。案据咨覆,臣细加考核,与原参多半相同,请敬谨陈之:

查原参防营废弛,款目虽多,综计五项:曰嗜好;曰情故;曰排场;曰不修营垒;曰报效银两不实。嗜好一节,两总统烟瘾俱深,又皆嗜酒,难掩众目。情故一节,查育军为荣和所统,多用其本家子侄;仁军为寿长所统,所用类多亲故。育军将弁多庸懦,荣和自以用韩登举充统领为得计,实则营哨官弁概不由统领委派。仁军营委多狡黠,寿长内侄廖姓,与该军营务处委员县丞雷钧衡,尤为用事。将军、府尹会衔告示,雷钧衡竟敢抗阻,不令张贴。他事之胆大恣横可知。该两军总统,一以骄,一以惰,其两军不相联络,则实同之。幸得及早撤换,不然恐为害犹不仅虚糜饷项已也。至各统领有无未尝从军之弁，调查履历大都有出征打仗字样，此皆军营板样故套。惟各营管带哨弁既多由情托，操练安能认真？民间目为儿戏。原参所谓士卒哗然，俄人讪笑，诚为势所必有。排场一节，出门响号，弁兵随拥，犹为统营之常。至舍骑乘轿一层，详细访查，依克唐阿未出缺之先，增祺既到任之后，尚无其事。原参称眷属出门，亦复如是。查荣和、寿长，系属姻亲；荣和与依克唐阿戚属亦近。女眷出门，不过姻好往来，有无夸耀，似乎不必苛求。不修营垒一节，该两军自成营后，初以采地为名，总以请款，托故久之，营垒未立。仁军现以八营分往省北，驻扎昌图、开原一带；育军盘踞省城，不肯远去，近始遣出三营，余或借住老营，仍多寄居客店。营址甫在省城迤西勘定，尚未兴筑。在该总统，利其散处无所稽考，任意缺额。而民间之骚扰，不堪问矣。报效一案，原参称去岁仁、育二军两总统，与前将军依克唐阿共报效银八万两，添购军械；其实依克唐阿捐银无多，系以旧余枪枝捏报充数，两总统则以兵未招齐，一律先支之饷弥补，此款后此克扣，亦所不免一节，咨由将军查明。覆称：光绪二十四年十二月初九日，前将军依克唐阿向信义洋行订购七密里小口径毛瑟快步枪一万杆，子母五百万粒，立有合同等语，是添购军械属实，并非以旧余枪枝捏报充数。覆咨又称：前将军依克唐阿报效银四万两，曾据粮饷处于上年十二月二十九日收到，并入枪价汇津。惟两总统报效银两，迄今未交等语。是两总统报效四万两银款，实系未交，并无先支兵饷弥补克扣情事。臣以为荣和、寿长既已撤去总统，此款自勿庸令其再交。应请将所得奖叙撤销。又原参称马贼横行，锦、宁尤甚，逼近城邑，致锦州府有白昼关城之事。查五六月省西绑票之多，自以锦、宁为最。宁远州距城二里，确有金姓被绑之案。七月间不知何事，宁远州城暂闭旋开。遍访无锦州关城之事,似属传闻之误。其锦、宁事体,臣随后另有奏陈。以上所查,皆与原参各款多半相同之实在情形也。

方臣未到沈阳之先,增祺已先奏奉电旨,准将荣和、寿长撤换。寿长当即交割清楚,荣和迟缓数日,屡经增祺严催,闻其于二十八日补放哨官、哨长广喜等十二名,始于二十九日将育字一军交出。似此延宕,无非为弥补空额之计。此案既交增祺确查,又特命臣前来认真查办,实为整顿防营,维持根本重计。臣何敢稍有瞻徇?查荣和世受国恩,总统防营不图报称,百种谎谬。交替之际,又复任意迟延,实有应得之咎。除育军总统已由增祺奏撤外,仍请予以惩处,为统兵大员纵弛玩视者戒。寿长偏裨之才,不胜统将重任,于营伍亦多不实,厥咎与荣和同。惟系多隆阿之孙,金州之役颇以忠奋敢战见称,此番交割尤极爽速,业将仁军总统奏撤,再应如何酌惩,或予以愧励自新之地,均系副都统大员,非臣所敢擅拟,惟祈出自圣裁。至仁军营务处委员县丞雷钧衡,请即行革职,不准复留本营。

所有查明总统被参各款,谨据实缮折覆陈。伏乞皇太后、皇上圣鉴训示。此折系借用盛京礼部印信。臣于拜折后,即带同随员起程回京。合并声明。谨奏。

365. 奏密保锡振张国林二员片

光绪二十五年九月初七日(1899 年 10 月 11 日)

再,奉省所关甚重,近来强邻逼处,眈眈虎视,待衅而发,兵力必不宜单。计通省惟马玉昆代统武卫左军二十四营为有用,惟系拱卫京畿,在此仍为客兵,有事便须调遣他去。奉军三十营专司缉盗,尚须加意整顿。前将军依克唐阿,就敌忾旧部新练防军二十营,实为必不可少之兵。无如总统有二,立法未善,又不得其人。臣前奏已将军制事权贵一,须以一军统十营,其另一军亦统十营,并总统两军明白具陈,急宜照此更正。此军关系奉省安危,必须精选良将。臣访闻得前提督乐善之孙,现任宁夏将军锡振,沉毅廉明,勇于任事,在军能得兵心。以忠臣之裔,现任将军总统防营,声威较重,拟请特旨派为总统,便统十营,并兼统两军。又臣于召见时保奏张国林一员,业蒙传旨宣召,未知已否到京。该员久充统领,纪律严明,身先士卒,同劳共苦,行营所至,壁垒坚完,秋毫无犯,洵属节制之兵。即可派统十营,归锡振总制。计一军十营,统将须有分统,并令各自选置,并同公统递选营哨各官。如不得力,随时更换,务使固结一体,认真操练。为能战能守之军,庶于固本捍疆,可收实效。近来营伍积习,皆重情托,主将之于偏裨,才略短长并非夙识,且恩不己出,权不自操,威不可伸,情不相洽,平日不能责以实事，有事断难协力同仇。譬如指不附臂，臂不附身，操纵安能如志？应请特宣谕旨，严申禁令，使念朝廷大计，勿得曲徇私情，以误己事。倘复仍蹈故习，必加以违制之罪，则营伍可期整肃，师出亦当有功。今日奉省情事，莫急于选真将，练实兵。谨举所知堪任统将者，以供擢用，不胜望切简命之至！

再，总统有搜罗幕才、接洽将校之需，统领亦须有责以能廉之道。所定公费，必使展布有余，始足以尽心力，收成效。当此更定军制，宜就仁、育两军归并裁省之项，较核原定章程宽为筹给。并请饬下将军详酌办理。谨此附片密陈。伏乞圣鉴训示。谨奏。

366. 奏请饬奉天将军赶筑营垒片

光绪二十五年九月初七日(1899 年 10 月 11 日)

再,臣查将军增祺咨覆文内,仁、育两军自本年正月即开支正饷,至今已逾八月之久,尚未筑有营垒,是聚多营兵众一任游荡,散漫无归,缓急安所用之?查此两军之设,原以备大敌,刻下总以赶紧筑垒为急。应使各扎各营,复各就一军相为联络,不可以暂时代统,稍有稽延。其驻营处所,须择近省一二十里,或扼要四达之地。计两军二十营,各得一空阔地方,租地缓粮,便可相安应用。务使成一重屯,整部伍以勤训练,便稽查以杜虚额,集全军以速征调,厚兵力以壮声威。此实不容少缓于今日者也。若谓聚则易滋事端,但使得贤良之将,恩威服众,虽再增多营,亦必能悉就约束。不然分扎愈多,即无处不滋扰矣。就请饬下将军督令两军署总统迅速筹办,以免纷扰而重操防。谨再附片奏陈。伏乞圣鉴。谨奏。

367. 奏查奉省情形胪陈管见折

光绪二十五年九月初八日(1899 年 10 月 12 日)

奏为查看奉省情形,谨择要胪陈,并抒管见,恭折仰祈圣鉴事:

窃臣面奉圣谕,令将奉省地方情形,并大局利害、吏治贤否分别留心查核,仰见廑念根本之至意。臣于查办事件外,随地考校综核其利弊源委,因就关系尤重者详细筹画,得固本之计宜切实整顿者二:曰课吏治以结民心,变营章以维军事。救弊之方宜及时裁定者三:曰厘钱法以平物价,汰税委以保饷源,结团保以弭盗贼。特办之件宜核实者三:曰防营,曰垦务,曰矿厂。正本清源之道有一:曰慎简大僚以挽风气。请一一陈之。

奉省经兵警之后,强邻逼处,当以固结民心为急务。乃各州县贪玩成习,书差各种恣横因之,民不胜累。富者相率入教,贫者迫而为贼。东南多教民,省西多贼匪,职此之故。地方官不能息民,反益困民,安望期民效顺?亟宜严课吏之法,州县贤员重加奖劝,其不肖者查有劣迹,即予罢黜。一切应行公事,责以务实,必使实惠及民。在今日能安二十余厅州县之民,乃能保二十余厅州县所出之饷。若仍如前贪玩,民怨日滋,一有疆事,害何忍言!此吏治之宜从严督课也。

现当整顿防营,奉军亦当酌量变通。该军定制,分别五路,零星散布,并无训练合操之日,何能成为劲旅?亦宜择要扎垒,相为联络,以便严约束,勤操练,使为有用之兵,与防军主客相为声应。并酌分马队,选善缉捕之将督之,优加津贴,严定赏罚,为游弋之兵,专责以拿盗搜窝。遇有失事,亦与州县官并同处分,地方庶可久安。惟查奉军三十营,均系八成队伍,而马队实居其半。人马月饷七两,物力艰贵,不敷所用,每致扰民。宜留捕盗马队四五营,余具改为步队。并将三十营酌加归并,使足十成之数。如此则官弁公费可减,马队月饷可省七十万,钜饷始可归于实用。各营统领营官,尤须择其将才威望夙服兵众者,使之整饬营规,则营伍当有起色,兵民亦可相安。此军制之宜及时更张也。

奉天省城钱法之坏,一坏于去岁开铸银圆,抬价行使,求利太速,而银价因之骤涨,百物亦随腾贵;再误于官钱局凭贴抬价收银,市价亦有不能低落,铺户亦不出帖。又以银圆色低价昂,所有现钱始而深藏,继而外运。现在钱荒已极。民间出入,只以银圆买物,必准所持几角尽数花使,每有应找还三五文钱而不可得。贫民嗟怨,景象不堪。救之之法,惟在有钱流通,则使用较便,银元价自可平,银价亦随之自落,得与四外市价不相悬殊,百货便能运通,不至过形昂贵。现经增祺开炉铸钱,先开两炉,日可出东钱一千数百吊。拟再扩充,每年如得东钱三五百万吊,定有大效。虽官本不无亏折,而亏本害小,救困利大。倘由外筹补不敷尚钜,应请准其作正开销。此专为固本紧要起见,他省不得援以为例。仍不烦另外动款。即以奉军裁马改步或汰弱裁撤三数营计,通年裁省之款已合东钱可得数百万吊。并有由外筹补之项,大约每年所铸新钱之亏折总可弥补,断不可畏难中辍。新钱视他省稍轻,较之偶见之本省旧钱则又重大倍之,外运无利,严禁偷运亦易奉行。则省城之民困可纾矣。

奉省饷源，自前将军依克唐阿清厘东边税务，增添盐厘、斗秤等捐，岁增四十余万两。本地筹饷，不必仰给于部库，有裨于奉省军制者甚大。但捐局委员不免藉端勒取，或有私设名目，滥行搜括之事。各属多分设斗秤、土药、盐厘各局多一委员，即多一自肥之路。若由州县经办，亦多滋弊。审筹再四，莫若并捐税为一局，厘定画一章程，将应捐应税各项名目刊刻告示，交地方官张牌示众，不准于此外别有科取。要在慎选局员，以专责成。并严行考核，不准以投效人员与非地方人员滥行位置。尤须有力绝供应、能耐劳苦之廉明大员，如前青州副都统讷钦者为之。宽筹公费，使总司稽核各局，随时有所奖戒，庶地方不受欺凌，征收日有起色，而饷源可常保矣。

团练保甲，以弭盗贼，在奉省尤宜实办。奉省团练，有官款、官械，只须不为中饱，地方得此，其势可藉。省东南畏敌，省西畏贼，其机可乘。畏贼之地，宜汰弱增强，加以训练，使之守望相助；畏敌之地，宜乡连堡结，密为部署，以备不御。皆须以保甲清其根原，联其气势。大要须有公正素著官绅为之督办，由其妥定章程，悉心经画，使择各属良善绅衿如锦县举人王庆升者会办，分董其事。统责成地方州县严行稽核，不准有苛敛滋扰情事。如此则训练认真，于防营奉军而外，复增一自为保卫之道。

以上各条，臣与增祺晤叙，意见似颇相同。仍请敕旨交给。如何采择，或另行筹措，务令斟酌尽善，及时整顿。至特办之件，防营现已查办。臣并有营制改章之奏，垦务、矿务亦另有胪陈。

至于正本清源，端由大吏，陪都重地，多设大员，本为厚培根柢，若不得其人，弊病亦因之而大。大员好酬应，则属吏之馈献不敢不周;大员多营私,则小民之脂膏不能不削。况今日强敌凭陵,根本几有动摇之虑。岂可复使毒虫潜相啮噬,以速其仆?虽钤辖文武,巩固封圻,将军之任最重,而奉天府尹、五部侍郎均有率属保民之责,必须得人而理,相与和衷共济。此后凡遇奉天简畀大吏,惟有仰恳圣虑详裁,必得品望、才望足资干济之选,责以尽心职守,实事求是。如是则积弊可除,百废俱举,元气内固,外侮亦不至速乘矣。

臣愚昧之见,是否有当,谨缮折具陈。伏乞皇太后、皇上圣鉴训示。此折借用奉天总督关防。合并声明。谨奏。

368. 奏密参奉天府尹恒寿及刑部侍郎英煦片

光绪二十五年九月初八日(1899年10月12日)

再,奉天府尹一缺,系兼行巡抚事。所赖与将军督课吏治、表率各府厅州县者。惟府尹是责此职,在今日为尤重。查恒寿自到任以来,并无整顿,而操守难言,实于此缺不宜。又刑部侍郎英煦,办理旗民、蒙古词讼,无案不贿,信任门丁刘姓恣意苛索,声名甚劣。臣既有所闻,不敢缄默。谨附片密陈。伏乞圣鉴。谨奏。

369. 奏密保盛昱文悌玉恒请调奉任用片

光绪二十五年九月初八日(1899 年 10 月 12 日)

再,今日需才孔亟,奉省尤甚。臣前折所陈固本救弊各条,必须卓练之才或廉正勤民者任其事,始可收斡旋之功。臣熟知前祭酒盛昱,才望卓著,早以通学著称。近年专从切实着力潜心国计,留意人才,于奉省利弊源流尤为熟悉。奉省官场因循成习,得此真实有用之才,必能培固根本,振兴庶务,以底久安。又贵州臬司玉恒,秉公持正,洁己爱民,在礼部为前协办大学士李鸿藻所识拔,历任山西雁平道署冀宁道、贵州贵西道,皆以廉静为治。奉省地方官属,尤须率以廉朴之风。又现任河南府知府文悌,通达治体,声望冠时,其才识异常,当在圣明洞鉴。现今奉省急务,如课吏、治保、饷源、办团练诸政,均须体用兼备之才。文悌抱负殊深,尤非一郡守可限。惟祈眷念艰局,加以破格之施。倘能用之奉省,竭其所长,深谋远虑,力复国初敦朴之风,则三省之气俱厚矣。臣感念时艰,愧无补救。重维以人事君之义,思抒深根固蒂之谋。窃见盛昱、文悌俱杰出之英,玉恒亦救时之选,必欲置之奉省者,桑梓之计犹后,大局之忧实深。用敢冒昧缕陈,无任悚切钦盼之至！谨附片密奏。伏乞圣鉴训示。谨奏。

370. 奏保知县增韫请破格擢用折

光绪二十五年九月初八日(1899 年 10 月 12 日)

奏为特保知县政绩卓著,才堪重任,拟请破格擢用,恭折仰祈圣鉴事:

窃观奉省奔竞成风,吏治疲玩,求才于州县难,求异才于州县尤难。臣自入奉省边境,即闻通省州县以安东县知县署理承德京县增韫为贤员第一。比行入锦县界内,适值增韫调署锦县赴任之初,百姓欢庆,如得膏雨,一路皆然。臣于高桥松山接见该员两次,与询通省政治,一一指陈利弊,洞晓源流,议论识见皆归于正大。闻其于光绪二十一年曾署锦县,值大兵络绎之时,应付兵差,弹压地面,始终兵民相安,为来往带兵大员所钦重。今年在署承德县任内,抑洋价,平粮盘,不为奸商巨侩所挠,民困得减。办理教案,外人惕服。似此卓然自立,毅然有为,可以弭变端,任艰局,实为奉省必不可无之员。查锦州府全属,皆与朝阳连壤,近年盗贼充斥,民不聊生,现在匪踪虽远,捕务未可稍松,消弭盗源,保甲团练,均须实力举行。臣以为西路干城,应惟增韫是倚。该员之才,非牧令可限。惟祈圣明裁断,重念需才之亟,立予破格之施,委以重任,既使循良效绩,兼可风厉其余。臣幸得真才,谨据实上闻,冀仰副宵旰忧勤,求治求贤殷殷若渴之至意。

所有保荐知县才堪重任缘由,专折具陈。伏乞皇太后、皇上圣鉴训示。谨奏。

371. 奏请奖励义州知州高钦片

光绪二十五年九月初八日(1899 年 10 月 12 日)

再,本年夏间,锦府阖属盗贼甚炽,义州南界锦县,西近朝阳,与两县情形相等。该州知州高钦,身率兵众,尽力捕剿,擒获颇多。贼众畏之,逃散远避,当时惟州属之民得安,远近服其胆力。其平日官声亦有干练之目。现当捕务紧要之时,应请旨酌予奖励,以为尽力民事者劝。谨附片具陈。伏乞圣鉴。谨奏。

372. 奏参奎华陈善宝片

光绪二十五年九月初八日(1899 年 10 月 12 日)

再,锦州府属当马贼肆扰之后,缉捕宜严,铁路要冲多须弹压,必得才干兼优、朴实勤民之员,始资整顿。现任锦州府知府奎华,尚无劣迹,而振作非其所长,于此缺未能胜任。臣言之增祺,亦以为然,应请旨开缺另补。又宁远州知州陈善宝,官声甚劣,家丁常顺藉办差为名,任意苛索,捆缚良民有案。距州城二里许金姓,被贼绑票,往诉该州,置之不理。并闻有因重征撤任,案未完结,夤缘回任之事。奉省吏治疲玩,似此庸劣之尤,未便姑容。并拟请旨将宁远州知州陈善宝即行革职,以示惩儆。谨再附片具陈。伏乞圣鉴。谨奏。

373. 奏查明知府被参各款请立予罢黜折

光绪二十五年九月二十四日(1899年10月28日)

奏为查明知府被参各款,据实覆陈,请立予罢黜,以儆贪虐,恭折仰祈圣鉴事:

窃臣九月十二日承准军机大臣字寄,光绪二十五年九月初六日奉上谕:有人奏,知府营私罔利,纵盗扰民,请饬查办一折。据称,奉天昌图府属通江口,为南北要冲,商务大宗专恃粮石。知府陈震到任后,即禁粮行买期卖期。嗣经商人刘起田与门丁等行贿说合,遂即弛禁。刘起田以商人出入府署,其典当内皆有该府存放生息银两。奉省马贼横行,动辄掳人勒赎,该府身任地方,毫无觉察,捕务实属废弛等语。着李秉衡按照所参各节,确切查明,据实参奏,毋稍徇隐。原折着抄给阅看,将此谕令知之。钦此。遵旨寄信前来。当经随员王廷相改装易服,前往昌图府,并折由通江口地方,按照原参逐款查访,均已得实。与臣在省访问相符。

查原参营私罔利各节,自以通江粮行开买期卖期之禁,得贿银八千两为最要节目。以商人刘起田出入府署,为通贿之路;又以广增隆等铺存放生息,为贪婪无厌之征。现经王廷相于通江粮行公议会值月广增达、广增通、广胜泰、广益信各铺,查得该员于本年三月间前署将军文兴奏定期市开禁之时,向该行索得贿银二千五百两，为该行众号公共所出，有公议会账目可凭。至该员行贿之路甚多。门丁陈姓尚无声气；曹姓已不在署；刘起田出入府署，为众目所属，无可掩饰；户书单于宾亦有物议；王焕章查无其人。至存银生息一节，查该府署历任皆与广增隆交易银两，各属交款领款概由该号经理，尚无他弊。该员之与广增隆交涉以此巨盛，典当亦有交涉款项，惟该员所存之款不轻动用，需银则每向各号另行挪借。外议谓其存放生息，不为无因。

又原参纵贼扰民，系指人和泰、天益长两铺号被贼绑票两事。查人和泰铺伙张姓，于去年冬间被马贼结半一股绑去，旋用银五百两赎回，并无中人关说。询之该铺袁姓，并不知曹海泉、王乃庆为何人，亦与捕役无关。又天益长铺号系在奉化县街，曾被贼绑票。其如何赎回，无从访悉。惟该员与贼则一味宽纵，于民则任意苛求，以致盗贼横行，事主不敢呈报。原参所谓纵贼扰民，确乎不虚。

该员近日怨声沸腾，则又以大粮户之案。大粮户者，种田多顷家道殷实之称。本年七月间，匪首海红在通江就获，供认抢劫多案。该员不即惩办，任其诬攀。夙有仇怨、抢劫未遂之大粮户五六家，概指为贼，刑逼甚惨，勒得重贿乃释。有周振德者，系富户良民，为贼指供，阖村呈保不准，府街铺户公保又不准。周振德年届六十，与同案两粮户俱刑逼不堪，方以贿免幸。九月初省城将该犯提讯，现已正法，民心始快。是该员不但纵贼扰民，直有藉贼虐民情事。

臣查陈震身任郡守，惟以剥民肥己为事，宽纵贼匪，虐及无辜，以致途人愤怨，未便稍事姑容。相应请旨将昌图府知府陈震即行革职，永不叙用，以为贪婪苛虐者戒。刘起田以商人出入府署。实属不安本分，应交地方官严加管束。户书单子宝亦非守分之徒，应酌示惩戒,革卯不准复充。通江粮行赃款,实系为官势所逼,情有可原,应请免究。并请饬下将军增祺分别办理。

再,奏开省东北各股贼匪,除王四喇嘛、海红已拿获外,余股以满堂红、大结半、二结半、小喇嘛、李春为最著名。现闻又有在怀德、奉化一带肆扰之信,已商由增祺派队探踪往捕,务获以靖地方。

所有查明知府被参各款,谨据实缮折胪陈。伏乞皇太后、皇上圣鉴训示。谨奏。

374. 奏请嘉奖怀德县知县范贵良片

光绪二十五年九月二十四日(1899年10月28日)

再,臣在沈阳查办事件已及一月,近复体察,得署承德县、京县、怀德县知县范贵良,干练有为,善于听讼,留心民间疾苦,遇事整顿,悉臻妥协。历任开原等县,官声俱好,诚为廉能较著之员。可否请旨嘉奖,以资风励。谨附片具陈。伏乞圣鉴训示。谨奏。

375. 奏马民泽等伪造电报片

光绪二十五年十月初四日(1899 年 11 月 6 日)

再,本月初一日由沈阳电报局送来总理衙门寄臣秉衡电一件,当用已亥密本译出电码,词语种种可疑。询据来差张国祥称,系司事马民泽交给,令其投送。当饬该局委员佘华柏查覆。据称,电簿并无此号,系属伪造。除将原电,并送电之张国祥,交电之马泽民,一并咨送将军增祺,饬委澈讯严究外,事关伪造总理衙门寄电,情节较重,臣秉衡谨附片奏闻。伏乞圣鉴。谨奏。

376. 奏请收回巡阅长江水师成命折

光绪二十五年十月十八日(1899 年 11 月 20 日)

奏为素于长江水师未切讲求,无以图效,恭折仰祈圣鉴事:

窃臣于光绪二十五年十月十六日接奉军机处交片,本日军机大臣面奉谕旨:长江水师前经彭玉麟按年巡阅,以资整顿。现在沿江各营诚恐不无懈弛,着派李秉衡驰赴长江,上下周历查看,仿照彭玉麟巡阅章程办理等因。钦此。钦奉之下,感悚莫名。

伏念臣以拙庸衰惫,过荷九重殊遇,亟应不辞劳瘁,报称力图。惟查事必收效于素习,才原各有所短长。当水师初设,彭玉麟实身自经营,迹其始终,功绩亦多在长江。是固彭玉麟之所习所长也。今臣起家牧令,洊任封圻,即偶涉军事,亦皆筹备于陆路,而于炮艇快划,上下风涛,从未经历,百种茫然。是实臣所未习,尤所未能也。臣连年衰病,此番力疾恭应恩召,自审犬马之力,难任职事之劳,曾于奏对谨自陈明。惟矢此不敢欺蒙,愚忱冀以少酬高厚恩慈,期于事言之得失,臣工之贤否,苟有闻知,甘任嫌怨,不避忌讳,只图裨补万一,断不计及其他。此微臣区区所蓄,实即仰邀圣明洞查者也。

所有长江水师自揣不能胜任,据实恳求收回成命,以免贻误而遂初心,谨缮折沥陈。伏乞皇太后、皇上圣鉴。谨奏。

377. 奏谢不准辞巡阅长江折

光绪二十五年十月二十日(1899年11月22日)

奏为叩谢天恩,仰祈圣鉴事:

窃臣于十八日具折,奏辞巡阅长江恩命。本日接到军机大臣交片,面奉谕旨:着不准辞。钦此。臣自顾衰庸,又未从事水师,自揣不胜,实出悃款。兹复奉旨,不敢再三上渎。惟当勉遵恩命,整饬成规,俟一半年后,粗有条绪,仰恳天恩许臣养疴田野,实感矜全。蒙恩赏银两,到差后即由该管衙门支取。臣此次拜命巡阅,与各督抚皆有关涉文移,谨拟刊刻木质关防文曰"钦差巡阅长江水师前四川总督关防",以便择吉开用。

臣犹有鳃鳃过虑者:臣素性迂拘,不善办理洋务,久荷圣明洞查。在臣初心,岂欲为朝廷多生枝节?此番奉命巡阅长江,沿江一带人心浮动,毁堂闹教之案层见迭出,痞棍必假臣之姓名,洋人必以臣为口实。惴悚不安,意实由此,非敢避难就易,避劳就逸也。

所有微臣力疾拜命,叩谢天恩缘由,谨缮折具陈。伏乞皇太后、皇上圣鉴。谨奏。

378. 奏恳赏假一个月折

光绪二十五年十月二十五日(1899 年 11 月 27 日)

奏为恳恩赏假,恭折仰祈圣鉴事:

窃臣奉命巡阅长江水师,应即疾驰前往。惟念臣衰病侵寻,历时已久,虽经医治小愈,而血气已亏,精神未能复旧。每当思虑少过,即头晕眼昏,两腿亦时形麻木。南方卑湿之地,恐其触发不时,日益增剧。向在河南安阳县寄寓,得有医士施以针灸之法,颇著成效,拟由陆路启行,顺道安阳暂行停驻,仍按旧法诊治。一俟稍痊,即当取道樊城,驰赴长江上游,按次巡阅。为此吁恳天恩,赏假一个月,俾得少资休息,安心调摄。无任屏营待命之至!谨据实奏陈。伏乞皇太后、皇上圣鉴。谨奏。

379. 奏恳续假一个月折

光绪二十五年十二月初四日(1900 年 1 月 4 日)

奏为假期将满,尚难克日登程,恳恩再赏假一月,恭折仰祈圣鉴事:

窃臣于十月二十六日叩辞廷陛,渥蒙训诲周至,并谕以医药所宜,勿施针灸,感垂慈之逾格,实没齿以不记。遵即敬谨志心,束装就道,旋于十一月初十日行抵河南安阳县寄寓。满拟医调速效,销假如期,乃因长途劳顿,瞬将假满,步履仍复维艰。窃念巡阅为水师所关,长江实跨越五省,若遽以病体遄行,势难力图整顿。筹度至再,仍惟叩恳天恩,许臣暂缓行期,续假一月。一俟开春气候稍和,立即就道,藉效犬马微劳。

所有拟请续假缘由,理合恭折渎恳。伏乞皇太后、皇上圣鉴训示。

再,臣曾奏请刊刻木质关防,以昭凭信。此次缮折,敬即印用。合并陈明。谨奏。

380. 奏销假前往长江折

光绪二十六年二月初二日(1900年3月2日)

奏为销假起程前往长江,恭折仰祈圣鉴事:

窃臣于光绪二十五年十二月初四日在河南安阳县寄寓,奏请续假一折,二十八日奉到朱批:着再赏假一月。钦此。钦遵之下,感激莫名。现在假期已满,所患外风腿疾诸症,服药调摄,虽稍见轻,仍未如常。交春严寒渐退,不敢久旷要差,兹定于二十六年二月初四日由安阳寓所雇觅车辆,力疾登程,先至武昌,以便考求彭玉麟旧日规模。仍就近晤商湖广督抚臣,冀可稍知今昔情形,又以长江全局未从探讨,窃自悬拟,各营水队初到暂不阅看。先自岳州沿江顺流而东,至瓜州以下巡历一周,俾大江上下舟师扼扎处所,山川形势险夷粗得大概于胸。并与五省督抚臣先行一一晤面,再商之长江提臣黄少春,或会同,或分起,自东而西,溯流巡阅,以为讲求之基,至于微臣往来停驻之所,尚须重行酌定。以及调员差遣之处,统俟到武昌后随时奏明,请旨遵行。

所有假满起程日期,理合缮折具陈。伏乞皇太后、皇上圣鉴。谨奏。

381. 奏报巡阅长江行抵差次日期折

光绪二十六年三月十二日(1900年4月11日)

奏为奉命巡阅长江,行抵差次日期,恭折具陈,仰祈圣鉴事:

窃臣于光绪二十六年二月初二日由河南安阳县寄寓,专弁入都,谨将销假起程,并先巡后阅各缘由,奏明在案。拜折后,遵即束装首涂。水陆按程,二月二十八日驰抵湖北省城长江差次。二十九日差弁赍回原折。奉朱批:知道了。钦此。钦遵。臣抵鄂后,当即会晤两湖总督臣张之洞、湖北巡抚臣于荫霖,并汉阳镇水师总兵臣周芳明,其管带炮船将弁亦一一接见。连日体察汉防水师情形,总兵周芳明办事认真,似于前兵部尚书臣彭玉麟厘定章程,尚能恪守,未至废弛。现已在鄂筹度粗定,即当溯流而上,巡视岳州镇标水师。再赴长沙省城,与湖南巡抚臣俞廉三晤面。仍顺流东下,驶赴瓜州、江阴一带,查勘沿江形势。至将来停驻处所,上游已与湖北督、抚臣商定,即在武昌省城。下游则俟巡历周徧,再行择要酌定,随时奏明,请旨遵行。所有行抵长江差次日期,并酌定上游停驻处所缘由,理合缮折具陈,伏乞皇太后、皇上圣鉴。

再,臣此次经过河南地方,因去冬雨雪缺少,农田种麦无多,盼泽颇切。自南阳府以迄湖北省城,旸雨应时,麦田邕发,沿途民情一律安谧,堪以仰纾宸廑。合并陈明。谨奏。

光绪二十六年四月二十六日奉朱批:知道了。钦此。

382. 奏谢赏头品顶戴折

光绪二十六年三月初九日(1900年4月8日)

奏为恭谢天恩仰祈圣鉴事:

窃臣于鄂省差次恭阅邸抄,光绪二十六年二月十六日奉上谕:本年朕三旬寿辰,所有年逾七旬之文武一品大臣,业经分别加恩。降调四川总督李秉衡加恩着赏给头品顶戴。钦此。当即恭设香案,望阙叩头谢恩讫。伏念臣猥以凡庸,渥蒙高厚。曾膺疆寄,既惭奉职之多愆;谬监舟师,尤愧军旅之未学。乃者恭逢庆典,复承宠锡恩纶。畀以极品之头衔,弥觉抚躬而抱疚。臣惟有力图报称,殚竭愚诚,罔计马齿加增,冀答鸿慈万一。瞻依仁宇,时殷嵩呼华祝之情;慎固江防,愿上镜清砥平之颂。所有微臣感激下忱,谨缮折叩谢天恩,伏乞皇太后、皇上圣鉴。谨奏。

光绪二十六月四月二十六日奉朱批:知道了。钦此。

383. 奏密劾长江提臣折

光绪二十六年四月二十六日(1900 年 5 月 24 日)

奏为江防紧要,伏莽可虞,提臣异常庸妄,恳请迅赐另简廉勇宿将,以维五省长江大局,恭折密陈,仰祈圣鉴事:

窃查长江提督黄少春,统辖水师二十二营,加募江胜六营,任大责重,事亟时危,宜如何振奋精神,实力整顿,以弭钜患而图报称。乃臣上下五千里,沿途访闻,该提督徇纵营私,贪赌嗜好,废弛戎务,勇额多虚,以致水陆军队百弊日滋。舟次镇江,面晤该提督,语及瓜镇巨枭徐老虎即徐怀礼,行将大有变端。讵该提督以徐某多行好事,且非水师所可与闻为词。访闻水师多与该匪声息相通,未便深向究诘,转致枝节横生。惟值外侮纷乘,内奸思逞之际,即使竭力图维,犹恐后时,更何堪再任此等贪劣大员,败坏贻误耶?除长江防务另行妥筹,并就近会商伏莽办法,再专折具奏外,仰求宸断,立将黄少春开去水师提督,并撤去江胜六营统领差使。应请另简廉勇大员,速往任事,藉资补救。

所有长江提臣断难久任贻误缘由,恭折据实密陈。伏乞皇太后、皇上圣鉴训示。谨奏。

384. 奏密保提督彭楚汉片

光绪二十六年四月二十六日(1900年5月24日)

再,前福建提督署长江水师提督彭楚汉,廉勇素著,为水师名将。所历之处,军民无不悦服。曾经彭玉麟屡次力保,最为出色贤员。嗣因患病开缺回籍。此番臣道出湖南,闻得该提督乡居力田。因选派妥人,托故密往探访,见其勇健犹昔,一无骄将恶习。语及时事,犹复忠义奋发,出自血诚。是该提督尚堪重任。值兹国家多事,宿将半多骄贪暮气,如该提督之忠勇,老而弥坚,求诸今日,实难再得。现当需才万急,敢敬附片密陈,伏乞圣明垂察微臣迫切愚忱,迅赐录用。实为至幸!谨奏。

385. 奏报巡阅行抵苏省酌定下游驻所折

光绪二十六年四月二十六日(1900 年 5 月 24 日)

奏为长江水师汛地巡历已周,及行抵苏省,酌量下游驻所各情,恭折仰祈圣鉴事:

窃臣于光绪二十六年三月十二日在武昌行次,谨将到鄂省日期,并酌定上游停驻处所各缘由,奏明在案。拜折后,溯流上驶,先至岳州,与该镇水师总兵臣鲁洪达接见。即渡洞庭湖,至长沙省,晤湖南抚臣俞廉三。又西至荆州,是为长江汛地最上游处。再顺流而下,以迄江阴,水师下游界限亦即至此。而止于湖口镇,接见该镇水师总兵臣许云发;由鄱阳湖赴南昌省,与江西抚臣松寿相晤。过此则顺道晤安徽巡抚臣王之春于安庆,晤两江督臣刘坤一于江宁,晤水师提督臣黄少春于镇江,晤瓜州水师总兵臣高光效于该镇汛地。一切江防事宜,先后与五省督、抚、提、镇臣妥为筹议。每于行途地势形胜,设立炮台处所,必登岸履勘。水师各营、哨员弁来谒者,必谆谆训诫。告以严约兵丁,慎守汛地,训练巡缉必谨必勤,期于振作,益加缓急可资得力。其有不职员弁难以胜任者,即咨行各镇立予撤任,遴员接署。遂出吴淞口,入苏河。现于四月二十一日行抵苏省,与江苏抚臣鹿传霖相晤筹度。微臣拟即在此作为下游停驻处所,既便照料水师,且臣疾夙疴及口眼外风等证迄未就痊,自河南就道,周历长江五省,水陆几及万里,益形困惫,苏省旧多名医,藉可稍资调理。除将江防应行整饬变通事宜,详细筹议续陈外,所有巡历已周,并下游停驻处所缘由,理合缮折具陈。伏乞皇太后、皇上圣鉴。

再,臣经过两湖地方,春雨稍多,后幸晴霁,田禾未至过受损伤。江西至江苏一带,雨水尚属调匀,二麦将渐登场,合并陈明。谨奏。

386. 奏参不职之总兵游击折

光绪二十六年四月二十六日(1900 年 5 月 24 日)

奏为长江水师总兵游击不职,据实纠参,仰祈圣鉴事:

窃维长江防务,最关紧要,若将领不得其人,贪邪营私,必致贻误戎事。使再有意姑容,何以仰副委任?查有湖口镇水师总兵许云发,嗜好荒惰,废弛营务;湖口水师中军游击黎受田,专媚本营上司,罔利朋比,兵民怨咨,实于江防大有关系。相应请旨将湖口镇总兵许云发、湖口中军游击黎受田立行罢黜,以儆贪劣而肃戎行。如蒙俞允,除游击一缺由外遴员推补,所遗总兵员缺应敬请迅赐简放,以重官守。

所有纠参总兵、游击不职缘由,理合恭折具陈。伏乞皇太后、皇上圣鉴训示。谨奏。

387. 奏请嘉奖周芳明高光效李金彪等片

光绪二十六年四月二十六日(1900年5月24日)

再,查汉阳镇水师总兵周芳明,勤朴勇敢,力求整顿;瓜州镇水师总兵锐勇巴图鲁高光效,朴直血诚,尽力江防。当此水师疲敝,竞以酬应欺饰相尚,该二镇俱能洁己奉公,毫无习气,于应办之事余力不遗,洵为水师不可多得之员。相应请旨嘉奖,以示优异而资观感。又记名总兵瓜州镇标江阴协副将爽勇巴图鲁李金彪,年久在军,不染恶习,勤奋沉实,兵队帖服,均为可用之才。敢并仰恳天恩,同赐嘉奖,俾益知振勉。理合附片具陈。伏乞圣鉴训示。谨奏。

388. 奏派兵北上并亲率卫队前进折

光绪二十六年五月三十日(1900 年 6 月 26 日)

奏为遵旨派兵北上,恭折驰陈,仰祈圣鉴事:

窃臣坤一、臣传霖承准军机大臣字寄,光绪二十六年五月二十一日奉上谕:近因民教寻仇,匪徒乘机烧抢,京城内外扰乱已极,着各直省督抚迅速挑选马步队伍,各就地方兵力、饷力,酌派得力将弁统带数营,星夜驰赴京师,听候调用。根本之地,情形急迫,勿得刻延。将此由六百里加紧各谕令知之。钦此。瞻望阙廷,万分企念。

伏查江南兵力,苦无大枝劲旅可抽。沿江一带,防务正形吃紧,驻防各军,万难调动,且距京较远,亦虑缓不济急。然京畿情形如此之亟,谕旨盼望如此之切,无论如何总须设法抽调,迅速驰援。臣坤一查有统带铭、元、镇字等营旗记名提督前徐州镇总兵陈凤楼,忠勇性成,不避艰险,为淮军著名宿将,于北地亦极熟悉。所部铭字马队三营,元字、镇字步队四旗,久经训练,堪称节制之师,驻扎徐州宿迁一带,就近调集,星驰赴京,最为便捷。惟元、镇步队四旗人数较少,并经电饬该提督刻日增募,改旗为营,每营添足五百人,以资厚集。徐、宿地方紧要,南北运道所关,复饬徐州镇总兵刘青煦,添招马队一营、步队三营,分赴各要隘填扎,俾免疏虞。

抑臣等更有请者：前接张春发等来电，武卫先锋左右两军现亦钦奉谕旨，饬调赴京，定于本月二十七日拔队。计该两军二十营，兵力尚厚，均食江南之饷，第须有统率之员，相机调度，方有实济。臣等受恩深重，谊同休戚，值国事艰难之际，正臣子图报之秋，公同商酌，臣秉衡奉命巡阅长江，目前尚可暂离，拟即招募卫队二百人，亲率星夜北上。惟有仰恳天恩，准将武卫先锋左右两军，暂归臣秉衡节制，以资钤束，于军务实有裨益。谨合词恭折，由驿六百里加紧驰陈。伏乞皇太后、皇上圣鉴训示。谨奏。

朱批：另有旨。

389. 奏报遵旨赴京起程日期折

光绪二十六年六月初三日(1900年6月29日)

奏为遵旨赴京,驰报起程日期,恭折仰祈圣鉴事:

窃臣于六月初三日扬州途次,承准军机大臣字寄,光绪二十六年五月二十八日奉上谕:李秉衡着即来京陛见,毋稍刻延。将此由六百里加紧谕令知之。钦此。祗诵之下,万分焦急。臣前在江宁巡次,恭读五月二十一日上谕:着各直省督抚迅速挑选马步队伍,各就地方兵力、饷力,酌派得力将弁统带数营,星夜驰赴京师,听候调用等因。钦此。遵即会同两江督臣刘坤一、江苏抚臣鹿传霖奏请,由臣秉衡暂统武卫先锋左右两军,并招募卫队二百人,星夜北上,听候调用各情由,业于五月三十日敬谨由驿驰奏。拜折后,臣即迅速部署,渡江驶抵扬州。兹复钦奉寄谕,更不容稍涉迟延。并以武卫先锋左右两军二十营必须次第开拔,恐缓时日,除一面咨令提臣张春发等,各帅所部,星驰赴京外,臣谨拟六月初四日由扬州起程,亲率卫队两哨先行入都,叩觐天颜,藉得展效驰驱,少尽犬马之力。感奋涕零,情不自已。阙廷瞻望,驰念莫名。

所有微臣起程日期,理合专折由驿具陈,伏乞皇太后、皇上圣鉴。谨奏。

390. 奏报与敌兵接战情形折

光绪二十六年七月十七日(1900年8月11日)

奏为驰报近日接战情形,恭折仰祈圣鉴事:

窃臣于七月十四日抵河西务西北八里之杨房。十五日卯刻,正在督夏辛酉六营拔队开赴河西务,敌兵已以大队来扑河西务。张春发列队接战,万本华一军在河西务里许,同时整队抵御。惟两军有枪无炮,而乱军开花炮子如雨,张春发力不能支,万本华只带四营,远道而来,即接应。马玉昆之军,连日鏖战,本有伤亡,遂同败退。而贼又包抄西南、西北两路,夏辛酉一军立时分军迎敌,力遏其锋,枪炮齐施,自卯至午互有杀伤,敌兵向西南退去。马玉昆于次日早初甫与臣途间相晤,方拟合队与河西务,并力御敌,奈行后即遇贼开仗,旋即向西北路败退,队伍散失遂多,实因苦战连旬,精锐过伤,兵气不能骤振。宋庆军为贼所隔,尚未见面。臣身临前敌,终日督战,升允马队两旗亦同时分驰。惟河西务已陷,各军溃退,实少驻扎之处,只得退扎河西务北三十六里之马头地方,亦苦平原无险可扼。夏辛酉六营伤折无多,万本华一军收集尚得三营,江西臬司陈泽霖适过此间,约令合力再图一战。十六日马头又失,万本华尚能一战,伤亡数十人;张春发十营,仅剩一营,寻又招集三营;夏辛酉犹在马头西南东退;陈泽霖只有数营赶到,勉强列队,亦未足恃。此连日前敌接战之情形也。

臣刻自马头退抵张家湾。就连日目击,军队数万,充塞道涂,见敌辄溃,实未一战。臣镇如河西务、张家湾,俱焚掠无遗,小屯亦然。臣自少至老屡经兵火,实所未见。兵将如此,岂旦夕之故哉!臣此次奉命督师,事出仓猝,中军无一师一旅,仅张、陈、夏、万四军归臣节制。张春发勇于战,而军皆新募,纪律毫无;陈泽霖人无足道,军事更所未娴;夏辛酉、万本华虽甚能军,惜兵力太单,不敷调拨。此次主客各军,或因久战而疲,或因新募而怯。臣出都之前一日,北仓、杨村相继失陷,河西务未立营垒即被敌人冲破,各军纷纷逃溃,势将不支。加以仓猝之间,万难布置。臣惟有殚竭心力,决一死战,上报君父之恩,下尽臣子之职,成败利钝不敢预料。臣奉职无状,相应请旨严谴。所有各路将领应如何惩处之处,恭候圣裁。

所有前敌危迫军力难支并自请议处缘由,谨恭折具陈。伏乞皇太后、皇上圣鉴。谨奏。

附:誓师文

光绪二十六年七月　日(1990 年 8 月　日)

窃闻死生亦大,须留不死之名;成败难知,誓奏必成之绩。当此密排战垒,迫近神京,九庙震惊,两宫廑虑。正臣子枕戈之候,亦将军裹革之时。除却战功,别无良策。匈奴未灭,何以家为;可汗虽骄,终成瓦解。远观前代,近证今时。自知王气之所锺,何患敌氛之甚恶?昔者苻坚侵晋,猃狁窥固,断流水于投鞭,致中原于板荡。卒以天戈所指,露布随飞,勒石鼓而旌臣,解枪缨以系虏。方知正朔,犯者不昌,请驾长风,于焉扫尽。此前代之可征者也。至若今时,似成危局。然以两沽之守卒,敌八国之联军,昼夜环攻,风云惨淡,地铺鲜血,海满浮尸,生依武穆之魂,死合田横之冢,将非战罪,彼既知难。洎乎合击天津,愈驰风阵,乃能登陴守险,间道包抄,彼将士化沙虫,我亦不惊风鹤。使有勤王兵到,飞将人来,蛇卷常山,首尾俱应,熊卧当道,肝胆甘涂,则我不至失城,而彼即多封观。所恨贺兰不救,秦桧求和,息壤寒盟,睢阳失守。然既挫其士气,扬我军威,知中国有敢死之人,复随处有同仇之士。譬奕棋而先攻猛着,既闻鼓而乐蹈危机。故知现在之交绥,大异向来之失算。丹心一点,碧血三升,喜周室之未衰,料楚氛之终败。运筹破敌,奉命督师,内无交讧之汪黄,外有效忠之颇牧,将皆虎变,士尽鹰扬。须知主客殊形,间关易困。况老夫不死,大局始安。横骛则扼其首锋,深入则议其后队。先操左券,恰合阴符。望尔三军,涓埃誓报;藐兹八国,飞渡犹难。用是先发誓文,后申纪律。人谁不死,豹皮尚解留名;我亦何求,马革甘于横卧。呜呼!养兵千日,用在一朝。宁为国而捐躯,勿临死而缩手。他日功成论赏,休防高庙之弓;斯时死里求生,请发天山之箭!

中国近代人物文集丛书

李秉衡集

（下）

戚其章 辑校

中华书局

中编　公牍

1. 致总理衙门咨文

光绪二十年十一月初三日(1894 年 11 月 29 日)

据善后局司道详称:光绪二十年九月初一日奉抚院札,准兵部火票递到军机大臣字寄,八月二十三日奉上谕:现在近畿一带防务紧要,亟需添兵驻守,即着田在田前往山东招募四五营,统带北上,听候调遣。所需粮饷枪械,着李秉衡妥筹办理等因。钦此。由院转行到局。奉此。遵于九月十六日拨出云者士得十三响洋枪六十杆,随带皮背带、子袋全,枪子一万二千粒;五幅白布单帐房一百架,随带杆橛全;铁镢头五百个,带木把五百根;铁斧头五百个,带木把五百根;竹竿枪头五百个;铁锨头一百六十一个,带木把一百六十一根。窃恐隆冬瞬届,士卒无以御寒,复又添制棉衣三千件、棉裤一千件,均已分别委解点交来弁领回,以利遄行。所有筹拨田镇行营枪械、棉衣等项数目缘由,拟合详请附奏分咨立案等情到本院。据此,除附片具奏并分咨外,相应咨呈。为此合咨贵衙门,谨请查照施行。

2. 致总理衙门咨文

光绪二十年十一月初三日(1894 年 11 月 29 日)

据布政司汤聘珍详称:光绪二十年九月十五日准钦差统领乾字全军甘肃肃州总镇田咨开,光绪二十年八月二十三日准军机大臣字寄上谕:现在近畿一带防务紧要,亟需添兵驻守,即着田在田前往山东招募勇丁,统带北上,听候调遣。所需粮饷枪械着李秉衡妥筹办理等因。钦此。现在本统领招募已齐,准于九月十七日开队北上。请将饷项拨发应用等因。准此。查田镇募勇统带北上,所需粮饷一宗,迭次电禀抚院允拨银四万两,似此宽为筹拨,自可以利遄行。兹准前因,除饬库在于地丁等款项下如数动拨,于九月十六日委本司库大使王丙熙解赴田镇行营交纳外,拟合详请附奏分咨立案等情到本部院。据此,除附片具奏并分咨外,拟合咨呈。为此咨呈贵衙门,谨请查照施行。

3. 致总理衙门咨文

光绪二十年十二月十二日(1895 年 1 月 7 日)

据署盐运使兼办洋务事宜济东泰武临道张上达详称:案据候补知县秦长庚、泰安县知县毛澄禀称:窃卑职长庚奉委赴泰安,会讯法国教士马天恩函会之各教案等因。遵即驰抵泰安县,会晤卑职澄,将田妮即盛妮一案,检卷查阅。核与原禀相符,传集会讯。缘田妮即盛妮,其故母田邓氏在日,因夫早亡,遣子田武并女盛妮,年皆幼小,孤寡无依,携带盛妮投王希龙家庸工多年。嗣后田邓氏赴莒州教堂,于去岁病故。盛妮在济南教堂养育六载,现年已十四岁。田武先自出外谋食,并未得知。旋因由外回归,即赴王希龙家探视母妹未见,控县传讯,断将盛妮领回择配。田武尚未娶妻,即令盛妮与伊舅母邓高氏,以便择婿遣嫁等语。卑职等查田妮归家以后,居处相安。再四研诘,坚供愿随伊妗母邓高氏过度。应责成邓高氏等照旧抚养,妥为择配,勿任失所,致负婴堂为善苦心。除取结附卷,一干省释,并将讯明教士购宅一案,另行具禀外,所有田妮即盛妮一案讯结缘由,理合会禀查核销差等情到司。查此案前奉抚院札饬,当经吉署道札委秦令长庚,会同该县迅速查办去后。兹据将办结情形禀请销案前来。揆情度理,似应俯如所请。除禀批示外,理合具文详请转咨总理各国事务衙门销案。实为公便等情到本部院。据此,相应咨呈。为此咨呈贵衙门,谨请察照销案施行。

4. 饬前敌诸将札

光绪二十年十二月　日(1895年1月　日)

为札饬事:案迭奉电旨,倭寇有〔犯〕威海之意,谕令严防,均经转行在案。倭兵意图登岸,我军应预筹堵击,成算在胸,免致临时失措。本部院〔统〕筹局势:如倭兵在宁海附近东西等处意图登岸,即以李统领所部福字三营、曹统领所部东字〔三营〕,作为前敌,全队迎击,勿〔令〕上岸,盒子寨之襄字营出七成队接应;如在酒馆一带附近意图登岸,即以孙分统嵩左等营,并李统领三营,作为前敌,督率全队迎击,以曹统领两营为接应,一面由烟防孙统领督率二营,驰往相救援;倭人径犯威海后路,即以孙分统嵩左营,并督率谭游击邻都炮队,及曹统领、李统领各抽拨两营,并襄字营抽拨半营,烟防孙统领督率嵩武两营,督同各营前往威海,拊贼之背,与威海各军前后夹击,其未调之军留守底营;设由荣成、成山头等处意图登陆,即以阎分统部两营、戴一营,作为前敌,迎头堵击,勿令登岸,以徐管带、〔赵管带〕各一营为接应。平日向各弁勇谋说,临时各营互相知照,务各激励将士,力遏贼锋。各将士果能奋勇用命,能斩贼首者,均照赏格仍破格奏请奖励;倘敢退缩畏葸贻误失事,定即从严参〔奏〕。合行札饬,致该管带立即遵照,必理毋违。切要!此札。

5. 致总理衙门函

光绪二十年十二月十九日(1895 年 1 月 14 日)

本年十一月十六日接奉电示:法使函称,泰安府教民复被惨殴,非东抚自行查办,断难相安等语。希速查理并电复等因。复于是月二十三日,接奉十九日东字一百二十四号钧函,以前案又准法使函催,令即将现办情形电知等因。查泰安教案先只二起:一系教堂收养民女田妮,因伊兄呈控,业经委员会同泰安县断结,禀经济东泰武临道张道上达具详咨呈;一系教士购买城内王尹氏房宅,因绅民以有关岱庙风水,争执肇讼,亦经济东道委员会县了结,取有师教士洋字回片。嗣因马教士不愿收回房价,仍要原房,以致尚未处妥。当将买宅一案结后复翻大略情形,电请查照在案。一面檄饬张道委员驰往,会同泰安县妥速了结。兹据该委员秦长庚、署泰安县毛澄禀称:教士马天恩函述三案,其一仍系府城购买房宅,意在翻悔断案;一系本年七月间,教民梁元璧因向民人梁元佑索讨靛篓价值起衅,即以梁元佑讹赖逞凶等词控县。该署县因控情细微,而梁元璧呈内又未声明教民字样,且无惨殴重情,批饬未准;一系本年十月二十九日,县民常继春以纠众逞凶呈控教民王宝芝等一案。讯明王宝芝赊欠常继春饭铺饭食钱三百文无偿。常继春向索争殴,互受微伤,并无他故。断令王宝芝归还欠帐,各受责惩,彼此和好，取结完案。别无另有教民争控事件等情。伏查常继春与教民王宝芝控案，业经该县断结，此外既无民教争殴呈控案件，自应将教士购买房屋及梁元璧呈控梁元佑两案，由县分别传讯，妥为办结，务使民教相安，以免滋生事端。惟该署县毛澄因与教士不和，以致案结复生枝节。现已由司檄饬正任知县秦应逵赴任，会同委员迅速办理报结，容俟到日再行驰陈，谨先肃复，敬请福安。

6. 致总理衙门咨文

光绪二十一年二月二十二日(1895 年 3 月 18 日)

据济东秦武临道张上达详称,案据候补知县泰长庚、泰安县知县毛令澄会禀称:窃卑职澄奉本道转奉抚院札开,以准总理各国事务衙门电开,法使函称,泰安府教民复被惨殴等情。因查卑县前有民女田妮,经教士收养滋讼,及教士在城购宅二案,饬即查明。是否另有殴伤教民案件,抑系前结二案后翻争斗,据实驰禀电复等因。蒙此。卑职长庚在省亦奉本道札饬前往会办,并檄发法教士马天恩函述三案。当即驰抵泰安县会晤卑职澄。查明马教士函述三案:一仍系前在府城购宅之案,意欲复翻也。一系本年七月间,县民梁元璧以讹赖逞凶等情呈控梁元佑等,批饬未准案也。购宅之案,并未争斗。梁元璧呈词,乃因索讨靛篓价值具控,起衅极微,亦未声明教民,且无惨殴情事。一系本年十月二十九日,县民常继春以纠众逞凶等情,呈控教民王宝芝即王保之等一案。卷查此案呈控到县,当经卑职澄饬仵验明两造常继春、常继仲、王保芝、王立芝各伤痕,注单附卷,传讯在案。卑职长庚到泰后,齐集会讯。缘常继春开设饭铺生理,王保芝欠伊饭钱三百文。十月二十八日,王宝芝赶集会遇常继春向讨欠钱无偿,口角争殴。常继仲、王立芝等亦均闻闹各来帮助,互受殴伤等语。卑职等查核两造供词,细故争殴,均有不合。姑念互受微伤,各免责惩,断令欠债清还,彼此和好,民教相安。各伤本属轻浅,复验平复,应毋庸议,取结完案,一干省释。法教士所谓惨殴教民,盖即指此民教口角,互相殴有微伤之案也。查明此外别无惨殴案件等情到道。即经批饬,赶将教士购宅及梁元璧控案,分别传讯妥办去后,兹又续据该印委等会禀。讯缘梁元佑价买梁元璧靛篓五个,除还下欠京钱七百文。梁元璧向讨,梁元佑以篓有损漏,意欲折减未给,以致口角,梁元璧将梁元佑凶殴成伤,梁元佑欲赴官呈控,径康玉伸等处,着梁元璧给梁元佑养伤钱十千文,抬回伊家了事,已交京钱三千三百文,下欠未给,此外并无起衅别故,兹径提验,梁元佑伤已全愈。断令梁元佑将所欠篓钱七百文,梁元璧原给养伤钱三千三百文互相交清。至函内所称:勒派庙内凡费,纠众殴打,并抢去衣物,撕毁经卷供像等情。查天主教民向无敛钱祀神之事。梁元佑亦非会首,无从勒派。研诘梁元璧,是供像经卷,语涉含糊。质之地邻、地保、医生及在场劝散人等,坚称并无殴抢撕毁情事,碍难根究。复经卑职长庚等会同开导,以衅起篓钱,毋得架词耸听。梁元璧心亦允服,遵断具结,当堂缴领完案。禀复鉴核等情前来。查该印委等会同迅断常继春、梁元璧各案,尚属平允,理合据文详请咨复总理各国事务衙门查照销案,实为公便等情到本部院。据此,相应咨呈。为此咨呈贵衙门,谨请查照销案施行。

7. 致总理衙门咨文

光绪二十一年闰五月初八日(1895 年 6 月 30 日)

光绪二十一年五月初八日,据兖沂曹济道姚协赞督同兖州府知府王蕊修禀称:窃职道协赞、卑府蕊修仰蒙抚院密札,以准总理各国事务衙门函称:德国主教安治泰与兖州府有晤商事件,如定期来郡,饬即开诚布公,以全睦谊,仍将办理情形禀复查考等因。职道当经密与卑府妥商,俟该主教安治泰来郡,便与接见,向其诚心开导。兹据滋阳县王令燮光详称:据县属城关绅民吴春来等联名公禀,窃滋阳县向无教堂。自光绪十二年秋间,有德国主教安治泰令教士李曰魁来滋图买房基,意欲传教。当经滋民群起相争,各处聚众攻击,几酿大案。幸蒙本道府县竭力开导弹压,幸未激事成端。旋经安主教于各衙门控告,滋民亦县呈诉冤。多次蒙张大中丞持平办理,劝谕安主教不必来滋传教,安主教当亦允从,是以近年无事。现又闻安主教仍欲来滋,势必专为传教,以致城乡悚动,又复大不安静。各处聚众以为攻击之计,此事诚为可虑。绅等窃思,彼教既以劝善为名,自当以行善为心,何多年以来,从其教者只见有不善,而未见有善也。若彼如此行为,民人愈不相信,其教愈不能行,所谓非徒无益而又有害之也。何则?大凡劝人为善者,无论真善假善,必人心乐从,而后从而劝之;若人不乐从,而必欲劝之使从,势必至两相龃龉,是自取其烦恼。滋邑为鲁之故壤,民情椎鲁,从不见异思迁。且为亚圣锺灵之地,七十二贤多出其间。现虽圣贤不复再生,而其流风遗泽,即数千年来终不能弃而从他。若安主教必欲来此传教,如上年邹县因教民强娶民女,又强敛民钱,激成事端,被乡民击杀多名,此即前车之鉴。况邹与鲁接壤,教民在邹煽惑滋事,鲁人尽知,岂肯遽容来滋传教,以贻后患。绅等为彼教而计,如其教之有益于民,滋民自必趋之若鹜;如其无益而有害,虽地方官亦不能驱率使从,则传教即难保其无事。绅等因恐激成众怒,必致上烦隐忧。为此具禀公恳据情转详各大宪,俯念滋民居近圣人之邦,世沐圣泽,实不愿趋异教。乞赐转咨总理衙门,预禁安主教来滋,以杜后患。绅等不胜感激悚惶之至!又据四乡二十四社绅民黄大年、张振祥等纷纷呈诉前来,皆谓洋教不入,民自相安;洋教一入,人心惶惶,均请申详预行遏止,以镇人心而弭隐患各等情到县。卑职检查历年旧卷,察核阖邑民情。实因兖郡为圣贤桑梓之邦,久已涵濡圣泽,一闻外洋人来此传教,不禁公愤同兴,势难相安于无事。卑职忝司民社,责有攸归,既不能禁外教之不入,复不能强民志以率从,诚恐将来激成祸端,获咎滋重,惟有据情转详察核示遵等情。据此,职道等伏查兖州密迩圣人之居,近沐圣化,质朴过于他俗,士怀旧德,农服先畴,泥古守成,未开风气。近数年来,屡因教务,致滋口舌,几酿衅端。迭经各前任与职道等设法开导保护,差幸无事。安主教居东日久,深悉情形。如果兖郡绅民均愿习教,现在各处皆设教堂,彼此相安,地方官亦何乐舍易图难,强拂人意?其所以曲为调停者,实恐民情难喻,防其滋事。斟酌轻重,颇费苦心,无非欲固邦交,思全睦谊。此中委曲,既不能严谕百姓使之必从,又未便明告洋人意存见好,此德国绅使致疑,地方官始终支吾不允之所由来也。兹奉前因，并接据王令来详，惟有据情禀请宪裁，可否咨明总理各国事务衙门，令安主教从缓来兖，庶绅民不致妄生疑虑，复构衅端。一面仍由职道等谆饬王令，剀切开导，使绅民知外洋传教原属劝人为善，本无他意，但能授之以渐，或者日开风气亦未可知。愚昧之见，是否有当，理合禀请查核。俯赐批示祗遵等情到本部院。据此。

查兖郡绅民因闻洋人有赴该处建设教堂之议，始终坚持非其所愿，曾经地方官设法开导，委难转移风气。是众志如此，虽欲调停于一时，必致酿事于将来。且东省别府州县之民，向不待官为晓喻，而入教者并不乏人，足见自然之与勉强，有未可以口舌争者。该道府等请令安教士从缓至兖，系为免致绅民疑虑起见，亦属实在情形。除禀批示外，拟合咨呈。为此咨呈贵衙门。谨请查核赐复，以便转饬遵照。至该前署滋阳县知县朱庆元，业已饬赴利津县本任，交卸滋阳，合并声明施行。

8. 饬管带襄字右营李都司札

光绪二十一年闰五月十五日(1895 年 7 月 7 日)

抚部院李为札饬事:照得现因文、荣一带兵力较单,当调烟防襄字左、右两营,归东字正军孙提督万林统带行知在案。兹准统领烟防各营孙镇函会,原带襄字右营徐游击海山留带嵩武中营,请委该都司接带襄字右营等因。准此,除分行外,合行札饬。札到该都司,立即遵照管带起程。原营所有军械等件,按照月报数目点验清楚,带往应用。并将拔队到防各日期具报查考。毋违。此札。

右札仰管带襄字右营李都司鸿春。

9. 致总理衙门函

光绪二十一年六月一日(1895 年 7 月 22 日)

闰月十二钧函,并蒙钞寄新约第八款另约一纸。遵查倭员欲占据民房住队,且于四十里外另加划线,将文登、荣成两县城一齐圈入,均为约内所无。居民必遭蹂躏,两县亦难设守,理难曲从。衡电请代奏。现在日本政府饬军队司令官俟兵房起盖完竣方行,但须倭员照办,一切似可布置。惟草庙之营实在四十里,并严禁不准稍生事端。衡惟有详审机宜,决不自我开衅,以副垂廑。专此。敬请钧安。伏乞垂察。秉衡谨肃。

10. 致总理衙门函

光绪二十一年六月十四日(1895 年 8 月 4 日)

前奉钧谕,寄示和约第八条,并另立专款中有日本国里法五里以内约合中国四十里之文。观近人日记,日本一里合中国六里六分,日本五里应只三十三里。玩专款中一约字,其非足四十里可知。当倭员未来之先,刘道含芳禀称:自海湾起算,距草庙三十五里。顷忽来禀云,已派人测量,自杨家滩起算至草庙,仅二十一里零,统算四十里之数,仅离文登城五里。查威海至文登城九十里,载在志乘,今以为四十五里,殊骇听闻。线距海岸五寸八分,距文登城三寸一分,亦不如斯之逼人太甚也。曰令住则本为我有,曰暂住则终为我有,倭即贪得无厌,亦未敢遽以此为要求,而中国之人言之,诚秉衡所不解也。秉衡以为威海暂住倭兵,本万不得已之举,但可补救,宜如何竭尽心力。乃主威海之军者既已倒持太阿,授人以柄,而如刘含芳,遂惟恐为倭谋之不忠。中国不幸有是人,朝廷何乐有是臣子乎?秉衡忝膺疆寄,具有天良,不敢冒昧以启衅端,尤不敢迁就以误国事。冶口放哨勇队均已收回,并申令营哨官,不许出草庙一步。即有请饷等事,亦饬令绕道行走,苟有逾越,愿干罪戾。至以九十里为四十里之说,刘道既为倡之,将来倭人亦势必和之。如果欲夺我险要，秉衡亦断不能让，惟有拚此躯命，与之从事。区区之志，不得不先事陈明。肃此。恭请钧安。伏希垂鉴。秉衡谨肃。

11. 致总理衙门函

光绪二十一年六月十四日(1895 年 8 月 4 日)

顷奉钧谕,密示机宜,并录寄问答一纸,回环讽诵,钦佩莫名。查此案曾据道府电禀,渎呈在案。蒙开晓德使,以为百姓不愿建堂非地方官执意不允,尤非姚道所能主使,真知灼见,至公至明。秉衡再四思维,亟应妥筹办法,上慰廑系。惟安主教来往兖城实乏相安之策。此次该主教未入城之先,百姓纷纷传说,谓官已允建教堂,置圣人父母之邦于不顾,互相纠约,粘贴告白多张,万口一声,祸将不测。经姚道、王守多方晓谕,舌敝唇焦,主教入城幸获无事。及主教所带跟役语触众怒,致受微伤。王令锡光赶往保护,百姓不服,并将王令挤倒,若非晓事父老从中力阻,几酿奇变。若非在公所地方共见共闻,百姓闯入署中为祸更烈。秉衡窃思此案积有岁年。安主教每来一次,民间惊扰一次。深闭固拒,惩劝俱穷,百姓并为一心,已有蹈死不悔之势。即令滋阳县代觅住房,嗣后主教来时,民风强悍,众怒难安,势必激而加甚。倘出巨案,事后惩办,势已无及。且既不建堂立教,其欲见兖州府县,无非为商办教案计耳。东省教案向委济东道办理,设有筹办事件,不妨径与济东道晤商,以免再滋事变,似亦两全之道。是否有当,伏冀钧裁。至绅士张雨村查无劣迹,此案亦非其怂恿。合并陈明。肃此。恭请钧安。

12. 致总理衙门咨文

光绪二十一年七月十七日(1895 年 9 月 5 日)

据兖沂曹济道姚协赞督同兖川府知府王蕊修柬称:窃蒙抚院电示,转接总理各国事务衙门电,德使言,安主教今日自济宁赴兖,与道府晤商数日,允准令暂寓城内自置房屋。本署订明暂寓,始允发电。至城内能否建堂,务饬道府与安主教妥商电复等因。当日前安主教即行到兖,滋阳县王令燮光即代觅客店居住。职道即派勇队守住店门,毋许闲人进店。惟滋阳士民护持圣教之心过于固结,是日职道考课书院童生闻知洋人入城,不肯领卷。转瞬间人情汹汹,填街塞巷,署门拥挤,出入皆难。因安主教来函约三点钟见面,遂觅一公所,职道等率令同到。未几而人众又纷集公所,似恐官府允许在城传教,环聚而听。当请安主教前来,公同酌商,告以传教之事,委系郡中绅民素不信服,非地方官所能勉强逼从。屡经前任张抚院、福抚院将为难情形,先后咨请总理衙门转复彼国公使在案。迄于今日,民情仍复如是,实非晓谕文告所克转圜。安主教亦无异言,惟请于乡间出示数张,俾已有教民地方免致事端。职道当即允准,一面谕令百姓即散。及安主教出门,职道派勇八人护送。乃将至出门时,伊跟人李世学肆口混骂,百姓回骂。李世学举鞭欲打,众民回打击,跟人微伤数处。王令亲往力护,伤已验明存案。安主教为勇队拥护,幸未遭击,当即严饬拿人务获究办。初三日,职道往视安主教,请速为拿人,并请速为出示。当饬王令立即出示谕各乡。至初四日早,民情益复不靖。职道恐滋生事端,又添派勇队前往保护。午刻王令将示出讫,遣贴各乡。安主教即于是日未刻起身,出兖城而去。职道又派勇护送出境。现在严拿殴人之犯,照例从严惩办,民情已平静如常。其拿人办案应由王令通禀。所有安主教来兖晤商情形,理合禀明查考。可否咨请总理衙门之处,伏候裁夺等情到本部院。

据此,查此次该道府与安主教洽泰晤商建堂之事,郡民因虑官为允许,不期而集,情势汹汹,固由愚氓无知,亦足见民心之始终不服,虽家喻户晓,于事无济。安教士目击情形,谅必知难而退,委非该地方官劝导之不力也。至安教士跟随之李世学,因谩骂百姓,举鞭击人,致被不识姓名人回殴,受有微伤,衅有被肇,业经署滋阳县王燮光验明,饬差查拿。除札饬严缉殴伤李世学之犯务获究办外,所有安教士来兖与该道府晤面酌商,及民情坚不乐从缘由,拟合据情咨呈。为此咨呈贵衙门。谨请察照施行。

13. 致总理衙门咨文

光绪二十一年七月十七日(1895 年 9 月 5 日)

据济东泰武临道张上达详称:案据新泰县知县徐令致愉禀称:敬禀者,窃蒙职道札,以奉抚院转准总署电,卑县南王庄地方,教民董克学将自置地段施盖教堂,生员鲍修身纠众拦阻一案,饬即妥为办理禀复等因。遵查县民董克学因从洋教,并不禀明母亲陈氏,亦未与庄众商议,私将自己王庄闲园地段,送与洋人盖造教堂,为往来传教之所。嗣经洋人察看地基,并拉运石灰、土坯等物到境。庄民闻知,因该处建造房屋于车路、农作均多不便,且隔断龟山龙脉,与阖境风水大有关碍,于上年十二月间,据乡民董克钦等联名呈经前代理县陈令观圻,未及查办卸事。卑职到任,复据该庄民纷纷具呈到县。卑职因事关民教,办理尤贵持平,随一再提讯,谆谆开导。曾于因公下乡时,便道勘验,多方解释,并谕以该教士建堂设教,无非为劝善起见,决无别意,而该乡民等异口同声,均谓有碍阖邑风水,断难遵照。卑职既不敢虐待教民,亦未逼勒庄众,致滋事端,故于接见该教士时,一再婉为道达。该教士亦知众志成城,非官法所能挽回。旋据董克学母舅陈元亨,邀同绅者往向该洋人说明情由,将该闲园地段收回,留为董克学之母陈氏种作,以资养赡。所有石灰、土坯等物,情愿照原价值认还该洋人等情，呈经具结销案。所有饬查缘由，理合禀复查核等情到道。据此，除批饬嗣后遇有民教事宜务须按照条约妥为办理外，拟合具文详请核咨等情到本部院。据此。相应咨呈。为此咨呈贵衙门。谨请察照施行。

14. 致总理衙门咨文

光绪二十一年八月二十四日(1895 年 10 月 12 日)

本年七月二十二日,接准贵衙门养电内开:顷德国翻译来言,接安主教电言,滋阳县张家庄教堂恐有匪徒滋扰,务望保护等语。该处有无其事,希即饬属详查,预为防范弹压,免生衅端,即电复养印等因。当经电饬兖州府及滋阳县查复,张家庄并无教堂,亦无徒滋扰等情鉴核。又于七月二十九日,接准勘电内开,顷德国翻译福兰格云,接安主教电,兖属滋阳县孟家村地方教现已闹出事来,系该处巡检煽惑所致等语。希即速饬该府县迅速查明,该处是否有巡检,如何滋事,妥为弹压保护,切勿延缓勘印等因。复经电知兖州道府县。据复电称:该村民教小有龃龉,并未闹事,即行现诣劝谕,务期相安,孟家村向未设有巡检等情,于本月初一日来电复呈各在案。初三日据兖沂曹济道毓贤督同兖州府知府王蕊修、署滋阳县知县王燮光禀称:窃查光绪二十一年七月二十三日戌刻,蒙抚院电谕,准总署电开,顷德国翻译来言,接安主教电言,滋阳县张家庄教堂恐有匪徒滋扰,务有保护等语。该处有无其事,希即饬属详查,预为防范弹压,免生事端。行令姚前道及卑府即饬卑职确查电复等因。适值姚前道先期赴省公出,职道尚未到任,卑府遵即转饬卑职查明,滋境张家庄并无教堂,亦无匪徒滋扰情事。当因县属洋教共有九处,诚恐原电庄名错误,谨于二十四日先行电禀抚院。一面由卑职选派妥役分投访查,并函询安主教去后,旋接安主教复称:原电委系孟家村,并非张家庄等情。复经卑职明查暗访,实缘孟家村教民辗转导引平民入教学习。平民中有不愿习教者,彼此辩驳,小有龃龉。教民虑恐平民藉端阻教,恳求本村德教士,转请安主教先预防,是以电请总署咨查保护。卑职于查明后,传集该村绅士庄长人等,剀切开导,谕令遍劝乡民遵照历次告示,各安本分。如有愿学洋教者,听其自便,毋许拦阻;其不愿入教者,亦不可强令学习,务期民教相安,免生事端。该绅董等亦深知利害,均愿尽心劝导,察看情形,不致构衅滋事。职道于二十七日抵兖接印,复查无异,除仍随时稽查,预为防范弹压外,所有查明教民虑恐滋扰缘由,理合禀请核咨。又据另单禀称:正月封禀间,卑职又接安主教来函,以据孟家庄德教士报称:该村复起谣言,滋境绅民仍有驱逐洋人,阻挠教务之意,请速究办等语。伏查滋邑密迩圣人之居,士民崇尚礼学,不信洋教,其心过于固结。近数年每因洋人前来传教,士民聚众遏门,两不相下,屡经地方官极力开导保护,幸免滋事。当将实在情形,先后禀蒙前院张、前院福与国驻京公使及安主教商订,从缓再议传教,民心始定。今安主教不依前约,遽遣洋人前赴各庄纷纷设教,以致龃龉,难保不别滋事端。除职道等督饬卑职立即亲诣该村再行开导安抚,妥为保护,一面出示剀切晓谕外,理合附禀查考等情到本部。

据此,查该处同城道府县屡次多方晓谕绅民,不许与教士别生枝节,自取身家之祸。现在民教相安,亦无匪徒滋扰教堂情事。惟教士明知滋阳之民坚守儒教,辄赴各庄以洋务相劝。彼乡愚因其不入耳之谈,诘难辨驳,不免龃龉。该教士不察为民之不服,即诿为官员之主持，寻端摘故，迄无穷期。应请贵衙门转致德使，迅饬该教士尽可于信从之处，劝民为善，毋须再向滋阳乡曲之氓勉强劝告，徒费周章。至地方官弹压晓谕，是其分所应为，已迭饬妥慎办理，若必欲拂人之性，令民尽弃其学而学洋教，亦非地方官力所能为，即日撤参，仍属无益。除禀批示外，是否有当，拟合咨呈，为此咨呈钦命总理各国事务衙门。谨请察核施行。

15. 致总理衙门咨文

光绪二十一年八月二十四日(1895 年 10 月 12 日)

据调署兰山县知县朱锺祺禀称:窃洋人入我中华建堂传教,夷夏大防已不可问。然为今日亲民之官,自当力顾时艰,凡事降气平心,断不敢操之过激。但其逞强挟势,显与良民为仇雠,若竟畏葸周旋,枉法取媚,是贪荣固禄,置吾民痛痒于不问,而又助之虐焉,将安用此官为哉?卑职虽材质庸下,每恧然耻之。

伏查卑县德国教士白明德者,阴险谬戾,贪诈凶横,一味恃势陵人,不识礼义廉耻。所收教民,类皆市井无赖齐民不齿之徒,每每恃教欺压乡民。一有龃龉,白明德即颠倒曲直,代为出头函倩究办,并不遵约令教民自行具呈。遇有伤痕,亦不令其到案请验,无凭无证,不准不休。每案必捏称打伤教友,为抵制之谋,被抢财物,为讹诈之计,甚至讹财物而又讹地,俾可广立教堂。其计愈狡,其势愈横。不特在卑县如是,闻郯城、费县等处皆控案累累,莫不痛心疾首,敢怒而不敢言。虽经卑职随时开导,力撄其锋,遇有控案,不分民教,一秉至公,不使稍有偏倚。而白明德不能遂意,即以大言宣布于众,云将函告主教,上渎宪聪。倘再不直,行当入陈总理衙门,必如其所愿而止。卑职自维素性不畏强御,决不动以浮言,而愚氓无知,其有被其恐吓者,不得不浼人调处,重贿求和。卑职纵事后访闻，亦惟以息事宁人，不追既往，并恐彻底究查，转致小事激成大案。然每念蚩蚩者氓，受其荼毒。且更虑得意而去，群相效尤，日益骄横，无复忌惮。百姓积怨生愤，积愤生变，必致寻仇相向，聚众称戈。历来各处闹教，莫非若辈自酿其祸，而是非莫问，惟闻地方官有办理不善之科，不闻洋人有司教不善之责，事至今日，固难言矣。窃思中国官吏尚属贤否不齐，所恃黜陟公明，得以扬清激浊，彼外国亦何独不然？其传教之意，固在收拾人心，而司教者转与为仇，亦岂彼国所愿。今该教士白明德众怨沸腾，即从轻科断，亦在人地不宜之列。若移咨总理衙门转告彼国，将如白明德之司教无状者，黜之归国，或易之远方，使彼有所顾忌，自不敢公然为害，民教自然相安。纵彼国未必允从，而使若辈闻之，亦必稍知敛戢。且事有对镜而益明者。卑县尚有美国教士纪力宝，其人颇知礼义，安分少事，绝不与民争竞、干预公事，百姓亦礼貌有加，较之白明德之性恶丛怨，优劣不啻霄壤。彼德国亦何乐受人怨怒而不为美国之所行。若一并移咨，将纪力宝表而异之，亦足以资观感。卑职愚憨之见，不谙大体，是否可行，谨冒昧上陈。伏祈鉴核等情到本部院。

据此，查该令所禀，确系实在情形。虽教士黜陟之权操之彼国，而白明德民怨既深，诚恐日久别生枝节，办理转费周章。且美教士纪力宝同在该县境内司教，颇洽舆情，足见民无歧视。应如何转商更换，并表异之处，相应咨请。为此咨呈贵衙门。谨请酌核办理，赐复施行。

16. 致总理衙门函

光绪二十一年九月初二日(1895 年 10 月 19 日)

顷奉八月十八日钧谕,敬聆种切。查前奉八月二十八、八月十二两日电示,遵即转电兖州道府及滋阳县查复。据称:孟家村因民教小有龃龉,并未滋事,业经办结。安主教跟役前在兖被殴,伤早平复。旋获犯张华亭讯供,从重加责,因在押病重,照例保释,并出示禁止绅民效尤在案。至安主教在兖城会商教务,酌给房屋暂住,当即照办等情,于八月初一、十八等日先后电复,计邀钧鉴。兹奉前因,查安主教被殴一案,该使所请将绅董三人摘去顶戴之处,应俟兖州道府等查明。如该绅董实有在城乡敛费,唆使百姓滋闹情事,自应另行核办。此案既经获犯责惩,应即了结。至安主教言明不在兖郡建堂传教,只欲往来商办教务,请酌给房屋暂住一节,该道府等现正遵照筹备房屋。能否与地方相安,不至窒碍之处,俟续禀到日,再行咨呈。其孟家村教堂一案,据该道等续禀详细情形,以该村并无煽惑酿事之人。因村民孟传玺与汶上县唐阳村德教士往来,欲卖房与德教士改造教堂。众民不愿从教,即向孟传玺阻止,互相口角。德教士欲地方官严压众民,听其买房,故以煽惑闹事之词,禀报安主教。已经该县传集地方绅耆,反复劝导,务令民教相安,不致滋生事端等情。除仍严饬地方官妥为防范外,专肃奉复。敬请钧安。伏祈垂鉴。

17. 致总理衙门咨文

光绪二十一年九月二十日(1895年11月6日)

本年八月二十日,据泰安县知县秦应逵禀称:窃维中国自准西人传教以来,直省天主耶苏等教堂日增月益,几于无处无之。揆其传教之初心,亦曰劝人为善而已。然传教之士贤否不齐,习教之民善良绝少,入其教者往往藉势欺凌乡里,鱼肉平民,诈人钱财,占人田产,无所不至。其被控也,则倚恃教民,抗传不到;其控人也,则挟制忿争,肆无忌惮。亦有本非教民,一遇理曲涉讼之事,立时投入彼教,恃为护符。教士意在见好,无不出为包庇。偶拂其意,即饰词上诉。地方官迫于时势,不免存投鼠忌器之见,不得不委曲含容,多方迁就。迁就之中,未免抑民而袒教。于是西人之教堂遂为若辈之城社,而民教涉讼之案,地方官几于不敢问矣。因而教焰日张,民气日积,自来教堂之变端,何莫非平时积忿之所致哉!每念及此,殊切隐忧。伏查条约内载,民教涉讼,不准教士从中干预。诚以我国家自有政体,事权不容旁挠。乃各国教士不遵条约,凡遇词讼,不论是非曲直,情节重轻,无不请托回护。且有涉讼之时,本非教民,成讼之后,始入彼教者,亦无不曲为袒庇,以致莠民纷纷效尤,华民侧目而视。地方官欲认真办理,则畏教士之朕诉上陈;欲迁就敷衍,又恐华民郁而生变。若不预筹善法,区划分明,实不足以杜祸患而服民心。拟请嗣后凡有华民信习天主等教,令将入教年月日期,先请由教士备文知会地方官,一面仍令自行呈明注册。若非报明有案,而混称教民希图趋避者,从重究惩。并请以后民教涉讼,遵照定约,不准教士从中干预,以分泾渭而一事权。愚昧之见,如蒙采纳,可否咨明总理各国事务衙门,照会各国领事官,转饬直省教士一体照办。理合禀请鉴核批示祗遵等情到本部院。

据此,查该县所禀,系为区别内地良莠,以安民教起见。惟华民入教年月日期由教士照会地方官一节,其事与各国劝教毫无出入,而为条约所未及,应如何照会各使商榷办理之处,拟合咨呈。为此咨呈贵衙门。谨请察照酌办,仍祈赐复施行。

18. 致总理衙门函

光绪二十一年十月初八日(1895 年 11 月 24 日)

九月廿二日肃上一函,计尘钧察。前奉函谕,德主教安治泰言明不在兖郡传教,并不久住,只欲备一房屋为往来憩息之所。遵饬该府县速为预备。嗣安主教定期九月廿六日进城,适因滋阳县于九月廿三日开考,恐文武生童滋事,电请展缓在案。至兖州张保干房屋,早经追还房价,将房基扩充,改作书院,为生童肄业之所。兹据兖州道府来禀,钞录安治泰往来信函,并代拟告示一稿,仍有照原价另购抵还之语,殊与前说不符。查兖郡民情深嫉洋教,虽饬官为备屋,究为民情之所不愿,深恐保护难周。前函已经屡陈,故此次备房,只为安主教往来憩息之所,并非给令永远为业,若如所请抵还前屋,必致将来又生事端。更可异者,姚道协赞奉旨调补陕西粮道,而示稿内称:安主教上恳允情调署他处,以昭炯戒。以朝廷迁擢之权,而外人藉以为要挟之具,似此欺侮,何所不至?兹将兖州道府抄来信函告示各稿及兖沂道告示稿,一并录呈钧览。仍乞俯察前函,与德公使切实商酌,使知兖郡民心固结,不能强以所难。仍属安主教俟县考毕后进城暂住,毋徒大言恫喝,致伤和好。是为至祷。专肃。敬请钧安。

19. 致总理衙门咨文

光绪二十一年十月十五日(1895 年 12 月 1 日)

本年九月二十二日,据兖沂曹济道毓贤督同兖州府知府王蕊修、署滋阳县知县王燮光禀称:窃职道卑府接奉抚院札,以准总理各国事务衙门函会,滋阳县孟家村教堂情形,业经函复抄稿行知等因。遵查抄函叙列事宜除已结外,尚有兖州府城内为安主教预备房屋暂住,能否与地方相安,不至窒碍,及绅董有无藉抵御教士为名,在城乡敛费,唆使百姓滋闹,及地方官保护弹压,务令民教相安三端,职道等现当认真经理者,正在督饬查办间。复蒙钧谕,以据安主教函,转据德教士报称:孟家村复起谣言,有驱逐洋人之意,请严饬示禁,并询兖郡房屋已否备妥,令即分别办理。伏查备房一事,前奉檄饬,业将地方实有窒碍情形,先行禀明在案。兹奉前因。窃思安主教即已电禀德使,照会总理衙门议定,并不常住兖州,亦不在兖设堂传教,只须于城内预备房屋,以作往来会商教务暂时休息之所。具征洞悉民情,和平处事,自当迅速妥为筹备,以敦睦谊而固邦交。惟查城内,除文武衙署以外,别无官产,所需之宅,必须购自民间。而此地民情,总以为白刃可蹈也,洋教不可习也,故一闻地方官为洋人预备房屋,遂尔群情浮动,疑虑丛生。计自奉文以来,逐处购求,无论租借典买,百无一应。虽经职道卑府督同卑职,将安主教议定不在兖郡传教等情,剀切晓谕,而民间不惟不信,反谓安主教所云不传教不久居,正是欲传教欲久居,故设巧言安抚众心,俾得往来自便,以施其随时导引,由渐而入之计。街谈巷议,异口同声。体察舆情,民房断难置备。职道等熟商至再,惟有仍照前禀,俟安主教来兖时,即邀入县署停歇,会商事宜,既属便捷照料,保护亦觉周密。至安主教前次来兖,士民聚众遏阻,跟役被殴,屡经卑职查讯明确,当时士民委系不期而会,绅董人等并无藉抵御教士为名,在城乡敛费,以及唆使百姓滋闹情事。其孟家村,卑职因德教士时往时来,诚恐无知愚民滋生事端,不时亲诣密查,近日民情安静,并未复起谣言。盖德教士因村民不愿习教,欲使地方官严饬勉从,故以村民欲逐洋教之言具报安主教也。除仍随时示谕开导、防范保护外,所有遵札查办缘由并地方情形,理合密禀查核,据情函达总理衙门,祇候钧裁等情到本部院。

据此,查前于九月十二日,接准贵衙门钧函,当经电达在案,兹据称兖州城内除文武衙署外,别无产,逐处购求民房,无论租借典买,百无一应,委系实在情形。拟俟安主教至兖时,即邀入县署内停歇,既于会商事宜较为便捷,且易于照料保护。所议尚属妥洽。除饬取告示到日另行咨送外,拟合咨呈。为此咨呈贵衙门。谨请察核,望切施行。

20. 致总理衙门函

光绪二十一年十月二十二日(1895年12月8日)

前在上游工次于初三日肃上寸函,计尘钧览。顷在利津途中接奉十月初八日赐函,并承录寄德国绅使照会,敬聆种切。查安主教所索兖郡房屋,前经张保干私卖,因绅民不服,始行退还,将原价追缴,是否缴清,已饬该道府查案办理。此次房屋备在县署,委因民间房屋不愿借居。兹既奉钧谕,德使以为不便,当饬该道府转饬设法租觅,俾安主教往来暂住,仰副荩筹委曲求全之意。其所称迎导一节,前拟安主教进城饬派勇队迎护,待以宾礼,诚如尊谕,面子格外好看,已足补报。所请派员一层,仍应作为罢论。至该处迭出告示,已属委曲周至。初三日函内已经钞呈,计察览矣。绅董张贻兹等经该地方官查明,并无在乡敛费唆使情事,自未便加以处分。衡迭奉函谕,但可以通融之处,自应遵办。惟兖郡民心固结,若遏抑太甚,恐众怒难犯,欲弭衅而转以开衅,不得不慎之于始。乞转致德国公使为祷。专肃,敬请钧安。

21. 致总理衙门咨文

光绪二十二年二月初十日(1895年3月23日)

据善后司道详称:窃查前奉抚院电饬,光绪二十年十月二十二日接总理各国事务衙门电开,本日奉旨,现在军情吃紧,亟须大兵齐集,迅赴戎机。闻南来各军车船均系自办,以致雇觅艰难,行程迟滞。即着直隶、两江、江苏、安徽、山东、河南、湖北各督抚迅即沿途设局,派员代雇车船,酌量数站一换,毋庸逐站更换,致稽时日。并须宽为给价,准其作正开支,以利军行而免扰累。倘沿途地方漫不经心,致滋贻误,定将该管各官查明,按照军律严办不贷。钦此。钦遵转饬遵办等因。

当查东省山湖两路接递南来兵差,一由沂州府入境,一由济宁州入境,以兰山、蒙阴、泰安、齐河、德州、济宁、东平、茌平、平原九州县为各站适要之地,饬令各该州县于光绪二十年十月二十八日设立车局,雇养长车,数站一换,以利远行。嗣因登属军情紧急,援兵军火络绎于途,复蒙抚院札饬在于历城及省东之潍县、掖县、黄县各设车局一处,每处照省西章程雇养长车六十辆,分别委员会同各县妥为经理,于二十一年正月初八日一律设局,先后详奉抚院奏咨在案,设局后,凡有过往兵差军火,均系随到随即应付。如遇大帮差使及数营同日到站,车局不敷周转,或添雇短车运送,或预调邻封协济,各局皆能统筹兼顾,并无贻误。嗣因停战日久,兵差渐少,长车喂养,所费不赀,复经分饬各局赶将局养长车以光绪二十一年四月二十八日为止,一律裁撤,以节縻费而安农业。旋据各该州县遵饬撤局,陆续具报前来,复查无异,除将应付各起兵差垫支车价银两逐一核明汇案呈报外,所有山湖两路以及省东各处裁撤车局日期,理合具文详请核咨。再蒙阴县在兰山、泰安两县适中之地,原议设立分局,以均劳逸,嗣据该县禀称境内向无养车之家,雇备不易。兰山县又情愿由该局径送泰安,是以与详奏之案稍有未符,合并声明等情到本部院,据此,除分咨外,相应咨呈。为此咨呈贵衙门。谨请查照施行。

22. 致总理衙门函

光绪二十二年二月三十日(1896 年 4 月 12 日)

奉二月十九日钧函,敬聆种切。安治泰赴兖一事,上年迭奉函电,均经先后覆陈。亮蒙钧察。房屋先备在县署,因安治泰不愿,复饬该府县另觅民房,并嘱于安治泰进城时饬派勇队迎护,优加款待。其跟人被辱之事,已获犯张华亭枷责,复由兖沂道出示晓谕。原冀息事宁人,以免藉词启衅。至张贻慈等既查无敛费唆使情事,自未便凭空责惩,以致民心不服。安治泰所拟示稿更属妄诞不经,其未能照办情形,已缕晰上陈矣。乃德使此次照会仍固执前说,且变本加厉。前奉尊谕派都守以下武弁,衡尚未敢遵办,今则请派滋阳县或兖州镇总兵迎导。窃思知县官秩虽卑,为一邑民之父母,总兵为专阃大员,若使之出迎教士,不独上辱朝廷,亦且下激众怒。士民积愤太深,必至铤而走险,恐变生不测,有更甚于上年闰五月之事者,则衅端仍自我开。是欲息事而反以生事,更属无从收拾。即谓彼已奉国谕,而情理太不得其平,岂不可与辩论?伏乞钧裁,再向理谕。如能照前议,俟安主教进城之日,当饬派武弁带队迎导,待以宾礼。倘彼立意恫喝,必求尽厌其欲,则衡办理不善之咎,万无可免,辜负天恩,惟有自甘任罪而已。冒昧上陈,伏求崇鉴。肃丹奉复,恭敬钧安。

23. 致总理衙门咨文

光绪二十二年三月二十六日(1896年5月8日)

光绪二十二年二月二十九日承准贵衙门咨开:光绪二十二年二月初五日准日本林使照称,马关另约第二款,威海卫口湾沿岸照日本国里法五里以内地方,约合中国四十里内,为日本军队驻守之区,中国军队不宜逼近或扎驻等语。乃据伊濑知司令官详称:酒馆集、长泊崖、上庄、文登县、申格庄、桥头集等处均在五里以内,中国扎驻军队与约不符,照请核办等情。当经本衙门电达贵抚查明办理。嗣于二月初七日接准电称:桥头集军队去冬已饬该统领于春融解冻后退扎,当再电催照办。至酒馆集、上庄两处,按划界图线确在威海口湾四十里以外,其长泊崖是否在借地界内,已饬详查妥办。二月十四日复准电称,长泊崖、申格庄、酒馆集、上庄等处,均在图线四十里界外。即经本衙门照复日本林使去后,兹于二月十五日复准该使照称:马关另约日本里法五里以内,约合中国四十里以内,为日本军队驻守之区。距该划界日本国里法五里以内,无论其为何处,即如酒馆集、上庄、长泊崖,亦在贵国军队不宜逼近或扎驻之列。该约日本文、汉文均无疑义;即凭英文而讲,尤属明白。仍请核办等因前来。本衙门查马关另约第二款第一节内载:威海卫口湾沿岸照日本国里法五里以内地方,约合中国四十里以内,为日本国军队驻守之区。第二节内载:距上开划界照日本国里法五里以内地方,无论其为何处,中国军队不宜逼近或扎驻,以杜生衅之端各等语。所谓威海卫口湾日本五里以内者,为日本军队应驻之地,即去夏北洋大臣来文所称日图之内圈也;所谓距上开划界日本五里以内者,为中国军队不宜逼近之地,即北洋大臣文内所称之日图外圈也。约文枢纽系在第二节之距字。距者,系指相离而言,谓与上开划界相距。英文则直谓在驻守之区界外,日本五里以内,中国军队不宜逼近。汉文义固明晰,而英文语尤显著。日本使臣据约来争,我实无从申辨。现在驻防各军但期操练得法,足备缓急之需,至驻扎处所进退,亦无其关系。除已电达外,相应钞录日使两次照会,咨行查照办理。仍将办理情形即日电咨本衙门,以凭转复该使为要等因到本部院。

承准此,伏查光绪二十一年闰五月十六日钦奉电旨:倭兵暂驻威海,我军防营驻扎处所总以海湾南岸四十里为断。如在四十里以内,务当照约一律迁移等因。钦此。又于六月十二日钦奉电旨:倭只暂驻威海,应遵前旨,以海湾南岸四十里为断。即着李传知刘含芳,按约划清界址,毋任稍有逾越等因。钦此。恭译旨意,以海湾四十里为断,则四十里以外自应任我军驻扎。兹准前因,是于四十里外再划四十里不驻军队,殊与历奉谕旨不符。日本暂时借地驻兵,并非划割可比。借地界外我之城邑人民,岂能不驻兵保护?且我军防营自上年春夏间先后分布各处,将近一年,彼此已相安无事。如谓欲杜衅端,则日兵驻四十里界内,不准逾越,我军驻四十里界外,并非逼近,衅端自无由而生。所有酒馆集、长泊崖、上庄、文登县、申格庄等处所驻防营,未便再行移扎。除严饬各防营统领于日兵所驻海湾四十里界内不准勇队擅入以免生衅外,理合咨呈贵衙门,烦请查照转复施行。

24. 致总理衙门咨文

光绪二十二年五月十二日(1896年6月22日)

光绪二十二年三月初九日,承准贵衙门咨开:光绪二十二年三月初二日,准德国绅使函称,山东西南界单县、城武县、曹县等处,去年十二月底有肇乱起衅情事,至今仍未弹压。该处入教之民人受害甚重,教堂十六所被匪毁坏,西国教士当即藏匿求生,各该地方官只向会匪商酌,并未将首要拿获。曹县知县曾升堂时,聚众甚多,辱骂教士及入教之人,并将教士韩宁镐送信人喝打,受伤甚重。该会匪过河南界,指望攻击该省天主教堂,经睢州地方官派兵将该匪逐回。可见河南官员实力保护,山东官员并不出力。因深知山东巡抚憎嫌教务,故尔置之无关紧要之列。应请咨行山东巡抚查明受损赔偿等因。查此案未据贵抚咨报,本衙门无案可稽,无从照复。相应咨行贵抚查办,并声复本衙门可也等因到本部院。

承准此,查此案先据曹县知县曾启埙、单县知县李铨、城武县知县杨义坤会禀声明,查系教民与刘士端等口角,经人调处了结,并无毁坏教堂、掳去教民之事等情。当经电复在案。承准前因,复饬据曹州府确查电复。并檄委候补直隶州知州秦浩然驰赴该三县密查此案起衅根由,务得确切底细,据实禀复去后。

兹据秦牧浩然禀称:窃卑职于曹县途次,接奉抚院委查事件密札，以准总理各国事务衙门咨，准德国绅使函称，山东西南界单县、城武县、曹县等处，去年十二月底有肇乱起衅情事，至今仍未弹压。该处入教之民人受害最重，教堂十六所被会匪毁坏，西国教士当即藏匿求生，各该地方官只向会匪商酌，并未将首要拿获。曹县知县曾升堂时，聚众甚多，辱骂教士及入教之人，并将教士韩宁镐之送信人喝打，受伤甚重。山东官员并不出力保护，以为无关紧要，请咨行查明受损赔偿。咨由总署转咨到东，密札委令就近赴曹县、单县、城武等处密查此案起衅缘由，务得确切细底，据实驰禀，以凭核办，毋稍徇庇含糊。并蒙抄发电稿五纸等因。奉此，卑职遵即改装易服，在于曹县、城武、单县三处所辖境内，亲诣四乡密查暗访。德国洋教士所居谓之教堂。其由洋教士雇用入教华民，择其粗通文字之人，月给工食三千文，分赴各处传教讲学，借用乡民草房两三间不等，亦有借助瓦房者，小民呼之为洋学堂。门外各置旧铁钟一座，屋内山墙上悬有天主画像一张，桌子一张，板凳一条，苇席一二条，床一张，更有并无画像、桌凳之处。缘所设各堂随时增添裁撤，去留无定。第洋教士居住地方，与随便讲学之处略有不同，每处约有瓦屋八九间，与民房毫无异样，闻系用价购买。屋内悬挂天主像三轴，并有应用桌椅等件。此卑职密查该三县境内各教堂、洋学并无拆毁砸坏之实在情形也。

至称去年十二月底肇乱起衅一节，查得曹县东乡破楼角寨，与城武境之天宫庙、单县境之李海集犬牙相错，边境毗连。破楼角东门内设有洋学堂，计草房两间，木门一扇，屋内床、桌各一张、板凳、苇席各两条。教师张连珠在此讲学，籍隶东昌。此堂系去秋所立，收有教民吕菜，先未入教，曾经为匪。十二月二十一日，有在太平庄开设药铺山西客民郝和升，向吕登士讨要药账，说起吕菜入教，恃此以为护符。吕菜即向郝和升滋闹,因而互相毁谤各散。吕菜遂以辱骂洋教告知教师张连珠,张教师随即带领多人,持械往太平集向郝和升寻衅未遇。二十二日,正值李海集集期,郝和升赶集,张连珠带人跟踪追赶,郝和升闻信躲避。会首曹德礼亦在该处赶集,郝和升往告前情,曹德礼亦即纠人,遇张连珠于该集王念宗药铺门首,当径王念宗将张连珠、曹德礼一同邀入铺内,力为排解,均各允处散去。年终赶集,人本拥挤,一闻争吵,聚集益多。事既了结,张连珠以为未能争得面子,气忿莫释,心怀不甘,复约天宫庙教师邀人打架。先令教民朱姓赴曹德礼处送信,约期理论。曹德礼转告刘士瑞,商允带领多人,由破楼角至天宫庙找寻张连珠,约离天宫庙一二里许,经该防营宋哨弁清太及寨长人等劝阻各散,并约期代为和好。其时白教士德禄正在宋哨弁营内闲谈,询悉情由,转向培教士等告知张连珠多事。二十四日,各教士共央宋哨弁带领王教师等向刘士端道歉,并将张连珠训饬。刘士端等亦向王教师揖让,彼此言归于好,并面约各人不准造言生事。所指数千人者,想指在集之人而言。所指藏匿求生者,想指伊教士与宋哨弁闲谈而言。此卑职查明刘士端与天主教张连珠互相口角起衅之实在情形也。

此案起衅,虽由于吕菜、郝和升彼此口角,告知张连珠、刘士端、曹德礼等,一再寻衅,希图泄忿。然已先后经人劝散,实在并未交手,教堂均无毁坏受害情事,实属无可赔偿。卑职周履三县各乡,遍询居民人等,众口佥同。曹属民情人所共知,该三县因恐别生事端,于去年腊杪会衔出示,遍贴乡镇,禁止大刀会,不准再行传习。本年正月初二日,三县会哨弹压,共见共闻。此该地方官并未置之无关紧要之列实在情形也。

韩教士送信人曾令当堂问话事诚有之，实未辱骂教士、教民，亦无喝打等事。询之城中居民，众口一词，自属可信。至于州县坐堂，环绕观听，比比皆是，不独曹县为然，非聚众也。所有卑职遵饬查明此案起衅确切缘由，理合据实驰禀察核等情到本部院。

据此，查此案屡饬明查暗访，委因客民郝和升向教民吕登士索讨药账口角，因而吕登士族人吕菜屡次向郝和升寻衅，经该县等前往弹压了结，始终并无斗殴及毁坏教堂什物情事，该地方官办理尚无不合。惟该处有业之户，因上年海防吃紧，图卫身家，偶有学习金钟罩教即大刀会名目，妄意可避各种火器。嗣经各该县申明定例，严行查禁。此印委各员一再查复曹县等处民教口角，并未滋事实在情形也。

除仍批饬凡有民教事件，务令持平办理，不致有所藉口，一面先径通饬各属严禁异端邪术，不许再有传习外，相应抄录会禀，备文咨呈。为此咨呈贵衙门，谨请察照施行。

25. 致总理衙门咨文

光绪二十二年七月初二日(1896 年 8 月 10 日)

兖沂曹济道锡良详称,查接管卷内,据兖州府详,据署滋阳县知县王夔光详称:案据蒙本府转奉抚院札开,照得本部院访闻滋阳文生张贻慈平日出入衙门,不安本分,应暂行摘顶,以示薄惩。至兖州教案,安治泰藉为口实,究竟该生有无唆使情事,合行饬查。札到该府立即转饬遵办,并查明据实禀复,听候核夺,毋违此札等因,由府转行到县。蒙此,遵查兖州教案张贻慈尚无唆使情事,惟该生于未奉札饬之先,因被职员任学敬等禀控亏挪书院公款一案,屡经差传,该生情虚畏审,外出避匿,至今尚未到案。兹奉前因,当即移会卑县儒学将张贻慈注册暂行摘顶,以示薄惩。除再勒差赶将控案内原被人证传齐讯明究办外,所有遵札将张贻慈暂行摘顶缘由,拟合具文详候核转等情到府。据此,查此前经卑府禀蒙抚院批饬,将张贻慈摘顶缘由,详请咨报总理各国事务衙门查考在案。兹据前情拟合具文详请查核,转请咨报等情到道,拟合具文详请咨报等情到本部院。据此,相应咨呈。为此咨呈贵衙门。谨请查照施行。

26. 致总理衙门咨文

光绪二十二年八月初八日(1896 年 9 月 14 日)

据兖沂曹济道锡良禀称:窃职道前奉抚院札开,本年五月二十三日接总署来电,以据德使函称,据济宁教士电开,自五月初五以至十四等日,刀匪焚拆单县薛孔楼等庄教堂、民宅,并及城武县艾家庄、鱼台县大薛家等处,令即饬属按照所开日期、地名,迅速查办,随时具报等因。奉此,职道一面随同毓臬司会督委员,周历单县、城武、曹县各乡,察勘地方情形,一面饬该府县按照所开各庄,分别确查,取结详报。兹据曹州府邵守承照督同单县李令铨禀称,查验被焚教民房屋,惟薛孔楼、李家集较重。其余各庄,仅止拆毁房顶,掠去家具,教民并未被害。提讯各教民以及庄长人等,供词无异。均各取具甘结。其城武县,仅止艾庄一处,并未被毁,一并具甘结通报。又据鱼台县张令则程禀称,亲至大薛家庄勘明,该庄并无教堂,亦无洋学。讯据庄长薛奇峰等供称,伊庄入教者仅有薛瑞峰、薛存诚两人,庄众与教民均属同族,各相和好,素无嫌隙,亦无匪徒搜抢习教之家情事。并取有庄长人等甘结呈验各等情,职道复查无异,理合禀报查考。又据曹州府知府邵承照督同单县知县李铨禀同前由各等情到本部院。

据此,查此次砀山匪首庞三杰,勾结曹、单等处大刀会匪徒,与人教之民挟仇滋事，当经饬拿惩办。并将被扰之处，无论民教，均已分饬各该地方官查明一律抚恤缘由，恭折奏报，并咨呈在案。据禀前情，除批示外，相应咨呈。为此咨呈贵衙门，谨请察核施行。

27. 致总理衙门咨文

光绪二十二年十一月十九日(1896 年 12 月 23 日)

光绪二十二年十月初六日准德国海使照称,山东德国教堂,因本年五月间在单县境内有匪徒滋事,该处教堂焚毁,教士物件遗失,该教士单请赔偿,合东钱一万五千吊。查单内所开十七处教堂房屋,均系教士自盖自置。山东地方官言该房系民房,非教士自置,此言实属子虚。请转咨东抚,照数速交安主教领收等因。相应抄录照会、清单咨行贵抚,速为查理了结,并声复本衙门可也等因到本部院。

承准此案于本年五月,准两江总督电称:砀山县匪徒庞三杰,因教民抢麦起衅,勾串大刀会,拆毁教堂等因。旋扰及山东单县境内。当经本部院奏派新任臬司毓贤及兖沂曹济道锡良,调派开字三营,前往弹压查办。旋经该臬司等督同曹、单两县,将匪首刘士端、曹德礼,并匪众三十余人拿获正法。复饬查被扰地方有房屋实被焚拆者,不分民教,一体量予抚恤。据单县知县李铨禀报,该县亲诣勘验被扰及房屋被毁情形,分别轻重,酌给恤款。计陈河滩等庄民教共一百二十一户,已给过恤银五百六十九两。尚有薛孔楼等庄教民传唤不到,未经抚恤。

至八月间,据主教安治泰函称,该主教亲诣单县,恳发抚恤之款。复经电饬兖沂道转饬单县补发。即据署单县知县毛澄禀称，接教士韩宁高函开,各庄被扰教民户数,查与李令原查户数,互有参差。当照原查户数,分别被扰及房屋拆毁轻重,计薛孔楼等六庄又补发抚恤银四百四十七两。教民帖服,教士亦无异词。

窃查此案,因教民刘荩臣抢割麦禾,以致激成事端,是启衅之由,应以教民刘荩臣为祸首。即令有洋学被毁,亦系互相寻仇,今东省已将匪首及匪党多名拿获正法,复将被扰教民一并发款抚恤,办理已得其平,此案足可了结。

复查各省,惟通都大邑建有教堂,其偏僻村镇率皆就教民住房作为教堂,并无洋式楼房,本部院于奏结会匪滋事案内附片陈明,请嗣后遇有民教滋事案件,但照应得罪名科断,不得再议赔偿。钦奉朱批:该衙门知道。钦此。钦遵在案。今该使照称,教士单请赔偿,合东钱一万五千串,不独与本部院奏案不符,并主教安治泰及教士韩宁高原函亦均未叙及,殊属故意枝节,与我为难,碍难照办。相应咨呈贵衙门鉴核,谨请查照办理施行。

28. 致总理衙门咨文

光绪二十三年正月十三日(1897年2月14日)

本年十二月十四日据署东阿县知县杨昭程禀称:窃卑县事主杨兆梓染坊被窃布匹钱物一案,当经卑职诣勘属实,禀请通缉在案。嗣于本年十月二十九日访闻卑县城内刘公心客店,有一人身带洋枪,形迹可疑。即经选派勇役前往查拿,登时拿获黄小二即黄享年一名,并起获洋枪两杆、木棍三根到案。提验该犯并无拷刺痕迹,初讯供词异常狡展,迨反复究诘,始据供称,伊案下黄家村人,先未为匪犯案。光绪二十二年八月间,不记日期,伊独自行窃族人黄玉藻铡刀一口,变卖得钱花用。又十月初六日伊与在逃之傅九、曲洪兴、司学孟、司得魁遇道贫难。伊稔知归德铺事主杨兆梓染坊有钱,起意行窃,傅九等允从。是夜三更时分,同伙五人,伊与傅九携带洋枪,曲洪兴等各拿木棍,走至杨兆梓染坊门首,在墙外扎杆进院,开启大门,窃得布匹、钱物逃逸,大家俵分各散。分得白布三匹变卖,同窃得钱文花用,分得蓝布四块,现在伊家存放,不知傅九等现逃何处等语。据此,即经饬差由该犯家内起获蓝布四块、蓝线二缕、布牌十二个,均经传主认明,确系被窃原赃,当堂具领,将犯严押,洋枪等械存库。差缉逸贼未获,除选差干役悬赏勒限严缉务获,提同现犯再行研讯确情录供通详外,诚恐日久远扬,理合禀请饬属一体截拿逸贼傅九等,务获解究,实为公便。再此案因犯供游移,连日提讯,并差缉逸犯,是以通禀稍稽,合并声明。又禀称,正在禀办间,实有法国教士梅泽民来函坚称,该犯黄小二即黄享年,向奉天主教,素来安分,系伊族人黄玉堂等挟其奉教之嫌,栽赃陷害,嘱将该犯提释,并有贿买捕役私刑拷打,顺供扳赃,逼令招认,诬良为盗等语。卑职伏查此案该犯黄小二系由卑县城内拿获,洋枪等械系由该犯身边登时查起,即该犯供认案件,如何起意,如何上盗,如何得赃,如何逃逸,供词历历如绘,并未稍事刑求。至起获赃布系由该犯家内搜出,且有布牌为据。赃经主认,毫无疑义。因思黄小二虽属教民,一经犯罪,自应听凭地方官照例科办,梅教士原不应从中干预。卑职承办案件从不敢稍涉大意,致滋完滥。接信后,当即详加察访,该犯确非安分之徒,即举其携带洋枪,擅敢入城窥伺,其居心亦可概见。似此真赃实犯,若遽因其入教从宽省释,不但于政体攸关,而且该事主杨兆梓亦断不肯居心不究。梅教士既经两次来函,情近挟制,若竟置之不理,势必酿成事端,事处两难,办理甚为掣肘。卑职再四思维,殊乏良策,究应如何办理,抑或批府提审,以昭慎重之处,除将原函钞呈外,理合据实禀请抚部批示,俾有遵循,是所企祷各等情到本部院。

据此,查该教士梅泽民于黄小二即黄享年行窃被获供赃俱确之案,因其入教,辄敢以栽赃陷害等词函致该县,欲为黄小二开脱罪名,殊属不合。除将此案批饬泰安府照例审办外,拟合咨呈贵衙门。谨请察照备案查考施行。

29. 致总理衙门咨文

光绪二十三年正月十四日(1897年2月15日)

据济东泰武临道吉灿升遇缺题奏道潘延祖会详称:光绪二十二年十月初十日奉抚院钞案,光绪二十二年九月二十九日承准总理各国事务衙门咨,光绪二十二年准法国施使函称:顷接山东马主教函,泰安府一案虽已催办年余,而该县固执抗约,致未曾办有眉目,请催山东巡抚严切饬属,与马主教议结等因。查此案六月二十日准抚院电称,已饬济东道遵照办理等语,究竟如何办法,未据续报,相应咨行抚院,即将现办情形咨署,以凭函复法使可也,并照录法国施使来函内开:径启者,山东泰安府教案,本大臣迭请贵衙门转致东抚札饬妥为商办了结,当于去岁六月十七日接到来函内称,本衙门现电东抚饬属按照现行章程出示晓谕,并秉公完案等因。又于六月二十日准函称,兹接东抚复电云,法教士在泰安府买房一事,已饬济东道遵照办理等语,相应先行函复等因各在案。而迄未准贵署将案如何商办函告本大臣。惟接山东马主教函开:泰安府一案虽已催办年余,未曾办有眉目,业已再三委员前往,而该县一味搪塞,致事未成。务希再商转饬按约及教堂买产章程妥速议结了案等因前来。查此案情节,本大臣屡经详细函达,其理亦无疑义,无如该县固执抗约,以致迭次饬遵未从。特请贵王大臣再催山东巡抚严切饬属速与马主教议结，并札行该处遵行完案，慎勿达碍是荷。专此布达，顺颂日祉等因咨院行道。奉此，查此案屡经委员前往泰安会同该府县妥为办理，均因师教士坚执己见，未能了结。嗣又札委候补直隶州知州陈宪复往会办，因师教士回国，中人肖乐田等均未赴质，由该印委索蒙抚院批饬陈牧先行销差，仍令该府县俟师教士回泰商定办法，再行集讯断报，即转批由道转行在案。兹又奉饬前因，师教士已否回泰商办，未据禀报，当又转饬该府县查复去后。兹据泰安县知县秦令应逵禀称，以查师教士伯仁自回国后至今尚未来泰，此案情形非晤师教士妥筹变通之法，不能使民教相安。现在该教士既不在泰，无从筹商办理，应请仍俟师教士回来再行晤商，熟筹两全之法，方能通融办结。禀请核复等情前来。除饬俟师教士回泰安妥筹办理禀报外，拟合据禀详请鉴核，俯赐咨复总理各国事务衙门查照等情到本部院。据此，相应咨呈。为此咨呈贵衙门。谨请查照施行。

30. 致总理衙门咨文

光绪二十三年二月十九日(1897年3月21日)

光绪二十三年正月二十九日,据兖沂曹济道锡良禀称:窃奉抚院批职道禀奉札饬派员商办单县境内焚毁教堂一案,现议情形请示缘由。蒙批:据禀已悉。单县焚毁教堂之案,既据彭直牧虞孙与安主教治泰辩论,较所议原数减去三分之一,应如所议,给京钱一万吊,以息嚣争。俟备文请领到日,当饬赈抚局拨发。至被扰教民,前据该县李令查明,初次给抚一百二十一户。续据毛令照李令原查,补给四十七户。均经禀报在案。究竟有无遗漏之处,仰即转饬查明禀办缴等因。奉此。并准赈抚局咨解此案拟给京钱一万吊,合银三千六百七十六两四钱七分一厘到道。遵即分别转行彭直牧及毛令查照办理。适彭直牧因公来兖,当饬具领,按照目前市价作钱转发去后。兹据彭直牧禀称,遵将奉发前项银两,饬令州库按照市价,每原银一两换京钱二千七百八十九文,合换原平银三千五百八十五两六钱,作成京钱一万吊,面晤该主教安治泰如数交付,接收清楚,取有该主教收据,同余剩银九十两八钱七分一厘,禀送前来。职道复查无异。

除将缴回余银,即日解还赈抚局归款外,理合据情将安治泰收据及彭直牧所具印领,一并禀呈核咨办理,实为公便等情到本部院。

据此,除禀批示,并将安治泰收据及彭牧印领备案外,相应咨呈。为此咨呈贵衙门,谨请鉴核,希即照复德使施行。

下编　电报

1. 致广州制台张宪台电

光绪十年十二月二十六日(1885 年 2 月 10 日)

有电敬悉。前敌大局稍定,王军已拔四营出关,商请再以两营出关驻文渊,防敌抄谅山后。余两营暂留龙分驻。并冻宁明,顾龙后户,兼查散勇。唐州判在龙办粮,并无一夫。王军出关乏粮,已饬李守设法于海村、南关两局匀拨。王镇已专赴百色,雇驮马急难济用。仍饬唐州判速筹办运。秉衡谨电。宥。

2. 致广州制台张宪台电

光绪十一年正月二十一日(1885 年 3 月 7 日)

昨得冯函:十八日午刻督九营抵板山,来日即札幕府。窃谓用众不如用谋。法枪炮利,用谋自可制胜。文渊紧接南关,必先战方可见谅,幸有机可乘。惟奉旨进剿,须与琴帅商办,无奈军情顷刻变动,必待缄商,不免坐失机宜。已暗中布置,拟独用敝部克期进战。昨接香帅来电,能复谅山赏银三万。今文渊非重地,但开办始,若不许重赏不足鼓励将来。现允给大赏,并密商琴帅,嗣后事机可否便宜行事,免延误云云。敢密以闻。

秉衡谨电。号。

3. 致广州制台张宪台电

光绪十一年二月十七日(1885 年 4 月 2 日)

苏督办庆得人,关口捷,谅山复。王德榜均抄杀,截军火,赖以胜,甚有功。此番法疑冯有内应,自向前,故斩真鬼独多,麻秸教匪多有散去。微冯初五夜袭文渊以昌之,诸军合力以应之,亦不至斯。遇见苏之勇,冯之望,缺一不可以。和以慎为主。暂护已竭蹶,代者迟至,必不胜任。伏乞钧示。秉衡禀。冻。

4. 致广州制台张宪台电

光绪十一年二月二十三日(1885 年 4 月 8 日)

诸军力战克驱驴,法遂败,弃谅山。故入谅之军难分先后。关门之战,冯倡之,勤辅之,苏、陈力援,蒋向前,王抄击甚力,亦不可掩。前敌在观音桥,谷松一带,必先固此门户,再图进取。法耻败,必有恶战。我军非同心莫能济,必加慎方免患。秉衡谨电。效。

5. 致广州制台张宪台电

光绪十一年二月二十五日(1885年4月10日)

效电谨悉。琴帅现住海村,前敌各军据探,苏、冯均在谅山,陈在谷松。冯之前军扎长庆府观音桥一带,苏拟亲赴谷松。蒋勤方在谅山之前扼守,鄂军在文渊,均拟备齐子药,即行进攻。王军仍扎由隘。王藩司因病回龙就医,迟日再催回营。敌之大队退踞船头一带尚无动静。闻苏、冯各军皆有锐进之意,似宜布置妥协,再图进取。奈彼既有所见,亦惟当婉致。遵旨复奏之件,顷已禀请宪台李中堂转奏。秉衡谨禀。漾。

6. 致广州制台张宪台电

光绪十一年二月二十八日(1885年4月13日)

漾电谨悉。大势终归和款,非战胜必不坚久。今既大胜,敌欲就款,以我兵力足惮也。再胜似无所加,少挫或仍启轻心。法实强敌,正可就此整军已约,以竟全功。倘彼仍思逞,我兵未撤,鲍、唐复分应于西,尽可惟力是视。敬求钧裁。秉衡禀。有。

7. 致广州制台张宪台电

光绪十一年五月三日(1885年6月15日)

卅电谕谨悉。扼要者指扎营处所,均由营自筑垒,惟于镇南关修复关墙建炮台。若扼要均筑台,微特无此款,亦无此炮。此惟在随时有备。彼若渝盟,仍以先入越为要。所谓兵贵活着,否则合八百里长城,诚如宪示,即扼要已属不少,且亦不胜其防矣。日内拟赴关会勘度。秉衡谨电。冬。

8. 致广州制台张宪台电

光绪十一年五月十四日(1885年6月26日)

庚电谨悉。谅以北设关,法设领事,彼意自在南关。查文渊去关八里,中无村落,本系越境,即法境难设关。愚见如设税关于关口外里许,另筑卡房,既不占彼界,仍可严我关限,似犹得界之中。敬请裁酌。秉衡谨电。艳。

9. 致广州制台张宪台电

光绪十一年六月十日(1885 年 7 月 21 日)

苏前因越民呼吁难忍,暂出行队弹压。衡闻即函阻之。得覆系过而不留,已止而不往矣,奉台谕适苏来龙复与言定,不再出关一步。当会衡电奏北洋。五月初九日,为释法俘电朔亥始奉到。除病故一前已电达,昨晚又病故一亦眼同同获法兵即棺埋。此外七人,或未病,或病痊,于今早派弁送往,并径电复北洋。撤营节饷诚为经久之计,愚见少缓尚宜酌定。防军之饷,盖有饷方有兵有备。否则饷竭,将备兵之不暇,何以备边?关内瘴轻,久守而无死亡之危,正好节饷,于有事时加之转形知奋也。敢以密请。军装切嘱刘守,认真分别清储,期可备用。秉衡谨禀。江。

10. 致广州制台张宪台电

光绪十一年七月六日(1885 年 8 月 15 日)

陈镇嘉以积伤病殁,亲往经理其丧,哭失声。陈广西人,立功楚、黔。苗疆五峒之役,驰赴贼,立摧之,始与识面。出关数大战,屡濒于死不少挫,卒奏奇功。去冬谷松失利,陈受创昏倒,左右掖之去。既觉,挥刀叱退者誓不还军。遇战事急,辄以陈在可恃无恐。二月克谅,连下谷松,病甚,强之回谅。闻警,呼卒舁之,仍赴军。班师后,扎关前隘,病加剧,遣医往,属来龙就医,又赴关。敦劝后，屡函促之始来，已不可为矣。伤遍体如刻画然，尝溃脱碎骨碗许，铅子未出者，尚十数，损一目，每云历战阵出血过斗，年未五十，时苦不支。此番受峻补百剂，卒无起色，是岂死于病哉？疾革部将来视，犹问营务处状及关城工作，无他语。本司往，仍善计军事。盖其忠勇本天性，又朴讷不言功。南北三十年，心目中实未多有。时方多事，良将不易得，如陈捍边卫内均有足资。拟密请用之畿辅以备敌，乃竟如斯，诚足叹伤！可否拿衡衔吁请宜付史馆破格恩恤，以彰忠荩之处？敬祈谕遵。秉衡禀。歌。

11. 致广州制台张宪台电

光绪十一年八月七日（1885 年 9 月 15 日）

昨奉咨行饬立机器局。西省拮据万状，实无余力再办此事。矧现在东西军，滇楚各军在邕、龙所存各项枪子几及千万，方虑久储不易，势亦不必急造。洋工来此，无事徒糜钜款，请饬令遣回。机器暂留东，或运邕存储。秉衡禀。鱼。

12. 致广州制台张宪台电

光绪十一年九月二十四日（1885 年 10 月 31 日）

愚见刘断不可扎上思、归顺、镇安一带，恐游勇借声势启外衅，转累刘。且恐刘不安而挟众，办理必棘手，非专为桂计也。衡禀。敬。

又，刘多家口，辎重不易有他。闻其性贪多疑而深处之，不宜多变更。倘不来龙、邕，又难听久停。不如直许其既不来龙，即当来广听分付，而预定以不可移之处。勇不宜多招，或即令驻广之外镇，而以方或郑总统其军。徐予以实官，散其众以安其身，请采择。衡禀。敬。

13. 致广州制台张宪台电

光绪十一年十一月十日(1885 年 12 月 15 日)

阳庚电悉。驱驴在谅山北，应争瓯脱稍易，划地难：瘴疠难一，增兵费难二，道远运难三，安插游勇难四。瓯脱则民无所属，属越与法无异，尚费经营，惟例不屯兵筑垒，暂弭边衅。修等识虑短浅，使来在即，务望统筹预示。修、衡。蒸。

14. 致广州制台张宪台电

光绪十一年十一月十六日(1885 年 12 月 21 日)

翰电悉。卓见甚是。法人关当始终坚拒，总署纵允亦必执奏。苏军现驻关前，修等十八抵关，可随时酌调唐，能邀准希早电示。修、衡。谏。

15. 致广州制台张宪台电

光绪十一年十二月十二日(1886 年 1 月 16 日)

电奏录呈。初八、初十两日,修等与法使在关门、文渊往来会议。谨遵历奉密寄,并执约内北圻边界必要更正,以期两国有益之语,应以谅山迤西自芄蓟、高平省至保乐州,东自禄平、那阳、先安州至海宁府划归中界。浦以"稍有"二字,据伊国文义甚属微少,不过于两边界址略为更改,不能说到谅山及东西如许之地。答以北圻全听贵国保护,更正此区区之地,非稍有而何? 浦云:既更正,是两界交错者都可改正。答以约内只言北圻现在之界可改正,并未言中国之界亦可改正,据你说则相背约矣。浦又云:谅山是北圻内地,不得指为中国边界。答以约内分明有指定中国边界两处,一在谅山以北,字样是中界,原可以谅山为断。浦又云:"或因"二字是该有才有也,可有也可以不有。答以约内本有不得说无有。浦等力持"稍有"二字,不肯扩充。修等亦坚执"改正"二字,力为辩论。浦去:如此非我等所能作主,必须照约请示本国。谨摘要先电。修、衡。真。

16. 致广州制台张宪台电

光绪十一年十二月十四日(1886 年 1 月 18 日)

录呈电奏。本日会议,浦以"稍有改正"四字,须照第三条约,就现在之界勘定,先立标记,坚执如前。修等答以非改正即不能立标记。既立标记,即无可改正,力拒辩论竟日。浦即以意见不合,应照约请示。闻已电戈矣。若如浦云,不过以咫尺之地饵我,使我沿边诸隘形格势禁,恐此后边事不堪设想。修等惟有始终力争,不敢稍涉迁就,致贻后悔云云。修、衡。元。

17. 致广州制台张宪台电

光绪十二年正月二十四日(1886 年 2 月 27 日)

十九日派王、李两道赴文渊,与狄商增牧马、先安。狄甚坚执。因令于文渊以西,照旧界展宽三十里,东十五里,狄允与浦商。本日浦来关会议,询以三处及改正事。狄云:我原说可商。浦则佯为不知,词语闪烁。狄系浦派,岂有不知,显系接戈电意在悔灭前说,令我事败垂成。修等告以狄前允三处,并亲绘文渊草图,竟可食言。我之改正亦必以淇江、艽葑、牧马、先安为断。清临行出法文一纸,译与前说略同。闻近日艽葑以西,游勇肆扰,浦一夕数惊,将遁情露。兼春瘴已发,议迄无成。自当恪遵前旨,秋末再议。修肃。衡、春禀。漾。

18. 致广州制台张宪台电

光绪十二年三月十二日(1886 年 4 月 15 日)

二月十五,修、衡等与法使议,由南关起勘分东西路。十七,王、李两道会法使勘东路至由隘，十九至罗隘，廿三至那支隘，廿五至隘店隘即洗马关，逐段辨认绘图。廿五衡在隘店隘与两道会法使书约画押。惟关左之邱契山界未议定注明图，约两道回勘西路。本月初五至巴口，初七至绢村，初八至平而关。修时已照议先至水口关俟浦。因春瘴大起，山水陡发，浦、卜二人皆病不能前，彼此议定至平而关止。初十修折回平而关与两道会浦书约画押。另约议，中历十月初一前到海宁，从广东界起勘。十一浦行，闻苂葑打仗，炮声崩腾，当派弁兵数十护送出境。修、衡病未全愈，从官、从人皆疲病。修拟在龙休养数日，即率同两道司员等赴东省。至秋末就近赴钦勘东界。电奏录呈。修肃。衡、春、锐禀。文。

19. 致广州制台张宪台电

光绪十三年十月初二日（1887 年 11 月 16 日）

西隆苗案，以厚兵力抚良惩莠，撤团为正办。无兵力难勒徼凶，亦不能剿。不抚良苗，良必助莠；不痛惩莠苗，受害者不平。岑团有后言苗祸亦必滋大，团用以杜截助势。今苗未离巢，兵力已厚，无所为用。而岑与苗积仇，即岑无他，附岑者欲取良以为利，亦势也。不撤团，变必更多。邓守不能使岑听命，且无真主张。前接禀，即电调陈守善均驰往筹办。昨禀团遵撤，已连檄函陈、邓务示兵威，分良莠，必令尽缴。凶苗暨多年著匪，抗必剿必办澈。衡禀。冬。

20. 奏田在田所部已筹饷银迅速北上电

光绪二十年九月十六日(1894 年 10 月 14 日)

奉十四日电:奉旨敬悉。田镇在田已饬由汤藩司宽筹饷银四万两,令迅速北上,并即电奏。王镇连三业已拨给三个月饷,并给军械已由济前进。至续调之营,适值捕务海防交紧,抽调一空。又以该总兵实不可恃,前已附片据实密陈,谅邀圣鉴。请代奏。

21. 奏已饬河成右营移扎利津海口加意严防电

光绪二十年九月二十日(1894 年 10 月 18 日)

准北洋十五电,奉旨:现闻倭人秘谋,欲于各海岸无人之处为攻瑕之计。山东利津海岸,并电知李秉衡一体严防等因。钦此。查山东急切无营抽调,而利津海口亟须防范。惟有附近利津之河成右营,现值霜清,应即饬令移扎利津之韩家垣海口,加意严防。请代奏。

22. 致青州讷副都护电

光绪二十年十月初五日(1894 年 11 月 2 日)

北京探交青州讷副都护鉴:前电请带马步千人来烟,顷接德协领复电,知大旆尚未回任。因事急,已电请德协领代统先来。夙佩公忠,当不责以其专擅。请公速出京,如肯惠临相助,尤所盼祷!请电示,以便电奏。支。此电缓发。初五未刻发。

23. 奏登防紧要现无可调之军旅防请大连湾兼顾电

光绪二十年十月初六日(1894 年 11 月 3 日)

因登防紧要,候补道李正荣不胜任,故调派夏辛酉接统各军。又因本日申刻奉初四电旨,特抽调胶澳及登防等处八营,派登州镇章高元统率北上入卫。此外急切实无可抽调之营,赶募亦不应手。若再将夏辛酉四营调去,登州海防实难措手。查旅顺为海军屯扎之所,请饬李鸿章转饬海军及大连湾陆营就近兼顾旅顺后路。请代奏。

24. 奏遵派章高元统带入卫四营并拨登防四营援旅电

光绪二十年十月初九日(1894 年 11 月 6 日)

初八酉刻奉初七电旨:旅顺防务万分吃紧,着懔遵前旨,饬夏辛酉统带四营,即日前往登州防营,着于入卫兵内截留四营填扎等因。钦此。正在电请复奏,又于夜子刻接北洋初八电,奉旨:迅饬夏辛酉统带四营前赴旅顺,该处兵力仍嫌不足,着将入卫之四营一并催赴旅顺,克日拔队等因。钦此。遵即飞饬章高元统带所部入卫四营,并拨登防四营,分起克期东渡。惟登与旅顺相对,防务亦同吃紧。夏辛酉布置甫有头绪。拟令其赶紧招募数营,填扎登州,以期兼顾。请代奏。

25. 奏洋面日船往来如织应设法偷渡夹击电

光绪二十年十月十三日(1894 年 11 月 10 日)

前奉电旨,饬令章高元统带八营援旅。兹章高元已由胶澳拔队驰往登州。惟查洋面多有倭船往来如织。昨准北洋来电,商轮不敢冒险前进。现饬登莱青道刘含芳商请北洋赶紧设法偷渡,一俟得间,该军即渡东岸,由北而南,遵前旨冀收夹击之效。一面饬夏辛酉严防登州。

再,风闻对岸逃勇有沿途焚掳情事。近日纷纷逃避至山东烟台等处,登州拟请旨遇有此等逃勇到境,拿获即就地正法,以警效尤。请代奏。

26. 奏魏光焘率部已抵蒙城山路实难兼程以进电

光绪二十年十月十九日(1894 年 11 月 16 日)

顷接魏光焘文称:十四日始抵山东蒙城境,奉到东省寄录总署电催。光焘连日趱行,山豁大长,军装颇多,步队实难兼程以进。嘱先转电情形,仰慰悬盼等因。谨此转电。

27. 奏遵旨飞饬沿途州县代雇车船电

光绪二十年十月二十二日(1894 年 11 月 19 日)

奉旨:现在军情吃紧,亟需大兵齐集,迅赴戎机,着直隶、两江、江苏、安徽、山东、河南、湖北各督抚迅即沿途设局,派员代雇车船等因。钦此。遵即分别电札飞饬沿途经过各州县,一体迅速懔遵照办。请代奏。

28. 奏山东防营已调出十营实无营可调电

光绪二十年十月二十三日(1894 年 11 月 20 日)

奉十七日旨:饬黄金得酌带三四营北上等因。钦此。查黄金得先带济字营,因病撤退。兹奉前因,当即电询。黄金得实系因病刻难北上。山东防营本少,王连三已带两营至天津。前抚福润新募八营,登、烟、威海等处尚不敷分布。前奉旨防利津海口,因无营可拨,改调河防营分守韩家垣、陈家庙两处。今章高元又带八营援旅顺,新募者仅八营,而出省者已十营,登州、胶澳两处抽调一空。山东与畿辅毗连,防务处处吃重,其省西盗贼充斥之处,所驻两营亦未敢轻动贻患。前已奏请添募十余营填防,急切尚难招募,实无营可调。谨将实在情形呈请代奏。

29. 奏奉省兵力单弱请将关内抽拨十余营以厚兵力电

光绪二十年十月二十六日(1894 年 11 月 23 日)

顷闻旅顺不守,岫岩口为倭据。奉天危若累卵,我军只宋庆所部素称得力,但营数太少。山东虽已调去八营,而兵力犹嫌单薄,设奉天有失,关内亦势不能支。秉衡之愚,以为御敌于堂奥,不如御敌于门户。现在山海关、洋河口等处不下数十营,可否饬令抽拨十余营出关，并山东八营均归宋庆调遣，以厚兵力。奉省能固，则关内自可无虞。秉衡近办东防，募勇购械猝难立集，正深焦急，本不敢越俎言事，惟大局攸关，苟有听见，不敢缄默不言。

30. 奏报山东分路设局以利兵行转运电

光绪二十年十月二十八日（1894 年 11 月 25 日）

昨接二十一日电奉旨：南来各军车船系自办，以致雇觅艰难，行程迟滞。着直隶、两江、山东各省督抚沿途设局派员代雇车船，酌量数站一换等因。遵查东省西道为江南入境之站，应以兰山县、泰安县为一路；省南系皖豫等省北来大道，以济宁州、茌平县为一路，各设车局，汇于齐河县递转德州，由德州设船局径送天津交替，业经飞饬该州县遵办。俟禀复到齐，再另奏报。谨将遵旨饬办缘由，先请代奏。

31. 奏为威海吃紧请调章高元八营回东电

光绪二十年十月二十九日（1894 年 11 月 26 日）

奉二十七日电旨：旅顺既失，恐倭将并力以图威海等因。钦此。查登州至威海三百余里，可登岸之处甚多，威海后路尤虞抄袭。秉衡前到烟台，调拨两营驻威海附近地方，近又添拨两营两哨往上庄驻扎,以防威海后路。现在登州只剩四营,烟台只剩三营,实属不敷分布。查前在省西各处抽调招募共十余营,须下月二十日内外方能到齐。远路招募者更缓不济急,正深焦灼。顷接吴大澂来电:以威海吃紧,若调八营赴威,该军洋河一带之营尚可填扎等语。窃秉衡前派章高元八营援旅,昨已电请总办军务王大臣饬令归宋庆调遣。今旅顺既失,奉天亦万分吃紧,自不敢因顾威海一路而分奉天之兵。惟封冻以后,山海关防务自可稍松,吴大澂所部之营既可填扎,可否请旨饬将洋河一带防军抽拨一二十营出关归宋庆调遣,以厚兵力。抑应如何调拨,期与宋军会合,则章高元八营自可调回,以固威海。如蒙俞允,自应分别电饬遵照。迟则恐营口封河后,调回之军不能渡海。请入奏。

32. 致济南汤藩台电

光绪二十年十一月初二日(1894 年 11 月 28 日)

济南汤藩台鉴:东电敬悉。新募二营营名即请由公酌定。唐有贵明早起程回省。乔凤友既不愿归孙镇,似可令带省防一营。弟闻孙望其来,似尚未知彼意也。衡复。冬。印。

33. 致熊岳章镇军电

光绪二十年十一月初二日(1894 年 11 月 28 日)

熊岳章鼎臣镇军鉴:来电悉。与宋宫保联合深协机宜,慰甚。

所有军情,望随时电示。衡。冬。

34. 致广西张丹帅电

光绪二十年十一月初二日(1894 年 11 月 28 日)

广西张丹帅鉴:接熙公电,杨副将昌魁初六日起程,带有哨弁及勇丁三百余人,到省之日可否惠拨毛瑟、哈乞克斯枪子数百枝,感佩无已。正发电间,奉冬电敬悉。旅顺于上月二十四日失守。东防数百里,募勇购械,难以立集,殊深焦灼。宋军近扎熊岳一带,惟兵力尚单,东省已拨八营往助。辽、沈等处未识能否固守?想公亦同此殷盼也。衡。冬戌。印。

35. 致龙州苏宫保电

光绪二十年十一月初二日(1894 年 11 月 28 日)

广西龙州苏宫保熙公鉴:奉艳电。诸承关爱,佩甚。请转饬杨副将在桂湘一带共募四营,汇款五千恐不敷用,拟加汇三千。内奉还垫款一千余,存梧备拨。如再不敷,候信到,续由长沙西号照兑。承拨梨意得枪,感谢。能否再拨毛瑟、哈乞克斯等枪数百枝?无厌之求,尚希垂谅。衡。冬。

36. 致济南汤方伯等电

光绪二十年十一月初二日(1894 年 11 月 28 日)

济南汤方伯、李廉访、林观察鉴:梗电请拨毛瑟枪子二十万,哈乞克斯枪子三十万,铜帽火一百万,解黄县;又宥电请解洋火药四五万磅,均请速解。衡。冬。

37. 为戴赵等营行进迟缓特发令箭迎提电

光绪二十年十一月初三日(1894 年 11 月 29 日)

沙河速送莱州彭太守鉴:戴、赵等营二十五日起程,昨晚始到潍县,殊属迟缓。除发令箭迎提外,望持此电严催星夜兼程来烟,勿得再延,致干参处。切切!衡。江。

38. 致威海戴观察电

光绪二十年十一月初三日(1894 年 11 月 29 日)

威海戴孝翁观察鉴:阅致芗林观察电悉。奉相电:专守威海,不能拨营。第思敌图威海,必先由后路登岸,不顾后路何以保威?

前福字两营原为防威后路,现上庄只一营,添孙万林一营于龙口,均嫌太单。烟台只剩三营,无可抽拨。只好将福字两营调拨上庄会合,以顾威海后路。衡。江。印。

39. 为汇款招募营勇事致张丹帅电

光绪二十年十一月初三日(1894 年 11 月 29 日)

广西张丹帅鉴:杨副将昌魁屡承代催,感甚。本拟兑银八千两至梧州,因该处票商不便,请公饬梧州府就近拨银八千两交杨昌魁。内以一千还苏子熙督办垫款,下余七千为招营之用。弟一面兑至贵省百川通商号奉还。并恳饬杨昌魁迅速成行。至为祷企!衡。江。印。

40. 致广西龙州苏宫保电

光绪二十年十一月初三日(1894 年 11 月 29 日)

广西龙州苏宫保熙公鉴:昨拟兑银至梧州,因商票不便,已电请丹帅饬梧州府就近拨银八千,内以一千奉还尊处垫款,余七千交杨副将昌魁备用。恳转饬迅速起程为祷。衡。江。

41. 致登州护镇刘参戎电

光绪二十年十一月初三日(1894 年 11 月 29 日)

登护镇刘参戎鉴:广线枪、天门炮已解到,请将旧存此两项枪炮铅铁子丸除酌留若干预备登防应用外,下余尽数交县赶速运来。衡。江。

42. 为各枪须三月到沪缓不济急致潘芸生电

光绪二十年十一月初四日(1894 年 11 月 30 日)

上海制造局潘芸生观察鉴:江电敬悉。各枪须三个月方能到沪,窃恐缓不济急,只有暂问他处搜罗。衡谨复。支。

43. 致广西张丹帅电

光绪二十年十一月初四日(1894 年 11 月 30 日)

广西张丹帅鉴:江电敬悉。近日枪械如荒年谷,实不易求。杨副将据熙公电必到省。仍求照料催趱。承示战守各节,感佩之至!衡。支。

44. 致青州德协领电

光绪二十年十一月初四日(1894 年 11 月 30 日)

潍县急速送青州德协领兄台览:来电悉。佩感之至!望即带马步千名星夜来烟。过黄县在军装局领洋马枪三百枝,来烟再领来福枪四百枝,已电饬益都县拨银二千两备加饷及沿途费用。弟一面电达贵都宪何日起程。请先电复。衡。支。

45. 致济南汤藩台电

光绪二十年十一月初四日(1894 年 11 月 30 日)

济南汤藩台鉴:江电敬悉。现因青州副都统尚未回任,已电请协领带旗营马步千名来烟。惟旗兵底饷若干、应加若干、统领公费及参佐协领各薪粮若干,向无章程。请公酌中议定,以便参酌。福昌阿请饬回莱州营本任,临清陶牧即饬回任。唐有贵昨已起程,余均照办。盛道十四万已到,慰甚。顷晤刘道,言下余十万亦将解到。如到省,请分两批先后解莱州转运局。衡。支。

46. 致威海戴观察电

光绪二十年十一月初四日(1894 年 11 月 30 日)

威海戴孝翁观察鉴:江电敬悉。筹示甚是。三数日间,当令福二营暂移扎。衡敬复。支。

47. 致黄县军装局翁县丞电

光绪二十年十一月初四日(1894 年 11 月 30 日)

黄县军装局翁县丞览:现请青州德参领带马步千名来烟,过黄县时,望拨发前膛洋快马枪三四百枝,每枪配带子三百出。步枪如林明登该旗营合用,即发三四百枝;如不惯用,即不必发。洋火药再添解三千磅,共五千磅。并天门炮广枪所用铅铁丸子俱解来烟。衡。支。

48. 致青州益都陈大令电

光绪二十年十一月初四日(1894 年 11 月 30 日)

潍县急速送青州益都陈大令览:现请德协领带马步千人来烟,望就近拨银二千两,交德协领备用。此项作正开销。衡。支。

49. 致黄县军装局翁县丞电

光绪二十年十一月初四日(1894年11月30日)

黄县军装局翁县丞览:请速派人解洋火药二千磅来烟。衡。支。印。

50. 致青州德协领电

光绪二十年十一月初五日(1894年12月1日)

潍县急速送青州德协领兄台览:昨电请带马步千人来烟,望星夜起程。马队行较速,先来更好。切勿稍延。盼切!衡。歌。

51. 致总理衙门电

光绪二十年十一月初五日(1894年12月1日)

总理衙门钧鉴:奉豪电敬悉。上月有旅顺溃勇携有抢掠财物至烟,已饬讯明就地正法。以后烟台安谧如常,并无溃勇滋事。仍严饬防营关道,切实弹压绥辑。并告知英领事保其无事,请放心。秉衡谨肃。歌。

52. 致熊岳宋宫保祝帅电

光绪二十年十一月初五日(1894 年 12 月 1 日)

熊岳宋宫保、祝帅鉴:久深仰企,未遂恋私。奉省军事实赖忠荩声威,章镇八营尚听指挥否?此间防务戒严,购械征兵苦难立集,尊处军情,乞随时电示为祷。秉衡谨启。歌。

53. 致济南汤方伯等电

光绪二十年十一月初五日(1894 年 12 月 1 日)

济南汤方伯、沈观察鉴:从前李、多、冯三人成军时,曾否议及统费?如已议定,系每月若干、已否照发、现在夏庚堂应给统费若干,乞查酌电示。衡。歌。

54. 致莱州彭太守电

光绪二十年十一月初五日(1894 年 12 月 1 日)

莱州彭太守鉴:张参将福兴所带济右营如已抵莱,望催令星夜兼程来烟。并以后续到各营,均一体飞催前进为要。衡。歌。

55. 致广西张丹帅电

光绪二十年十一月初六日(1894 年 12 月 2 日)

广西张丹帅鉴:支电敬悉。蒙饬梧州府拨银八千,感谢。所拨银系何平色?并乞电示,以便汇兑归款。衡。鱼。

56. 致威海牛星斋观察电

光绪二十年十一月初七日(1894 年 12 月 3 日)

威海牛星斋观察鉴:来电敬悉。逃勇扰害地方,本干军律,荩筹所拟极是。当即饬营照办。衡谨复。阳。

57. 致莱州彭太守电

光绪二十年十一月初七日(1894 年 12 月 3 日)

莱州彭太守览:御电悉。分兵尽力赶办,佩慰!民间学规公项,如该绅等暂行提用,未为不可。惟将来若由敝处筹还,与前函所议办法未免参差。似宜仍照一百五十户供一乡兵原议,由该绅等自行筹还为是。乞酌。衡。阳。

58. 致两江总督张宪台电

光绪二十年十一月初七日(1894 年 12 月 3 日)

两江总督张宪台钧鉴：电示敬悉。蒙周顾训诲，感佩至深。解部三十万，内十万系奉部拨提裁兵节饷之款，十万则商捐暂为垫解者。所筹解只十万。窃以朝廷所急，因亦未敢稍存己私之见，库存虽绌，募勇数十营，尚未可支撑。当此之时，求将最急。至若有营即投、有勇即带之将官，夫人而知。天下至大，自当不乏良材，在衡则诚少所知。民穷至今日极矣，欲立筹数十万饷，势必滋怨扰民。愚人之计，其惟节用乎！用于受篆之初，力裁虚縻耗费，岁近二十万，亦陋之甚矣。兵事放手，本是正办。所有各营公费、月饷，长夫到来均已加增，独不能亿万不计如北洋耳。然今日所谓淮军，妇孺皆能论定。至地要事紧，诚如公言。矧以衡之庸愚，惟有殚竭血诚以报恩遇，成败利钝所不敢知。惟宪台谅之。旧属秉衡谨肃。阳。

59. 致青州满营毓敬苏等电

光绪二十年十一月初七日(1894 年 12 月 3 日)

莱州彭太守转交青州满营毓敬苏诸兄台鉴：接德协领电知诸兄带马步千名，于初五日起程。慰甚！此次军务，新旧各营陆续来烟，沿途供给车马民力难支，应稍为迁就，以示体恤。拟饬经过州县办大车六十辆，驼马一百匹，以供装载。乞约束兵丁，此外不得再有扰累。贵都宪忠君爱民,衡所钦服。诸兄谅能仰体宪意,不致苛求也。衡。阳。

60. 致总理衙门电

光绪二十年十一月初七日(1894 年 12 月 3 日)

总理衙门钧鉴:海防紧要,勇营不敷分布,青州副都统讷钦有挑练旗兵马步一千名。前曾与面商,设有缓急可以征调。兹已调来烟台驻扎,以备防剿。俟讷钦由京回东,仍交令统带,以资得力。请代奏。衡谨肃。阳。印。

61. 致益都陈大令电

光绪二十年十一月初七日(1894 年 12 月 3 日)

潍县送益都陈大令览:来电悉。德协领另借一千,仍准作正开销。衡。阳。

62. 致广西梧州杨经元电

光绪二十年十一月初七日(1894 年 12 月 3 日)

广西梧州存交杨经元协戎鉴:来电敬悉。募黔勇二营,甚慰鄙怀。当即加汇银四千,存汉百川通号,备到日取用。如再不敷,望到汉电示，再汇寄扬州。衡。阳。

63. 致黄县翁县丞电

光绪二十年十一月初八日（1894 年 12 月 4 日）

黄县军装局翁县丞览：望将哈乞克斯枪一千二百杆、子二十四万出，林明登六百杆、子二十万出，云者士得枪六杆、子三千出，毛瑟子五万出，俱解来烟。电到先将哈乞克斯枪立刻起解，余随后解。曹镇到黄，嘱令来烟领枪。衡。庚。

64. 致济南汤藩台电

光绪二十年十一月初八日（1894 年 12 月 4 日）

济南汤藩台鉴：现在文案需人，杨令名鉴前委赴菏泽等处办团，请电饬回省，委扎即由行辕办发。如办团未竣，可交王令绍勋经理。俟杨令进署，即饬王令桂林来烟。衡。庚。

65. 致济南汤藩台电

光绪二十年十一月初十日（1894 年 12 月 6 日）

济南汤藩台鉴：密。恩县何式珍请饬回本任。衡。蒸。

66. 致武昌杨游击电

光绪二十年十一月初十日(1894 年 12 月 6 日)

武昌督标右营杨游戎龙章鉴:请专足送长沙李定明军门。本卿兄览:来电悉。贵恙愈,请到鄂电商一切。衡。蒸。

67. 致威海戴观察电

光绪二十年十一月初十日(1894 年 12 月 6 日)

威海戴孝翁观察鉴:蒸电敬悉,当饬各营遵照。福两营暂调上庄一带,并令审择地势扼要驻扎。闻威海附近有劫案,祈饬密查办理。衡复。蒸。

68. 致济南汤藩台电

光绪二十年十一月十一日(1894 年 12 月 7 日)

济南汤藩台鉴:密。蒸电敬悉,甚是。长清县请公另遴员往署。衡。真。

69. 致济南汤藩台电

光绪二十年十一月十一日(1894 年 12 月 7 日)

济南汤藩台鉴:奉电旨:现在江南、湖广、河南、山、陕调募兵勇均已奉报起程,惟日久尚未到齐,殊深焦盼。着张之洞、李秉衡、刘树堂、李鸿章分饬沿途各州县,遇有过境之军,即传谕旨迅催前进,不得藉词逗留。钦此。乞即恭录谕旨,札饬沿途各州县钦遵严催。由代行代印速发。衡。真。

70. 致济南汤藩台电

光绪二十年十一月十一日(1894 年 12 月 7 日)

济南汤藩台鉴:电示于事无济,于谊有损。暂垫春季相机办理,极是。即请照办,并请代复,期臻允洽。曹队已点验,请饬速东来。衡。真。

71. 致两广总督李筱帅电

光绪二十年十一月十二日(1894 年 12 月 8 日)

两广督部堂李筱帅钧鉴:真电敬悉。即严饬经过各州县并防军遵照,不准稍有延缓怠忽。衡谨复。文。

72. 致济南汤藩台电

光绪二十年十一月十二日(1894 年 12 月 8 日)

济南藩台、营务处军械股鉴:局存云者士得十三响枪一百五十一杆、十七响枪二百五十八杆、长七响枪三十五杆,非弟电提,无论何人请领,祈勿轻发。再,阎得胜、叶云升两营至今未到,究系何日起程?乞电复。衡。文。

73. 致济南汤藩台电

光绪二十年十一月十二日(1894 年 12 月 8 日)

济南汤藩台鉴:真电敬悉。端守禀蓬莱胡令各情已同日具禀到辕,当饬刘道查明禀复。市面已照常安堵,批饬了结,似可暂缓撤任。应否记过?乞酌。衡。文。

74. 致济南汤藩台电

光绪二十年十一月十二日(1894 年 12 月 8 日)

济南汤藩台鉴:接粤督李筱帅电:奉电旨,解洋枪来京,兹委知县郭寿鋆、都司陈肇基管解洋枪三千六百杆、弹子三百六十万颗，共三千三百四十九箱，于十一月初七日由粤起程至清江浦起旱进京。填给陆路勘合，恳饬州县应付拨护，遇有渡河之处并属照料，仍请饬沿途防军一体护送等因。请代行分饬照办。衡。文。

75. 致总理衙门电

光绪二十年十一月十二日（1894 年 12 月 8 日）

总理衙门钧鉴：十一日准李鸿章电转奉电旨：现在江南、湖广、河南、山、陕调募兵勇均已奏报起程。惟日久尚未到齐，实深焦盼。着张之洞、李秉衡、刘树堂、李鸿章分饬沿途各州县，遇有过境之军，即传谕旨迅催前进，不得藉词逗留。钦此。遵即飞饬沿途各州县钦遵办理。请代奏。衡谨肃。文。

76. 致济南汤藩台等电

光绪二十年十一月十二日（1894 年 12 月 8 日）

济南善后局汤藩台、沈观察鉴：乔凤友已委管带济康右营，请给李鸿春银一千五百两。再，顷奉督办军务处电，即购一丈二三尺长白蜡杆三千根，分起运京。查丈二三尺长白蜡杆须向德州、邹县、平阴一带购买。请即查照派人分投赶购。衡。文。

77. 致黄县翁县丞电

光绪二十年十一月十二日(1894 年 12 月 8 日)

黄县军装局翁县丞览:庚电请将哈乞克斯等枪先后解烟,已起解否?望迅速勿延。衡。文。

78. 致青州讷副都护电

光绪二十年十一月十三日(1894 年 12 月 9 日)

北京青州讷副都护鉴:复电敬悉。弟前奏保,本欲与公共济。奉旨留中。又留公带神机营,畿辅事重,竟难奏调。但绵力难独任耳。旗营兵已将到,惟晋祥未来。弟拟派协领毓增统带,协领敬文帮统兼管带马队,佐领毓和管带步队,即以具奏。公以为然否?衡。元。

79. 致桂林张抚台丹帅电

光绪二十年十一月十三日(1894 年 12 月 9 日)

桂林张抚台丹帅鉴:连日倭趋重复州、盖平一带。宋祝帅已到盖。弟处八营先期扎盖平一带,归宋调。唐军门仁廉带多营,日内可到营口。如再数日,可期与宋合力,应有一好仗。弟调募日内已可有十数营到海防。敬奉闻。弟衡。元。

80. 致济南汤藩台电

光绪二十年十一月十三日(1894年12月9日)

济南汤藩台鉴:顷闻旅顺逃跑之统领卫汝成坐轿车赴济南等处,望即密拿。如有拿获者,赏银三百两。并请排单知会泰安府查拿。衡。元。

81. 致济南汤藩台电

光绪二十年十一月十三日(1894年12月9日)

济南汤藩台鉴:密。元电敬悉。地方多事,迹近取巧,弟已批饬不准,敬以奉闻。遇此等件,嗣后弟当行司,以免两歧。衡。元。

82. 致潍县谭游击电

光绪二十年十一月十四日(1894年12月10日)

潍县谭游击邻都览:来电悉。招勇究有若干名,未据声叙。支银候报明再定。衡。愿。

83. 致济南汤藩台电

光绪二十年十一月十四日(1894 年 12 月 10 日)

济南汤藩台、沈观察鉴:元电敬悉。解蜡竿是否用牒呈或禀解,以恭邸给各督抚用札文也。祈酌。李副将借银实难准行。衡。愿。

84. 致济南汤藩台电

光绪二十年十一月十四日(1894 年 12 月 10 日)

济南汤藩台鉴:顷刘道接津海关电,闻海丰埕子口有倭船,请速设防,并筑土炮台等语。请即派妥弁速往查探,并照尊函饬尚守会同张振乾迅速办防。查实先电复。衡。愿。

85. 致济南汤藩台电

光绪二十年十一月十五日(1894 年 12 月 11 日)

济南汤藩台鉴:昨电埕子口有倭轮,系刘观察接津电云。顷又来电,实系义国兵轮,错走水线云云。前系讹传。衡。合。

86. 致益都陈大令电

光绪二十年十一月十五日(1894 年 12 月 11 日)

潍县送益都陈大令览:東游击招勇,令挑选精壮三百名,余俱遣散,由县再拨银五百两作正开销。此外不准多支多招。衡。咸。

87. 致济南汤藩台电

光绪二十年十一月十五日(1894 年 12 月 11 日)

济南汤文伯鉴:愿电敬悉。荩筹甚善。已电请培轩观察照办矣。武郡海口多,如两营嫌单,林秀全马队可否加齐口粮调往策应?乞酌。衡。翰。

88. 致济南丁观察电

光绪二十年十一月十五日(1894 年 12 月 11 日)

济南丁观察鉴:海防日亟,武定所属埕子口、陈家庙、韩家垣等处,均属吃重。公忠诚素性,又习办防务,拟请将朱康仁一营,并饬张振乾募足一营归公调遣,请带往相度地势扼要驻扎。武定紧要,悉以赖公。如尚嫌单,再商之方伯。西路马队可随后调往。

衡。翰。

89. 致李运台电

光绪二十年十一月十六日(1894 年 12 月 12 日)

李运台鉴:商捐垫解五万,慰甚!衡。谏。

90. 致寿光谭游击电

光绪二十年十一月十六日(1894 年 12 月 12 日)

潍县送寿光谭游击、吴大令览:所招之勇,挑选精壮三百名,余由县遣散。再拨给银三百两作正开销,此外不得多支多招。衡。铣。

91. 致总理衙门电

光绪二十年十一月十六日(1894 年 12 月 12 日)

总理衙门钧鉴:咸电敬悉。泰安教案,遵即飞饬济东道妥为了结。秉衡谨复。铣。

92. 致济南张道台电

光绪二十年十一月十六日(1894 年 12 月 12 日)

济南张道台鉴:接总署咸电,法使函称,泰安府教民复被惨殴,非东抚自行查办,断难相安等语。希速查理,并电复等因。请即为妥速了结。衡。铣。

93. 致济南汤藩台电

光绪二十年十一月十七日(1894 年 12 月 13 日)

济南汤藩台鉴:接盛道电,续收海捐十万,除代付定购洋枪价三万三千余两,实解湘平六万六千余两。又解赈捐库平四万两,均于十六派员解赴济南藩库。乞电饬德州营沿途获解等语。请即照办。衡。霰。

94. 致济南汤藩台电

光绪二十年十一月十七日(1894 年 12 月 13 日)

济南汤藩台鉴:准北洋筱电:奉旨:前调各省兵勇北上,未到者尚多,着李鸿章再行转电经过各省督抚沿途催趱前进。如有观望不前,故意玩误者,严行奏参,照军律惩治。钦此。请即分别电饬札行沿途州县,遇有北上各军,恭录谕旨严催前进。如有违延,立即飞速密禀,以凭奏办。衡。筱。

95. 致登州夏统领电

光绪二十年十一月十八日(1894年12月14日)

登州夏统领鉴:接啸电。惊悉令祖母仙逝,为之骇愕。惟现在军情吃紧,应援金革不避之义,奏请仍旧统带。事定再补行守制,公切勿拘泥。啸。

96. 致潍县王大令电

光绪二十年十一月十八日(1894年12月14日)

潍县王大令、冯游击览:来电悉。准由潍县拨银六百两作正开销。哈乞克斯枪已拨他营,到烟再给领。衡。啸。

97. 致锦州局周太守电

光绪二十年十一月十九日(1894年12月15日)

锦州局周太守少逸兄鉴:屡接电示,军情甚悉。感甚。唐军门仁廉现驻何处？带有几营？海盖消息如何？宋祝帅近抵何处？以后各路军情，仍望随时电示。衡。效。

98. 致盖平章镇军电

光绪二十年十一月十九日（1894年12月15日）

盖平章鼎臣镇军鉴：来电敬悉。宋军近与聂、吕会否？海、盖有无战事？唐军门仁廉近驻何处？带有几营？望随时电示。衡。效。

99. 致德州王刺史电

光绪二十年十一月十九日（1894年12月15日）

德州王刺史览：近数日内南军北上者共过几军几营？以后续到各军若干营？均乞随时电示。衡。效。

100. 致济南鲁太守电

光绪二十年十一月二十日（1894年12月16日）

济南鲁太守芝翁鉴：青州兵米折价，照所议二两七钱办理。衡。号。

101. 致沙河谭游击电

光绪二十年十一月二十日(1894 年 12 月 16 日)

沙河谭游击览:他人招全营到烟,只用七百余两,该游击已领九百,何遂无余? 至军装到日再议。衡。号。

102. 致曹州毓太守电

光绪二十年十一月二十日(1894 年 11 月 16 日)

曹县转曹州毓太守鉴:夏庚堂派吴、于二员至曹招勇,请饬县拨给银一千五百两作正开销。并嘱撙节动用。衡。号。

103. 致锦州周太守电

光绪二十年十一月二十一日(1894 年 12 月 17 日)

锦州局周太守少逸史鉴:现已封海,关内前后共有几营出关,是何统领? 唐军门仁廉共有几营,现在何处? 均请电示。衡。马。

104. 致济南汤藩台电

光绪二十年十一月二十一日(1894 年 12 月 17 日)

济南汤藩台鉴:准北洋电,转总署电开:本日奉旨:前迭据电报,余虎恩十营于十月二十四日到清江,熊铁生十营于十月初十日由鄂起程,吴元恺四营于十月初八日过信阳,李永芳五营又马队一营于十月廿五日由河南启行,申道发四营于十月廿八日到郯城,宋朝儒四营于十月廿五日到郯城,杨金龙两营一哨于十月初九日由江宁启行。现在均未到防,显有观望迁延情弊。着李鸿章分电沿途各督抚严催各该将领等,迅速趱行北上。查系有意玩延,即着严参惩办。钦此。希即饬查严催电复等因。请分别札行严催,迅速前进。衡。个。

105. 致德州王刺史电

光绪二十年十一月二十一日(1894 年 12 月 17 日)

德州王刺史览:北上之余虎恩十营,熊铁生十营,申道发四营,宋朝儒四营,杨金龙两营一哨已过德州入直境否?如已过某营,系某日,望详细电复。衡。个。

106. 致济南汤藩台电

光绪二十年十一月廿一日(1894 年 12 月 17 日)

济南汤藩台鉴:密。哿电敬悉。彭直牧饬回本任,双令暂回署任,赶紧清理交代。并请仍照前折饬赵尔萃即到本任。衡。个。

107. 致天津盛观察电

光绪二十年十一月二十二日(1894 年 12 月 18 日)

天津盛观察鉴:前请拨三十万,已承拨解,感佩之至! 近添募勇多营,嵩武军饷豫省又奏请由东支发,需用浩繁。库款万分支绌,全赖公将续收捐款源源接济。素佩公忠,想不稍存畛域也。衡。养。

108. 致济南汤藩台电

光绪二十年十一月二十二日(1894 年 12 月 18 日)

济南汤藩台、松臬台鉴:奉马电旨:邓华熙电称,清江遵设车船局,派员赴汴雇备骡车百辆,山东亦于兰山设局接替,惟该县仅备独轮手车三百辆,未备骡车。其重大军械等件,有必须用骡车者无可替换，恐误军行等语。着李派员添雇骡车或驼马速赴兰山接替，勿稍延误。钦此。请飞饬兰山迅速钦遵办理。衡。养。

109. 致总理衙门电

光绪二十年十一月二十二日(1894 年 12 月 18 日)

总理衙门钧鉴：准李鸿章马电，奉旨严催各将领等迅速北上等因。遵即电饬沿途各州县催趱前进，一面电询德州查探禀复。兹据德州王佑修电禀，宋朝儒四营于十一月十五日，余虎恩十营十六日，申道发四营十八日均至德州，乘船出山东境北上。熊铁生、杨金龙两军，闻有由西道北上之信。谨请代奏。衡谨肃。

110. 致天津李中堂电

光绪二十年十一月二十二日(1894 年 12 月 18 日)

天津李中堂钧鉴：奉马电，奉旨严催各将领等迅速北上等因。遵即饬查严催，兹据德州电禀，宋朝儒、余虎恩、申道发各军于十一月十五、十六、十八等日先后至德州乘船北上。熊铁生、杨金龙两军，闻由西道北上等语。除电奏外，谨奉复。旧属秉衡谨肃。养。印。

111. 致北京翁部堂等电

光绪二十年十一月二十三日(1894 年 12 月 19 日)

北京户部正堂翁、礼部正堂李钧鉴:辽、沈危急。奉境各军非兵力倍于敌,则军气不能壮。海口现已封冻,山海关等处防务稍松,似应调拨大枝数十百营出关直趋辽海一带,以厚兵力。就秉衡所知,如唐仁廉、程文炳、熊铁生、余虎恩均系敢战之将,惟须责成一得力统帅主持分布,方免散漫。愚昧之见,可否采纳?并商呈王爷钧核之处,伏候钧裁。秉衡谨肃。梗。

112. 致济南汤藩台电

光绪二十年十一月二十三日(1894 年 12 月 19 日)

济南汤藩台鉴:来电敬悉。添雇骡车应如何办理,仍乞公酌夺,饬令照办。衡。漾。

113. 致山海关炮台卞军门电

光绪二十年十一月二十四日(1894 年 12 月 20 日)

山海关炮台卞军门景云兄览:来电敬悉。关内何时封海?再,出关前后失营若干,唐军门出关带营若干?仍望随时电示为感。衡。敬。

114. 致济南汤藩台电

光绪二十年十一月二十四日(1894 年 12 月 20 日)

济南汤藩台鉴:军饷紧急。现添嵩武月加二万出款,拟请截留本年新漕。未识于京仓无甚关碍否?请酌。如公意谓然,乞电复。一面属书房办稿具奏。衡。敬。

115. 致山海关卞军门电

光绪二十年十一月二十五日(1894 年 12 月 21 日)

山海关炮台卞军门景云兄览:敬电敬悉。现在已否奉派有总统各军者?关内外各河冻否?祈示。衡。有。

116. 致济南汤藩台电

光绪二十年十一月二十五日(1894 年 12 月 21 日)

济南汤藩台鉴:阅致刘道电悉。已解银四万,惟路隔太远,设有缓急,不能应手。除此四万外,望再拨银十万解莱州转运局。盛道六万到省,另存候提。衡。有。

117. 致莱州彭太守电

光绪二十年十一月二十五日(1894 年 12 月 21 日)

莱州彭太守鉴:闻莱即有后膛铁炮八尊。请查炮车、炮子、拉火等件俱全否?如俱全可用,即速行运解来烟。请电复。衡。有。

118. 致南京张制台电

光绪二十年十一月二十五日(1894 年 12 月 21 日)

南京制台张宪台钧鉴:有电敬悉。昨今两日俱有倭船一艘向东南驶去,未闻全数南驶之信。俟探确,当再报。旧属秉衡谨复。有。

119. 致威海戴统领等电

光绪二十年十一月二十六日(1894 年 12 月 22 日)

威海戴统领孝翁、德翁、俊翁、星翁鉴:有电敬悉。所示云云,具见谊笃同袍。佩甚!惟朝命严切,秉衡力难挽回。尚祈原鉴。衡。宥。

120. 致济南汤藩台电

光绪二十年十一月二十六日(1894 年 12 月 22 日)

济南汤藩台鉴:径电敬悉。荩筹极为周密。佩甚!即将裁兵节饷一项奏请全留,或请留半。乞酌。嘱书房拟稿寄阅。衡。宥。

121. 致济南汤藩台电

光绪二十年十一月二十六日(1894 年 12 月 22 日)

济南汤藩台鉴:密。有电敬悉。凌令调首县,甚是。弟亦颇知其贤,前折详细。漏注请照办。衡。宥。

122. 致济南汤藩台电

光绪二十年十一月二十七日(1894 年 12 月 23 日)

济南汤方伯鉴:宥电敬悉。所示饬带马队二十名接护夔帅,请即照办。衡。沁。

123. 致天津盛观察电

光绪二十年十一月二十七日(1894 年 12 月 23 日)

天津盛观察杏翁鉴:有电敬悉。东捐与台捐并收,故银色不足。所商在息款内支解,请即照办。承示年终作一结束,即应造册报销。并应请归阁下一手办理清洁。现存款仅敷炮价,如续收尚旺,仍请拨解为盼。衡。沁。

124. 致武昌杨游戎电

光绪二十年十一月二十八日(1894 年 12 月 24 日)

武昌督标右营杨游戎龙章鉴:请专足送长沙李定明军门本乡兄。请即在湘募勇四营,需款若干?由何处兑?乞电示。以便汇寄。衡。勘。

125. 致济南藩台电

光绪二十年十一月二十八日(1894 年 12 月 24 日)

济南藩台、臬司鉴:机器局失火,既伤有二命,似应附片具奏。乞查核部章酌夺。如应奏,即嘱书房办稿。衡。勘。

126. 致莱州彭太守电

光绪二十年十一月二十八日(1894 年 12 月 24 日)

莱州彭太守览:宥电悉。后膛钢炮请拨有车器具全者四尊,连子药运解来烟。衡。勘。

127. 致德州恩观察电

光绪二十年十一月二十九日(1894 年 12 月 25 日)

德州恩观察鉴:来电敬悉。铁路经费如系常年拨定之款,即请照解。艳。

128. 致徐仪部电

光绪二十年十一月三十日(1894 年 12 月 26 日)

济南汤藩台转交徐仪部仁甫兄鉴:来函敬悉。伟论佩甚!论团练尤洞中窾要。办团须有绅士维持,方能联络一气。可否借重盘才,筹办珂乡各属团练?如蒙惠允,即请命驾来烟面商一切。弟衡谨复。卅。

129. 致济南汤藩台电

光绪二十年十一月三十日(1894 年 12 月 26 日)

济南汤藩台鉴:徐部郎堉现在省城。顷接来函,议论颇有可采。弟约令办团练,如肯来烟,乞酌送盘费,由局发。再,弟处侦探差遣须用马勇,乞饬拨亲军马勇十名来烟。严嘱沿途不得骚扰。衡。卅。

130. 致莱州彭太守电

光绪二十年十一月三十日(1894 年 12 月 26 日)

莱州彭太守鉴:来电悉。此系山东海防之炮,现值海防吃紧,该弁何得擅不遵照电到即先行发炮?一面电知章镇可也。衡。卅。

131. 致依将军等电

光绪二十年十二月初一日(1894 年 12 月 27 日)

沈阳思山岭前黑龙江将军依大营依将军尧山兄、于方伯次棠弟均鉴:行军本密电敬悉。承嘱代选营哨官数员,查李逢春现在香帅处。兹代选得郭副将升堂,湖北人,在多军、霆军多年,是一好营官。已由伊酌带堪任哨官者六员,并给盘费二百两,饬令迅赴麾下听用。谨先电复。衡顿。东。

132. 致济南善后局

光绪二十年十二月初一日(1894 年 12 月 27 日)

济南善后局军械股览:现在士乃得枪局存如实有六百余枝,俟夏提督新募东字两营过省,即检好者分拨各三百枝。再将局存林明敦枪分拨武定各营。又格林炮子一千五百粒,并士乃得枪子十万粒。即行运烟。东。

133. 致马玉帅电

光绪二十年十二月初一日(1894 年 12 月 27 日)

广东抚台马玉帅鉴:海防亟需洋枪,敬求广为设法代购毛瑟枪一二千枝,并配带逼码十万,于年内设法运沪。当专弁往运。需银若干,即当汇付。先请电示。无任感企！衡。东。

134. 致夏统领电

光绪二十年十二月初一日(1894 年 12 月 27 日)

登州夏统领鉴:新募东字两营何日过省？请电知该营官,在省局各领士乃得枪三百枝。登州镇库存好士乃得枪一百七十杆即提出,俟新募两营,分别补发。衡。东。

135. 致黄县军装局翁县丞电

光绪二十年十二月初一日(1894年12月27日)

黄县军装局翁:局中现存士乃得、林明敦枪各若干?士乃得、林明敦子各若干?即电复。先将林明敦枪二百杆运解来烟。衡。东。

136. 致总理衙门电

光绪二十年十二月初一日(1894年12月27日)

总办军务王爷钧鉴:卅电敬悉。查烟台至荣成三百余里,烟至威一百八十里。威海所驻水陆各营系归北洋调遣。而威为山东境地,亟思布置严密。惟山东防营,除章镇高元八营调赴奉天,王镇连三两营调赴直隶,及烟台驻守炮台嵩武四营外,现有先后调募共十六营。内只泰靖、精健两营系旧营,余俱新募,甫经成军,未经训练;定购外洋枪械,亦急切未到。近已调扎酒馆三营、上庄三营、宁海州三营、龙门港三营分布百八十里之间,均系威海西面后路,兵力仍不能厚。又因荣成沿海地方空阔,不得已抽拨泰靖、精健两营并马队一哨驰扎荣成,以顾威海东面后路。惟荣至威百余里之遥,实不敷分布,能得威海拨出两营联络扼扎,声势稍壮。现合计备策应者竟无几营,其奏调之将领并添募之营,年内未能到东。倘倭以大队来扑,力实不敌。惟有尽此兵力,勉为支撑。谨据实覆陈。秉衡谨肃。先。

137. 致济南汤藩台电

光绪二十年十二月初一日(1894 年 12 月 27 日)

济南汤藩台鉴:密。陷电悉。何令准暂给假,或给差回闽,仍限期回东。恩县另酌员往署。衡。先。

138. 致抚院内署电

光绪二十年十二月初二日(1894 年 12 月 28 日)

抚院内署:密。李小溪大令何日自津起程?如到济,请其即来烟。衡。冬。

139. 致济南汤藩台电

光绪二十年十二月初三日(1894 年 12 月 29 日)

济南汤藩台、沈观察鉴:冬电敬悉。恩道领洋马枪,请照拨。

衡。江。

140. 致济南汤藩台电

光绪二十年十二月初三日(1894年12月29日)

济南汤藩台鉴:张参将福兴初二日病故。急切无统领,济字右营已委徐巡检抚辰接带。衡。江。

141. 致广西张丹帅电

光绪二十年十二月初三日(1894年12月29日)

广西抚台张丹帅鉴:密。冬电敬悉。杨营文案营官蒙切实训谕。至感!公忠雅爱,承拨银八千,已如数照汇桂林,计可收到。敬谢。昨又续汇银四千两于汉口,应不误用。倭陷海城后,盖平复困,辽、沈亦危在旦夕。宋祝帅退扼田庄台,唐沅圃军门抵沈阳,兵力亦单。屡疏请百营出关,派统兵大员,诛溃将,不敢避出位嫌。焦愤欲绝!东防甫集十六营,未一训练,无一宿将,分布于三百里处处可登之海岸,惟竭此心力而已。万乞指示。衡。讲。

142. 致德州王刺史电

光绪二十年十二月初三日(1894年12月29日)

德州王刺史览:牛师韩、熊铁生、吴元恺三军各几营? 何日过德州? 即电复。衡。江。

143. 致总理衙门电

光绪二十年十二月初四日(1894年12月30日)

奉初三日电奉旨:前调牛师韩、熊铁生、吴元恺各军至今未到等因。钦此。遵即电转德州查复。兹据电禀,熊铁生、吴元恺两军闻由西道北上,牛师韩尚未得信。近惟汴西吉字两营、礼胜一营初一日过德州,威靖军三营初三日过德州,甘军陈宗藩四营初四日过德州,均出山东境北上。请代奏。

144. 致汤藩台电

光绪二十年十二月初四日(1894年12月30日)

济南汤藩台鉴:江电悉。曹福胜断不胜统领之任。阎得胜已于前十日派兼统精健矣。衡。支。

145. 致莱州彭太守电

光绪二十年十二月初四日(1894 年 12 月 30 日)

莱州彭太守览:江电悉。钢炮添拨四尊,连前共八尊,一并解烟。衡。支。

146. 致济南营务处电

光绪二十年十二月初五日(1894 年 12 月 31 日)

济南营务处军械所鉴:前存毛瑟枪子不合膛者,前云按月可修整若干,现已修好几多枝?此外可用者共有若干,及存局未修者若干?均请电复。衡。歌。

147. 致兖沂道姚观察电

光绪二十年十二月初六日(1895 年 1 月 1 日)

兖沂道台姚馨圃观察:先后所赐函、电,均悉于衷。渔团练归营队,可免他虞。海防已近二十营,力稍厚,奈未训练,又乏好统将。特奉商,可否请马观察琢庵迅速来烟助我一臂。亦知河防难离开,惟目前海防事更重且急,愿如所求,以期共济。再,琢庵观察如来,可否以李守祜接办河工?均祈裁酌电示。衡。御。

148. 致广西张丹帅电

光绪二十年十二月初六日(1895 年 1 月 1 日)

广西抚台张丹帅鉴:密。歌电敬悉。伟论军事,至佩于衷!奇特之士,能军之将,虽急切求之不得,却不敢稍弛此念。渔团、民团暨防务应筹者,竭力为之,独无才鲜济,徒增愧愤。所汇之项,复询系由上海百川通西号十一月二十六信汇广西,一月方到。并以奉闻。衡。御。

149. 致精健营阎凯臣电

光绪二十年十二月初七日(1895 年 1 月 2 日)

成山局飞速送交泰靖兼统精健营阎凯臣兄览:顷闻倭岛有倭船两只近岸,难保不乘间登岸。电到,一面派弁迎探,一面督队前往堵剿。如能杀贼立功,必立时保奖重赏。并传谕成山电局,将情形照一等报驰报来辕。衡。阳。

150. 致黄县军装局翁县丞电

光绪二十年十二月初七日(1895 年 1 月 2 日)

黄县军装局翁县丞览:局中新旧一切枪炮子药等件,即照四柱册旬日一开报,勿得延误。衡。阳。

151. 致恭亲王电

光绪二十年十二月初八日(1895 年 1 月 3 日)

总理衙门转呈总办军务王爷钧鉴:准李鸿章电,奉旨:增祺奏,依克唐阿需用军火,着李鸿章、李秉衡各就该省局酌量情形,先筹拨子弹若干,迅速解济等因。钦此。谨查山东只有修理小机器局,并无制造大机器局。前购存各种子弹,尽已分布海防各营。所购外洋,亦尚未到。且依营所需子弹是枪、是炮、是前膛、是后膛,系何名色,请钧电示知。以便查明有无多寡,赶筹拨解。秉衡谨肃。霁。

152. 致汤藩台电

光绪二十年十二月初八日(1895 年 1 月 3 日)

济南汤藩台鉴:奉总理军务恭邸电:天津转运局赴浦运械,

头、二、三起均已自浦开行。闻东平防兵调往他处，武定无兵。该两处均须兵照料，务亟饬派队伍分驻护送，万勿稍延等语。请酌派勇队若干至东平，并札饬武定防营一体护送。即经由省电复。衡。霁。

153. 致夏统领电

光绪二十年十二月初八日（1895年1月3日）

登州夏统领庚堂兄鉴：密。前电示章镇军所留钢炮四尊，炮车、炮弹、炸子、铜螺丝等件具全。请即派弁送烟。又登州镇库所存铁枪扣二千九百七十副，大小黑皮袋、黄皮袋，又大小皮袋共八千多条，小门药葫芦二百余个，大皮葫芦四百余个，九龙袋四百余个，均请派妥人查点，除去霉烂不堪用者，余俱开单点交蓬莱县即日运来。衡。庚。

154. 致莱州杨太守电

光绪二十年十二月初八日（1895年1月3日）

莱州转运局杨太守鉴：头批饷四万两，请即解来烟。衡。庚。

155. 致武昌李军门电

光绪二十年十二月初九日(1895 年 1 月 4 日)

武昌斗级营万利栈李军门本卿兄鉴:接来电悉。麾下抵鄂,慰甚。中外战事,公所深悉,非得好营官不可。至募勇,以湘勇为优。如有曾经战阵可信任之营哨官,即请募勇四营。如好营官不可多得,即先招两营带来后,再派人补招亦可。惟前电所论训练三月,却不能待。海防日急,亟盼成军,即须拔队。总以年内能启程为妙。请速筹。如何办法?需款若干?即电示,以便汇寄。衡。泰。

156. 致汤藩台电

光绪二十年十二月初九日(1895 年 1 月 4 日)

济南汤藩台鉴:津沪先后购定毛瑟枪四千枝,逼码子二百万,内三千枝,每枝价不及八两,有一千枝价十两。顷接潘观察电云,有前膛来福枪每枝价银七两余,因前膛枪从无此价,当即回复不用。特将购定毛瑟枪奉闻。顷接李定明兄电,昨已抵鄂,已电属招勇。俟有回电,再奉闻。衡。泰。

157. 致上海制造局潘观察电

光绪二十年十二月初九日(1895年1月4日)

上海制造局潘芸生观察鉴:来电敬悉。此项枪枝前已于他处购定,暂可不用费心。谢谢。衡。泰。

158. 致黄县军装局翁县丞电

光绪二十年十二月初九日(1895年1月4日)

登州询交黄县军装局翁县丞览:来电悉。士乃得枪并子,俱留备夏统领续招两营用。林明登四百杆、子九万粒,并启子、刷子及马的尼子俱带回黄局收存候拨。即将此电交刘参将阅照办。衡。佳。

159. 致济南汤藩台等电

光绪二十年十二月初十日(1895年1月5日)

济南藩台、臬台、善后局、机器局鉴:奉庚旨:依克唐阿需用军火,着李就该省局酌量情形筹拨子弹若干,迅速解济等因。钦此。当经电询总署,据复所需系毛瑟、哈乞开斯枪两种子弹、请将机器局所存哈乞开斯子拨五万粒、并拨毛瑟子合膛者五万颗,不合膛者五万颗,派员径解锦州周玉山廉访前敌转运处交收转达依营。弟处复奏必声明,嗣后无可再拨。此一次,似不可不应付也。衡。蒸。

160. 致济南松臬台电

光绪二十年十二月初十日(1895 年 1 月 5 日)

济南松臬台、林观察鉴:前据所报,至十一月十五日止,存毛瑟子连新装弹共六十六万七千颗,内除不合膛者四十七万五千颗,合膛者计有十九万二千颗,除拨解锦州五万颗外,下余合膛十四万二千颗,尽数运解来烟。其不合膛者赶紧多雇工匠迅速修理。再,提哈乞开斯子二十万颗,一并解烟,请勿稍迟。衡。蒸。

161. 致黄县翁县丞电

光绪二十年十二月初十日(1895 年 1 月 5 日)

登州速送黄县军装局翁县丞:毛瑟枪子、林明登枪子、哈乞开斯枪子、后膛钢炮炸子、群子、铜螺丝、引门、拉火、铜管各存若干?立即电复。衡。蒸。

162. 致济南汤藩台电

光绪二十年十二月初十日(1895年1月5日)

济南汤藩台鉴:李本卿军门住鄂省斗级营万利栈。顷接复电,即在鄂招两三营,请公拨银五千两,由省号汇兑汉口转交备用。衡。蒸。

163. 致武昌李军门电

光绪二十年十二月初十日(1895年1月5日)

武昌斗级营万利栈李军门本卿兄鉴:来电敬悉。所议各节与鄙见正同,请即照办。已饬司拨银五千,随即由省兑汉。衡。蒸。

164. 致登州夏统领电

光绪二十年十二月十一日(1895年1月6日)

登州夏统领鉴:蒸电敬悉。月来所招各营,如亲军营招费、号衣、旗帜,共用银一千三百两;襄左营共用银一千三百七十八两零。他如襄右营及曹三营,均系募自兖、沂、曹、济一带,至多者亦不及一千七百两。贵部新招两营,如在曹已领过一千五百两,此番只可再拨一千五百两。事同一律,势难多寡悬殊。请公切谕该员遵照。衡。真。

165. 致济南汤藩台电

光绪二十年十二月十一日(1895年1月6日)

济南汤方伯、沈观察鉴:佳电敬悉。吴玉昆本不胜营官之任,于副将尚不知其人,两营已领二千五百两,又借三千两,大概系踵福字三营成军故辙。昨夏庚堂来电。弟已复云:亲军营成军招费、号衣、旗帜共用银一千三百两,襄左营一千三百七十八两零,他如襄右营及曹三营均募自兖、沂、曹、济一带,亦均系旗帜、号衣、军装件在内,至多者亦不及一千七百两等语。该两营已领过二千五百两,请由省再给银五百两。事同一律,断难多寡悬殊。如渠等奢愿难盈,请电知当换人接带。如再查有克扣小口粮及侵蚀等弊,即予以参办。望公严加训谕为盼!衡。真。

166. 致济南汤藩台电

光绪二十年十二月十一日(1895年1月6日)

济南汤方伯、沈观察鉴:蒸电敬悉。丁观察请云者士得枪,不与,甚是。黄县局尚存林明登一千余杆,丁营请领若干,请由公径电黄县局拨发。至领银三千两,查张振乾营系一半挑练,一半新募;朱康仁系老营,小口粮制造似应核减。请公查照弟复夏庚堂电内成军之数,酌量拨付。洋火铜帽、铅丸,亦请公酌核发给。衡。真。

167. 致总理衙门转呈恭亲王电

光绪二十年十二月十一日(1895年1月6日)

总理衙门转呈总办军务王爷钧鉴:山东前过各军已于初四日电请代奏。兹据德州先后电禀,初五日李保荃威靖二营,十一日杨金龙四营,均过德州,出山东境北上。谨再禀闻。秉衡谨肃。真。

168. 致济南藩台电

光绪二十年十二月十一日(1895年1月6日)

济南藩台、臬台鉴:蒸电敬悉。禹城魏澧付逆伦一案,自系照例之件。请即照办。衡。真。

169. 致黄县翁县丞电

光绪二十年十二月十一日(1895年1月6日)

登州送黄县军装局翁县丞览:来电悉。先提毛瑟子十万、林明登子四万、开花炸子三百个、铜螺丝、引门、拉火各百件、哈乞克斯子四万余解烟。并将旬报赶造,勿间断。衡。真。

170. 致济南汤藩台电

光绪二十年十二月十一日(1895 年 1 月 6 日)

济南汤方伯鉴:接李本卿电,仍返湘招募。请公速拨银五千交号商凭电汇汉交付,以便遄行。衡。真。

171. 致武昌李军门电

光绪二十年十二月十一日(1895 年 1 月 6 日)

武昌斗级营万利栈李本卿军门鉴:两电均悉。伟论佩甚。已饬司电汇银五千两到汉。岁募难猝成军,自是实情。惟海防甚急,想银到即回湘开招。正月务须到鄂。衡。真。

172. 致总理衙门电

光绪二十年十二月十二日(1895 年 1 月 7 日)

奉初九日电,依营所需系毛瑟、哈乞克斯两种子弹。查山东无制造大机器局,旧存子弹分拨海防殆尽,外洋定购者急切难到。兹勉筹分拨毛瑟枪子十万颗、哈乞克斯子五万颗，饬司委员解赴锦州周臬司馥前敌转运处照收，拣交依营。乞代奏。

173. 致威海戴观察电

光绪二十年十二月十二日(1895 年 1 月 7 日)

威海戴观察孝翁鉴：真电敬悉。孙提督已调扎酒馆，济右营调扎荣成，已于十一月开拨，尚拟将亲军营及五台山所扎二营调扎文登县，以顾威海北路。俟各营布置稍定，约半月后可以拔队。衡。文。

174. 致曹州曹镇军电

光绪二十年十二月十二日(1895 年 1 月 7 日)

曹县转曹州曹俊达镇军鉴：海防紧要，文登营都司杨荣升人尚妥慎，惟军务不甚熟悉。查镇标巨野营守备黑宝全，人极勇敢，拟与杨荣升对调。电到即先饬黑守备兼程来烟，员缺暂委代理。衡。文。

175. 致两江总督张制军电

光绪二十年十二月十二日(1895 年 1 月 7 日)

两江总督张宪台钧鉴:真电敬悉。承教感甚! 威海后路已分拨营队扼要驻扎。所示开壕暂埋地雷,均属切要。遵饬择要赶办。秉衡谨肃。文。

176. 致盖平章镇军电

光绪二十年十二月十三日(1895 年 1 月 8 日)

营口送盖平章鼎臣镇军鉴:来电慰悉。仰佩劳勋。盖平有公守御,当可力保。仍望随时电示。翘盼捷音。衡。问。

177. 致成山局送泰靖营阎凯臣电

光绪二十年十二月十三日(1895 年 1 月 8 日)

成山局送泰靖营阎凯〔臣〕兄览:拟发泰靖、精健两营林明登枪子各四万颗,即备文派弁并长夫来烟领取。又发济右营哈乞克斯子一万三千颗。即转告徐绍武派人来领。衡。元。

178. 致登州夏统领电

光绪二十年十二月十三日(1895年1月8日)

登州夏统领鉴:来折阅悉。已电饬黄县军装局解哈乞克斯子六万,交福字亲军右营备用,解毛瑟子四万,交登荣练军备用。收到即行分拨。衡。元。

179. 致黄县翁县丞电

光绪二十年十二月十三日(1895年1月8日)

登州送黄县军装局翁县丞览:请拨哈乞克斯子六万、毛瑟子四万解赴登州,交夏统领分拨各营。如该局不足数,即俟省局解到,照数截留径解登州。衡。元。

180. 致济南汤藩台电

光绪二十年十二月十三日(1895年1月8日)

济南汤藩台鉴:密。问电敬悉。潍县一缺,记公曾言李令务滋署过此缺,尚称妥协。拟即以李令请补,乞酌。衡复。元。

181. 致济南善后局电

光绪二十年十二月十三日(1895 年 1 月 8 日)

济南善后局鉴:来电请将士乃得枪六百杆给东字二营,今将改发丁道三百杆,东字营饬到黄县补领。如局已发,仍请收回。先电达,札后到。衡。元。

182. 致济南汤藩台电

光绪二十年十二月十四日(1895 年 1 月 9 日)

济南汤藩台鉴:接于次棠电,请在潍县、烟台等处代造抬枪三千杆。查制造需时甚久,且费亦不赀,大局所关又不能契然。弟记省局尚存抬炮千尊,抬枪三千余杆,能否酌拨抬枪炮一二千杆?知公义顾全局,用敢奉商。即祈电示,以便复电。衡。愿。

183. 致盖平章镇军电

光绪二十年十二月十四日(1895 年 1 月 9 日)

营口送盖平章鼎臣镇军鉴:盖城腹背受敌,公与张军兵力不厚,赖公忠勇,必能激励将士,力保危城。翘盼无已。衡。愿。

184. 致总理衙门电

光绪二十年十二月十四日(1895 年 1 月 9 日)

总理衙门钧鉴:准李鸿章电转奉总署元电,奉旨:李鸿章电奏,迭据探报,倭有猛扑威海之说。着李鸿章严饬加意扼守,并知照李秉衡合力备御等因。钦此。查威海东南至荣成县成山头百数十里,西至宁海州百二十里,又西至烟台六十里,东西共三百余里,俱系威海后路。如荣成之倭岛、俚岛、石岛、龙须岛等岛,宁海之酒馆、金山寨、上庄、养马等岛,其最著者。此外,可登岸之小岛仍以数十计。现在新旧各营除分防登州、烟台外,仅有甫募成军十余营,以之分布威海后路三百里间处处可登之岛岸,实有顾此失彼难以周密之势。亦惟尽此兵力,就威海之东、荣成西之宁海沿海一带,扼要堵扎,竭图合力。至倭轮先后在成山、倭岛游弋去后,十一日午、未间,宁海之金山寨、上庄东北,复有倭船两艘停轮测水,经福中营开炮,始行驶去。如续有倭船,遵即随时电奏。请先代奏。李谨肃。愿。

185. 致济南汤藩台电

光绪二十年十二月十四日(1895 年 1 月 9 日)

济南汤藩台鉴:收掷交吴某、于某如招费及旗帜、号衣一切。该两营共在三千两外,定将该游击等以浮冒撤参。衡。愿。

186. 致济宁姚观察电

光绪二十年十二月十四日(1895 年 1 月 9 日)

济宁送姚观察鉴:前请马琢庵观察,偶未及记甫经丁忧。请转询,如须俟百日后起程,千万不可催促,致令为难。衡。愿。

187. 致济南汤藩台电

光绪二十年十二月十四日(1895 年 1 月 9 日)

济南汤藩台鉴:栖霞本任陈令已否牌示?现该县绅民保留钱令,可见尚得民心。惟与例不符。如已牌示,即听陈令到任,钱令再商位置;若犹未也,可否将钱令改为署理?乞酌示。衡。愿。

188. 致总理衙门电

光绪二十年十二月十五日(1895 年 1 月 10 日)

十一日钦奉电旨:有人奏,龚照玙已潜行回籍,赵怀业匿迹之罘,叶志起、卫汝成、黄仕林等改装逃逸,其有逃至山东者,着李秉衡严密访拿解京等因。钦此。遵即遴派妥员至之罘岛严密查访,并无赵怀业踪迹。除通饬各属一体严拿,获到即行解京外。所有遵旨拿失事各员缘由,谨请代奏。

189. 致盖平章镇军电

光绪二十年十二月十五日(1895 年 1 月 10 日)

营口送盖平章鼎臣镇军鉴:来电敬悉。贵部与张军毙敌数十名,兼毙贼目,佩慰之至。徐军再到,声威当可更振。仍望随时电示捷音。衡。翰。

190. 致荣成济右营锡太守电

光绪二十年十二月十六日(1895 年 1 月 11 日)

成山局送荣成济右营锡太守鉴:戴观察请将倭岛、俚岛、龙须岛渔船全拉上岸,事属可行。请与荣成杨令及徐管带妥商办法电示。衡。铣。

191. 致威海戴统领电

光绪二十年十二月十六日(1895 年 1 月 11 日)

威海戴统领鉴:咸电敬悉。威海渔船全拉上岸,甚善。俚岛等处已电致锡守,饬荣成县会营商办。衡。铣。

192. 致济南汤藩台电

光绪二十年十二月十六日(1895 年 1 月 11 日)

济南汤藩台鉴:删电敬悉。抬枪除苦窳外,尽数筹拨依营,至佩公忠。惟可济用者抬枪共有若干,请俟视验后将数目电示,以便电依。前奉旨拨解依营哈乞克斯、毛瑟子,何日起解?并电示。衡。谏。

193. 致桂林张丹帅电

光绪二十年十二月十七日(1895 年 1 月 12 日)

桂林张丹帅鉴:总兵王宝华请饬其立刻由广东搭轮来烟台,不必募勇,以期迅速,务于年内到。并乞代付盘费二百金,另汇还。亦知王镇在贵省带队,惟公能顾全局,念弟需人,必能俯允,无任感祷。衡。筱。

194. 致威海戴统领电

光绪二十年十二月十七日(1895 年 1 月 12 日)

威海戴统领鉴:两电敬悉。渔船上岸,已电饬锡守会同荣成令商办。有营驻扎之口岸，战其船来，自当迎击。惟可登岸处太多，只此兵力恐耳目不及耳。已饬各营勤加瞭望，随处迎剿。衡。筱。

195. 致南京张制台电

光绪二十年十二月十七日（1895年1月12日）

南京制台张宪台钧鉴：谏电敬悉。威海至省城一千一百余里，到烟台百八十里，到省必经烟台。威海驻北洋绥巩军十二营，后路驻东军十六营，惟无著名好将领，惟勉力支撑已耳。旧属秉衡谨复。筱。

196. 致总理衙门电

光绪二十年十二月十七日（1895年1月12日）

总理衙门钧鉴：奉铣电，奉旨：威海后路各岛可登岸处甚多，着李秉衡就先有新旧各营择要扼扎，并于各口多著土炮台，随时瞭望，遇有倭船游弋，炮力可及之处，即行轰击，毋任驶近窥伺。革员赵怀业、卫汝成难保不潜匿东境，仍通饬严密访拿等因。钦此。窃查威海后路情形前已电奏。惟有恪遵谕旨，就现有新旧各营扼要驻扎，严饬赶筑站墙土炮台，以资捍御。赵怀业等前已遵旨饬属严拿。谨再通饬密加查访，获到即行解京。请代奏。秉衡谨肃。筱。

197. 致济南汤藩台电

光绪二十年十二月十七日(1895 年 1 月 12 日)

济南汤藩台鉴:逆伦案请即照办。并属书房办稿奏报。衡。筱。

198. 致章镇军电

光绪二十年十二月十八日(1895 年 1 月 13 日)

营口章鼎臣镇军鉴:来电敬悉。此番血战,杨、李统领带诸公力战捐躯,可敬可悯。宋帅必已电奏。盖平能保否?徐、张二军是否与贵部合队?统希电示。衡。啸。

199. 致李军门电

光绪二十年十二月十八日(1895 年 1 月 13 日)

湖北省斗级营万利栈李本卿兄览:来电备悉。请回湘募两营,明正务速急北上为盼。款请暂垫,再汇还。衡。啸。

200. 致济南机器局松枭台等电

光绪二十年十二月十八日(1895 年 1 月 13 日)

济南机器局松枭台、林观察鉴:请即酌提钢炮所用之铜螺丝、炸子、引门五百副,车炮开花炸子五百个,实心炮子五百个,洋铁大小群子三百个,即派员速解来烟,以应军需。再,请挑可小修之抬枪一千四百杆,务于半月内修齐,以便解赴依军。衡。啸。

201. 致黄县军装局翁县丞电

光绪二十年十二月十八日(1895 年 1 月 13 日)

黄县军装局翁县丞览:即酌提劈山炮铅丸五百,大小铁炮子三百个,拉火一千,洋铅丸十万个,速解来烟。衡。啸。

202. 致总理衙门电

光绪二十年十二月十八日(1895 年 1 月 13 日)

总理衙门钧鉴:准李鸿章电,十七日奉旨:前闻倭寇有图扑威海之说,业经谕令加意严防等因。钦此。查东省防守情形,昨经电请代奏在案。惟有恪遵谕旨,就现有兵力严饬各营昼夜梭巡,实力防堵,不敢稍涉疏懈。请先代奏。秉衡谨肃。啸。

203. 致依营于方伯电

光绪二十年十二年十八日(1895 年 1 月 13 日)

盛京依将军营于次棠方伯鉴:蒸电敬悉。抬枪数千杆,新造旷日持久,不能应急。电商汤幼安方伯,悉省局旧存抬枪二千杆内,千余杆少须修理,已广集工匠赶紧修整,修好即委员解天津转运局。请公先电托转运局胡云楣廉访,解到日请其转解。再,昨由省解哈乞克斯、毛瑟枪子共十五万颗赴贵营应用,亦由转运局转解。衡。巧。

204. 致济南汤藩台电

光绪二十年十二月十八日(1895 年 1 月 13 日)

济南汤藩台鉴:奉总署洽电,奉旨:前购外洋枪械,业已分批由清江运解北上,现在尚无解到信息。着李鸿章、李秉衡、邓华熙分饬沿途地方及押运各员,迅速前进,不得稍有延缓。钦此。请飞饬沿途地方官及押运各员钦遵查照。衡。啸。

205. 致济南汤藩台电

光绪二十年十二月十八日(1895年1月13日)

济南汤藩台鉴:密。筱电敬悉。请即以吴令调茅所遗。又恩县一缺,亦即派员往署。衡。啸。

206. 致登州夏统领电

光绪二十年十二月十八日(1895年1月13日)

登州夏统领庚堂兄鉴:请将贵营之后膛洋劈山炮解一尊来烟。衡。啸。

207. 致济南汤藩台电

光绪二十年十二月十八日(1895年1月13日)

济南汤藩台鉴:筱电敬悉。抬枪遵电,机器局照办。依营枪子已起解,均当电依、于。其感可知。李来卿来电,兑款仅得二千,即回湘募勇,不敷先自垫凑云。直东会防一层,客电致北洋。衡。啸。

208. 致天津李中堂电

光绪二十年十二月十八日(1895 年 1 月 13 日)

天津李中堂钧鉴:筱电敬悉。恩粮道应解铁路经费一万两,已电饬就近拨交转运局陈令收用。旧属秉衡谨肃。啸。

209. 致德州粮道恩观察电

光绪二十年十二月十八日(1895 年 1 月 13 日)

德州粮道恩叔涵观察鉴:准直督李电:东粮道应解天津铁路经费银二万两,前已划拨德州转运局一万两,现该局急需运费,请电饬恩道将下余一万两拨交该局委员陈令收用,由东征粮台就近划还铁路局等因。请即查照拨交转运局陈令兑收。衡。啸。

210. 致济南机器局松臬台电

光绪二十年十二月十八日(1895 年 1 月 13 日)

济南机器局松臬台、林观察鉴:来电敬悉。前电所提开花炸子之铜螺丝,此番来电未提及,应请回解。衡。巧。

211. 致总理衙门电

光绪二十年十二月十九日(1895 年 1 月 14 日)

总理衙门钧鉴:顷接威海守将戴宗骞电报,今早有倭兵船一艘游弋洋面约两点钟,由南口外北驶。黄岛、北山嘴接开两炮,旋即北去。除严备续探外,谨请代奏。秉衡谨肃。皓未。

212. 致登州刘都戎电

光绪二十年十二月二十日(1895 年 1 月 15 日)

登州护镇刘都戎览:速挑好天门炮,立刻全数解烟。衡。廿。

213. 致济南汤藩台电

光绪二十年十二月二十日(1895 年 1 月 15 日)

济南汤藩台鉴:密。来函敬悉。堂邑请委所拟之耿启昌,恩县请委所拟之潘民表。余函复。衡。号。

214. 致总理衙门电

光绪二十年十二月二十日(1895 年 1 月 15 日)

总理衙门钧鉴:奉效电,奉旨:前据总税务司探闻,倭兵第三军等因。钦此。查昨晨有倭船一艘由北山嘴北去,已经电奏。谨当饬各军严防,随时确探电奏。请代奏。秉衡谨肃。号。

215. 致总理衙门电

光绪二十年十二月二十一日(1895 年 1 月 16 日)

准李鸿章二十一日电,奉旨严催各将领迅速北上等因。遵即电饬沿途各州县催车前进,一面电询德州查探禀复。兹据德州知州王佑修电禀,宋朝儒四营于十一月十三日,余虎恩十营十六日,申道发四营十六日均至德州,乘船出山东境北上。熊铁生、杨金龙两军闻有由西道北上之信。请代奏。

216. 致广西张丹帅电

光绪二十年十二月二十一日(1895 年 1 月 16 日)

广西张丹帅鉴:号电敬悉。副将王宝华,顷已附片奏调,敬求即饬交卸前来。并敬遵指示，饬令选带二三营之得力营哨官十数员，并赐筹垫七八百金以便就道。敬谢种种关垂。月十五盖平复失，重兵未出关，统兵未出都。如何议款，无从得悉。在弟惟求能战之将为急耳。公关怀全局，定同忧愤。衡。个。

217. 致莱州杨太守电

光绪二十年十二月二十一日(1895 年 1 月 16 日)

莱州转运局杨太守鉴：省局解抬炮铁铅丸七十万粒来烟，即探明于过莱郡时请截留铁铅丸三十万粒，在莱局候提。再，如有续解洋火药，亦即留莱局，不必解烟。并速知照省局，暂停解洋火药。衡。个。

218. 致济南汤藩台电

光绪二十年十二月二十一日(1895 年 1 月 16 日)

济南汤藩台鉴：马电敬悉。章镇拨银一事，暨拨莱转解刘道作收事，均请照办。衡。马。

219. 致黄县翁县丞电

光绪二十年十二月二十一日(1895 年 1 月 16 日)

黄县转运局翁县丞:铅丸只提十万粒,何以竟解七十余万?如有未起解者,立即停止。所有铁炮子亦即行停解。并先电复。衡。马。

220. 致营口章镇军电

光绪二十年十二月二十二日(1895 年 1 月 17 日)

营口章鼎臣镇军鉴:来电敬悉。麾下力战无援,又奉严议,自深忧愤。惟盖平已失,宋帅自请治罪,既经春旨分别优恤议处,似难奏请派查。乞坚忍图功为盼!谢恩赏折已代办,于廿一日拜发矣。衡。□。

221. 致威海戴观察电

光绪二十年十二月二十二日(1895 年 1 月 17 日)

威海戴孝翁观察鉴:马、养两电或悉。驻荣五营已早饬派马队瞭望传信。顷又电饬加意勤探倭岛、俚岛两处,并饬查看形势,拨三营前往分驻。衡。养。

222. 致成山阎分统电

光绪二十年十二月二十二日(1895年1月17日)

成山局送阎分统凯臣兄鉴:倭岛、俚岛等处务派马队昼夜瞭望传信,切勿稍懈。衡。养。

223. 致总理衙门电

光绪二十年十二月二十二日(1895年1月17日)

总理衙门钧鉴:准李鸿章转奉马电,奉旨:李鸿章电奏,英、法等船聚集烟台,探闻倭兵将由成山登岸等因。钦此。查东路之荣成、成山等处,西路之宁海等处,皆为威海后路,情形均属万紧。惟有就现有兵力分布各岛口,严饬各营昼夜梭巡瞭望,无敢疏虞。谨请代奏。秉衡谨肃。养。

224. 致济南汤藩台电

光绪二十年十二月二十二日(1895年1月17日)

济南汤藩台鉴:祃电敬悉。倭以二万人攻威,数日前即有此说,威海西面之宁海一带,东面之成山各岛,均属万紧。荣成现驻五营,宁海一带分布十余营,止此兵力,惟严饬昼夜瞭望,勉力支撑已耳。衡。养。

225. 致登州府县等电

光绪二十年十二月二十二日(1895 年 1 月 17 日)

登州府护镇县同览:倭船开炮系何时刻?有无战事?现在已开行否?速电复注明时刻。

226. 致黄县翁县丞电

光绪二十年十二月二十二日(1895 年 1 月 17 日)

黄县军装分局翁县丞:提林明登子十万粒,迅速解烟。衡。□。

227. 致省军械所松臬台等电

光绪二十年十二月二十二日(1895 年 1 月 17 日)

省军械所松臬台、林观察鉴:即提钢针四百根、铜引四百根、铜盖四百个、碰火四百个,迅速解烟。衡。□。

228. 致北京内务府电

光绪二十年十二月二十三日(1895 年 1 月 18 日)

北京内务府鉴:运库帑利临关参解,均已起解。秉衡覆。

229. 致济宁州彭刺史电

光绪二十年十二月二十三日(1895 年 1 月 18 日)

济宁州彭刺史鉴:现派马琢庵观察在济宁一带募勇三营,所需小口粮、军装等项需银若干,望就近拨付,作正开销。衡。漾。

230. 致济宁马观察电

光绪二十年十二月二十三日(1895 年 1 月 18 日)

济宁马琢庵观察鉴:海防日亟,军事尚无了期。仰公忠廉,可任大事,请公在济募勇,挑选年力精壮者募成三营。现时无洋枪炮,拟用本地抬炮,旗帜不须多,每营以三十面为率。应用小口粮、军装等费需银若干,就近在济宁州支用,已电饬该牧遵照矣。衡。漾。

231. 致总理衙门电

光绪二十年十二月二十三日(1895 年 1 月 18 日)

总理衙门钧鉴:连日分饬成山、宁海、登州各营严防,兹据登防守将夏辛酉电称:本日午后三点钟时,有倭船三只来登州海面开放多炮。防军列队于沙城、天恒山亦开十余炮。五点钟时,倭船开驶向西北去。恐倭诡计声东击西,已饬该守将昼夜巡防,一面电饬荣成、宁海沿海岛各营,一体严密防御。谨请代奏。秉衡谨肃。漾戌。

232. 致威海戴观察电

光绪二十年十二月二十三日(1895 年 1 月 18 日)

威海戴观察鉴:漾电敬悉。顷接登防夏庚堂来电,倭船三只开炮,我军亦开放多炮。倭船于五点钟开向西北去。现电饬各防营严防。衡。漾戌。

233. 致登州夏统领电

光绪二十年十二月二十三日(1895 年 1 月 18 日)

登州夏统领鉴:梗电敬悉。倭船开炮,想系觇我虚实,乞饬各营昼夜严防。其田横山及沙城炮台站墙,自必赶筑完整矣。衡。梗。

234. 致登州夏统领电

光绪二十年十二月二十四日(1895 年 1 月 19 日)

登防统领夏庚堂兄鉴:顷接长山电,倭轮两只在鼍矶岛停泊,请公督队严阵以待。至于前敌枪炮子药,知必早已运足。至洋枪小炮必俟靠近再发,亦不须鄙人赘嘱。仍望随时电示情形。衡。敬。

235. 致总理衙门电

光绪二十年十二月二十四日(1895 年 1 月 19 日)

总理衙门钧鉴:奉来电,奉旨:李鸿章电奏,戴宗骞等防守威海,禁止渔船下海等因。钦此。查威海前面有北洋派扎,戴宗骞及刘公岛张文宣等近二十营,又有水军铁舰驻岛防守,尚属严密。惟威海后路东南至荣成成山、倭岛、俚岛一带,西至宁海龙门港以抵烟台,共三百里之遥,分布不及二十营。明知兵分则力单,而地面太长,有万不能不分之势,自烟台以西至登州又一百八十里,所驻亦不及十营。倭船之来,倏忽无定,前荣成之成山岛、宁海之金山寨均有倭船窥伺。昨登州又有倭船开炮一时之久。自登州至威海,威海至成山,共五百余里,处处吃重。秉衡均责无可辞,惟有就现有兵力,督饬各营,时刻严防。顷又据登防电称:昨向西北去之倭船三只,昨晚停泊长山岛外之鼍矶岛,今晨九点钟向东开行。复电饬沿海各营严备。谨请代奏。秉衡谨肃。敬。

236. 致阎分统等电

光绪二十年十二月二十四日(1895 年 1 月 19 日)

成山局送阎分统、徐管带览:前函商请以三营分扎倭岛、俚岛,留两营扎荣成左近,以备接应。是否开拔?请即电示。或拔两营留三营亦可。请酌。衡。敬。

237. 致宁海州李统领电

光绪二十年十二月二十四日(1895 年 1 月 19 日)

宁海州局飞递李统领:立即传知曹统领、孙分统,昨今两日倭船三只,均在登州开炮,三点钟开向东南去。请饬各营连夜整队严防。衡。敬戌。

238. 致总理衙门电

光绪二十年十二月二十四日(1895年1月19日)

总理衙门钧鉴:顷据登防守将夏辛酉报称:今午倭船三只来登岸,离岸数里,开数十炮,轰及城内房屋。我军亦开炮还击,中倭船炮,并出队分伏沙城长堤迎敌。三点钟时,倭船开向东南去。除饬查有无伤及人口,并电饬严队备战及东西沿海各营一体严防外,请先代奏。秉衡谨肃。敬亥。

239. 致登州夏统领等电

光绪二十年十二月二十四日(1895年1月19日)

登州夏统领、庚堂兄、端太守、刘都戎、胡大令鉴:来电悉。倭船又犯登,开炮来攻,赖公督军开炮中其一船,并伏队待战,示以不测,倭轮亦即退去。为之佩慰!难保去不复来,知必严队以待。并探大竹山是否另有倭船?及贼炮轰入城内,曾否伤有几人?轰毁房屋若干?均望电示。再,黄县之龙口系登后路,如新募两营到登,请即抽旧队一营驰扎龙口,兼顾黄县为要。衡。敬。

240. 致荣成阎分统等电

光绪二十年十二月二十五日(1895 年 1 月 20 日)

成山急飞递荣成阎分统、徐管带、戴管带、赵管带鉴:顷悉有轮船二十四只在成山头游弋,想为倭轮,必图登岸。请即合队前往力堵,何营不前,即为何营是问。杀贼必重奖赏。仍即电复。衡。径。

241. 致总理衙门电

光绪二十年十二月二十五日(1895 年 1 月 20 日)

总理衙门钧鉴:倭船自黎明在成山龙须岛开炮,即电饬调赴倭岛、俚岛并荣成之五营折回往援,尚未赶到。幸威守将戴宗骞所派龙须岛防队于倭人近岸时奋力堵击,打翻倭船,倭死多人,仍退回大兵轮。惟炮弹如雨,防队亦多伤亡。已飞马严催前饬往援之营迅即折回合击,并派威海西路驻扎防营提督孙万林两营于下午两点钟时拔队驰往援应。所有倭、俚两岛此时虽甚空虚,不暇兼顾。容再续陈。请先代奏。秉衡谨肃。

242. 致宁海州曹统领等电

光绪二十年十二月二十五日(1895 年 1 月 20 日)

宁海州即飞递三统领曹统领、李统领、孙统领鉴:顷据成山电,有兵轮二十四只,在成山游弋,想是倭轮图登岸,即请整队以备援应,并留队严镇,以备分犯。衡。径。

243. 致刘公岛张统领电

光绪二十年十二月二十五日(1895 年 1 月 20 日)

刘公岛张统领德三兄鉴:来电敬悉。今日黎明立电饬开往倭、俚岛五营折回援应成山。恐电局生已逃,未必送到。又电孝侯兄代弟飞马传谕五营折援,未识能赶到否?如倭登岸,威有警,弟必派全队力援合击。此时惟有彼此同心,以期集事。仍望随时电示。衡。径。

244. 致济南汤藩台电

光绪二十年十二月二十五日(1895 年 1 月 20 日)

济南汤藩台鉴:昨登州有倭船三只向城开炮,旋向南去。今晨成山有倭船数十只开炮,已饬驻荣五营迎敌。惟地阔兵单,随处可以登岸,后路潍、莱等处为省城门户,无营驻扎。省城唐、乔两营均新集,不足恃。恳飞饬陈副将大胜两营拔队来省,另派人招募填扎原处。一面在省城由公选派将领,添募二三营以固省防。林提督秀全请留带队。再,他处驻扎之营,有无可以抽调至省?并乞酌夺。衡。径。

245. 致威海戴统领电

光绪二十年十二月二十五日(1895 年 1 月 20 日)

威海戴统领鉴:黎明时已电饬五营由倭、俚岛折回援应。恐电到,该局电生已逃,无从递。此处距成山三百余里,片时间非飞马所能及。恳公代传弟令,饬五营飞速援应,又可省此一百八十里之马力。衡。径。

246. 致酒馆孙分统电

光绪二十年十二月二十五日(1895 年 1 月 20 日)

宁海州飞速送酒馆孙分统鉴:倭船已在成山开炮,请麾下即带本营并谭队拔往,合戴统领步步驰应。衡。径。

247. 致威海戴统领电

光绪二十年十二月二十五日(1895 年 1 月 20 日)

威海戴统领鉴:径电敬悉。黎明时接成山报,已电饬泰靖等营视敌所趋,并力堵击北路。上庄、酒馆等处亦饬整队赴援。总期与贵军合力夹击。已电知尊处,想接到矣。衡复。径。

248. 致登州夏统领电

光绪二十年十二月二十五日(1895 年 1 月 20 日)

登州夏统领鉴:倭之大队全在东路,现在威海尚属相敌,请公督饬各军安心堵御。衡。径。

249. 致刘公岛统领观察电

光绪二十年十二月二十五日(1895 年 1 月 20 日)

刘公岛统领观察鉴:成山电称,有兵轮二十四只,在成山龙须岛一带游弋,想是倭人意图登岸,已电饬五营相机迎堵。并电饬酒馆、上庄各营整队,一有后路警报,即飞赴威营合力夹击。请电示。衡。径。

250. 致总理衙门电

光绪二十年十二月二十五日(1895 年 1 月 20 日)

总理衙门钧鉴:黎明时成山电报,有大股倭轮三四十只在海面开炮。即飞电饬分往倭、俚岛各营折赴合力堵击;一面由威海互电合应。并电饬威海西面后路各营各抽五成驰应,仍留五成严备西路。缘自烟以西、登以东洋面,仍有倭轮数只游弋,难保不再犯登,即乘隙犯各口岸。口太多力太分,惟有竭力合御。续报如何,再电陈。请代奏。秉衡谨肃。径。

251. 致济南汤藩台电

光绪二十年十二月二十五日(1895 年 1 月 20 日)

济南藩台鉴:径电敬悉。今日倭轮在龙须岛下岸,与威海派来守岛之队接仗,打翻一船。已飞饬荣成五营前往援应。奉来电,以丁镇军过境,商请截留,喜出望外。真真感佩之至! 已连夜电奏,俟奉旨后再行电达。计该军明日可到齐河,请公先将此意告知为盼。顷接津电,依、长两军已克复海城、析木城。附同一慰。衡。径。

252. 致总理衙门电

光绪二十年十二月二十五日(1895 年 1 月 20 日)

总理衙门钧鉴:顷闻贵州古州镇总兵丁槐带五营北上,已抵山东张夏地方。查山东登威一带现正吃紧,援应无营,德州为漕运要道,空虚可虑。东省河口可登岸之处太多,防堵实属不易,且处处之毗连畿辅,关系甚重,招募又赶不及。如蒙圣恩,俯准将丁槐所部五营截留山东,暂扎德州,以备东路援应。近北路大军云集,不难少此五营,而东省添此五营,于接连津沽海防大局实有裨益。谨求代奏,请旨遵行。秉衡谨肃。

253. 致威海戴统领电

光绪二十年十二月二十五日(1895 年 1 月 20 日)

威海戴统领鉴:西电敬悉。龙须岛贵营防队力战却敌,闻之欣慰。弟已电奏。荣成防营计夜间能赶到方好。顷弟又飞马特转令饬催孙提督万林,亦于下午两点钟带领两营飞驰前往矣。顷接天津李勉林观察来电,海城、析木城经依、长二帅克复,倭人当为胆寒。乞告知刘公岛诸兄为盼。衡。径戌。

254. 致威海戴统领电

光绪二十年十二月二十五日(1895 年 1 月 20 日)

威海戴统领鉴:三电均悉。已照尊示赶办。衡。径。

255. 致天津李观察电

光绪二十年十二月二十五日(1895 年 1 月 20 日)

天津李观察勉林仁兄鉴:来电敬悉。海城、析木城克复,闻之欣慰。奉省军情仍望随时电示为盼。衡。径。

256. 致宁海上庄李统领等电

光绪二十年十二月二十六日(1895 年 1 月 21 日)

宁海上庄李统领、曹统领鉴:倭兵登岸,请即各带两营备足枪炮、子药、干粮,即拔营东进,与接应孙分统合力择要扼堵。并饬所留底营严防,并截留溃军,不得一名过烟台。如违,惟留防营官是问。孙绍襄统领刻即拔队,随后续到。衡。宥。

257. 致登州夏统领电

光绪二十年十二月二十六日(1895年1月21日)

登防夏统领庚堂兄鉴:密。昨电敬悉。吴游击新队如到,请即派老队得力营官一员往黄县龙口近海扎营,另筑站队短墙,并给窝铺京钱四百千,先由公垫补领,并带前膛小炮数尊为要。如见英、法等国旗号轮船固不可开炮,亦须严队,恐倭或假冒攻我不备。再,沿海沙城及田横山均须挖有藏身处避炸炮。船近岸,稳扎稳打,知公必早见及也。请随时电示。衡。宥。

258. 致广西张丹帅电

光绪二十年十二月二十六日(1895年1月21日)

广西张丹帅鉴:昨悉海城、析木城经依、长两军克复。二十三、四日倭船数艘连犯登郡,互开数十炮而退。昨早东南成山来大股倭轮四十余只,过万人,图犯威海后路,我军仅数营,相持一日未决。数百里兵太分,倭轮倏忽东西,急切无游击之兵,将势难抽援。今日未识能遏其登岸否?营皆新募,惟有竭此心力而已。王副将得蒙调东,并代垫多金,知必催令速就道。公顾全局,未便言感。衡。宥。

259. 致威海戴统领电

光绪二十年十二月二十六日(1895 年 1 月 21 日)

威海戴统领鉴:宥电均悉。除孙分统一营七哨昨已开拔前进外,顷商孙绍襄拨三营并飞饬曹、李二统领各带二营克日即发,合力防威。惟仅此兵力,而倭船倏忽南北,威海北面后路亦属可虑耳。衡。宥。

260. 致济南汤藩台等电

光绪二十年十二月二十六日(1895 年 1 月 21 日)

济南藩台、运台、道台鉴:宥电敬悉。昨商留丁镇军,比已电奏,尚未奉旨,请公要之于路,暂留一日,候旨到即调令东来。此路过路之军,如有素知者,乞举以相示,再行商办。衡。宥。

261. 致宁海上庄曹统领等电

光绪二十年十二月二十六日(1895 年 1 月 21 日)

宁海上庄曹统领、李统领鉴:如贵营尚未拔队,请暂留候信再起身。衡。宥。

262. 致盛京裕寿帅电

光绪二十年十二月二十六日(1895年1月21日)

盛京裕寿帅鉴:敬电敬悉。依将军所需毛瑟、哈乞克斯枪子已备齐十五万,委员解赴天津东征粮台胡臬台转解依营,已于十七日由济南起程。希为转达。衡。宥。

263. 致总理衙门电

光绪二十年十二月二十六日(1895年1月21日)

总理衙门钧鉴:昨调倭、俚岛防营折赴龙须岛,尚未赶到而倭人已于午后自落凤港登岸,径薄荣成县。顷探报荣成县已经失守。虽由口岸太多,兵力不敷分布,惟秉衡调度无方,咎无可辞,应请旨将秉衡交部议处。除提督孙万林昨已赴援;一面商令烟防统领孙镇金彪督队,并飞饬西路宁海、上庄、金山寨各营赶紧拔队前往拦击。及荣成两营如何挫退,查明另行奏报外,请先代奏。秉衡谨肃。宥。

264. 致登防夏统领电

光绪二十年十二月二十七日(1895年1月22日)

登防夏统领庚堂兄鉴:龙口队暂缓调,新队赶掺严防。望随时电示。衡。沁。

265. 致两江制台电

光绪二十年十二月二十七日(1895 年 1 月 22 日)

两江制台张宪台钧鉴:倭大股近二万人,分扑各口登岸,势太不敌。威烟并急,后路复虚,只此兵力,前已电奏调集北来各营,所需枪炮甚急,曾购四千枝,正、二月方到沪。惟有恳宪台赐拨毛瑟等枪两三千枝,并逼码需项若干,立即汇缴。山东为畿辅门户,尤为南北全局所关,定蒙力顾。无任叩企!旧属秉衡谨肃。沁。

266. 致浙江廖谷帅电

光绪二十年十二月二十七日(1895 年 1 月 22 日)

浙江抚台廖谷帅鉴:密。倭连攻登,相持两日而退。二十四日四十余轮,万余人扑成山登岸,防军不支。除威海各军归北洋外,南北五百里处处可登。仅二十余营新募之勇,分防太多,敌专注辄万人,我所应多不能过二千人,势太不敌。海军俱匿威海,威亦危,现派军援威,惟竭此心力兵力而已。衡。沁。

267. 致威海戴统领电

光绪二十年十二月二十七日(1895年1月22日)

威海戴统领鉴:顷接荣营飞禀,现存枪子无多,恳公就近拨哈乞克斯子、林明敦子各五六万,派弁送交济右等营。又恐粮饷不足,并请带银六百两接济弟处,已派弁解送。路程较远,务乞就近先为拨解。一面奉还。至祷!衡。沁。

268. 致威海戴统领电

光绪二十年十二月二十七日(1895年1月22日)

威海戴统领鉴:沁申电敬悉。倭轮倏忽东西,北岸撤防,势必乘虚而入。两路包抄,威海危矣。西路各营暂止开拔,防北岸正所以保威海也。孙提督万林已赴荣会合,奋勇可嘉,即派令统领五营矣。责部派三营联络助剿,力顾全局。至为佩慰!衡。沁戌。

269. 致总理衙门电

光绪二十年十二月二十七日(1895年1月22日)

总理衙门钧鉴:二十六日亥刻准李鸿章电:转奉电旨:李鸿章、

李秉衡二十五日各电均悉等因。钦此。昨今连接威电，言倭已距威不远，所派赴援之提督孙万林已由威海前进。又飞马由间路密饬倭、俚岛折回之各营，蹑贼踪尾击，与孙万林合队并力堵剿。此次倭寇约近两万人。昨复有倭船十余只在威口外西驶，又难免不从西面乘隙上岸。因之所派嵩武等营未能全趋东面，转致西面全虚。总之，此番贼势太重，威太危，烟亦岌岌。兵太单，东省仓猝调募，仅此营数，全以顾烟、威。即省西盗贼充斥之处，及武定紧接津、沽，亦仅扎数营。至后路暨省垣腹地空虚，万关紧要。威烟一有疏虞，则后路省门全行决裂。东省为畿疆屏蔽，南北通衢，海防陆路处处犬牙。海运不通，运道尤属紧要，设有梗阻，关系大局匪浅。前奏请将贵州古州镇总兵丁槐所部五营截留，尚未奉到谕旨。惟欲急顾烟、威，兼顾腹地，恐营少势难措手。惟有再恳天恩俯准，饬令提督董福祥带所部各营星夜开拔来东，俾得合力防剿，抑或赏拨他营之处，出自圣裁。请代奏。秉衡谨肃。沁。

270. 致登州端太守等电

光绪二十年十二月二十七日(1895 年 1 月 22 日)

登州端太守、胡大令：来电悉。钱铺短现钱，粮草不进城，宜急请绅董劝谕安抚。或先动公款，由绅士分赴各乡来买。应如何变通，不必拘定官话，总以便民便兵为要。并与夏统领统商办理。仍即电复。衡。沁。

271. 致济南机器局松臬台等电

光绪二十年十二月二十七日(1895 年 1 月 22 日)

济南机器局松臬台、、林观察鉴:即提哈乞克斯子二十万、林明敦子二十万、毛瑟子二十万,除内提哈乞克斯子六万解留黄县外,余均飞速解烟。衡。沁。

272. 致天津李中堂电

光绪二十年十二月二十八日(1895 年 1 月 23 日)

天津中堂钧鉴:沁亥电敬悉。丁槐一军已电饬星夜来烟。刻下救威甚急,所需枪械若赴津请领,有需时日,转恐不及。仍请有沿途委员就近核拨二千五百枝,逼码百万。无任叩祷!旧属秉衡谨肃。勘。

273. 致宁海孙军门电

光绪二十年十二月二十八日(1895 年 1 月 23 日)

宁海孙绍襄军门鉴:顷接孝侯电,孙万林在威南接仗获胜。请飞马传令李统领柽亭,即带三营立刻拔队接应孙军。曹鹏程所部即移扎李营原驻之所,严防西岸。衡。勘。

274. 致威海戴统领电

光绪二十年十二月二十八日(1895年1月23日)

威海戴统领鉴:勘电均悉。寿卿获胜,已发赏银三千两。请贵部速往接应。如获胜,弟亦重赏。已飞饬李桎亭三营立刻拔队前进。承解军火,感甚!骡十头赶即雇就送往。衡。勘巳。

275. 致济南汤藩台电

光绪二十年十二月二十八日(1895年1月23日)

济南藩台、臬台、运台、道台鉴:丁槐一军,顷奉电旨,准留东。该营费用枪械,着电商李鸿章于南省解来枪械经过东省时酌拨应用。合肥电,所需枪炮则云派员来津请领。鄙见一面派员截留路遇军械,一面即刻派员赴津请领毛瑟枪二千杆、毛瑟枪子一百万。并请向省电局查取所奉电旨办理。再,丁军公自必派员迅往截留,请其星夜来烟。丁号衡三,并先代弟致函。再,截留枪械已电合肥矣。衡。俭。

276. 致威海戴统领电

光绪二十年十二月二十八日(1895 年 1 月 23 日)

威海戴统领鉴:勘电敬悉。我军扎桥头,如能稳住,即不必轻退。东道既可分窜,张、刘二公亦深顾大局,可否请酌拨数营以防东路。脱有不顺,贵军前面迎敌,桥头各军蹑踪尾剿,亦可收前后夹击之效。请公酌夺。先知会寿卿。再,寿卿请领毛瑟枪,乞贵处酌拨一二百枝,逼码数万,径解孙营。俟弟处运到即行奉还。至祷! 衡。勘。

277. 致济南汤藩台电

光绪二十年十二月二十八日(1895 年 1 月 23 日)

济南汤藩台鉴:丁镇一军,定蒙已派员往迎,务请其星夜来烟。枪械系奉电旨截留,并请派干员分别饬往中途截留毛瑟等枪二三千枝,毛瑟等子一二百万,一面赴津请领,必期二者得一,尤以先得为要。其电请调董福祥一军,尚未奉电旨。顷接香帅电,已代奏请截留入东境之二十四营折援威海,想丁槐一军亦在内。此处系何军,即祈电探为某某军,请其缓行候电旨。衡。勘。

278. 致兖州田镇台等电

光绪二十年十二月二十八日(1895 年 1 月 23 日)

兖州田镇台、姚道台鉴:倭近二万于二十五登岸,荣成失守。现在分饬迎堵,并各军扎威东西,以顾威、烟。已连次电奏截留丁槐、董福祥两军。丁已奉准,董之奏尚未奉旨。惟竭此心力,不言身之支与否也。衡复。勘。

279. 致济南汤藩台等电

光绪二十年十二月二十八日(1895 年 1 月 23 日)

济南藩台、臬台、运台、道台同鉴:顷接北洋电:昨奉电旨,调丁镇二千五百人速救援威海,计须由沂州、莒州一带取道较捷。乞饬沿途州县赶备车马转运勿误。丁镇无枪械,已电饬徐州转运局截留四川解京毛瑟、马梯尼等枪二千四百枝,六生脱炮、哲乞开思炮、栽林炮共十尊,并各项子炮架、镶杆、洗把、马鞍、皮盒、无烟火药、碰炒等,共一千二百四十三件,装车百三十四辆,即用原车径送沂州探交丁镇验收应用。再,刘岘帅顷到津晤商,拟电饬江南调来之皖南镇李占椿等步队十五营,徐州镇陈凤楼马队五营,现在清江,亦令改道由沂莒一带赴威海救援。李占椿等步营枪炮不足,计丁镇接用前项枪炮有余,望派弁守候该军过沂时交给分用为要。鸿。勘申。大军一到,军事大有转机。请诸公多派干员分途支应,并派员至沂州接解枪械。其丁镇军已到齐河之营，请星夜来烟，亦须沿途派员照料为盼。衡。勘。

280. 致南京张制台电

光绪二十年十二月二十八日（1895 年 1 月 23 日）

南京制台张钧鉴：感电敬悉。登州倭轮经两日相持后即退去。衡谨复。勘。

281. 致南京张制台电

光绪二十年十二月二十九日（1895 年 1 月 24 日）

南京制台张宪台钧鉴：感电敬悉。我公统筹全局，谋为之忠，与人之厚，诸深钦佩。二十五日电奏截留贵州镇丁槐一军五营，已奉谕旨，并命截留沿途枪械。昨又请调董福祥一军，尚未奉旨。顷接北洋电，言岘帅拟电饬江南马步二十营由沂州改道赴威，当是宪台一奏已经奉准，感荷无极。临敌须重赏，鼓励人心。已晓谕各军如获胜不惜重赏，并另悬新获首级赏格矣。惟此次倭近二万人，势锐甚。恐如尊谕，只图将来驱逐下海耳。旧属秉衡谨肃。艳。

282. 致陈军门电

光绪二十年十二月二十九日(1895 年 1 月 24 日)

陈修五军门鉴:现奉旨调贵部马队五营驰援威海,麾下何日起程东发? 愈速愈好。贵军辎重车辆共用若干? 如能从徐州长雇较捷,按照民价发,以速师期。均乞电复。李。二十九。

283. 致济南汤藩台电

光绪二十年十二月二十九日(1895 年 1 月 24 日)

济南汤藩台鉴:勘电敬悉。准留丁镇电旨照录电达,请即照咨。一面催请星夜东来,所有军装昨准北洋电,已许截留。如到东境,请即派员饬令取道莱州,以便应丁军之需。如军械尚有余,即留莱备后来二十营用。勘亥电想已鉴及。查陈军系马队五营,请飞饬沂州、莒州一路沿途州县妥备草料。丁军亦恐有马匹,齐河路应即探明酌备。俾利军行为要。衡。艳。

284. 致天津李中堂电

光绪二十年十二月二十九日(1895 年 1 月 24 日)

天津李中堂钧鉴:勘两电敬悉。得此大兵援应,士气为之一振。已飞饬沿途各州县妥备车辆照料赶催，并委干员接运枪械矣。荣成东军先后派十一营扎桥头堵击，扼其窜威，复添拨烟台三营扎宁海一带，并曹正榜三营防西面登岸包抄。刻下总以力图保威，以待援应，应由捷径自莒直趋威海。旧属秉衡谨肃。艳。

285. 致山海关卞军门电

光绪二十年十二月二十九日（1895 年 1 月 24 日）

山海关炮台卞军门景云兄鉴：近日出关大军共几营？岘帅已否出关？请电示。衡。艳。

286. 致浙江廖谷帅电

光绪二十年十二月二十九日（1895 年 1 月 24 日）

浙江廖谷帅鉴：倭近二万，二十五日扑成山。防军五营不支，荣成陷。不胜愧愤！现调西路五营会堵威之东，而西路二百里间仅七营矣。登防七营与倭相持两日方退。电奏允留丁槐一军，并准留北上二十营助剿，如威能二十日无事，添此兵力当可挫贼。衡。艳。

287. 致广西张丹帅电

光绪二十年十二月二十九日(1895 年 1 月 24 日)

广西张丹帅鉴:王副将得速来,至感!倭二万由成山登岸,防军五营不支,荣成失,愧愤之至!现调西路五营会堵,而西路二百里仅七营矣。登防七营与倭相持两日,仍退去。电奏允留丁槐一军,并准截留北上二十营助剿。如威能二十日无事,添此兵力当可挫贼。海城耗讹。衡。艳。

288. 致登州夏军门电

光绪二十年十二月二十九日(1895 年 1 月 24 日)

登防夏军门庚堂兄鉴:接京都工部孙乐嘉主政电云,防营有践踏伊祖墓事,请查禁。即祈查明严禁,并责处为要。衡。艳。

289. 致刘岘帅电

光绪二十年十二月二十九日(1895 年 1 月 24 日)

天津钦差大臣刘岘帅钧鉴:今早奉电旨,正拟由电恳商,旋接北洋电,悉制府已抵天津,拟饬皖南镇李占椿等十五营并徐州镇马队五营,由清江改道赴援威海。仰见公忠体国,钦感莫名。祈电饬该镇等迅速前进。已飞饬沿途州县赶备车辆,妥为支应。荣成数部先后派十一营扎县属桥头地方,扼其窜威之路。复于威海西面宁海一带,扼扎数营,防其登岸包抄。刻惟力图保威,以待援应。奉省近日战事如何?我公旌麾所至,望慰云霓。想元老壮猷,必能出奇制胜。为大局庆幸,非独桑梓受福已也。秉衡谨肃。艳。

290. 致兖州田镇台电

光绪二十年十二月二十九日(1895 年 1 月 24 日)

兖州田镇台、姚观察鉴:连日派五营,并败退之营会合扼堵威海东。尚未接有战事耗。威之西至烟百八十里,仅有七营,不以自危。连日奉电旨,允留丁槐五营,并准截留北上二十营及军械,已分电迎催。如威能二十日无事,便有大转机。衡。艳。

291. 致宁海孙统领电

光绪二十年十二月二十九日(1895 年 1 月 24 日)

宁海孙统领绍襄兄鉴:来示敬悉。所拟甚是,请照行。营兵驻城外亦属正办。连奉电旨,允留丁槐一军,并准截留北上二十营。应留军械来威会剿,早间已电陈,接到否?祈再探。杨令殉难如确,即示。衡。艳。

292. 致总理衙门电

光绪二十年十二月二十九日(1895 年 1 月 24 日)

总理衙门钧鉴:二十八日寅刻奉电旨,准将丁槐一军留于山东。二十九日辰刻奉电旨,准将由徐州起程之陈凤楼五营即赴威海,并饬电商刘坤一所调各营内,再有何军可以暂行留东助剿等因。一面准李鸿章电,刘坤一到津晤商,拟电饬江南调来之皖南镇李占椿等步队十五营,并电饬徐州转运局截留四川解京毛瑟、马梯尼等枪二千四百枝,并炮十尊,及各项子药等件。遵即电复刘坤一,请饬李占椿等迅速前进。并派员前往迎催,飞饬沿途州县妥为支应。现在荣成已为倭踞,前所派之提督孙万林二营已会同倭、俚岛折回之五营驻扎荣成西桥头地方,以遏通威之路。续派总兵李楹带福字三营前往会合并力堵剿,戴宗骞亦派知府刘树德率三营前往协剿。惟有恪遵谕旨,激励将士,力图扼要堵击,毋任蔓延。顷据电报,孙万林等接仗击毙倭百余人,生擒三名等语。恐尚有大股来犯。俟续探,再行奏陈。请代奏。秉衡谨肃。艳。

293. 致威海戴统领电

光绪二十年十二月二十九日(1895 年 1 月 24 日)

威海戴统领鉴:来电敬悉。寿卿、刘部桥头获胜。忻慰!姑存犒赏三千金,即请解往由寿卿酌赏,以示鼓励。所获倭兵三名是否正法,抑解烟?候续报。桎亭军应会合,念甚。鹏程三营,姑即填扎上庄一带矣。衡。艳。

294. 致济南汤藩台电

光绪二十年十二月二十九日(1895年1月24日)

济南藩台、臬台、运台、道台同鉴:顷奉电旨:李秉衡电奏已悉。倭寇距威海不远,势必并力攻扑,守威之兵亟待援军接应方可收夹击之效。着李秉衡饬令孙万林等军迅赴前敌,〔合〕力堵剿。丁槐一军,前已准其截留,复令饬陈凤楼马队五营协同助剿。此外刘坤一所调江南各军尚有李占椿五营,万本华五营,张国林五营,陆续由清江北上。本日据该督电奏,已调令前赴烟台、威海等处探踪截击,自系先其所急。着李秉衡查明各该营行抵何处,即行分饬前往,迅挫逆氛,力保威海,是为至要!董福祥一军留卫畿辅,所请调赴东省之处,应无庸议。钦此。希即遵照分别录旨迎催,并分委干员于各经过州县先设车局备粮草,勿误军行。并通示所过地方动款官办,不准丝毫派敛民间。如书差索扰,除将地方官参办外,定将胥役军法从事。衡。艳亥。

295. 致松漕帅电

光绪二十年十二月二十九日(1895年1月24日)

漕帅松鉴:现奉旨调李占椿军门等十五营驰援威海。目下曾否全到清江？李统几营？另有几位统领？清江转运局总办何人？均恳饬查电示。衡。

296. 致济南汤藩台等电

光绪二十年十二月二十九日(1895 年 1 月 24 日)

汤方伯、松廉访、李都转、张观察鉴：现奉旨添调援军，昨已电请迅派干员分途设局应付车辆，以及经过各州县应备柴草麸料，均请飞饬速办。自沂、莒而东应由之路，须先约定，由衡处飞电各军，以免歧误，而速帅行。其入东境应由省专派能干武员，持弟与诸公名帖前迎探接，暗寓催军之意。均望电复。衡。

297. 致威海戴统领电

光绪二十年十二月三十日(1895 年 1 月 25 日)

威海戴统领鉴：艳亥电敬悉。二十八、二十九两日已派弁分三起解运林明敦子六万六千粒，哈乞克斯子三万粒，毛瑟子三万粒，哈乞克斯枪百杆，银三千两，烧饼三千二百个，日内陆续可到。衡。三十子。

298. 致济南汤藩台电

光绪二十年十二月三十日(1895 年 1 月 25 日)

济南汤藩台鉴:昨奉电悉。丁军抵齐河者仅只一营,请查明随后四营现已行抵何所?四川枪械车一百三十四辆,请电致清江询明现到何处?乞探明电复。衡。三十。

299. 致莱州彭太守电

光绪二十年十二月三十日(1895 年 1 月 25 日)

莱州彭太守:来电殊诧异。军事万紧,粮饷尤急,设有贻误,问能当此重咎耶?祝令如畏缩,即以贻误军事严参,否则刻日起解,为之请者亦难辞咎。立即电复。衡。三十。

300. 致兖州田镇台等电

光绪二十年十二月三十日(1895 年 1 月 25 日)

兖州田镇台、姚观察鉴:来电敬悉。孙万林昨于桥头获一胜,斩百余,擒三名。今日战事尚未报。旨准留丁槐一军,李占椿等十五营,徐州镇陈凤楼马队五营。丁已抵济南。陈来电,前两营自徐州开拔已入东境。请速饬属于经过地方预备麸草料轿车五十辆，牛车五十辆,自行发价。并请派员督办,期迅速出示严禁各州县藉兵差派敛,用款准作正开销。并密察告示张贴与否。陈大胜已于数日前札调。衡。三十。

301. 致济南汤藩台电

光绪二十年十二月三十日(1895 年 1 月 25 日)

济南汤藩台鉴:连日电达,想均鉴及。顷接北洋电,丁军月饷无着,请公先行筹拨接济。俟核明后能否专请部饷,将来再酌。前请公处筹备接应客军。一切情形,望速电复。衡。卅酉。

302. 致丁镇军电

光绪二十年十二月三十日(1895 年 1 月 25 日)

济南藩台转送丁镇军衡三兄鉴:闻旌麾到省,欣慰之至!贵军五营已到齐否?贵饷已电嘱汤方伯筹发。此时待援孔急,即盼公来。恳星夜来烟。已饬沿途筹备车马,妥为支应矣。衡。三十。

303. 致威海戴统领电

光绪二十年十二月三十日(1895 年 1 月 25 日)

威海戴统领鉴:顷探闻倭人将分股以趋桥头,以大股趋长(山)〔峰〕、(枫)〔凤〕林,图扑威海。倘桥头之军为其隔绝,无粮必溃。请公酌夺。速即转达寿卿、桂亭整队稳退至威海附近地方,扼要驻扎。粮道即通,与贵部并力堵剿,较为得势。衡。三十。

304. 致天津李中堂电

光绪二十年十二月三十日(1895 年 1 月 25 日)

天津中堂钧鉴:三十电敬悉。丁军饷遵饬汤藩司筹备。蜀枪械尚在高宝一带冻阻,恐缓不济急。恳中堂赐拨毛瑟枪三千枝,毛瑟子二百万,由津派员经运来威。丁军一到即可领用。若由济派员至津请领,又恐迂回。伏祈垂察。旧属秉衡谨肃。三十酉。

305. 致登州夏统领电

光绪二十年十二月三十日(1895 年 1 月 25 日)

登州夏统领鉴:登州府库存士乃得枪三百五十杆,士乃得子六千六箱,马蹄尼枪子十七箱,林明敦枪子六十八箱,是否可用?乞公查明电复。衡。三十。

306. 致徐州陈军门电

光绪二十年十二月三十日(1895年1月25日)

徐州镇台陈修五军门鉴:电悉。慰甚!贵军所需轿车大车各五十辆及沿途草料,当飞饬照办。惟来电会齐于济,是否济宁?仍望电复。即行电饬沿途,以速师行。衡。三十。

307. 致济南汤方伯等电

光绪二十年十二月三十日(1895年1月25日)

汤方伯、松廉访、李都转、张观察鉴:两电请速遴干员迅设沿途车局,应付南来诸军,并约定应由之路。尚未见复。顷接徐州电,即拔队赴济会齐,并问路程。请诸公速将清江、济宁两道路程电示,以凭电告。衡。三十。

308. 致徐州陈军门电

光绪二十一年正月初一日(1895年1月26日)

徐州陈修五军门鉴:复电敬悉。贵部前两营已经起程,如至济宁，即由济南、章丘、邹平、昌乐、潍县、莱州、黄县一路至威海。以后三营，请由徐州径走沂州、莒州一路直趋威海，较为直捷。已饬沿徐州县妥为支应。威待援甚急，盼公来如望云霓。恳公迅赐起行，并电饬前到济宁两营先行来威，不必等候。至为祷企！衡。元旦。

309. 致总理衙门电

光绪二十一年正月初一日(1895年1月26日)

总理衙门钧鉴：准李鸿章电转，奉电旨：威海南炮台正当荣成来路，最为吃重等因。钦此。即钦遵剀切晓谕各营将弁，一体竭力固守，勿得稍形退缩。顷据探报，二十九日倭人扑犯我军，经孙万林及戴宗骞所派知府刘树德各营并力击退。闻倭人有由间道绕越我军之前，以扑威海。已商戴宗骞转饬孙万林移扎扼要地方，会合威海各营，以厚兵力，从西面迎击。昨宁海金山寨有倭船游弋。今日登州有倭船两只，向城内开炮，登防营亦开炮还击，遂向东驶去。又声言有攻烟台之议。虽系牵制我军，难保不乘虚登岸。已饬登防统领孙金彪严为防备。惟应防之处太多，应请旨电饬丁槐、陈凤楼、李占椿等各军星夜兼程来威，以备援应。请代奏。秉衡谨肃。元旦。

310. 致济南藩台等电

光绪二十一年正月初一日(1895年1月26日)

济南藩台、臬台、运台、道台鉴:丁军已到齐否?三日不奉回电,殊深焦盼。弟处无以自存之地,各军均派援威,此间面大海,虎狼环向,仅千人之乌合耳。如有流失,公等岂能安枕?恳速请丁镇军带营星夜来烟,枪械省局及黄县局尚勉强敷用。到一营即先来一营。事势至此,已迫不及待。并恳先将一切截械备车情形,飞速电复。衡。元旦。

311. 致天津李中堂电

光绪二十一年正月初一日(1895年1月26日)

天津中堂钧鉴:奉朔未电敬悉。蜀枪炮至清江,初二日由长车径运济南,至为感荷!惟丁军已电属星夜来烟,需械甚急。若由清江取道沂州、莒州径运莱州,仅多一日程,而较之由济转威则近数百里。已电商清江转运局吴道。祈中堂再赐一电,饬令转属押运委员径解莱州山东转运局为叩。旧属秉衡谨肃。元旦戌。

312. 致清江转运局吴观察电

光绪二十一年正月初一日(1895年1月26日)

清江转运局吴观察鉴:接傅相电,蜀枪炮均至清江,初二日由长车经运济南等语。惟烟、威需械甚急,若取道沂州、莒州径解莱州,仅多一日程,而较由济转威近数百里。恳阁下即饬押运委员径解莱州山东转运局,至为祷企!弟已飞饬沿途妥为照料,一面电达傅相矣。乞先电复。衡。元旦。

313. 致威海戴统领电

光绪二十一年正月初一日(1895年1月26日)

威海戴统领鉴:三电敬悉。昨奉电旨由中堂径电尊处,想已传示各营矣。昨金山寨有倭船游弋。今日登州有倭船两只,与登防营互开数十炮。若将曹营移麓岛口,恐西路太空,致有疏失,则威、烟并危。连日并有将犯烟之信,尚须再酌。至旗营马队能否听寿卿调遣?俟酌核再行奉复。衡。元旦。

314. 致天津刘钦帅电

光绪二十一年正月初二日(1895 年 1 月 27 日)

天津探呈刘钦帅钧鉴:复电敬悉。荣成失后,赖公力顾南北大局,饬师援应。感佩无穷!我军兵力太单,已严饬拼命坚持,以待援军。李镇占椿等马步二十营,恳公电催迅速兼程来威俾得协力堵剿。至为祷企!俟此间局势大定,即令北上听公指挥也。秉衡谨肃。冬。

315. 致济南汤藩台电

光绪二十一年正月初二日(1895 年 1 月 27 日)

济南汤藩台鉴:东冬三电敬悉。公筹解一切俱极周妥。感佩之至!省城另招两抬枪营亦属要着,均请饬令赶办。昨接北洋电,蜀枪械于初二日由清江起程解省,弟已电徐州转运局吴观察请改由沂州、莒州一路径解莱州。丁镇军队到,请先就省局、黄局配发,俟蜀械解到再换。希转达镇军为荷。同人均此致意。衡。冬。

316. 致南京张制台电

光绪二十一年正月初二日(1895 年 1 月 27 日)

南京制台张宪台鉴:奉元旦电敬悉。电奏两策,理实确凿可行。铁舰不用以攻敌,不知何计可以保全? 可笑,可恨! 近日朝命亦屡饬兵船乘间出击,如能照宪台所议水陆交攻,事必有济。窃处格不能行耳,言之慨然。民团协助官军,亦可稍杀贼势,已密饬举办。威海除海军外,陆军二十营,无不离心离德。为统领猾而惰,无将略,又喜邀功,所陈战事不尽可据,当万难之势,与此等人共事,焦愤头绝。刻下强敌压境,不得不委曲调停,惟感之以诚,持之以正,引其责于己,以期万一获济耳。蒙奏江南李占椿、陈凤楼各军,半月后方能到。惟贼势太众,我军太单,恐难支持半月,有负宪台统筹全局之心。如何如何。旧属秉衡谨肃。

317. 致济宁彭刺史电

光绪二十一年正月初二日(1895 年 1 月 27 日)

济宁彭刺史览:顷接陈修五军门电,所部马队已有两营到济,初三日陈军门亲督一营到济。需用牛车五十辆、轿车五十辆,望即连夜赶紧照数预备,以利遄行。盼切,盼切! 衡。冬。

318. 致天津李中堂电

光绪二十一年正月初二日(1895 年 1 月 27 日)

天津中堂钧鉴:已电敬悉。械车蒙电饬径解莱州,至感!丁军饷章已电饬蕃司参酌核定具奏,承谕添营归丁调遣。现新募赶办不及,已遵将省城唐有贵一营先归调遣矣。旧属秉衡谨肃。冬酉。

319. 致济南汤藩台电

光绪二十一年正月初二日(1895 年 1 月 27 日)

济南汤藩台鉴:午电计已察览。顷接北洋电,械车已电饬径解莱州,丁军先到一营,暂由省局拨给,后到之营即可到莱领取。饷章请与丁镇军商酌,能照东军章程甚妙,否则参酌湘军章程核定电奏。现在部款既难请拨,司库现存百三十万,暂可支持。京饷自应停解,再商之夔帅借洋款百万,无虞阙乏。均俟公核详具奏。唐有贵营归丁军门调遣,公筹甚是。衡。冬。

320. 致登州夏统领等电

光绪二十一年正月初二日(1895 年 1 月 27 日)

登防夏统领庚堂兄、刘都戎、端太守、胡大令鉴:倭轮又犯登开炮，伤人否？炮中其二，甚快！请酌赏开炮者并登营练军。修理炮台经费具领，炮坐损坏，自必赶修，严操严防。孙主事事应查禁。随时电示。衡。冬。

321. 致孙统领等电

光绪二十一年正月初三日（1895 年 1 月 28 日）

威海戴统领飞送孙寿卿统领鉴：所部各营如有不遵调遣擅自退却者，请以军法从事。他军如有擅自退却者，亦请传本部院令遵旨军前正法。衡。江巳。

322. 致李镇军电

光绪二十一年正月初三日（1895 年 1 月 28 日）

威海戴统领飞送李镇：我军本单，应飞速与孙营合力。如先自退却，廷旨甚严，即以军法从事。衡。江巳。

323. 致济南汤藩台电

光绪二十一年正月初三日（1895 年 1 月 28 日）

济南汤藩台鉴：顷接岘帅电，已与合肥商定，调李永芳所部驻扎埕子口矣。谨以奉闻。衡。江未。

324. 致威海戴统领电

光绪二十一年正月初三日(1895年1月28日)

威海戴统领鉴:早间分电寿卿、柽亭严申军令,系依来示办理。由尊处飞送者,想均入览。军粮接济日日在途,想无缺乏。请公饬刘守速即会合孙军,进退一心,为据险坚持之计。至为感幸!惟烟台要地不能虚无一营,嵩武仅数营,有难分拨之势。公其为我思之。衡。江。

325. 致登防夏统领电

光绪二十一年正月初三日(1895年1月28日)

登防夏统领鉴:请赏炮台打中各兵制钱一百千文示奖,请补领。并知照府、县文武。衡。江。

326. 致汤藩台电

光绪二十一年正月初三日(1895年1月28日)

徐州五营今日令到济宁,威海待援甚急,计需轿车五十辆、大车五十辆,应请由省预雇长车,待换宜到烟台,免致沿途换车耽搁。不妨优给其价,并谕知车行,到后给予回空护照,沿途不准拉差,毋庸顾虑。丁军省城一营、沂州回营,均请照办,以利遄行。祈迅筹电示。衡。江午。

327. 致济南汤藩台等电

光绪二十一年正月初三日(1895 年 1 月 28 日)

济南藩台、臬台鉴:冬电敬悉。曹县令即撤任,所遣之缺即照拟以王牧锺隽署理。衡。江。

328. 致济南汤藩台电

光绪二十一年正月初三日(1895 年 1 月 28 日)

济南汤藩台鉴:冬电敬悉。所筹甚是。短洋钢锄此间已造有千把,可备丁军用。省中一面,并瓶炮赶造,即请张虞翁督办机器局专工办理。并请晴翁、亦翁、虞翁均会办全省营务处。请公先致意,公牍即由包封寄省。衡。江。

329. 致总理衙门电

光绪二十一年正月初三日(1895 年 1 月 28 日)

总理衙门钧鉴:据东海关道刘含芳面禀:据英国领事声称,倭人至烟台不向开炮,属我军亦不开炮等语。闻之不胜诧异。现在两国称兵,断无不开炮而让其进踞之理。英系和好之国,我军自不相侵犯。惟当与倭攻战之时,设倭炮有毁伤人口房屋之事,亦与中国无涉。应请旨饬下总理衙门,速行照会英使,如倭人至烟,秉衡必当开炮轰击;如英国执意拦阻,断断不能曲从。除由驿五百里另行具奏外,请先代奏。秉衡谨肃。江。

330. 致总理衙门电

光绪二十一年正月初三日(1895 年 1 月 28 日)

总理衙门钧鉴:顷据威海守将道员戴宗骞电称,今午前倭马步约二三百人至龙泉汤,刘守树德带队迎剿,连施三排枪,毙贼十数名,即败走。我军追过一山,贼去远即收队等语。查提督孙万林各军,三十、初一、初二等日均与倭人接仗,互有胜负。其详细情形,俟续报再行奏陈。连日奉电旨,饬查荣成踞贼实数,并饬在防诸军进据山险以遏凶锋等因。据探报,贼众约有万人,真倭贼约有数千人,尚难得确实数目。已严饬各军扼要据险,迎头截击。请代奏。秉衡谨肃。江戌。

331. 致江宁张宪台电

光绪二十一年正月初三日(1895 年 1 月 28 日)

江宁制台张宪台鉴:念九小胜,除夕、初二复小挫。现速扼堵于威海东二三十里,兵固单,尤苦无将。前敌敢战之将仅一孙万林。威西之宁海无倭登岸。前登州倭轮又相持一日而退。烟台英领事向刘道云,日本兵船来口彼此不开炮等语。真堪怪异!顷分别电奏折陈,来定开炮。铁舰匿不出,海军虚设,拿问不知。衡身居虎狼,面大海,不以自危,尽此身心而已。衡。江。

332. 致济南汤藩台电

光绪二十一年正月初三日(1895 年 1 月 28 日)

济南汤藩台鉴:大敌在前,唐有贵临调托病,请先撤其管带,一面附折严参。衡。江。

333. 致孙统领电

光绪二十一年正月初四日(1895 年 1 月 29 日)

孙统领寿卿兄鉴:据广善回,转据该统领称,阎得胜临阵退缩,即军前正法。衡。支。

334. 致威海戴观察电

光绪二十一年正月初四日(1895 年 1 月 29 日)

威海戴观察鉴:来电悉。李军由上庄拔赴威海,孙军遵即飞电饬赴威令剿。衡。支。

335. 致威海戴统领电

光绪二十一年正月初四日(1895 年 1 月 29 日)

威海戴统领飞送孙寿卿兄鉴:敝处已派苏管带带马勇一百名分路设卡,专拿逃勇。遇有溃逃者枪打刀砍,得一辫发,回烟赏银五两,请传知各军为要。衡。支巳。

336. 致威海戴统领电

光绪二十一年正月初四日(1895 年 1 月 29 日)

威海戴统领鉴:四鼓电复,已分别令电飞饬孙、李两军迅赴威海前敌。并电饬孙统〔领〕将退缩之阎得胜军前正法。今日如获大捷,已备银五千两,专犒贵军。衡。支。

337. 致济南汤藩台等电

光绪二十一年正月初四日(1895 年 1 月 29 日)

济南藩台、臬台、运台、道台鉴:江电敬悉。所示各节均极妥协,即请照办。丁镇军请招二三营,亦请其派员赶招。衡。支。

338. 致宁海曹统领电

光绪二十一年正月初四日(1895 年 1 月 29 日)

宁海州曹统领览:昨以福山口、孟良口为西窜要路,请先事筹防。今来电,一则请重兵,一则另文请示究竟该部三营应否兼防,明白禀复。衡。支。

339. 致戴观察等电

光绪二十一年正月初四日(1895 年 1 月 29 日)

威海丁军门、戴观察、张镇台、刘镇台鉴:孙、李两军现电饬赴凤林集一带,与绥、巩军犄角援应,相机战守,以待援军。现南来马步三十五营,三路进发,务望诸公和衷坚守,保全危局。诸公即贵部荩劳,衡必巨细秉公上达。故转危为安,是在诸公之同心协力也。衡切盼祷！衡。支。

340. 致孙统领等电

光绪二十一年正月初四日(1895 年 1 月 29 日)

宁海州局飞送酒馆一带探交孙统领、李统领览:绥、巩军两日均有战事,我营竟无一营接战,现在究扎何处?明日务须合力迎敌,毋得迟延,致干军令。孙统领所要抬炮二十杆、铁丸一万,明早送去。衡。支戌。

341. 致济南汤藩台电

光绪二十一年正月初四日(1895 年 1 月 29 日)

济南汤藩台鉴:本日奉旨:李电奏已悉。现在威海情形紧急,立待援兵。所有丁槐、陈凤楼、李占椿、万本华等军计已行抵东境,着李秉衡飞饬该地方官多备车辆,催令星夜兼程前进,以资策应等因。钦此。丁镇军已在省,乞将电旨交阅,星夜先行来烟。陈镇军在济宁已起程,乞专马迎催。李军已抵清江,万军近抵何处?并录旨电李镇军,一并严催。衡。支。

342. 致李孙两统领电

光绪二十一年正月初四日(1895 年 1 月 29 日)

威海戴观察转交李、孙统领:队到威,宜扎凤林集一带。近日贼踪未知远近,难以遥度。应与孝侯观察相商,扼要分布,势成犄角,处处防贼抄后,遇事和衷,力顾大局为要。枪够不着贼,万不可轻放。刻下扎定处所,望即会同回电。衡。支。

343. 致济南善后局电

光绪二十一年正月初四日(1895 年 1 月 29 日)

济南善后局鉴:请将局存拉火及各炮弹赶解黄县局备拨。衡。支。

344. 致黄县翁县丞电

光绪二十一年正月初四日(1895 年 1 月 29 日)

黄县军装局翁县丞览:来电悉。丁镇军过黄,所需各枪及枪子俱照数拨发。拉火、炮弹已电省局赶解。衡。支。

345. 致北京王莲生兄电

光绪二十一年正月初五日(1895 年 1 月 30 日)

北京莲生兄台鉴:公奉命办团,珂乡之福,鄙人之幸! 知有国家,肝胆相照。主兵乌合,客兵涣散,倭昨攻威,即失两台,今日恐难守。拟敛残军扼烟台以待调援各军,独恐不及待公耳。承嘱,遵照。衡。歌。

346. 致济南汤藩台转丁镇军电

光绪二十一年正月初五日(1895 年 1 月 30 日)

济南藩台交丁镇衡三兄台鉴:此间待援孔亟,望君如望岁。请公即日兼程来烟面商一切。翘盼翘盼! 衡。歌巳。

347. 致济南汤藩台电

光绪二十一年正月初五日(1895 年 1 月 30 日)

济南汤藩台鉴:顷接陈镇军电,言彭牧以车辆难办,令分起拔队,殊属荒谬。已电令即日一齐起程兼程来东。据言,金陵饷初四五日可到。如赶不及,即请公先行垫发,俟解到再请拨还。

衡。歌。

348. 致威海戴统领电

光绪二十一年正月初五日(1895 年 1 月 30 日)

威海戴统领鉴:卯、巳两电敬悉。昨已将退缩不前之分统阎得胜正法。飞饬孙、李两军,今早到威迎敌。如已到,即请电示。衡。歌未。

349. 致清江松漕帅电

光绪二十一年正月初五日(1895 年 1 月 30 日)

清江松漕帅鉴:奉派陈镇凤楼马队五营,已率三营到济宁东发。其清淮马队二营是否已到清江?现威海待援甚急,奉旨严催,恳公派弁迎催兼程前进。至为祷企!衡。歌。

350. 致济南善后局等电

光绪二十一年正月初五日(1895 年 1 月 30 日)

济南善后局、军械所、机器局同览:局存云者得十三响枪一百五十一杆,十七响马枪二百五十八杆,请拨发陈镇军凤楼三百杆,丁镇军槐一百杆,枪子配齐,每枝发子五百出。其局中另存之后膛七响马枪六十五杆,如有枪即配齐并发陈镇军。衡。歌申。

351. 致济宁彭牧电

光绪二十一年正月初五日(1895 年 1 月 30 日)

济宁彭牧:陈军五营,闻初三已到齐。现威海紧急,已有电催其速进。该州所雇车辆应直雇送省城,照民价发。如无公款,暂行借垫领还,已早电省城预备长车直送烟台。陈军何日拔队?均望电复并电省城。衡。歌。

352. 致清江转运局吴观察电

光绪二十一年正月初五日(1891 年 1 月 30 日)

清江转运局吴观察:李、张、万三军何日拔队东援?威海待援甚急,望代恳催。应用车辆祈尊处优价直雇烟台,以免沿途更换耽搁。该价先请垫付,示知即还。并谕车行车户回空给照,沿途不准封差,毋庸顾虑。一切奉托。尚祈电复。衡。歌。

353. 致威海戴统领电

光绪二十一年正月初五日(1895 年 1 月 30 日)

威海戴观察鉴:来电悉。孙、李两军昨已起程,今早当到凤林集。如不便扎,应扎何处援应得力?请阁下主持。即将此电传知孙、李两统领照办。现已数电飞催援军矣。衡。歌。

354. 致济宁陈军门电

光绪二十一年正月初五日(1895 年 1 月 30 日)

济宁陈修五军门鉴:顷接李傅相电,悉公饷械未到为虑。已饬汤藩司垫发饷银,并拨发省局所存云者得十三响马枪及十七响马枪共三百余杆,配就枪子,请公到省即领取兼程来东。祷切,盼切!衡。歌。

355. 致济南汤藩台电

光绪二十一年正月初五日(1895 年 1 月 30 日)

济南汤藩台鉴:准总署支电奉旨:本日据李秉衡奏称,东省海防陆路非添募三十营不可,现在东省防陆需兵甚亟,着照所请赶紧陆续招募。藩司汤聘珍晓畅营务,法越之役颇著战绩。现在募勇事宜,即派令就近经理,俟募有成数,或即饬令汤聘珍统带。及届时如何分防,再由李秉衡奏明办理。钦此。希即钦遵举办,并请由公钦遵总统。顷闻威海南岸已失,今日恐将不守。请飞饬催丁、陈两军飞速来东。衡。歌申。

356. 致总理衙门电

光绪二十一年正月初五日(1895 年 1 月 30 日)

北京总理衙门钧鉴:顷接威海电称,今晨倭数道由(领)〔岭〕入巩军,巩军统领刘超佩不坚守,走入刘公岛。陆路炮台先失,南岸长墙亦失,倭夺龙庙嘴,被水师开炮力截。现鹿角嘴、赵北嘴尚在守御,绥军尚扼八里墩。又护军统领张文宣电称,高场营炮台打沉倭双烟筒鱼雷艇一只,又打沉赵北嘴沙滩战船一只。西路贼锋已逼近文登县,无兵可以调援,势必不守。以后情形如何,容再续陈。请代奏。秉衡谨肃。歌酉。

357. 致刘公岛张统领电

光绪二十一年正月初五日(1895 年 1 月 30 日)

刘公岛张统领德三兄鉴:来电敬悉。贵防炮台打沉倭船两只,慰甚!望公等努力固守建功,定随时据实电奏,并飞饬援兵。衡。

歌申。

358. 致刘公岛张统领电

光绪二十一年正月初五日(1895 年 1 月 30 日)

刘公岛张统领德三兄鉴:威电已不通。晓间战事如何?孙、李两军已到威接仗否?统希示复。衡。歌戌。

359. 致刘公岛张镇台电

光绪二十一年正月初五日(1895 年 1 月 30 日)

刘公岛张镇台鉴:李十一营今日午刻已抵(杨)〔羊〕亭。威电已阻。请禹翁速派舢板将此电送交孝侯观察,送信孙、李两统领,合力进剿。如倭扑孙、李营,即请戴营出兵援应;如攻戴营,即孙、李出兵援应。今夜约定,以便彼此互相救应。是为至祷!衡。歌亥。

360. 致省城机器局军械所电

光绪二十一年正月初五日(1895 年 1 月 30 日)

省城机器局军械所:速拨大抬炮三百尊,连横扁担、大皮葫芦、火绳等件,并合膛铁铅丸星夜解烟。林明敦、哈乞克斯、毛瑟三种空壳,务即尽夜配好备用。万勿稍延! 衡。歌。

361. 致总理衙门电

光绪二十一年正月初五日(1895 年 1 月 30 日)

北京总理衙门钧鉴:连日孙万林与刘树德等军与倭接仗,虽互有胜负,而各营将领不齐,接仗未能得力,致倭人渐向西进。非斩其退缩之尤者,不足以警众。查各军退缩者不止一人,而以阎得胜为最怯。秉衡于初四日禀遵谕旨,饬令孙万林将管带泰靖营兼统精健营副将阎得胜军前正法。传令各营,如再退缩不前者,杀无赦。仍饬督队前进,并悬重赏,务令并力堵剿,以支危局。请代奏。秉衡谨肃。歌。

362. 致天津盛观察电

光绪二十一年正月初五日(1895 年 1 月 30 日)

天津盛观察杏翁鉴:接来牍敬悉。华盛纺织局所存银十万两已收回,收津道库,佩慰无似。东省招营购械,近又垫发客军饷银,万分支绌。得公有此接济,感不可言。即请速解济南司库,以备拨用。祷切,盼切! 衡。歌。

363. 致济南汤藩台电

光绪二十一年正月初六日(1895 年 1 月 30 日)

济南汤藩台鉴:接盛道详,华盛纺织局所存银十万两已收回,存津道库。顷已电属速行解省矣。衡。歌。

364. 致清江转运局吴观察电

光绪二十一年正月初六日(1895 年 1 月 31 日)

清江转运局吴观察鉴:来电敬悉。李镇军需车甚急,已电漕帅饬县雇备,请贵局多拨车辆送至沂州府兰山县交替。弟已另电胡臬司矣。承示北洋有小口毛瑟枪,感甚! 容电商傅相请拨。衡。鱼。

365. 致清江松漕帅电

光绪二十一年正月初六日(1895 年 1 月 31 日)

清江松漕帅鉴:威海危急,亟盼援军。李镇军占椿在清江需车甚急,恳公饬清河令克日多方雇觅车辆,送至兰山县交替。价值先垫给,随即奉还。无任感祷。衡。鱼。

366. 致天津李中堂电

光绪二十一年正月初六日(1895 年 1 月 31 日)

天津中堂钧鉴:东案现扎苑家口,近长岛,可与水师夹击,扼其大队犯北口。如能竭力相持以待援军,北台或尚可保。李镇占椿在清江车齐即起程。闻清江局有毛瑟小口后膛枪四千,较蜀械更为精利。可否恳中堂将此项枪改拨二千四百杆,以利攻剿?不胜叩祷!旧属秉衡谨肃。麻。

367. 致刘公岛戴统领电

光绪二十一年正月初六日(1895 年 1 月 31 日)

刘公岛送戴统领鉴:鱼电敬悉。孙、李两军已扎(苑)〔阮〕家口,可与水师夹击,扼其大队犯北口。请即将此电送交孙、李两统领,代弟转饬严备紧扎,抄截来路为要。衡。鱼酉。

368. 致天津胡廉访电

光绪二十一年正月初六日(1895 年 1 月 31 日)

天津胡廉访云楣兄台鉴:威军与倭相持,待援甚亟。李镇军占椿等在清江候车，请公电知转运局吴观察借拨车辆，送至沂州府兰山县交替。至为感祷！衡。鱼。

369. 致济南汤藩台电

光绪二十一年正月初六日（1895年1月31日）

济南汤藩台鉴：支电敬悉。唐遵免参，廖提督当用之。丁、陈军行，荩筹感佩。荣成请公电饬府委，以待韩令。一切悉请径裁，万勿过谦。威军不战，昨已失两台，今日殆不守矣。溃勇成队退来，已请绍襄并派员分投妥为分别收集，并收械资遣。查暗电，李竟有令冲出保船减罪之嘱，尚可问乎？尽得一日身心是一日，前日已将尤为退缩之阎得胜正法矣。衡。麻。

370. 致天津李中堂电

光绪二十一年正月初六日（1895年1月31日）

天津中堂钧鉴：歌戌电奉旨钦悉。威南台已不守。东军孙万林、李楹各军共十余营，已严饬在威海一带力援。烟台只孙镇金彪一军，若再调往，无人守御，烟亦危。除电奏外，旧属秉衡谨复。麻。

371. 致丁镇军电

光绪二十一年正月初六日(1895 年 1 月 31 日)

济南藩台交丁镇军衡三兄台鉴:歌电敬悉。亟盼公来,示我方略。恳先兼程来烟。翘盼,翘盼! 衡。鱼。

372. 致总理衙门电

光绪二十一年正月初六日(1895 年 1 月 31 日)

总理衙门钧鉴:准李鸿章歌电:奉旨:戴宗骞有东军退扎就粮猝难折回之语,李秉衡电又称,孙万林三十至初二日屡与倭人接仗,其退扎就粮系属何人统带等因。秉衡前闻倭人有由间道绕越我军之前,以扑威海,恐阻我粮道,已商戴宗骞转饬孙万林移扎扼要地方,会合威海各营以厚兵力。前经电奏在案。查孙万林、刘树德各军连日虽小有斩获,而未能鏖战。刘树德初一夜退回威海,孙万林在鲍家滩遇贼挫败。初三日,孙万林一军退至酒馆,李楹退至上庄。秉衡是夜闻报,查系孙万林所部之分统副将阎得胜最为退缩,即饬孙万林于初四日将阎得胜军前正法。一面飞饬孙万林并总兵李楹拔队飞饬前进。初五日,该军尚未赶到,而威海南帮炮台已经失守。现又飞饬与绥军合力夹攻。东军只此兵力,已多在威,威设有失,烟台愈形吃重。烟守将只孙金彪一人,若再调往,无人守御,烟亦必危。顷有巩军溃勇数百人逃至宁海,现正分别招集收械资遣。威海今日情形如何，俟查实再报。请代奏。秉衡谨肃。麻。

373. 致总理衙门电

光绪二十一年正月初七日(1895 年 2 月 1 日)

奉初五电奉旨，东省防陆需兵，饬令赶紧陆续招募，派藩司汤聘珍妥速经理等因。已钦遵电饬汤聘珍遵办。惟招募非克日所能集事，深恐缓不济急，且枪械亦难速集。现在威海万分危急，如威海有虞，不独登、烟一带难以支持，若贼由莱阳、海阳一带西趋，省城门户洞开，处处可虑。丁槐、陈凤楼、李占椿等各军均尚未到。即到齐，亦须至海滨前敌堵剿。后路莱州一带非得重兵驻扎，设有疏虞，关系大局甚重。应恳旨派拨大枝援兵迅速来东，由秉衡审度地势分驻，令资扼守。俟东省招募有成，如援军应回驻北路，再请旨办理。昨据戴宗骞电，威海北台刻正固守，东军孙万林、李楹两军扎(苑)〔阮〕家口，近长岛扼其大队犯北口，可与水师夹击，以冀力保北台。请代奏。

374. 致丁镇军电

光绪二十一年正月初七日(1895 年 2 月 1 日)

济南丁镇军衡三兄鉴：昨电计已赐览。弟有面商要件，恳公星夜兼程来烟。请先电复。衡。阳。

375. 致济南汤藩台电

光绪二十一年正月初七日(1895 年 2 月 1 日)

济南汤藩台鉴:鱼电敬悉。招营不能骤成,请一面开招,弟即电奏,请添拨援兵驻扎后路。现在威海尚未全失,孙万林与李楹两军尚在前敌。即威海失后,亦只能退扎宁海一带以保烟台。丁镇军招营可令派人开招,仍请丁镇军单骑星夜来烟面商一切。陈镇军即可到省,恳达弟意,促令速来。至应电奏事件,请公拟稿电示,由弟处电达总署,亦瞬息可到。否则恐内外情形或有不符,及致窒碍。晴翁、亦翁、虞翁均此致意。衡。遇。

376. 致南京张宪台电

光绪二十一年正月初七日(1895 年 2 月 1 日)

南京制台张宪台鉴:威海南帮炮台已失,敝部与戴道尚死守北台。倘能保全,万分之幸。否则,能守住烟台,援兵一到,亦较易措手。惟枪械万分缺乏,闻有鄂办十八响新式毛瑟一千二百五十枝,子五十五万已到镇江。当此危急存亡之际,恳求宪台赐拨。如蒙俯允,乞派员兼程由江苏赣榆、山东日照、胶州一路经解烟台,最为径捷。不胜待命!祈先电复,旧属秉衡谨肃。阳未。

377. 致济南丁镇军电

光绪二十一年正月初七日(1895 年 2 月 1 日)

济南丁镇军衡三兄台鉴:准总署鱼电奉旨:刻下东省急待援兵,所有丁槐、李占椿、万本华、张国林等,着张之洞、李秉衡分别催令前进,勿任延缓等因。钦此。昨今两电计均察览。兹奉前因,合再恭录电呈。恳即钦遵兼程来烟为祷。衡。遇。

378. 致浙江廖谷帅电

光绪二十一年正月初七日(1895 年 2 月 1 日)

浙江抚台谷帅鉴:初五日威海南帮炮台已失,敝部现与绥军戴道死守北台,今两日矣。丁镇在济南而所部未到,李军在清江候车,陈军马队已由济宁先开三营,计非二十日援军不能齐至。威海岌岌,岂可待也?事势如斯,不胜忧愤。衡。阳。

379. 致天津刘钦帅电

光绪二十一年正月初七日(1895 年 2 月 1 日)

天津刘钦帅钧鉴:虞电敬悉。威南台、长墙尽失,北台亦岌岌可危。绥巩军溃散西来者,敝处分别收集资遣已近千人。东军数营在长岛亦恐不支。今日电不通,尚未识情形如何。援军丁、陈二军须半月后方能到,李军尚在清江。缓不济急,焦盼欲绝。想我公亦万分忧注。如何如何。秉衡谨肃。阳亥。

380. 致济南汤藩台电

光绪二十一年正月初七日(1895 年 2 月 1 日)

济南汤藩台鉴:顷接清江吴观察世荣电称,清江无车可雇。现李镇占椿已到清江,请电沂州府将车局所养之车飞速开赴清江接运为要。沂州派分府委员往迎更妥。先电复。衡。遇戌。

381. 致南京张宪台电

光绪二十一年正月初七日(1895 年 2 月 1 日)

南京制台张宪台钧鉴:威海万分危急。李镇占椿已到清江,无车不能前进。敬求宪台飞电严催清河县设法赶紧雇觅,以利军行。车价垫付,由东寄还。日来盼援军,焦急万分。知宪虑亦万分忧注也。旧属秉衡谨肃。遇戌。

382. 致淮扬谢观察电

光绪二十一年正月初八日(1895年2月2日)

淮扬道台谢观察鉴:来电敬悉。费神,敬谢。威危在旦夕,续到营务请催速进。仍请随时电示。衡。庚。

383. 致济南汤藩台电

光绪二十一年正月初八日(1895年2月2日)

济南汤藩台鉴:顷接清江遇电云,李镇占椿初七行三营,初八日行二营,万军五营续发。威海万分危急,兰山以东之车,请公飞速严饬沿途各州县多备,以利军行。再,津海关道来电,纺局收十万之款,除拨军械约两万,其余八万即解济南。并祈德州营迎护为祷。衡。齐。

384. 致济南汤藩台等电

光绪二十一年正月初八日(1895年2月2日)

省城汤方伯、松廉访、李都转、张观察鉴:接淮扬道电称,李镇台占椿今日行三营,明日行二营,万本华五营续发。兰山以东之车乞饬多备等语。查前接来电,已经诸公电饬兰山朱令催备。如能雇长车直抵烟台,更省沿途耽搁。威海南岸三台虽失,北岸及刘公岛极力支撑,急望援军规复南岸。盼切之至!望电复。衡。齐。刘道拟发。

385. 致广西张丹帅电

光绪二十一年正月初八日(1895 年 2 月 2 日)

广西张丹帅鉴:威已失南三台,只北一台尚死守。东军十营扼(杨)〔羊〕亭,当北台贼冲,昨苦战一日,难久支。各路援军须二十日后方到,恐不及待。杨昌魁抵何处?其前两营抵何处?均无耗。王副将宝华已起身否?均求电示。蒙垫八百金,即汇还。衡。齐。

386. 致总理衙门电

光绪二十一年正月初八日(1895 年 2 月 2 日)

总理衙门钧鉴:前接依克唐阿、于荫霖电,以攻剿急需抬枪,当即允拨两千杆。现因东省军情万急,不能分拨。闻直隶旧存抬枪亦多,现在各军俱用洋枪,可否请饬李鸿章就近筹拨抬枪一千杆速解依克唐阿营应用?秉衡谨肃。庚申。

387. 致天津盛观察电

光绪二十一年正月初八日(1895年2月2日)

天津盛观察杏翁鉴:阳电敬悉。八万之款蒙解,感甚。即饬妥为迎护。此间官报费两千九十余元,已由烟发给谢牧矣。衡。齐。

388. 致济南汤藩台等电

光绪二十一年正月初八日(1895年2月2日)

济南藩台、臬台、运台、道台鉴:遇戌电敬悉。昨日已电奏请派大枝劲旅以支大局,尚未奉旨。初七巳刻威海全台俱失。深恐贼乘锐西犯,则死守烟台置山东全局于不问,竟是误国之大罪人。因拟收威海溃军少部署宁海,再迎援军扼莱境而东,以固省垣门户,节节进规,稍以赎罪。仍宜请朝命而行。是否?尚祈教之。衡。齐。

389. 致总理衙门电

光绪二十一年正月初八日(1895年2月2日)

北京总理衙门钧鉴:前将威海南帮已失扼守北台情形先后电

奏在案。倭既得南帮,大股欲直趋北台,相持两日,绥、巩各军多半溃散。戴宗骞仅率两营守北台。孙万林等军,初五日进逼(苑)〔阮〕家口、羊亭一带,遏其由外犯北台之冲。初六日,倭猛扑我军,经孙万林等奋力抵御,倭未得逞。初七日,倭以大股在羊亭东与孙万林等接仗,而潜师由南帮沿海小道趋袭北山嘴炮台。水师船因海口倭船环进,不及回顾。戴宗骞兵溃力竭,为队下拥上定远船。是日巳刻,北岸全台俱失。孙万林等军尚在羊亭东力战,至酉刻始退回酒馆。并据戴宗骞差弁吴姓、傅姓禀报前来。秉衡筹布无方,愧愤万状,应请旨将秉衡交部严加议处。此次北台失陷,系由沿海内路袭攻。北台失后,孙万林等尚在北台山外苦战一日。又贼势太众,至万不能支始行退扎,实与临阵退缩者不同。惟救援未能得力,咎有应得,应请旨将提督孙万林、总兵李楹交部严加议处。即令其整顿队伍退扎宁海州,以防西窜。除将绥、巩两军溃勇分别收集缴械资遣,并刘公岛如何情形续行查明奏报外,请代奏。秉衡谨肃。齐戌。

390. 致总理衙门电

光绪二十一年正月初八日(1895 年 2 月 2 日)

总理衙门钧鉴:秉衡此次筹防先驻烟台,原为就近援应威海。今威海已失,不独登、烟两处倭所必争,现在文登县已逼近贼锋,无兵援救。且倭轮飘忽靡定,自登州而外,青、莱两郡口岸林立,处处空虚,水陆均虑乘锐西窜。东省北援畿辅,南通江淮,设令深入腹地,势更不可收拾。秉衡即死守烟台,于大局毫无补救,获罪滋大。

目前统筹全局,似应移扼莱州,催集援兵自西而东,节节进规,以固省城门户,以顾南北大局。是否有当,应请旨遵行。其登州防务责成夏辛酉,烟台责成孙金彪、刘含芳,宁海州一带责成孙万林等,均饬扼要固守。刻下丁槐、陈凤楼等军尚未到齐,前敌后路地面太宽,非厚集兵力难挫凶锋。唯有吁恳朝廷俯念东省为全局所关,速拨大枝劲旅兼程来东。秉衡当竭尽心力,誓扫贼氛。不胜迫切待命之至!除由驿驰奏外,请代奏。秉衡谨肃。齐亥。

391. 致济南汤藩台电

光绪二十一年正月初九日(1895 年 2 月 3 日)

济南汤藩台鉴:庚电敬悉。溃卒已有两千,当可得两营利器。除遣外,愿留者归丁统甚是。接香帅电,允奏拨十响新式快枪千枝并快炮,并派车弁押送赴莱。可感也。拟嘱丁镇台派弁迎提应用。余详昨电。衡。佳。

392. 致北京督办军务处电

光绪二十一年正月初九日(1895 年 2 月 3 日)

北京总理衙门呈督办军务处王爷钧鉴:齐电敬悉。章高元所存钢炮二十尊,除不能用外,因东省防务吃紧,业经拨发各营应用。秉衡谨肃。佳。

393. 致张宪台电

光绪二十一年正月初九日(1895 年 2 月 3 日)

两江制台张宪台钧鉴:庚电敬悉。蒙拨新式快枪一千枝,弹百万,并添配快炮,派员护解。感佩公忠,敢忘高厚。遵即饬司赶雇车马如数迎提,并嘱丁镇派弁迎头照料。威海初七失守,守将无死者,营队无力战者。铁舰一若领军自保者,未识其自安放何处?大局尚可问乎?刘公岛存与否,尚未可知。连日收溃卒两千,收枪械过两营,除分起资遣,愿留者拟同归丁带。丁六日后可到烟。东军猝募十营,斩副将阎得胜始能一战。非大枝援军到,万难措手。省门莱、青尤可虑,关系全局太重,拟布置烟稍定后,暂由西集援军而东。是否?当听廷议。旧属秉衡谨肃。佳。

394. 致济南汤藩台等电

光绪二十一年正月初九日(1895 年 2 月 3 日)

济南藩台、臬台、运台、道台鉴:连日收绥巩军溃勇已三千余,半带洋枪,已收七百杆。安插之难无殊御敌,昨夜有二百余人自宁海逃往黄县一路,已电饬登防傅介寿连夜带队就近赶赴黄县,如得截回甚妙。否则,请速电陈军马队迎头截留,就处会同地方官收械给资妥遣。并祈分电沿途州县照办,垫款准领,勿惊扰。此三千人暂令住五台营盘,现正编伍,以待丁镇。衡。佳。

395. 致济南汤藩台电

光绪二十一年正月初九日(1895年2月3日)

济南汤藩台鉴:香帅允拨新式快枪千枝,子百万,快炮数尊。顷已奉闻。惟来电称,专派员弁押催速运,由赣榆、日照、胶州一路经解烟台。惟沿途车马极少,远行必疲,望飞速雇车一百辆,马十数匹,赶紧前来迎提。并请丁总戎派弁自来接护照料,尤可妥速等语。除知照丁总戎外,请公查照前因设法筹备车马即往迎提,以期迅速为祷。衡。佳。

396. 致湖北谭敬帅电

光绪二十一年正月初九日(1895年2月3日)

湖北制台谭敬帅鉴:庚电敬悉。邓副将等带二营抵鄂,百川通汇款四千准其全领,乞公垫付二千,并派轮拖带帆船,以利军行。务求严饬邓副将等撙节,动用水路万不准挟私包揽商货,如违即请查办为感。杨副将昌魁到时,仍恳再垫六千交给动用,由敝处即日如数汇缴。统费清心,并盼电复。衡。佳。

397. 致邓副戎等电

光绪二十一年正月初九日(1895 年 2 月 3 日)

湖北制台转交邓副戎、吴游戎、陈县丞同阅:来电悉。百川通汇款四千应准动用,已电托制府再垫付二千,并派轮拖带矣。用款万不准滥费,水路应严禁挟私包揽商货,如违即电请制府查办。军行必严约束。东省军情万紧,即迅速前进。杨统领现抵何处?何日到鄂?衡。佳。

398. 致济南汤藩台等电

光绪二十一年正月初十日(1895 年 2 月 4 日)

济南藩台、臬台、运台、道台鉴:接青申电,知荩虑均极忧劳。所商请派大枝劲旅,已于初七、八日两次电奏。词均危悚。初九日奉到电旨:李秉衡所请大枝援兵,非目前所能骤集,惟应就现有兵力及江南已到未到各军,迅速催调,竭力分防。一面饬令汤聘珍赶紧召募,所需枪械着李秉衡与刘坤一、李鸿章电商,均匀拨济。钦此。初九日又发五百里折奏,复申前请。窃恐仍难邀准。至请岘帅南来一层,岘帅关内督师,奉省近畿均甚吃重,断难令其南来。现在只有候客军到齐,再加杨昌魁、李定明两军续到,节节进规。一面由公派员分途招募,以期兵力渐厚,分布防守。此外别无应急之法。诸公如另有卓见,愿明以教我。刘公岛电线已断,情形尚不得知。已饬刘道设法往探矣。衡。蒸戌。

399. 致济南汤藩台等电

光绪二十一年正月初十日(1895 年 2 月 4 日)

济南藩台、臬台、运台、道台鉴:黄县绅民请自捐巨款七万余两练营,其勇跃急公可嘉。望赶拨抬枪二百杆,火绳数百斤,速解黄县交萧令转发,以重防务。其子药等件由烟发给,再前请刊刷功牌数百张,望速寄行辕备用。衡。燕。

400. 致登州夏统领电

光绪二十一年正月初十日(1895 年 2 月 4 日)

登州夏统领鉴:据黄县绅民捐钜款请拨营勇,由该绅发饷等情。乞转饬傅介寿,就从前水师挑募五百人以成一营,选一妥实可靠者充当营官,迅速募成,前往黄县驻扎。哨弁由营官派充,饷由绅发,募成再领枪械。请即妥速办理。衡。燕。

401. 致天津李中堂电

光绪二十一年正月初十日(1895 年 2 月 4 日)

天津李中堂钧鉴:佳戌电敬悉。刘公岛电线已断,未知情形如何？如电台亦无由转递。已饬刘含芳设法查探，能否递去，再行奉复。旧属秉衡谨肃。蒸。

402. 致黄县翁县丞电

光绪二十一年正月初十日（1895年2月4日）

黄县军装局翁县丞览：黄县绅民捐巨款练营，已准所请。即拨发来福枪二百杆、洋火药五千磅、铜帽八万颗，交萧令转发。衡。蒸。

403. 致总理衙门电

光绪二十一年正月初十日（1895年2月4日）

北京总理衙门钧鉴：准李鸿章电：奉旨：本日李秉衡折所参失守荣成各员内，有副将阎得胜，前日电奏中又有一先饬正法之阎得胜，是否两人？着李秉衡电复。钦此。查副将阎得胜，系泰靖营管带，兼统精健营，前于荣成失守案内奏参革职。奏折于初三日拜发。初四日，查阎得胜有临阵退缩情事，懔遵十二月三十日所奉以军法从事谕旨，将该副将军前正法，于初五日电奏。计彼时参折尚未能到。兹钦奉谕旨查询，请代复奏。再，威海刘公岛电线已断，所有刘公岛情形，俟探明再行奏陈。请代奏。秉衡谨肃。蒸。

404. 致天津李中堂刘钦帅电

光绪二十一年正月十一日(1895年2月5日)

天津探呈中堂、刘钦帅钧鉴:昨奏准东省添募三十营。奉电旨:饬令汤聘珍赶紧招募,所需枪械着李秉衡与刘坤一、李鸿章电商均匀拨济等因。钦此。已饬汤藩分投赶招。枪械转运甚难,应如何预为筹拨之处,候示遵行。前奉岘帅电示,已与中堂商调李永芳一军驻扎城子口,该部共有几营、何日可到,并求电示。顷闻戴道在刘公岛自尽。连日水师与倭船鏖战,打沉倭船数只,未卜能否久支。援军一到,即当合力进攻。旧属秉衡谨肃。真。

405. 致总理衙门电

光绪二十一年正月十一日(1895年2月5日)

总理衙门钧鉴:奉蒸电奉旨:李秉衡两电均悉。威海北岸炮台又失,兵舰失所依恃,能否冲击出险尚不可知,仍着探明电复。孙万林等又有旨交部严议。李秉衡改为议处等因。钦此。调度无方,致有此失,乃荷天恩,仅予议处,愧悚万分。查威海已为贼据,刘公岛情形颇难得实,已悬重赏募人至刘公岛查看确情。顷闻戴宗骞到刘公岛即行自尽。连日水师与倭船鏖战,打沉倭船数只,未卜能否久支。已饬孙万林一军赴救文登县,以保进兵之路。威海绥巩溃军西来者,除收械资遣外,择其精壮尚可一战者编列队伍,计可成二三营。丁槐数日可到烟,先交令统带。俟将各营略为整顿,即图进攻。应将战守事宜布置停妥,再行移扼莱州,以顾全局。其西路武定府所属兵力太单,可否请旨饬下宋庆转饬章高元一军迅速回东,即令驻扎海丰城子口一带,以固津沽门户。至丁槐、陈凤楼、李占椿、万本华、张国林各军将来到东应否另派大员总统,抑或暂交调遣之处,应请旨遵行。请代奏。秉衡谨肃。真。

406. 致济南汤藩台等电

光绪二十一年正月十一日(1895 年 2 月 5 日)

济南藩台、臬台、运台、道台鉴:本日奉旨:李秉衡所请派拨大枝劲旅,现在冰泮伊迩,畿辅防务关系尤重,实无余兵可以调拨。昨据宋庆电称,请饬章高元带所部八营回援东省,因程途较远,是以未允所请。着李秉衡酌度情形,如需此军调回即行奏明办理。其李占椿等军仍着催令速进,以资助剿。该抚移扼莱州,并责成夏辛酉等分防登州等处,着照所请行。钦此。顷已电奏调回章镇一军驻扎海丰城子口一带。至新编绥巩勇队暂不能用,须俟丁镇军到烟换定营哨官从新整顿。此处我军营数较多,足以制驭,或可分拨备用。若递令移扎后路,无人统驭,转恐滋患。章镇调回,如奉谕旨,总较招募为速,西路兵亦可渐厚。兹将今日电奏录请察览。电即上总署。

407. 致宁海州陈牧等电

光绪二十一年正月十一日(1895 年 2 月 5 日)

宁海州陈牧、李都司览:即派嵩武襄字等营星夜来州,会李营助剿。衡。

408. 致莱州彭太守电

光绪二十一年正月十二日(1895 年 2 月 6 日)

莱州彭太守览:丁镇军昨日到潍,恐其沿途换车耽搁,极为焦盼。请饬县不惜重价赶备长车数辆直送到烟。务祈面见丁镇军,恳其星夜前进。即电复。衡。文。

409. 致登州夏统领电

光绪二十一年正月十二日(1895 年 2 月 6 日)

登州夏统领鉴:真电悉。黄县招队系绅民备饷,自应代为经理。山绅到登,祈与面商一切,迅即筹办。衡。文。

410. 致莱州彭太守等电

光绪二十一年正月十二日(1895 年 2 月 6 日)

莱州彭太守、杨太守览:张刺史所解军火五十一车,已电商傅相截留。请转致张刺史暂候一日。衡。文。

411. 致济南汤藩台等电

光绪二十一年正月十二日(1895 年 2 月 6 日)

济南汤藩台、沈观察鉴:抬枪火绳解交黄县该绅团领用。其铅丸已由烟拨给,不必再由省解。衡。文。

412. 致淮扬谢观察电

光绪二十一年正月十三日(1895 年 2 月 7 日)

淮扬谢观察鉴:前电敬悉。李镇台一军,万本华五营,张国林五营,均于何日由清江起程?均祈电示。如未起程,并望严催。昨奉电旨,李、万、张三军俱归调遣。衡。元。

413. 致黄县萧大令电

光绪二十一年正月十三日(1895 年 2 月 7 日)

黄县萧大令:援兵来烟,黄县立即设车局,养长车六十辆,分给行价、半价径送烟,万勿稍误。另文行。衡。元。

414. 致张宪台电

光绪二十一年正月十三日(1895 年 2 月 7 日)

江宁制台张宪台钧鉴:东省前敌仅此未练之十数营,败挫后恐文登失,无进兵路,更恐贼西窜莱阳,急拨孙万林未整之八营前往驰救。仅六营当方张之寇于宁海东,势均不敌。惟急盼丁槐一军先到,以救刘公岛,遏凶锋。乃顷奉电旨:调丁槐回畿辅,是目前竟同撒手。计贼日内如破刘公岛,必以舰亟攻登州,无兵可救,登、文若失,后路更无兵,贼可长驱。死不足惜,山东不可问。有山东,方可保畿辅。而急切无大枝援兵,何以救之? 言至此尽矣。戴宗骞吞金死,可敬! 旧属秉衡。元午。

415. 致总理衙门电

光绪二十一年正月十三日(1895 年 2 月 7 日)

总理衙门钧鉴:闻刘公岛水师覆没,倭船已西驶。恐其西窜,遵旨移扼莱州,以待援兵,以顾全局。请代奏。秉衡谨肃。元。

416. 致莱州彭太守等电

光绪二十一年正月十三日(1895 年 2 月 7 日)

莱州彭太守、杨太守鉴:张直牧军火,接北洋电,哈乞克斯、毛瑟子允留,其开花等子听解回津。哈乞克斯、毛瑟子即留莱州。又车送黄,已照办。衡。元。

417. 致总理衙门电

光绪二十一年正月十三日(1895 年 2 月 7 日)

北京总理衙门钧鉴:奉文电:奉旨:丁槐着统所部来津听候谕旨。其章高元一军,已饬宋庆令其迅速回东等因。钦此。查山东文登县,贼已三面围绕。欲克威海,非保住文登无进兵之路,宁海州孟良口十一日已与贼接仗,势均岌岌。若刘公岛有失,贼以必水师猛扑登州。且黄县、莱州各口均可登岸,水路陆路处处可深入腹地。即援军全到,如贼分路进攻,兵力尚虞不厚。前奏请添派大枝劲旅,奉旨无兵可以调拨,未敢再行渎请。若丁槐一军再调赴津,实属无从措手。畿疆关系紧要,秉衡敢不力图保卫。惟贼若深入腹地,处处与畿辅毗连,设由此震惊京师,秉衡万死不足以赎罪。惟有吁恳朝廷俯念保山东即以固畿辅,准令丁槐一军暂留山东,俟各军到齐战守稍有头绪,当即遵旨令其赴津。丁槐军到即商令进攻威海,图救刘公岛于万一。谨迫切上陈。请代奏。秉衡谨肃。元。

418. 致莱州彭太守电

光绪二十一年正月十四日(1895 年 2 月 8 日)

莱州彭太守、杨太守鉴:省城解烟抬炮即留莱局备调,其解黄县绅团抬枪二百杆仍解黄。衡。愿。

419. 致登防夏统领电

光绪二十一年正月十四日(1895 年 2 月 8 日)

登防夏军门鉴:弟奏明退扼莱郡,催督援军由西而东,以图节节进规。今日抵黄县。登防至重,惟公是赖。莱与登通电亦甚易,嗣后情形随时电示。衡。愿。

420. 致宁海李、曹统领电

光绪二十一年正月十五日(1895 年 2 月 9 日)

宁海李、曹统领鉴:来电所商退栖霞一带,势不可行。宁海两口均极紧要,该两军仍各驻原处,不可妄退一步。李军所存宁海州钢炮四尊,如用不着,即派人运送黄县。曹军炮四尊守口是否有用?不得轻忽,致有疏失。衡。咸。

421. 致孙统领电

光绪二十一年正月十五日(1895 年 2 月 9 日)

宁海曹统领速送孙寿卿统领鉴:文登已失,该军酌量情势,能否进攻。如万不得已,须扼要驻扎,堵其西窜海阳之路。衡。咸。

422. 致济南汤藩台等电

光绪二十一年正月十五日(1895 年 2 月 9 日)

济南藩台、臬台、运台、道台鉴:两元电敬悉。荩筹极为周密。弟前奏移扼莱州,已奉谕旨。十三日由烟起程,今晨到黄县。晤丁镇军,商令暂住黄县。所收绥、巩散勇编成三营,归其统带,再添募共成二十营,顾黄兼以应登,即为沿海北路进攻威海之师。文登既失,巩由海阳、莱阳一路西窜,陈修五马队拟令驻莱海之间,以孙万林步队辅之,即归陈统。李、张、万十五营闻系新队,拟暂扎莱州训练,再合练马队为中路进攻威海之师。章鼎臣今日已起程入关,已电请拨两营经赴胶州,防守莱潍之间海口,俟李定明、杨昌魁军到相机策应。武定所属有培轩四营、鼎臣六营,合之李永芳一军,当敷分布,大致如此。其临机应变之处,未能预定,乞公等有以赞之。前电示运米至潍县,极为要着。以后大军云集,恐万金之米不足供军食,尚乞宽为筹办。未令绣孟请公,经饬兼程赴莱,到日再给委札。弟在黄与丁镇军筹商一切,再行赴莱。两愿电均悉。因两日日在途中,故未电达。衡。咸。

423. 致烟台孙统领等电

光绪二十一年正月十五日(1895 年 2 月 9 日)

烟台孙统领、刘观察鉴:宁海一路紧要,曹、李二军仍不可轻退。顷电饬矣。文登已失,即饬令孙提督万林堵截西窜海阳之路。前敌子药、干粮仍请芗翁源源解济,如弟在烟时。为祷! 衡。咸。

424. 致烟台孙统领等电

光绪二十一年正月十五日(1895 年 2 月 9 日)

烟台孙统领、刘观察鉴:顷奉电旨,丁槐准其留东,请芗翁即将此电达夜送马琢翁,属将新勇即日带至黄县交丁镇军统带。绍翁处所存绥、巩军枪四百余枝,并午台各勇未缴之枪及军装局所存哈乞克斯、毛瑟等枪,一并带来,先请电复。前日王令交道库银四千请转交马琢翁,已交去否?再,文登县究系何日失守?刘公岛有无续闻?均望查明电示,以便电奏。衡。咸。

425. 致烟台孙统领等电

光绪二十一年正月十五日(1895 年 2 月 9 日)

烟台孙统领、刘观察鉴:顷已经电寿卿、柽亭、鹏程各扎原处,不准轻退一步。现丁军、陈军陆续将到,后路已有声援。请再飞电切嘱,为要!衡。咸亥。

426. 致清江张统领电

光绪二十一年正月十五日(1895 年 2 月 9 日)

清江张统领国林鉴:来电敬悉。烟、登亟盼援军,迭奉廷旨催促,恳麾下兼程前进。为盼!衡。咸。

427. 致章镇军电

光绪二十一年正月十五日(1895年2月9日)

山海关留呈章镇军鼎臣兄鉴:来电敬悉。贵部十五日拔队入关,慰甚。请以两营径趋胶州防守,以六营驻城子口。谢恩折当即代办。衡。咸。

428. 致江宁张宪台电

光绪二十一年正月十五日(1895年2月9日)

江宁制台张宪台钧鉴:衡奉旨移扼莱州,十五日在黄县途次奉元电。敬悉丁镇槐一军,衡奉调津之旨,即于是日披沥复奏。今日奉旨准其留东,可慰宪台廑系。顷到黄,面晤丁镇。其人有谋略,勇而能断,气味亟投。拟令暂驻黄县,就本部及收集威海旧勇,再添募共成二十营,顾黄兼以应登,即为沿海北路进攻威海之师。陈凤楼马队拟扎莱阳、海阳之间,以孙万林步队辅之,暂防中路,扼贼西窜。李占椿等十五营闻系新队,拟到时暂扎莱州,稍事训练,再合陈马队为中路进攻威海之师。莱潍之间海口,俟所调杨昌魁、李定明等军到时相机扼驻。章高元八营已奏准调回,拟拨两营驻扎胶州,其余六营驻扎武定府属之城子口,与原派丁道达意四营,合天津李永芳一军,合力防守。所拟大致如此。凡心力所能尽者,不敢不勉。仍乞宪台随时指示为叩。旧属秉衡谨肃。咸。

429. 致莱州杨太守电

光绪二十一年正月十五日(1895年2月9日)

莱州杨太守鉴:来电悉。津解毛瑟、哈乞等枪子需车脚一千二百两,请即照发。衡。咸。

430. 致烟台孙军门等电

光绪二十一年正月十六日(1895年2月10日)

烟台孙绍襄军门、刘芗林观察鉴:曹、李两军如开拔,务求绍兄速派一两营暂顾宁海。一面派员持弟所存令箭飞谕曹、李两军星夜驰回宁海州驻扎。去员送到。给银三十两。千恳先赐回电。衡。□。

431. 致淮扬道谢观察电

光绪二十一年正月十六日(1895年2月10日)

淮扬道谢观察鉴:来电敬悉。请转致张镇军国林,仍由兰山兼程径赴莱州,会合前军以图进剿。盼切,祷切!衡。□。

432. 致盛京于方伯电

光绪二十一年正月十六日(1895 年 2 月 10 日)

盛京于次棠方伯鉴:覃电敬悉。此间自荣成失后,威海沦陷,文登亦相继失守,贼势汹汹,恐绵力不克支撑,有负委任,愧愤无及。前拟拨抬枪二千枝,近东省奉旨招募三十营,若无枪械,拟练抬枪数营,未能拨解。歉歉!前已电奏请直隶就近拨解一千枝,奉旨饬北洋酌度办理,未卜能允接济否?郭副将升堂赴奉,并未嘱其回东募勇。今渠忽有此说,其不诚笃可知。如察其才不堪用,拒之可也。衡。□。

433. 致天津刘钦帅电

光绪二十一年正月十六日(1895 年 2 月 10 日)

天津刘钦帅钧鉴:翰电敬悉。丁军蒙荩筹转恳代奏留东,已奉谕旨。秉衡及山左士民同深感戴。承教深切著明,谨当遵守。惟绵力不胜艰巨,正深惶悚。顷奉大咨悉,已照委岑京卿来东。当遇事和衷商办,以期补救。专肃敬达谢忱。秉衡谨肃。□。

434. 致烟台谢刺史电

光绪二十一年正月十六日(1895 年 2 月 10 日)

烟台谢刺史鉴:另致孙、曹、李两电,事关万紧,务望立即重价雇人星夜分投。探马送更妙。各取回电,雇价垫付归入报费领还。至托!

孙寿卿统领鉴:文登已失,如万不能进攻,该军务于文登左近察明地势,扼要驻扎,堵其西窜腹地之路。千万奋力坚持,以待援军。大局所关,懔遵毋违!即盼电复。□。

曹统领、李统领鉴:闻所部已由宁海退扎,不知确否?望仍进扎宁海,如万不能前进,即应查明地势,扼要驻扎福山左近,堵贼内窜。事关大局,务宜各矢公忠,不避艰险,千万奋力坚持,以待援军。切切!即盼电复。衡。□。

435. 致潍县陈军门电

光绪二十一年正月十六日(1895 年 2 月 10 日)

潍县陈修五军门鉴:来电敬悉。弟日盼援军急如星火,若再北调,何以能支?请麾下速至莱州。候弟到。面商进止。衡。□。

436. 致兖州田镇台等电

光绪二十一年正月十六日(1895 年 2 月 10 日)

兖州田镇台、姚观察鉴:来电敬悉。朱令、周令已经饬司牌示各回本任,碍难再调。周令到滋阳后,军事民事近承诸公之教,可冀奋勉也。衡。□。

437. 致烟台刘观察电

光绪二十一年正月十六日(1895 年 2 月 10 日)

烟台刘观察鉴:昨请交马观察银四千,请解黄县,仍交马观察带往莱州。衡。□。

438. 致莱州张太守电

光绪二十一年正月十六日(1895 年 2 月 10 日)

莱州张眉生太守鉴:弟十八日可到莱,请足下暂住两日,俟弟来面商一切。衡。□。

439. 致潍县王大令电

光绪二十一年正月十六日(1895年2月10日)

潍县王大令览:东平转运委员李大令运川械至潍,款不足,需用若干,请即垫付,作正开销。衡。□。

440. 致潍县王大令交李大令电

光绪二十一年正月十六日(1895年2月10日)

潍县王大令交李大令览:来电悉。运费不敷。已饬王令照付矣。衡。□。

441. 致青州府刘太守电

光绪二十一年正月十六日(1895年2月10日)

潍县送青州府刘太守鉴:请饬发审委员何令金龄星夜来黄,归丁镇军随营差遣。衡。□。

442. 致烟台刘观察电

光绪二十一年正月十八日(1895 年 2 月 11 日)

烟台刘观察鉴:来电所称威岛函内有丁寄陈修五函,并未接到。系何处寄?宁海究于何日失守?并乞电复。衡。筱。

443. 致济南汤藩台电

光绪二十一年正月十八日(1895 年 2 月 12 日)

济南汤藩台鉴:宁海已失,烟台又危,丁镇三营已到诸城。闻一营有哗变之事,已电致丁镇军请其设法安抚矣。其省两营,望即催令星夜兼程东来。翘盼!衡。巧。

444. 致济南汤藩台电

光绪二十一年正月十八日(1895 年 2 月 12 日)

济南汤藩台鉴:弟十八日到莱。奉筱电敬悉。岑太仆到济,应月送公费若干两?并拨巡捕戈什伺应,请公酌定。昨在黄县,丁衡三其人谋勇兼优,相见极欢,当能得力。已商令放手招营。属兑银八万两至沪,不得不允其请。请公即拨银八万交天顺祥汇至上海,交丁镇军备用。陈镇凤楼奉旨调津,省局所拨云者士得等枪四百余枝,弟已电商令其缴还。除到省时,乞公婉言将此枪留下为要。昨接总署电,由藩运库筹银二万五千四百三十〔两〕,备拨侍读王办团之用。户盐云云,不知拨款何以有此虚数,并请公查核定购枪械。顷已电商盛道矣。同人统候。衡。巧。

445. 致登州夏统领电

光绪二十一年正月十八日(1895年2月12日)

登州夏统领庚堂兄鉴:前敌无好将,贼氛已逼烟台,令人发指。弟料贼将来必猛攻登州,仗公名将原可无虑。惟兵力究嫌太单,能于代黄县招募一营外,赶紧再招两三营,一并留登。黄县分局现存抬炮二百杆,火绳等件俱全。此炮为贼所惧,请公取用,可期得力。应需饷银,即赴莱请领可也。衡。巧。

446. 致潍县陈军门电

光绪二十一年正月十八日(1895年2月12日)

潍县陈修五军门鉴:顷到莱。奉十七电,敬悉。盼公正切,忽奉朝命调公赴津,畿疆重要,又不敢强留。东省失此劲旅,怅怅!贵军枪械计将解到,东省无兵无械,焦灼万分。公顾念大局,当能将省局所领各枪留备东省之用,至为感祷!顷接烟电抄来丁〔禹〕

庭寄公函云:“修五仁兄大人阁下:此间被困,望贵军极切。如能赶于十七日到威,则船、岛尚可保全。日来水陆军心大乱,迟到弟恐难相见。乞速援救。如弟汝昌叩”云云。如公能即日拔队往救岛舰,弟当电奏乞留。请赐电复。衡。巧。

447. 致烟台刘观察电

光绪二十一年正月十八日(1895 年 2 月 12 日)

烟台刘观察鉴:曹、李两军究竟至福山否?大敌在前,请传本部院令,飞调该两军会合绍襄所部奋力堵剿。援军一到,即饬前进。衡。巧。

448. 致岑太仆电

光绪二十一年正月十八日(1895 年 2 月 12 日)

济南藩台转送岑太仆鉴:奉电示,欣慰旌麾抵省。军事日亟,得与伟才共济艰难,至为企慰。务恳早日惠临,示我方略为祷。陈凤楼三营到潍,已电令速即赴津矣。衡敬复。啸。

449. 致总理衙门电

光绪二十一年正月十八日(1895 年 2 月 12 日)

北京总理衙门钧鉴:奉寒电奉旨,丁槐一军准其留于山东,以资调遣,饬令毋庸赴津等因。十六日又奉电旨:现在贼势披猖,意图内犯,转瞬冰泮,亟应预筹防备,以固畿疆。着李秉衡先其所急,即饬陈凤楼一军速赴天津等因。钦此。查畿辅关系紧要,即承恩命准令丁槐一军留东,何敢不先其所急?遵即饬陈凤楼先率所部赴津听候调遣。请代奏。秉衡谨肃。啸。

450. 致济南鲁太守电

光绪二十一年正月十八日(1895 年 2 月 12 日)

济南鲁太守鉴:顷接刘道电:据英领事函称,卜教士等欲赴天津,恐沿途营勇扰害,请府县派差护送;各教堂房屋由地方官封闭管守等语。请飞饬沿途州县,俟该教士等由青州到境,妥为护送出境为要。衡。巧。

451. 致烟台刘观察电

光绪二十一年正月十八日(1895年2月12日)

烟台刘观察鉴:来电均悉。孙六营及海防营月饷,请即将库款借垫。保护教士一节,已电饬济南府照办矣。衡。巧。

452. 致总理衙门电

光绪二十一年正月十八日(1895年2月12日)

北京总理衙门钧鉴:文登县自初七、八日贼锋即已逼近,无兵可援。威海失守,孙万林退扎酒馆,初十日饬令驰救文登县。十二日,孙万林行至距文登三十里之固道集,闻倭人已于是日清晨进文登县城。复饬孙万林移扎海阳县扼要地方,以防西窜。十三日,倭船又至烟台迤西之通伸岗、罔嵛等处,开炮击毁民房。恐其由西路登岸,则宁海城外所驻各营腹背受敌,因调李楹、曹正榜各营移扎福山县。十五日,倭又乘虚进宁海州城。至刘公岛情形,据刘含芳转据水师教习李姓禀称,定远、来远、顺利等船先后被倭船击沉,镇远船及炮台尚存。急应将威海克复方能救刘公岛。惟刻下南自荣成,西至宁海,遍地贼踪,东军败挫之余,势不能敌。援军仅陈凤楼马队已到潍县,现又奉调赴津。丁槐甫至黄县,队尚未到。李占椿等十五营亦均未到,未能进攻威海。目击刘公岛危急,不克救援,焦灼万状。除由马驰奏外,请代奏。秉衡谨肃。

453. 致胶州许刺史等电

光绪二十一年正月十九日(1895 年 2 月 13 日)

胶州许刺史、丁镇台:衡军三营如到胶,急令速赴黄县。缘丁军门现在黄县候队也。即回电。衡。皓。

454. 致烟台孙统领电

光绪二十一年正月十九日(1895 年 2 月 13 日)

烟台孙统领鉴:两电均悉。弟已飞饬并请芗翁传弟令,飞调曹、李会合贵部堵击。顷奉旨:倭骑已入守海州城,龙门港及崆峒岛等处又有贼船,恐将窥伺烟台,着李秉衡速饬孙金彪等设法扼剿,应令探明贼踪来路,乘其分起行走之时半途击之。此即雕剿之法。应通饬各营相机办理,若待大队齐至,剿办转难得手等因。钦此。现在近烟哨探之贼并非大股,贵部赶紧会合曹、李之师奋力截其来路,挫贼前锋,使其不能内窜方是正办。若先退入福山,是不战弃台,公亦难执其咎。烟台若失,福山岂能独保?烟防是公专责,祈详思之。衡。效午。

455. 致烟台刘观察电

光绪二十一年正月十九日(1895年2月13日)

烟台刘观察鉴:两奉来电。忠诚贯金石,敬佩之至!绍襄拟退扎福山,则烟必不保。弟顷已电属不可弃台矣。顷奉电旨:着李秉衡速饬孙金彪等设法扼剿,应令探明贼踪来路,乘其分起行走之时半途击之等因。钦此。曹、李两军昨已专马飞札饬令进扎福山,似应调至烟台与绍襄会合堵剿。总以扼贼来路,力保烟台为要。公为北洋水陆营务处,请一切力为主持,便宜行事。并请转告绍襄,总须镇定妥筹,不存退志,以支危局。丁军一到,即可赴援。如烟台再失,则不可问矣。衡。效。

456. 致烟台刘观察电

光绪二十一年正月十九日(1895年2月13日)

烟台刘道含芳知悉:晨间已派刘戈什持令督催李镇楹、曹副将正榜两军赴烟。刘戈什到烟,仰即伟谕将令箭交该道收存,督办烟台战守事宜。无论将领弁兵,如有不遵调遣及临阵退缩者,即行传令正法。切切!李部院李谕。效未。

457. 致江宁张宪台电

光绪二十一年正月十九日(1895年2月13日)

江宁制台张宪台钧鉴:寇氛甚恶,非枭桀之徒不足制其死命。闻有黄金满者,系水盗投诚,后官浙江都司。其人是否可用?现在何处?宪台在粤时当知其详。可否调用之处,乞赐复。为叩!旧属秉衡谨肃。效。

458. 致胶州许刺史等电

光绪二十一年正月十九日(1895年2月13日)

胶州许刺史、丁镇台:衡军三营如到胶,急令速赴黄县,缘丁军门现在黄县候队也。即回电。衡。皓。

459. 致上海招商局沈观察电

光绪二十一年正月十九日(1895年2月13日)

上海招商局沈子枚观察鉴:东省需械甚急,前恳代购洋枪一千五百枝,何日可以到沪?请费神速为催趱。到日即请电示,以便派员赴沪迎提。衡。效。

460. 致天津盛观察电

光绪二十一年正月十九日(1895年2月13日)

天津盛观察鉴:东省需械甚急,前蒙定购毛瑟二千枝,如已到津,恳请即委员解济。再,如能添购二三千枝枪、子二三百万,更为感祷。乞电复。衡。效。

461. 致烟台刘观察电

光绪二十一年正月十九日(1895年2月13日)

烟台刘观察鉴:巧电均悉。孙绍襄军门六营月饷、海防营月饷,及沈观察第三期枪价,均请由道库拨给。衡。皓。

462. 致济南汤藩台电

光绪二十一年正月十九日(1895年2月13日)

济南汤藩台鉴:许令廷瑞前拟委署钜野,已牌示否?若犹未也,弟拟留营差遣,请公另酌一人往署钜野。如已牌示,即无庸另议。乞电复。衡。效。

463. 致天津李中堂电

光绪二十一年正月十九日(1895 年 2 月 13 日)

天津中堂钧鉴:奉谏电、奉旨饬陈凤楼马队赴津,已恭录电饬该镇遵照。岛、舰危急,丁、李等军队均未到。现烟又危急,无法往援,焦灼万分。衡十八至莱,接刘道电:据英领事函称,卜教士等欲赴天津,恐沿途营勇扰害,请府县派差护送等语。除饬青州、济南各府州县送出东境外,恳中堂飞饬直境各州县一体保护为祷。旧属秉衡谨肃。效。

464. 致总理衙门电

光绪二十一年正月二十日(1895 年 2 月 14 日)

总理衙门钧鉴:奉巧效电:迭奉十八、九日电旨,以贼踪逼近烟台,谕令速饬孙金彪等设法扼剿,并电知松椿严催李占椿等军迅速前进会剿各等因。衡十八日到莱州,连日据孙金彪、刘含芳电称,贼自十五日进宁海州城,大队在上庄以东,州城有步队千余名。十七日,有马队百余骑住五台地方,距福山三十里。十八日至距烟台十三里之竹林寺。倭提督函致各国领事,有来攻烟台,必先保护租界之语,旦夕必有大队攻烟。烟台地阔兵单,后路空虚,颇不易守。衡已钦遵谕旨,飞饬孙金彪尽力扼剿,并饬回驻福之李楹、曹正榜各营相机会合孙军,协力堵剿。其各路援军,衡过黄县晤丁槐,已将所收绥、巩勇队二千二百余名交令统带，惟甫经收集，未能进攻；其所部五营，内三营甫过诸诚，二营甫由济南进发。李占椿等十五营于初八、九、十四、五等日由清江开行。衡已电致松椿遵旨严催，惟到烟均需时日。烟台以东，遍地贼踪，难救岛、舰，并烟台(以)〔亦〕岌岌可危，焦灼万状。再，陈凤楼马队一军已遵旨由潍县折回北上，请代奏。秉衡谨肃。号。

465. 致沂州李太守电

光绪二十一年正月二十日(1895 年 2 月 14 日)

台庄送沂州李太守览：准总署效电：奉旨：贼踪逼近烟台，昨已谕令李秉衡速饬孙金彪等设法扼剿。第东省兵力太单，亟待援军接应，所有前调江南李占椿等军，现已行抵何处？着李秉衡电知松椿查明严催，迅速前进会剿，不得稍有迟延。钦此。李军门及张、万等军现在行抵何处？速即恭录谕旨，飞马迎催，务恳兼程东来为盼。号。

466. 致黄县翁县丞电

光绪二十一年正月二十日(1895 年 2 月 14 日)

黄县军装局翁县丞览：闻烟市多逃徙，曹、李两军恐接仗时粮米难购，望在黄县定做白面火烧数万斤，多雇骡头运烟交刘观察转发曹、李两军。银在县取用。号。

467. 致烟台刘观察电

光绪二十一年正月二十日(1895 年 2 月 14 日)

烟台刘观察鉴:来电敬悉。具佩谦冲。惟弟相隔太远,其进止机宜仍望公相机调度。曹、李两军连日跋涉道途,已极劳瘁,望公转达弟意,勉令共矢公忠。如应调至烟台会合绍襄堵剿,即由公径行知照烟台,即以奉托,公之言即弟之言。此电望交曹、李两兄一阅,总期合力保全大局为要。枪械当尚不乏,逼码子烟台所存暂可应用。弟已饬黄县翁县丞暂备干粮接济。如烟能久支,仍望公筹备米粮为盼。衡。号。

468. 致清江松漕帅电

光绪二十一年正月二十日(1895 年 2 月 14 日)

清江松漕帅鉴:效电敬悉。顷奉电旨:贼踪逼近烟台,昨已谕令李秉衡速饬孙金彪等设法扼剿。第东省兵力较单,亟待援军接应,所有前调江南李占椿等军,现已行抵何处?着李秉衡电知松椿查明严催,迅速前进会剿,不得稍有迟延。钦此。现在李镇及万、张等军行抵何处?恳派飞马恭录谕旨严催为叩。衡。号。

469. 致烟台刘观察电

光绪二十一年正月二十日(1895年2月14日)

烟台刘观察鉴:公垂危矢死之际,而犹念庸拙寄语补救,读之感泣,谨一一照办。车局早备,援军仅丁二营到省,催两日无东来耗。又三营到诸城,即滋事戕营官。李、万、张三军入东境,迟迟不前。陈凤楼到潍,傅相电止,奏调回直。奈何?岛、舰无兵救,真堪伤痛!拨款两电均悉。衡。廿。

470. 致总理衙门电

光绪二十一年正月二十二日(1895年2月16日)

二十日电:奉旨:丁槐队伍即日可到,饬令相机援剿。李占椿等分别严催,飞速前进等因。同日又奉旨:高燮曾奏,利津牡蛎嘴一带渔户甚多,举办渔团可资助剿。又该处素多盐枭,可募令为勇等因。钦此。查丁槐军分两路,一由济南,一由诸城,均已进发,计月内可到黄县。顷接松椿电,李占椿、万本华两军于十二日过桃源县境,张国林一军定期二十二日由清江启行。已分别恭录谕旨严催飞速前进。利津牡蛎嘴系武定府属,该府南自利津,北至海丰,海口甚多,前已派候补道丁达意带五营前往分驻。奉旨举办渔团,遵饬丁达意酌量办理。至另募盐枭一节,丁槐到东即与秉衡电商,已派员设法招募。乞代奏。

471. 致总理衙门电

光绪二十一年二月初二日(1895年2月26日)

宁海州城自二十八日以后,贼忽多忽少,来去无定。初一日李楹、曹正榜及孙金彪所拨队伍,由五台拔队前进,城贼悉遁,遂于是日午刻收复宁海州城。李楹、曹正榜队伍分扎城东及西南各处。其文登县城已飞饬孙万林拔队进规,力图收复。除上庄以东贼踪俟探明续报外,请先代奏。

472. 致总理衙门电

光绪二十一年二月初四日(1895年2月28日)

顷据太仆寺少卿岑春煊面称:查有镶黄旗花翎侍卫李培荣、李裕功,镶蓝旗蓝翎侍卫何尔晟,堪备将领之选,请转为奏调,令该侍卫等来东等语。可否准其奏调之处,候旨遵行。请代奏。

473. 致总理衙门电

光绪二十一年二月二十六日(1895年3月22日)

二十四日电,奉旨:王文韶、李秉衡电奏均悉。鼍矶岛有倭船三只游弋，长山岛有倭寇登岸，毁坏电局等因。钦此。查长山岛倭寇据夏辛酉电称：毁局后即上船去，并未踞岛，惟船在岛外游弋，尚未远去等语。已电夏辛酉饬防营勤加侦探，整备迎击。至曹州一带，前闻菏泽、定陶交界有匪徒蠢动，已电饬曹州府毓贤督同副将陈大胜等捕拿。一面由秉衡派莱州行营参将岳金堂带马队一营兼程驰往，分别剿捕解散，当不至蔓延为患。请代奏。

474. 致章鼎巨镇军电

光绪二十一年三月十二日(1895 年 4 月 6 日)

埕子口章鼎巨镇军鉴：来电敬悉。李寿庭镇军到防，是否驻扎南岸？贵部拔至减河，先至祁口查看形势，更昭周密。减河至埕子口相距路程若干？便中希为亦及。衡。文。

475. 致王夔帅电

光绪二十一年三月十二日(1895 年 4 月 6 日)

津院夔帅钧鉴：震电敬悉。谨将正月初六日所奉谕旨恭录呈阅。总署鱼电奉旨：迭据李鸿章、李秉衡电奏，倭攻威海南岸，龙庙嘴等处炮台俱失，虽经击沉敌船一只、雷艇一只，而南岸既为贼踞，情形实为危急。该处布置防守为日已久，何以贼至竟不能固守？刘超佩先行走入刘公岛，显系临敌退缩。并此外弃营逃走各员，着李鸿章、李秉衡即行查明拿获正法等因。钦此。鸿。虞。此电系由傅相转东。并闻。

再,于正月初五日接戴道电称:卑部四营全调南岸,苦打三日,无接应。巩军不能坚持,风闻刘镇已避等语。又同日电报局委员卜枚功电禀:巩军不能坚守,刘镇走入刘公岛等语。故据以电奏。初六日又接戴道电称:顷在祭祀台,刘镇来晤,带伤。巩军营官弁勇死伤甚多等语。故衡正月二十七日电奏请旨,声明在烟台医伤。合并附陈。秉衡谨肃。文。

476. 致盛观察电

光绪二十一年三月十二日(1895 年 4 月 6 日)

天津盛观察鉴:近奉部新章,海防捐四品以上减为四成,五品以下减为三成。现因需饷甚急,拟在青、莱等处设局劝办。惟照部章兑收,难期踊跃。尊处所办烟台分局仿照台捐暗减,系如何办法?请详晰电示,乞速赐复。衡。文。

477. 致曹县毓太守电

光绪二十一年三月十二日(1895 年 4 月 6 日)

曹县毓太守鉴:岳金堂何日抵曹郡?即电复。衡。文。

478. 致烟台刘观察电

光绪二十一年三月十二日(1895 年 4 月 6 日)

烟台刘观察鉴:文电敬悉。镇江运到之钱合银三千两之数,请即收买。再,前发宁海、文、荣三州县蠲缓钱粮告示,请饬查各处已张贴否?并电复。衡。文。

479. 致曹县毓太守电

光绪二十一年三月十三日(1895 年 4 月 7 日)

曹县毓太守鉴:来电慰悉。惟贼散聚无常,非可以暂避匿即曰无事,总须痛除巨匪,解散胁从,与地方各官力筹久远,方为尽善。衡。元。

480. 致济南张观察电

光绪二十一年三月十三日(1895 年 4 月 7 日)

济南张观察鉴:毛瑟抬炮解到,无子不能演放。请由包封内速寄炮子廿个,以便与洋式抬炮比较远近。再,前寄省毛瑟抬炮式样一杆,已到否?乞查明示知。衡。元。

481. 致南京制台张宪台电

光绪二十一年三月十三日(1895 年 4 月 7 日)

南京制台张宪台钧鉴:元电敬悉。运河铁路,据司详称难办,东省已据详覆奏矣。旧属秉衡谨复。元。

482. 致天津戴大令宗哲绍莼电

光绪二十一年三月十三日(1895 年 4 月 7 日)

天津戴大令宗哲绍莼兄鉴:来电悉。请将傅相请恤原奏一并抄寄。衡。元。

483. 致济南汤藩台电

光绪二十一年三月十三日(1895 年 4 月 7 日)

济南汤藩台鉴:元电敬悉。林令饷已解到,四月再续拨。海庙米到,当照收,斤数照注。衡。元。

484. 致严观察电

光绪二十一年三月十三日(1895 年 4 月 7 日)

上海江浙筹饷局严小舫观察鉴:准香帅电,沪、扬等处乞勿委员劝捐等语。现在捐事已成弩末,东省来沪劝捐应作罢论。昨已电复香帅,乞转告姚石荃大令为祷。衡。问。

485. 致济南汤藩台电

光绪二十一年三月十三日(1895 年 4 月 7 日)

济南汤藩台鉴:文电敬悉。造铜壳须寄样子,所筹甚是。即请由省觅便寄金陵制造局转交。淄川等缺,昨已函复在途矣。衡。问。

486. 致烟台刘观察电

光绪二十一年三月十三日(1895 年 4 月 7 日)

烟台刘观察鉴:文电敬悉。后膛抬炮本拟多造,昨香电允代造空铜弹管三万颗,已属方伯将样子寄去。以后再自行设法。衡。问。

487. 致济南善后局机器局电

光绪二十一年三月十四日(1895 年 4 月 8 日)

济南善后局机器局鉴:依营抬枪七百杆,每杆二十吊,合京钱一万四千吊,已领五千两,计多余钱一千吊,即作为一切运费,仍于文内声明。如只五百杆,即应收回四千吊。顷电令酌给运费,盖不知该委员已领银五千也。衡。愿。

488. 致济南汤藩台电

光绪二十一年三月十四日(1895 年 4 月 8 日)

济南汤藩台鉴:准总署盐电,奉旨:李秉衡折奏已悉。汤聘珍着仍留后路经理饷械转运事宜,毋庸驰赴前敌。钦此。合行恭录电闻。衡。愿。

489. 致济南藩台、机器局电

光绪二十一年三月十四日(1895 年 4 月 8 日)

济南藩台、机器局鉴:依营抬枪已成五百杆,请饬丰委员林即日雇车至德州换船至天津登陆,径解回营,所需车船各费酌量给发,统由截饷内扣收。衡。愿。

490. 致济南张道台电

光绪二十一年三月十四日(1895 年 4 月 8 日)

济南张道台鉴:所造新式抬炮试验能及三里,瓶炮尤远。惟铜炮不佳,由火门太远。帐房昨因发出不少,函请勿派匠来。今查验尚存七百余架,仍请派匠带布来莱改造。省中新制帐房,务买上好厚布为祷!衡。愿。

491. 致镇江吕观察电

光绪二十一年三月十四日(1895 年 4 月 8 日)

镇江吕观察镜宇兄台鉴:元电敬悉。枪子等项承委员点交装船派轮拖带,并知照清江备车。仰蒙垂注周祥,感佩之至!前饬司由省备车接运,计已到浦矣。秉衡谨复。愿。

492. 致汤藩台电

光绪二十一年三月十四日(1895 年 4 月 8 日)

济南藩台鉴:沪捐作罢,拟在莱、青设局,照部章三成减作八折收捐。仍由尊处汇详减之数,归善后局融销。缘盛道从前数百万款目纠葛,不欲再授以柄也。再,省局局费部饭每百两收银若干?乞电示。衡。愿。

493. 致济南藩台、善后局电

光绪二十一年三月十四日(1895 年 4 月 8 日)

济南藩台、善后局鉴:垫发丁军饬二万,由章镇饷银内扣抵。请即照办。衡。寒。

494. 致于次棠弟电

光绪二十一年三月十四日(1895 年 4 月 8 日)

沈阳送依营前台湾藩台于次棠弟台鉴:来电敬悉。抬枪已在莱造成五百杆,十五日起解,交天津东征转运局解辽东。济造成五百杆,日内即饬丰林径解尊处。下余一千杆,本月可成,再由景昌解往。衡。愿。

495. 致济南汤藩台电

光绪二十一年三月十四日(1895 年 4 月 8 日)

济南汤藩台鉴:愿电敬悉。顷接豫抚电:睢州禀,王桥被劫案内,匪犯谢五瞎子等已被曹县拿获。请与续获各犯,均饬毓守讯明即行正法,或将首级解豫悬示等语。请电饬毓守照办。衡。愿。

496. 致开封刘景帅电

光绪二十一年三月十四日(1895年4月8日)

开封刘景帅鉴:寒电敬悉。已电饬毓守遵办矣。衡复。愿。

497. 致济南张道台电

光绪二十一年三月十四日(1895年4月8日)

济南张道台鉴:做新式帐房另买好布,多费不惜。衡。愿。

498. 致烟台刘观察电

光绪二十一年三月十四日(1895年4月8日)

烟台刘观察鉴:王宝华接统后能否得力?勇数足额否?是否按月发饷?请密查,从实示复。衡。愿。

499. 致汤藩台电

光绪二十一年三月十五日(1895 年 4 月 9 日)

济南汤藩台鉴:两咸电敬悉。准吴清帅电云:前为王镇连三奏准加饷,由敝处垫给腊、正、二三个月湘平银五千三百九十八两二钱,由何处汇还?乞电复云云。查王营加饷,是否咨报有案?垫款应否兑还?乞查核示复。昨接豫抚电,请将谢五瞎子讯明正法,已电毓守照办。乞即将豫抚原电请转饷查照可也。海防捐既各处均暗收八折,司局自可一律办理。盛道实收,仍请照发。衡。咸。

500. 致埕子口李军门电

光绪二十一年三月十五日(1895 年 4 月 9 日)

埕子口李寿庭军门鉴:文、寒两电敬悉。贵部由埕子口扎至大山,既经麾下与李军门会勘,自能审地势所宜,扼其总要。丁培轩观察不日回防,乞随时彼此商酌。惟丁军只七营,总期联络一气,互为声援。长城之倚,于公赖之。所示拨马勇二十名,查丁道处有马勇三哨,乞就近商办可也。衡谨覆。咸。

501. 致清江转运局电

光绪二十一年三月十五日(1895 年 4 月 9 日)

清江东征转运局闵、时两兄台鉴:咸电敬悉。盛观察所购枪枝,蒙点交臧令运解。感谢!严观察所购枪二千三百四十枝,沈观察所购五百四十枝,计均可到浦。盛观察以后尚有二千枝,均乞陆续代为照料。如东省去车不敷,并祈代为雇觅。费神心感不尽。衡。咸。

502. 致天津吴帅电

光绪二十一年三月十五日(1895 年 4 月 9 日)

天津吴清帅鉴:盐电敬悉。王镇如饷已饬司查核具复。衡。咸。

503. 致天津盛观察电

光绪二十一年三月十五日(1895 年 4 月 9 日)

天津盛观察鉴:元电敬悉。青、莱设局应归何处?详咨候饬司酌核具复。衡。咸。

504. 致济南张道台电

光绪二十一年三月十五日(1895年4月9日)

济南张道台鉴:据丁道禀报,河工合拢拟酌保数员,以示鼓励。请就近告知丁道,饬取杜荣福、何国禔、郭成并丁道四员履历开寄行辕,以便咨部。衡。咸。

505. 致南京制台张宪台电

光绪二十一年三月十六日(1895年4月10日)

南京制台张宪台钧鉴:毛瑟台炮逼码,东局详加考较,尚可开拓机器,自行制造。江南筹办军火正忙,前承惠允代造之逼码铜壳三万,即饬局停止。旧属秉衡肃。铣。

506. 致济南汤藩台电

光绪二十一年三月十六日(1895年4月10日)

济南汤藩台鉴:翰电敬悉。廷旨留公省城,可无内顾忧。承过示抝谦,歉甚!毛瑟台炮逼码省局既可拓械自造,荩筹为佩。金陵代造者顷已电致香帅停止矣。衡。铣。

507. 致汤藩台、善后局电

光绪二十一年三月十七日(1895 年 4 月 11 日)

济南藩台、善后局鉴:铣电敬悉。王镇加饷,既经奉旨。清帅所垫之款,请即由东征粮台汇还章镇。骡车喂养断难行,容再商办。衡。筱。

508. 致潍县景委员电

光绪二十一年三月十七日(1895 年 4 月 11 日)

潍县黑龙江景委员昌览:此间已解五百杆,海庙上船。下余五百杆,务于月内造齐,以便一同起解。省中除已运去五百杆,尚有二百杆。足下过省带去可也。衡。筱。

509. 致汤藩台电

光绪二十一年三月十七日(1895 年 4 月 11 日)

济南汤藩台鉴:霰电敬悉。丰林领银五千,系造七百杆之用。现该弁仅解五百杆,余价希扣存。原定尚有二百杆,仍请虞翁照料造成。已电后起之景昌自莱起运过省,由其带去。此间昨已起解五百杆径赴津局,加以丰林之五百,计千杆矣。府替人另函奉商。李镇请拨抬枪,似宜允之。即请酌行。衡。筱。

510. 致烟台刘观察电

光绪二十一年三月十七日(1895 年 4 月 11 日)

烟台刘观察鉴:盛道分让老毛瑟一千二百枝,津局代购头批一千枝,接清江电已装车起运。昨奉电示,得悉沈道代购五百四十枝、子百万亦到。惟其余法毛瑟二千枝、子百万是否到沪,乞查明电复。承询四成米价,烟防一律已发告示,请转致绍襄,速贴为要。衡。筱。

511. 致济南汤方伯吉观察电

光绪二十一年三月十七日(1895 年 4 月 11 日)

济南汤方伯、吉观察鉴:东省筹饷,新捐尚未开办。现拟就赈抚局实收,在莱局带捐虚衔,封典、翎枝新例已减为三成。赈捐台何酌量递减,部饭照费是否在正款内扣解,即先电复。并赶备实收三百张开具现办章程,专弁送来。衡。筱。

512. 致宁海陈刺史等电

光绪二十一年三月十八日(1895 年 4 月 12 日)

宁海陈刺史转荣成韩、杨,文登倪、何各大令:来牍已悉。被贼蹂躏村庄情形,苦者均应赈抚。多寡只须核实,不必过拘二万五千口之数,分查确数禀复。当一面由莱拨银八千两解赴文、荣,就近兑钱散放。谕令该商不准居奇落价,余剩留放宁海,盈余随时电商。衡。巧。

513. 致松峻帅电

光绪二十一年三月十八日(1895 年 4 月 12 日)

清江松峻帅鉴:安东一带,敝处已派曹副将正榜带两营前往扼扎,香帅所派二十一营已到防否? 闻萃亭宫保前往调度,确否? 冯现抵何处? 有此名将,缓急当可恃也。再,海州洋面闻近日有倭轮游弋,是否谣传? 并乞电示为盼。衡。啸。

514. 致清江东征转运局电

光绪二十一年三月十八日(1895 年 4 月 12 日)

清江东征转运局闵、时二兄台鉴:运械东车如缺费,请暂垫至沂州之款。示下,即汇还。衡。巧。

515. 致武穴聂副将电

光绪二十一年三月十八日(1895 年 4 月 12 日)

湖北武穴定字右营聂副将:请克日带队来东,勿迟为盼!定明。衡代。啸。

516. 致清江谢观察电

光绪二十一年三月十八日(1895 年 4 月 12 日)

清江淮扬道台谢观察鉴:现在兵差渐少,兰山长车已令核减。嗣后遇有南来差使,须由兰山换车。乞于十日前电饬该县预备。衡。巧。

517. 致上海严观察电

光绪二十一年三月十九日(1895 年 4 月 13 日)

上海严小舫观察鉴:巧电敬悉。承代购枪枝,照料运送,价值复蒙核实删减,仰佩为谋之忠,感荷无已。再求代购来福枪二千枝,备寻常操演之用。枪价乞垫付。示下,即兑还。屡渎愧愧。

衡。效。

518. 致松峻帅电

光绪二十一年三月十九日(1895年4月13日)

清江松峻帅鉴:啸电敬悉。王贻圭承垫给银四百两,感甚!即饬司汇还。衡。效。

519. 致济南汤藩台电

光绪二十一年三月十九日(1895年4月13日)

济南汤藩台鉴:啸电敬悉。已通饬各营遵照。戈什王贻圭在浦运械,借用松漕帅库平银四百两,望即兑还。衡。效。

520. 致烟台刘观察电

光绪二十一年三月十九日(1895年4月13日)

烟台刘观察鉴:巧电敬悉。粘贴告示,是否属实?乞公派人一查。衡。效。

521. 致济南汤藩台电

光绪二十一年三月十九日(1895 年 4 月 13 日)

济南汤藩台鉴:皓电敬悉。李营用米,仍由该镇结算。即请照办。衡。皓。

522. 致烟台刘观察电

光绪二十一年三月十九日(1895 年 4 月 13 日)

烟台刘观察鉴:初八日据陆令来电,谓奉公谕撤长骡五十头,已遵办。而现阅初十旬报,尚按百头扣算,究系何日裁撤?乞电复。衡。效。

523. 致烟台徐绍武电

光绪二十一年三月二十一日(1895 年 4 月 15 日)

烟台泰和楼徐绍武:电悉。钢炮四尊即解交烟局。衡。马。

524. 致烟台刘观察电

光绪二十一年三月二十一日(1895年4月15日)

烟台刘观察鉴:个电敬悉。现钱已存万余,千万不必再收。衡。个。

525. 致上海严观察电

光绪二十一年三月二十二日(1895年4月16日)

上海严小舫观察鉴:个电敬悉。葛拉斯二千枝,子二十万,请照留。仍恳向香港及他处托询,如有来福及前膛恩费尔等枪,代购三数千枝,为各军演放之需,种费清神,感谢之至!衡。养。

526. 致烟台刘观察电

光绪二十一年三月二十二日(1895年4月16日)

烟台刘观察鉴:养电敬悉。沈观察所购枪及子请暂留,稍缓再定。衡。养。

527. 致曹县毓太守电

光绪二十一年三月二十二日(1895年4月16日)

曹县毓太守鉴:前豫抚电谢五瞎子被曹县拿获,何以未据禀报?管御史所奏段五瞎子,是否即系其人?顷又奉严旨,查催三省出境会剿。现在究如何办法,望先电示,以便复奏。仍速将办理情形禀复。馀详函。衡。养。

528. 致孙统领等电

光绪二十一年三月二十三日(1895年4月17日)

烟台孙统领、刘观察鉴:养电敬悉。五台空营听民耕种,窝棚全给民,如应补发地租,祈酌发。惟须出示晓谕,毋使弊混。衡。漾。

529. 致济南机器局电

光绪二十一年三月二十三日(1895年4月17日)

济南机器局鉴:前寄局李寿庭镇军马梯尼子式样二颗,现已造出若干?请径解埕子口交收备用。衡。漾。

530. 致埕子口李军门电

光绪二十一年三月二十三日(1895 年 4 月 17 日)

埕子口李寿庭军门鉴:漾电敬悉。枪子已电询省局饬解矣。衡。漾。

531. 致总理衙门电

光绪二十一年三月二十四日(1895 年 4 月 18 日)

顷闻和议条约有辽河以东及台湾俱割归倭人之说。闻之不胜愤怒。窃以此议朝廷断不能允,当系传说之讹。惟既有所闻,不得不直摅所见。辽河以东为我朝发祥之所,又为列圣陵寝所在,水源木本。小民松楸所系,尚不忍毁伤,矧丰镐留都,关乎国脉,岂可让人?揆诸皇上仁孝之心,万万不忍出此。即无论事势如何危迫,亦断断不可出此。至台湾彼族并未占踞,亦何至拱手让人?且历观诸史所载,割地求和者皆势绌于一敌,一经议款,尚可偷旦夕之安。今海上数十国眈眈环视,倭于其中不过蕞尔小国耳。于倭而割地,设各国群起效尤,何以应之?自海上用兵以来,丧师失地,衡及诸臣,不能伸朝廷威灵,固已罪不容诛。苟和议于国体无伤,断不敢妄参末议。惟果如此割地之说,则天下大势不堪设想,万万不可曲从。请皇上乾纲独断,决意主战,勿为浮言所惑。无论督抚将帅,有仍前玩泄以致溃败失国家疆土者,立正典刑。天威所慑,士气自奋,战事自有转机。至倭人势穷力绌而后议和,则可就我范围,不敢妄肆要挟矣。迂戆之性,冒死渎陈,不胜迫切待命之至!请代奏。

532. 致清江转运局电

光绪二十一年三月二十四日(1895年4月18日)

清江转运局闵、时二兄台鉴:漾电敬悉。顷接吕镜宇观察来电,山东军火五百二十八箱,由李弁押解赴浦换车。至日恳费照料为荷。衡。敬。

533. 致烟台刘观察电

光绪二十一年三月二十四日(1895年4月18日)

烟台刘观察鉴:此间米亦不少,养马岛运回之米及捐米所剩四百包,即在烟减价发卖可也。来电所称关东船米,系何项丰收米?共若干石?乞见示。再,潍县有小麦数万斤,拟运至宁、荣等处赈济贫民。至日乞照料一切。衡。敬。

534. 致江宁张制台电

光绪二十一年三月二十四日(1895年4月18日)

江宁制台张宪台钧鉴:敬电祗悉。和款传闻不一,昨有将割河以东并台湾与人之议。已电奏力谏,断不可许。宪台有无救挽之法,愿闻其详。秉衡肃。敬。

535. 致烟台刘观察电

光绪二十一年三月二十四日(1895 年 4 月 18 日)

烟台刘观察鉴:漾电敬悉。米用船运至虎头崖。烟转运局下月初裁撤,均请照办。衡。敬。

536. 致济南汤方伯电

光绪二十一年三月二十四日(1895 年 4 月 18 日)

济南汤方伯鉴:本年续募各营成军日期急须奏报,局详已否到署?请催速办。马道现添统领步队一哨,文登募勇二百名,其成军日期请于奏稿内列入。衡。敬。

537. 致宁海陈大令电

光绪二十一年三月二十四日(1895 年 4 月 18 日)

宁海陈大令〔鉴〕:电悉。勇丁即尽一百八十名,不必补招可也。衡。敬。

538. 致济南藩台、善后局电

光绪二十一年三月二十四日(1895 年 4 月 18 日)

济南藩台、善后局鉴:此间粮米已多,以后米麦切勿再运。所购之麦,即在省减价发卖,希即示复。衡。敬。

539. 致烟台刘观察电

光绪二十一年三月二十四日(1895 年 4 月 18 日)

烟台刘观察鉴:敬电悉。营地分别给租,窝铺赏民,请照办。衡。敬。

540. 致镇江吕观察电

光绪二十一年三月二十五日(1895 年 4 月 19 日)

镇江吕观察鉴:有电敬悉。前据沈观察电商,和议成后,由海运较〔近〕,故复请暂留。惟敝处尚有车卅辆在浦守候,既费神照料,正在装船开行。即请仍照前议运浦为荷。琐渎。愧愧!衡。有。

541. 致北京工部魏伯严兄电

光绪二十一年三月二十五日(1895年4月19日)

北京工部魏印晋桢伯严兄台鉴:密。和议传说不一,所闻者皆甚可骇。尊处如有确信,请择其要者飞速电示为荷。衡。有。

542. 致李观察电

光绪二十一年三月二十五日(1895年4月19日)

天津道李观察勉林仁兄台鉴:阅邸抄,悉公新承特简,欣贺!和议传闻不一,如尊处有确信,请速录电示为荷。衡。有。

543. 致济南汤藩台电

光绪二十一年三月二十五日(1895年4月19日)

济南汤藩台鉴:敬电敬悉。东明河工关系东境较多,部复展转稽延,恐致迟误。似以照旧拨发协款为妥。请酌。衡。有。

544. 致烟台刘观察电

光绪二十一年三月二十五日(1895 年 4 月 19 日)

烟台刘观察鉴:瑞枪与子,前拟暂留候海运。顷接吕观察电称,正在装船开行,且东车卅余辆尚在浦守候。已覆令仍旧运浦。请电达沈观察可也。衡。有。

545. 致依克唐阿将军电

光绪二十一年三月二十六日(1895 年 4 月 20 日)

辽阳依将军鉴:代造抬枪,前于十五日由莱州解赴天津东征粮台接运五百杆,十九日丰林由济南径解贵营五百杆,兹于二十七日复由莱州解交东征粮台五百杆。到时祈分别查收。尚有在潍赶造五百杆,省城一百杆,月初可齐。即饬景昌一并解往。衡。宥。

546. 致烟台转运局电

光绪二十一年三月二十六日(1895 年 4 月 20 日)

烟台转运局览:骡运米到莱,合旱脚太重。请将骡头一律裁撤,余米统由船运海庙为要。衡。宥。

547. 致盛京于方伯电

光绪二十一年三月二十六日(1895年4月20日)

盛京于方伯次棠弟台鉴:□电敬悉。文、荣、宁先后收复。近调到黔、湘各旧将及勇队二十营,乃闻捐辽弃台,殆无所用之。昨已电折连陈不可,恐难挽。尧帅有同见否?衡。宥。

548. 致刘钦帅电

光绪二十一年三月二十六日(1895年4月20日)

山海关刘钦帅钧鉴:径电敬悉。瓶炮敝处尚存二百余杆,即日遵谕解津。和议闻割辽东及全台,均可骇异。已先后电折阻止。我公严备战事,当必筹挽救之法。请赐电示。秉衡谨肃。宥。

549. 致济南机器局电

光绪二十一年三月二十六日(1895年4月20日)

济南机械局鉴:毛瑟抬炮试验极为灵捷,具佩公等精思默运。欣慰之至!此炮虽有旧式,而从新制造,虽因无异于创,各工匠能得心应手,亦属可嘉。请酌予奖赏,以示鼓励。惟逼码之顶铅稍重,若改用轻者,尚可四里之远。以后造制铅顶,请以二两为率。衡。宥。

550. 致烟台刘观察电

光绪二十一年三月二十六日(1895 年 4 月 20 日)

烟台刘观察鉴:王营领米照准,银数乞核明饷内扣收。衡。宥。

551. 致南京张宪台电

光绪二十一年三月二十七日(1895 年 4 月 21 日)

南京制台张宪台钧鉴:感电敬悉。衡处未奉有电旨,闻岘帅电奏亦寝不报。如之何? 宪台说论,必能动听。如得回天,乞飞示为叩。再,或有宪台电商岘帅并掣贱衔联名再奏,是否可行? 乞酌。旧属秉衡谨肃。沁。

552. 致天津汪委员电

光绪二十一年三月二十七日(1895 年 4 月 21 日)

天津南洋委员汪印乔年兄台鉴:有电敬悉。敝处无安字本,请即用新法或行军本见示为荷。衡。沁。

553. 致杨太守电

光绪二十一年三月二十七日(1895 年 4 月 21 日)

潍县转运局杨太守览:接景委员昌电称,解洋械枪须用木箱二十只,请支银五十两。望即照发,并转饬该委员照办。衡。沁。

554. 致烟台刘观察电

光绪二十一年三月二十七日(1895 年 4 月 21 日)

烟台刘观察鉴:王营领去之米共若干斤,请照烟市价每斤合银若干,核明开单见示,以便扣饷。衡。沁。

555. 致烟台刘观察电

光绪二十一年三月二十七日(1895 年 4 月 21 日)

烟台刘观察鉴:感电敬悉。铭军米价即作二两扣算可也。衡。感。

556. 致刘钦帅电

光绪二十一年三月二十八日(1895 年 4 月 22 日)

山海〔关〕刘钦帅钧鉴:沁电敬悉。闻我公即日回津。谠论直陈,当可补救。祷甚!盼甚!瓶炮二百尊昨已由莱起解矣。秉衡谨肃。俭。

557. 致潍县王大令电

光绪二十一年三月二十八日(1895 年 4 月 22 日)

潍县王大令:东局撤后,过往兵差仍照向章按站接替。发价前已札饬,何用请示?衡。俭。

558. 致荣成等县电

光绪二十一年三月二十九日(1895 年 4 月 23 日)

宁海专马送荣成韩大令、杨大令:禀单均悉。该处换钱不易,现在烟台存有现钱,已电致刘观察照数拨给,仰即派人领运回荣,迅速散放。其皂埠一带五百余户,并准从优加赈。望即确查需钱若干,就近禀明刘观察拨钱补放。民命所关,切勿迟延为要!衡。艳。

559. 致烟台刘观察电

光绪二十一年三月二十九日(1895年4月23日)

烟台刘观察鉴:据韩令、杨令禀:荣成赈款,除解到钱三千吊外,尚需京钱五千三百二十五吊二百五十文,已电属至烟领运,恳即照拨。又称皂埠一带被灾尤重,恳予加赈。已属令核明需钱若干,禀请尊处照拨,乞一并给发。并饬从速散放为盼。前请将钱换银之议,即请作罢。艳。

560. 致历城凌大令电

光绪二十一年三月二十九日(1895年4月23日)

济南院署王孟昌译出面交历城凌大令览:栖霞县杂货铺被劫案内之逸犯邱长海,济南西关人,年约三十余岁,身矮、面黄瘦、微麻,仰即迅速密拿,禀候核办。衡。艳。

561. 致天津夔帅钧电

光绪二十一年三月三十日(1895年4月24日)

天津夔帅钧鉴:衡前奏调北运河同知姚豸耒东,本为招勇起见。今和议已成,无庸添招,衡拟奏明各路调东人员均不必来。恳令姚丞不必交卸为祷。秉衡谨肃。卅。

562. 致福建边润帅电

光绪二十一年四月初一日(1895 年 4 月 25 日)

福建制台边润帅鉴:艳电敬悉。和款无一不可骇。弟二十三日电奏谏阻,复两具折奏,恐绵力难挽回。公有回天之策否?前奏调去南总兵张绍模、参将马柱,均洋战健将,刻已在途。如尊处需人,乞示下,当与电商。闽中防务情形如何?台、澎近日有无战事?台民呼吁,如何安抚?诸希详示为祷。衡。东。

563. 致镇江姚委员电

光绪二十一年四月初一日(1895 年 4 月 25 日)

镇江山东收解军械委员姚令锡光览:上海局捐输停办,前交严道关防即收回缴销。衡。东。

564. 致烟台刘观察电

光绪二十一年四月初一日(1895 年 4 月 25 日)

烟台刘观察鉴:卅电敬悉。成废勇丁请给银卅两。衡。东。

565. 致济南张观察电

光绪二十一年四月初一日(1895 年 4 月 25 日)

济南张观察鉴:在莱改造帐房可敷用,省城新造者即暂存不必起解。衡。东。

566. 致广西张丹帅电

光绪二十一年四月初二日(1895 年 4 月 26 日)

广西张丹帅鉴:东电敬悉。此衡心也,敢不随公后合力坚持之。连日电奏,又两疏一片,幅冗难于电录。此番或公主稿,或已属之刘、张、边诸公,即请挈衔是叩。衡。冬。

567. 致汤藩台电

光绪二十一年四月初二日(1895 年 4 月 26 日)

济南汤藩台鉴:廖廷赞济康营闻队伍缺额太多,且不能约束,民间颇有骚扰。兹令其拔回省城,请公就近察看,如不能胜任,即行撤换为要。衡。冬。

568. 致孙佩南电

光绪二十一年四月初二日(1895 年 4 月 26 日)

潍县孙佩南先生鉴:款议想有所闻。时局至斯,忧愤无已。前承允随时垂教,兹有要事,须与公面商,恳即命驾来莱。翘盼,翘盼! 衡。冬。

569. 致张宪台电

光绪二十一年四月初三日(1895 年 4 月 27 日)

金陵制台张宪台钧鉴:沃电敬悉。末条狠毒已显然,似不须再探。彼之险毒奇怪固罕,乃我大臣而为彼不遗余力以图我,尤古今所罕。衡昨续疏附片并及权奸之子,尚足食其肉乎? 丹叔来电约会电奏,原挈衔是叩! 旧属秉衡谨肃。衡。江。

570. 致总理衙门电

光绪二十一年四月初三日(1895 年 4 月 27 日)

北京总理衙门钧鉴:奉初一电旨:前据御史管廷献奏,山东曹属杆匪肆扰,当寄谕李秉衡拿办。兹据御史蒋式芬奏,曹州府属杆匪肆行无忌等因。钦此。查三月间迭奉谕旨，先已添派马步各营驰往，饬曹州府毓贤督率缉捕。据毓贤先后电禀，获匪三十余名，及现办情形，于三月二十九日奏报。拜折后，又据毓贤禀报，续在曹县等处搜获盗匪三十余名，格毙十余名，夺获马匹枪械。河南王桥寨案内首盗谢五瞎子已批饬就地正法。兹又钦奉谕旨，复严饬该府迅速剿办，并密查金钟罩会匪，设法解散。毓贤办事向能认真，当随时督饬妥办，绥靖地方，以纾宸廑，请代奏。秉衡谨肃。江。

571. 致何大令等电

光绪二十一年四月初三日（1895 年 4 月 27 日）

宁海送文登何大令、裘大令：余款二百金，请再查文登之极苦者加予赈恤；如尚不敷，尽可再续请。小麦想系船运宁海，即全在宁海散放，无庸另筹运费。衡。江。

572. 致清江松峻帅电

光绪二十一年四月初三日（1895 年 4 月 27 日）

清江松峻帅鉴：宋电敬悉。请饬询李安邦由浦至沂，如系自发车价，即恳照借五百两；如系地方官支应，即止给二百两。渎神，感谢！衡。觉。

573. 致清江转运局电

光绪二十一年四月初三日(1895 年 4 月 27 日)

清江转运局闵、时二兄台鉴:冬电敬悉。械车蒙照料一切感甚。所垫车价银两,容即如数兑浦奉还。贵局费神,谢谢!并恳饬李安邦径解济南,不必解莱。如李弁已行,即恳专马饬遵为荷。衡。江。

574. 致济南张观察电

光绪二十一年四月初四日(1895 年 4 月 28 日)

济南张观察鉴:洋式来福式抬枪炮甚好,计已足用。此后造好,即留省局。其鸡心铅子似不如圆铅丸,以后尾空则头重,且本身亦重,药力吹送转不能及远。毛瑟子能减轻一两最妙。毛瑟抬枪成之于公,不为众摇之力,不可停造。和议令人发指眦裂。练兵铸械鼓励人心,读之佩服。再,烟台局存铅箭四十五万余粒。并闻。衡。支。

575. 致边润帅电

光绪二十一年四月初四日(1895 年 4 月 28 日)

福州边润帅鉴:台民呼吁,如何处置?公及薇帅已具奏否?查万国公法,无论君主、民主之国,遇有割地让城等事,必国会士民公许方可施行。倘国会不愿,虽已立约,作为废纸。今台湾士民既均不愿,照公法原可力争。此条似可据以入奏。请酌。丹叔所约联衔,想公必有同志。并乞见示。衡。支。

576. 致汤藩台电

光绪二十一年四月初四日(1895 年 4 月 28 日)

济南汤藩台鉴:廖廷赞一营暂调省城,请公察看斟酌去留可也。万本华是一好将,有律之师,所需铜帽皮纸可即拨给,不令缴价。衡。质。

577. 致济南汤藩台电

光绪二十一年四月初四日(1895 年 4 月 28 日)

济南汤藩台鉴:李安邦运枪五百四十枝,子一百万,初三由浦起程。借用松漕帅银五百两,又浦转运局九八五湘平二七银三百卅七两六钱,请即由省分别汇还。并电沂局,嘱李安邦径解省城存储,切勿解莱。衡。质。

578. 致张宪台电

光绪二十一年四月初五日(1895 年 4 月 29 日)

南京制台张宪台钧鉴:据东海关刘道禀,据怡顺等商禀称:前领照赴沪运米来烟平粜将竣,请再赴沪运米麦五万石至烟平粜,以济民食。请照案电饬沪关免税放行。旧属秉衡谨肃。歌。

579. 致济南善后局电

光绪二十一年四月初五日(1895 年 4 月 29 日)

济南善后局鉴:支电敬悉。岳史既在内地,应仍照内地饷章与曹属防营一律。其米价四钱,在海防者照给,在内地者不给。曹正榜两营专驻一处,长夫四十名不加。衡。歌。

580. 致盛观察电

光绪二十一年四月初五日(1895 年 4 月 29 日)

天津盛观察鉴:江电敬悉。移封三十分即遵示寄呈。前来电,二月收银二万余两。望并将三月续捐成数即解东以济急需为感。衡。歌。

581. 致黄游戎电

光绪二十一年四月初五日(1895 年 4 月 29 日)

海州黄游戎守忠莀臣兄鉴:接卅电,悉贵部已移驻海州。麾下忠勇性成,素所深佩。时局艰难,希为国努力为盼!衡。歌。

582. 致云南崧锡帅电

光绪二十一年四月初六日(1895 年 4 月 30 日)

云南制台崧锡帅鉴:接边润帅电,以闽事万紧,向索得力将官,苦无以应。惟润帅初到,无一二好将颇难措手。张镇、马参将未审行抵何处?恳公与之电商。如肯赴闽相助,即转饬径行前往。再请润帅电奏。如不愿赴闽,即仍来东可也。款议,公想得文。已电疏三上力争。公有挽回之策否?乞密示。衡。语。

583. 致裘大令电

光绪二十一年四月初六日(1895 年 4 月 30 日)

宁海送文登裘大令:队招齐,即请何令金龄就近点验可也。衡。鱼。

584. 致芜湖戴大令电

光绪二十一年四月初六日(1895 年 4 月 30 日)

芜湖戴大令宗哲览:履历收到,已于二十九日具奏矣。衡。鱼。

585. 致边润帅电

光绪二十一年四月初七日(1895 年 5 月 1 日)

福州边润帅鉴:鱼电敬悉。当道如此措词,可为痛哭,台民义愤,必先抗拒,然官不能主持,全台必陷。时局至此,尚何言哉?公前求将,弟处有李定明,系从前台湾一好将而不得志者,据言闽中有曹志忠者,是好统领,可重用。其部将王三星亦可用。公其留意焉。衡。遇。

586. 致张丹帅电

光绪二十一年四月初七日(1895 年 5 月 1 日)

广西张丹帅鉴:江电敬悉。时事至此,只好各行其志。公已电奏,佩甚!初次电疏,均奏请带兵,皆寝不报。大约各处皆然。时局不可问矣！衡。遇。

587. 致清江转运局电

光绪二十一年四月初七日(1895 年 5 月 1 日)

清江转运局闵、时二兄台鉴:微电敬悉。费神,谢谢！款局无耗,因莱械已足,故改拨解省。衡。遇。

588. 致济南汤藩台电

光绪二十一年四月初七日(1895 年 5 月 1 日)

济南汤藩台鉴:阳电敬悉。孙守所购之麦尚存若干石,如不致霉变,似可暂为存储,否则照来电变卖亦可。衡。阳。

589. 致济南机器局电

光绪二十一年四月初八日(1895 年 5 月 2 日)

济南机器局鉴:毛瑟抬炮试验足及四里,赖公等精心创造。佩慰之至！顷闻朝廷不允和议,此炮为制敌利器。务请赶造,多多益善。并希精益求精为盼。衡。齐。

590. 致王统领等电

光绪二十一年四月初八日(1895 年 5 月 2 日)

宁海分送王统领定安,孙统领寿卿鉴:闻和议不成,各营须加意操练。请查所部五营,某营系何枪械,现存笔码子若干,逐一开单排递示知。如短何项枪并子,即派弁来辕领取。衡。齐。

591. 致海州冯宫保电

光绪二十一年四月初八日(1895 年 5 月 2 日)

海州冯宫保台鉴:闻大纛已莅海州,精神矍铄,欣企无似。南北运道之冲,有公主持,定臻巩固。精力尚可勉支,时局艰难,徒深焦愤。和议或有转机,公有所闻否?乞赐方略为幸。衡。齐。

592. 致刘钦帅电

光绪二十一年四月初八日(1895 年 5 月 2 日)

山海关刘钦帅钧鉴:行军。密。和议,闻我公再三力阻,上意已回。一德格天,海内同深钦仰。日来情形如何?有无朝命?伏求密示。秉衡谨肃。齐。

593. 致上海严观察电

光绪二十一年四月初八日(1895 年 5 月 2 日)

上海严小舫观察鉴:前蒙代留葛拉斯枪二千枝、子廿万,仍照原价,感甚。现已到沪否?望示下。并银数若干开明,以便汇还。琐渎,谢谢!衡。齐。

594. 致济宁姚道台电

光绪二十一年四月初九日(1895 年 5 月 3 日)

济宁送姚道台鉴:准总署电:滋阳县教堂因闻白莲教匪滋事,赴县请示弹压。该县詈以汝等即系邪教,未代出示等语。希查明速电复。外洋传教与内地教匪判然两事。务宜分别办理,免滋事端云云。希查明如何起衅,饬即妥为办理。并先将情形示知,以便电复。衡。泰。

595. 致潍县转运局杨太守电

光绪二十一年四月初九日(1895 年 5 月 3 日)

潍县转运局杨太守览:景委员运枪,顷已电王令雇车发价。兹又拟电请拨银五百两,恐致两歧。请询该委员雇车若干辆,核计至省须车价若干,由局发交该委员自行照发。即饬王令毋庸知会沿途发价。如尚短枪价,即由局另行拨兑。其由省至奉路费,由省局酌发,不必再拨五百金。即转致该委员可也。衡。佳。

596. 致潍县王大令电

光绪二十一年四月初九日(1895 年 5 月 3 日)

潍县王大令:景委员枪已造齐,即代雇车发价,并知会沿途按站发价。衡。佳。

597. 致上海严观察电

光绪二十一年四月初十日(1895 年 5 月 4 日)

上海严小舫观察鉴:佳电敬悉。枪件已解到,费神,感谢!葛拉斯枪及子蒙代定,并缓期交价,更见为谋之忠。佩甚!现械已足用,潘观察处枪枝可不必再定也。衡。卦。

598. 致济南张观察电

光绪二十一年四月十一日(1895 年 5 月 5 日)

济南张观察鉴:函牍均悉。忠愤之诚,明哲之见,钦服无已。

弟无补时艰,亦拟奉身以退。本为应强以留公,惟弟所处之势与公微有不同。时事艰难,尚赖同志者力为撑拄,各行其是似亦无伤。仍望公努力报国。以图补救为幸。余函复。衡。真。

599. 致辽阳依将军尧帅电

光绪二十一年四月十一日(1895 年 5 月 5 日)

辽阳依将军尧帅鉴:初十转奉东电敬悉。大奏剀切沉痛,一字一泪。而事竟不可挽回,谓之何哉?可慨已!衡。真。

600. 致唐山刘钦帅电

光绪二十一年四月十二日(1895 年 5 月 6 日)

唐山刘钦帅钧鉴:真电敬悉。海、沽一带民间无大车可雇,前李军调埕子口系由莱、潍雇长车送往。此次似由天津雇车较近。再,海道如无梗阻,或由轮船运往更便。伏候酌夺。秉衡谨肃。文。

601. 致烟台刘观察电

光绪二十一年四月十二日(1895 年 5 月 6 日)

烟台刘观察鉴:密。真电敬悉。翁即撤,改委胡令培厚。

衡。文。

602. 致烟台谢庭芝电

光绪二十一年四月十三日(1895 年 5 月 7 日)

烟台谢佩翁鉴:明日是否换约?乞示悉。衡。元。

603. 致云南张镇军等电

光绪二十一年四月十三日(1895 年 5 月 7 日)

云南张镇军绍模马参戎柱鉴:来电敬悉。请两兄暂缓起程,如和议不成,当即电迓。否则弟亦当入山面壁矣。惟闽督边润帅请以将领相让,弟以电请崧锡帅转商。此事本不敢相强,仍由两兄自酌可也。衡。元。

604. 致埕子口李军门电

光绪二十一年四月十三日(1895 年 5 月 7 日)

埕子口李寿庭军门鉴:文电敬悉。海、沾等处民间车难觅雇,或由天津雇车,或由轮船运往。昨已电商钦帅矣。衡。元。

605. 致济南河防局电

光绪二十一年四月十三日(1895 年 5 月 7 日)

济南河防局鉴:节交夏令,闻河水日涨,中下游各项工程,已否筹备固妥?高家纸坊合龙之处培筑是否足恃?请转达各总办,将近日情形逐一具报为盼。衡。元。

606. 致济南汤藩台等电

光绪二十一年四月十三日(1895 年 5 月 7 日)

济南汤藩台、沈观察鉴:文电敬悉。乔营请改照内地饷章。杜荣秀系河工熟手,请会同河防局调回河工。衡。元。

607. 致天津汪刺史电

光绪二十一年四月十三日(1895 年 5 月 7 日)

天津汪刺史印乔年鉴:捷来函敬悉。以后电示,请照捷字本。余函复。衡。元。

608. 致烟台刘观察电

光绪二十一年四月十四日(1895 年 5 月 8 日)

烟台刘观察鉴:元电敬悉。东正军领药丸等项照发。如只系右营一营,洋火药酌发一半。衡。愿。

609. 致黄县萧大令等电

光绪二十一年四月十四日(1895 年 5 月 8 日)

黄县萧大令、陆大令览:元电悉。单丕藩等三名,即往府提解来辕。衡。愿。

610. 致济南善后局电

光绪二十一年四月十四日(1895 年 5 月 8 日)

济南善后局鉴:张令初二日所解枪械已到。莱此后制造军火,即存省局,毋庸再解矣。衡。寒。

611. 致汤蕃台电

光绪二十一年四月十五日(1895年5月9日)

济南汤藩台鉴:敬读盐电,惶愧万分。谓彼恫喝则有之,谓彼畏我则非也。万一来犯,自当谨遵指示。待其深入,制以全力,鄙人即持此论。得教益信,又以增恨。衡。翰。

612. 致烟台刘观察电

光绪二十一年四月十六日(1895年5月10日)

烟台刘观察鉴:查有掖县老岁贡候选训导翟熙工,人品甚端,贫无生计。拟委稽查莱州广仁堂四义学生徒工课,每月酌给薪水十金。请由公款内筹给。公素喜栽培寒畯,想无不乐从也。衡。谏。

613. 致上海严观察电

光绪二十一年四月十六日(1895年5月10日)

上海严小舫观察鉴:删电敬悉。枪、子两项附轮运烟,请即照办。费神,感谢!衡。谏。

614. 致边润帅电

光绪二十一年四月十七日(1895 年 5 月 11 日)

福州边润帅鉴:谏电敬悉。约已换过,闻俄、法、德欲令让地,俄并有令全让之议,尚在相持。顷接烟台刘道电:义、英、德、美、法、俄诸国均准备战舰,有日内赴旅顺之说。尚不知如何命意。有确信,当再奉闻。衡。筱。

615. 致汤藩台等电

光绪二十一年四月十七日(1895 年 5 月 11 日)

济南藩台、善后局、机器局鉴:景委员昌解枪回沈,请酌发车价银两。前丰林起运时挑出坏枪百余杆,铁匠有长支银两,此次交枪恳虞翁、仲翁逐一点验,勿任其潜以坏枪充数,致负依、于两公远路以军事相属之意。千万,千万! 仍望局电复。衡。筱。

616. 致北京魏柏岩兄电

光绪二十一年四月十七日(1895 年 5 月 11 日)

北京观音寺工部魏柏岩兄鉴:密。闻近事有另议,究如何? 乞电示。另有人到京,并求函示。衡。筱。

617. 致清江转运局电

光绪二十一年四月十七日(1895 年 5 月 11 日)

清江转运局闵、时二兄台鉴:谏电敬悉。垫款前饬司兑还。接初七日藩司回电,即兑浦奉还,计二十四日或可收到矣。衡。筱。

618. 致文登何大令等电

光绪二十一年四月十七日(1895 年 5 月 11 日)

宁海送文登何大令、裘大令:小麦用否?应请自酌,不必再电商可也。衡。筱。

619. 致汤藩台电

光绪二十一年四月十八日(1895 年 5 月 12 日)

济南汤藩台鉴:此间存银五月份饷不敷尚巨,请出月初拨银十万两解莱为盼。啸。

620. 致盛观察电

光绪二十一年四月十八日(1895 年 5 月 12 日)

天津盛观察鉴:东军需饷甚急,请将海防捐银即赐解莱为感。衡。啸。

621. 致临清陶刺史电

光绪二十一年四月十八日(1895 年 5 月 12 日)

德州送临清陶刺史鉴:准直督王电开:据故城县沈令禀,请电恳转饬武城县将李家庄、姜家圈两处决口迅速堵筑。并请查明临清州天和宫、江家村决口工程曾否完竣等语。合亟电请查照施行等因。该数处工程因何尚未堵筑?仰即分别实力赶办。并先电复。衡。啸。

622. 致天津夔帅电

光绪二十一年四月十八日(1895 年 5 月 12 日)

天津夔帅钧鉴:洽电敬悉。已电饬临清州分别赶办。衡。啸。

623. 致济南汤藩台电

光绪二十一年四月十八日(1895 年 5 月 12 日)

济南汤藩台鉴:洽电敬悉。虞翁引退,前已慰留。复接来电,去志甚决,似难相强。陈令饷已解到。五月饷尚无着,望续行酌解为荷。衡。啸。

624. 致汤藩台电

光绪二十一年四月十九日(1895 年 5 月 13 日)

济南汤藩台鉴:皓电敬悉。景昌之枪似应由车运德州,再船运至津,走铁路到奉较省。多多核计,运费若干?即请照发。效。

625. 致济南汤藩台电

光绪二十一年四月二十日(1895 年 5 月 14 日)

济南汤藩台鉴:鲁开缺折,系由署缮发。请询何日去出,可否节后?即饬刘守赴调任,或先牌示。请酌。衡。哿。

626. 致济南善后局电

光绪二十一年四月二十日(1895 年 5 月 14 日)

济南善后局鉴:景昌电称,加解省枪二百杆,除昨领一百二十两外,尚需车脚银一百九十二两三钱,请即照发。此系至德州之费,其船费火车费,由关至奉费,仍尚无着。请一并酌发,由应解奉饷核扣可也。衡。号。

627. 致汤藩台电

光绪二十一年四月二十一日(1895 年 5 月 15 日)

济南汤藩台鉴:顷接陈右铭方伯电称,奉户部文:王连三月五营饷,归湘军粮台发。请抄发该军新旧人数饷章,并旧饷截止月日,以凭遵办云云。请即赶紧抄单咨送。衡。个。

628. 致盛观察电

光绪二十一年四月二十一日(1895 年 5 月 15 日)

天津盛观察鉴:奉号电,敬悉。捐愈难办,惟饷源日绌,无论收数多少,总属有补。仍祈费神照办为荷。个。

629. 致保定陈方伯电

光绪二十一年四月二十一日(1895 年 5 月 15 日)

保定陈方伯右铭兄台鉴:哿电敬悉。遵即由司钞呈。仰公久矣,何时可见?衡敬复。个。

630. 致张宪台电

光绪二十一年四月二十二日(1895 年 5 月 16 日)

南京制台张宪台钧鉴:马电敬悉。津威来往电偶见一二,并未录稿进呈。记致戴道电有"切勿浪战,战死不为请恤"语。又致丁汝昌电有"倭来即设法驱逐"语。亦有此等语意,记未能真者,昨得读宪台电奏,惊心动魄之文竟不获用,忧愤曷极!近闻俄勒令退还辽东,法保护台、澎,信否?遵处如有确闻,乞电饬。旧属秉衡谨肃。养。

631. 致陈方伯电

光绪二十一年四月二十二日(1895 年 5 月 16 日)

保定陈方伯右铭兄台鉴:养电敬悉。哿电系济南转莱,当系天津湘军粮台所发,以公总办故列公名,似无他意。兹将原电录后,文曰:奉户部札,王镇连三月五营饷归湘军粮台发,请钞发该军新旧人数饷章,并旧饷截止月日,以凭遵办。某某。哿云。衡敬覆。养。

632. 致东昌府洪太守电

光绪二十一年四月二十二日(1895 年 5 月 16 日)

东昌府洪太守览:个电已悉。林二即交弁解莱。原告就近开释,毋庸并解。衡。养。

633. 致济南汤藩台电

光绪二十一年四月二十二日(1895 年 5 月 16 日)

济南汤藩台鉴:马电敬悉。两府牌示甚是。顷阅钞,遗缺已放李芳柳矣。潍县转运局即撤,毋庸另委。廖营已裁遣二百人,余勇即拨归他营补额可也。衡。养。

634. 致烟台刘观察电

光绪二十一年四月二十二日(1895 年 5 月 16 日)

烟台刘观察鉴:接章鼎臣电,言有广艇、电气灯均可取用。此二项是否在青岛,可运至莱否?乞查明示覆。衡。养。

635. 致严观察电

光绪二十一年四月二十三日(1895 年 5 月 17 日)

上海严小舫观察鉴:前奉删电。葛拉斯枪二千,子二十万,由轮船运烟,比即覆请照办。恳费神速为运到。感甚!衡。漾。

636. 致烟台刘观察电

光绪二十一年四月二十四日(1895 年 5 月 18 日)

烟台刘观察鉴:敬电悉。格辣司二千枝到烟后,请用海船由羊角沟入小清河径运省城为祷。衡。敬。

637. 致济南善后局电

光绪二十一年四月二十五日(1895 年 5 月 19 日)

济南善后局鉴:曹副将端字两营现已札饬裁撤,其五月份饷银请勿发给。衡。有。

638. 致烟台刘观察电

光绪二十一年四月二十五日(1895 年 5 月 19 日)

烟台刘观察鉴:据荣成韩令禀称:该处海滩尚存挖泥铁船身,商人愿买,估银三百两。另有大桅、铁锚等件亦可出售等语。已批令变价矣。请即查照专马转饬为祷。衡。径。

639. 致烟台刘观察电

光绪二十一年四月二十五日(1895 年 5 月 19 日)

烟台刘观察鉴:有电悉。即令变价充公,万不必拖回。衡。有。

640. 致济南汤藩台电

光绪二十一年四月二十五日(1895 年 5 月 19 日)

济南汤藩台鉴:三百人补额,即檄丁道查照。余敬悉。衡。有。

641. 致烟台军装分局杨都司电

光绪二十一年四月二十八日(1895年5月22日)

烟台军装分局杨都司览:钢炮三尊仅少钢圈,俟孙营运到,即配修备用。衡。勘。

642. 致济南张观察电

光绪二十一年五月初一日(1895年5月24日)

济南张观察鉴:准总署电:英使言,新泰县南王庄地方有教民董克学,将自置地段施与教堂起盖房屋。生员鲍修身纠众拦阻,并在县捏控。该县为其耸动,欲绝此教根株。请电山东饬县查理,勿虐待教民。并明白宣示,教士照约应为之事,勿任阻碍等语。祈即查明办理,勿令生事。并电复云云。请转饬新泰县持平办理。衡。东。

643. 致济南汤藩台等电

光绪二十一年五月初一日(1895年5月24日)

济南汤藩台、善后局鉴:盛道有海防捐湘平二万余两,由烟台解莱。顷接刘道电称,善后局有解还东海关湘平二万两,请解莱作抵等语。望即照所议办理。衡。东。

644. 致烟台刘观察电

光绪二十一年五月初一日(1895年5月24日)

烟台刘观察鉴:艳电敬悉。局款解莱作抵,请即照办。衡。东。

645. 致总理衙门电

光绪二十一年五月初一日(1895年5月24日)

北京总理衙门钧鉴:艳电敬悉。新泰县教民之事,已饬济东道转饬该县持平办理。秉衡谨肃。东。

646. 致济南汤藩台电

光绪二十一年五月初一日(1895年5月24日)

济南汤藩台鉴:晨间电请将善后局应还东海关银二万解莱,抵作盛道捐款。惟前借此款系何项用,即系提用,是否可以不还?祈查覆。衡。东。

647. 致烟台刘观察电

光绪二十一年五月初一日(1895 年 5 月 24 日)

烟台刘观察鉴:东电敬悉。所短平色,为数无多,即将原银解莱可也。衡。东。

648. 致济南汤方伯电

光绪二十一年五月初一日(1895 年 5 月 24 日)

济南汤方伯鉴:铁路经费银五万两已全数咨请截留,毋庸再解北洋。衡。冬。

649. 致滦州丁军门电

光绪二十一年五月初二日(1895 年 5 月 25 日)

滦州丁衡三军门鉴:东电敬悉。师旅饥馑,民不堪命矣。台民之义愤,岂口舌所能争哉?可为太息!衡。冬。

650. 致烟台刘观察电

光绪二十一年五月初三日(1895 年 5 月 26 日)

烟台刘观察鉴:文登裘令祖谔丁内艰,请饬何令金龄即日前往暂行代理。衡。江。

651. 致济南汤藩台电

光绪二十一年五月初三日(1895 年 5 月 26 日)

济南汤藩台鉴:文登裘令祖谔丁内艰,已饬委何令金龄暂行代理。应委何班往署,请酌夺见示。衡。江。

652. 致北京户部大堂电

光绪二十一年五月初三日(1895 年 5 月 26 日)

北京户部大堂钧鉴:冬电敬悉。截留京饷已咨部查核,其余应解京饷遵即饬司速为报解。秉衡谨覆。江。

653. 致济南汤藩台电

光绪二十一年五月初三日(1895 年 5 月 26 日)

济南汤藩台鉴:准户部电,部库饷需万紧,速将应解京饷等项报解,并电复云。除截留外,其余应解京饷希即查照报解。先电复。衡。江。

654. 致汤藩台等电

光绪二十一年五月初四日(1895 年 5 月 27 日)

济南汤藩台、吉观察鉴:接南绅严佑之来电:关外兵后灾况惨极。贼与海城等处抚赈,其隐患尤为可虑。固奉即以卫京,已集款往赈,宣朝廷德意。惟款不敷用等语。此举实关根本至计,拟筹协济。未审东省赈抚局尚存款若干? 乞查示为盼! 衡。支。

655. 致天津李观察电

光绪二十一年五月初五日(1895 年 5 月 28 日)

天津李观察勉林仁兄鉴:敝境羊角沟,闻有天津买麦商船甚多。津民被水,得粮接济,商民均便。惟无可稽查,恐济外洋,未便开禁放行。请查明是否有津商在东买麦之事，石数若干，示知以凭酌办。衡。歌。

656. 致汤方伯等电

光绪二十一年五月初六日(1895 年 5 月 29 日)

济南汤方伯、吉观察鉴：歌电敬悉。义赈银八万余两，系由何人何处解来？乞电示。衡。鱼。

657. 致济南善后局电

光绪二十一年五月初六日(1895 年 5 月 29 日)

济南善后局鉴：鱼电敬悉。遣勇按路程远近，每日以七分为率，请即照所议办理，转行知照。如先遣撤，曹副将熟习营务，当不至大有出入也。衡。鱼。

658. 致汤方伯等电

光绪二十一年五月初七日(1895 年 5 月 30 日)

济南汤方伯、吉观察鉴：虞电敬悉。义赈银既存八万余两，拟请先其所急，提拨银二万两，委员径解锦州交严绅作霖散放。一面详报立案。容当附片奏明。衡。遇。

659. 致锦州严佑之电

光绪二十一年五月初七日(1895年5月30日)

锦州办理义赈严佑之兄台鉴:奉电示。固奉即以卫京,伟论极佩。集巨款拯大灾,赤手匡扶,尤深钦仰。此间被兵各州县已发款赈恤,奉天为根本重地,憾绵力不克咨助。兹与司道酌商,提拨义赈银两万两,解交执事散放。蹄涔之水,或亦为江海所不遗也。辱承奖饰,愧歉愧歉!衡。遇。

660. 致台湾唐薇帅电

光绪二十一年五月初七日(1895年5月30日)

台湾唐薇帅鉴:电示敬悉。读之泪下。愿公努力!衡。遇。

661. 致济南汤方伯电

光绪二十一年五月初七日(1895年5月30日)

济南汤方伯鉴:阳电敬悉。数月偏劳,感甚!以后稿件请即照来示办理。饷暂缓解。衡。遇。

662. 致沂州曹副将电

光绪二十一年五月初八日(1895 年 5 月 31 日)

台庄飞速送沂州曹副将:速将两营四月饷银发清,一面收缴枪炮,违即严参。如营勇不尊,亦必重惩。仍由该县垫发,小口粮遣撤按道路远近,每日给银七分。所有军械,责成该参将全数收回。衡。齐。

663. 致临清陶刺史电

光绪二十一年五月初八日(1895 年 5 月 31 日)

德州送临清陶刺史览:前电所称卢房街漫口,已堵合否?武城李家庄、姜家圈两处工程,是否完竣?请督催赶办。并先电复。衡。齐。

664. 致烟台刘观察电

光绪二十一年五月初十日(1895 年 5 月 2 日)

烟台刘观察鉴:烟局旧枪搭运枪船送省,请即照办。此船是否路经海庙?如走海庙,莱局所存旧枪亦可带去。再。顷据杨都司禀,钢炮三尊烟匠不能修。并单开,〔与〕各废枪一并运省可也。衡。蒸。

665. 致济南机器局电

光绪二十一年五月初十日(1895 年 6 月 2 日)

济南机器局鉴:毛瑟抬炮并逼码近又造成若干?机器添购者何日可到?自制者已成几部?祈示知。此器精利,务必赶造。局存毛瑟、哈乞克斯、林明登各种逼码、铜壳亦宜多装备用。知必随时稽查督饬可也。衡。蒸。

666. 致汤藩台电

光绪二十一年五月十一日(1895 年 6 月 3 日)

济南汤藩台鉴:蒸电敬悉。济康五营暂未可撤,请公具公牍当即覆奏。衡。真。

667. 致烟台刘观察电

光绪二十一年五月十一日(1895 年 6 月 3 日)

烟台刘观察鉴:真电悉。所有林明登、云者士得、来福等枪,均送省局。惟查烟台四月份报存来福枪一百十五杆,林明登枪卅五杆,十三响枪一杆,与来电数不符。是否有新撤两营缴到之枪若干在内?请查示。衡。真。

668. 致烟台刘观察电

光绪二十一年五月十一日(1895年6月3日)

烟台刘观察鉴:蒸电敬悉。羊角沟麦船已饬放行。前备公牍,计经察览。转瞬麦熟,即当奏请开禁,以便民食。衡。真。

669. 致烟台孙统领电

光绪二十一年五月十二日(1895年6月4日)

烟台孙统领鉴:文电敬悉。深为惦念。望安心调理为盼。营事即交钮游击代办可也。衡。文。

670. 致临清陶刺史电

光绪二十一年五月十二日(1895年6月4日)

临清陶刺史览:安东端字营逃勇张德盛、王裕胜,俱临清州人。务请拿获解莱。每获一名赏银一百两。衡。文。

671. 致烟台刘观察电

光绪二十一年五月十二日(1895 年 6 月 4 日)

烟台刘观察鉴:已到烟运省之毛瑟枪二千枝,是否津门允拨之枪,抑上海严观察代购者?即电示。衡。文。

672. 致夏统领电

光绪二十一年五月十三日(1895 年 6 月 5 日)

登州夏统领鉴:元电敬悉。尚无回省期。日内马观察赴沿海,可与麾下一晤。如去莱有日,定相邀面罄一切。衡。元。

673. 致张总戎等电

光绪二十一年五月十三日(1895 年 6 月 5 日)

云南张总戎绍模、马总戎柱两兄台鉴:阳电敬悉。弟极盼旌麾来东,又恐有撤防之命,以致长途往返,空劳跋涉。且俟月底局势大定,是否尚须借重台端之处,当再电闻。先此奉覆。衡。元。

674. 致济南汤藩台电

光绪二十一年五月十三日(1895 年 6 月 5 日)

济南汤藩台鉴:准许仙帅电:漕初六入东,因江南再四催办赶紧兴工,前拨挑工银六千二百两万不敷用,专待应拨另案工需银八千八百两接济。若迟恐误等语。请即如数拨发为盼。衡。元。

675. 致开封许河帅电

光绪二十一年五月十三日(1895 年 6 月 5 日)

开封许河帅台鉴:电示敬悉。另案工需八千八百两,遵即饬司照拨。弟衡谨复。元。

676. 致依尧帅电

光绪二十一年五月十四日(1895 年 6 月 6 日)

辽阳依将军尧帅鉴:前遵办抬枪二千二百枝,理应不分畛域,乃承示已奏明枪价由京饷内扣抵,具见体谅之情。感甚!惟东省京饷已截留一半,恳将尊处奏稿录示,以便奏请抵解为荷。衡。愿。

677. 致天津盛观察电

光绪二十一年五月十四日(1895 年 6 月 6 日)

天津盛观察鉴:愿电悉。即由尊处五月份捐米拨发二万两,交严绅散放奉赈可也。衡。原。

678. 致济南赈抚局电

光绪二十一年五月十四日(1895 年 6 月 6 日)

济南赈抚局鉴:顷据盛道电称,东省允拨关外赈银二万两,由请所收五月份海防捐内垫发,以济眉急等语。已电令照办。前提局存义赈银二万两,即毋庸起解,望归入海防捐内作为盛道五月份收捐之数,以清款目。衡。愿。

679. 致桂林张丹帅电

光绪二十一年五月十五日(1895 年 6 月 7 日)

桂林张丹帅鉴:文、盐两电敬悉。汤方伯系来京另简。基隆已失,台事不支,大局不知如何底止?公请假何日届满?前疏请开缺,奉旨赏假一月,俟假满当申前请。知注,并闻。衡。翰。

680. 致汤方伯电

光绪二十一年五月十五日(1895 年 6 月 7 日)

济南汤方伯鉴:现在卢栗甫经弟奏准赴部引见,文案尚须添入。蒋牧楷现充营务处委员,请俟尊处事件办理完竣,即饬令该牧赶紧来莱。为感! 衡。翰。

681. 致汤藩台电

光绪二十一年五月十六日(1895 年 6 月 8 日)

济南汤方伯鉴:铣电敬悉。蒋牧来莱营务处,文案即请委王令扬芳暂行接办。公交卸后何日北上? 念念。铣。

682. 致烟台刘观察电

光绪二十一年五月二十日(1895 年 6 月 12 日)

烟台刘观察鉴:借拨关款已饬善后局筹还。前请将盛观察海防捐银二万余两解莱。已否起解? 甚盼应用。衡。号。

683. 致烟台刘观察电

光绪二十一年五月二十一日(1895 年 6 月 13 日)

烟台刘观察鉴:请转致马琢庵兄,就近察看宁海被扰情形。除赈麦外,是否尚须赈钱?需银若干,酌量由关道暂拨应用。并询文、荣两处,如有赈余银两,即解宁海杨令承泽。如荣成事竣,速赴宁海会放。均先电复。米价赈款即在津解捐项扣还。衡。马。

684. 致济南李藩台电

光绪二十一年五月二十一日(1895 年 6 月 13 日)

济南李藩台鉴:准工部马电:本部火药局硝斤无存,现已停工待料,奉旨电催火速解部等因。希即将承办部硝迅筹委解为盼。衡。马。

685. 致北京工部大堂电

光绪二十一年五月二十一日(1895 年 6 月 13 日)

北京工部大堂钧鉴:奉催硝斤,已饬司赶筹批解。秉衡谨复。马。

686. 致张宪台电

光绪二十一年五月二十二日(1895 年 6 月 14 日)

南京制台张宪台钧鉴:登郡穷黎杂粮为急,现由关道发给同泰昌、益泰号商人护照,赴沪购运包谷杂粮二万仓石,乞宪台电饬沪关免税放行为祷。秉衡谨肃。养。

687. 致烟台王莲生兄电

光绪二十一年五月二十二日(1895 年 6 月 14 日)

烟台送王大司成莲生兄台鉴:电示敬悉。阅邸钞,欣悉晋秩司成。敬贺!二折均回,已专弁赍送,计早晚可达矣。弟衡谨覆。养。

688. 致宁海陈署牧电

光绪二十一年五月二十二日(1895 年 6 月 14 日)

宁海陈署牧览:马营务处将到,赈事仰即禀请饬遵。如不及待,由该牧先行散放亦可。衡。养。

689. 致烟台刘观察电

光绪二十一年五月二十二日(1895 年 6 月 14 日)

烟台刘观察鉴:养电敬悉。东商购运杂粮二万余石,已电致香帅饬沪关免税放行矣。衡。养。

690. 致烟台刘观察电

光绪二十一年五月二十三日(1895 年 6 月 15 日)

烟台刘观察鉴:廿二日奉电旨:陈彝奏,招商运米,办理平粜,请饬沿海各关宽免厘税等语。着王文韶、张之洞、奎俊、廖寿丰、李秉衡饬令宁波、镇江、上海、烟台、天津各关,遇有江浙粮商报明顺天平粜者,发给护照,一律宽免厘税。一面电报顺天府以备稽核。统限两个月即行停止。钦此。希即钦遵办理。衡。漾。

691. 致云南张总戎等电

光绪二十一年五月二十四日(1895 年 6 月 16 日)

云南张总戎绍模、马总柱两兄台鉴:前奉阳电,于十三日复请候信,未审入览否?以前局势而论,已毋剿贼之望,似旌麾可毋北来。惟尚未奉旨撤防,弟现仍住莱州。俟有确信再电闻,以定行止。盖大势一时无战事,方因病请开缺。深恐长途万里空劳拔涉也。秉衡。敬。

692. 致北京工部大堂电

光绪二十一年五月二十四日(1895 年 6 月 16 日)

北京工部大堂钧鉴:东省应办部硝,查已报解一批十四万斤,系五月初十日由临清开船,计可到京。现仍严催赶办速解。秉衡谨肃。敬。

693. 致济南陈观察电

光绪二十一年五月二十四日(1895 年 6 月 16 日)

济南陈巽卿观察鉴:海防事竣,行即回省,万勿远劳跋涉。衡。敬。

694. 致济南藩台等电

光绪二十一年五月二十五日(1895 年 6 月 17 日)

济南藩台、臬台、运台、道台鉴:顷准王夔帅通电各省,以畿辅连年水灾积困，今春大雪耕种失时，复经海啸荡为泽国，百万嗷鸿呼号望赈，饥民游勇杂处，尤应抚绥。求各省劝捐接济，语意极为迫切。弟恩劝官劝商徒滋纷扰，而巨款难成。东省幸尚粗安，以邦畿之重，情形之迫，不得不力筹兼顾。拟拨提局存义赈银五万两，移缓就急。如诸公意以为然，请即提拨解津。续再奏明。并望电复。衡。经。

695. 致北京总理衙门电

光绪二十一年五月二十五日(1895 年 6 月 17 日)

北京总理衙门钧鉴：奉敬电，川省初五日东校场看会起事等因。现在东省民教尚属相安。除分饬认真保护外，合先电复。秉衡谨肃。径。

696. 致烟台刘观察电

光绪二十一年五月二十五日(1895 年 6 月 17 日)

烟台刘观察鉴：宥电敬悉。格林炮子解莱，废铜请仍饬解省。衡。宥。

697. 致济南藩台等电

光绪二十一年五月二十七日(1895 年 6 月 19 日)

济南藩台、臬台、运台、道〔台〕鉴:宥电敬悉。直隶待赈孔亟,筹拨义赈银五万两,请迅委妥员即日解津。咨文由署速办可也。衡。沁。

698. 致天津王夔帅电

光绪二十一年五月二十七日(1895 年 6 月 19 日)

天津王夔帅台鉴:奉敬电,敬悉。顺直待赈迫切情形,畿疆重地,应即竭力接济。惟东省官捐民捐至再至三,不惟难筹巨款,且无以应急需。兹将局存义赈银两尽数提解,不足之数另款措集,共凑银五万两,为移缓就急之计。已饬司即日委员解津。听候散放。秉衡谨覆。沁。

699. 致荣成韩、杨两大令电

光绪二十一年五月二十七日(1895 年 6 月 19 日)

宁海速送荣成韩、杨两大令鉴:所禀粜谷钱文交绅续办平粜。

事关恤民，宜速妥办。衡。艳。

700. 致上海严观察电

光绪二十一年五月二十七日(1895 年 6 月 19 日)

上海严小舫观察鉴：枪两千枝、子廿万日久尚未到烟，虑有歧误。敬以奉询，乞示复。衡。艳。

701. 致广西张丹帅电

光绪二十一年五月二十七日(1895 年 6 月 19 日)

广西张丹帅鉴：敝处募勇调将，屡荷垫费。惟道款多，已否汇缴清楚？乞查示为感。衡。艳。

702. 致天津盛观察电

光绪二十一年五月二十七日(1895 年 6 月 19 日)

天津盛观察鉴：海防捐款，除拨奉赈两万外，尚存若干，乞示知。敝处饷需极绌，亟盼解济也。衡。卅。

703. 致刘钦帅电

光绪二十一年闰五月初一日(1895 年 6 月 23 日)

山海关刘钦帅钧鉴:闻关内外勇营将陆续遣撤。以东省新募湘、黔勇队仅及二十营,倭人驻兵威海,不得不防。且当南北大道,游勇散卒亦应派营弹压。拟奏请暂不裁撤,所有不得力之将卒尚思汰去,而别选精干,以期消患。贵部万提督本华前蒙派来援助,曾见其人,可资任用。如在裁撤之列,可否饬赴敝处?其原带之勇或尽遣散,或选留精壮,多则二三营,照东省营制发饷。均乞核夺示遵。秉衡谨肃。先。

704. 致天津盛观察电

光绪二十一年闰五月初一日(1895 年 6 月 23 日)

天津盛观察鉴:艳电敬悉。存备炮价银十余万两,既不能退,可否尽数改办毛瑟快枪并毛瑟逼码子以供东省之用?祈酌示。再,此项炮价与春间来详展缓起运之银数悬殊,想系另为一事。亦盼电复。衡。先。

705. 致兖州姚观察等电

光绪二十一年闰五月初一日(1895 年 6 月 23 日)

济宁速送兖州姚观察、王太守鉴:奉总署卅电:德使言,安主教今日自济宁赴兖,与道府晤商数日,乞准令暂寓城内,自置房屋。本署订明暂寓,始允发至城内。能否建堂,务饬道府与安主妥商电复等因。查公等前次会禀,绅民不愿设立教堂,系属实情。业经据情咨复。现在安主教既已来兖,希即遵照总署来电妥商电复。衡。先。

706. 致北京总理衙门电

光绪二十一年闰五月初一日(1895 年 6 月 23 日)

北京总理衙门钧鉴:奉卅电:德使言,安主教今日自济宁赴兖州等因。查前据该道府会禀,滋阳绅民纷纷呈诉,不愿设立教堂。民间闻安教将至,各处聚众,诚为可虑。请令从缓来兖等语。衡已据情咨呈。该县民风强悍,复多游民,若以势相胁,诚恐激生事端。兹奉前因,除即电饬该道府设法保护,遵照妥商外,合先电复。秉衡谨肃。先。

707. 致济南善后局电

光绪二十一年闰五月初一日(1895 年 6 月 23 日)

济南善后局鉴:东电敬悉。王故提督欠饷五千两内,有四千两应归汤方伯自行清理。如能款不虚悬,自可照办。请公等酌夺。余银一千两,仍候详到照咨。衡。东。

708. 致济南李藩台电

光绪二十一年闰五月初一日(1895 年 6 月 23 日)

济南李藩台鉴:顷接机器局电,前托上海潘道购办车床,已先购六部。望速汇款一万两等语。请即照拨。衡。东。

709. 致济南机械局电

光绪二十一年闰五月初一日(1895 年 6 月 23 日)

济南机械局鉴:东电敬悉。已电请方伯照拨一万两。惟此项车床共需价若干,六部是否足供制造毛瑟台炮之用?祈电复。衡。东。

710. 致济南善后局电

光绪二十一年闰五月初一日(1895年6月23日)

济南善后局鉴:前似有司局来信,尚欠广西汇项八千金之语。然亦记忆不真。顷张丹帅来电,云及先后垫款均已如数收清。则是所有江、鄂、广西等处拨借饷需,业经汇还清楚,并无欠款。请核对示复。衡。东。

711. 致边润帅电

光绪二十一年闰五月初二日(1895年6月24日)

福建边润帅鉴:卅电敬悉。苦思一日,又集众议。以为斯地步步有险,斯人得众心,又实有足恃。无论成败,总宜暗通消息,慰彼忠义之心。事果有成,即是大局一大转机,并可为异日地步。拟由公联弟名,并约同志如玉帅春,不惜重金募壮士赍蜡丸书,慷慨陈词,推奖尽致。告以可为则为,尽扶持之力;不可为则去,全柱石之身。天下必谅其苦心,壮志可伸于再举。此人轻性命重名义,苟可支持,必不轻去。若其无济,见我辈如此推诚,或肯自脱来归,亦未可定。敌人轻视中朝极矣。能出死力以相搏,损彼必多,正足见我有人,且可见我土地之不易得、人心之尚固结。故谓保全大将固佳,即力竭以殉亦未为失。此时不可强之使去,此人又未可强也。惟当开诚通意,毋寒其心,听彼自择,庶乎得体。公意以为何如?

乞电复。衡。冬。

712. 致刘观察电

光绪二十一年闰五月初三日(1895 年 6 月 25 日)

烟台刘观察鉴:江电敬悉。梁绅收买军械,浮冒甚多。应俟查明后再发。荣成所存三百七十余两暂不准拨,仍解宁海。赈款倘再有不足,即由关垫付。衡。江。

713. 致天津盛观察电

光绪二十一年闰五月初三日(1895 年 6 月 25 日)

天津盛观察鉴:冬电敬悉。我公深明缓急,佩甚。敝处筹济奉直赈银系提解局存义赈五万两,即请于存备胶防项下划拨,作为东省解津之款,炮价既不能易,枪仍即改办新式轻便行军快炮。惟希多购子弹,希与该洋行订明示复。衡。江。

714. 致济南藩台等电

光绪二十一年闰五月初三日(1895 年 6 月 25 日)

济南藩台、臬台、运台、道台鉴:前议由局拨义赈银五万两解津，顷接盛观察来电，海防捐内有可拨抵之款，已饬令如数代解。此项义赈银即毋庸解去。将来即分别拨收，以之作抵可也。沈、王两委员如起身，请即追回。衡。江。

715. 致兖州道府县电

光绪二十一年闰五月初四日（1895 年 6 月 26 日）

济宁速送兖州道府县同览：江电已悉。教士到兖，民情可见。其击伤跟人者，自应查出就事示惩，妥为办理。衡。支。

716. 致总理衙门电

光绪二十一年闰五月初四日（1895 年 6 月 26 日）

北京总理衙门钧鉴：顷据兖州道府电禀：安主教初二日到兖，人情汹汹，填街塞巷。当于公所见面，告以民间不愿设立教堂，实能晓谕。安主教尚无异言，惟云于乡间出示数张。乃出门时，伊跟人口出妄言，众民不服，击跟人微伤。滋阳王令极力保护弹压，始各散去。现正查拿究惩等语。滋阳民心如此，其非地方官推诿可见。除饬道府县速行拿惩外，敬以奉闻。秉衡谨肃。支。

717. 致天津盛观察电

光绪二十一年闰五月初五日(1895 年 6 月 27 日)

天津盛观察鉴:顷接来牍,得悉格鲁森炮价经公扣存备用,头批银两未付,尚无付银定炮日期,自可与该洋行议退。东省支绌万分,尤以现银为急。能全退最妙,或以半价改办行军快炮,该洋行当无异词。请公酌办示复。再,前复电实未知此项扣存备用,故就电率覆。兹照来牍,再以电商。衡。歌。

718. 致济南臬署电

光绪二十一年闰五月初五日(1895 年 6 月 27 日)

济南臬署松大公祖鉴:奉来电。欣悉晋秩。兵燹遗黎,得公造福,抃祝之余,先此驰贺。衡。歌。

719. 致济南河防局电

光绪二十一年闰五月初六日(1895 年 6 月 28 日)

济南河防局鉴:廿三日排递札委多观察总查三游秸料,并行局知照。现尚未据多观察来文。闻有外症,愈否?念甚,请示复。

衡。鱼。

720. 致烟台刘观察电

光绪二十一年闰五月初七日(1895 年 6 月 29 日)

烟台刘观察鉴:奉电旨:日本使臣到京照称,现派弁前往威海卫会商驻兵事宜。并据李鸿章电称,已令东海关道预为筹商。着李秉衡即饬刘含芳及派出印委各员,按照条约,将一切事宜妥筹办理。钦此。希即钦遵。再,草庙至冶口十五里,冶口至徐家疃二十里,徐家疃至南竹岛二十里,南竹岛至威海城五里,共计六十里。并请查照。衡。阳。

721. 致济南营务处电

光绪二十一年闰五月初七日(1895 年 6 月 29 日)

济南全省营务处鉴:顷驻防埕子口李军门永芳电称:奉豫抚电,饬所部全撤,由津补者就近遣散,由亳招者派员带回,取道德州最捷等语。希即转饬经过地方,会同防营妥为照料,毋任滋事为要。衡。阳。

722. 致德州陈刺史电

光绪二十一年闰五月初七日(1895年6月29日)

德州陈刺史:顷驻防埕子口李军门永芳电称:所部全撤,由津补者就近遣散,由亳招者派员带回,取道德州等语。望于该军散勇经过时,会同防营妥为照料,毋任滋事为要。衡。阳。

723. 致烟台刘观察电

光绪二十一年闰五月初七日(1895年6月29日)

烟台刘观察鉴:鱼电悉。请按每枪百子配发。衡。阳。

724. 致天津盛观察电

光绪二十一年闰五月初九日(1895年7月1日)

天津盛观察鉴:格炮蒙兄竭力,必能有济要需。感慰之至!小清河奖案,即当速办,断不使公从中为难也。衡。佳。

725. 致烟台刘观察电

光绪二十一年闰五月初十日(1895年7月2日)

烟台刘观察鉴:孙万林领钢帽、火药,请照发。再,查津局代购轧来司兵枪三千枝,子百万,为一批;盛道分让老瑟一千二百枝、毛瑟子百万。此项枪枝已先到齐,尚短毛瑟子百万。希即查讯电复。衡。蒸。

726. 致烟台刘观察电

光绪二十一年闰五月初十日(1895年7月2日)

烟台刘观察鉴:沈道代购老毛瑟五百四十枝,子百万、为一批;盛道分让老瑟一千二百枝、津局代购轧来司一千枝,为一批。均由清江旱路解到。查公二月筱电,叙沈电有其余法毛瑟二千并子百万,面询泰来,旬日内外均可到港等语。后因海道阻梗,事定始运烟,仅枪两千枝由公解省。所订毛瑟子百万,尚无着落。仍祈查核。昨盛观察来文,所有枪并子百万价值,均已由海防捐项扣支。是货价业经两清。此项毛瑟子百万,不知误解何处?并希转致。衡。蒸。

727. 致天津盛观察电

光绪二十一年闰五月十一日(1895 年 7 月 3 日)

天津盛观察鉴:阅来牍敬悉。轧来司枪三千枝,毛瑟子百万价已扣付。查枪先后照收,惟据称毛瑟子百万由旱道解东,迄未收到。应请查核示覆。衡。蒸。

728. 致天津盛观察电

光绪二十一年闰五月十一日(1895 年 7 月 3 日)

天津盛观察鉴:小清河通畅,利在百世。公拟独任劝捐,续浚支脉沟,极佩远略,愿观其成。衡。真。

729. 致济南营务处电

光绪二十一年闰五月十一日(1895 年 7 月 3 日)

济南全省营务处鉴:接盛道电,关内外遣撤各营殊无纪律,夔帅拟水陆分送,求按站派拨马步队挨送安插等语。东省为南北通衢,散勇过境难保不沿途滋扰。弟拟电奏日内回省,并调新魁六营、开字五营、亲军一营分途驻扎弹压护送。现在省城曹州、张秋镇等处，并山湖两大路共扎几营？何营驻防何处？祈公等分晰电示，以便调拨。衡。真。

730. 致天津盛观察电

光绪二十一年闰五月十一日（1895 年 7 月 3 日）

天津盛观察鉴：卦电敬悉。关内外遣撤各营，水陆分送，诚宜防范。东省为南北通衢，已饬分拨队伍以备沿途护送矣。承示，感甚！衡。真。

731. 致张藩台电

光绪二十一年闰五月十二日（1895 年 7 月 4 日）

福建新授山东藩台张笏臣兄台鉴：正盼旌麾，奉来电敬悉，航海莅东。慰甚！闻关外遣散勇众多，取道山东，深虞滋事。弟已电奏请回省调度一切。祈大驾速临，相助为理。衡。侵。

732. 致天津盛观察电

光绪二十一年闰五月十三日（1895 年 7 月 5 日）

天津盛观察鉴：文电敬悉。炮赖设法已议退，东省窘乏正难筹措,得此巨款接济,公之力也。快炮诚为利器,然可续筹购办。目前亟待现银,自宜先其所急,公必为然。乞将此项银两解来东。至为感盼!衡。元。

733. 致孙统领电

光绪二十一年闰五月十四日(1895 年 7 月 6 日)

宁海速送孙寿卿统领鉴:现在倭已派员来威,望速将桥头及各处分驻队伍立即调至草庙合扎一处,以备不虞。务饬弁勇恪守营规,不必意存挑衅,惟未接敝处军令电文,毋得擅移。切切!衡。盐。

734. 致烟台刘观察电

光绪二十一年闰五月十四日(1895 年 7 月 6 日)

烟台刘观察鉴:接来电并公牍、地图,得悉日本委员不遵条约、强占民房各情。查条约系与日本全权画押盖印,彼此遵守。现在草庙扎营已离威海六十里,上庄酒馆更远,均系按约遵行。该委员所绘地图画线,已大逾原约四十中里之数。又圈入县城,尤非约内所载。该委员系前来商办约内事宜之人,竟显背全权所订之约,另生枝节,断难曲从。又复强占民房,行此不循天理之事,是已无可会商。即电奏请旨饬下总理衙门,与林公使另议办理。如该委员肆意妄行,惟当以兵戎从事。希即饬知所派委员恪遵。切切!

衡。盐。

735. 致济南李藩台电

光绪二十一年闰五月十四日(1895年7月6日)

济南李藩台鉴:盛观察海防捐项尚有存备炮价银十余万两,炮已停购,此项银两即有津委员解司库。解到之日,请验收储存。衡。删。

736. 致张藩台电

光绪二十一年闰五月十四日(1895年7月6日)

福建新授山东藩台张笏臣兄台鉴:寒电敬悉。弟奏请尚未奉旨。月内能否回省,三五日内定准,即当电闻。衡。删。

737. 致总理衙门电

光绪二十一年闰五月十五日(1895年7月7日)

据东海关道刘含芳电称:日本委员辰男连日与所派官绅会晤,强欲令民间有屋六间者让出三间驻扎军队。已将所领弁兵百余名强占威海民房,难与理谕等语。并将日员所绘地图呈送前来。查条约及林使所商,系允倭兵暂驻威海,自盖兵房。该日员竟迫民让房住兵,殊出两国订明条约之外。现在东军驻扎草庙、酒馆、上庄等处,均按约远在四十里以外。今该日使所绘驻兵界线已逾原约里数,又复另加画线,将文登、荣成两县城一概圈入,更为原约所无。且约准暂驻兵威海耳,若遂其要挟,则两县城又势为彼有。如因战而失万城,衡万不敢逃罪;如听违约而让两县城,实无以对朝廷。相应请旨饬下王大臣与林使逐一辨明,迅饬日员如约办理,免致另启事端。倘彼竟一无理说,衡惟有不惜微躯与之力抗。不胜迫切之至!敬请代奏。

738. 致孙统领电

光绪二十一年闰五月十五日(1895 年 7 月 7 日)

宁海速送孙寿卿统领鉴:所有冶口及距威相近守卡之勇,俱即调回草庙坐营,以免委员藉口。切切!衡。删。

739. 致刘观察电

光绪二十一年闰五月十五日(1895 年 7 月 7 日)

烟台刘观察鉴:删电敬悉。已饬孙万林将冶口守卡之勇丁调回草庙矣。约内并无瓯脱地界,占住民房之文。据约坚持,何虑开衅?断不能听其背约。切切!衡。删。

740. 致严佑之电

光绪二十一年闰五月十五日(1895 年 7 月 7 日)

锦州严佑之史台鉴:电示敬悉。敝乡灾重,蒙大贤抒策挽救,不遗余力,但可续筹,敢不自勉。以东省凋敝情形,经两次提拨,已属勉强搜罗。今年设有灾患,即难措手。直隶灾区多至数十州县,拨款五万,势难嘱夔帅以专顾奉天。凡此实情,或邀垂谅。然弟力有未逮,自愧深矣。衡。删。

741. 致埕子口尚太守电

光绪二十一年闰五月十五日(1895 年 7 月 7 日)

埕子口尚太守鉴:武防马队四哨,本拟调扎运河一带防护散勇。兹接电示,海丰通衢需队弹压,应准酌留两哨,其余两哨即赴东昌暂归洪守调遣,护送遣勇。另有文行。衡。删。

742. 致边润帅电

光绪二十一年闰五月十六日(1895 年 7 月 8 日)

福建边润帅鉴:电奏迄未得旨。虑有奸贼改窜延搁,弟刻即专折力争。总之,将两城圈入,使我不能设守,弟断难曲从也。台南消息仍乞随时赐闻为盼。衡。谏。

743. 致张藩台电

光绪二十一年闰五月十六日(1895 年 7 月 8 日)

福建新授山东藩台张笏臣兄台鉴:倭员来威海议驻兵,有应力阻事。弟已定仍暂驻莱。亟盼旌麾莅东,慰我饥渴。衡。谏。

744. 致总理衙门电

光绪二十一年闰五月十七日(1895 年 7 月 9 日)

奉十五电,奉旨:李鸿章电悉。接刘含芳电称,日本委员詹〔辰〕男以草庙营兵何以不遵条约迁徙来问等因。钦此。查草庙系扼要之区,秉衡已饬将左近放卡勇丁调回本营,不至生衅。现在倭员背约要求,尚未定局。可否暂缓移营之外,候旨遵行。再,秉衡前电奏请回驻省城料理遣撤勇队过境。适值倭员来威,秉衡惟有仍暂住莱,俟定局再行回省。合并声明。谨请代奏。

745. 致上海严观察电

光绪二十一年闰五月十七日(1895 年 7 月 9 日)

上海严小舫观察鉴:应付枪价月期银两,已照尊议饬司拨银一万七千两汇沪。请向信义收回利息,一并开报。费神为感!衡。筱。

746. 致天津盛观察电

光绪二十一年闰五月十八日(1895 年 7 月 10 日)

天津盛观察鉴:承代购毛瑟子百万,未审已查有着落否?乞赐复。衡。筱。

747. 致王夔帅电

光绪二十一年闰五月十八日(1895 年 7 月 10 日)

天津王夔帅台鉴:奉电示,深感关垂。以彼族初来即肆要挟,势难示弱。昨已饬调冶口守卡之勇回草庙坐营矣。但期令彼如约,决不衅自我开。乞鉴此愚忱为幸。秉衡谨肃。巧。

748. 致总理衙门电

光绪二十一年闰五月十九日(1895 年 7 月 11 日)

顷接刘含芳电称:据员绅来禀,日本尚未得彼国军队迟来待盖兵房之信,仍执前言,派兵标记民房,不肯商及盖兵房之事。拟请电商总署照会林使,速致日本,或电或文交芳专递等语。应请鉴核,速赐施行,免致日本滋扰居民。是所祷盼!

749. 致烟台刘观察电

光绪二十一年闰五月十九日(1895 年 7 月 11 日)

烟台刘观察鉴:已照来电商请总署照会林使矣。衡。效。

750. 致济南李藩台电

光绪二十一年闰五月二十日(1895 年 7 月 12 日)

济南李藩台鉴:号电敬悉。军饷需解八万两,下月初赶到,即可不误。衡。号。

751. 致刘观察电

光绪二十一年闰五月二十一日(1895 年 7 月 13 日)

烟台刘观察鉴:孙万林所领军火请照发。王贻圭由浦解到轧来司一千枝,分得尔一千三百四十枝,毛瑟子五十万,系严观察信厚经购之件,与津局无涉。希即复。请根追。个。

752. 致边润帅电

光绪二十一年闰五月二十一日(1895 年 7 月 13 日)

水部福建制台边润帅台鉴:前具谏电,尚未奉覆。近闻刘渊亭连获奇捷。果尔,可称同快。可否密派精细妥弁暗往,确探的音见覆。幸甚!秉衡肃。个。

753. 致烟台刘观察电

光绪二十一年闰五月二十一日(1895 年 7 月 13 日)

烟台刘观察鉴:个电悉。所办甚是。衡。个。

754. 致烟台刘观察电

光绪二十一年闰五月二十三日(1895年7月15日)

烟台刘观察鉴:漾电敬悉。请电达沈观察,即将所剩规银一千五百三十二两交潘芸孙观察照收,备代购机器之用。津局经购兵枪及子价值,均由盛观察于海防捐内拨付清楚。惟毛瑟子百万迄未收到。仍祈电催,务得着落为要。衡。漾。

755. 致济南机器局电

光绪二十一年闰五月二十三日(1895年7月15日)

济南机器局鉴:前托上海招商局沈子枚观察代购兵枪,剩规银一千五百三十二两,已嘱其就近交潘芸孙观察暂存,备付机器价值之用。望即电达潘观察照收汇报。衡。漾。

756. 致边润帅电

光绪二十一年闰五月二十四日(1895年7月16日)

水部福建制军边润帅台鉴:养电敬悉。渊亭恐久难支,愤闷不可言。续耗若何?时切悬盼。威海倭酋占民房,圈文、荣两城,经力争,已作罢论。主事者右外人,余力不遗,奇绝愤绝!秉衡肃。敬。

757. 致济南李藩台电

光绪二十一年闰五月二十五日(1895 年 7 月 17 日)

济南李藩台鉴:顷查官单,所开范县本缺,系姚令恩溥。乃调署单县优缺后,而不回本任。闻该员在单县官声甚劣。是否因之撤任,抑巧避范县苦缺而不回任?是二者必居其一。请赐查明见示。如陶振宗已牌示,或令前往,否则暂缓挂牌。统望电示。衡。径。

758. 致烟台刘观察电

光绪二十一年闰五月二十五日(1895 年 7 月 17 日)

烟台刘观察鉴:接有电。得悉毛瑟子已有着落。运烟时,请以五十万解黄,五十万解莱可也。衡。有。

759. 致刘钦帅电

光绪二十一年闰五月二十六日(1895 年 7 月 18 日)

山海刘钦帅鉴:关内外议撤防营,公部湘军似宜多留。前见李总统占椿十五营纪律严整,深佩湘军能存旧日规模。万提督本华踔厉风发,尤为上选。此军能勿遣撤,当可得力。或在撤列,仍乞饬万提督挑选精锐两三营拨归东军。际此时艰,将才难得,想公忠谋硕画必已及之。敢布区区,仰祈察夺。秉衡谨肃。宥。

760. 致刘观察电

光绪二十一年闰五月二十六日(1895 年 7 月 18 日)

烟台刘观察鉴:草庙防营昨已奏请缓移。查冶口既经撤卡,已无逼近之嫌。草庙距威甚远,势难再退。谅公必能着力鉴持也。衡。宥。

761. 致曹州府毓观察电

光绪二十一年闰五月二十六日(1895 年 7 月 18 日)

曹县送曹州府新升兖沂道毓观察鉴:现在青纱帐起,正缉捕吃紧之时。查陈副将、史守备均获贼二三十名不等,且得枪械,赃物、骡马。何以岳忝将金堂马队全营仅报获贼一二名,亦未见起有赃物?该员于捕务是否得力?希即查明,据实示复。衡。宥。

762. 致天津盛观察电

光绪二十一年闰五月二十七日(1895 年 7 月 19 日)

天津盛观察鉴:毛瑟子百万,荷费心查出。希即运烟为感。衡。沁。

763. 致济南院署钱席卞博文电

光绪二十一年闰五月二十八日(1895 年 7 月 20 日)

济南院署钱席博文先生鉴:徐牧赓陛黄县任内交代欠解若干?是何款目?已否出奏?其动用因案存县公款叙入否?如电不能详,则请分晰查明,由包封示复。衡。勘。

764. 致烟台刘观察电

光绪二十一年闰五月二十八日(1895 年 7 月 20 日)

烟台刘观察鉴:陈牧所领军火,请照发。衡。勘。

765. 致崧锡帅电

光绪二十一年闰五月二十九日(1895 年 7 月 21 日)

云南制台崧锡帅鉴:敬电祗悉。张、马两总戎,前以和议成,又值因病乞退,故未速驾。现在蒙恩赏假,一时难遂归志。惟当裁撤勇营,若难位置,拟专请马副戎柱选带力弁勇一二哨,当设法补足两营归其统带。东军营制营官每月一百五十两,统费在外,哨官十七两,勇丁三两六钱,海防另加米价四钱,乞转告马副戎。如可屈就,即由汇款拨发川资一千八百两,即取道广西右江附轮来东,以期迅速。张总戎绍模无多营以安贤者,未能延致。歉甚!应否送千金酬久候之费?并求酌裁。琐渎,统祈垂谅。衡。艳。

766. 致济南院署钱席卞博文电

光绪二十一年闰五月二十九日(1895 年 7 月 21 日)

济南院署钱席博文先生鉴:前函请拟稿咨豫抚,按照部议协解嵩武军月饷,并加函切恳。未审已签发否?乞示复。衡。艳。

767. 致济南河防局电

光绪二十一年闰五月二十九日(1895年7月21日)

济南河防局鉴:请速刊刻督办上游河工事务关防一颗,转发李莲舫观察查收启用。衡。艳。

768. 致曹州府署毓观察电

光绪二十一年六月初一日(1895年7月22日)

曹县送曹州府署毓观察鉴:两电均悉。承归美,为愧!帝简酬庸,衡何力之有?惟望公力图报称,共济艰难,以副朝廷向用之意。衡。东。

769. 致盛观察电

光绪二十一年六月初一日(1895年7月22日)

天津盛观察鉴:艳电敬悉。敝乡赈务款少灾重,蒙大力筹济,同为感佩。金、复等处俟倭退后诚宜优加抚恤,以固民心。但可图维,不敢辞其责也。衡。东。

770. 致济南营务处电

光绪二十一年六月初二日(1895年7月23日)

济南全省营务处鉴:顷准直督王电开,豫军牛师韩马步七营,日内自津起程,军装及病勇由水路,队伍由陆路,均取道德州临清前赴道口等因。希即转饬经过地方防营,一体弹压护送,毋任滋事。衡。冬。

771. 致德州陈牧等电

光绪二十一年六月初二日(1895年7月23日)

德州陈牧、赵参将、开营马游击同览:顷准直督王电开,豫军牛师韩马步七营,日内自津起程,军装及病勇由水路,队伍由陆路,均取道德州临清前赴道口等因。希即妥为弹压护送,毋任滋事。切!衡。冬。

772. 致南京制台张宪台电

光绪二十一年六月初三日(1895年7月24日)

南京制台张宪台钧鉴:徐牧交待欠解杂款银二百六十三两九

钱八分四厘,捐款银三百七十九两六钱七八厘,遵暂扣参。请饬速缴。再,徐牧动用控案缴存京钱六千四百零两吊一百六十二文,业已被控文追。并祈谕知,毋再延缓。秉衡谨肃。江。

773. 致云南制台崧锡帅电

光绪二十一年六月初三日(1895 年 7 月 24 日)

云南制台崧锡帅鉴:艳电计已呈览。顷接张总戎绍模来函云,前挑弁勇已发安家、伙食、军装共银一千七百余两等语。现因撤防,未便再请来东,自应如数相酬。恳由汇款内拨付一千八百两,并乞代达歉忱。马总戎柱川资不足,求公垫发,容即汇缴。恃爱渎陈,伏候裁酌。衡。江。

774. 致济南机器局潘观察电

光绪二十一年六月初四日(1895 年 7 月 25 日)

济南机器局潘观察鉴:此时制造军械为急,极思求已,以塞外购漏卮。一切惟公是赖。祈即命驾来莱见教。幸甚!衡。支。

775. 致南京制台张宪台电

光绪二十一年六月初五日(1895 年 7 月 26 日)

南京制台张宪台钧鉴:歌电敬悉。徐景川所称,尽属子虚,万不可用。渠河南人,能一电玉山中丞知方好。秉衡谨复。歌。

776. 致济南河防局吉观察电

光绪二十一年六月初六日(1895 年 7 月 27 日)

济南河防局吉观察鉴:前日接丁观察报称下游蝎子湾出险甚急,未识刻下能否无恙?有无续报,望即电示。衡。麻。

777. 致盛观察电

光绪二十一年六月初六日(1895 年 7 月 27 日)

天津盛观察鉴:两电敬悉。退辽借他人之力,犹复威逼至此。报复何年,令人愤绝。奉赈亟需二万两,诚宜设法接济。惟东省防不能撤,诸事支绌,现在月饷尚待尊处炮价解到散放,实无他款可以拨赈。局存前已尽数提解奉、直,以此间凋敝情形,断难再向官民劝集。容徐思熟计,随时奉商。先此敬覆。衡。麻。

778. 致济南署运台吉观察电

光绪二十一年六月初七日(1895 年 7 月 28 日)

济南署运台吉观察:阳电敬悉。局款速发,以顾要工。荩筹甚佩!衡。阳。

779. 致烟台刘观察电

光绪二十一年六月初七日(1895 年 7 月 28 日)

烟台刘观察鉴:津局船运毛瑟子百万,已否到烟?请查示。衡。阳。

780. 致边润帅电

光绪二十一年六月初九日(1895 年 7 月 30 日)

福建制台边润帅鉴:筠臣方伯到东。敬询起居,慰甚!又念甚!台事日在悬系中。近接仗否?刘渊亭作何举动?能否支持?以示慰。衡。青。

781. 致广西张丹帅电

光绪二十一年六月初十日(1895 年 7 月 31 日)

广西张丹帅鉴:庚电敬悉。昨闻引疾,苦又少担荷时艰人,殊增慨叹。未审臂疾渐愈否?至念!此间已将撤防,弟假满后尚拟陈请,势难再调杨总戎来东。且粤边正需将才,似亦未可遽去。公谓然否?衡。蒸。

782. 致开封河院仙帅先生电

光绪二十一年六月初十日(1895 年 7 月 31 日)

开封河院仙帅先生台鉴:承电示万锦滩水长,敝处得先事预防。感甚!续有涨落,仍乞赐闻。秉衡肃覆。蒸。

783. 致济南河防局电

光绪二十一年六月初十日(1895 年 7 月 31 日)

济南河防局鉴:顷准许河帅电开,初五戌时陕州万锦滩陡长水四尺,希即传知各工,一体防护。衡。蒸。

784. 致济南河防局电

光绪二十一年六月初十日(1895 年 7 月 31 日)

济南河防局鉴:昨据丁观察请拨银二万两,当即行局筹备。未审已否接到?下游工程紧急,特再电闻。希即如数措齐拨领毋误。切切!衡。蒸。

785. 致王夔帅电

光绪二十一年六月十二日(1895 年 8 月 2 日)

天津王夔帅台鉴:真电敬悉。嘱留张、李两营,极思遵办,苦于防不能撤。部帑无可请,就地筹饷支绌万分。除得力之营无法裁撤,其余亦正在删汰,势难再议添营。惟有乞公严饬该军统领务将枪械一律缴清,仍恳遇有遣撤先期赐示,俾得随机防范。无任感祷!秉衡肃复。文。

786. 致德州陈刺史等电

光绪二十一年六月十二日(1895 年 8 月 2 日)

德州陈刺史开军、马游戎同览:闻散勇过境甚多,久未接据文报,至为悬系。务请加意弹压护送,以收清枪械为第一要义。嗣后用排递,按日会报情形。切切!衡。文。

787. 致济南署运台吉观察电

光绪二十一年六月十二日(1895 年 8 月 2 日)

济南署运台吉观察鉴:真电敬悉。蝎子湾现有转机,款已筹备为慰。阴雨连绵,要工可虑,想公熟悉情形,必能通筹顾也。衡。文。

788. 致济南李藩台电

光绪二十一年六月十二日(1895 年 8 月 2 日)

济南李藩台鉴:顷接盛观察电称,海防捐扫解库平银十万五千两,请饬德州护解等语。希即转饬沿途经过地方防营,妥慎迎护为要。衡。文。

789. 致刘观察电

光绪二十一年六月十三日(1895 年 8 月 3 日)

烟台刘观察鉴:顷奉电旨:倭兵暂驻威海,应遵前旨以海湾南岸四十里为断。倭员辰男现既离威,即着李秉衡传知刘含芳按约划清界址,毋任稍有逾越。钦此。希即钦遵。衡。元。

790. 致济南院署钱席卞博文电

光绪二十一年六月十四日(1895 年 8 月 4 日)

济南院署钱席博文先生鉴:补济东道缺奏稿如已拟就,乞速赐寄莱。衡。寒。

791. 致济南署运台吉观察电

光绪二十一年六月十四日(1895 年 8 月 4 日)

济南署运台吉观察鉴:西路雨大,河工能否稳固,殊悬于心。省局见闻较近,乞确示工次情形为盼。衡。寒。

792. 致刘观察电

光绪二十一年六月十四日(1895 年 8 月 4 日)

烟台刘观察鉴:元电敬悉。威海暂驻倭兵,仍是我中国土地。应按中国历来行走道路四十里之数,遵旨自海湾起算。希即查照办理。衡。寒。

793. 致济南李藩台电

光绪二十一年六月十四日(1895 年 8 月 4 日)

济南李藩台鉴:顷据丁观察禀,请添派吴守承恩下游下段提调,赴利津等处督同营委抢办险工。希即谕知吴守,即速乘船赴工,毋稍延缓。切切!秉衡。寒。

794. 致南京制台张宪台电

光绪二十一年六月十五日(1895 年 8 月 5 日)

南京制台张宪台钧鉴:急。运河陶城埠初八启坝,水高坝内丈二尺余。十二午刻,宁船进竣,苏船继进,船不跟艄。两日两夜,仅进两起。水势过大,漫决可虞。且开坝已经七日,虑水陡落,或行缓停淤,均堪阻滞。务乞电谕总催各官严饬速进,以免延误。秉衡谨肃。咸。

795. 致陶城埠洪太守电

光绪二十一年六月十五日(1895 年 8 月 5 日)

阿城送陶城埠洪太守鉴:寒电敬悉。已电请两江督抚、漕帅严催苏船速进矣。衡。咸。

796. 致总理衙门电

光绪二十一年六月十五日(1895 年 8 月 5 日)

北京总理衙门钧鉴:阳电敬悉。前奉函谕。衡细察舆情,滋阳县民拒绝洋人,已有蹈死不悔之势。安主教来往兖城,诚恐激成事变。东省教案向委济东道办理,安主教遇有筹办事件,经向济东道晤商,似为两全之道。曾据实覆陈,计日内当可到京。是否有当?伏乞核夺。秉衡谨肃。咸。

797. 致济南李藩台电

光绪二十一年六月十五日(1895 年 8 月 5 日)

济南李藩台鉴:电示敬悉。吴守即日赴工,慰甚。札派提调,已由莱径饬该守矣。衡。咸。

798. 致云南制台崧锡帅电

光绪二十一年六月十五日(1895 年 8 月 5 日)

云南制台崧锡帅鉴:初三日接张总戎绍模文函,当即电恳我公由汇款内拨付一千八百两。未审已呈览否?顷奉阳电敬悉。张总戎处务乞转达歉忱。仍代致千八百金。张系将才,异日有事,再当借重。此款无相累之理,幸毋固辞也。马副戎来东,川资不足,求酌量筹发。示知银数,即当汇缴。统费荩筹,不胜心感。衡。咸。

799. 致峄县姚大令电

光绪二十一年六月十五日(1895年8月5日)

台庄送峄县姚大令鉴:刘副将盘获勇丁携带幼女多名,即使价买属实,以营官而行同人贩,殊为可恶!当已批饬分别给资送回本籍,交其亲属领回。复经札催各在案。务望妥速资送,所费准其开销。即先电复。衡。咸。

800. 致济南李藩台电

光绪二十一年六月十五日(1895年8月5日)

济南李藩台鉴:曹郡各属,现正青纱障起。所有新经檄委之道府牧令,祈即催令迅速各赴调任,以专责成。衡。咸。

801. 致济南李藩台电

光绪二十一年六月十五日(1895 年 8 月 5 日)

济南李藩台鉴:海防捐请不解部,仍留充本省军饷,乞速具详,以便入奏。衡。谏。

802. 致济南院署刑席谢式章电

光绪二十一年六月十五日(1895 年 8 月 5 日)

济南院署刑席谢式章先生鉴:胶州副将缺,以陈大胜请补。台庄参将缺,以沙明亮请补。拟用牌示,乞饬知门丁郑泰,即行悬牌。并告内署电覆。衡。谏。

803. 致阿城洪太守电

光绪二十一年六月十五日(1895 年 8 月 5 日)

阿城送洪太守鉴:顷准漕帅电开:已飞电马粮道派持令官李廷标,速传苏襄办。无论星夜,力为挽运入口,不准稍延,致干未便等语。希即一体督催,毋任延误。切切!衡。谏。

804. 致济南济东道李观察电

光绪二十一年六月十七日(1895 年 8 月 7 日)

济南济东道李观察鉴:顷奉总署电开:法国马教士在泰安府城内买房,该县仍执先报地方官旧说,与现行章程不符。法使函请出示晓谕查照。本署本年通行咨文办法,毋庸先行报官。希饬属照办等语。希即查照转饬办理。衡。筱。

805. 致总理衙门电

光绪二十一年六月十七日(1895 年 8 月 7 日)

北京总理衙门钧鉴:铣电敬悉。法教士在泰安府城买房之事,已饬济东遵照办理。秉衡谨肃。筱。

806. 致济南李藩台电

光绪二十一年六月十七日(1895 年 8 月 7 日)

济南李藩台鉴:电示敬悉。土药局已委朱钟洛,请饬吴守刻即起程。如吴有事,一时难脱身,即改委邹守承照往署。并饬尚守经赴调任。青纱障际,万不可缓。衡。筱。

807. 致济南院署钱席卞博文电

光绪二十一年六月十七日(1895年8月7日)

济南院署钱席卞博文先生鉴:司详海防捐仍留允饷一事,乞即叙奏稿寄莱。为盼!衡。筱。

808. 致曹州毓观察电

光绪二十一年六月十七日(1895年8月7日)

曹县送曹州毓观察鉴:曹县绅民禀留王令,希即传知,应静候曾令到任办贼,毋庸请留。衡。筱。

809. 致济南李藩台电

光绪二十一年六月十七日(1895年8月7日)

济南李藩台鉴:曹县绅民以捕务为词,禀留王令。希即催曾令迅速赴曹县任,认真办贼,以副民望。衡。筱。

810. 致济南刘太守电

光绪二十一年六月十七日(1895 年 8 月 7 日)

济南刘厚庵太守鉴:总署电本曾令启埙,请立催速赴曹县调任。并转饬务严缉捕务,顺民情,毋负委任。再,闻曹县募勇,向自捐廉。王令动用城工款项,实属取巧。并以知照曾令。衡。霰。

811. 致王夔帅电

光绪二十一年六月十七日(1895 年 8 月 7 日)

天津王夔帅台鉴:筱电敬悉。胶州所购大炮移置北塘,以固津、沽门户,极为妥协。请照尊谕办理。秉衡谨肃。筱。

812. 致阿城洪太守电

光绪二十一年六月十八日(1895 年 8 月 8 日)

阿城洪太守览:筱电悉。坝内水既深阔,请即严催前进。如仍罔应,即会道择尤惩办。衡。巧。

813. 致天津县赵新甫电

光绪二十一年六月十八日(1895 年 8 月 8 日)

天津县赵新甫弟台览:闰月有勇丁携带幼女六名被峄县防营盘获。询悉天津营官谢家福、刘兴奋所买。行同人贩,甚为可恶!当批饬分别资送各原籍。顷据姚令禀称,已一并移送贵县。未免意存瞻徇。幸值弟台在此,可望拯救穷黎,乞就近仍送各原籍交亲属领回,不准再买。该幼女情形可悯,万毋再交刘、谢两营官也。衡。啸。

814. 致济南吉运台电

光绪二十一年六月十九日(1895 年 8 月 9 日)

济南吉运台鉴:巧电敬悉。吕家洼往放急赈,甚是。所委何员,请便示。衡。效。

815. 致天津县赵新甫电

光绪二十一年六月十九日(1895 年 8 月 9 日)

天津县赵新甫仁仲览:啸电想察及。查幼女六名原籍,萧、张系遵化，刘系丰润，王系文安，孙、刘系唐山，意即滦州所管。姚令均移送天津，无非瞻顾同乡，为该营官领去地步。故再电闻。吾仲素能持正，乞一一妥交亲属，免再流离为祷。衡。效。

816. 致总理衙门电

光绪二十一年六月十九日(1895年8月9日)

北京总理衙门钧鉴：上月十六日电请代奏，暂缓回省。奉旨钦遵在案。现在省城有应办公事，并京外条陈奉旨交议筹办各事，宜均须面与司道熟筹。衡拟于月内回省商办一切，以免顾此失彼。如海防有紧要事件，当再回防。乞代奏，请旨遵行。秉衡谨肃。效。

817. 致阿城洪太守电

光绪二十一年六月十九日(1895年8月9日)

阿城送洪太守鉴：效电敬悉。粮船、民命，关系并重。如势太危急，即先行合龙。一面电咨漕督。衡。效。

818. 致清江松峻帅电

光绪二十一年六月十九日(1895年8月9日)

清江松峻帅鉴:据东昌府洪用舟电禀:黄入运旬余未落涨,河皆盈堤拍岸,处处危险。苏船入口,两岸栽犁,三面下锚,不敢上流直放。黄水无流处即淤浅,一时仅进三两只,七日夜,进六起。苏帮司漕催不勤,自谓智穷。现有两起未入。今日寅至亥,雨如桶倒,堤尽泡松,黄、运皆奇险。设漫决难抢,夺流北超,何堪设想?水足而船不行,乃甚自误。沿河民命攸关,可否咨明先行合龙,未进者令用小船匀拨各帮?向亦办过。事出急迫,不敢拘泥。禀求速示遵行等语。查该守所禀黄水太大,恐其漫决夺溜,致有奇变,自属实情。已电饬先行合龙。相应电咨水案,请即查照转饬办理为荷。衡。效。

819. 致阿城洪太守电

光绪二十一年六月二十日(1895年8月10日)

阿城速速送洪太守鉴:效电想已入览。龙门是否易合?雨住否?黄运水势如何?即祈发急电示复。衡。号。

820. 致开封河院仙帅先生电

光绪二十一年六月二十日(1895 年 8 月 10 日)

开封河院仙帅先生台鉴:承示万锦滩水长,关爱感甚。此间连日苦雨长,河工险。奈何? 秉衡肃复。号。

821. 致济南河防局电

光绪二十一年六月二十日(1895 年 8 月 10 日)

济南河防局鉴:顷准许河帅来电,万锦滩于六月十八日长水三尺。希即传知通工妥慎防护。衡。号。

822. 致济南河防局电

光绪二十一年六月二十二日(1895 年 8 月 12 日)

济南河防局鉴:顷准许河帅来电,万锦滩于十九日又陡长水三尺。希即传知各工加意防护。衡。养。

823. 致阿城洪太守电

光绪二十一年六月二十二日(1895 年 8 月 12 日)

阿城送洪太守鉴:电示,阅之至慰。请即就时就事酌度办理,无不妥协。然已煞费心神矣。衡。养。

824. 致清江漕院松峻帅电

光绪二十一年六月二十二日(1895 年 8 月 12 日)

清江漕院松峻帅鉴:号电敬悉。顷据洪太守电称:天已晴霁,仍催船速进。现进八尺。但能水势稍稳,即俟进毕再行合龙。否则相机酌办等语。谨以奉闻。衡。养。

825. 致济南署运台吉观察电

光绪二十一年六月二十二日(1895 年 8 月 12 日)

济南署运台吉观察鉴:电示敬悉。赈务以得人保民命为主。局中旧习,仅为位置多员计。甚非弟所望于公也。吕家洼千金派正、佐三人,齐东五百金派正、佐两人。款少员多,似失救灾本意。时艰至此,亟待能破除情面之贤者担荷而挽回之。忠告之义,幸垂察焉。

826. 致阿城洪太守电

光绪二十一年六月二十三日(1895 年 8 月 13 日)

阿城送洪太守鉴:养电敬悉。粮船已齐进口。盖劳极为佩仰。祈趁此水势平稳,赶即合龙为祷。衡。漾。

827. 致总理衙门电

光绪二十二年二月二十六日(1896 年 4 月 8 日)

马电敬悉。兖郡房屋去冬早已备妥。安主教上年五月之事,已获犯张华亭惩办,并由兖沂道出示晓谕。复查明张贻慈等委无敛费唆使情事,未便处分。至安主教进城,当派武弁迎护。德使所称滋阳及兖镇迎导,细思万难曲从。盖彼之遇事要挟,知我不欲启衅耳。岂彼真不欲相安无事?倘因理太失平,激犯众怒,更恐变生不测,愈难收拾。惟请仍向开说,俾勿得步进步。庶可两全。如其万不能了,即请奏明治衡以办理不善之罪,亦可有词以谢,藉以转圜。总之衡本无交涉之才,即难辞不职之咎。纵干天谴,亦不敢有惧怼也。秉衡叩。径。

828. 致总理衙门电

光绪二十二年五月二十四日(1896 年 7 月 4 日)

奉旨:刘坤一电悉。山东曹、单一带,本系盗贼之薮等因。钦此。又承准总署电:顷德使函称,据济宁教士电开,单县焚拆教堂民宅多处,希即分别查办等因。查此案于十八日据曹州府县等电禀,砀匪庞三,勾结东省大刀会,扰及单县东南乡等情。即饬调开字两营,一札曹县,一扎辛台,续又添调一营驻扎单县;电饬新授臬司毓贤、兖沂道锡良亲行查办;复札委府德州县三员驰往,随同毓贤等分投弹压,妥为解散,如敢抗拒,即由毓贤等率队剿办。兹奉前因,当即飞饬钦遵,毋得姑息酿患,并饬属分别迅速查办。请代奏。秉衡谨肃。敬。

829. 致总理衙门电

光绪二十二年五月二十八日(1896 年 7 月 8 日)

奉感电旨:据刘坤一电奏,刀匪在马良集与官兵开仗等因。钦此。查刘士端等会匪,早经通饬缉拿。嗣据单县禀报,匪于十五日已退回砀山庞家林,单境现无大股等情。兹复钦奉谕旨,现已飞饬毓贤等确查单县有无匪众、刘士端是否在单,实力搜剿,俟禀到再行详陈。乞代奏。秉衡。俭。

830. 致总理衙门电

光绪二十二年九月十九日(1896 年 10 月 25 日)

奉寒电。日使照会谓,中国有心违约,如不退兵,即将新定商约作废。已与互立文凭,订明距界四十里,中国军队不宜逼扎,奉旨允准等因。查约载,赔款一、二次交清,商约互换,剩款请定办法,即退回军队。今赔款一、二次已交,商约已定,彼当退兵,反藉口我不退兵,即将新约作废。是彼固蓄意寻衅,我退则彼进。查宁、文、荣三州县俱距威一百数十里,实已在彼所谓四十里外。若此番退扎,再并此而不得,势必并三城无以为守。彼既得我二万万,复割台湾,并通商各要害。乃当彼应退兵之际,反藉端抵赖,其祸何可胜言?此事总督既奉谕旨,衡复何敢抗违?惟以衡之遇,势不能与彼族并处。惟有吁恳天恩,将衡罢斥,另行简员办理。不胜感激之至!九月十六日奉旨:李秉衡电,具见奋发之忱。惟马关约内两次债款交清,商约互换后,尚有将关税作为剩款并息之抵押,如不确定,日本不允撤队等语。抵押一节断不可行,故未能责以撤队。至威海彼占四十里外,再空四十里不驻兵队,庶可彼此相安。此等办法,原属不得已之举,该抚务当从权办理,毋致因此再起波澜。是为至要!洽电钦奉谕旨,不责衡之愚戆,俯加温谕,读之涕零。谨当仰体朝廷不得已之办法,遵旨于彼占四十里外,将我军移于再空四十里外,惟择地筑垒非旦夕可以竣事,拟限我各营于十月初旬一律退毕。惟我退之后,此空界四十里中,彼亦不得再进一步,请旨饬与订明,庶可彼此相安。请代奏。

831. 致总理衙门电

光绪二十三年六月二十八日(1897 年 7 月 27 日)

据单县电禀:六月二十四日夜,江南砀山县訾庄,有大刀会匪四五百人围攻该村教堂,烧毁民房,铜山、丰县别聚一二千人,请派兵防范等语。东省曹、单、鱼台等处现虽平静,惟均与砀山、铜、丰等县毗连,自应先事防范。已电饬兖沂道暨兖曹二镇调拨营队扼扎,相机办理,以卫民教。谨以电闻。秉衡谨肃。勘。

832. 致总理衙门电

光绪二十三年十月十五日(1897 年 11 月 9 日)

十三日电敬悉,顷据兖沂道及巨野县禀报,据教士薛田资报称,十月初七日,德教士能方济,自汶上至曹县传教,在伊教堂与韩理一处住宿,是夜被盗进院行窃,教士韩理等惊觉喊捕,盗匪临时行强,打毁窗户入室,用标枪扎伤韩理、能方济肚腹左肋等处,移时因伤身死,并劫去钱票衣物逃逸,由县亲诣勘验无异等情。当经批饬该县勒缉凶盗,务获究办,并悬赏通饬缉拿在案。又据寿张县禀报,该县郑家园教堂,于十月初五日夜,被盗行劫银钱衣服等情,亦经批饬赶紧缉拿。一面饬地方官妥为保护,并有无别情,查明禀复。谨电闻。

833. 致总理衙门电

光绪二十三年十月十七日(1897 年 11 月 11 日)

奉十六日电,奉旨:曹州杀死洋人一案等因。钦此。遵即派委臬司毓贤、兖沂道锡良驰往巨野,彻底根究有无起衅别情,并严饬督拿凶盗,务获究办。阳谷之案,一并饬查妥办。请代奏。

834. 致总理衙门电

光绪二十三年十月十九日(1897 年 11 月 13 日)

奉十七日电旨:此案以速获凶盗为第一要义等因。钦此。查巨野一案,昨已严批勒限半月务将凶盗拿获。钦奉前因。遵即将巨野县摘顶。寿张县之事,已饬臬司毓贤、兖沂道锡良一并查明,再遵旨办理。除具折外,请代奏。

835. 致总理衙门电

光绪二十三年十月二十一日(1897 年 11 月 15 日)

巨野教案前已将该县摘顶勒缉,并将寿张知县摘顶矣。顷据兖沂道禀报,已督同营县,拿获盗犯惠朝现即惠二哑巴等四名,确系巨野案内正犯,讯供惩办。谨先电闻,请代奏。

836. 致总理衙门电

光绪二十三年十月二十一日(1897 年 11 月 15 日)

顷据登州镇章高元禀称:二十日早德国棣提督率领德兵纷纷上岸,分布各山头,复送来照会,内开:胶州湾一地,限三点钟将驻防兵勇,全行退出女姑口、劳山以外,只允带火枪一车,其余军火炮位概不准带,以四十八点钟退清为限,过此即当敌军办理。现在砍断电线,意在挟威霸据等因。查巨野教案,比即派司道大员前往督拿凶盗。现在盗已拿获四名,办理不为不速,乃德人竟以兵船登岸,图占胶澳。查各国从无因一抢杀之案,不容办理,立即动兵占地之事。是其蓄谋一定,即无此盗案,亦将别寻衅端。现在胶澳只有四营,恐难持久,衡拟调夏辛酉所带各营,开拔赴胶。一面立电曹州镇万本华,在曹赶召五营,以足兵力。应请敕下总署王大臣与该国使臣理论,如不可以说动,则衅自彼开,非与之决战不可。衡不敢以交卸在即,稍涉推诿。乞代奏。

837. 致青岛章军门电

光绪二十三年十月二十一日(1897 年 11 月 15 日)

章军门鉴:哿电敬悉。德棣提督藉端寻衅,断非口舌所能了,尊处四营务须坚谕勿动。弟已电奏请旨,拟调夏庚堂统领所部各营开拔赴胶;并电万荣(齐)〔斋〕就曹州赶募五营,以厚兵力。俟奉旨,再行电闻。衡。马。

838. 致青岛章军门电

光绪二十三年十月二十一日(1897年11月15日)

急。青岛章军门鉴:电悉,复电叙明已电奏请旨,计已达览。德既挖沟架炮,构衅已成,非力战不可。贵军暂退四方村据守请战甚是。刻又电奏,候旨到,即行电达。衡。个。

839. 致总理衙门电

光绪二十三年十月二十二日(1897年11月16日)

十六日电敬悉。顷据章高元电称:今早德兵登岸,分据要隘,逼令该镇退兵,各山口均已挖沟架炮,并言下午三点钟率队进营,胶防营已拔至青岛山后、四方村等语。彼既如此横暴,势难理说,非与决战不可,应请如衡前电办理。恳迅颁电旨遵行。再,德既占地开衅,而我兵不能力拒,在章高元自应有得之罪,即衡亦难辞咎,应请宸断。巨野获犯,已飞饬讯供严办矣。请代奏。

840. 致胶州章军门电

光绪二十三年十月二十三日(1897 年 11 月 17 日)

胶州章军门鉴:奉电旨,添调招募各营均着照办,并须任其恐喝不为之动。足下务须整顿严扎以待,倘再退步,有干职守。衡。复。

841. 致胶州章军门电

光绪二十三年十月二十四日(1897 年 11 月 18 日)

胶州章军门鉴:养电悉。子药已饬莱局照发。夏庚堂十二营已令开拔至平度,节节进逼,以资援应。尊处暂可不必另招,冬防营勇调回归伍。贵部回营务须整齐队伍,坚持不动,万不可听其恫喝,再向后退。为要!衡。敬。

842. 致总理衙门电

光绪二十三年十月二十四日(1897 年 11 月 18 日)

巨野盗案前获盗犯惠朝现等四名,续获高夷青一名。顷据毓贤、锡良电禀,又续获四犯,起出真赃八件,经事主认明等语。谨以电闻。

843. 致总理衙门电

光绪二十三年十月二十五日(1897 年 11 月 19 日)

奉二十二日电旨:所请添调招募各营,均着照办等因。钦此。比即钦遵转电万本华等照办。正在电奏间,钦奉二十三日电旨:敌情虽横,朝廷决不动兵。此时办法,总以杜后患为主等因。钦此。复遵旨转电暂行停招。惟衡忧愤之忱,有不能已于言者。德藉巨野盗案为词,此案已派司道大员查办,前获盗犯四名,内雷协身一名,即系起意强行首犯。又续获高大青一名,顷据毓贤、锡良等抵县禀报,又续获四名并起出真赃,已经事主认明。办理不为不力,而德人当此案一出,不待查办,即称兵占地,任意欺凌。现在教堂布满天下,一处如此,处处效尤,中国何以自立?其患一。中外交涉,全凭条约,彼无端据我要害,逐我防军,揆其情势,即盗案办结后,胶澳必不肯退。此地为各国所垂涎,若竟以畀德,他国群起纷争,条约无凭,恐各海口皆非我所得有,大局何堪设想?其患二。朝廷驭将,全凭赏罚,我军驻守之地,守将节节退避,任敌人据我营垒,封我炮火,如入无人之境,朝廷不加之罪,恐各处将领皆以不战为顾大局。设有战事,谁肯为朝廷出死力?其患三。在朝廷本以不战杜后患,衡以为战之胜败虽不可知,而患只在一国,不战则各国皆思攘夺,患更不可胜言。现在真赃正盗均已缉获,应请敕下总署及出使大臣,拒理争辩。如案犯讯结后,再不将胶澳退出,则后患方长,恐非不战所能杜。可否仍遵前旨,预为招募数营。查曹州府全府民风皆强悍敢战,多充军队,而曹镇万本华廉勇,又能得士卒死力,虽仓猝招集,足备缓急,伏求宸断。再,遵电夏辛酉全军进扎距胶百二十里平度州,相机办理,并令酌留一营顾登防。又电孙金彪拨营填扎文登夏军原防营垒。现奉旨饬张汝梅到任,衡交卸在即,何敢哓渎圣听?惟衡受恩最深最重,此事关系太重,不敢缄默不言。谨披沥上陈。请代奏。

844. 致章军门电

光绪二十三年十月二十六日(1897 年 11 月 20 日)

罗刺史送章军门鉴:二十五午刻电悉,已据情电奏矣。仍望相机可也。衡。宥。

845. 致章军门电

光绪二十三年十月二十七日(1897 年 11 月 21 日)

胶州罗刺史送章军门鉴:宥电计达览。顷奉宥寅电敬悉。昨奉电奏尚未奉旨,仍请相机办理。巨野教士被杀一案,已获盗九名,并起出真(藏)〔赃〕给领矣。并闻。衡。泌西。

846. 致总理衙门电

光绪二十三年十月二十七日(1897年11月21日)

顷据毓贤、锡良电复:犯供确,赃经教堂魏姓领去。请代奏。

847. 致总理衙门电

光绪二十三年十月二十七日(1897年11月21日)

奉二十六日电旨,谨即钦遵。顷据章高元电称:二十五日巳刻,德兵数百人来营,催令退军。又逼令赴青岛见该国提督面议,高元即带亲兵数人,随同前往等因。查德兵登岸,迭肆威胁,我军由青岛退至四方村,由四方村退至沧口。是彼自开衅,我自退让,今复节节进逼,又令退军,似此得步进步,究以何处为止境?设彼长驱直入,何以御之?现胶州一带民心惶惧,应请饬总署及出使大臣速筹办法,以定人心。夏辛酉一军移扎平度,定于二十七日开拔。请代奏。

848. 致胶州章军门电

光绪二十三年十一月初四日(1897年11月27日)

胶州章军门鉴:冬电敬悉。具见足下苦心。钦佩!惟枪械万不可为敌所有,此外尽可相机办理。弟必能相谅也。衡。江。

849. 致总理衙门电

光绪二十三年十一月初六日(1897 年 11 月 29 日)

初四日电敬悉。巨野之案,据首犯雷协身供,同伙十四人,已获九名,兼获杀人盗首。是此案已经破获。所称李家庄之事,已饬属确查。惟此案有正盗,有供词,确凿可据。并无谋杀薛姓未获之事。德使所称约三十人及李家庄寻杀薛田资等语,明系有意刁难,想蒙洞鉴。再,寿张劫案已拿获首伙王明按、马山、邵小二三名,起获之赃,已经教士裴微礼认领,取有洋文押领。并闻。再,新任初六接印,衡即交卸就道。以后如有电谕,请径电新任。

附　录

海城李公传 钱振锽

中国与夷狄相为盛衰,何代蔑有?本朝道光以来,西夷得志于我。同治中业,以天下之力翦平大憝,未暇创及之也。而谋国者以西人智巧,思师其长以为我用,天下风气稍变矣。光绪十年,越南之役,我海军熸于马江,而犹以师武臣力殪敌于谅山。枢臣畏事,遽媾和议。自是而吾国奸庸以为我于夷狄有和无战,习为恬嬉。兵政盖不修十年,而日本发难于朝鲜,挠我师徒,震我畿疆,卒割地予之而后无事。于是媚外之风益炽,夷氛愈张,民祸愈亟,郁极思泄,而有义和团之事。顾朝廷无一定方略,将士无必战之心,遂以恃区区不教之民,徒手以捕蛟螭、御豺虎,事败而快诸不肖之心,衄我忠义死难之臣。呜呼!北宋靖康之事,未闻即以李邦彦、耿南仲为谋国之忠,以李纲、种师道、张叔夜为作战不轨之臣也。是故南宋犹可以中兴。光绪庚子,是非黑白,颠倒惑易,人心亡而天下随之矣。宣统辛亥之变,如桶底脱,乃三四十年习夷事、谈海学成熟之候,其数固然。呜呼!本朝之亡,决于光绪庚子,不若宣统辛亥则所见晓矣。海城李公始终夷事,而大节荦荦,照耀日月,固我朝之种、李、叔夜也。彼用夷变夏者,其事可睹也,何足数哉!

公讳秉衡,字鉴堂。父辉德,道咸间江苏知县,号廉平。公随侍读书,治诗古文辞,留心民事,诹访疑难,务得情实。父殁,奉母僦居淮安。诸弟幼弱,贫甚。时山东巡抚文煜,公父故人也,公□谒,道出宿郯,盗劫公入其砦,匝月以计脱。抵省,煜委治文牍。省军哗,属吏皆不敢出,公以抚军命饷之,责以大义,事立定。兖沂间有盗穴,为民患。公一日被褐裘,挟二铜锤,直叩盗门。盗见公,与语,大悦。因尽得盗隐曲。一夕驰去,夜率健捕十数人,抵其砦,手刃其魁,尽缚群盗,铲其险塞。为极煜,大异之,保举知县。直隶总督祁寯藻闻公能,调补枣强县。捻匪来犯,公率民兵却。民以公威廉,呼李青天。曾文正公督直,以卓异上闻,升蓟州知州。民扶老携幼,郊行数十里,皆曰迎李青天。部吏挟案例求金,悍甚。公笞之,百吏逃归。未几,部议落职。十年而有山西平阳府之命。旋擢广东高廉道。既升任广西按察使。

光绪十年甲申,法兰西犯我属越南,彭刚直公玉麟奉诏督兵,驻广州。公□谒,备道倾慕感激之忱。彭公忽厉声曰:“李秉衡乃亦谀人耶?”公亦厉声曰:“宫保亦知天下有不谀人李秉衡耶?”彭公大悦,命酒谢之。未几,升布政使,护理巡抚,亲赴龙州前敌。十一年二月,谅山大捷。彭公历叙诸将冯子材等功入告,末言非李秉衡廉劲公诚,善抚将士,不能成功。附请褒赏冯子材、李秉衡片有云:李秉衡素有靖望,为臬司时,吏民翕然。及到龙州,值兵事不利,收集吏民,严禁逃溃。前抚潘鼎新威令不行,军民离怨,护抚以至诚至公激励将士。总兵杨玉科战殁,舆尸归,无过问者。秉衡亲迎丧,哭而厚敛之。诸军感泣。创医局以治伤军,日再临视。调和主客军将领,粮饷、军火不分东局西局,自奉刻苦,于战恤功赏力从其厚。自护抚命下,军民欢声如雷。广军楚军无不虚心相听,愿为尽力。大抵冯子材、李秉衡忠诚廉直同,得人心同。一战之功不足喜,边疆文武大臣能得人心为足恃也。法兰西既受大创,亟请和,朝旨停战。彭公呕血数升，公上疏争之不得。勘界毕，奉命解职。侨居直隶满城，课孙读经八年。

二十年甲午，拜安徽巡抚之命。日本犯我属朝鲜，八月改调山东巡抚。是月，我陆师溃于平壤，海军战不利。贼乘胜攻破大连湾、旅顺，日以兵舰趣□，海军将丁汝昌率军舰降。是时，威海、刘公岛皆陷，公莅任即赴登、莱，相形势，督励将士备战守。日本不大得志而去。公抚山东，抑洋务，重吏治，属吏憨直多得差遣。无何，德意志入我胶州湾，拘我总兵官。公已奉四川总督之命，叹曰："土地不可自我而失。"遣兵争之。朝命公速去，德意志犹不快，部议罢公官。未几，奉巡阅长江之命，散职也。

二十六年庚子，义和团事起。是时，天下官吏皆归曲朝廷，山东巡抚袁世凯剿团民最力，两湖总督张之洞、两江总督刘坤一与夷人定保护东南约。诏天下勤王，公奉命兼程到阙。七月二日上谕：帮办武卫军军务，节制张春发、陈泽霖、万本华、夏辛酉四将，合兵三十余营。春发、泽霖，江督遣从公者；辛酉，世凯将；惟本华，大同镇将，公自奏调。时朝旨剿贼，南□一体保护洋人。公质堵上前，于是吏部侍郎许景澄、太常寺卿袁昶，以擅政电谕伏诛。公陛辞，即赴杨村当贼。十三日，至马头镇。是日，本华战颇力。闻直隶总督裕禄死难，宋庆、马玉昆军皆溃。十四日，山西按察使升允勤王兵至，兵少，愿属公。公太息，恨相知晚。是夕，驻军杨房，有大星陨于公所宿之西廊。十五日，进军河西务，战不利。十六日，再战马头镇，不利。十七日，战张家湾。日暮雷雨，诸军皆散。闻两宫西狩，驻跸怀来，遂手缮一书，属长子政均分致僚友。仰药，气将绝，连呼"来不及"而薨。书述马玉昆见贼即退，宋庆且不得一见，所节制四将陈尤劣云。事闻，赐谥"忠节"。旋以夷人意夺之。

公薨后,泰安知府阳湖潘民表收公尸于败壁间,着单衣,貌如生,年七十有四。子三:政均,江苏候补通判;政范,早卒;政宽,拔贡生。孙学富、学诚。夫人林氏。

李秉衡传《清史稿》

李秉衡，字鉴堂，奉天海城人。初入赀为县丞，迁知县。

光绪五年，除知冀州。岁饥，发仓粟不给。州俗重纺织，布贱，为醵金求远迁易粮，归而裁其价以招民，民获甦。越二年，擢知永平府。部议追论劫案贬秩。李鸿章上其理状，请免议，不获。时称北直廉吏第一。以张之洞荐，超授浙江按察使。未到官，移广西。十年，平峒寨乱，晋二品秩。

明年，法人假越事寇边。秉衡主龙州西运局。是时财匮，战士不得饷，蹂尸舆厮，无人过问。秉衡益节俭，汰浮费，无分主客军，给粮不绝。战恤功赏，力从厚。复创设医局，治负伤军士，身自拊循之日数四，虽末弁亦延见，殷殷勖以杀敌报国。护抚命下，欢声若雷动。与冯子材分任战守。谅山之捷，彭玉麟等疏言：两臣忠直，同得民心，亦同功最盛。予优叙，重申前命，为护抚。整营制，举贤能，赀遣越南游众，越事渐告宁。新任巡抚沈秉成莅官，乃乞病去。

二十年，东事棘，召为山东巡抚。至则严纪律，杜苞苴。以威海、旅顺管钥北门，遂率师驻烟台。闻旅顺不守，劾罢丁汝昌、龚照屿等，以警威海守将。既而日军浮三舰窥登州，秉衡悉萃精兵于西北，而荣成以戎备寡，为日军所诱而获。时论诟之。

其时大刀会起，主仇教，势渐张。二十三年，会众戕德国教士，德使海靖要褫秉衡职。编修王廷相力争之，徙督四川。海靖请益坚，乃罢免。

于是秉衡隐安阳，居三年。刚毅入枢廷，荐之起入都。廷相慕其名，往访，遂订交。朝命秉衡诣奉天按事，奏廷相自随。既至，纠不职者数人，皆廷相微服所诇知者。还，会御史彭述疏请整饬长江水师，诏使秉衡往。秉衡固辞，太后责勉之。遂行。

岁余，拳祸作，枋事者矫诏趣战电。各省诸疆臣失厝，商之鸿章，于是定画保东南约，秉衡与焉。无何，又请募师入卫，至京入觐。太后力主战，遂命统张春发、陈泽霖、夏辛酉、万本华四军出屯杨村河西坞。战才合，张、万二军先溃。泽霖自武清移壁，闻炮声，军皆走。秉衡不得已，退通州。疾书致各将领，述诸军畏葸状。饮金死。事闻，优诏赐恤，谥"忠节"。联军索罪魁，请重治，以先死免议。诏褫职，夺恤典。

李忠节公家传 文登于霖逢

公讳秉衡，字鉴堂，奉天海城县籍，居岫岩，后划归庄河。其先山东人。乾隆间，由福山县之桃源乡迁岫岩南石嘴子村。父辉德，嘉庆丙子科举人。大挑一等，以知县分江苏，历金山县。六子，公行三。生而英异，童年即勤学，博览群书，兼习武术。随任江南，调扬州大营办理营务处，以军功保知县，指省直隶。闻粤寇陷苏耗，誓入贼寻亲。驰至徐州牛马庄，有匪徒据寨，僭称大王，途为之梗。遂挺身投刺相见，匪首亦为动容，慨然拨骑卒持旗送，尽界始返。过此为我军防地，见者讶从天降。盖行旅不通久矣。又南访遇父，已奉差来江北，惊喜过望。乃携家航海东旋。

复到直，历各州县，治行为畿南第一。其署完县也，民素强悍，有聚众抗官案，委办立解。补枣强县，城久圮，匪往来莫或御。公粗制旗帜、火器，募丁壮，庸工浚濠筑圩，贼至则竖旗帜迎之。复令乡民徙于城内，助登陴，贼窥伺无可乘，乃折回。会代者至，百姓大恐，请留者以数千计。制府刘武慎公破例调某他署，从民愿也。初，兵差出枣境，孔道要路，咸有定所，公先期谕市民多备食物，躬监于市，给值者与以物，务使两得其平。兵差相谓曰：尽如枣强，岂惟民利，亦吾利也。彼官诿不闻，民匿不出，我辈无所得食，能束手待毙乎？时僧忠亲王阵亡山东，直隶南境摇动，调赴大名山东沿河一带防堵。公常以偏师渡运河击贼，迭有斩获。就近署清丰县。东抚阎文介公以劳奏咨。及直防解严，乃赴蔚州升任。曾文正公督直，甫下车，即以贤能登荐牍，得旨嘉奖。蔚俗赌博病民，又多虚估金谷，曰卖空买空，为害尤烈，治必从严。同治九年，父忧去。李文忠公督直，檄再下，再辞，终制始出。光绪三年，委办安州水灾，不假手胥吏，户口必亲查，票必亲填。日历风霜冰雪，每夜归，膝至足皆肿。灾民感实惠。四年，直省苦旱。宁津接壤山左，盗多讼繁，历数任，率撤参以去。佥云：非李牧不胜任。乃以直隶州署县篆。下车即停征免徭。先时民多强借均粮案，至此又久不雨，人心惶惶，旦夕告变。遂广劝富绅，借资以救灾户。期秋收归偿，官为出印券。立晓示阖境，务各守分：守分为良民，良民必救；滋事者为乱民，乱民必诛。一日而书捐者计京蚨数十万千，民始无恐。邑人高某，素结官署，欺平民，忽在乡募勇，乡人报册者已数千。公假商办乡团，约绅董到署，立将高拿获解津。其余念乡愚无知，概不究。提到名册，焚毁之，众绅出，乃恍然。调任冀州。冀亦荒旱，州民以织布为生，商贩不至，益重困。公因以钱交绅商收布，远运得价购粮，运回平粜，周而复始。又广劝设义当，息准三分，期限一年。本尽，即止当候赎，免杂税，民皆称便。上官即取其法，饬通省行焉。旋授永平府知府，鲍春霆师驻永，值遣散防营，几起变。公随机因应，幸无哗扰，民赖以安。未数月，以冀任盗案，部胥需索，置不闻，竟镌职去。乃廷旨复特授山西平阳府，升广东高廉钦道。又升浙江臬司，未抵任调广西。

时法占安南，桂帅督师出关，调办后路粮台。至龙州，值谅山失守，法人进逼镇南，军无固志，纷纷溃散入关。而公屹然不动，分饬州县沿途截留溃卒，飞刍挽粟以接济之。于是桂营、广营、楚营退者有所归，伤者有所恤，守者有所食，乃各稍稍成军。公调和诸将，勉以大义，龙州一带隐然如长城。旋奉命以臬司护巡抚，诸军欢跃，士气大振。乃出关剿敌，一战而挫法人于文渊，又败之于摩沙，蹙之于邱骡。于是克复谅山，法人败绩。论功当以公居首。时彭刚直公在广东抗疏保奏云：护抚李秉衡，以至诚至公激厉将士。杨玉科战殁，舆尸通衢，无人过问，乃亲迎其丧，恸哭厚殓，诸军感泣。创设医药局，日必两三次往视，多赖全活。于客主各军将领，苦心调和，粮饷军火不分东局西局，但择其急者便宜应之。在军自奉刻苦，滥费冒支，力持不予；战恤功赏，则搜括腾挪，力从其厚，一无吝惜。护抚命下，欢声雷动，桂省军民若庆更生。即楚军、广军诸大将，无不虚心相听，愿为尽力云云。而当事者实深忌公，厄其升赏。公夷然处之，惟日与属吏抚辑流亡，绥定边民，遣散勇营，安插有方。关内外居者几忘战事。久之，晋秩布政使司，仍摄抚篆。会朝廷遣内臣勘界，公与议不合，乃上疏乞休。

二十年夏，特起公为皖抚。会中日失和，山左为畿辅屏藩，改命公镇抚之。公受代后，亟驰烟台。敌氛日迫，赖从容坐镇。及旅顺、威海相继失守，议款耗至，公电阻疏争，至于再四。事定后，策兵备，筹河防，朝夕不遑。凡遇教案，持平办理，恒与总署辩论再三。由是忤权臣，意思有以中伤之。适胶岛事起，时公已升川督，方主武闱，转达总署，增兵筹饷，与德人力争，如胶州割让，则此后事不可为。旋奉电旨，敌情强横，朝廷决不动兵。卒镌公二级，以胶岛畀德而后已。公忠愤填胸，先机引退，遂辞川督，卜居河南安阳县。

安阳，宋韩魏公故里也。地多名胜，策蹇登临，寒俭如儒素，将有终焉之志。二十五年，二次召见，命赴奉天查办事件。还，又命巡阅长江水师，疏辞不获。越明年，循汉江而下，正在筹办江防，而北方拳匪之乱作，征兵入援。公遵谕北上，迨抵都，津沽已陷，各国联军即日将至。命帮办武卫军，公仓猝率师，兵非素练，将不用命，军火又不足，然犹忠义激发，阵斩敌人。进至北仓，直薄郡城，而联军冲压，寡不敌众，将士溃败，公遂仰药以殉。公亡而两宫西狩，外兵入都，震惊九庙，宫阙蹂躏，国势乃不可支矣。

计公一生，入则抚民，出则应敌，人称“忠节”。其去镇南关也，手书云：“二十五年官，多无心孽，无营求事；晋藩护抚，有二万债，无一月粮；谅关大捷，保六千员，无私亲朋。此抚心自问，可少安于归去者也。”呜呼！此足以见公生平矣。

娶于氏，有贤行。子四：政均，二品荫生通判用；政范，戊子乡试誊录知县，早卒；政宽，丁酉选拔以知县分发河南；政吉，殇。女三。孙六：学□，早卒；学富，官直隶知县；学诚，山东候补知县；学强，荐任职；学正、学方，皆幼。

附：三代履历

曾祖讳协。祖讳枝楙。父讳辉德，字丙斋，嘉庆丙子举人，大挑一等，以知县用，分发江苏金山县知县。

公由太学生报捐知县，历任直隶枣强县知县、蔚州知州、冀州直隶州知州、永平府知府、山西平阳府知府、广东高廉兵备道、浙江按察使、广西按察使、广西布政使、安徽巡抚、山东巡抚、四川总督。历署直隶完县知县、宁津县知县、清丰县知县、代理武邑县知县、护理广西巡抚。历兼兵部尚书、兵部侍郎、都察院右都御史、都察院右副都御史、安徽、山东提督、四川、广西提都军务、山东盐政、节制山东各镇、安徽各镇、广西通省兵马。历保以直隶州知州用先换顶戴，赏加运同衔赏戴蓝翎，赏加一级以知府在任候升，并赏换花翎以知府在任尽先补用，奉上谕传旨嘉奖赏加二品衔，交部从优议赏给头品顶戴。历充光绪乙酉科广西乡试监临官，广西武乡试主考官，拔贡会考官。甲午科山东乡试监临官，山东武乡试主考官，丁酉科拔贡会考官。奏派山西练军营务处兼统精兵马步三营，奏派办理广西大军后路事宜兼总理前敌营务处，奏派广桂滇越各转运事务，钦命督办广西后路军务，钦命会办广西前敌军务，钦命督办广西越南善后事宜，钦命粤桂越南勘界事宜，钦派广西阅兵大臣、山东阅兵大臣，钦差查办奉天事件大臣，钦差巡阅长江水师大臣，钦差帮办武卫军事务大臣。光绪二十年万寿庆典恩赏大福寿字、八丝缎袍褂料、帽纬、恩赏二品荫生。光绪二十五年内召，奉懿旨，恩赏西苑门内乘船，并恩赏太监扶掖，恩赏福字。光绪二十六年内召，奉懿旨：恩赏紫禁城骑马，并在紫禁城西苑门内乘坐二人肩舆，御赐福字三次，御赐克食。生于道光十年三月二十五日辰时，薨于光绪二十六年七月十八日卯时。享寿七十一岁。殉难直隶通州营次。诰授光禄大夫、建威将军。殉难事闻，优诏悼惜赐恤，照总督例钦派直督前往奠醊。灵柩回籍，沿途地方官妥为照料，准入城治丧，并加恩予谥“忠节”，入祀昭忠祠。钦赐子荫生江苏试用通判，政均以直隶州知州仍归原省补用。孙学富举人，准其一体会试。

李忠节公奏议翟序

予童时喜听乡人说故事，每于豆棚瓜架下，闻父老谈说部中包孝肃、海忠介，虎虎有生气。尔时童子无知，每欲得其详。父老辄漫应之曰：即如今之于三大人、铜锤李是也。

于公名荫霖，兄弟行居三，籍隶今吉林榆树县，去吾家百里而遥，固耳熟能详。至李公，则究不知为何许人也。光绪癸卯，予与五常王兰谷孝廉同应春官试抵都，与于公长君筠厚遇。兰谷曾为于公抚鄂幕客，于茶余酒后与筠厚多谈于公遗事，兼及李公。缘二公交甚笃，故筠厚兼得其详。予藉此始稍知李公梗概焉。

嗣予与兰谷同官龙沙，与筠厚不相见者十余年。庚申予都转东鹾，恒因公往来京师。及甲子赴都，筠厚以刊成于公遗集见赠，遂又谈及二公当年往事。筠厚泫然告予曰："庚子吾父抚湖北，嗣又调豫，李公以钦差大臣、前四川总督巡视长江水师，因公由鲁抚调川督，适临清戕杀德国教士，德人藉口索我胶州湾，公据理力争，德人隐讽中朝，不使到任，朝廷不忍久置闲散，遂命公以钦差大臣巡视长江水师。及拳匪事起，联军逼津沽。朝旨征调各省兵勤王，长江各督抚如两湖张文襄、两江刘忠诚联衔奏请李公督师北上。吾父命余偕兰谷送公扬州，藉询北上机宜。公性固刚烈，吾父甚悬注也。比抵扬，见公于古庙中。公告余曰：'汝父念我，甚感。此次之战，必无幸理。如皇上西巡，命我扈跸，我尚可生。否则有死而已！我年逾七十，尚复何憾？只恨此战启自拳匪，殊可惜也。'言罢欷歔不置。并下阶前行数步，归顾余曰：'归告汝父，我步履尚健，勿念也。'及津沽不守，敌迫京师，公督师适到，喘息未定，立即激战。暑热饥疲，公与从者入一逃民土室，觅水浆不得，见瓦盆盛绿豆少许，饬弁觅水煮之，与众将同饮。复督师力战，以各省协调之兵，将帅士卒皆不相洽，又溽暑远行数千里，仓猝以当强敌，遂战败于河西务，仰药以殉。从公死者，公门生王公廷相。王公天方教人，由翰林出为山西学政，慕公为人，入公幕而同死焉。公殉难后，朝旨赐恤荫子，予谥'忠节'，饰终之典甚优。卒以德人抗议，遂将恤典撤销。国人不察，因公督师力战，外人又持异议，论者多列公于主持拳匪诸臣之内。德人之憾公，因公力争割让胶州湾也。公之力战，冀卫京师，以纾君父之难也。成败利钝，岂暇计哉！及战败，从容以身殉之。此公在扬州所逆计也。竟至撤销恤典，国史不得立传，使公千载后复蒙不白之冤。此真不平之事矣。"

予亟询公之遗裔已否归辽东故里，并有无遗集。筠厚曰："公诸子皆物故，诸孙远在彰德，尚有公外孙施君今墨在京，可询焉。"未几，筠厚以公奏稿函予曰："如兄能代刊，诚盛德事。"予详加检阅，仅奏稿，无他函牍，末附公门人某君所撰《事略》一纸。盖公得名，多在官州县时好微行诇事，每暗携铜质武器以自卫，其所称"铜锤李"者以此也。民间甚或演为弹词，如《包公案》、《施公案》之类，以歌咏之。某君所撰《事略》，多未详及。

至公为封疆后事迹，均在奏牍中，其署桂抚时，法越之战，镇南关一役，论者多归功于冯、苏诸将，而公调护将帅，运筹帷幄有足多焉。尝于翁文恭日记、张文襄全集及时人笔记中约略见之。奏牍格于体例,公不能自道其详也。予即欲校刊,并欲为公在清史补传,因走商于清史馆袁君洁珊。袁君欣然曰:“正欲搜集公之史料,惜无人知之,此天假之缘也。”适予移长奉天省政,校理未竣,以疾罢归。因恐散失,无以对良友之托,遂筹羡馀二千金,属袁君代为付刊。刊资有不足,则袁君任之。剞劂将竣,袁君属予识其颠末。予以为自古忠臣烈士为天地正气所钟,天特生之以纲维人纪,天必不使之湮没与草木同腐。设清史已成,予虽得刊此书,安知他年不断简残编,为无知小儿覆瓿以尽,千载后有谁知烈烈李公其人乎?而适值清史将成未成之际,袁君适在史馆,虽当时外人厄之,时议诽之,清廷隐忍不敢表扬,又孰知三十年后得吾两人与公生时不通姓字者而先后成之?谓非佛说夙缘也乎,亦公英灵有以默启之也?不然,抑胡相值之巧耶?惜筠厚、兰谷皆作古人,不及见矣。

书成,原稿由其孙送省立图书馆珍藏。其孙学成,现任康平税捐局长;学强,充天津市土地局员。亦均予与袁君为之推毂。

公名秉衡,字鉴堂,今辽宁庄河县人。墓在今河南彰德安阳县城西,其家即侨寓于此。并识之,以告世之欲知公家世者。

中华民国二十年庚午十二月前奉天省长乡后学双城翟文选。

李忠节公奏议白序

韩昌黎有云:莫为之后,虽盛弗传。信哉斯言!夫古人往矣,而其精神意气常往来于后人之心目,阅千百世而追思不置者,何也?盖古人虽往,而其嘉言懿行垂之简策,不与之俱往已尔。清季山东巡抚李忠节公鉴堂,籍隶吾奉海城,世居岫岩石嘴子村。起家丞,幸洊擢至封疆大吏,其事略见国史及其家乘。至其为国为民,抒之荩筹、形诸奏牍者,即其近习之人,犹或未能详悉,矧时地睽隔乎?公殉国事距今三十年,当时文献犹有存者。民国戊辰秋,适吾省当轴以编辑省志相属,缘搜求文艺,得公奏议稿若干篇。缅维公之生平,于时政多所建白。论者谓公之精勤似陶士行,倔彊似赵忠简,对外抗直如林文忠,持己清廉如汤文正。余少时饫闻公莅官之风节,心向往之。私心窃计,以为一旦筮仕得效,奔走于公之门下,虽为之执鞭所欣莫焉。洎光绪丁酉科,余适与公之第三公子政宽同年膺选。观其言论丰采,粹然儒者,如李固在太学,人莫知其为李司徒之子也者。即公之教有义方,概可见矣。今读其遗稿,觉向日所崇拜者,至此益不能自已。爰与同事袁君洁珊择其简且要者,为之编次,付之手民,印行若干部,公之海内,俾传永久,虽谓公至今存可也。

中华民国十九年岁在上章敦牂十二月辽宁省辽阳县白永贞谨识。

李忠节公奏议袁跋

金铠年十七，读书村东曹官寺，从吾乡曹子铎先生振声游。一日听先生论本省人才，谓董达川太史执有言：奉人官中外者以岫岩李鉴堂独出冠时，其勋绩风节必为不朽人物。后十年，金铠馆于省垣，适公来奉查办仁、育两军案，以行营总理雷钧衡置诸法。人心震骇，草木皆惊，街行见白须叟，隐有惧心。论者比于宋之包孝肃、明之海刚峰，其威望震人如此。往年金铠在清史馆极意搜求公之传略，并于翟省长熙人文选处得奏议数十册。又设位东三省会馆之乡贤祠，今《清史稿》有公传。复检奏稿，删其无关系者，存若干篇付印，以广其传。读之，见体国公忠，关心民瘼，跃然如在纸上。论公者于庚子一役每有微词，实则公之心以身卫国，知有忠而已，以身殉国，知有节而已。人臣若此，可以不朽。允堪媲美古人，炳耀乾坤，岂徒增光乡里已哉？金铠未获见公之颜色，而仰止之思积四十余年。兹以校雠奏稿，谨抒所见，著于篇末，而为之跋。

民国二十年一月一日辽阳袁金铠。